EDITIONS FRANCIS LEFEBVRE

Synthèse Réalisée par la Rédaction des Éditions Francis Lefebvre : Grégory Henriot, Violaine Magnier et Mathilde Sourbet. La synthèse d'origine a été rédigée en collaboration avec Alexandre Kurgansky.

ÉDITIONS FRANCIS LEFEBVRE
10, Place des Vosges -Tour Lefebvre Dalloz
CS 80357 - 92072 PARIS LA DEFENSE CEDEX
Tél. : 01 83 10 10 10

ISBN : 978 2 36893 715 0 - Éditions Francis Lefebvre 2024

DOSSIER PRATIQUE

THÈMEXPRESS

LOCATIONS MEUBLÉES ET INVESTISSEMENTS DE LOISIRS

CONSULTEZ VOTRE DOSSIER PRATIQUE MIS À JOUR
sur
abonnes.efl.fr
Login : **BTLOC**
Mot de passe : **2024**

À jour au 1er Avril 2024

EDITIONS
FRANCIS LEFEBVRE

Sommaire analytique

LES CHIFFRES RENVOIENT AUX NUMÉROS DES PARAGRAPHES

Synthèse

Textes

Synthèse

I. Définitions

1 C'est la **jurisprudence** qui a dégagé les critères nécessaires à la qualification de location meublée ▶2. La **loi** définit directement la location meublée lorsque le logement loué meublé constitue la résidence principale du locataire ▶5 et indirectement pour qualifier le loueur en meublé professionnel ▶6. La définition de ce type de location est importante tant au plan juridique que fiscal.

A. Définition jurisprudentielle

Élément intentionnel

2 Les parties doivent s'entendre de **manière non équivoque** sur le caractère meublé de la location (Cass. ass. plén. 3-5-1956 : JCP G 1956 II n° 9345), qui doit apparaître clairement dans le bail lui-même, aussi bien de par son intitulé, « Contrat de location meublée à usage d'habitation », que par l'insertion de certaines clauses spécifiques mettant à la charge du locataire l'entretien des meubles et des équipements mis à sa disposition dans le cadre de la location qui lui est consentie.

Élément matériel

3 Les **meubles et objets mobiliers** fournis ainsi que les éléments de confort existant dans les locaux loués doivent permettre au locataire une occupation normale et convenable du logement conforme aux exigences de la vie quotidienne, et ce dès la conclusion du contrat (Cass. 3e civ. 18-7-2000 n° 1148 F-D ▶313).

La qualification de la location meublée s'apprécie à la date d'entrée dans les lieux du locataire (CA Paris 6-12-1991 n° 91-17283 ▶297). Il est préférable de dresser, à cette occasion, un inventaire détaillé des meubles et éléments d'équipement garnissant l'appartement ▶71. Outre l'intérêt que présente cet inventaire en matière de preuve des dégradations éventuelles causées par le locataire, ce document annexé au bail est l'un des principaux critères retenus par la jurisprudence pour qualifier une location de location meublée. Dès lors que le bailleur a mis un mobilier suffisant à la disposition du locataire, l'apport par ce dernier de son propre mobilier n'est pas un motif de requalification du contrat de location meublée (CA Paris 6-12-1991 n° 91-17283 ▶297). De la même façon, la mise en garde-meubles par le locataire des meubles mis à disposition par le bailleur ne modifie pas la nature du contrat (Cass. 3e civ. 15-6-2011 n° 10-17.070 : RJDA 10/11 n° 776).

Confère aux locaux loués le caractère d'une location meublée l'existence d'éléments d'**équipement essentiels** à la vie domestique tels que réfrigérateurs, plaques chauffantes et gazinières (Cass. 3e civ. 9-2-2005 n° 198 FS-PB : RJDA 5/05 n° 515 ▶324), mais aussi la présence de vaisselle et d'ustensiles de cuisine (CA Bordeaux 13-3-2000 n° 97-3179 : BPIM 2/01 inf. 158).

Le caractère de la location meublée est apprécié au cas par cas par les tribunaux : un studio équipé d'une penderie, d'un appareil de chauffage, d'une table, de deux chaises, d'un sommier avec matelas, d'un réfrigérateur, d'un buffet, de rideaux, d'un lustre constitue bien une location meublée (CA Paris 8-3-1994 : Loyers et copr. 1994 comm. n° 288).

4 En revanche, **échappe à la qualification** de location meublée et se trouve soumis au régime des baux d'habitation vide de la loi du 6 juillet 1989 un logement :

- qui ne comporte que des éléments accessoires (chaises, table, matelas) et ne dispose pas des éléments essentiels permettant au locataire de vivre normalement dès son entrée dans les lieux, l'inventaire des meubles n'étant de surcroît pas signé par le locataire (Cass. 3e civ. 9-2-2005 n° 198 FS-PB : RJDA 5/05 n° 515 ▶324) ;
- qui n'est pourvu que d'un mobilier sommaire ne répondant pas aux exigences de la vie quotidienne des membres de la famille (CA Paris 21-10-2004 n° 03-13523 ▶322) ;
- qui ne contient que des meubles en mauvais état ne permettant pas au locataire d'y vivre dans des conditions normales, aucun inventaire n'étant annexé au bail (CA Paris 24-4-2003 n° 00-22533 ▶321) ;
- qui n'est équipé que d'un placard, d'un chauffage électrique, d'un lavabo et de prises, aucun inventaire n'ayant été dressé au moment de l'entrée dans les lieux (CA Paris 9-12-2004 n° 03-11005 ▶323) ;
- sans lit et qui ne comprend qu'une armoire et une table (CA Paris 25-5-1992 n° 91-13887 ▶299) ;
- qui ne dispose ni de literie ni d'ustensiles de cuisine (CA Grenoble 9-4-1992 n° 91-3410 ▶298).
- qui ne comporte pas de cuisinière ou de plaques chauffantes, la mise à disposition de la vaisselle et d'ustensiles de cuisine par le bailleur n'étant par ailleurs pas démontrée (CA Paris 10-9-2009 n° 08-8582 ▶334).

B. Définition légale

5 Lorsqu'il est loué à titre de résidence principale ou dans le cadre d'un bail mobilité, le logement meublé est défini par la loi comme étant un logement décent équipé d'un mobilier en nombre et en qualité suffisants pour permettre au locataire d'y dormir, manger et vivre convenablement au regard des exigences de la vie courante (Loi 89-462 du 6-7-1989 art. 25-4 ▶276). Lorsque le local loué meublé à titre de résidence principale se situe dans un établissement recevant du public aux fins d'hébergement, il doit être équipé du mobilier nécessaire au sommeil et à la vie courante du locataire ainsi qu'être pourvu de chauffage, d'une alimentation en eau et de sanitaires (CCH art. L632-1, II-al. 2 ▶266).

Le mobilier doit comporter au minimum les éléments suivants (Décret 2015-981 du 31-7-2015) :

1° Literie comprenant couette ou couverture ;

2° Dispositif d'occultation des fenêtres dans les pièces destinées à être utilisées comme chambre à coucher ;

3° Plaques de cuisson ;

4° Four ou four à micro-ondes ;

5° Réfrigérateur et congélateur ou, au minimum, un réfrigérateur doté d'un compartiment permettant de disposer d'une température inférieure ou égale à - 6 °C ;

6° Vaisselle nécessaire à la prise des repas ;
7° Ustensiles de cuisine ;
8° Table et sièges ;
9° Étagères de rangement ;
10° Luminaires ;
11° Matériel d'entretien ménager adapté aux caractéristiques du logement.

Une jurisprudence antérieure transposable aujourd'hui a considéré qu'en l'absence de document annexé au bail décrivant les meubles garnissant les lieux et de procès-verbal de constat d'entrée dans les lieux, la location était soumise au régime des locations nues de la loi du 6 juillet 1989 (CA Paris 20-3-2001 n° 99-3636), qu'un bail ne pouvait pas être qualifié de meublé lorsqu'il ne comportait pas d'inventaire contradictoire des meubles (CA Paris 24-4-2003 n° 00-22533 ; CA Paris 9-12-2004 n° 03-11005) ou lorsque l'inventaire des meubles n'était pas signé par le locataire (Cass. 3e civ. 9-2-2005 n° 03-15.128 : RJDA 5/05 n° 515).

C. Distinction entre loueur en meublé professionnel et non professionnel

6 Il existe trois définitions du loueur en meublé professionnel : une **définition juridique**, une définition sociale (▶164 et ▶221) et une définition fiscale ▶104 que l'on verra plus loin. Elles sont indépendantes les unes des autres.

Est juridiquement considéré comme exerçant la profession de loueur en meublé le bailleur qui loue habituellement plusieurs logements meublés, que la location s'accompagne ou non de prestations secondaires telles que location de linge, nettoyage des locaux, préparations culinaires (Loi 49-458 du 2-4-1949 art. 2, al. 1 ▶273). Toutefois, est un loueur non professionnel celui qui loue (Loi 49-458 du 2-4-1949 art. 2, al. 2 ▶273) :

- une ou plusieurs pièces de sa propre habitation (même isolées) ;
- moins de 4 pièces dont il a recouvré la disposition suite à la remise de celles-ci par le locataire ou par reprise afin de les réaffecter à l'habitation en application des articles 1 et 2 de la loi 54-781 du 2 août 1954.

Ainsi, devient professionnel le bailleur qui loue de façon régulière et simultanée au moins 2 logements distincts de sa propre habitation. Entrent dans la catégorie des locations professionnelles les hôtels non homologués et les pensions de famille.

II. Locations meublées à usage d'habitation

7 Les dispositions applicables sont différentes selon que le logement loué meublé constitue ou non la résidence principale du locataire.

À noter que certaines locations meublées peuvent encore relever de la **loi** 48-1360 du **1er septembre 1948** lorsqu'elles portent sur des locaux situés dans des immeubles entrant dans son champ d'application (catégories II B, II C, III A et III B). De telles locations échappent au régime juridique des locations meublées.

Depuis le 23 décembre 1986, les locaux vacants meublés ne sont plus soumis à la loi de 1948 (Cass. 3e civ. 30-1-2002 n° 186 FS-PB : RJDA 4/02 n° 367 ▶319). La loi de 1948 peut s'appliquer à une location meublée consentie en vertu d'un bail verbal si le locataire est entré dans les lieux avant le 23 décembre 1986 (Cass. 3e civ. 13-7-1999 n° 1237 PF ▶309).

A. Location meublée : résidence principale du locataire

8 Les locations meublées à usage de résidence principale sont soumises à un régime protecteur du locataire très proche de celui des locations vides à usage d'habitation. Elles relèvent des dispositions spécifiques des articles 25-3 à 25-11 de la loi 89-462 du 6-7-1989 et d'un bon nombre de dispositions applicables aux locations vides (Loi 89-462 du 6-7-1989 art. 25-3, al. 2) ; le surplus relève de la convention des parties et, à titre supplétif, des dispositions du Code civil. Les dispositions de la loi de 1989 spécifiques à la location meublée sont d'ordre public (Loi 89-462 du 6-7-1989 art. 25-3, al. 1 ▶276).

1. Champ d'application

9 Les dispositions protectrices s'appliquent à toutes les locations meublées ou colocation meublée d'un local à usage d'habitation constituant la **résidence principale** du locataire (Loi 89-462 du 6-7-1989 art. 25-3, al. 1 ▶276). Elles s'appliquent également à toute location meublée qui s'accompagnent ou non de prestations accessoires ou encore de chambres de service, d'appartements, d'hôtels meublés (Cass. 3e civ. 4-11-2009 n° 08-17.381 : BPIM 1/10 inf. 22) ou de pensions de famille.

La résidence principale est entendue comme le logement occupé au moins 8 mois par an, sauf obligation professionnelle, raison de santé ou cas de force majeure, soit par le locataire ou son conjoint, soit par une personne à charge au sens du CCH, c'est-à-dire les enfants, les ascendants de plus de 65 ans et les parents handicapés, sous réserve que ces personnes habitent au foyer (Loi 89-462 du 6-7-1989 art. 2 ▶276)

Le locataire qui invoque les dispositions protectrices doit prouver que le logement loué constitue sa résidence principale (Cass. 3e civ. 20-9-2006 n° 953 FS-D : RJDA 12/06 n° 1210▶328 rendu pour l'application de l'ancien article L 632-1 du CCH mais transposable). Toutefois, le logement meublé pris en location par un étudiant constitue sa résidence principale, nonobstant toute clause contraire du bail (Cass. 3e civ. 4-2-2009 n° 07-20.980 rendu pour l'application de l'ancien article L 632-1 du CCH mais transposable ▶333 ; Cass. 3e civ. 5-2-2013 n° 12-12.954 : BPIM 2/13 inf. 153).

> Le régime spécifique ne s'applique ni aux logements-foyers, ni aux logements conventionnés, ni aux logements attribués ou loués en raison de l'exercice d'une fonction ou de l'occupation d'un emploi, ni aux locations consenties aux travailleurs saisonniers (Loi 89-462 du 6-7-1989 art. 25-3, al. 3 et 4 ▶276).
> Des dispositions particulières s'appliquent lorsque le local loué meublé à usage de résidence principale du locataire est situé dans un établissement recevant du public aux fins d'hébergement (CCH art. L 632-1 ▶266).

2. Permis de louer préalable à la mise en location

10 La mise en location d'un logement par un bailleur peut être soumise à une **autorisation préalable** (CCH art. L 635-1, I) ou à une déclaration consécutive à la signature du contrat (CCH art. L 634-1, I) par l'organe délibérant de l'**EPCI** compétent en matière d'habitat ou, à défaut, le conseil municipal. Les zones soumises à autorisation sont situées sur les territoires présentant une proportion importante d'habitat dégradé tandis que celles soumises à déclaration peuvent être partout ailleurs.

Sont concernés les contrats de **locations nues ou meublées** de locaux à usage d'habitation qui constituent la résidence principale du preneur, à l'exclusion de leur reconduction ou de leur renouvellement ou de la conclusion d'un avenant à ce contrat (CCH art R 634-1 et R 635-1). La demande d'autorisation préalable de mise en location est établie par le ou les bailleurs ou leur mandataire et précise notamment leurs identités et leurs coordonnées (CCH art. R 635-2).
L'autorisation devient caduque s'il apparaît qu'elle n'est pas suivie d'une mise en location dans un délai de 2 ans suivant sa délivrance (CCH art. R 635-3, al. 3). En cas de mutation à titre gratuit ou onéreux du logement, une autorisation en cours de validité peut être transférée au nouveau propriétaire du logement (CCH art. R 635-3, al. 4).
La déclaration de mise en location est établie par le ou les bailleurs ou leur mandataire dans les mêmes conditions que la demande d'autorisation préalable (CCH art. R 634-1 à R 634-3).
Lorsque le bailleur met en location un logement soumis à autorisation sans respecter les obligations prescrites, il encourt une amende pouvant atteindre 5 000 € pour une personne physique, 15 000 € pour une personne morale (Décret 2019-437 du 13-5-2019).

3. Contenu du contrat de location

Lutte contre les discriminations à la location

11 Le dispositif de lutte contre les discriminations concernant les locations vides est applicable (Loi 89-462 du 6-7-1989 art. 1 sur renvoi art. 25-3, al. 2 ▶276). Personne ne peut se voir refuser la location d'un logement sur le fondement de son origine, de son sexe, de sa situation de famille, de sa grossesse, de son apparence physique, de la particulière vulnérabilité résultant de sa situation économique, apparente ou connue de son auteur, de son patronyme, de son lieu de résidence, de son état de santé, de sa perte d'autonomie, de son handicap, de ses caractéristiques génétiques, de ses moeurs, de son orientation sexuelle, de son identité de genre, de son âge, de ses opinions politiques, de ses activités syndicales, de sa qualité de lanceur d'alerte, de facilitateur ou de personne en lien avec un lanceur d'alerte, au sens, respectivement, du I de l'article 6 et des 1° et 2° de l'article 6-1 de la loi 2016-1691 du 9 décembre 2016 précitée, de sa capacité à s'exprimer dans une langue autre que le français, de son appartenance ou de sa non-appartenance, vraie ou supposée, à une ethnie, une Nation, une prétendue race ou une religion déterminée (C. pén. art. 225-1).
En cas de litige, la personne qui s'estime victime d'une discrimination à la location doit établir la matérialité de cette discrimination par des éléments de fait précis et concordants. Le propriétaire devra s'expliquer sur les agissements qui lui sont reprochés et prouver que sa décision est motivée par la gestion normale de son patrimoine immobilier. La loi ne prévoit pas les conséquences civiles pour le bailleur d'une discrimination ; la question devra donc être tranchée en justice de savoir s'il existe une sanction civile autre que l'octroi de dommages et intérêts. Sur le plan pénal, de telles discriminations sont punies de 3 ans de prison et d'une amende maximale de 45 000 € (C. pén. art. 225-2).

Pièces exigibles du locataire ou de sa caution

12 Pour les **baux conclus depuis le 8 novembre 2015**, le bailleur ne peut demander au locataire ou à sa caution lors de la mise en location d'un logement que les pièces figurant sur une liste limitative (Loi 89-462 du 6-7-1989 art. 22-2 sur renvoi de l'article 25-3).

Le bailleur qui demande au locataire un **document ne figurant pas** sur cette liste s'expose à une amende administrative de 3 000 € maximum (15 000 € pour un bailleur personne morale).

L'amende ne peut être prononcée qu'après le respect d'une procédure contradictoire (Décret 2015-1437 du 5-11-2015 art. 1-1).

Les documents exigibles, original ou copie, sont les suivants (Décret 2015-1437 du 5-11-2015 art. 1) :

1° Une **pièce justificative d'identité** en cours de validité, comportant la photographie du titulaire parmi les documents suivants :
- carte nationale d'identité française ou étrangère ;
- passeport français ou étranger ;
- permis de conduire français ou étranger ;
- document justifiant du droit au séjour du candidat à la location étranger, notamment carte de séjour temporaire, carte de résident, carte de ressortissant d'un État membre de l'Union européenne ou de l'Espace économique européen.

2° Une seule **pièce justificative de domicile** parmi les documents suivants :
- trois dernières quittances de loyer ou, à défaut, attestation du précédent bailleur, ou de son mandataire, indiquant que le locataire est à jour de ses loyers et charges ;
- attestation d'élection de domicile établissant le lien avec un organisme agréé au titre de l'article L 264-2 du Code de l'action sociale et des familles ;
- attestation sur l'honneur de l'hébergeant indiquant que le candidat à la location réside à son domicile ;
- dernier avis de taxe foncière ou, à défaut, titre de propriété de la résidence principale.

3° Un ou plusieurs **documents attestant des activités professionnelles** parmi les documents suivants :
- contrat de travail ou de stage ou, à défaut, une attestation de l'employeur précisant l'emploi et la rémunération proposée, la date d'entrée en fonctions envisagée et, le cas échéant, la durée de la période d'essai ;
- l'extrait K ou K bis du registre du commerce et des sociétés de moins de 3 mois pour une entreprise commerciale ;
- l'extrait D 1 original du registre des métiers de moins de 3 mois pour un artisan ;
- la copie du certificat d'identification de l'Insee, comportant les numéros d'identification, pour un travailleur indépendant ;
- la copie de la carte professionnelle pour une profession libérale ;
- toute pièce récente attestant de l'activité pour les autres professionnels ;
- carte d'étudiant ou certificat de scolarité pour l'année en cours.

4° Un ou plusieurs **documents attestant des ressources** parmi les documents suivants :
- le dernier ou avant-dernier avis d'imposition ou de non-imposition et, lorsque tout ou partie des revenus perçus n'a pas été imposé en France mais dans un autre État ou territoire, le dernier ou avant-dernier avis d'imposition à l'impôt ou aux impôts qui tiennent lieu d'impôt sur le revenu dans cet État ou territoire ou un document en tenant lieu établi par l'administration fiscale de cet État ou territoire ;
- trois derniers bulletins de salaires ;
- justificatif de versement des indemnités de stage ;
- les deux derniers bilans ou, à défaut, une attestation de ressources pour l'exercice en cours délivré par un comptable pour les professions non salariées ;

- justificatif de versement des indemnités, retraites, pensions, prestations sociales et familiales et allocations perçues lors des trois derniers mois ou justificatif de l'ouverture des droits, établis par l'organisme payeur ;
- attestation de simulation établie par l'organisme payeur ou simulation établie par le locataire relative aux aides au logement ;
- avis d'attribution de bourse pour les étudiants boursiers ;
- titre de propriété d'un bien immobilier ou dernier avis de taxe foncière ;
- justificatif de revenus fonciers, de rentes viagères ou de revenus de valeurs et capitaux mobiliers.

Contrat type

13 Le contrat de location meublée à usage de résidence principale doit être établi par **écrit** et respecter un contrat type défini par décret en Conseil d'État (Loi 89-462 du 6-7-1989 art. 25-7 ▶ 276 ; Décret 2015-587 du 29-5-2015 ann. 2 ▶ 280). Le bail type contient les clauses essentielles et obligatoires qui doivent être insérées dans le contrat de location.

Le contrat de location doit notamment **préciser** :

- la désignation des parties ;
- l'objet du contrat (description du logement et destination du lot) ;
- la date de prise d'effet et la durée du contrat ;
- les conditions financières (loyer, charges, modalités de paiement, loyer acquitté par le dernier locataire lorsque celui-ci a quitté les locaux depuis moins de 18 mois avant la signature du bail) ;
- le montant et la description des travaux effectués depuis la fin du dernier contrat ou du dernier renouvellement ;
- le montant du dépôt de garantie ;
- dans les zones d'encadrement des loyers, le loyer de référence et le loyer de référence majoré correspondant à la catégorie de logement définis par le préfet ainsi que le complément de loyer s'il est appliqué.

Les parties au contrat sont libres de prévoir dans le contrat d'**autres clauses particulières**, propres à chaque location, dans la mesure où celles-ci sont conformes aux lois et règlements en vigueur. Elles peuvent également convenir de l'utilisation de n'importe quel **support** pour l'établissement du contrat dans le respect du contrat type.

Par ailleurs, doit être jointe au contrat une notice d'information. Cette notice précise les droits et obligations du bailleur et du locataire ainsi que les voies de conciliation et de recours qui leur sont ouvertes pour régler leurs litiges (Arrêté ETLL1511666A du 29-5-2015).

Durée du bail

14 Le contrat de location meublée à usage de résidence principale est conclu pour au moins un an. Lorsque le locataire est un étudiant, le bail peut être de 9 mois (Loi 89-462 du 6-7-1989 art. 25-7 ▶ 276).

Lorsque le loueur en meublé est titulaire d'un bail commercial venant à expiration ou lorsque la cessation d'activité est prévue, la durée du contrat peut être inférieure à un an. Le contrat doit alors mentionner les raisons et événements qui justifient la conclusion d'un contrat d'une durée inférieure à un an. Si le bail commercial est renouvelé ou si l'activité est poursuivie, la durée du contrat est alors portée à un an (CCH art. L632-1, I-al. 2 et 3 ▶266).

Clauses réputées non écrites

15 Les clauses qui sont réputées non écrites dans un contrat de location vide à usage d'habitation le sont également dans un contrat de location meublée à usage de résidence principale (Loi 89-462 du 6-7-1989 art. 4 sur renvoi art. 25-3, al. 2 ▶276).

Est ainsi réputée non écrite toute clause du bail qui :

- oblige le locataire, en vue de la vente ou de la location du local loué, à laisser visiter celui-ci les jours fériés et plus de 2 heures par jour les jours ouvrables. Chacun ayant droit au respect de sa vie privée, le propriétaire ne peut pas faire visiter le logement loué sans l'accord du locataire, sous peine de dommages et intérêts (Cass. 3e civ. 25-2-2004 n° 02-18.081 : RJDA 6/04 n° 675f) ;
- oblige le locataire à souscrire une assurance auprès d'une compagnie choisie par le propriétaire ;
- impose le prélèvement automatique du loyer sur le compte bancaire du locataire ou la signature par avance de traites ou de billets à ordre ;
- autorise le propriétaire à prélever ou à faire prélever le loyer directement sur le salaire du locataire ;
- prévoit la responsabilité collective des locataires en cas de dégradation d'un élément commun de la chose louée (par exemple, la dégradation d'une douche commune aux locataires des chambres de service) ;
- engage par avance le locataire à des remboursements, sur la base d'une estimation faite unilatéralement par le propriétaire, au titre des réparations locatives ;
- prévoit la résiliation de plein droit du contrat en cas d'inexécution des obligations du locataire pour un motif autre que le non-paiement du loyer, des charges, du dépôt de garantie, la non-souscription d'une assurance des risques locatifs ou la condamnation pour troubles de voisinage ;
- autorise le propriétaire à diminuer ou à supprimer, sans contrepartie équivalente, des prestations mentionnées au contrat (usage du parking ou du jardin, par exemple) ;
- autorise le propriétaire à percevoir des amendes ou des pénalités en cas d'infraction aux clauses du bail ou du règlement intérieur de l'immeuble ;
- interdit au locataire l'exercice dans le logement d'une activité politique, syndicale, associative ou confessionnelle ;
- impose au locataire la facturation de l'état des lieux de sortie dès lors que celui-ci n'est pas établi par un commissaire de justice dans le cas prévu par l'article 3-2 ;
- interdit au locataire de rechercher la responsabilité du propriétaire ou exonère le propriétaire de toute responsabilité ;
- interdit au locataire d'héberger des personnes ne vivant pas habituellement avec lui ;
- impose au locataire le versement, lors de l'entrée dans les lieux, d'une somme d'argent en plus du dépôt de garantie et de la commission de l'intermédiaire ;
- fait supporter au locataire des frais de relance ou d'expédition de la quittance ainsi que les frais de procédure ;
- rend automatiquement le locataire responsable des dégradations constatées dans le logement ;

- interdit au locataire de demander une indemnité lorsque le propriétaire réalise des travaux pendant plus de 21 jours ;
- permet au propriétaire de mettre fin au bail au moyen d'une simple ordonnance de référé ;
- impose au locataire, en surplus du paiement du loyer pour occupation du logement, de souscrire un contrat pour la location d'équipements.

Cette très longue liste n'est pas limitative. Il existe d'autres clauses réputées non écrites comme celle qui interdit au locataire d'héberger des animaux familiers dans le logement, à l'exception des chiens d'attaque (Loi 70-598 du 9-7-1970 art. 10 ▶275).

Clauses abusives ou illicites

16 Certaines clauses qui ont pour objet notamment de porter atteinte aux droits des locataires sont considérées comme abusives et leur application écartée par le juge. La réglementation des clauses abusives ne concerne que les locations conclues entre un professionnel et un non-professionnel (C. consom. art. L 212-1 ▶265 ; CA Chambéry 19-1-2000 n° 97-472 ▶311).
La commission des clauses abusives recommande que soient éliminées des contrats de location non saisonnière de logement meublé constituant la résidence principale du locataire un certain nombre de clauses considérées comme abusives (Recommandation 13-01 : BOCCRF du 19 septembre 2013). Ces recommandations de la commission n'ont aucun caractère impératif (CA Paris 11-2-2009 n° 07-9951 : RJDA 7/09 n° 683). Elles ont pour but d'inciter les professionnels à modifier ou à supprimer les clauses abusives de leurs contrats et d'informer les consommateurs sur les dangers de ces clauses. Le juge peut s'y référer en cas de contentieux pour déclarer abusives les clauses d'un contrat.
A ainsi été jugée abusive la clause du contrat de location meublée conclu entre un bailleur professionnel et un locataire non professionnel imposant au locataire de supporter la totalité des dépenses et charges incombant normalement au bailleur (Cass. 3e civ. 17-12-2015 n° 14-25.523 ▶340).

Diagnostics techniques

17 Le **dossier** de diagnostic technique (plomb, performance énergétique et risques technologiques et naturels) qui doit être fourni par le bailleur et **annexé au contrat** d'une location vide doit l'être également dans le cadre des locations meublées à usage de résidence principale (Loi 89-462 du 6-7-1989 art. 3-3 sur renvoi art. 25-3, al. 2 ▶276). Il est communiqué au locataire par voie dématérialisée, sauf opposition explicite de l'une des parties au contrat (Loi 89-462 art. 3-3).

> Les annonces relatives aux locations meublées non saisonnières diffusées par voie de presse écrite, par internet ou affichées en agence doivent mentionner le **classement énergétique** des locaux (CCH art. 126-21 et R 126-22).

Selon la date de construction de l'immeuble ou son lieu d'implantation, le dossier de diagnostic technique comprend le **diagnostic de** performance énergétique prévu à l'article L 126-26 et suivants du Code de la construction et de l'habitation, le **constat de risque d'exposition au plomb** prévu aux articles L 1334-5 et L 1334-7 du Code de la santé publique, une copie d'un état mentionnant l'absence ou, le cas échéant, la présence de matériaux ou produits de la construction contenant de l'amiante et l'état de l'installation intérieure d'**électricité** et de **gaz**. Bien que cette obligation n'entrera en vigueur qu'à compter de la parution du décret, il semble plus prudent, dans l'hypothèse où un diagnostic aurait été précédemment réalisé, de l'annexer au contrat de bail et ou de préciser la situation de l'immeuble au regard de la réglementation concernant l'amiante, au vu des risques encourus pour la santé des locataires.

Depuis le 1er janvier 2023, le dossier diagnostic technique sera complété à chaque changement de locataire par l'état des risques, dans les zones mentionnées au I de l'article L 125-5 du Code de l'environnement. Il s'agit des zones délimitées par un plan de prévention des risques technologiques (C. envir. art. R 515-45 et R 515-46), par un plan de prévention des risques naturels prévisibles (C. envir. art. L 562-1, II-1° et 2°, L 562-2 et R 562-9), et par un plan de prévention des risques miniers (C. envir. art. L 562-2 et R 562-9), une zone de sismicité 2, 3, 4 ou 5 (C. envir. art. R 563-4, I et D 563-8-1), ou une zone à potentiel radon significatif (de niveau 3) (CSP art. L 1333-22 et R 1333-29) et également les zones exposées au recul du trait de côte délimitées par un plan local d'urbanisme, un document en tenant lieu ou une carte communale, ou déterminées par une carte de préfiguration (C. urb. art. L 121-22, L 121-22-3, L 121-22-6 et L 121-22-7 ; Loi 89-462 art. 3-3 ; Loi 2021-1104 du 22-8-2021 art. 236). En cas de manquement du bailleur à son obligation d'information de l'existence de ces risques ou du défaut d'intégration de cet état dans le diagnostic technique, le locataire peut demander au juge de prononcer la résolution du bail ou une diminution du loyer (Loi 89-462 art. 3-3 ; C. envir. art. L 125-5, V ; CA Paris 27-5-2014 n° 13/14291 ; pour un exemple de réduction de loyer : CA Paris 2-10-2013 n° 11/20383 ou CA Nîmes 29-11-2012 n° 11/03971).
L'état des risques doit avoir moins de 6 mois et être remis lors de la première visite de l'immeuble au potentiel locataire (C. envir. art. R 125-25, II). Il est actualisé par le bailleur dès lors que les informations ne sont plus exactes à la date du contrat de bail, auquel il doit être annexé (C. envir. art. R 125-25, II). Le contenu de l'état des risques est mentionné aux articles R 125-24 et R 125-26 du Code de l'environnement. Les fiches d'information sur le risque sismique et ou le risque sur le radon sont disponibles sur le site www.georisques.gouv.fr. Un modèle de l'état des risques est disponible via le portail Géorisques.
En cas de location d'un bien immobilier situé dans des zones à risques,les annonces immobilières, quel que soit leur support de diffusion, doivent faire état des risques auxquels sont soumis les bâtiments loués (C. envir. art. R 125-25, I).
Si le logement loué se situe dans l'une des **zones de bruit d'un aéroport** délimitées par un plan d'exposition au bruit (PEB), le bail doit comporter une clause claire et lisible précisant la zone de bruit où l'immeuble se trouve localisé (C. urb. art. L 112-11 dans sa rédaction antérieure à la loi 2019-1428 du 24-12-2019). Depuis le 1er juin 2020, un document comportant l'indication claire et précise de la zone, l'adresse du site internet où consulter le PEB et la mention de la possibilité de consulter le PEB à la mairie est intégré au diagnostic technique annexé au contrat de location. Ce document n'a qu'une valeur indicative (C. urb. art. L 112-11, III).

Logement décent

18 Le bailleur est tenu de louer un logement décent, c'est-à-dire un logement ne laissant pas apparaître de risques manifestes pouvant porter atteinte à la sécurité physique ou à la santé, exempt de toute infestation d'espèces nuisibles et parasites, répondant à un critère de performance énergétique minimale, progressivement renforcé depuis le 1er janvier 2023, et doté des éléments le rendant conforme à l'usage d'habitation (Loi 89-462 du 6-7-1989 art. 6, al. 1 et 2 sur renvoi art. 25-3, al. 2 ▶276 ; Décret 2002-120 du 30-1-2002 ▶279). Un logement décent répond aux caractéristiques fixées par le décret 2002-120 du 30 janvier 2002 renforcé par le décret 2023-796 du 18 août 2023.
Depuis le 1er janvier 2023, un logement ne peut être qualifié d'« énergétiquement décent » que si sa consommation en énergie finale par mètre carré et par an est inférieure à 450 kWh. Cette consommation d'énergie est estimée par le diagnostic de performance énergétique (CCH art. L 126-26; Décret 2021-19 du 11-1-2021). À compter du 1er janvier 2025, les critères de performance énergétique vont changer. Le logement sera considéré comme décent s'il est au moins classé F. À compter du

1er janvier 2028, il devra au moins être classé E et à compter du 1er janvier 2034, il devra être au moins classé D (CCH art. L 173-1-1). Cette obligation de donner à bail un logement décent est incontournable et le bailleur ne peut pas convenir avec le locataire de l'exécution par ce dernier, même avec une contrepartie, des travaux de mise aux normes (Cass. 3e civ. 3-2-2010 n° 08-21.205 : RJDA 4/10 n° 342, rendu sous l'empire des textes antérieurs mais transposable).
Si le logement ne respecte pas ces normes, le locataire peut, à tout moment durant le bail, exiger du bailleur la réalisation des **travaux** de mise aux normes (sur les travaux d'amélioration voir (▶32)).
En cas de refus du bailleur ou d'absence de réponse pendant 2 mois, la commission départementale de conciliation peut être saisie pour avis par l'une ou l'autre des parties. Locataire et propriétaire peuvent s'adresser directement au juge et lui demander de fixer la nature des travaux à réaliser et leur délai d'exécution. Le juge peut réduire le montant du loyer ou suspendre, avec ou sans consignation, le paiement du loyer et la durée du bail jusqu'à l'exécution de ces travaux (Loi 89-462 du 6-7-1989 art. 20-1 sur renvoi art. 25-3, al. 2 ▶276).

Précisions :
1. Les **organismes débiteurs de prestations familiales** sont habilités à faire vérifier sur place si le logement satisfait aux caractéristiques de décence. Ils pourront être alertés par le maire ou toute association de défense des droits des locataires affiliée à une association siégeant à la Commission nationale de concertation dès lors qu'ils auront été informés de l'existence d'un immeuble non conforme (CSS art. L 542-6, al. 1).
2. La seule alimentation en électricité ne peut pas être considérée comme un équipement ou une installation permettant un **chauffage normal du logement**, de sorte qu'en louant un appartement dépourvu d'appareil de chauffage le bailleur manque à son obligation de délivrer un logement décent même si le contrat de bail prévoit que cette absence est compensée par un loyer réduit. Après avoir posé ce principe, la Cour de cassation, par une précision inédite, a jugé que, cette obligation étant d'ordre public, la clause du contrat de bail prévoyant que le logement est loué sans appareil de chauffage en contrepartie d'un loyer réduit est inefficace (Cass. 3e civ. 4-5-2014 n° 13-17.289 : BPIM 4/14 inf. 287).

État des lieux

19 Les modalités d'établissement des états des lieux d'entrée et de sortie sont les mêmes que celles imposées pour les locations vides (Loi 89-462 du 6-7-1989 art. 3-2 sur renvoi art. 25-3, al. 2 ▶276). Elles sont uniformisées depuis le 1er juin 2016 (Décret 2016-382 du 30-3-2016 ▶281).
L'**établissement** de l'état des lieux intervient lors de la remise ou de la restitution des clés. Un exemplaire doit être remis à chacune des parties sur support papier ou sous forme électronique au moment de sa signature. L'état des lieux est en principe établi contradictoirement et amiablement entre le propriétaire et le locataire (ou par un tiers mandaté par eux). Si cet établissement amiable s'avère impossible, l'état des lieux peut être établi par un commissaire de justice à la demande du propriétaire ou du locataire. Le commissaire de justice devra avertir les parties au moins 7 jours à l'avance par lettre recommandée avec demande d'avis de réception.
Le **contenu** de l'état des lieux est encadré. Pour faciliter la comparaison des états des lieux d'entrée et de sortie, il est prévu soit l'utilisation d'un document unique soit de documents distincts ayant une présentation similaire. L'état des lieux doit porter sur l'ensemble des locaux, meubles et équipements d'usage privatif mentionnés au contrat de bail et dont le locataire a la jouissance exclusive.
Il doit préciser : le type d'état des lieux (d'entrée ou de sortie), la date d'établissement, l'adresse du logement, les coordonnées du bailleur, les coordonnées des personnes mandatées pour réaliser l'état des lieux, les relevés des différents compteurs (eau, gaz, électricité, etc.), le détail des clés

et autres moyens permettant d'accéder aux locaux, la description précise pour chaque pièce et partie du logement de l'état des revêtements des sols, murs et plafonds, des équipements et des éléments du logement (cette description peut être complétée d'observations écrites et de photos), la signature du bailleur et du locataire ou des personnes mandatées ayant réalisé l'état des lieux. Lors de la sortie du logement l'état des lieux précise en outre : la date de l'état des lieux d'entrée, l'évolution de l'état de chaque pièce et partie du logement et la nouvelle adresse du locataire sortant.

Un **droit de rectification** de l'état des lieux est ouvert au locataire pendant 10 jours à compter de son établissement. En cas de refus du bailleur la commission départementale de conciliation peut être saisie. Pendant le premier mois de la période de chauffe, le locataire peut demander que l'état des lieux soit complété par l'état des éléments de chauffage.

En l'**absence** d'état des lieux, le locataire est présumé avoir reçu les locaux en bon état (C. civ. art. 1731 ▶264). Toutefois, le propriétaire qui s'est opposé à l'établissement ou à la remise de l'exemplaire de l'état des lieux devra prouver que le logement était en bon état lors de l'entrée dans les lieux.

La **commission départementale de conciliation** est compétente pour l'examen des litiges relatifs à l'état des lieux (Loi 89-462 du 6-7-1989 art. 25-11 ▶276).

Inventaire du mobilier

20 Un inventaire et un état détaillé du mobilier sont établis lors de la remise et de la restitution des clés en autant d'exemplaires que de parties. Ces documents, établis contradictoirement et amiablement, sont signés par les parties ou par un tiers mandaté par elles et joints au contrat de location (Loi 89-462 du 6-7-1989 art. 25-5 ▶276). Le décret 2015-981 du 31 juillet 2015 fixe la liste des éléments que doit comporter au minimum ce mobilier :

1° Literie comprenant couette ou couverture ;
2° Dispositif d'occultation des fenêtres dans les pièces destinées à être utilisées comme chambres à coucher ;
3° Plaques de cuisson ;
4° Four ou four à micro-ondes ;
5° Réfrigérateur et congélateur ou, au minimum, un réfrigérateur doté d'un compartiment permettant de disposer d'une température inférieure ou égale à - 6 °C ;
6° Vaisselle nécessaire à la prise des repas ;
7° Ustensiles de cuisine ;
8° Table et sièges ;
9° Étagères de rangement ;
10° Luminaires ;
11° Matériel d'entretien ménager adapté aux caractéristiques du logement.

En l'état du droit antérieur, il avait été jugé que, en l'absence de document annexé au bail décrivant les meubles garnissant les lieux et de procès-verbal de constat d'entrée dans les lieux, la location était soumise au régime des baux d'habitation de la loi du 6 juillet 1989 (CA Paris 20-3-2001 n° 99/3636), qu'un bail ne pouvait pas être qualifié de meublé lorsqu'il ne comportait pas d'inventaire contradictoire des meubles (CA Paris 24-4-2003 n° 00/22533 ; CA Paris 9-12-2004 n° 03/11005) ou lorsque l'inventaire des meubles n'était pas signé par le locataire (Cass. 3e civ. 9-2-2005 n° 03-15.128 : RJDA 5/05 n° 515). Cette jurisprudence est susceptible de s'appliquer sous l'empire de la loi actuelle. Dans ce cas, le bail relèvera alors du titre I de la loi de 1989.

La commission départementale de conciliation est compétente pour l'examen des litiges relatifs à l'état du mobilier (Loi 89-462 du 6-7-1989 art. 25-11 ▶276).

Prise en charge des frais lors de la conclusion du bail

21 Les conditions de prise en charge des frais d'établissement du bail sont à peu de chose près les mêmes que celles en vigueur pour les locations vides (Loi 89-462 du 6-7-1989 art. 5 sur renvoi art. 25-3, al. 2 ▶276).

En l'**absence d'intermédiaire** aucuns frais ne peuvent être facturés au locataire (Loi 89-462 du 6-7-1989 art. 4, k et o sur renvoi art. 25-3, al. 2 ▶276).

En **présence d'un intermédiaire**, sa rémunération est en principe à la charge exclusive du bailleur. Toutefois, les honoraires correspondant à la visite du bien, à la constitution du dossier, à la rédaction du bail et à l'établissement de l'état des lieux sont partagés entre le bailleur et le locataire (Loi 89-462 du 6-7-1989 art. 5 sur renvoi art. 25-3, al. 2 ▶276). Le coût d'établissement de l'inventaire du mobilier est compris dans celui de l'établissement de l'état des lieux (Loi 89-462 du 6-7-1989 art. 25-5 ▶276). Le **montant imputé au locataire** ne peut pas excéder celui imputé au bailleur et doit être inférieur ou égal à un plafond par mètre carré de surface habitable. Les honoraires sont dus à compter de la signature du bail, sauf pour les frais liés à l'état des lieux et à l'inventaire du mobilier qui sont dus au moment de la réalisation de la prestation (Loi 89-462 du 6-7-1989 art. 5 sur renvoi art. 25-3, al. 2 ▶276).

Pour les prestations liées à la **visite**, à la **constitution du dossier** et à la **rédaction du bail**, le **montant plafond** imputable au locataire ne peut pas excéder (Décret 2014-890 du 1-8-2014) :

- 12 € par mètre carré de surface habitable pour les logements situés en **zone très tendue**. Cette zone dite « A bis » regroupe Paris et 76 communes de la petite couronne (Arrêté ETLL1417102A du 1-8-2014 annexe) ;
- 10 € par mètre carré de surface habitable pour les logements situés en **zone tendue**, c'est-à-dire dans les communes où s'applique la taxe sur les logements vacants (Décret 2013-392 du 10-5-2013), à l'exclusion des communes comprises dans les zones très tendues ;
- 8 € par mètre carré de surface habitable pour les logements situés **en dehors des zones tendues et très tendues**.

Ces plafonds sont révisables chaque année au 1er janvier par arrêté en fonction de la variation annuelle du dernier indice de référence des loyers (IRL) publié. À ce jour, aucun arrêté n'a été pris.

Les frais d'**établissement de l'état des lieux d'entrée** à l'amiable par un intermédiaire sont plafonnés. Le montant dû par le locataire ne peut excéder celui mis à la charge du bailleur et, en tout état de cause, ne peut être supérieur à 3 € par mètre carré de surface habitable quelle que soit la zone géographique. Ces frais sont dus au moment de la réalisation de la prestation (Loi 89-462 du 6-7-1989 art. 5).

L'**état des lieux de sortie** relève lui de l'article 4, k de la loi de 1989 disposant qu'est réputée non écrite toute clause qui impose au locataire sa facturation. Les frais d'établissement amiable de l'état des lieux de sortie incombent donc au bailleur (Rép. Martinel : AN 15-9-2015 n° 67306).

Lorsque l'**état des lieux** est **établi par un commissaire de justice** faute d'avoir pu être établi à l'amiable et contradictoirement, les frais sont partagés par moitié entre bailleur et locataire. Le tarif d'intervention du commissaire de justice est alors réglementé.

Précisions

1. Le locataire peut prétendre au **remboursement** pour moitié des **frais de rédaction d'acte, d'enregistrement et de publicité** initialement payés sans réserve par lui (Cass. 3e civ. 19-5-1993 : Loyers et copr. 1993 n° 286).

2. Le décret 2023-822 du 25 août 2023 a modifié le décret 2013-392 du 10 mai 2013 et a étendu la liste des communes où s'applique la taxe sur les logements vacants. Ainsi, une **zone tendue** s'entend désormais :

- soit comme une zone d'urbanisation continue de plus de 50 000 habitants où il existe un déséquilibre marqué entre l'offre et la demande de logements entraînant des difficultés sérieuses d'accès au logement sur l'ensemble du parc résidentiel existant, qui se caractérisent notamment par le niveau élevé des loyers, le niveau élevé des prix d'acquisition des logements anciens ou le nombre élevé de demandes de logement par rapport au nombre d'emménagements annuels dans le parc locatif social ;
- soit comme une zone n'appartenant pas à une zone d'urbanisation continue de plus de 50 000 habitants, mais dans laquelle il existe un déséquilibre marqué entre l'offre et la demande de logements entraînant des difficultés sérieuses d'accès au logement sur l'ensemble du parc résidentiel existant, qui se caractérisent notamment par le niveau élevé des loyers, le niveau élevé des prix d'acquisition des logements anciens ou la proportion élevée de logements affectés à l'habitation autres que ceux affectés à l'habitation principale par rapport au nombre total de logements (par exemple une zone touristique).

4. Obligations des parties

22 Les dispositions relatives aux locations vides sont applicables aux locations meublées à usage de résidence principale (Loi 89-462 du 6-7-1989 art. 6 et 7 sur renvoi art. 25-3, al. 2 ▶276). Les obligations listées ne sont pas limitatives, il est donc possible de les compléter par des clauses du bail en prenant soin de ne pas contrevenir aux différentes clauses réputées non écrites ▶15. Les obligations prévues par le Code civil sont également susceptibles de s'appliquer ▶76.

Obligations du bailleur

23 Outre l'obligation de louer un **logement décent** ▶18, le bailleur doit mettre à la disposition du locataire un logement en **bon état d'usage et de réparation** ainsi que les équipements mentionnés au contrat de location en bon état de fonctionnement (Loi 89-462 du 6-7-1989 art. 6, a). Cette obligation est à rapprocher de celle énoncée par le droit commun du louage (C. civ. art. 1720), à la différence qu'en l'espèce elle est d'ordre public. Toutefois, sous réserve que le logement soit conforme aux normes de décence, le locataire peut se charger de la mise en bon état des lieux en échange d'une réduction temporaire de loyer ▶31.On relèvera qu'il n'est pas fait état de la nature des réparations en cause et que, selon la jurisprudence, « le bon état d'usage » serait un état intermédiaire entre l'état d'usage et le bon état. Il a ainsi été jugé que l'état des portes ou fenêtres un peu gauchies trouve sa cause dans l'ancienneté de l'immeuble et ne caractérise pas un mauvais état d'usage (CA Paris 25-2-1982 : Gaz. Pal. 1982 som. p. 376). Ni la connaissance de l'état des lieux par le locataire, ni la prétendue faiblesse du montant du loyer, ni la possibilité de sous-louer, ni l'autorisation donnée au locataire de réaliser des travaux n'exonèrent le bailleur de son obligation de délivrer un logement en bon état d'usage et de réparation avec les équipements mentionnés au contrat de location en bon état de fonctionnement (Cass. 3e civ. 20-9-2006 n° 05-16.243 : RJDA 12/06 n° 1207).

Au cours du bail, le propriétaire doit **entretenir les locaux** en état de servir à l'usage prévu par le contrat et y faire toutes les réparations, autres que locatives, nécessaires au maintien en l'état et à l'entretien normal des locaux loués (Loi 89-462 du 6-7-1989 art. 6 sur renvoi art. 25-3, al. 2 ▶276). Cette obligation concerne tant les parties privatives que les parties communes. Si les travaux durent plus de 21 jours, le locataire peut obtenir une indemnisation (Loi 89-462 du 6-7-1989 art. 4, r sur renvoi art. 25-3, al. 2 ▶276 ; C. civ. art. 1724 ▶264). Le locataire peut aussi demander au juge de faire cesser des travaux à caractère abusif entrepris par le propriétaire du logement loué (Loi 89-462 du 6-7-1989 art. 7, e sur renvoi art. 25-3, al. 2 ▶276).

Obligations du locataire

24 Outre l'obligation de payer le loyer et les charges et l'obligation de s'assurer contre les risques locatifs dont il doit répondre ▶50, le locataire doit notamment prendre en charge l'**entretien courant** du logement et des équipements mentionnés au contrat ainsi que l'ensemble des **réparations locatives** sauf si elles sont occasionnées par vétusté, malfaçon, vice de construction ou force majeure. En principe, le locataire n'a pas à supporter les conséquences de la **vétusté**, c'est-à-dire de l'état d'usure ou de détérioration résultant du temps ou de l'usage normal des matériaux et éléments d'équipement du logement. Depuis le 1er juin 2016, bailleur et locataire peuvent décider d'appliquer une grille de vétusté ayant fait l'objet d'un accord collectif de location même si cet accord n'est pas applicable au logement en cause. La grille retenue doit définir au minimum, pour les principaux matériaux et équipements du bien loué, une durée de vie théorique et des coefficients d'abattement forfaitaire annuels affectant le prix des réparations locatives incombant au locataire (Loi 89-462 du 6-7-1989 art. 7, d sur renvoi art. 25-3, al. 2 ▶276 ; Décret 2016-382 du 30-3-2016 ▶281). À notre avis, l'existence d'une grille de vétusté ne décharge pas le locataire de la vétusté des petits éléments ou accessoires du logement relevant traditionnellement des **menues réparations d'entretien**.
Le locataire doit **laisser exécuter** dans les lieux loués **les travaux** d'amélioration des parties communes ou privatives du même immeuble, les travaux nécessaires au maintien en l'état, à l'entretien normal des locaux loués, les travaux d'amélioration de la performance énergétique ainsi que les opérations préparatoires aux travaux permettant de rendre les logements conformes aux exigences de la décence à réaliser dans ces locaux. Avant le début des travaux, le locataire est informé par le bailleur de la nature des travaux et de leurs modalités d'exécution, par une notification qui lui est remise en main propre ou par lettre recommandée avec demande d'avis de réception (Loi 89-462 du 6-7-1989 art. 7, e sur renvoi art. 25-3, al. 2 ▶276). Comme pour tous les travaux réalisés à l'initiative du propriétaire, une réduction temporaire de loyer est possible si les travaux d'amélioration durent plus de 21 jours (Loi 89-462 du 6-7-1989 art. 4, r sur renvoi art. 25-3, al. 2 ▶276 ; C. civ. art. 1724 ▶264).
Le locataire ne doit pas ne pas transformer les locaux et équipements loués sans l'accord écrit du propriétaire ou, s'agissant des travaux d'adaptation du logement aux personnes en situation de handicap ou de perte d'autonomie, sans demande écrite préalable (Loi 89-462 du 6-7-1989 art. 7, f sur renvoi art. 25-3, al. 2 ▶276).

5. Cautionnement du locataire

25 Le cautionnement relatif à un bail (d'habitation) fait l'objet d'un régime propre applicable au bailler professionnel ou particulier, exclusif de celui mis en place pour la protection de la caution à l'égard des créanciers professionnels (Cass. 3e civ. 17-2-2022 n° 21-12.934 FS-B : BPAT 2/22 inf. 77). **Quel que soit le bailleur**, le cautionnement ne peut pas être cumulé avec une autre garantie souscrite par le bailleur (excepté le dépôt de garantie). Cette interdiction, sanctionnée par la nullité du cautionnement, n'est pas applicable si le locataire est un étudiant ou un apprenti.
Par ailleurs, si le **bailleur** est une **personne morale** autre qu'une société civile de famille (constituée exclusivement entre parents et alliés jusqu'au 4e degré inclus), un cautionnement ne peut être demandé que si le logement est loué à un étudiant ne bénéficiant pas d'une bourse de l'enseigne-

ment supérieur ou si ce cautionnement est apporté par un organisme agréé (Loi 89-462 du 6-7-1989 art. 22-1 sur renvoi art. 25-3, al. 2 ▶ 276 ; Décret 2009-1659 du 28-12-2009). Lorsqu'un cautionnement est possible, le bailleur ne peut pas refuser la caution présentée au motif qu'elle ne possède pas la nationalité française ou qu'elle ne réside pas sur le territoire métropolitain.
Lorsque le **cautionnement** donné est à **durée** indéterminée, la caution est tenue aussi longtemps que le locataire, sauf à dénoncer son engagement au bailleur par lettre recommandée avec demande d'avis de réception : son engagement tombera alors à la fin de la période locative en cours (Loi 89-462 art. 22-1, al. 8). Si le cautionnement est à durée déterminée, la caution est tenue jusqu'au terme de durée.
Pour être valable, le cautionnement d'une personne physique doit faire apparaître, à peine de nullité : le montant du loyer et des conditions de sa révision, la reproduction de l'avant dernier alinéa de l'article 22-1 de la loi de 1989 sur les conditions de résiliation du cautionnement et la reproduction de la mention prévue par l'article 2297 du Code civil selon laquelle la caution s'engage en qualité de caution à payer au créancier ce que lui doit le débiteur en cas de défaillance de celui-ci, dans la limite d'un montant en principal et accessoires exprimé en toutes lettres et en chiffres . La caution personne physique se voit remettre par le bailleur un exemplaire du contrat de location. La caution doit se voir remettre par le bailleur un exemplaire du contrat de location, à peine de nullité du cautionnement (Loi 89-462 art. 22-1, al. 7).

6. Dépôt de garantie

26 Les dispositions relatives aux locations vides sont applicables (Loi 89-462 du 6-7-1989 art. 22 sur renvoi art. 25-3, al. 2 ▶ 276), réserve faite du **montant** du dépôt de garantie qui, pour la location meublée, peut égaler 2 mois de loyer hors charges (Loi 89-462 du 6-7-1989 art. 25-6 ▶ 276).
S'il est **prévu au contrat**, le dépôt de garantie est versé lors de l'entrée dans les lieux. Son montant ne porte pas intérêts au bénéfice du locataire et ne peut pas être révisé durant l'exécution du contrat, ni même au moment du renouvellement. Aucun dépôt de garantie ne peut être demandé si le loyer est payable d'avance pour une période supérieure à 2 mois. Toutefois, si le locataire demande un paiement mensuel du loyer en cours de bail ou lors du renouvellement, le bailleur peut exiger un dépôt de garantie.
Le dépôt de garantie doit être **restitué** dans un délai maximal de 2 mois à compter de la remise des clés par le locataire, déduction faite, le cas échéant, des sommes restant dues au bailleur et des sommes dont celui-ci pourrait être tenu, au lieu et place du locataire, sous réserve qu'elles soient dûment justifiées. Ce délai de restitution est réduit à un mois si l'état des lieux de sortie est conforme à l'état des lieux d'entrée. Dans les immeubles collectifs, le bailleur peut procéder à un arrêté des comptes provisoire et peut conserver une fraction du dépôt de garantie, limitée à 20 %, au-delà du délai légal de restitution ; le solde doit être restitué dans le mois de l'approbation définitive des comptes.
Le **défaut de restitution** dans les délais prévus est sanctionné par le versement au locataire d'une majoration égale à 10 % du loyer par mois de retard. Cette majoration, qui présente un caractère indemnitaire, est conforme à la Constitution (Cons. const. 22-2-2019 n° 2018-766 QPC). Elle n'est pas due lorsque le locataire n'a pas communiqué l'adresse de son nouveau domicile lors de la remise des clés.
En cas de **changement de propriétaire** en cours de bail, la restitution du dépôt de garantie incombe au nouveau bailleur (Loi 89-462 du 6-7-1989 art. 22 sur renvoi art. 25-3, al. 2 ▶ 276).

La **commission départementale de conciliation** est compétente pour l'examen des litiges relatifs au dépôt de garantie (Loi 89-462 du 6-7-1989 art. 25-11 ▶276).

7. Loyer

a. Fixation initiale du loyer

Loyers libres

27 En principe, le montant du loyer des nouvelles locations meublées à usage de résidence principale (première location ou relocation avec changement de locataire) est librement fixé entre le propriétaire et le locataire. Toutefois, lorsqu'un logement de la classe de performance énergétique F ou G fait l'objet d'une relocation, le loyer ne peut excéder le dernier loyer appliqué au précédent locataire (Loi 89-462 du 6-7-1989 art. 17, 17-1 et 17-2).

Loyers encadrés par la loi

28 À titre expérimental, la loi **Élan (cf. plus haut)** a mis en place un dispositif d'encadrement du niveau des loyers applicable jusqu'au 24 novembre 2026 (Loi 2018-1021 du 23-11-2018 art. 140 ▶277 dans sa rédaction issue de loi 2022-217 du 21-2-2022 dite « loi 3DS »: BPIM 2/22 n° 162). Ce dispositif, facultatif, remplace celui issu de la loi **Alur**. Cet encadrement est applicable uniquement sur certains territoires des zones tendues fixés par décret (Loi 2018-1021 du 23-11-2018 art. 140). Il s'applique sur les territoires concernés non seulement après la publication des décrets déterminant les territoires faisant l'objet de l'expérimentation mais aussi après la publication des arrêtés préfectoraux déterminant les loyers de référence. Précisons que ces dispositions concernent aussi les logements meublés.

Le dispositif s'applique à Paris, à Lille et sur le territoire de l'établissement public territorial Plaine Commune (Aubervilliers, La Courneuve, Épinay-sur-Seine, L'Île-Saint-Denis, Pierrefitte-sur-Seine, Saint-Denis, Saint-Ouen-sur-Seine, Stains et Villetaneuse) ; sur le territoire de l'établissement public territorial Est Ensemble (Romainville, Bagnolet, Bobigny, Bondy, Les Lilas, Montreuil, Noisy-le-Sec, Le Pré-Saint-Gervais et Pantin), à Lyon, à Villeurbanne, à Montpellier et à Bordeaux, sur le territoire de la communauté d'agglomération du Pays basque et à Grenoble-Alpes Métropole.

Dans les zones tendues, il convient de distinguer les communes pour lesquelles s'appliquent l'encadrement de l'évolution du montant des loyers (Loi 89-462 du 6-7-1989 art. 18), mais qui ne sont pas entrées dans le dispositif d'encadrement du niveau (Loi 89-462 du 6-7-1989 art. 17-2 et Loi 2018-1021 du 23-11-2018 art. 140) et les communes pour lesquelles s'appliquent les deux dispositifs.

Ce dispositif concerne les **nouvelles locations** ou les **relocations** avec changement de locataire dans les zones géographiques où le marché locatif est particulièrement tendu. En pratique il s'agit de communes soumises à la taxe sur les logements vacants, dont la liste est fixée par le décret 2013-392 du 10-5-2013.

Le dispositif d'encadrement peut être **mis en place sur proposition** des établissements publics de coopération intercommunale (EPCI) compétents en matière d'habitat. Un décret détermine le périmètre du territoire de la collectivité demandeuse dans lequel l'encadrement s'applique. Les conditions suivantes doivent être réunies (Loi 2018-1021 du 23-11-2018 art. 140, I ▶277) :

- un écart important entre le niveau de loyer moyen constaté dans le parc locatif privé et le loyer moyen pratiqué dans le parc locatif social ;
- un niveau de loyer médian élevé ;

- un taux de logements commencés, rapporté aux logements existants sur les 5 dernières années, faible ;
- des perspectives limitées de production pluriannuelle de logements inscrites dans le programme local de l'habitat et de faibles perspectives d'évolution de celles-ci.

Le bailleur qui ne respecte pas les règles définies pour la fixation du loyer s'expose à une amende qui ne peut excéder 5 000 € pour une personne physique, 15 000 € pour une personne morale.

Sur les territoires précités, et à partir des données représentatives des loyers pratiqués produites par les observatoires des loyers, un arrêté annuel du préfet fixe, pour chaque catégorie de logement et par secteur géographique, un **loyer de référence**, un loyer de référence majoré (égal au loyer de référence majoré de 20 %) et un loyer de référence minoré (égal au loyer de référence minoré de 30 %), exprimés par un prix au mètre carré de surface habitable (Loi 2018-1021 du 23-11-2018 art. 140, II ▶277). Pour les locations meublées (hors résidence-services), les loyers de référence, de référence majoré et de référence minoré sont déterminés par application d'une majoration du prix au mètre carré des loyers de référence des logements nus. Cette majoration tient compte des écarts constatés par l'observatoire local des loyers entre les loyers des logements nus et ceux des logements meublés (Loi 2018-1021 du 23-11-2018 art. 140, IV ▶277).

Le loyer de base fixé dans le contrat pour les nouvelles locations ou les relocations ne peut pas excéder le loyer de référence majoré correspondant aux caractéristiques du logement. En deçà de ce plafond de loyer, mentionné nécessairement dans le bail, le loyer est fixé librement par les parties.

Lorsque le loyer fixé est supérieur au loyer de référence majoré, le préfet peut mettre en demeure le bailleur de mettre le contrat en conformité et de restituer le trop-perçu. Si cette mise en demeure reste infructueuse pendant 2 mois, le bailleur encourt une amende maximale de 5 000 € (15 000 € pour les personnes morales). De son côté, le locataire peut engager une action en diminution du loyer (Loi 2018-1021 du 23-11-2018 art. 140, VII ▶277 ; Décret 2019-437 du 13-5-2019 art. 1). Les collectivités ayant choisi de mettre en place l'encadrement des loyers sur leur territoire peuvent désormais, sur délégation de l'État, mettre en oeuvre la procédure de sanction des infractions au dispositif commises par le bailleur (Loi 2018-1021 du 23-11-2018 art 140, VII modifié par loi 3DS du 21-2-2022 art. 85).

Depuis le 1er avril 2022, l'indication des loyers de référence, lorsque le bien loué est situé en zone tendue dans laquelle l'encadrement des loyers « loi Elan » a été mis en place, doit figurer dans les **annonces immobilières professionnelles** (Arrêté ECOC2138946A 26-1-2022 : JO 4-2 texte n° 6). Par ailleurs, la loi relative à la différenciation, la décentralisation, la déconcentration et portant diverses mesures de simplification de l'action publique locale, dite loi « 3DS » a harmonisé le contenu des annonces immobilières publiées par les particuliers avec celui des annonces des professionnels : les annonces doivent mentionner des informations relatives au bien concerné et aux conditions tarifaires de cette mise en location et, dans les territoires où s'applique l'encadrement des loyers, le montant du loyer de référence majoré, le montant du loyer de base et, le cas échéant, le montant du complément de loyer exigé (Loi 89-462 du 6-7-1989 art. 2-1 ; Arrêté LOGL2209519A du 21-4-2022).

29 Un éventuel **complément de loyer** peut être appliqué pour certains logements présentant certaines caractéristiques de localisation ou de confort par comparaison avec les logements de la même catégorie situés dans le même secteur géographique (Loi 2018-1021 du 23-11-2018 art. 140, III-B ▶277 dans sa rédaction issue de loi 2022-1158 du 16-8-2022 art. 13). Les caractéristiques de localisation ou de confort justifiant un complément de loyer doivent réunir les conditions suivantes (Décret 2015-650 du 10-6-2015 modifié par décret 2019-437) :

- elles n'ont pas été prises en compte pour la détermination de loyer de référence correspondant au logement ;
- elles sont déterminantes pour la fixation du loyer, notamment par comparaison avec les logements de la même catégorie situés dans le même secteur géographique (terrasse, jardin par exemple) ;
- elles ne donnent pas lieu à récupération par le bailleur au titre des charges, ni à la contribution pour le partage des économies d'énergie pour les travaux réalisés par le bailleur.

Pour les locations meublées, le complément de loyer tient compte des équipements et services associés aux logements meublés (Loi 2018-1021 du 23-11-2018 art. 140, IV ▶277).

Loyers plafonnés par décret

30 Dans certaines communes situées dans les zones géographiques où le marché locatif est particulièrement tendu un décret peut limiter, chaque année, l'évolution des loyers des **logements vacants qui vont être reloués**. Ce décret de plafonnement peut prévoir des adaptations particulières, notamment en cas de travaux réalisés par le bailleur ou de loyers manifestement sous-évalués (Loi 89-462 du 6-7-1989 art. 18 sur renvoi art. 25-3, al. 2 ▶276).

Un décret limite la hausse des loyers en cas de changement de locataire intervenant entre le **1er août 2023 et le 31 juillet 2024** (Décret 2017-1198 du 27-7-2017 tel que modifié par le décret 2023-642 du 20 juillet 2023 ▶282).

Le plafonnement des loyers vise les logements situés dans les **communes où s'applique la taxe sur les logements vacants** et dont la liste est annexée au décret du 10 mai 2013 relatif à la taxe sur les logements vacants (Décret 2013-392 du 10-5-2013). Le dispositif est donc susceptible de s'appliquer en plus de l'encadrement prévu par la loi Élan ▶28.

Lorsqu'un logement vacant est reloué, dans l'une des communes concernées, le nouveau loyer ne peut pas, sauf exception, dépasser le dernier loyer versé par le précédent locataire. Si aucune révision de loyer n'est intervenue au cours des 12 mois précédant la conclusion du nouveau contrat de location, le loyer appliqué au nouveau locataire ne peut excéder le dernier loyer appliqué au précédent locataire révisé en fonction de la variation de l'**indice de référence des loyers** (IRL). Cette variation de l'IRL est plafonnée entre le 2e trimestre 2023 et le 1er trimestre 2024 à 3,5 % pour le cas général, 2,5 % pour les régions et les départements d'outre-mer et 2 % pour la Corse (Loi 2022-1158 du 16-8-2022 art. 12 tel que modifié par loi 2023-568 du 7-7-2023). Le décret ne s'applique pas aux logements classés F ou G, dont le loyer ne peut faire l'objet d'aucune évolution lors d'une relocation (Loi 89-462 art. 17, II ; Décret 2017-1198 du 27-7-2017 art. 1-1 dans sa rédaction issue du décret 2022-1079 du 29-7-2022).

Lorsque le dernier loyer du précédent locataire faisait l'objet d'une réévaluation étalée dans le temps non encore entièrement appliquée à la fin du bail, le dernier loyer appliqué au précédent locataire s'entend du loyer convenu entre les parties ou fixé par le juge, y compris la fraction non encore réévaluée.

Sont exclus de ce plafonnement par décret les logements faisant l'objet d'une première location et ceux inoccupés par un locataire depuis plus de 18 mois. N'est non plus pas concernée la relocation d'un logement vacant ayant fait l'objet depuis moins de 6 mois de travaux d'amélioration d'un montant au moins égal à la dernière année de loyer.

Dans le champ du plafonnement, la **limitation de l'augmentation des loyers à la variation de l'IRL** est **écartée** en cas de travaux importants ou de loyer manifestement sous-évalué, sous réserve, dans les deux cas, que la consommation en énergie primaire du logement soit inférieure à 331 kWh par mètre carré et par an. Une évaluation énergétique est donc nécessaire, sauf si une consommation inférieure à ce seuil a été constatée par un diagnostic de performance énergétique de moins de 4 ans (Loi 89-462 du 6-7-1989 art. 18 ; Décret 2017-1198 du 27-7-2017 art. 7-1 dans sa rédaction issue du décret 2021-852 du 29-6-2021).

Lorsque le bailleur a réalisé, sur les parties privatives ou sur les parties communes, des **travaux d'amélioration ou de mise en conformité** avec les normes du logement décent, la hausse du loyer ne peut excéder 15 % du coût réel des travaux. Les travaux doivent être d'un montant au moins égal à la moitié de la dernière année de loyer et doivent avoir été réalisés par le bailleur depuis la conclusion du contrat de location initial avec le précédent locataire ou, au cas où le bail a été renouvelé, depuis son dernier renouvellement. Le coût des **travaux** d'amélioration ou de mise en conformité **portant sur les parties communes** est déterminé en fonction des millièmes correspondant au logement. Est **exclu du montant des travaux** pris en compte le coût des travaux d'amélioration du logement convenus entre les parties par une clause expresse du bail et donnant lieu à une majoration du loyer (Loi 89-462 du 6-7-1989 art. 25-9, al. 3 ►276).

Lorsque le dernier loyer appliqué au précédent locataire est **manifestement sous-évalué** : la hausse du loyer ne peut excéder la moitié de la différence entre le montant d'un loyer déterminé par référence aux loyers habituellement constatés dans le voisinage pour des logements comparables et le dernier loyer appliqué au précédent locataire, révisé en fonction de la variation de l'IRL, sauf si une révision est intervenue au cours des 12 mois qui précèdent la conclusion du nouveau contrat de location. Les **logements comparables** servant à la détermination des références de loyer doivent être situés soit dans le même groupe d'immeubles, soit dans tout autre groupe d'immeubles comportant des caractéristiques similaires et situé dans la même zone géographique. Les **références de loyers** à fournir par le bailleur au locataire et qui seront annexées au bail doivent porter non seulement sur des baux conclus récemment, mais également sur des baux conclus depuis plus de 3 ans (Décret 90-780 du 31-8-1990 art. 1-1).

Depuis le 1er janvier 2021, la performance énergétique du logement est prise en compte en cas de nouvelle location ou de renouvellement du bail d'habitation avec augmentation du loyer (Décret 2020-1818 du 30-12-2020 : ce dispositif ne concerne pour autant que les communes dans lesquelles s'applique le décret d'encadrement des loyers).

Lorsque le **loyer** est manifestement **sous-évalué** et que des **travaux** d'amélioration ou de mise en conformité répondant aux caractéristiques indiquées ci-dessus ont été réalisés, le bailleur peut choisir l'option qui lui est la plus favorable.

L'application combinée du décret de plafonnement et de l'encadrement Élan entraîne les conséquences suivantes :

- la révision ou la réévaluation du loyer en cas de **relocation d'un logement** vacant ne peut pas excéder le loyer de référence majoré ;
- dès lors que le précédent locataire supporte un **complément de loyer**, le loyer du nouveau locataire ne peut être révisé qu'en fonction de l'IRL, mais aucune évolution n'est possible si une révision était intervenue au cours des 12 mois qui précèdent la conclusion du nouveau contrat de location.

En cas de litige, la commission départementale de conciliation doit être saisie avant le juge (Loi 89-462 du 6-7-1989 art. 25-11 ►276).

b. Réduction temporaire du loyer en cas de travaux de remise en état

31 Avant de louer, le bailleur doit faire les travaux nécessaires pour que le logement soit décent et en **bon état d'usage**. Toutefois, sous réserve que le logement soit décent, propriétaire et locataire peuvent convenir dans le contrat de bail qu'à l'entrée dans les lieux, en échange d'une réduction temporaire de loyer, le **locataire exécutera à la place du bailleur certains travaux** destinés à mettre le logement en bon état : changer les papiers peints, refaire la peinture, etc. Les travaux de mise aux normes de confort et d'habitabilité ne peuvent pas être mis à la charge du locataire (Cass. 3e civ. 3-2-2010 n° 08-21.205 : RJDA 4/10 n° 342). Pour éviter toute discussion ultérieure, il convient de détailler dans le bail les travaux à effectuer et d'évaluer avec précision leur coût.

Une telle **clause** doit prévoir la durée pendant laquelle le locataire n'aura pas de loyer à payer et, en cas de départ anticipé, les modalités de son dédommagement sur justification des dépenses effectuées (Loi 89-462 du 6-7-1989 art. 6, a sur renvoi art. 25-3, al. 2 ▶276).

c. Ajustement du loyer en cas de travaux d'amélioration

32 Lorsque la réalisation de travaux d'amélioration aux frais du propriétaire ou l'acquisition d'équipements par le propriétaire en sus de l'équipement initial est prévue au bail, les parties peuvent convenir par écrit d'une **majoration du loyer** applicable après exécution de ces opérations (Loi 89-462 du 6-7-1989 art. 25-9, al. 3 ▶276). Cette majoration est définitive. La révision et la majoration de loyer prévues aux I et II du présent article ne peuvent pas être appliquées dans les logements de la classe F ou de la classe G, au sens de l'article L 173-1-1 du Code de la construction et de l'habitation.

d. Révision du loyer

33 La révision du loyer n'est possible que si elle est prévue dans le bail. Elle n'intervient qu'une fois par an à la date convenue entre les parties ou, à défaut, à la date anniversaire du contrat. L'augmentation qui en résulte ne peut pas dépasser la variation de l'**indice de référence des loyers**. Cette variation de l'IRL est plafonnée entre le 3e trimestre 2022 et le 2e trimestre 2023 à 3,5 % pour le cas général, 2,5 % pour les régions et les départements d'outre-mer et 2 % pour la Corse (Loi 2022-1158 du 12-8-2022 art. 12).

Le bailleur doit manifester sa **volonté d'appliquer la révision** du loyer qui prendra effet à compter de cette demande. Le bailleur dispose d'un an pour le faire. À défaut, il est réputé avoir renoncé au bénéfice de la révision pour l'année écoulée (Loi 89-462 du 6-7-1989 art. 17-1, I sur renvoi art. 25-9, al. 1 ▶276).

La révision de loyerest inapplicable pour les logements de la classe de performance énergétique F ou G (Loi 89-462 du 6-7-1989 art. 17-1, III sur renvoi de l'article 25-9 créé par loi 2021-1104 du 22-8-2021).

e. Loyer du bail renouvelé

Augmentation du loyer manifestement sous-évalué

34 Aucune augmentation de loyer n'est possible **en cours de bail**, réserve faite de la révision annuelle et de l'application éventuelle d'une clause sur la réalisation de travaux d'amélioration ou l'acquisition de nouveaux équipements.

35 Le bailleur ne peut demander d'augmentation qu'au **moment du renouvellement du bail** et seulement si le loyer actuel est manifestement sous-évalué par rapport aux loyers pratiqués dans le voisinage pour des logements comparables. Pour les contrats de location renouvelés depuis le 24 août 2022, cette réévaluation est impossible dans les logements de la classe de performance énergétique F ou G (Loi 89-462 du 6-7-1989 art. 17-2).

Le bailleur doit formuler sa **proposition de nouveau loyer** au moins 6 mois avant le terme du contrat par lettre recommandée avec demande d'avis de réception ou par acte de commissaire de justice. À l'appui de sa proposition, le bailleur doit fournir les **références de loyers** justifiant du nouveau montant de loyer demandé. Ces références doivent correspondre aux loyers pratiqués dans le voisinage pour des logements comparables (Loi 89-462 du 6-7-1989 art. 17-2 sur renvoi art. 25-9, al. 2 ▶276 ; Décret 90-780 du 31-8-1990).

En cas de désaccord ou à défaut de réponse du locataire 4 mois avant le terme du contrat, l'une ou l'autre des parties peuvent saisir la **commission départementale de conciliation**. À défaut d'accord constaté par la commission, le juge doit être saisi avant le terme du contrat. À défaut de saisine, le bail est reconduit de plein droit aux conditions antérieures de loyer, éventuellement révisé.

La hausse de loyer convenue entre les parties ou fixée judiciairement **ne peut pas excéder** la plus élevée des deux limites suivantes :

- la moitié de la différence entre le loyer déterminé par référence aux **loyers habituellement constatés dans le voisinage** pour des logements comparables et le loyer appliqué avant le renouvellement du contrat de location révisé en fonction de la variation de l'IRL. Lorsque le dernier loyer du précédent locataire faisait l'objet d'une réévaluation étalée dans le temps non encore entièrement appliquée à la fin du bail, le dernier loyer appliqué au précédent locataire s'entend du loyer convenu entre les parties ou fixé par le juge, y compris la fraction non encore réévaluée ;
- une majoration du loyer annuel égale à 15 % du coût réel des **travaux d'amélioration ou de mise en conformité** avec les normes du logement décent réalisés par le bailleur depuis la conclusion du contrat de location initial avec le précédent locataire ou, au cas où le bail a été renouvelé, depuis son dernier renouvellement. Les travaux réalisés sur les parties privatives ou communes doivent être d'un montant au moins égal à la moitié de la dernière année de loyer. Le coût des travaux portant sur les parties communes est déterminé en fonction des millièmes correspondant au logement. Est exclu du montant des travaux le coût des travaux d'amélioration du logement convenus entre les parties par une clause expresse du bail et donnant lieu à une majoration du loyer (Loi 89-462 du 6-7-1989 art. 25-9, al. 3 ▶276).

Encadrement légal des augmentations de loyer

36 Lors du renouvellement du contrat, la loi Élan prévoit un dispositif d'encadrement des augmentations de loyers dans les **zones géographiques où le marché locatif est particulièrement tendu**. Pour la liste des communes concernées voir ▶28.

Une action en diminution du loyer peut aussi être engagée par le locataire (Loi 2018-1021 du 23-11-2018 art. 140, VI ▶277).

Le **loyer de base** peut être **diminué** s'il est supérieur au loyer de référence majoré, il peut être **réévalué** s'il est inférieur au loyer de référence minoré.

La **proposition de nouveau loyer** doit être faite 5 mois avant la fin du bail si elle émane du locataire ou 6 mois avant si elle émane du bailleur. Cette proposition peut être discutée par référence aux loyers habituellement constatés dans le voisinage pour des logements comparables.

En cas de désaccord ou à défaut de réponse du cocontractant 4 mois avant le terme du contrat, l'une ou l'autre des parties peut saisir la **commission départementale de conciliation**. À défaut d'accord constaté par la commission, le juge doit être saisi avant le terme du contrat. À défaut de saisine, le bail est reconduit de plein droit aux conditions antérieures de loyer, éventuellement révisé.

Pour les locations meublées, la **hausse convenue** entre les parties ou fixée judiciairement **s'applique** au contrat renouvelé. Toutefois, une augmentation supérieure à 10 % s'applique par tiers annuel au contrat renouvelé et lors des renouvellements ultérieurs. La révision éventuelle s'applique à chaque valeur ainsi définie.

Pour les autres collectivités non concernées par loi Élan, le loyer ne peut être réévalué lors du renouvellement du bail que s'il est manifestement sous-évalué ▶35, mais l'augmentation peut être plafonnée par décret (voir ci-après).

Plafonnement par décret de l'augmentation des loyers renouvelés

37 Dans les **zones géographiques où le marché locatif est particulièrement tendu**, un décret peut limiter, chaque année, l'évolution des loyers lors du renouvellement du contrat et pour toute la durée du bail. Ce décret peut prévoir des adaptations particulières, notamment en cas de travaux réalisés par le bailleur ou de loyers manifestement sous-évalués.

En cas de litige, la commission départementale de conciliation doit être saisie avant le juge (Loi 89-462 du 6-7-1989 art. 25-11 ▶276).

Un décret limite la hausse des loyers en cas de renouvellement du bail intervenant entre le 1er août 2023 et le 31 juillet 2024 (Décret 2017-1198 du 27-7-2017 tel que modifié par le décret 2023-642 du 20 juillet 2023 ▶282).

Le plafonnement des loyers vise les logements situés dans les **communes où s'applique la taxe sur les logements vacants** et dont la liste est annexée au décret du 10 mai 2013 (Décret 2013-392 du 10-5-2013). Le dispositif est donc susceptible de s'appliquer en plus de l'encadrement prévu par la loi Élan ▶36.

Au moment du **renouvellement du bail**, une augmentation du loyer n'est possible, dans les **communes concernées**, que si le loyer jusqu'alors fixé est manifestement sous-évalué par rapport aux loyers habituellement constatés dans le voisinage pour des logements comparables situés soit dans le même groupe d'immeubles, soit dans tout autre groupe d'immeubles comportant des caractéristiques similaires et situé dans la même zone géographique.

Prise en compte de la performance énergétique

38 Depuis le 1er janvier 2020, l'augmentation de loyer liée à la sous-évaluation ou à la réalisation de travaux n'est possible que si la consommation en énergie primaire du logement est inférieure à 331 kWh par mètre carré et par an. Une **évaluation énergétique** est nécessaire, sauf si une consommation inférieure à ce seuil a été constatée par un diagnostic de performance énergétique antérieur (Décret 2017-1198 du 27-7-2017 art. 7, 3° ▶282). Depuis le 1er janvier 2021, la performance énergétique du logement est également prise en compte en cas de nouvelle location ou de renouvellement du bail d'habitation avec augmentation du loyer (Décret 2020-1818 du 30-12-2020 : ce dispositif ne concerne que les communes dans lesquelles s'applique le décret d'encadrement des loyers). Voir ▶30

Lorsque le logement appartient à la classe énergétique F ou G (CCH art. L 173-1-1), les dispositions du décret du 20 juillet 2023 ne sont pas applicables (Décret du 27-7-17, art. 1-1). Le loyer ne pourra pas dépasser le dernier loyer appliqué au précédent locataire, sans exception (Loi 89-462 du 6-7-1989 art. 17).

8. Charges locatives

39 Le contrat de bail peut prévoir que le bailleur pourra se faire rembourser par le locataire les charges locatives **accessoires au loyer** principal.
Deux **modes de récupération** sont possibles au choix des parties (Loi 89-462 du 6-7-1989, art. 25-10 ▶276) :

- soit sous forme de **provisions** mensuelles avec régularisation annuelle dans les mêmes conditions qu'une location vide (Loi 89-462 du 6-7-1989 art. 23 sur renvoi art. 25-10 ▶276 ; Décret 87-713 du 26-8-1987) ;
- soit sous forme d'un **forfait** payé en même temps que le loyer. Ce forfait est fixé pour l'année en fonction du montant des charges qui peuvent être récupérées par le bailleur dans les locations vides. Il ne donne lieu ni à complément ni à régularisation, mais peut être révisé chaque année dans les mêmes conditions que le loyer. Le montant du forfait ne doit pas être manifestement disproportionné au regard des charges dont le locataire ou, le cas échéant, le précédent locataire s'est acquitté (Loi 89-462 du 6-7-1989 art. 25-10 ▶276).

9. Paiement du loyer et des charges

40 Est fixé à 3 ans le **délai de prescription** de toutes les actions dérivant d'un contrat de bail, notamment les actions en paiement des loyers et des charges ou les actions en répétition de l'indu. Le délai court à compter du jour où le titulaire d'un droit a connu ou aurait dû connaître les faits lui permettant d'exercer ce droit.
Toutefois, par **exception**, les actions en révision de loyer engagées par le bailleur sont prescrites un an après la date convenue par les parties dans le contrat de bail pour la révision du loyer (Loi 89-462 du 6-7-1989 art. 7-1 sur renvoi art. 25-3, al. 2 ▶276). En pratique, le bailleur qui a « oublié » de réviser le loyer pour l'année N-1 ne pourra au-delà de l'année N réclamer la part de ce loyer correspondant à cette révision oubliée. En revanche, la question se pose de savoir s'il pourra appliquer cette révision oubliée de l'année N-1 pour calculer le montant de loyer exigible l'année N.
La **commission départementale de conciliation** est compétente pour l'examen des litiges relatifs aux loyers et aux charges (Loi 89-462 du 6-7-1989 art. 25-11 ▶276).
Le locataire qui a payé le loyer et les charges peut exiger du bailleur la délivrance d'une **quittance** qui doit être transmise gratuitement chaque fois que le locataire en fait la demande. Cette quittance porte le détail des sommes versées en distinguant le loyer et les charges (plus, éventuellement, le remboursement de l'assurance souscrite pour le compte du locataire ▶50). Si le locataire effectue un paiement partiel, le bailleur est tenu de délivrer un reçu. Aucun frais lié à la gestion d'un avis d'échéance, de la quittance ou du reçu ne peut être facturé au locataire (Loi 89-462 du 6-7-1989 art. 21 sur renvoi art. 25-3, al. 2 ▶276).

10. Renouvellement et fin du bail

Poursuite du bail

41 En l'**absence de congé** délivré par le bailleur ou le locataire, le contrat est reconduit tacitement pour un an. Il en va ainsi même si le contrat initial était d'une durée supérieure. Si la durée du bail d'un étudiant a été réduite à 9 mois, il n'y a pas de reconduction tacite (Loi 89-462 du 6-7-1989 art. 25-7 ▶276).

Lorsque le bailleur souhaite **modifier les conditions du bail** lors du renouvellement, il doit en informer le locataire 3 mois avant l'échéance. Si le locataire accepte les nouvelles conditions, le contrat est renouvelé pour un an (Loi 89-462 du 6-7-1989 art. 25-8 ▶276). Ces dispositions spécifiques (notamment le délai de 3 mois) ne sont pas compatibles avec celles relatives aux propositions d'augmentation du loyer à l'occasion du renouvellement ▶35 et ▶36.

Clause de résiliation du bail

42 En principe, tout bail d'habitation y compris la location meublée contient une clause résolutoire permettant la résiliation de plein droit du contrat en cas d'impayés du loyer, des charges ou du dépôt de garantie aux termes convenus (Loi 89-462 du 6-7-1989 art. 24 sur renvoi art. 25-3). L'insertion d'une telle clause était jusqu'à présent facultative. La loi «anti-squat » du 27 juillet 2023 la rend désormais **obligatoire** depuis le 29 juillet 2023. La clause de résiliation ne peut porter que sur le non-paiement du loyer, des charges, du dépôt de garantie, la non-souscription d'une assurance des risques locatifs ou le non-respect de l'obligation d'user paisiblement des locaux loués, résultant de troubles de voisinage constatés par une décision de justice passée en force de chose jugée (Loi 89-462 du 6-7-1989 art. 4, g sur renvoi art. 25-3, al. 2 ▶276).

43 La clause prévoyant la résiliation de plein droit du bail pour **défaut de paiement** du loyer ou des charges au terme convenu ou pour non-versement du dépôt de garantie ne produit effet que six semaines après un commandement de payer délivré par commissaire de justice. Toutes les dispositions relatives à la procédure de constatation de l'acquisition de la clause de résiliation et concernant le régime des locations vides sont applicables aux locations meublées à usage de résidence principale, notamment les conditions de délivrance de l'assignation, les obligations du commissaire de justice, l'information du préfet et des services sociaux, ainsi que les éventuels délais de paiement (Loi 89-462 du 6-7-1989 art. 24 sur renvoi art. 25-3, al. 2 ▶276).

> Précisons que jusqu'au 28 juillet 2023, la clause résolutoire prévue au contrat ne produisait ses effets qu'après un délai de deux mois suivant la signification d'un commandement de payer demeuré infructueux. La loi «anti-squat » du 27 juillet 2023 a réduit ce délai à **six semaines**. Il est de jurisprudence constante que la loi nouvelle régit immédiatement les effets légaux des situations juridiques ayant pris naissance avant son entrée en vigueur et non définitivement réalisée (Cass. ch. mixte 13-3-1981 n° 80-12.125 : Bull. mixte n° 3). Mais dans l'hypothèse où le contrat de bail stipulerait expressément que le délai pour régulariser le commandement est de deux mois, s'agissant d'un ordre public de protection, il nous semble que ce délai plus favorable au locataire devrait être retenu.

44 Le **commandement de payer** doit, à peine de nullité, contenir (Loi 89-462 du 6-7-1989 art. 24, I, al. 2 dans sa rédaction issue de loi 2023-668 du 27-7-2023) :

- la mention que le locataire dispose d'un délai de six semaines pour payer sa dette ;
- le montant mensuel du loyer et des charges ;
- le décompte de la dette ;
- l'avertissement qu'à défaut de paiement ou d'avoir sollicité des délais de paiement, le locataire s'expose à une procédure judiciaire de résiliation de son bail et d'expulsion ;
- la mention de la possibilité pour le locataire de saisir le fonds de solidarité pour le logement de son département, dont l'adresse est précisée, aux fins de solliciter une aide financière ;
- la mention de la possibilité pour le locataire de saisir, à tout moment, la juridiction compétente aux fins de demander un délai de grâce sur le fondement de l'article 1343-5 du Code civil.

Avant la loi Élan, la jurisprudence avait précisé que, outre la sanction, le commandement de payer devait indiquer précisément les manquements reprochés au locataire (Cass. 3e civ. 28-11-1968 : Bull. civ. III n° 498). Le commandement doit être signifié de bonne foi sous peine de ne pas produire d'effet (Cass. 3e civ. 14-12-1994 : Rev. Loyers 1995 p. 211).
Le commandement doit être signifié au locataire par acte de commissaire de justice. Une mise en demeure par simple lettre visant la clause résolutoire de plein droit est sans effet (Cass. 3e civ. 31-5-1994 : Rev. Loyers 1994 p. 495).
Lorsque les obligations résultant du contrat de location sont garanties par un cautionnement, le commandement de payer est signifié à la caution dans un délai de quinze jours à compter de sa signification au locataire. À défaut, la caution ne peut être tenue au paiement des pénalités ou des intérêts de retard (Loi 89-462 du 6-7-1989 art. 24, I, al. 9).

45 Faute de paiement par le locataire dans le délai imparti par le commandement, le bailleur peut assigner ce dernier aux fins de **constatation** de la clause résolutoire et expulsion.
Le commandement de payer ne s'assimilant pas à un congé, le locataire reste tenu du paiement des loyers et charges pendant le délai de préavis de trois mois nonobstant la remise des clés et l'établissement d'un état des lieux avant l'échéance de ce délai (Cass. 3e civ. 26-11-2008 n° 07-18.856 : RJDA 2/09 n° 81).

46 Le bailleur doit, sous peine d'**irrecevabilité de l'assignation** aux fins de constatation de la résiliation, faire notifier celle-ci par commissaire de justice au préfet, par lettre recommandée avec demande d'avis de réception, au moins six semaines (contre deux mois auparavant) avant l'audience afin que celui-ci puisse saisir l'organisme compétent désigné par le plan départemental pour l'hébergement et le logement des personnes défavorisées susceptible d'aider le locataire, qui réalisera un diagnostic social et financier (selon des modalités et avec un contenu qui seront précisés par décret en Conseil d'État), au cours duquel le locataire et le bailleur peuvent présenter leurs observations. Ces observations sont jointes, le cas échéant, audit diagnostic, qui est ensuite transmis au juge avant l'audience ainsi qu'à la commission de coordination des actions de prévention des expulsions locatives (Loi 89-462 du 6-7-1989 art. 24, III dans sa rédaction issue de loi 2023-668 du 27-7-2023).

47 Le **juge** peut, à la demande du locataire, du bailleur ou d'office, accorder des **délais de paiement** dans la limite de trois ans, à la condition que le locataire soit en situation de régler sa dette locative et qu'il ait repris le versement intégral du loyer courant avant la date de l'audience (Loi 89-462 du 6-7-1989 art. 24, V dans sa rédaction issue de loi 2023-668 du 27-7-2023).
Le juge peut également accorder des délais de paiement aux locataires pour lesquels une procédure de traitement d'une situation de surendettement a été engagée (Loi 89-462 du 6-7-1989 art. 24, VI). À cette fin, il invite les parties à lui produire tous les éléments relatifs à l'existence d'une telle procédure.

48 Les **effets** de la clause de résiliation de plein droit ne sont plus automatiquement suspendus par l'octroi de délais de paiement. Il revient désormais au juge ayant accordé ces délais de prononcer la suspension, celle-ci ne pouvant intervenir que si le locataire (ou le bailleur) en fait la demande et uniquement dans la mesure où, avant la date de l'audience, le locataire a repris le versement intégral du loyer en cours. La suspension des effets de la clause résolutoire prend fin dès le premier impayé du locataire ou lorsque celui-ci ne respecte pas le plan d'apurement de sa dette arrêté par le tribunal (Loi 89-462 du 6-7-1989 art. 24, VII dans sa rédaction issue de loi 2023-668 du 27-7-2023).
Si le juge prononce la suspension, il peut alors, dans la limite de trois années, reporter ou échelonner le paiement des sommes dues en prescrivant, le cas échéant, que les sommes dont le paiement est ainsi reporté porteront intérêt à un taux réduit qui ne peut être inférieur au taux légal ou que

les paiements s'imputeront d'abord sur le capital. Il peut également subordonner ces mesures à l'accomplissement, par le locataire, d'actes propres à faciliter ou à garantir le paiement de la dette. En tout état de cause, cette décision du juge suspend les procédures d'exécution qui auraient été engagées par le créancier bailleur (Loi 89-462 du 6-7-1989 art. 24, VII dans sa rédaction issue de loi 2023-668 du 27-7-2023). Si le locataire se libère dans les conditions fixées par le juge, la clause résolutoire est réputée ne pas avoir joué ; dans le cas contraire, elle reprend son plein effet.

Les **facilités de paiement** accordées par le juge ne valent que pour les créances visées par le jugement et ne peuvent pas affecter l'exécution du bail et notamment suspendre les paiements des loyers et des charges postérieurs. En cas de non-paiement des loyers et charges postérieurs, il appartient au bailleur de procéder à un nouveau commandement de payer. Il a ainsi été jugé que l'ordonnance de référé avait suspendu les effets de la clause résolutoire pour le seul paiement des causes du commandement et que, les locataires s'étant acquittés de leurs dettes dans les conditions prescrites, leur expulsion pour non-paiement de dettes postérieures constituait un trouble manifestement illicite qu'il convenait de faire cesser (Cass. 3e civ. 16-6-1993 : Rev. Loyers 1993 p. 364). Si le locataire fait l'objet d'une décision judiciaire d'expulsion, le juge peut lui accorder des délais renouvelables si son relogement ne peut avoir lieu dans des conditions normales. Le juge de l'exécution ou le juge des contentieux de la protection qui prononce l'expulsion peut octroyer un délai qui ne peut être inférieur à un mois (contre trois mois auparavant), sans pouvoir dépasser un an (contre trois ans auparavant). Pour la fixation de ce délai de grâce, le juge pourra désormais prendre en compte le délai prévisible de relogement des occupants des lieux et le délai lié au recours du droit au logement opposable (Dalo) (C. exécution art. L 412-4 dans sa rédaction issue de loi 2023-668 du 27-7-2023).

49 Lorsque le locataire est en **situation d'impayé de loyer** ou de charges locatives sans interruption depuis une durée de **deux mois** ou lorsque la dette de loyer ou de charges locatives du locataire est équivalente à deux fois le montant du loyer mensuel hors charges locatives, le commissaire de justice doit informer la commission de coordination des actions de prévention des expulsions locatives (CCAPEX) de chaque commandement de payer les loyers délivré à la requête des personnes physiques ou des sociétés civiles constituées exclusivement entre parents et alliés jusqu'au quatrième degré inclus, dites « familiales ».

Lors de ce signalement (qui s'effectue par voie électronique), le commissaire de justice précise les coordonnées téléphoniques et électroniques et la situation socioéconomique des occupants au vu des informations en sa connaissance (Loi 89-462 du 6-7-1989 art. 24, I-al. 10 dans sa rédaction issue de loi 2023-668 du 27-7-2023).

Par ailleurs, le **préfet** doit saisir l'organisme compétent désigné par le plan départemental d'action pour le logement et l'hébergement des personnes défavorisées (PDALHPD), suivant la répartition de l'offre globale de services d'accompagnement vers et dans le logement, afin qu'il réalise un diagnostic social et financier pour les locataires ainsi signalés par le commissaire de justice. Le diagnostic est transmis par l'opérateur à la commission de coordination des actions de prévention des expulsions locatives avant l'expiration du délai de 6 semaines devant séparer l'assignation de l'audience (Loi 89-462 du 6-7-1989 art. 24, I-al. 11 dans sa rédaction issue de loi 2023-668 du 27-7-2023).Les procédures d'assignation aux fins de constat de résiliation du bail à l'initiative des bailleurs personnes morales autres que les sociétés civiles constituées exclusivement entre parents et alliés jusqu'au quatrième degré inclus, dites « familiales », sont conditionnées par la saisine de la CCAPEX au moins deux mois avant la délivrance de l'acte (Loi 89-462 du 6-7-1989 art. 24, II dans sa rédaction issue de loi 2023-668 du 27-7-2023).Au moment de l'expulsion, le commissaire de justice chargé de l'exécution de la mesure d'expulsion doit, d'une part, informer la CCAPEX (par l'intermédiaire du préfet) et, d'autre part, indiquer au ménage qu'il lui est possible de saisir la commission de médiation en vue d'une demande de relogement au titre du droit au logement opposable (Dalo) (C. exécution art. L 412-5).

50 Le locataire doit souscrire une **assurance contre les risques locatifs**. Il doit en justifier lors de la remise des clés puis chaque année en remettant au bailleur une attestation d'assurance. La clause prévoyant la résiliation de plein droit du bail pour défaut d'assurance du locataire ne produit effet qu'un mois après un commandement demeuré infructueux. En cas de défaut d'assurance, le bailleur peut renoncer à invoquer la clause de résiliation et souscrire une assurance pour compte en lieu et place du locataire après mise en demeure non suivie d'effet dans le délai d'un mois. Le montant total de la prime d'assurance annuelle, majoré dans la limite de 10 % de son montant (Décret 2016-383 du 30-3-2016), est récupérable par le bailleur, par 12e, à chaque paiement du loyer. Il est inscrit sur l'avis d'échéance et porté sur la quittance remise au locataire. Une copie du contrat d'assurance est transmise au locataire lors de la souscription et à chaque renouvellement du contrat. Lorsque le locataire remet au bailleur une attestation d'assurance ou part avant le terme du contrat d'assurance, le bailleur résilie le contrat souscrit pour le compte du locataire dans le délai le plus bref permis par la législation en vigueur. La prime ou la fraction de prime exigible dans ce délai au titre de la garantie souscrite par le bailleur demeure récupérable auprès du locataire (Loi 89-462 du 6-7-1989 art. 7, g sur renvoi art. 25-3, al. 2 ▶ 276).

Congé du locataire

51 Le locataire peut donner congé à tout moment en respectant un **préavis** d'un mois, y compris lorsque la durée du bail a été réduite à 9 mois pour un étudiant (Loi 89-462 du 6-7-1989 art. 25-8, I ▶ 276).
La résiliation est possible dès la première année de location et non pas seulement lors du bail renouvelé (Cass. 3e civ. 6-4-2005 n° 04-11.374 : RJDA 8-9/05 n° 945 rendu pour l'application de l'ancien article L 632-1 du CCH mais transposable ▶ 325). L'absence de contrat écrit ne dispense pas le locataire de respecter ce préavis d'un mois (Cass. 3e civ. 15-10-2008 n° 07-13.294 rendu pour l'application de l'ancien article L 632-1 du CCH mais transposable ▶ 332).
Le congé n'a pas à être motivé.
Pendant la durée du préavis d'un mois, le locataire est tenu du **paiement du loyer et des charges**, sauf si le logement est reloué avant la fin du préavis. À l'expiration du délai de préavis, le locataire est déchu de tout titre d'occupation du logement loué (Loi 89-462 du 6-7-1989 art. 25-8, I ▶ 276).

Congé du bailleur

52 Le bailleur ne peut donner congé que pour la fin du bail avec un **préavis** de 3 mois (Loi 89-462 du 6-7-1989 art. 25-8, I al. 4 ▶ 276).
Son refus de renouvellement du bail doit être **motivé** par sa décision de reprendre le logement, par celle de vendre le logement ou par un motif légitime ou sérieux (par exemple si le locataire n'exécute pas ses obligations, notamment ne paye pas son loyer). Un congé délivré à défaut d'acceptation d'une augmentation de loyer est nul (Cass. 3e civ. 17-12-2015 n° 14-25.523, solution rendue pour l'application de l'ancien article L 632-1 du CCH mais transposable ▶ 340).
Le congé doit indiquer le motif allégué (Loi 89-462 du 6-7-1989 art. 25-8, I al. 5 ▶ 276). En cas de congé pour reprise, le bailleur doit justifier du caractère réel et sérieux de sa décision de reprendre le logement. Il doit indiquer les nom et adresse du bénéficiaire de la reprise ainsi que la nature du lien existant entre le bailleur et le bénéficiaire de la reprise qui ne peut être que le bailleur, son conjoint, le partenaire auquel il est lié par un Pacs enregistré à la date du congé, son concubin

notoire depuis au moins un an à la date du congé, ses ascendants, ses descendants ou ceux de son conjoint, de son partenaire ou de son concubin notoire.
Pendant la durée du préavis de 3 mois, le locataire n'est redevable du **loyer et des charges** que pour le temps où il a occupé réellement les lieux. À l'expiration du délai de préavis, le locataire est déchu de tout titre d'occupation du logement loué (Loi 89-462 du 6-7-1989 art. 25-8 ▶276, I).

53 Les **locataires âgés et de faibles ressources** font l'objet d'une protection particulière. Le bailleur ne peut pas donner congé à un locataire âgé de plus de 65 ans dont les ressources annuelles sont inférieures au plafond de ressources en vigueur pour l'attribution des logements locatifs conventionnés sans lui proposer un relogement correspondant à ses besoins et à ses possibilités à proximité (Loi 48-1360 du 1-9-1978 art. 13 bis). Le bailleur échappe à cette obligation de proposer un relogement s'il est lui-même âgé de plus de 65 ans ou si ses ressources annuelles sont inférieures au plafond de ressources en vigueur pour l'attribution des logements locatifs conventionnés.
La condition d'âge est appréciée à la date d'échéance du contrat et celle relative aux ressources à la date de notification du congé.
La protection s'applique également lorsque le locataire a **à sa charge une personne remplissant les conditions** d'âge et de ressources requises (Loi 89-462 du 6-7-1989 art. 25-8, II ▶276).

Forme des congés

54 Le congé doit être notifié par lettre recommandée avec demande d'avis de réception ou signifié par acte de commissaire de justice ou remis en main propre contre récépissé ou émargement. Le délai de préavis court à compter du jour de la réception de la lettre recommandée ou de la signification de l'acte d'huissier ou de la remise en main propre (Loi 89-462 du 6-7-1989 art. 25-8, I al. 7 ▶276).

Contestation du congé et sanction

55 La **commission départementale de conciliation** est compétente pour l'examen des litiges relatifs aux congés (Loi 89-462 du 6-7-1989 art. 25-11 ▶276). Sur ce point, la saisine de la commission semble seulement facultative, le juge peut donc être saisi directement.
En cas de contestation par le locataire du congé du bailleur, le **juge** peut, même d'office, vérifier la réalité du motif du congé et le respect des obligations imposées au bailleur. Il peut notamment déclarer le congé non valide si la non-reconduction du bail n'apparaît pas justifiée par des éléments sérieux et légitimes (Loi 89-462 du 6-7-1989 art. 25-8, I ▶276).
Un **congé pour reprendre ou pour vendre frauduleux** est puni d'une amende pénale maximale de 6 000 € pour une personne physique et de 30 000 € pour une personne morale. Le locataire peut se constituer partie civile au procès pénal pour demander réparation de son préjudice (Loi 89-462 du 6-7-1989 art. 25-8, III ▶276).

B. Location meublée « en mobilité »

56 Les logements meublés loués dans le cadre d'un bail mobilité sont régis par les articles 25-12 à 25-18 de la loi 89-462 du 6 juillet 1989 ▶276 .
En outre, les articles 1 (droit au logement), 3-2 (état des lieux), 3-3 (diagnostic technique), 4 (clauses réputées non écrites), 5 (rémunération des intermédiaires), 6 (logement décent), 6-2 depuis le 25 octobre 2020 (consommation de chaleur, de froid et d'eau chaude sanitaire), 7 (obligations du

locataire), 7-1 (prescription) et 8 (cession et sous-location), les I à IV de l'article 8-1 (colocation) et les articles 17 (fixation du loyer ; disposition applicable à compter du 25 août 2022), 18 (encadrement des loyers par décret), 21 (quittance de loyer), 22-1 (cautionnement), 22-2 (documents pouvant être exigés du locataire), 25-4 (logement meublé décent) et 25-5 (inventaire et état détaillé du mobilier) de la loi de 1989 applicables à la location nue ou à la location meublée à usage de résidence principale sont applicables au bail mobilité (Loi 89-462 du 6-7-1989 art. 25-12 ▶ 276).

Et pour le surplus, en cas de problème, c'est le Code civil qui s'applique.

Le bail mobilité ne s'applique ni aux logements-foyers ni aux logements faisant l'objet d'une convention avec l'État portant sur leurs conditions d'occupation et leurs modalités d'attribution.

La **commission départementale de conciliation** n'est pas compétente pour l'examen des litiges portant sur un bail mobilité (Loi 89-462 du 6-7-1989 art. 25-12, al. 4 ▶ 276).

Bénéficiaires

57 Le bail « mobilité » s'adresse aux locataires qui, à la date de la prise d'effet du bail, peuvent justifier être en formation professionnelle, en études supérieures, en contrat d'apprentissage, en stage, en engagement volontaire dans le cadre d'un service civique ou en mission temporaire dans le cadre de leur activité professionnelle (Loi 89-462 du 6-7-1989 art. 25-12, al. 1 ▶ 276). La location de lits dans une chambre partagée pour une clientèle de passage n'est pas un bail mobilité mais une location saisonnière touristique devant respecter les règles du changement d'usage (CA Paris 16-2-2023 n° 22/10149 : BPIM 2/23 inf. 138).

Durée du bail et renouvellement

58 Le contrat de location est conclu pour une durée **minimale** d'un mois et **maximale** de 10 mois, non renouvelable et non reconductible. Cette durée peut néanmoins être modifiée une fois par avenant sans que la durée totale du bail ne dépasse 10 mois. Si, au terme du contrat, les parties concluent un nouveau bail portant sur le même logement meublé, ce nouveau bail est soumis aux dispositions des locations meublées à usage de résidence principale (Loi 89-462 du 6-7-1989 art. 25-14 ▶ 276).

Contenu du contrat

59 Le bail mobilité doit être établi par écrit et doit préciser (Loi 89-462 du 6-7-1989 art. 25-13, I ▶ 276) :

1° Le nom ou la dénomination du bailleur et son domicile ou son siège social ainsi que, le cas échéant, ceux de son mandataire ;

2° Le nom du locataire ;

3° La date de prise d'effet ;

4° La durée du contrat de location ;

5° La consistance, la destination ainsi que la surface habitable de la chose louée, définie par le Code de la construction et de l'habitation ;

6° La désignation des locaux et équipements d'usage privatif dont le locataire a la jouissance exclusive et, le cas échéant, l'énumération des parties, équipements et accessoires de l'immeuble qui font l'objet d'un usage commun, ainsi que des équipements d'accès aux technologies de l'information et de la communication ;

7° Le montant du loyer et ses modalités de paiement ;

8° Le motif justifiant le bénéfice du bail mobilité ;

9° Le montant et la date du versement du dernier loyer appliqué au précédent locataire, dès lors que ce dernier a quitté le logement moins de 18 mois avant la signature du bail ;

10° La nature et le montant des travaux effectués dans le logement depuis la fin du dernier contrat de location ;

11° Une mention informant le locataire de l'interdiction pour le bailleur d'exiger le versement d'un dépôt de garantie.

Le contrat doit en outre comporter une mention selon laquelle le contrat de location est un bail mobilité. À défaut de cette mention ou de l'une des informations prévues aux 4° ou 8°, le contrat de location est soumis aux dispositions des locations meublées à usage de résidence principale.
Un **dossier de diagnostic technique** (plomb, performance énergétique et risques technologiques et naturels) doit être annexé au contrat de bail mobilité dans les conditions exposées au ▶72 (Loi 89-462 du 6-7-1989 art. 3-3).

60 Le bail mobilité peut faire l'objet d'une **colocation** mais sans clause de solidarité entre les colocataires ou leurs cautions (Loi 89-462 du 6-7-1989 art. 25-13, II ▶276).

61 Lorsque l'immeuble est en **copropriété**, le copropriétaire bailleur est tenu de communiquer au locataire les extraits du règlement de copropriété concernant la destination de l'immeuble, la jouissance et l'usage des parties privatives et communes, et précisant la quote-part afférente au lot loué dans chacune des catégories de charges (Loi 89-462 du 6-7-1989 art. 25-13, I ▶276).

Dépôt de garantie

62 Aucun dépôt de garantie ne peut être exigé par le bailleur (Loi 89-462 du 6-7-1989 art. 25-17 ▶276). Le contrat doit comporter une mention rappelant cette interdiction (Loi 89-462 du 6-7-1989 art. 25-13, I-11° ▶276).

Loyer

63 La **fixation** du loyer est libre (Loi 89-462 du 6-7-1989 art. 25-16 ▶276), sauf dans les communes où le dispositif d'encadrement des loyers Élan s'applique (▶28) et dans les communes où le plafonnement des loyers par décret s'applique (Loi 89-462 du 6-7-1989 art. 18 sur renvoi de art. 25-12 ▶276 ; Décret 2017-1198 du 27-7-2017 modifié par décret 2023-642 du 20-7-2023 ▶282).
Pour les contrats de location conclus, renouvelés ou tacitement reconduits depuis le 25 août 2022, lorsqu'un logement de la classe de performance énergétique F ou G fait l'objet d'une nouvelle location, aucune augmentation n'est possible (Loi 89-462 du 6-7-1989 art. 17, II).
Le loyer ne peut pas faire l'objet d'une **révision** en cours de bail (Loi 89-462 du 6-7-1989 art. 25-16 ▶276).

Charges

64 Les charges locatives accessoires au loyer principal sont récupérées par le bailleur sous la forme d'un **forfait**. Celui-ci est versé en même temps que le loyer. Son montant et la périodicité de versement sont définis dans le contrat ; il ne peut pas donner lieu à complément ou à régularisation ultérieure (Loi 89-462 du 6-7-1989 art. 25-18 ▶276).
Le **montant** du forfait de charges est fixé en fonction des charges récupérables par le bailleur au titre des locations nues (Loi 89-462 du 6-7-1989 art. 23 sur renvoi de art. 25-18 ▶276).

Ce montant ne peut pas être manifestement disproportionné au regard du dernier **décompte par nature de charges** rapporté à la périodicité de versement du forfait.

Obligation en cas de mutation

65 En cas de mutation à titre gratuit ou onéreux du logement, le **nouveau bailleur** est tenu de notifier au locataire son nom ou sa dénomination et son domicile ou son siège social ainsi que, le cas échéant, ceux de son mandataire (Loi 89-462 du 6-7-1989 art. 25-13 ▶276).

Congés

66 Le **locataire** peut résilier le bail « mobilité » à tout moment, sous réserve de respecter un délai de préavis d'un mois. Le congé doit être notifié par lettre recommandée avec demande d'avis de réception ou signifié par acte d'huissier ou remis en main propre contre récépissé ou émargement. Le délai de préavis court à compter du jour de la réception de la lettre recommandée ou de la signification de l'acte d'huissier ou de la remise en main propre.

Le locataire est redevable du loyer et des charges pendant tout le préavis, sauf si le logement se trouve occupé avant la fin du préavis par un autre locataire en accord avec le bailleur. À l'expiration du délai de préavis, le locataire est déchu de tout titre d'occupation du logement loué (Loi 89-462 du 6-7-1989 art. 25-15 ▶276).

Le **bailleur**, quant à lui, ne peut pas donner congé au locataire.

C. Location meublée : résidence secondaire du locataire

1. Règles applicables

67 Les locations meublées à titre de résidence secondaire sont régies par la seule **convention des parties** qui peuvent aménager et déterminer comme bon leur semble la durée de la location, le montant du loyer et les conditions de sa révision, les charges récupérables ainsi que les travaux mis à la charge du locataire. Ainsi, les parties peuvent, par accord exprès, soumettre un bail portant sur des locaux meublés au statut des baux d'habitation (Cass. 3e civ. 21-9-2005 n° 950 FS-D : BPIM 2/06 inf. 146 ▶327).

La convention des parties est complétée par plusieurs dispositions législatives ou réglementaires issues de **textes épars**. Les dispositions des articles 1708 à 1762 du Code civil s'appliquent à titre supplétif.

2. Contenu du contrat

Forme du bail

68 Le bail d'une location meublée à titre de résidence secondaire peut être un bail **verbal** ou un bail **écrit**, aucune condition de forme n'est exigée.

Le recours à un acte authentique ou sous seing privé est préférable pour fixer les conditions de la location. Mais le bail peut également être constitué par un échange de lettres qui, si elles sont suffisamment précises, peuvent valoir contrat (CA Dijon 7-4-1992 : Rev. Huissiers 1993 p. 532).
Si la location est verbale, il faut distinguer un bail meublé d'un hébergement à titre précaire et gratuit (Cass. 3e civ. 12-6-2001 n° 98-17.459 F-D ▶316).

69 S'il est écrit, le bail est signé par le bailleur et le locataire. Il comporte les principaux éléments suivants :

- des informations concernant l'identité et la résidence des parties ;
- des clauses et dispositions se rapportant à sa durée, à sa date de prise d'effet, au montant du loyer et aux conditions de sa révision, au montant et à la détermination des charges locatives, au montant du dépôt de garantie, à l'existence d'une caution ;
- une clause résolutoire.

Clauses abusives ou illicites

70 Certaines clauses qui ont pour objet notamment de porter atteinte aux droits des locataires sont considérées comme abusives et réputées non écrites. La réglementation des clauses abusives ne concerne que les locations conclues entre un professionnel au sens juridique ▶6 et un non-professionnel (C. consom. art. L 132-1 ▶265 ; CA Chambéry 19-1-2000 n° 97-472 ▶311).
La commission des clauses abusives a recommandé que soient éliminées des contrats de location à usage d'habitation un certain nombre de clauses considérées comme abusives (Recommandation 80-4 : BOSP du 10 octobre 1980 ; Recommandation 00-01 : BOCCRF du 22 juin 2000).
Ont été jugées comme abusives les clauses suivantes contenues dans un contrat de location meublée (CA Chambéry 19-1-2000 n° 97-472 ▶311) :

- la clause prévoyant le versement d'une indemnité correspondant à 3 mois de loyer en cas de départ anticipé du locataire ou en cas de rupture du contrat du fait du locataire ;
- la clause prévoyant qu'un état des lieux contradictoire et un inventaire sont établis à l'entrée du locataire et qu'à défaut ceux dressés par le bailleur sont réputés valables ;
- la clause imposant au locataire de supporter sans réduction de loyer et sans indemnité les réparations incombant au bailleur.

Sauf dans les contrats de location saisonnière de meublés de tourisme, est réputée non écrite la clause qui interdit la détention d'un animal familier dans un local d'habitation ; l'interdiction des chiens d'attaque est licite quel que soit le type de location (Loi 70-598 du 9-7-1970 art. 10 ▶275).

Inventaire des meubles et état des lieux

71 Un inventaire des meubles et objets divers se trouvant dans les locaux loués doit être annexé au bail.
Lorsqu'un état des lieux est établi, le locataire doit rendre les locaux dans l'état dans lequel il les a reçus, excepté ce qui a été détruit ou dégradé par la vétusté ou la force majeure (C. civ. art. 1730 ▶264).
En l'absence d'état des lieux, le locataire est présumé avoir reçu le logement meublé en bon état de réparations locatives et doit le rendre tel quel, sauf preuve contraire, conformément aux dispositions de l'article 1731 du Code civil ▶264 (Cass. 3e civ. 30-9-1998 n° 1363 PF : RJDA 11/98 n° 1196 ▶303).
Comme le bail, l'inventaire du mobilier et l'état des lieux doivent être signés par le bailleur et le locataire.

Il a été jugé qu'en l'**absence de document annexé au bail** décrivant les meubles garnissant les lieux et de procès-verbal de constat d'entrée dans les lieux, la location est soumise au régime des baux d'habitation vides de la loi du 6 juillet 1989 (CA Paris 20-3-2001 n° 99-3636 ▶ 315). Un bail ne peut pas être qualifié de meublé lorsqu'il ne comporte pas d'inventaire contradictoire des meubles (CA Paris 24-4-2003 n° 00-22533 ▶ 321 ; CA Paris 9-12-2004 n° 03-11005 ▶ 323) ou lorsque l'inventaire des meubles n'est pas signé par le locataire (Cass. 3e civ. 9-2-2005 n° 03-15.128 FS-PB : RJDA 5/05 n° 515 ▶ 324).

Diagnostic technique

72 A priori, en cas de location meublée constituant la résidence secondaire du locataire et ne rentrant pas dans la catégorie de la location saisonnière, plusieurs diagnostics techniques doivent être annexés au bail. Pour l'ensemble des diagnostics nécessaires voir (▶ 17).

3. Durée du bail et congés

73 Les parties peuvent **fixer librement** la durée du bail, choisir un bail à durée déterminée ou à durée indéterminée.

À défaut de durée contractuellement prévue, celle-ci est fixée par l'article 1758 du Code civil ▶ 264 ; le bail d'un appartement meublé est censé être fait à l'année, quand il a été fait à tant par an ; au mois, quand il a été fait à tant par mois ; au jour, quand il a été fait à tant par jour ; ou suivant l'usage des lieux, si rien ne constate que le bail a été fait à tant par an, par mois ou par jour.

74 Lorsque le bail a été conclu pour une **durée déterminée** et qu'il est fait par écrit, il cesse de plein droit à l'expiration du terme fixé, sans qu'il soit nécessaire de donner congé (C. civ. art. 1737 ▶ 264).

Si le locataire reste dans les lieux sans opposition du bailleur après expiration du bail, un nouveau bail se forme, sans donner lieu à un contrat écrit, par tacite reconduction (C. civ. art. 1738 ▶ 264). Ce nouveau bail se trouve soumis aux mêmes conditions et clauses que l'ancien contrat, mais sa durée est indéterminée. L'occupation des lieux par le locataire au-delà du terme prévu doit être effective, non équivoque et connue du bailleur.

75 Quand **aucun terme** n'est **fixé**, le bailleur comme le locataire peuvent donner congé pour mettre fin au bail en respectant le délai de préavis prévu contractuellement.

Si le bail n'est pas écrit ou est muet sur les délais de préavis, le congé doit respecter les délais de préavis fixés par l'usage des lieux (C. civ. art. 1736 ▶ 264).

L'auteur du congé (bailleur ou locataire) doit indiquer à l'autre partie de manière claire sa volonté de mettre fin au bail, mais il n'a pas à motiver sa décision.

Sauf stipulations particulières prévues dans le bail, le congé n'est soumis à aucun formalisme. Il peut résulter d'une lettre simple, d'une lettre recommandée avec demande d'avis de réception ou encore d'un exploit d'huissier. Le formalisme de la lettre recommandée avec demande d'avis de réception est protecteur.

Lorsque le congé émane du bailleur, le locataire d'un appartement meublé doit payer son loyer jusqu'à la fin du préavis même s'il a cessé d'occuper les lieux avant cette date, cette location étant régie par la convention des parties et les dispositions du Code civil car les dispositions de la loi du 6 juillet 1989 ne s'appliquent pas (Cass. 3e civ. 6-11-2001 n° 00-11.040 (n° 1428 D) ▶ 317).

4. Obligations des parties

76 Les obligations des parties prévues par le Code civil s'appliquent à défaut de disposition législative particulière ou de clause contractuelle du bail.

Obligations du bailleur

77 Conformément aux dispositions de l'article 1719 du Code civil ▶264 , le bailleur doit :

- délivrer au locataire la chose louée,
- entretenir cette chose en état de servir à l'usage pour lequel elle a été louée,
- en faire jouir paisiblement le locataire pendant la durée de son bail.

78 Le bailleur doit **délivrer** au locataire **le logement** convenu dans le bail conforme à l'usage auquel il est destiné.
Le logement et les meubles doivent être en bon état de réparation, les équipements ménagers en bon état de fonctionnement et en nombre suffisant (Cass. 3e civ. 16-12-1997 n° 96-14.994 D ▶301).
Il doit délivrer un **logement décent** (C. civ. art. 1719 ▶264, 1 °).
Cet article, qui ne fait pas de référence, pour son application, au critère d'habitation principale vise, à notre avis, toutes les locations meublées non saisonnières.
Un logement décent ne doit pas laisser apparaître de risques manifestes pouvant porter atteinte à la sécurité physique ou à la santé, il doit répondre à un critère de performance énergétique minimale et être doté des éléments le rendant conforme à l'usage d'habitation (Loi 89-462 du 6-7-1989 art. 6, al. 1 ▶276 et 2). Sur la notion de décence voir (▶18).
Les caractéristiques du logement décent sont définies par le décret 2002-120 du 30-1-2002 ▶279 , qui prévoit notamment des **normes minimales de surface** (9 m^2) et **de volume** (20 m^3).
Si le logement ne présente pas les normes de décence ainsi définies, le locataire peut demander sa **mise en conformité** au bailleur sans qu'il soit porté atteinte à la validité du bail en cours.
À défaut d'accord entre le bailleur et le locataire, l'un ou l'autre peut saisir le juge, qui fixera la nature des travaux à effectuer et le délai de leur exécution. Le juge peut réduire le montant du loyer ou suspendre, avec ou sans consignation, le paiement du loyer et la durée du bail jusqu'à l'exécution des travaux (Loi 89-462 du 6-7-1989 art 20-1 ▶276).

79 Le bailleur doit **entretenir le bien** loué en état de servir à l'usage prévu dans le bail et le délivrer en bon état de réparation (C. civ. art. 1719, 2° et 1720, al. 1 ▶264).
Il est tenu, pendant toute la durée du bail, de faire exécuter à ses frais toutes les réparations nécessaires, à l'exception de celles incombant au locataire en raison de leur nature ou d'une clause du contrat de location (C. civ. art. 1720, al. 2 ▶264).
Les travaux incombant au bailleur sont notamment les grosses réparations ainsi que les travaux d'entretien, sauf clause contraire du bail.

80 Le bailleur doit **garantir** à son locataire la **jouissance paisible** des lieux loués pendant toute la durée du bail (C. civ. art. 1719, 3° ▶264).
Il ne peut causer de troubles en gênant l'usage du bien loué, ni changer la forme ou la destination des locaux donnés à bail.

Le locataire doit subir les troubles de jouissance résultant de travaux urgents dont l'exécution ne peut être différée ; lorsque les réparations durent plus de 21 jours, le locataire peut obtenir une diminution du loyer proportionnelle à la durée des travaux (C. civ. art. 1724 ▶264).

Le bailleur doit au locataire une garantie pour tous les **vices ou défauts** du logement loué qui en empêchent l'usage même s'il n'en n'a pas connaissance lors de la conclusion du bail (C. civ. art. 1721 ▶264). Le bailleur n'est pas garant des vices qui rendent seulement l'usage du bien loué moins commode. La garantie couvre les vices cachés existant au jour de la signature du contrat ainsi que les vices qui surviennent pendant la durée du bail. La garantie du bailleur n'est pas due pour des vices apparents ou lorsque le vice survient par le fait ou la faute du locataire ou par suite d'un cas de force majeure.

81 Lorsqu'il existe une **piscine** de plein air enterrée non close privative, neuve ou existante, à usage individuel ou à usage collectif, elle doit être pourvue d'un dispositif de sécurité efficace visant à prévenir le risque de noyade (CCH art. L 134-10 ▶266). Ce dispositif de sécurité est constitué par une barrière de protection, une couverture, une alarme ou un abri, qui doivent répondre à des exigences de sécurité et être installés dans les conditions prévues à l'article D 134-52 du CCH ▶266. Il existe des normes Afnor pour chacun des équipements de sécurité.

L'installateur doit remettre au maître de l'ouvrage une note technique indiquant les conditions de fonctionnement et d'entretien du dispositif de sécurité (CCH art. D 134-53 ▶266).

Obligations du locataire

82 Elles concernent l'usage et l'entretien des locaux meublés loués et le paiement du loyer et des charges.

Le locataire doit **user** de la chose louée **raisonnablement** et suivant la destination qui lui est donnée par le bail (C. civ. art. 1728, 1° ▶264).

Il ne peut commettre d'abus de jouissance, utiliser les lieux loués de manière anormale ou excessive, ni causer au bailleur ou aux tiers une gêne dans la jouissance de leurs biens.

Le locataire doit effectuer les **réparations locatives** ou de **menu entretien** (C. civ. art. 1754 ▶264). Une liste non limitative des réparations locatives est donnée par le Code civil.

Les travaux de menu entretien découlant de l'usage normal des lieux ou des équipements ainsi que les travaux de remise en état nécessités par leur usage abusif sont à la charge du locataire.

Le locataire répond des dégradations ou des pertes qui arrivent pendant sa jouissance à moins qu'il ne prouve qu'elles ont eu lieu sans sa faute (C. civ. art. 1732 ▶264).

Il est soumis à la présomption de responsabilité en cas d'incendie prévue à l'article 1733 du Code civil ▶264 et il est souhaitable qu'il souscrive une **assurance pour les risques locatifs**. L'obligation d'assurance ne s'applique qu'en cas de clause expresse dans le bail (Cass. 3e civ. 20-1-2010 n° 09-65.791 FS-PB ▶337). Depuis le 27 mars 2014, cette obligation s'applique pour les contrats de location meublée à usage de résidence principale.

Ne sont pas réputées locatives les réparations occasionnées uniquement par la vétusté ou la force majeure (C. civ. art. 1755 ▶264).

La règle prévue par l'article 1720, alinéa 2 du Code civil ▶264 selon laquelle les réparations, autres que locatives, sont à la charge du bailleur ▶79 n'est pas d'ordre public et les parties peuvent prévoir une répartition différente.

83 Le locataire doit **payer le prix du bail** aux termes convenus (C. civ. art. 1728, 2° ▶264).

Le montant du loyer ainsi que la date de son règlement sont fixés librement par les parties et sont mentionnés dans le bail.
Le loyer peut être payable d'avance et une clause d'indexation permettant sa révision peut être prévue contractuellement.
Le locataire peut exiger la remise de quittances en contrepartie des règlements effectués.

84 Le locataire doit s'acquitter, en plus du loyer proprement dit, de **charges locatives** correspondant au remboursement de taxes, impôts ainsi que de prestations et fournitures accessoires résultant du bail qui lui sont procurées.
Le **Code civil** ne prévoit pas de dispositions particulières concernant les charges locatives. Il importe donc que la **convention locative** les détermine expressément tant dans leur nature que dans leur quotité. Les parties peuvent faire référence au décret 87-713 du 26-8-1987 applicable aux locations relevant de la loi du 6 juillet 1989 ou se référer à la liste dressée par la commission Delmon (Circ. 76-58 du 30-3-1976 : BO équipement 1976 n° 76-29 bis).
Entrent traditionnellement dans les charges accessoires dont le remboursement est demandé au locataire :

- les charges d'exploitation, d'entretien, et d'une manière générale de fonctionnement de l'immeuble loué ou dont dépendent les lieux loués ;
- les dépenses relatives aux consommations d'eau froide, d'eau chaude, de chauffage collectif ;
- les dépenses de fonctionnement et d'entretien des équipements communs (ascenseurs, espaces extérieurs, etc.) ;
- les dépenses afférentes aux services rendus (gardiennage de l'immeuble, contrat d'entretien des parties communes, etc.) ;
- les taxes et impôts afférents aux lieux loués ou exigibles en raison de la conclusion du bail tels les droits d'enregistrement, la taxe ou redevance d'enlèvement des ordures ménagères, etc.

Les parties peuvent déterminer comme elles le souhaitent quelles charges seront récupérables. Peuvent notamment être mis à la charge du locataire le paiement de toutes les charges de copropriété et le paiement des impôts normalement supportés par le bailleur, comme l'impôt foncier. Toutefois, la rédaction d'une pareille **clause** devra faire l'objet d'une particulière attention car elle sera interprétée strictement par les tribunaux (CA Paris 19-1-1991 : RJDA 6/91 n° 468).
Généralement, les charges correspondent au coût réel des dépenses ; elles peuvent faire l'objet de **provisions**. Les parties sont libres de prévoir une évaluation forfaitaire (le **forfait** est fixé librement, le plus souvent en pourcentage du loyer principal).
Le bail peut également prévoir un **loyer « toutes charges comprises »**. Dans ce cas, le locataire n'a rien à payer en supplément du loyer prévu.

85 Des **garanties de paiement** peuvent être exigées du locataire.
Le bailleur peut demander au locataire de fournir une **caution** pour garantir le paiement du loyer.
En général, le bail prévoit le versement par le locataire d'un **dépôt de garantie** au profit du bailleur dont le montant, fixé librement par les parties, correspond à 2 mois de loyer.
Le dépôt de garantie sert à pallier l'inexécution par le locataire de ses obligations (loyers impayés, réparations locatives, dégradations du mobilier et des locaux loués, etc.). Il ne peut pas être utilisé par le locataire pour régler ses derniers loyers.
Le propriétaire restitue le dépôt de garantie au locataire, en fin de bail, lorsque les locaux sont rendus en bon état.

5. Résiliation du bail

86 En cas d'inexécution par les parties de leurs engagements respectifs, il y a résiliation du bail (C. civ. art. 1741 ▶264).

Dans le cadre d'un contrat de louage, des **clauses de résiliation de plein droit** peuvent être insérées dans le bail, elles ne sont pas forcément automatiques comme dans le bail d'habitation. Elles sont notamment stipulées au profit du bailleur en cas de non-paiement du loyer par le locataire.

Lorsque sont réunies les conditions d'une clause de résiliation de plein droit, celle-ci s'impose au juge, qui ne peut que constater la résiliation du bail sans aucun pouvoir d'appréciation.

En l'**absence de clause expresse**, la résiliation du bail peut être demandée en justice par la partie envers laquelle l'obligation découlant du contrat n'a pas été exécutée. Il appartient dans ce cas au juge d'apprécier si l'importance du manquement soulevé justifie la résiliation du bail.

En cas de résiliation par la **faute du locataire**, celui-ci est tenu de payer le prix du bail pendant le temps nécessaire à la relocation sans préjudice des dommages-intérêts qui ont pu résulter de l'abus (C. civ. art. 1760 ▶264).

Il doit quitter les lieux sous peine d'expulsion.

D. Régime fiscal

1. Imposition des revenus

a. Catégorie d'imposition

87 La location en meublé de chambres ou appartements est une **activité commerciale** sur le plan fiscal. Cette activité relève, au regard de l'impôt sur le revenu, de la catégorie des bénéfices industriels et commerciaux (BIC) et non de celle des revenus fonciers (CGI art. 35, I-5° bis). Cette règle s'applique que l'activité soit exercée à titre habituel ou à titre occasionnel et quelle que soit la qualité du loueur (propriétaire ou locataire principal). Si le loueur est une entreprise passible de l'impôt sur les sociétés, c'est cet impôt qui est applicable. Il en est de même si l'activité de location meublée est exercée par une société civile.

Le fait que le bailleur n'intervienne ni directement ni indirectement dans l'entretien des meubles et ne pénètre jamais dans les locaux loués ne fait pas obstacle à l'imposition dans la catégorie des BIC (BOI-BIC-CHAMP-40-20 n° 1).

88 Les locaux loués doivent comporter tous les éléments **mobiliers** indispensables à une occupation normale par le locataire, les meubles devant être suffisants pour donner aux locaux un minimum d'habitabilité (BOI-BIC-CHAMP-40-10 n° 1 s.).

Constitue par **exemple** une location meublée relevant de la catégorie des BIC la location de logements :

- qui ont été loués à l'aide d'un formulaire de location meublée auquel est annexé un inventaire du mobilier présent dans ceux-ci ;
- et qui sont équipés de plusieurs meubles de nature à leur conférer une habitabilité suffisante tels qu'en l'espèce un réfrigérateur, un four micro-ondes, du nécessaire de couchage, des ustensiles de cuisine et de salle de bains, des luminaires et des rangements.

La conclusion d'un nouveau bail portant la mention « locaux vacants non meublés » ne conduit pas à changer la nature de cette location, dès lors que le loyer stipulé dans ce nouveau bail est supérieur au prix fixé précédemment dans le cadre d'une location meublée (CAA Paris 23-6-2016 n° 14PA05186 ▶341) .

La circonstance que les meubles garnissant des appartements loués **appartiennent à des tiers**, et non au bailleur lui-même, ne suffit pas à priver les locations de leur caractère de location en meublé (CE 10-7-1985 n° 40789 : RJF 10/85 n° 1278 ▶291 ; dans le même sens, CAA Marseille 11-7-2019 n° 17MA03135 : RJF 1/20 n° 3, qui juge sans incidence l'absence d'inscription des meubles à l'actif du bailleur, arrêt définitif : CE (na) 19-6-2020 n° 434490 : RJF 10/20 n° 766). La qualification de location en meublé est toutefois écartée si le bailleur ne tire aucun profit de la présence de meubles (CAA Nantes 14-11-2001 n° 98-1870 : RJF 3/02 n° 265 ▶318).

89 Dans le cas où un propriétaire a consenti un **bail nu** à un **locataire** qui **sous-loue ce bien en meublé**, ces deux baux relèvent de régimes fiscaux différents et sont imposables dans la catégorie qui leur est propre. Les revenus du premier bail conclu dans le cadre d'une location nue restent imposables, pour le propriétaire, dans la catégorie des revenus fonciers, tandis que le second bail de sous-location consenti en meublé sera imposable dans la catégorie des BIC : le fait que la sous-location soit consentie en meublé est sans incidence sur la catégorie d'imposition du propriétaire qui l'a loué nu (Rép. Frassa : Sén. 9-3-2017 n° 23432).

Location en meublé assortie de prestations de services

90 Lorsque la mise à disposition d'un logement meublé s'accompagne de la fourniture de prestations de services annexes, la qualification de la **nature de l'opération** peut être modifiée. En effet, les conventions d'hébergement qui, en raison des services fournis ou proposés, dépassent la simple jouissance du bien sont considérées comme des opérations de louage de services et sont par là même exclues des avantages attachés à la location meublée professionnelle. Cette question se pose principalement pour les opérations réalisées dans le cadre de l'exploitation de résidences de tourisme, de résidences pour étudiants ou pour personnes âgées : voir ▶243 s.
Le caractère de louage de services n'a pas d'incidence sur la catégorie d'imposition, qui reste celle des bénéfices industriels et commerciaux, mais elle emporte des conséquences en matière d'amortissement, de plus-values et de déficit (voir ▶243). Notons également que l'investisseur ne peut pas bénéficier de la réduction d'impôt sur le revenu réservée aux investissements réalisés jusqu'au 31 décembre 2022 dans le secteur de la location meublée non professionnelle ▶118.

b. Exonérations

91 Les personnes qui louent ou sous-louent en meublé une **partie** de leur **habitation principale** peuvent être exonérées à un double titre.
Les deux **exonérations** peuvent parfois se **cumuler** : cas notamment des personnes qui louent en meublé (sous certaines conditions) une partie de leur résidence principale à des lycéens ou des étudiants pendant l'année scolaire et au bénéfice de vacanciers pendant l'été.
L'article 35 bis, I du CGI ▶268 exonère d'impôt sur le revenu jusqu'au 31 décembre 2026 (Loi 2023-1322 du 29-12-2023 art. 38), les produits de la location lorsque les pièces louées constituent pour le locataire sa **résidence principale** ou sa **résidence temporaire**, s'il est salarié saisonnier (ce dernier doit justifier d'un contrat de travail visé à l'article L 1242-2, 3° du Code du travail) et que le **prix** de la location est fixé dans des limites raisonnables. Pour 2024, l'administration considère que cette condition est remplie si le loyer annuel par m^2 de surface habitable, charges non comprises,

n'excède pas 206 € en Île-de-France et 152 € dans les autres régions. Les plafonds ainsi fixés n'ont toutefois, selon nous, qu'un caractère indicatif.

Les **travailleurs saisonniers** sont considérés comme ayant leur résidence temporaire au lieu où ils séjournent dans le but d'exécuter leur contrat de travail conclu en application de l'article L 1242-2, 3° du Code du travail (BOI-BIC-CHAMP-40-20 n° 130).

À noter que l'administration réserve cette exonération aux personnes qui réduisent le nombre de pièces qu'elles occupent dans leur logement principal. Prenant acte de la jurisprudence, elle indique que des pièces qui n'ont pas été précédemment occupées par le bailleur, notamment en raison du fait qu'elles résultent de travaux de réaménagement, peuvent être louées sous le bénéfice de l'exonération si leur affectation à un usage d'habitation au sein de la résidence du bailleur peut être caractérisée. Il suffit donc que la ou les pièce(s) louée(s) ou sous-louée(s) soient incluses dans un bien immobilier affecté à un usage d'habitation. La **condition de pièce au sein de l'habitation principale** suppose également que la ou les pièce(s) louée(s) ou sous-louée(s) ne puissent être regardées comme constitutives de logements indépendants de l'habitation principale. Lorsqu'elles forment un tout indissociable avec l'habitation principale, les dépendances immédiates peuvent être regardées comme des pièces de l'habitation principale. Ainsi, cette exonération est susceptible de s'appliquer aux locations ou sous-locations portant sur des chambres de service aménagées sous les combles dans la mesure où ces pièces peuvent être considérées comme faisant toujours partie de la résidence principale du bailleur ou du locataire principal. Le **caractère indépendant ou non** des pièces louées ou sous-louées s'apprécie notamment eu égard à la configuration, la superficie et la disposition de l'immeuble pris dans son ensemble (entrée autonome, jouissance d'une cuisine ou d'une salle de bain privative, nombre de pièces louées...). En ce qui concerne les critères permettant de considérer que les locaux font partie de l'habitation principale, voir BOI-BIC-CHAMP-40-20 n° 110 et 120 ; Rép. Quéré : AN 5-11-2013 n° 9075 ▶289.

Lorsque la location, ou la sous-location, porte sur des locaux soumis à la **législation** sur les loyers du **1er septembre 1948**, la condition du loyer fixé dans des limites raisonnables est considérée comme remplie, pour le locataire, si le prix de la sous-location qu'il consent n'excède pas 2,5 fois la quote-part, correspondant à la partie sous-louée, du loyer de l'immeuble nu qu'il paye à son propriétaire.

En ce qui concerne le propriétaire qui loue directement en meublé, la même règle doit être adoptée, mais la valeur locative de l'immeuble, déterminée par comparaison avec celle d'immeubles donnés en location, doit alors servir de terme de référence pour l'application du coefficient susvisé (BOI-BIC-CHAMP-40-20 n° 140 et 150).

L'article 35 bis, II du CGI ▶268 exonère d'impôt sur le revenu jusqu'au 31 décembre 2026 (Loi 2023-1322 du 29-12-2023 art. 38) les personnes qui mettent de façon habituelle à la disposition du public une ou plusieurs pièces de leur habitation principale lorsque le produit de la location n'excède pas **760 €** par an (**chambres d'hôtes**). En cas de **dépassement** du plafond de 760 €, les contribuables sont imposables sur la totalité des produits nets retirés de la location, le cas échéant selon le régime spécial des micro-entreprises ▶93.

La **limite** de 760 € s'entend taxes comprises. Doivent en outre être **globalisées** les recettes provenant de la location et de prestations annexes : téléphone, petit-déjeuner. Si ces prestations présentaient un caractère substantiel, l'opération serait constitutive d'un louage de services n'ouvrant pas droit à l'exonération (CAA Nantes 11-4-2000 n° 97-663 : RJF 9-10/00 n° 1045).

C. Règles d'imposition

1° Régime d'imposition

92 Lorsque les produits sont imposables, le régime d'imposition (micro-BIC, auto-entrepreneur, régime simplifié ou régime réel normal) se détermine d'après les **critères ordinaires**, que le loueur soit professionnel ou non.

93 **Loueur soumis au régime des micro-entreprises**. Pour l'appréciation du **régime micro-BIC,** à compter de l'imposition des revenus de 2023, il convient de retenir :

- le seuil de 188 700 € pour les **meublés de tourisme classés** au sens de l'article L 324-1 du Code du tourisme et les **chambres d'hôtes** au sens de l'article L 324-3 du même Code. L'abattement forfaitaire pour frais est égal à 71 % ;
- en principe, le seuil de 15 000 € pour les **meublés de tourisme non classés,** l'abattement forfaitaire pour frais étant alors égal à 30 % (Loi de finances pour 2024 2023-1322 du 29-12-2023 art. 45). Toutefois, afin de limiter les conséquences d'une application rétroactive de ce seuil à des opérations déjà réalisées en 2023 (imposant, le cas échéant, la reconstitution a posteriori d'une comptabilité commerciale), l'administration admet que les contribuables concernés puissent continuer à appliquer pour l'imposition des revenus de 2023 le seuil de 77 700 € et l'abattement forfaitaire de 50 %, prévus antérieurement à la publication de la loi de finances pour 2024 (BOI-BIC-CHAMP-40-20 n° 55, étant néanmoins précisé qu'un recours pour excès de pouvoir a été déposé devant le Conseil d'Etat à l'encontre de cette mesure de faveur). En pratique, les loueurs de meublés de tourisme non classés dont le montant du chiffre d'affaires hors taxe réalisé en 2022 et 2021 est compris entre 15 001 € et 77 700 € peuvent donc demeurer, avec cette mesure de faveur, soumis de plein droit au régime micro-BIC au titre de 2023 ;
- le seuil de 77 700 € pour les **autres activités** de location meublée. Dans ce cas, l'abattement forfaitaire pour frais est égal à 50 %.

Les entreprises qui appliquent un abattement de 71 % pour le chiffre d'affaires provenant de la location de **meublés de tourisme classés** bénéficient d'un **abattement supplémentaire** de 21 % lorsque (Loi de finances pour 2024 précitée art. 45) :

- ces meublés ne sont pas situés dans des zones géographiques se caractérisant par un déséquilibre important entre l'offre et la demande de logements ;
- et le chiffre d'affaires hors taxe, ajusté le cas échéant prorata temporis, afférent à l'ensemble des activités de location de locaux meublés n'excède pas 15 000 € au cours de l'année civile précédente.

En pratique, les loueurs de meublés de tourisme classés qui répondent à ces deux conditions bénéficient, pour l'imposition de leurs revenus de 2023, d'un abattement forfaitaire égal à 92 % (soit 71 % + 21 %). Il ressort des travaux parlementaires que sont visées les locations de meublés de tourisme classés dans des zones rurales dans lesquelles ces locations ne font pas concurrence à l'offre locative de résidences principales et où le maintien d'une offre touristique est un enjeu d'attractivité et de développement économique. Cette mesure est soumise au respect de la réglemention de minimis.
Une **proposition de loi** visant à remédier aux déséquilibres du marché locatif en zone tendue, adoptée en première lecture à l'Assemblée nationale le 29 janvier 2024, prévoit un nouvel aménagement des règles d'imposition des **revenus retirés à compter de 2024** des locations de **meublés de tourisme classés ou non.** A cet égard, le Gouvernement avait déjà annoncé que les règles d'imposition des

loueurs de meublés de tourisme, issues de la loi de finances pour 2024 précitée, ont été adoptées par « erreur ».

Les **abattements** ne peuvent être inférieurs à 305 € (CGI art. 50-0 ▶268).
Le contribuable ne doit pas nécessairement être soumis au régime de la **franchise en base de TVA** prévu à l'article 293 B du CGI pour pouvoir être imposé selon le régime micro-BIC. Cette disposition s'applique à la fois aux exploitants qui dépassent les seuils de la franchise en base et à ceux qui renoncent volontairement à la franchise en base en optant pour un régime réel de TVA (BOI-BIC-DECLA-10-10-10 n° 20).
Le contribuable relevant du régime micro porte directement sur sa **déclaration** de revenus (formulaire 2042) le montant de leur chiffre d'affaires.
Ce régime ne concerne pas les **plus-values** ou **moins-values** provenant de la vente de l'immeuble loué. Ces plus ou moins-values sont soumises au régime des plus-values immobilières des **particuliers** (▶113) si elles sont réalisées par un loueur non professionnel ou à celui des plus-values **professionnelles** (▶108) si elles sont réalisées par un loueur professionnel.

94 Le régime micro-BIC s'applique de **plein droit** au titre de l'année N si le chiffre d'affaires hors taxe de l'année précédente (N - 1) ou de l'avant-dernière année (N - 2) n'excède pas le seuil qui dépend de la nature de l'activité (voir ▶93). En pratique, il convient de se référer à N - 2 dans le cas où le montant du chiffre d'affaires excède le seuil applicable au titre de N - 1.

Remarque : **1.** Les **seuils** sont **actualisés** tous les trois ans. La prochaine révision triennale prendra effet, en principe, à compter du 1er janvier 2026. En cas de modification triennale des seuils, afin de déterminer si le régime micro-BIC s'applique au titre de l'année civile N, il convient d'apprécier le montant du chiffre d'affaires des années de référence, soit l'année civile précédente (N - 1) et le cas échéant la pénultième année (N - 2), par rapport aux nouveaux seuils fixés pour N.
2. Dans le cas où un contribuable exerce des **activités relevant des trois limites** d'application du régime micro-BIC (▶93), celui-ci s'applique de plein droit au titre d'une année N si, l'année précédente (N - 1) ou l'avant-dernière année (N - 2), le chiffre d'affaires global n'excède pas 188 700 € et si :
- le chiffre d'affaires afférent aux activités de location de meublés de tourisme non classés n'excède pas, en principe, 15 000 € ;
- et le chiffre d'affaires afférent aux autres activités de prestations de services n'excède pas 77 700 € (Loi de finances pour 2024 art. 45).

En cas d'**augmentation du chiffre d'affaires**, compte tenu des années de référence à retenir pour l'appréciation des seuils des régimes micro, le régime micro continue de s'appliquer en cas de dépassement du seuil au cours d'une seule année. En pratique, ce régime est applicable de plein droit en N si le montant du chiffre d'affaires de N - 1 excède le seuil d'application à condition qu'il ne soit pas dépassé en N - 2. Il en est de même si le montant du chiffre d'affaires de N - 2 dépasse le seuil d'application alors que celui de N - 1 ne le dépasse pas (BOI-BIC-DECLA-10-10-10 n° 30).
Toutefois, lorsque le montant du chiffre d'affaires dépasse pendant deux années consécutives le seuil applicable (N - 2 et N - 1), le contribuable relève de plein droit d'un régime réel d'imposition en N, quel que soit le montant du chiffre d'affaires réalisé au cours de cette année.
En cas d'**abaissement du chiffre d'affaires** en deçà des seuils du régime micro d'un contribuable relevant d'un régime réel, voir ▶97.

95 Le loueur peut renoncer au régime des micro-entreprises en exerçant une **option pour un régime réel** (simplifié ou normal). Cette option doit être exercée, en principe, dans le délai de dépôt de la déclaration d'ensemble des revenus souscrite au titre de l'année précédant celle au titre de laquelle l'option s'applique, soit, pour être valable en N avant mai-juin de l'année N (avant mai-juin de l'année N + 1 lorsque le loueur était soumis de plein droit à un régime réel d'imposition en N -1) . Dans le cas des **entreprises nouvelles**, cette option peut être exercée jusqu'au dépôt de la déclaration souscrite au titre de l'année de la première période d'activité.

Lorsque l'entreprise n'a pas exercé son option dans le délai imparti par la loi, le Conseil d'État juge qu'elle ne peut pas en demander le bénéfice dans le délai de réclamation prévu à l'article R 196-1 du LPF (CE 26-11-2018 n° 417628 et n° 417630 : RJF 2/19 n° 172).

L'option pour un régime réel d'imposition est **valable un an** et reconduite tacitement chaque année pour un an, tant que le contribuable reste dans le champ du régime micro. Dans le cas contraire, l'option devient caduque. Les entreprises qui désirent renoncer à leur option pour un régime réel d'imposition doivent notifier leur choix à l'administration dans le délai de dépôt de la déclaration des résultats de l'année précédant celle au titre de laquelle la renonciation s'applique.

Exemple : Un contribuable relevant du régime micro en 2024 de plein droit doit opter pour le RSI dans le délai de dépôt de la déclaration d'ensemble des revenus de 2023 souscrite en mai/juin 2024 (ou avant mai-juin 2025, s'il était soumis de plein droit à un régime réel en 2023), pour l'imposition de ses bénéfices selon le régime simplifié au titre de 2024. Cette option est valable pour 2024.
S'il désire revenir sous le régime micro à compter de 2025, le contribuable devra renoncer à son option pour le RSI dans le délai de dépôt de la déclaration de résultats de 2024 (soit en mai 2025). À défaut, son option sera reconduite tacitement pour 2025.

Lorsque le contribuable **change d'activité** en cours d'année, pour passer d'une activité relevant du seuil de 77 700 € et du taux d'abattement de 50 % (location meublée autre que le meublé de tourisme) à une activité relevant du seuil de 188 700 € et du taux d'abattement de 71 % (meublés de tourismeclassés et chambres d'hôtes) ou inversement, il convient de comparer les recettes de chacune de ces périodes au seuil correspondant, ajusté prorata temporis, et d'appliquer à ces recettes leur taux d'abattement respectif, étant précisé que le contribuable ne peut être admis au régime des micro-entreprises pour l'année considérée que dans le cas où aucune des deux limites n'a été franchie (BOI-BIC-DECLA-20 n° 20).

96 L'article 151-0 du CGI ▶ 268 permet aux contribuables relevant du régime micro d'opter pour le **régime de l'auto-entrepreneur**, qui leur permet d'acquitter un versement libératoire de l'impôt sur le revenu, mensuel ou trimestriel, égal à 1,7 % du chiffre d'affaires hors taxe (1 % pour les meublés de tourisme classés et chambres d'hôtes) et de bénéficier du régime micro-social.
Ce régime est ouvert sur option aux exploitants individuels, y compris aux non-résidents (BOI-BIC-DECLA-10-40-10 n° 1), qui respectent les trois conditions suivantes :

- l'entrepreneur est soumis au régime **micro-BIC** prévu à l'article 50-0 du CGI. Selon l'administration, les contribuables placés sous un régime d'exonération totale ou partielle d'impôt sur les bénéfices, au titre, par exemple, de leur implantation dans certaines zones du territoire, ne peuvent opter pour le régime de l'auto-entrepreneur qu'à l'issue de la période d'exonération (BOI-BIC-DECLA-10-40-20 n° 130 à 150) ;
- lorsque l'option est exercée au titre de l'année N, le **montant des revenus nets du foyer fiscal** perçus en N - 2 est inférieur ou égal, pour une part du quotient familial, à la limite supérieure de la deuxième tranche du barème de l'impôt sur le revenu de l'année N - 1, soit 28 797 € pour les revenus de 2023. Cette limite est majorée de 50 % ou 25 % par demi-part ou par quart de part supplémentaire. Le nombre de parts à retenir correspond à la situation du foyer fiscal au titre de N - 2 ;

Exemple : Un loueur en meublé souhaite opter pour le régime de l'auto-entrepreneur à compter de l'exercice ouvert le 1er janvier 2025. Il doit donc comparer, pour une part de quotient familial, le montant des revenus afférents au revenu fiscal de référence de 2023 à la limite de la deuxième tranche du barème 2024 de l'impôt sur le revenu.
Les revenus nets de 2023 de son foyer fiscal (couple sans enfants ouvrant droit à 2 parts) s'élèvent à 45 000 € (chiffre figurant sur l'avis d'imposition relatif aux revenus 2023, reçu en 2024). Ce montant est à comparer à la limite supérieure de la 2e tranche du barème 2024 (applicable aux revenus 2023), soit 28 797 €, majorée de 50 % par demi-part supplémentaire. Par conséquent, le montant des revenus du foyer fiscal ne doit pas être supérieur à : 28 797 × 2 = 57 594 €.
Le loueur est en dessous de cette limite et peut donc bénéficier en 2025 de ce dispositif s'il en respecte les autres conditions.

- l'entrepreneur individuel est soumis au régime, dit **micro-social**, prévu à l'article L 613-7 du Code de la sécurité sociale.

L'**option** doit être **exercée au plus tard** le 30 septembre de l'année précédant celle au titre de laquelle le régime s'applique, ou le dernier jour du troisième mois qui suit celui de la création de l'entreprise. Elle peut être formulée auprès du guichet unique électronique en cas de création d'entreprise.
L'option a pour effet de **libérer de l'impôt** sur le revenu les seuls revenus de l'activité professionnelle pour laquelle elle est exercée. L'impôt dû à raison des autres revenus du foyer fiscal est calculé par application de la règle du taux effectif afin de préserver sa progressivité : ainsi, l'impôt est dans un premier temps calculé sur la base de la totalité des revenus du foyer fiscal mais il n'est effectivement dû que pour la part correspondant aux revenus non soumis au versement libératoire.
Ces revenus doivent néanmoins être reportés sur la **déclaration** de revenus souscrite par le contribuable, y compris dans l'hypothèse où il n'a pas de revenus autres que ceux soumis au versement libératoire.
L'option pour le dispositif du versement libératoire de l'impôt sur le revenu n'emporte aucun effet sur les **plus-values professionnelles** provenant de la cession de biens affectés à l'exploitation, qui demeurent déterminées et imposées dans les conditions de droit commun (BOI-BIC-DECLA-10-40-20 n° 20 et 320).

97 **Loueur soumis à un régime réel d'imposition.** Si le loueur perçoit des recettes, en pratique, comprises entre 77 700 € et 254 000 € (188 700 € et 840 000 € pour les meublés de tourisme classés et les chambres d'hôtes ; sur le seuil pour les meublés de tourisme non classés, voir ▶93), il sera imposable selon le régime du **réel simplifié** et devra souscrire une déclaration de ses revenus professionnels dans les conditions de droit commun.
Au-delà de cette dernière limite, le régime du **réel normal** est applicable de plein droit ; le régime simplifié demeure applicable au titre de la première année de dépassement de la limite.
En cas d'**abaissement des recettes** en deçà des seuils d'application d'un régime réel d'imposition, le régime **micro** s'appliquera au titre de l'année suivant celle au cours de laquelle les recettes ou le chiffre d'affaires sont devenus inférieurs aux limites légales.

Exemple : Un contribuable effectue une activité de location en meublé qui relève du seuil de 188 700 €. L'évolution de son chiffre d'affaires est la suivante :

- en 2022 et 2023, il dépasse les limites fixées pour le micro ;
- en 2024, il est imposé de plein droit au RSI. Son chiffre d'affaires s'abaisse en dessous des limites du régime micro ;

- en 2025, il est soumis au micro de plein droit compte tenu de son chiffre d'affaires en 2024. Mais il peut opter pour le RSI au titre de 2025 avant mai/juin 2026.

S'ils entendent continuer à relever du régime simplifié d'imposition, les contribuables concernés doivent exercer une **option** en ce sens dans le délai de dépôt de la déclaration d'ensemble des revenus de l'année au titre de laquelle l'option s'applique. Cette option est valable pour l'année précédant celle au titre de laquelle elle est exercée.

> **Exemple** : Un contribuable loue plusieurs meublés de tourisme et gîtes ruraux classés meublés de tourisme. Il est placé de droit sous le RSI en 2024 puisqu'il a réalisé un chiffre d'affaires de 192 000 € HT en 2023 et de 189 000 € HT en 2022. Son chiffre d'affaires de 2024 est de 165 000 € HT. Compte tenu du montant du chiffre d'affaires de 2024, il est placé de plein droit sous le régime micro-BIC en 2025. Afin de rester sous le régime simplifié d'imposition des bénéfices au titre de l'exercice 2025, il peut exercer une option avant mai/juin 2026. Cette option sera renouvelée par tacite reconduction pour 2026, sauf renonciation expresse du contribuable avant mai 2026 (voir ▶95). Dans ce cas, il sera donc amené, à cette même date, à exercer l'option pour 2025 et à renoncer à cette option pour 2026.

98 Le **bénéfice imposable** est déterminé dans les conditions de droit commun, après déduction des **charges** de l'exploitation prévues par l'article 39 du CGI.
Sont également déductibles les **amortissements**, mais dans les conditions mentionnées ▶99 s. si le propriétaire de l'immeuble est une personne physique.

> Les immobilisations qui ne se déprécient pas de manière irréversible, tels les **terrains**, ne donnent pas lieu à un amortissement (BOI-BIC-AMT-10-10 n° 180 s.). Il appartient donc au loueur, sous sa propre responsabilité, de ventiler à l'actif de son bilan la valeur de l'immeuble amortissable de celle du terrain d'assiette.

Pour le cas où l'immeuble serait **partiellement occupé** par son propriétaire, voir ▶210.
Lorsque les contribuables relèvent d'un régime réel d'imposition, de plein droit ou sur option, des règles particulières s'appliquent selon qu'ils revêtent la qualité de loueur professionnel ou non professionnel (▶103). Notons toutefois que, dans les deux cas, ils peuvent adhérer à un organisme de gestion agréé et bénéficier des avantages fiscaux correspondants.
Pour le cas où l'immeuble est **démembré**, voir ▶102.

99 Le montant déductible de l'**amortissement des biens loués** (ou mis à disposition sous toute autre forme) par une **personne physique** est limité. Il ne peut pas excéder, au titre d'un même exercice, la différence entre le montant du loyer acquis et celui de l'ensemble des autres charges afférentes aux biens loués (telles que frais d'entretien, de réparation, d'assurances, intérêts, impôts et taxes supportés par le propriétaire) (CGI art. 39 C ▶268).
La **limitation** est appliquée, exercice par exercice, non pas isolément pour chacun des biens loués, mais en prenant en compte l'ensemble des loyers et des charges afférents à tous biens amortissables loués. La fraction d'annuité d'amortissement dont la déduction se trouve, le cas échéant, écartée doit faire l'objet d'une répartition proportionnelle entre les biens pour lesquels la charge d'amortissement excède cette limite (BOI-BIC-AMT-20-40-10-20 n° 100). Il en est de même lorsque le bien loué est décomposé, la fraction d'amortissement non admise en déduction étant répartie proportionnellement entre la structure et le composant.
La limitation s'applique lorsque le bien est loué par une **société de personnes** pour la détermination de la quote-part revenant aux associés personnes physiques. Il en est de même pour les associés personnes morales lorsque le bien n'est pas situé en France ou dans un État partie à l'accord sur l'EEE ayant conclu avec la France une convention d'assistance administrative en vue

de lutter contre la fraude et l'évasion fiscales, étant précisé que la limitation ne s'applique pas à l'entreprise utilisatrice du bien. Lorsque le bien est situé en France ou dans un autre État de l'EEE ayant conclu la convention visée ci-dessus, le montant de l'amortissement est limité, pendant les trois premières années suivant la mise en location, au triple du montant des loyers ; la fraction des déficits revenant aux associés et correspondant aux amortissements déductibles dans cette limite au titre des douze premiers mois d'amortissement est déductible de leurs résultats dans la limite de 25 % des bénéfices imposables au taux de droit commun.

100 La perte du droit à déduction des amortissements n'est que **provisoire** : la fraction exclue au titre d'un exercice peut être déduite du résultat des exercices suivants, en sus de l'annuité normale ou après la durée normale d'utilisation, mais toujours dans le respect de la limite de déduction applicable au titre de l'exercice (CGI art. 39 C, II-3-al. 4 ▶ 268).
Cette règle doit être combinée avec les obligations résultant de la durée de l'amortissement (CGI ann. II art. 30 ▶ 269) et l'obligation d'un amortissement minimal (CGI art. 39 B ▶ 268) : les amortissements, calculés sur la durée normale d'utilisation du bien (et non sur la durée de location), doivent être néanmoins constatés en comptabilité de sorte que, à la clôture de chaque exercice, la somme des amortissements ne soit pas inférieure au montant cumulé des amortissements calculés selon le mode linéaire ; cependant, seul le montant d'amortissement n'excédant pas la limite est déductible.

101 Lorsqu'un bien **cesse** d'être soumis à la **limitation** (par exemple, s'il n'est plus donné en location ou si l'entreprise devient taxable à l'IS), l'amortissement qui n'a pu être déduit selon les modalités prévues ci-dessus est déduit du bénéfice de l'exercice au cours duquel intervient cet événement. Si ce bénéfice n'est pas suffisant, l'excédent d'amortissement est reporté et déduit des bénéfices des exercices suivants (CGI art. 39 C, II-3-al. 2 ▶ 268).
En cas de cession du bien, l'amortissement non déduit majore la valeur nette comptable prise en compte pour le calcul de la plus-value ou de la moins-value de cession (CGI art. 39 C, II-3-al. 2 ▶ 268).

102 **Démembrement de propriété.** Lorsqu'un immeuble a été acquis par deux personnes physiques, l'une acquérant l'usufruit temporaire pour louer ce bien meublé, l'autre acquérant la nue-propriété, ou lorsqu'un immeuble dont la propriété est démembrée est donné en location meublée, la situation de chacun est la suivante.
L'**usufruitier** est imposable dans la catégorie des BIC à raison des revenus procurés par la location meublée, sous déduction des charges (abattement ou charges réelles), dans les conditions de droit commun.
Le **nu-propriétaire** qui ne perçoit aucun revenu n'est pas imposable à ce titre et ne peut déduire aucune charge. Il en est de même si le nu-propriétaire exerce une activité relevant d'un régime réel d'imposition dans la catégorie des BIC et qu'il décide d'inscrire la nue-propriété de l'immeuble à son actif professionnel : en effet, les charges afférentes à cette immobilisation (amortissements, intérêts d'emprunt relatifs à l'acquisition de la nue-propriété, dépenses de réparation) ne sont pas déductibles des résultats dès lors qu'il ne s'agit pas d'un bien affecté à son activité professionnelle (Rép. Warsmann 11-12-2007, non reprise dans la base Bofip-impôts ▶ 288)

2° Plus-values et déficits des loueurs professionnels

103 Les **règles applicables** aux plus et moins-values de cession des immeubles et aux déficits des loueurs professionnels sont les règles de droit commun des bénéfices industriels et commerciaux. Celles applicables aux loueurs non professionnels sont restrictives.

 Éditions Francis Lefebvre 2024

La qualité de loueur professionnel est définie à l'article 155, IV-2 du CGI.

Remarque : Les **critères** retenus par le droit fiscal pour caractériser l'exercice à titre professionnel d'une activité de location en meublé peuvent différer de ceux retenus par le **droit social**. En effet, l'article L 613-1 du Code de la sécurité sociale (CSS) relatif à l'affiliation au régime social des indépendants non agricoles se réfère aux critères posés par le droit fiscal, sauf à l'égard des loueurs de chambres d'hôte et, suite à la réforme opérée par l'article 18 de la loi 2016-1827 du 23 décembre 2016 de financement de la sécurité sociale pour 2017, des loueurs en meublés « touristiques » (référence au seul seuil de 23 000 €). Ainsi, les bénéfices tirés d'une activité de location meublée exercée à titre non professionnel au sens de l'article 155, IV-2 du CGI sont assujettis aux **prélèvements sociaux** au titre des revenus du patrimoine seulement s'ils ne sont pas déjà soumis aux prélèvements sociaux au titre des revenus d'activité et de remplacement en application de la législation sociale précitée (CSS art. L 136-6, I-f) (BOI-BIC-CHAMP-40-10 n° 40).

Définition des loueurs professionnels

104 Seront considérées comme professionnelles les activités de location meublée respectant les deux conditions cumulatives suivantes :

- les **recettes annuelles** retirées de cette activité par l'ensemble des membres du foyer fiscal excèdent 23 000 € ;

  Dans le cas d'un contribuable **fiscalement domicilié** en France, le seuil de 23 000 € doit s'apprécier en tenant compte de l'ensemble des loyers acquis par le contribuable quel que soit le lieu de situation des immeubles affectés à la location meublée (Rép. Philip : AN 31-3-2003 n° 8881). L'administration admet que les contribuables qui ne résident pas fiscalement en France puissent également se prévaloir de cette réponse ministérielle (BOI-CHAMP-40-10 n° 115).

- ces recettes excèdent les **revenus du foyer fiscal** soumis à l'impôt sur le revenu dans les catégories des traitements et salaires au sens de l'article 79 du CGI, des bénéfices industriels et commerciaux autres que ceux tirés de l'activité de location meublée, des bénéfices agricoles, des bénéfices non commerciaux et des revenus des gérants et associés mentionnés à l'article 62 du CGI (CGI art. 155, IV-2 ▶268).

  Pour apprécier le **caractère prépondérant** des recettes de la location meublée, il convient de retenir le revenu net de chacune des autres catégories d'imposition, c'est-à-dire après déduction des charges ou abattements. Les revenus exonérés d'impôt ne sont pas retenus. Les déficits éventuels doivent être pris en compte au titre de l'année au cours de laquelle ils sont réalisés à hauteur de leur montant imputable sur le revenu global en application des dispositions de l'article 156 du CGI. Les déficits des années antérieures ne sont pas pris en compte (BOI-BIC-CHAMP-40-10 n° 160), alors même qu'ils sont imputés sur ces revenus pour la détermination de l'impôt sur le revenu (CE 24-10-2014 n° 375358 ▶339) : par suite, les déficits provenant d'activités commerciales ou non commerciales exercées à titre professionnel doivent être pris en compte au titre de l'année de leur réalisation, à hauteur du montant imputable sur le revenu global ; en revanche, les déficits non professionnels sont pris en compte selon les mêmes règles que celles qui régissent leur report, c'est-à-dire au titre de l'année au cours de laquelle ils s'imputent sur les bénéfices de même nature.
  Pour les **non-résidents**, la prépondérance des recettes s'apprécie en tenant compte de l'ensemble des revenus des contribuables et, plus largement, du foyer fiscal sous réserve que ces revenus soient imposables en France en application de la législation fiscale française et, le cas échéant, des conventions fiscales internationales. Les revenus perçus par les non-résidents imposables uniquement à l'étranger ne sont pas retenus (BOI-BIC-CHAMP-40-10 n° 165).

Les **loyers inscrits au débit des comptes courants des associés** d'une SARL non soumise à l'IS, lorsque les associés louent eux-mêmes les logements de la société, ne peuvent pas être pris en compte dans les recettes de l'activité de location meublée, en l'absence de contrat de location, de décompte précis des périodes louées et de versement de la taxe de séjour (CAA Paris 9-11-2018 n° 18PA03047 ; CE (na) 3-6-2019 n° 426943 : RJF 8-9/19 n° 743).

Les loueurs en meublé sont donc considérés comme **loueurs non professionnels** lorsque le montant des recettes annuelles retirées de cette activité par le foyer fiscal est soit inférieur ou égal à 23 000 € soit inférieur à celui des autres revenus d'activité du foyer fiscal.

Remarque : La **condition d'inscription au registre du commerce** et des sociétés d'un des membres du foyer fiscal en la qualité de loueur professionnel est supprimée (Loi 2019-1479 du 28-12-2019 art. 49). Elle avait été jugée inconstitutionnelle et, en pratique, ne s'appliquait plus depuis le 9 février 2018 (Cons. const. 8-2-2018 n° 2017-689 QPC : RJF 4/18 n° 417).

105 En cas de **commencement d'activité en cours d'année**, les recettes sont ramenées à l'année, soit 365 jours.
Cet ajustement doit être effectué distinctement, pour chaque immeuble loué, l'année de la mise en location.
Selon l'administration, la **location** est **réputée commencer** à la date d'acquisition de l'immeuble ou à la date de son achèvement s'il est postérieur (BOI-BIC-CHAMP-40-10 n° 170). Mais le Conseil d'État considère que la date de début d'activité est celle de la signature du bail qui correspond à la première opération d'exploitation de l'entreprise (CE 5-10-2007 n° 293475 : RJF 12/07 n° 1378 ; dans le même sens, CAA Lyon 29-8-2013 n° 12LY03152 : RJF 1/14 n° 3, qui retient la date de location effective).
L'introduction d'une présomption de début d'activité dès l'acquisition de l'immeuble peut aboutir, comme le montre l'exemple ci-dessous, à des conséquences rigoureuses dans l'hypothèse où le logement n'est pas immédiatement loué.
Exemple : Un contribuable procède à l'acquisition d'un premier immeuble achevé le 1er juillet N dont la mise en location réelle débute le 1er septembre de la même année. Le montant des recettes s'élève en N à 8 000 € (2 000 € mensuels).
Il a acquis un immeuble en Vefa le 1er décembre N – 1. Cet immeuble est livré et mis en location le 1er juillet N + 1. Le montant des recettes s'élève en N + 1 à 12 000 € (2 000 € mensuels).
Le montant des recettes à prendre en compte pour l'appréciation du caractère professionnel de l'activité est :

- pour N de : 8 000 × 365 / 184 = 15 870 € ;
- pour N + 1 de : 24 000 € pour le premier immeuble et 24 199 € (12 000 × 365 / 181) pour le second, soit un total de 48 199 €.

Notons que si la date de début d'activité retenue était celle du début effectif de la location, le montant des recettes à retenir aurait été pour N de :
8 000 × 365 / 122 = 23 934 €.
Ce système de prorata temporis ne s'applique pas lors de la cessation de location d'un seul immeuble si une activité de location meublée est poursuivie par le contribuable. Il ne s'applique que l'année au cours de laquelle intervient la **cessation totale de l'activité** de location meublée.

106 L'administration (BOI-BIC-CHAMP-40-10 n° 110 à 140) applique les solutions suivantes pour l'appréciation du seuil de 23 000 € :
1. Les **recettes brutes** à comparer au montant de 23 000 € s'entendent du total des loyers du foyer fiscal, appréciés taxes comprises. Il convient de prendre en compte le montant des loyers acquis,

le cas échéant, charges comprises, au titre de l'année civile, à l'exclusion des recettes qui ne sont pas directement liées à l'activité de location (produits financiers, subventions, etc.). Les éventuelles indemnités d'assurance perçues en cas de défaillance du locataire doivent être retenues ;
2. Lorsque plusieurs membres d'un même **foyer fiscal**, dont les revenus sont imposés sous une cote unique, se livrent à la location directe ou indirecte de locaux meublés ou destinés à être loués meublés, le dépassement éventuel du seuil de 23 000 € s'apprécie au vu du montant total des recettes de location meublée acquises par le foyer fiscal.
Lorsque la location meublée est consentie par une société ou un groupement soumis au régime des **sociétés de personnes**, le dépassement éventuel du seuil de 23 000 € doit être apprécié non au niveau de la société ou du groupement, mais au niveau des associés, à proportion de leurs droits dans les bénéfices sociaux. Cette règle ne fait pas obstacle à l'appréciation des recettes au niveau du foyer fiscal (dans le même sens, CE 16-5-2007 n° 295357 ▶ 330).

107 L'inscription des locaux à l'**actif immobilisé** d'une entreprise est sans incidence sur la qualification du caractère professionnel ou non de la location meublée. Lorsqu'une entreprise exerce une activité professionnelle industrielle, commerciale ou artisanale dont les résultats sont soumis à l'impôt sur le revenu, les produits et les charges correspondants sont en principe extournés du bénéfice imposable de l'entreprise en application de l'article 155, II du CGI. Les produits et charges font alors l'objet d'un résultat imposable séparé dans la catégorie des bénéfices industriels et commerciaux en tant que revenus tirés d'une location meublée. De même, les loueurs en meublé professionnels doivent extourner les charges afférentes aux immeubles loués correspondant à la période d'usage à titre privé.

Plus-values ou moins-values de cession

108 Les plus-values de cession d'**immeubles inscrits à l'actif** réalisées par des loueurs professionnels au sens défini ▶ 104 bénéficient, à condition que l'activité soit exercée depuis au moins cinq ans (à compter de la signature du premier bail : CE 5-10-2007 n° 293474 : RJF 12/07 n° 1378), d'une **exonération** totale lorsque la moyenne des recettes tirées de la location meublée au titre des exercices clos au cours des deux années civiles qui précèdent la date de clôture de l'exercice de réalisation de la plus-value n'excède pas 90 000 € HT et d'une exonération partielle si ces recettes sont comprises entre 90 000 € HT et 126 000 € HT (exonération prévue par l'article 151 septies, II du CGI ▶ 268). Pour les propriétaires de meublés de tourisme ou de chambres d'hôtes, ces limites d'exonération sont fixées respectivement à 250 000 € et 350 000 €.
Si l'une de ces conditions n'est pas satisfaite, ces plus-values sont soumises au régime des **plus-values professionnelles** à court ou à long terme.
La plus-value est à court terme si le bien loué a été détenu moins de deux ans ; si le bien a été détenu plus de deux ans, la plus-value est à court terme à concurrence des amortissements pratiqués, à long terme pour le surplus. L'abattement pour durée de détention prévu à l'article 151 septies B du CGI est applicable sur la plus-value à long terme (BOI-BIC-CHAMP-40-20 n° 435).

Les **plus-values** nettes à **long terme** réalisées par des loueurs soumis au régime des **micro-entreprises** doivent être portées sur la déclaration n° 2042 afin d'être imposées au taux réduit dans la catégorie BIC réels. Les plus-values nettes à **court terme** sont soumises au barème progressif de l'impôt sur le revenu, sous réserve de la faculté d'étalement sur trois ans. Les **moins-values** nettes à **court terme** sont génératrices d'un déficit imputable sur le revenu global si l'activité est exercée à titre professionnel.

109 Lorsque le contribuable a exercé son activité **alternativement à titre professionnel et non professionnel,** l'administration considère que la plus-value de cession de l'immeuble loué est soumise au régime d'imposition qui correspond au statut du contribuable lors de la transaction (plus-values professionnelles ou privées) (BOI-BIC-CHAMP-40-20 n° 460).

Lorsque le contribuable ne sait pas, lors de la cession, quel sera son **statut au titre de l'année de cession**, l'administration admet qu'il prenne en considération le statut qui était le sien l'année précédente. Il devra, le cas échéant, régulariser, sans pénalités ni intérêts de retard (sauf insuffisance de déclaration), le montant dû lors de l'imposition des revenus de l'année de cession (BOI-BIC-CHAMP-40-20 n° 470).

Pour le décompte de la **durée d'exercice** à titre professionnel de l'activité, il y a lieu de cumuler les périodes d'exercice à titre professionnel de l'activité (BOI-BIC-CHAMP-40-20 n° 410).
S'il a **perdu** la qualité de loueur professionnel au moment de la cession, il ne peut pas bénéficier de l'exonération en fonction des recettes, même s'il a précédemment exercé son activité à titre professionnel pendant plus de cinq ans.

Les loueurs qui sont devenus non professionnels (notamment en raison de la modification de la définition du caractère professionnel de l'activité) et qui ne peuvent pas bénéficier de l'exonération prévue par l'article 151 septies du CGI se trouvent pénalisés lors de la cession de l'immeuble : ils peuvent avoir intérêt à **transformer** la location meublée en location nue avant de perdre le statut de loueur professionnel : cette modification entraîne le transfert de l'immeuble dans leur patrimoine privé et donne lieu à la constatation et à l'imposition de la plus-value latente selon le régime des plus-values professionnelles, avec, le cas échéant, le bénéfice de l'exonération totale ou partielle de la plus-value professionnelle. La plus-value éventuellement réalisée entre la date du transfert dans le patrimoine privé et la date de la cession relève du régime des plus-values des particuliers ▶113.

110 Sauf dans l'hypothèse où le bien aurait figuré successivement dans le patrimoine privé puis dans le patrimoine professionnel du loueur, l'administration **n'admet pas** l'application des dispositions de l'article 151 sexies du CGI (régime des **biens** dits **« migrants »,** qui permet de déterminer deux plus-values distinctes, l'une professionnelle, l'autre privée) en cas de cession d'un bien par une personne ayant eu successivement la qualité de loueur en meublé non professionnel et de loueur en meublé professionnel (BOI-BIC-CHAMP-40-20 n° 480).
Lorsque la plus-value relève du régime des plus-values des particuliers ▶113, l'**abattement pour durée de détention** se calcule sur le nombre d'années de détention du bien depuis son acquisition. Dans cette hypothèse, **une seule plus-value** doit être déterminée selon les règles prévues aux articles 150 U à 150 VH du CGI, que l'immeuble ait ou non fait successivement partie du patrimoine privé et du patrimoine professionnel au sens de l'article 151 sexies du CGI (BOI-BIC-CHAMP-40-20 n° 490).

Imputation et report des déficits

111 Les loueurs professionnels en meublé peuvent imputer les déficits de la location sur leur **revenu global** dans les conditions de l'article 156, I du CGI ▶268 , sous réserve que ces déficits ne proviennent pas d'amortissements exclus des charges déductibles : si le revenu global de l'année de constatation du déficit ne permet pas l'imputation de ce déficit, celui-ci est reporté successivement sur le revenu global des années suivantes, jusqu'à la sixième année inclusivement.

Les déficits non imputés provenant de **charges engagées en vue de la location professionnelle** d'un local d'habitation **avant le commencement de cette location** (notamment les charges financières) peuvent être déduits par tiers sur le revenu global des trois premières années de location du local, tant que cette location reste professionnelle. Cette possibilité est réservée aux contribuables qui accèdent au statut de loueur professionnel dès l'année d'achèvement ou de livraison de l'immeuble et conservent cette qualité durant les trois années en cause (BOI-BIC-CHAMP-40-20 n° 350 à 390 ; BOI-BIC-DEF-20-20 n° 60 à 100). Lorsque le contribuable **perd la qualité de loueur en meublé professionnel** et quand bien même il le redeviendrait, cette possibilité d'imputation prend fin de manière définitive. Les déficits restant à imputer suivent alors le régime de droit commun applicable aux déficits subis par des loueurs en meublé non professionnels (BOI-BIC-CHAMP-40-20 n° 390).

Exemple : Un contribuable acquiert en N un immeuble en l'état futur d'achèvement. Au titre de cet immeuble, il constate un déficit d'un montant de 15 000 € en N et de 30 000 € en N + 1, qui n'ont pu faire l'objet d'aucune imputation.

L'immeuble est achevé et loué à compter du 1er décembre N + 2 et l'activité de location meublée présente un caractère professionnel dès l'année N + 2. Le déficit au titre de l'année N + 2 s'élève à 25 000 €. Il peut s'imputer sur le revenu global dans la mesure où il s'agit d'un déficit provenant d'une activité exercée à titre professionnel. Le déficit de 45 000 € correspondant au déficit non professionnel provenant des charges engagées en vue de la location du bien pourra s'imputer sur le revenu global à hauteur de 15 000 € en N + 2. En N + 3, il perd sa qualité de loueur en meublé professionnel : le reliquat des déficits accumulés avant le commencement de la location peut, le cas échéant, s'imputer sur les bénéfices qu'il réalise cette année-là au titre de son activité de location meublée exercée à titre non professionnel. En N + 4, il retrouve sa qualité de loueur en meublé professionnel. Il ne peut déduire de son revenu global ou des bénéfices issus de son activité de location meublée les déficits constatés préalablement au commencement de la location (BOI-BIC-CHAMP-40-20 n° 390).

Notons que le régime **micro** exclut la constatation d'un déficit d'exploitation ; en ce qui concerne la prise en compte des moins-values à court terme, voir toutefois ▶108.

3° Règles spécifiques aux loueurs non professionnels

112 Fiscalement, les loueurs non professionnels au sens défini ▶104 s. font l'objet de **mesures restrictives** relatives à l'imposition des plus-values professionnelles et aux possibilités de report des déficits éventuels. On rappelle que les obligations déclaratives des petits loueurs sont simplifiées (▶93 s.) et que le résultat de l'activité non professionnelle doit être déterminé en fonction des seuls éléments de la location meublée, y compris lorsque le bien est inscrit à l'actif du bilan d'une entreprise commerciale (▶107).

Les investissements immobiliers dans certaines structures qui ont été réalisés jusqu'au 31 décembre 2022 par les loueurs en meublé non professionnels ouvrent droit à une **réduction d'impôt** (▶118). La base d'amortissement des investissements qui en bénéficient est réduite.

À noter que les loueurs en meublé peuvent adhérer à un centre de gestion agréé même s'ils n'ont pas la qualité de loueur professionnel au sens de l'article 155, IV-2 du CGI ▶268 (CGI art. 1649 quater C à 1649 quater E bis) et bénéficier des avantages fiscaux correspondants.

Plus-values ou moins-values de cession

113 Les plus-values et moins-values réalisées par les loueurs non professionnels relèvent du **régime des plus-values privées** prévu aux articles 150 U à 150 VH du CGI. Il en résulte qu'en cas de mutation à titre gratuit la plus-value n'est pas imposable (BOI-BIC-CHAMP-40-20 n° 290).

La plus-value imposable est **déterminée** après prise en compte, notamment, des frais d'acquisition et des travaux, de l'abattement pour durée de détention si l'immeuble a été détenu plus de cinq ans (soit une exonération après vingt-deux années de détention : BOI-RFPI-PVI-20-20 n° 60).
La plus-value imposable est soumise à l'**impôt sur le revenu** au taux de 19 %, majoré d'une **surtaxe** de 2 à 6 %, selon le montant de la plus-value, lorsque celle-ci dépasse le seuil de 50 000 € (BOI-RFPI-TPVIE) et des **prélèvements sociaux**, étant précisé que l'exonération de ces prélèvements n'est applicable qu'après trente années de détention (BOI-RFPI-PVI-20-20 n° 70).

Amortissement

114 Les amortissements des immeubles ayant ouvert droit à la **réduction d'impôt** prévue à l'article 199 sexvicies du CGI ▶118 ne sont admis en déduction du résultat imposable du bénéficiaire de cette réduction d'impôt qu'à hauteur de ceux pratiqués sur la fraction du prix de revient des immeubles excédant le montant retenu pour le calcul de cette réduction d'impôt.

Ainsi, pour un logement dont le prix de revient est de 350 000 €, seule la fraction de ce prix qui excède 300 000 €, soit 50 000 €, fera l'objet d'un amortissement dans les conditions prévues à l'article 39, 1-2° du CGI.

Cette limitation n'a de portée que pour la seule détermination du résultat fiscal, la base amortissable en **comptabilité** restant inchangée.

115 La réfaction de la base d'amortissement est définitive. Si le contribuable **devient professionnel**, elle continuera à s'appliquer tant que l'immeuble restera inscrit à l'actif du contribuable bénéficiaire de la réduction d'impôt.
En revanche, en cas de **cession** de l'immeuble, le cessionnaire retrouve une pleine capacité d'amortissement, sous réserve éventuellement de l'application de l'article 39 C du CGI.

Imputation et report des déficits

116 Les déficits subis par les loueurs en meublé non professionnels ne sont imputables que sur les bénéfices provenant de la même activité au cours de celles des dix années suivantes pendant lesquelles l'activité n'est pas exercée à titre professionnel (CGI art. 156, I-1° ter ▶268).
Cette **restriction** n'a pas de portée pratique pour les contribuables qui sont soumis au régime des micro-entreprises, car ce régime exclut la possibilité de constater un déficit.

117 En ce qui concerne les déficits nés de charges exposées avant le début d'une location professionnelle, voir ▶109.

2. Réduction d'impôt sur le revenu des loueurs non professionnels (dispositif dit LMNP ou Censi-Bouvard)

118 Les loueurs en meublé non professionnels peuvent bénéficier d'une réduction d'impôt sur le revenu pour certains **investissements** qui ont été **réalisés jusqu'au 31 décembre 2022** dans des résidences services (CGI art. 199 sexvicies ▶268).

Personnes concernées

119 Seules les personnes physiques fiscalement **domiciliées** en France au sens de l'article 4 B du CGI (ainsi que les contribuables non résidents dits « non-résidents Schumacker », assimilés à des personnes fiscalement domiciliées en France au sens de l'arrêt de la CJUE du 14 février 1995, aff. C-279/93, Schumacker), peuvent bénéficier de la réduction d'impôt. L'investissement doit être acquis directement par le contribuable et non par l'intermédiaire d'une **société**.

120 L'avantage fiscal n'est pas applicable au titre des **logements dont le droit de propriété est démembré**. Une mesure d'assouplissement est toutefois prévue, lorsque le transfert de la propriété du bien ou le démembrement de ce droit résulte du décès de l'un des époux soumis à imposition commune. Dans ce cas, le conjoint survivant attributaire du bien ou titulaire de son usufruit peut demander la reprise à son profit, dans les mêmes conditions et selon les mêmes modalités, du bénéfice de la réduction d'impôt pour la période restant à courir à la date du décès.

Opérations concernées

121 La réduction d'impôt peut concerner plusieurs types d'acquisitions **à titre onéreux** réalisées entre le **1er janvier 2009 et le 31 décembre 2022**.

122 **Acquisition d'un logement neuf.** Les logements neufs s'entendent des immeubles à usage d'habitation dont la construction est achevée et qui n'ont jamais été habités ou utilisés sous quelque forme que ce soit. La circonstance qu'un logement ait fait l'objet d'une précédente mutation, à titre onéreux ou à titre gratuit, ne suffit pas, en soi, à lui faire perdre le caractère de logement neuf pour le bénéfice de l'avantage fiscal.
Ne sont pas considérés comme neufs les logements dont la première location aurait pris effet avant la date de leur acquisition, même lorsque cette dernière s'accompagne du transfert au profit de l'acquéreur du bail conclu par le vendeur (BOI-IR-RICI-220-10-10 n° 40).

123 **Acquisition d'un logement en l'état futur d'achèvement.** La vente en l'état futur d'achèvement est un contrat par lequel le vendeur transfère immédiatement à l'acquéreur ses droits sur le sol ainsi que la propriété des constructions existantes. Les ouvrages à venir deviennent la propriété de l'acquéreur au fur et à mesure de leur exécution. L'acquéreur est tenu d'en payer le prix à mesure de l'avancement des travaux. Le vendeur conserve les pouvoirs de maître de l'ouvrage jusqu'à la réception des travaux par l'acquéreur (Code de la construction et de l'habitation art. L 261-3).
L'**achèvement** du logement doit intervenir **au plus tard le 1er juillet 2025.** S'il s'agit d'un logement acquis en l'état futur d'achèvement après le 1er juillet 2021, il doit être achevé dans un délai de quatre ans à compter de l'acquisition (Loi 2023-1322 du 29-12-2023 art. 110).

124 **Acquisition de logements achevés depuis au moins quinze ans ayant fait l'objet d'une réhabilitation ou d'une rénovation.** Le logement doit avoir fait l'objet d'une réhabilitation ou d'une rénovation avant son acquisition par le contribuable qui entend bénéficier de la réduction d'impôt (BOI-IR-RICI-220-10-10 n° 120).
Les **travaux** de réhabilitation concernés sont ceux qui permettent de donner au logement l'ensemble des performances techniques visées à l'article 4 de l'arrêté du 19-12-2003 ▶283 (CGI ann. III art. 2 quindecies B, II), mais il suffit que les travaux portent sur l'un seulement des critères de performance énergétique pour ouvrir droit à la réduction d'impôt.

Aucun **délai** n'est exigé entre l'achèvement des travaux de réhabilitation du logement et la date de son acquisition. Toutefois, les **travaux** de réhabilitation doivent, en tout état de cause, avoir été réalisés **en vue de la vente**. Le vendeur doit fournir des attestations relatives aux performances techniques de l'immeuble (BOI-IR-RICI-220-10-20 n° 100).

L'administration admet que le logement puisse être **loué ou utilisé par le vendeur** entre la date d'achèvement des travaux et l'acquisition par le contribuable qui entend bénéficier de la réduction d'impôt pendant une période de douze mois maximum (BOI-IR-RICI-220-10-10 n° 90).

125 **Acquisition de logements achevés depuis au moins quinze ans qui font l'objet de travaux de réhabilitation ou de rénovation.** Comme pour les logements achevés depuis au moins quinze ans ayant fait l'objet d'une réhabilitation, les travaux de réhabilitation ou de rénovation s'entendent de ceux qui permettent, après leur réalisation, de satisfaire à l'ensemble des performances techniques prévues à l'article 4 de l'arrêté du 19-12-2003 ►283 (CGI ann. III art. 2 quindecies B, II).
Ces travaux peuvent être réalisés par l'acquéreur ou par le vendeur.

Ce dernier cas concerne, en principe, l'acquisition de logements pour lesquels un **contrat de vente d'immeubles à rénover** (VIR) a été conclu. En effet, la loi du 13 juillet 2006 portant engagement national pour le logement prévoit que toute personne qui vend un immeuble bâti, à usage d'habitation et qui s'engage, dans un délai déterminé par le contrat, à réaliser des travaux sur cet immeuble et qui perçoit des sommes d'argent de l'acquéreur avant la livraison des travaux, doit conclure avec l'acquéreur un contrat de VIR. Ce type de contrat permet ainsi d'accompagner une vente ordinaire d'immeuble de l'engagement du vendeur de réaliser des travaux de rénovation dans des modalités définies par contrat.
Ce régime, qui emprunte pour partie à celui de la vente ordinaire et pour partie à la vente en l'état futur d'achèvement, est soumis aux dispositions du Code civil relatives à la vente d'immeubles existants (articles 1582 à 1701) et à des dispositions spécifiques du Code de la construction et de l'habitation (articles L 123-6, L 183-16 et L 183-17 pour les règles générales de la rénovation d'immeubles et articles L 262-1 à 11 pour les règles spécifiques au contrat de VIR).
Les modalités d'application relatives aux ventes d'immeubles à rénover ont été précisées par le décret 2008-1338 du 16-12-2008 (JO 18).

L'**achèvement** des travaux de réhabilitation ou de rénovation doit intervenir **au plus tard le 1er juillet 2025** (Loi 2023-1322 du 29-12-2023 art. 110). La réduction d'impôt ne sera pratiquée qu'une fois les travaux achevés (BOI-IR-RICI-220-30 n° 1).

L'administration admet que le logement soit **loué ou utilisé par l'acquéreur** entre la date d'acquisition et celle du début des travaux et que le logement soit loué pendant les travaux (BOI-IR-RICI-220-10-10 n° 160).

Logements concernés

126 Quelle que soit la nature de l'acquisition, les logements doivent être compris dans les résidences ou établissements suivants :

- **établissement social ou médico-social** qui accueille des **personnes âgées** (CASF art. L 312-1, I-6°) ;

  Sont concernés les établissements d'hébergement de personnes âgées (Ehpa), les établissements d'hébergement de personnes âgées dépendantes (Ehpad), les résidences autonomie (ex-logements foyers), et les petites unités de vie.

- établissement social ou médico-social qui accueille des **personnes adultes handicapées** (CASF art. L312-1, I-7°) ;

  Sont visés les foyers de vie (internats) ou foyers occupationnels (structures d'accueil de jour), sans prestations de soins et les établissements soumis à des obligations définies par le décret 2009-322 du 20-3-2009 : foyers d'accueil médicalisé (FAM), qui comportent des structures pour l'hébergement et dispensent des soins médicaux ou paramédicaux en faveur d'adultes gravement handicapés, mentalement ou physiquement ; maisons d'accueil spécialisées (MAS), qui comportent des structures pour l'hébergement et dispensent des soins d'hygiène, de maternage et de « nursing », la poursuite de traitements ou d'activités occupationnelles ou d'éveil en faveur d'adultes atteints d'un handicap intellectuel, moteur ou somatique grave, ou gravement polyhandicapés, n'ayant pu acquérir un minimum d'autonomie.

- établissement de santé délivrant des **soins de longue durée**, mentionné au 3° de l'article L6143-5 du Code de la santé publique, et comportant un hébergement, à des personnes n'ayant pas leur autonomie de vie dont l'état nécessite une surveillance médicale constante et des traitements d'entretien ;
- **résidence avec services pour personnes âgées ou handicapées** ayant obtenu l'agrément « qualité » visé à l'article L7232-1 du Code du travail ou l'autorisation prévue à l'article L313-1 du CASF pour son service d'aide et d'accompagnement à domicile relevant des 6° ou 7° du I de l'article L312-1 du même code ;

  L'agrément « qualité » doit être obtenu par le gestionnaire des services au plus tard dans les douze mois de la mise en exploitation effective de la résidence.

- ensemble de logements géré par un groupement de coopération social ou médico-social et affecté à l'**accueil familial salarié de personnes âgées ou handicapées** (CASF art. L444-1 à L444-9) ;

  Ce dispositif permet à des personnes âgées ou handicapées d'être accueillies par des personnes physiques à leur propre domicile ou dans des structures comprenant plusieurs logements qui sont dédiés à ce type d'accueil. Seuls les logements compris dans les structures spécifiquement dédiées à l'accueil familial salarié sont éligibles à la réduction d'impôt. Le logement doit être donné en location au groupement gestionnaire de la structure.

- **résidence avec services pour étudiants** ▶129.

  Remarque : Ont également ouvert droit à la réduction d'impôt les acquisitions de logements situés dans des **résidences de tourisme classées** ▶127. Les travaux de **réhabilitation**, votés entre le 1er janvier 2017 et le 31 décembre 2019, de logements situés dans des résidences de tourisme de plus de 15 ans peuvent par ailleurs ouvrir droit à la réduction d'impôt visée à l'article 199 decies G bis du CGI ▶249.

127 **Résidence de tourisme classée.** Ont ouvert droit à l'avantage fiscal les acquisitions de logements situés dans des résidences de tourisme classées effectuées jusqu'au 31 décembre 2016, ou jusqu'au 31 mars 2017 à la condition qu'un engagement d'acquisition ait été pris au plus tard le 31 décembre 2016 (signature d'une promesse d'achat ou promesse synallagmatique de vente ou, pour les ventes en l'état futur d'achèvement, enregistrement d'un contrat préliminaire de réservation). Pour le bénéfice de la réduction d'impôt, la résidence de tourisme, définie à l'article D321-1 du Code du tourisme comme un établissement commercial d'hébergement classé faisant l'objet d'une exploitation permanente ou saisonnière (voir ▶230), doit être **classée au plus tard** dans les douze mois de sa mise en exploitation effective, sous réserve de mesures dérogatoires concernant les logements acquis en 2009 et 2010 (BOI-IR-RICI-220-10-20 n° 90, 100 et 110).

128 L'administration admet que les logements situés dans une résidence de tourisme classée puissent être **occupés par leur propriétaire**, sans remise en cause de l'avantage fiscal : dans ce cas, le propriétaire doit acquitter à l'exploitant de la résidence le prix normal de son séjour, au moins égal à 75 % du prix public, dès lors que, pour ces séjours, l'exploitant de la résidence n'engage aucuns frais de commercialisation.

Lorsque le **règlement** du prix des séjours dû par le copropriétaire à l'exploitant de la résidence s'effectue par **compensation** avec les loyers que l'exploitant doit pour sa part au copropriétaire au titre de la location des locaux, l'administration subordonne le bénéfice de la réduction d'impôt au respect de deux conditions :

- la durée totale des périodes d'occupation du logement par son propriétaire ne doit pas excéder **huit semaines** par an (appréciée en nombre de jours d'occupation, soit cinquante-six jours) ;
- le **revenu déclaré** par le bailleur doit correspondre au loyer annuel qui aurait été normalement dû par l'exploitant en l'absence de toute occupation par le propriétaire. Ainsi, la réduction de 25 % dont bénéficie le propriétaire sur le prix de ses périodes d'occupation ne doit en aucun cas entraîner une minoration du revenu qu'il est tenu de déclarer.

Les **autres modalités d'occupation** temporaire du logement, contractuelles ou non, ne sont pas admises (BOI-IR-RICI-220-10-20 n° 110).

129 **Résidence avec services pour étudiants.** La résidence doit fournir au moins **trois des services** parmi le petit déjeuner, le nettoyage régulier des locaux, la fourniture de linge de maison et la réception, même non personnalisée, de la clientèle (▶ 140).

En outre, elle doit être occupée par **au moins 70 % d'étudiants inscrits** dans un établissement d'enseignement secondaire ou supérieur, dans une école technique supérieure ou dans une grande école ou classe du second degré préparatoire à ces écoles, ou effectuant un stage, rémunéré ou non, dans le cadre d'études poursuivies dans l'un de ces établissements ou écoles, y compris les personnes liées par un contrat de travail avec leur employeur et inscrites dans l'un de ces établissements et les apprentis munis d'un contrat de travail.

> La **qualité d'étudiant** (ou d'un seul des deux occupants cotitulaires du bail) est appréciée au plus tard dans le mois qui suit la conclusion du bail entre l'exploitant et le sous-locataire ou au 31 octobre de l'année au cours de laquelle le bail a été signé.
> Le **pourcentage d'occupation** de la résidence est apprécié sur une **période de référence** de trois mois du 1er octobre au 31 décembre de chaque année de la période d'engagement de location. Le logement doit être **occupé** par un étudiant **sur l'ensemble de cette période** de référence de trois mois ; la circonstance que ce même logement ne soit pas occupé par un étudiant au cours d'une **autre période** n'a aucune incidence sur l'appréciation du pourcentage d'occupation.
> Notons que les **logements** qui ne peuvent être donnés en location pour des raisons matérielles (logements **inachevés ou en travaux**) ne sont pas pris en compte pour l'appréciation du pourcentage d'occupation par des étudiants.

Le **non-respect du seuil d'occupation** au cours d'une seule période de référence au cours de l'engagement de location entraîne la remise en cause de l'avantage fiscal (BOI-IR-RICI-220-10-20 n° 120 s.).

Conditions d'application de la réduction d'impôt

130 **Engagement de location.** Les contribuables doivent s'engager à donner le logement en location meublée, pendant au moins neuf ans, à l'exploitant de l'établissement ou de la résidence dans lequel le logement qui ouvre droit à la réduction d'impôt est situé.

Cette **durée** est calculée de date à date à compter de celle de la prise d'effet du bail initial de chaque logement ouvrant droit à la réduction d'impôt. La location doit être **effective et continue** pendant toute la période d'engagement de location (sauf cas de vacance visée ▶131 ou occupation par le propriétaire de la résidence dans les conditions mentionnées ▶128).

En cas de rupture de l'engagement de location ou de la cession du logement ayant ouvert droit à l'avantage fiscal, la réduction d'impôt pratiquée fait l'objet d'une reprise au titre de l'année de la rupture de l'engagement ou de la cession. Toutefois, cette reprise n'est pas opérée en cas d'invalidité correspondant au classement dans la deuxième ou la troisième des catégories prévues à l'article L 341-4 du Code de la sécurité sociale, de licenciement ou de décès du contribuable ou de l'un des époux soumis à imposition commune.

131 En cas de **changement d'exploitant** au cours de la période d'engagement de location, le logement doit être loué au nouvel exploitant dans le délai d'un mois et jusqu'à la fin de cette période. L'administration admet toutefois que la **période de vacance** du logement concerné avant sa location à un nouvel exploitant puisse, dans certains cas de **défaillance de l'exploitant** précédent limitativement énumérés (liquidation judiciaire de l'exploitant, résiliation du bail commercial par l'exploitant et mise en oeuvre par les investisseurs de la clause de résiliation unilatérale), être supérieure à un mois sans toutefois pouvoir excéder douze mois (BOI-IR-RICI-220-10-20 n° 120 s.).

Si la vacance résultant de la défaillance de l'exploitant intervient **moins de douze mois avant le terme** de la période d'engagement de location, l'administration admet de ne pas remettre en cause le bénéfice de l'avantage fiscal aux conditions suivantes (BOI-IR-RICI-220-20 n° 140) :

- le logement est en état d'être loué ;
- le propriétaire ne s'en réserve pas la jouissance à quelque usage que ce soit et même pour une très courte durée, pour lui-même ou un membre de son foyer fiscal ;
- le logement n'est pas mis à la disposition d'un occupant à titre précaire ou à titre gratuit, même pour une très courte période, pendant la période couverte par l'engagement de location ;
- le logement n'est pas cédé avant l'expiration de l'engagement de location.

132 La location du logement doit **prendre effet** dans le mois qui suit la date :

- d'achèvement de l'immeuble ou de son acquisition si elle est postérieure, pour les logements acquis neufs ou en l'état futur d'achèvement ;
- d'acquisition pour les logements neufs achevés depuis au moins quinze ans ayant fait l'objet d'une réhabilitation ;
- d'achèvement des travaux pour les logements achevés depuis au moins quinze ans et qui font l'objet de travaux de réhabilitation.

133 **Location meublée exercée à titre non professionnel.** Le caractère professionnel ou non professionnel de la location est défini à l'article 155, IV-2 du CGI ▶104 s.. La condition d'exercice à titre non professionnel s'apprécie **au moment de l'acquisition** du logement. Si le propriétaire du logement passe de la qualité de **loueur en meublé non professionnel** à celle de loueur en meublé

professionnel au cours de la période d'engagement de location, la réduction d'impôt n'est pas remise en cause (BOI-IR-RICI-220-20 n° 190).
Les revenus tirés de cette location meublée doivent être imposés, pendant toute la période d'engagement de location, dans la catégorie des **bénéfices industriels et commerciaux**, en tant que revenus de la location meublée : en d'autres termes, l'activité ne doit pas être considérée comme une activité de louage de services (▶241 s.).

L'administration précise à cet égard que lorsque les profits retirés de la location d'immeubles nus ont pour effet de faire participer le bailleur à la gestion ou aux résultats d'une entreprise commerciale exploitée par le preneur et qu'ils relèvent à ce titre de la catégorie des bénéfices industriels et commerciaux (CE 18-7-1973 n° 82577), la réduction d'impôt ne peut pas s'appliquer, dès lors la condition de location meublée du bien n'est dans ce cas pas respectée (BOI-IR-RICI-220-20 n° 200). On rappelle toutefois que lorsque le propriétaire confie à un mandataire l'exploitation en meublé de son logement, le Conseil d'État se fonde sur les modalités de rémunération du « mandant » et le partage des risques liés à l'exploitation pour conclure à l'existence d'une simple location meublée (CE 16-10-2009 n° 301235 ▶335).

Modalités de la réduction d'impôt

134 **Fait générateur.** Pour les logements acquis neufs ou achevés depuis au moins quinze ans et ayant fait l'objet d'une réhabilitation, la réduction d'impôt est accordée au titre de l'année d'**acquisition** du logement.
Pour les logements acquis en l'état futur d'achèvement, elle est accordée au titre de l'année d'**achèvement du logement**.
Pour les logements achevés depuis au moins quinze ans et qui font l'objet de travaux de réhabilitation, elle est accordée au titre de l'année d'**achèvement de ces travaux**.

135 **Montant de la réduction d'impôt.** Le **taux** de la réduction d'impôt dépend de la date de réalisation de l'investissement, c'est-à-dire de la date de signature de l'acte authentique d'acquisition du logement.
Pour les investissements réalisés à partir de **2012**, le taux de la réduction d'impôt est de **11 %**.

Le taux de l'avantage fiscal était fixé à **25 %** pour les investissements réalisés en **2009 et 2010**, et à **18 %** pour les investissements réalisés en **2011**. Les acquisitions pour lesquelles le contribuable justifie qu'il a pris, au plus tard le **31 décembre 2011**, l'engagement de réaliser un investissement immobilier restent soumises au taux en vigueur au 31 décembre 2011 pour les logements acquis en 2011, soit 18 %. À titre transitoire, l'engagement de réaliser un investissement immobilier a pu prendre la forme d'une réservation, à condition d'avoir été enregistrée chez un notaire ou au service des impôts avant le 31 décembre 2011 et l'acte authentique passé au plus tard le 31 mars 2012.

La réduction d'impôt est **calculée** sur le prix de revient des logements. Celui-ci s'entend, en principe, du prix d'acquisition majoré des frais afférents à l'acquisition tels que les honoraires de notaire, droits de timbre, TVA, taxe de publicité foncière.
Pour les logements achevés depuis au moins quinze ans et qui font l'objet de travaux de réhabilitation ou de rénovation, elle est calculée sur le prix de revient des logements majoré des travaux de réhabilitation ou de rénovation.

Les **travaux** pris en compte sont ceux réalisés par l'acquéreur et payés à des entreprises (frais d'architecte, matériaux, mémoires des entrepreneurs, notamment), le travail personnel du contribuable n'étant pas pris en compte, ou, si les travaux sont réalisés par le vendeur, ceux stipulés dans le contrat de vente d'immeuble à rénover. Lorsque l'acquisition du logement ou les travaux sont **subventionnés**, la base de la réduction d'impôt est diminuée du montant de la subvention (BOI-IR-RICI-220-30 n° 60). Toutefois, la **TVA récupérée** par le propriétaire-bailleur de résidences ou établissements répondant aux conditions d'imposition à la TVA est exclue de la base de la réduction d'impôt (BOI-IR-RICI-220-30 n° 50).

Le **plafond** de la base de l'avantage fiscal (prix de revient majoré, le cas échéant, des travaux) est fixé à **300 000 €** par an (soit, selon la date de l'acquisition, une réduction d'impôt maximale de 75 000, 60 000 ou 54 000 €).

Lorsque le logement est détenu en **indivision**, chaque indivisaire bénéficie de la réduction d'impôt à hauteur de la quote-part du prix de revient du logement majoré, le cas échéant, des travaux de réhabilitation, correspondant à ses droits indivis sur le logement concerné.

Le contribuable peut bénéficier de la réduction d'impôt à raison de l'acquisition de **plusieurs logements**, au titre d'une même année d'imposition, mais le plafond de la base de l'avantage fiscal reste fixé, au titre d'une même année, à la somme de 300 000 € (BOI-RICI-220-30 n° 340).

136 On signalera également que la réduction d'impôt entre dans le champ d'application de l'article 200-0 A du CGI qui plafonne le **montant global** de l'avantage fiscal procuré au foyer fiscal par certains crédits ou réductions d'impôt.

Imputation de la réduction d'impôt

137 La réduction d'impôt est **répartie sur neuf années**, à raison d'un neuvième de son montant chaque année (soit, selon la date de l'acquisition, une réduction d'impôt annuelle maximale de 8 333 € ou 6 666 €).

La **fraction annuelle** de la réduction d'impôt s'impute sur le montant de l'impôt progressif sur le revenu déterminé compte tenu, s'il y a lieu, du plafonnement des effets du quotient familial, après application de la décote lorsque le contribuable en bénéficie, et avant imputation, le cas échéant, des crédits d'impôt et des prélèvements ou retenues non libératoires. Elle ne peut pas s'imputer sur les impositions à taux proportionnel et ne peut donner lieu à remboursement.

Des modalités de **report** de la fraction de réduction d'impôt non imputée sont prévues. Ainsi, lorsque la fraction de la réduction d'impôt imputable au titre d'une année d'imposition excède l'impôt dû par le contribuable au titre de cette même année, le solde pourra être imputé sur l'impôt dû au titre des années suivantes, jusqu'à la sixième année inclusivement. Pour l'application de ces dispositions, les fractions reportées s'imputent en priorité, en retenant d'abord les plus anciennes.

Obligations déclaratives

138 La déclaration d'ensemble des revenus de l'année au titre de laquelle le bénéfice de la réduction d'impôt est demandé pour la première fois doit comporter l'engagement de location (engagement souscrit directement sur l'imprimé). Le contribuable doit, par ailleurs, joindre à cette déclaration, lorsqu'elle est souscrite sur support papier, la copie du bail et celle de l'acte authentique d'acquisition du logement. D'autres documents, spécifiques à la nature de l'investissement réalisé, doivent, le cas échéant, être produits soit en même temps que la déclaration sur support « papier », soit (s'ils ont été établis par des tiers) sur demande de l'administration : états descriptifs du logement avant et après travaux pour les logements anciens ayant fait ou faisant l'objet d'une réhabilitation ; copie des factures des travaux réalisés par l'acquéreur ; copie de l'arrêté préfectoral portant classement

de la résidence et copie attestant de l'obtention par le gestionnaire des résidences avec services pour personnes âgées ou handicapées de l'agrément, copie de l'acte authentique d'achat et du bail conclu avec l'exploitant de la résidence.
Par ailleurs, en cas de **changement d'exploitant** au cours de la période couverte par l'engagement de location, le contribuable doit joindre à sa déclaration de l'année au cours de laquelle ce changement intervient une copie du bail conclu avec le nouvel exploitant.
Ces obligations déclaratives sont fixées à l'article 46 AZA nonies de l'annexe III au CGI ▶270 (voir BOI-IR-RICI-220-60).

3. Taxe sur la valeur ajoutée

a. Champ d'application

139 Les locations occasionnelles, permanentes ou saisonnières de logements meublés ou garnis à usage d'habitation sont en principe exonérées de TVA (CGI art. 261 D, 4° ▶268). Certaines opérations sont toutefois imposables.

Locations imposables

140 Seules sont imposables les trois catégories d'opérations suivantes :
1. Les prestations d'hébergement fournies dans le cadre du **secteur hôtelier ou** de secteurs ayant une fonction **similaire (hôtel, auberge, résidence de tourisme, gîtes ruraux, meublés de tourisme,** etc.), si elles remplissent les conditions cumulatives suivantes (CGI art. 261 D, 4° ▶268-b) :

- elles sont offertes au client pour une durée n'excédant pas 30 nuitées (sans préjudice de la possibilité, pour le professionnel, de proposer au client de réserver sur une durée plus longue) ;
- elles comprennent au moins trois des prestations parmi le petit déjeuner, le nettoyage régulier des locaux, la fourniture de linge de maison et la réception, même non personnalisée, de la clientèle.

Les règles de taxation des locations meublées à usage d'habitation ont été redéfinies par l'article 84 de la loi 2023-1322 du 29 décembre 2023, à compter du **1er janvier 2024,** à la suite d'un avis du **Conseil d'État** qui a considéré que les anciennes dispositions de l'article 261 D, 4° du CGI étaient partiellement incompatibles avec les objectifs de l'article 135 de la directive TVA (CE avis 5-7-2023 n° 471877 : RJF 10/23 n° 709). Elles distinguent désormais le secteur hôtelier ou similaire du secteur résidentiel, étant précisé que les prestations d'hébergement dans le secteur hôtelier (ou assimilé) qui ne comprennent pas trois des prestations mentionnées ci-dessus (et qui sont, donc, en principe exonérées) devraient pouvoir être soumises à la TVA en s'appuyant sur cet avis du Conseil d'État, sous réserve d'établir que ces prestations sont assimilables à des prestations d'hébergement hôtelier.

2. Les locations de logements meublés à **usage résidentiel** dans le cadre de secteurs autres que le secteur hôtelier ou similaire (**résidences étudiants, résidences seniors, etc.**) dès lors qu'elles sont assorties de trois des prestations mentionnées ci-dessus (CGI art. 261 D, 4° ▶268-b bis) ;
3. Les **locations** de locaux (nus, meublés ou garnis) consenties **à l'exploitant d'un établissement d'hébergement** entrant dans l'une des deux catégories ci-dessus. Toutefois, les locations consenties à l'exploitant de logements-foyers dont l'activité n'ouvre pas droit à déduction sont exonérées (CGI art. 261 D, 4° ▶268-c).

Les **logements-foyers** sont des établissements destinés au logement collectif à titre de résidence principale de personnes dans des immeubles comportant à la fois des locaux privatifs meublés ou non et des locaux communs affectés à la vie collective (CCH art. L 633-1).

Locations exonérées

141 Les personnes physiques ou morales qui ne peuvent être rattachées à aucun des cas d'imposition mentionnés ci-dessus sont obligatoirement exonérées, sans possibilité d'option, et sont privées de ce fait de tout droit à déduction de la TVA qu'elles ont supportée.

Il en est ainsi tout spécialement des particuliers se bornant à louer à usage d'habitation des appartements meublés ou villas, des chambres de bonne ou d'étudiant.

Les personnes qui ne peuvent être rattachées à aucun des cas d'imposition mentionnés ci-dessus, mais qui fournissent d'**autres prestations que le logement meublé,** restent taxables à ce titre au taux de la prestation réalisée (petit-déjeuner, par exemple), sauf à bénéficier de la franchise en base. En revanche, la fourniture de linge, l'accueil au début du séjour et le nettoyage des locaux à la fin du séjour, inclus dans le prix de la location, en suivent le régime.

L'exonération de TVA n'emporte aucune conséquence en matière d'**impôts directs**. En revanche, elle emporte, le cas échéant, soumission du prix de location à la **contribution sur les revenus locatifs** (▶162).

Locations indirectes

142 La location de locaux nus ou meublés dont la destination finale est le logement meublé est toujours considérée comme une opération de fourniture de logement meublé (CGI art. 260 D ▶268).

L'article 260 D peut jouer dans le sens de l'imposition comme de l'exonération de la location au premier stade.

Par ailleurs, l'article 261 D, 4°-c du CGI ▶268 dispose que l'exonération ne s'applique pas aux locations de locaux nus, meublés ou garnis, consenties par bail ou convention de toute nature à l'exploitant d'un établissement d'hébergement qui remplit les conditions fixées pour l'imposition à la TVA.

Il en résulte que :

- les locations de locaux nus, meublés ou garnis, consenties à une personne pour les besoins d'une activité de fourniture de logement meublé ou garni à usage d'habitation exonérée de TVA en application de l'article 261 D, 4 du CGI, sont elles-mêmes exonérées de la TVA. Aucune possibilité d'option n'est ouverte à ces loueurs ;
- les locations de locaux nus, meublés ou garnis, consenties à l'exploitant d'un établissement d'hébergement imposable à la TVA à ce titre sont elles-mêmes obligatoirement soumises à la TVA.

Remarque : La taxation des locations indirectes concerne l'ensemble des locations, quelle que soit la nature du bail (commercial ou non commercial). En pratique, cette mesure concerne les **propriétaires d'équipements de tourisme associatif**, c'est-à-dire ceux (en particulier les collectivités locales) qui louent leurs biens à des associations sans but lucratif qui exploitent des établissements d'hébergement.

b. Régime d'imposition

143 Qu'elles procèdent à une location en meublé « directe » (exploitant hôtelier par exemple) ou « indirecte » (cas des investisseurs procédant à la location de locaux meublés ou nus dont la destination finale est le logement meublé), les personnes visées sont soumises au même régime d'imposition.

144 Les principales caractéristiques de ce régime sont les suivantes.
Les locations en meublé sont **imposables en France**, comme les autres opérations d'hébergement, dès lors qu'elles y sont matériellement exécutées, y compris donc si elles sont faites au profit de personnes ne résidant pas en France.
Tous les loueurs en meublé peuvent **déduire** dans les conditions de droit commun la taxe ayant grevé leurs acquisitions de biens et services. Autrement dit, ils peuvent soit imputer cette taxe, soit en demander le remboursement. Pour le cas où la location n'est plus soumise à la TVA, voir ►258.

145 Le **taux** intermédiaire de 10 % est en principe applicable aux prestations relatives à la fourniture d'hébergement dans le cadre du secteur hôtelier ou de secteurs ayant une fonction similaire et aux locations meublées à usage résidentiel imposables (CGI art. 279, a modifié par loi 2023-1322 du 29-12-2023 art. 84). Le même taux s'applique aux locations imposables de locaux nus ou meublés dont la destination finale est le logement meublé (en ce sens, Rép. Valleix : AN 17-12-1992 p. 765 ; BOI-TVA-LIQ-30-20-10-10 n° 60). Toutefois, dans les maisons de retraite, les établissements accueillant des personnes handicapées, les logements-foyers, les foyers de jeunes travailleurs, les centres réadaptation professionnelle, les centres d'accueil ainsi que dans certaines résidences hôtelières à vocation sociale le taux réduit de 5,5 % est applicable, notamment, à la fourniture du logement et de la nourriture des personnes hébergées dans ces établissements (CGI art. 278-0 bis, C).

> En **Corse**, les prestations d'hébergement dans le secteur hôtelier ou assimilé et les locations meublées à usage résidentiel dans les autres secteurs bénéficient du taux spécifique de 2,1 % (CGI art. 297, I-1-2° et 279, a).

Sont exclues du bénéfice du taux réduit les prestations d'hébergement fournies par des établissements qui n'ont pas pour objet principal la fourniture du logement (BOI-TVA-LIQ-20-20 n° 230 ; doctrine confortée par CE 22-5-2002 n° 226954 : RJF 8-9/02 n° 922 ; CAA Versailles 17-12-2019 n° 18VE00863 et 18VE02573 : RJF 6/20 n° 527).
Les **services annexes** éventuellement facturés en sus (téléphone, télévision, petit déjeuner, blanchissage, garage pour automobiles, soins de coiffure ou de beauté, droit d'usage d'installations sportives, etc.), doivent être imposés au taux qui leur est propre (à la différence des prestations incluses dans le prix de la location).

146 La **taxe de séjour** est exclue de la **base** d'imposition à la TVA, mais pas la taxe de séjour forfaitaire due par les hôteliers et les logeurs (BOI-TVA-BASE-10-10-20 n° 240).

147 Les **obligations déclaratives et comptables** des loueurs en meublé qui exercent une activité imposable sont, à titre général, les mêmes que celles des autres redevables de la TVA et dépendent du régime d'imposition dont ils relèvent.
Ce sont les limites de 91 900 € pour la franchise en base et de 840 000 € pour le régime simplifié qui sont applicables à ces loueurs.
Le bailleur imposable de plein droit qui a réalisé l'année précédente des recettes n'excédant pas 91 900 € ou 101 000 € (mais à condition dans ce dernier cas que le chiffre d'affaires de l'année N

- 2 n'excède pas 91 900 €) peut relever de la franchise en base. La franchise en base dispense le bailleur normalement imposable à la TVA de la déclaration et du paiement de la TVA.

Plusieurs aménagements seront apportés au régime de la franchise en base **à compter du 1er janvier 2025** (Loi 2023-1322 du 29-12-2023 art. 82 transposant la directive UE/2020/285 du 18-2-2020) :

- la franchise s'appliquera, au titre d'une année N, aux assujettis dont le chiffre d'affaires réalisé en France au titre de l'année précédente n'excède pas 85 000 € (au lieu de 91 900 € actuellement) pour les locations en meublé ;
- elle cessera immédiatement de s'appliquer si le chiffre d'affaires de l'année en cours dépasse 93 500 €. Le mécanisme de maintien de la franchise l'année suivant le dépassement du chiffre d'affaires lorsque la limite de 101 000 € n'a pas été dépassée sera supprimé ;
- par ailleurs, pourra bénéficier de la franchise en France non seulement tout assujetti établi en France mais également tout assujetti établi dans un autre État membre dès lors que le chiffre d'affaires réalisé sur l'ensemble du territoire de l'UE n'excède pas 100 000 €. De la même façon, un assujetti établi en France pourra bénéficier du régime de la franchise dans un autre État membre de l'UE pour les opérations qu'il y réalise.

148 Le **lieu de dépôt des déclarations** de TVA est normalement celui du lieu du meublé (en cas de pluralité de meublés, le service compétent est soit celui du lieu de résidence du redevable, soit celui du lieu de situation d'un des meublés, en principe le plus important). Les loueurs en meublé qui exercent une autre activité imposable déposent leurs déclarations auprès du service compétent pour cette autre activité.

4. Autres impôts

a. Cotisation foncière des entreprises

149 La location en meublé constitue, en principe, une **activité imposable** à la cotisation foncière des entreprises. Il n'y a pas lieu de faire la distinction, qui prévaut en matière d'impôt sur le revenu, entre les loueurs professionnels et les loueurs non professionnels.

En cas de conventions en cascade, chaque bailleur, propriétaire (qui loue en meublé), ou locataire (qui sous-loue), est imposable (BOI-IF-CFE-10-20-20-30 n° 22).

150 La loi prévoit toutefois **plusieurs cas d'exonération** en faveur des loueurs qui louent leur **habitation personnelle** dans les situations suivantes (CGI art. 1459 ▶ 268) :

- location accidentelle (et sans aucun caractère périodique) d'une partie de l'habitation personnelle ;
- location ou sous-location d'une partie de l'habitation principale (même à titre habituel), à condition que le prix de la location demeure fixé dans des limites raisonnables et que les pièces louées constituent pour le locataire sa résidence principale ;
- location de locaux compris dans l'habitation personnelle et classés « meublés de tourisme » au sens de l'article L 324-1 du Code du tourisme, sauf délibération contraire des collectivités locales ;
- autre location ou sous-location en meublé de tout ou partie de l'habitation personnelle, sauf délibération contraire des collectivités locales.

Locations accidentelles

151 Sont exonérés de cotisation foncière des entreprises (CGI, art. 1459, 1° ▶268) « les propriétaires ou locataires louant accidentellement une partie de leur habitation personnelle, lorsque d'ailleurs cette location ne présente aucun caractère périodique ».

Ont été ainsi **déclarés non imposables** :

- celui qui a mis en **location** pendant **une année seulement** une maison de campagne lui appartenant (CE 14-1-1916, Gazeat) ;
- un contribuable qui a offert en **location meublée à titre exceptionnel**, en 1930, la villa qu'il possédait depuis 1926 et dont il a repris la jouissance personnelle en 1931 (CE 23-2-1934) ;
- les particuliers qui, à l'**occasion d'une exposition internationale**, ont **loué une ou plusieurs pièces** de leur habitation personnelle (Rép. J. Denais : AN 22-8-1937 p. 2312, non reprise dans la base Bofip, mais qui nous paraît toujours valable) ;
- un contribuable qui, après avoir **mis** sa villa meublée **en location sans** d'ailleurs **trouver de locataire**, a retiré son **offre** au cours de la même année, et ne l'a **pas renouvelée** pour les années suivantes (CE 2-3-1942, Lehanneur : RO p. 79) ;
- celui qui, bien qu'ayant loué au même locataire pendant **vingt-deux mois consécutifs**, doit être regardé, étant donné les conditions dans lesquelles cette location a été consentie (**absence pour raison de santé**), comme ayant loué **accidentellement** (CE 1-7-1927 n° 958252 : Lebon p. 737).

Les locations qui **se répètent ou** qui durent **plus d'une année** ne sont en principe pas considérées comme accidentelles et ne peuvent donc pas bénéficier de l'exonération prévue à l'article 1459, 1° du CGI ▶268 . Ont notamment été déclarés **imposables** :

- un propriétaire qui loue chaque année, pendant plusieurs mois, l'appartement qu'il occupe le reste de l'année dans une ville (CE 12-1-1912 ; CE 22-2-1895 : RO 3672) ;
- un contribuable qui, pendant **quatre ans**, a loué par période d'un an sa maison avec les meubles qu'elle contenait (CE 8-5-1925 : RO 5032) ;
- un contribuable qui, ayant donné sa **villa meublée** en **location au cours d'une année**, a manifesté son **intention de la louer à nouveau** au cours de **l'année suivante** (CE 6-10-1941, min. c/ Chochon-Latouche : RO p. 282) ;
- un contribuable qui a **loué en meublé en 1949 et 1950** une **propriété qui n'a jamais constitué sa résidence habituelle** - et même a cessé d'être pour lui en 1950 une résidence secondaire (CE 24-10-1956 n° 33074, de Béarn : RI p. 8422) ;
- un contribuable qui donne à sa **villa** une affectation commerciale en la **louant meublée** à des tiers **une partie de l'année** (CE 1-11-1933 : Dupont 1934 p. 412) ;
- un contribuable qui, depuis **plusieurs années**, loue pour des périodes de cinq ou six mois **l'appartement qu'il occupe** personnellement pendant **le reste de l'année** (CE 26-12-1938, Merle du Bourg : RO p. 604) ;
- un contribuable qui, ayant loué en meublé une partie de sa maison pendant **une période de trois mois**, a consenti l'année suivante une **nouvelle location** des mêmes locaux pour une **durée analogue** (CE 28-11-1947 n° 73735, 7e s.-s., Sieur Foy : Lebon p. 443) ;
- un contribuable qui a **loué au mois, pendant une durée de 31 mois, deux pièces** de son appartement avec les meubles qu'elles contenaient (CE 10-11-1947 n° 89671, 7e s.-s., Grive : Lebon p. 417) ;
- un propriétaire qui, **tous les ans**, donne en location **pendant trois mois** l'appartement qu'il possède et que lui-même ou des membres de sa famille occupent le reste de l'année (CE 11-5-1987 n° 56365 : RJF 7/87 n° 776 ▶292).

Location ou sous-location d'une partie de l'habitation principale

152 Les personnes qui louent ou sous-louent en meublé une partie de leur habitation principale sont exonérées de cotisation foncière des entreprises lorsque les trois conditions suivantes sont réunies (CGI art. 1459, 2° ▶268) :

- les pièces données en location doivent faire partie intégrante de l'**habitation principale du loueur** ;
- ces pièces doivent constituer **pour le locataire** ou le sous-locataire en meublé sa **résidence principale** ; à cet égard, il est précisé que les étudiants doivent être considérés comme ayant leur résidence principale au lieu où ils séjournent habituellement au cours de l'année universitaire, même s'ils ont conservé leur domicile légal chez leurs parents ;
- le **prix de location** doit demeurer fixé dans des limites raisonnables.

Location de tout ou partie d'une habitation personnelle

153 L'exonération prévue au 3° de l'article 1459 du CGI ▶268 concerne deux catégories de personnes louant en meublé leur habitation personnelle :

- celles qui la louent comme **meublé de tourisme** (▶214),
- enfin, les personnes qui louent en meublé leur habitation personnelle dans des conditions **autres** que celles visées ci-dessus (il s'agit notamment des propriétaires qui donnent en location leur résidence secondaire quelques semaines par an).

Elle peut toutefois être remise en cause par les **collectivités territoriales** concernées, qui peuvent s'y opposer par une délibération expresse. Il s'agit donc d'une **exonération conditionnelle**. La décision de la collectivité, qui ne porte que sur la part de taxe qui lui revient et peut concerner une ou plusieurs des catégories de loueurs en meublé en cause, doit intervenir avant le 1er octobre d'une année pour s'appliquer à compter du 1er janvier de l'année suivante.

Par **habitation personnelle**, on entend habitation, principale ou secondaire, dont le contribuable se réserve la jouissance ou la disposition en dehors des périodes de location saisonnière, le seul classement en chambres d'hôtes ne suffisant pas pour bénéficier de l'exonération (CE 9-10-2019 n° 417676 : RJF 1/20 n° 35 ; Rép. Prat : AN 16-4-2013 n° 8234).

Les loueurs de **gîtes ruraux** bénéficient des exonérations de CFE prévues à l'article 1459, 3° du CGI, soit en tant que locaux meublés de tourisme classés soit en tant que meublés de tourisme non classés et ce en l'absence de délibération contraire de la commune ou de l'EPCI à fiscalité propre.

b. Taxe d'habitation sur les résidences secondaires et autres locaux meublés non affectés à l'habitation principale

Situation du loueur en meublé

154 La situation du loueur en meublé diffère selon que les locaux meublés donnés en location constituent ou non sa résidence secondaire.

Les propriétaires de locaux affectés à l'habitation sont tenus de **déclarer,** avant le 1er juillet de chaque année, les informations relatives, s'ils s'en réservent la jouissance, à la nature de l'occupation de ces locaux ou, si les locaux sont occupés par des tiers, à l'identité du ou des occupants. Sont dispensés de cette déclaration les propriétaires des locaux pour lesquels aucun changement dans les informations transmises n'est intervenu depuis la dernière déclaration (CGI art. 1418). Dans le cas des locations saisonnières, l'identité des occupants n'est pas demandée. La déclaration s'effectue depuis le service en ligne « Gérer mes biens immobiliers » à partir de l'espace sécurisé du site impots.gouv.fr. Par ailleurs, les bailleurs de locaux d'habitation ou servant à l'exercice d'une activité salariée à domicile seront également tenus de souscrire, pour la première fois avant le 1er juillet 2025, une déclaration annuelle des informations relatives aux biens et aux loyers pratiqués (Loi 2022-1726 du 30-12-2022 art. 106).

155 **Locaux meublés constituant la résidence secondaire du loueur.** Les propriétaires ou principaux locataires qui louent ou sous-louent des locaux en meublé sont imposables à la taxe d'habitation sur ces locaux lorsque ces derniers constituent leur résidence secondaire ou en font partie.
Les locaux meublés sont dans ce cas à **usage mixte** ; ils sont en effet affectés à la fois à un usage personnel et à une activité commerciale ; ces locaux sont imposables à la taxe d'habitation, alors même qu'ils seraient passibles de la cotisation foncière des entreprises (en ce sens, CE 20-2-1991 n° 72338 : RJF 4/91 n° 454 ; BOI-IF-TH-10-20-20 n° 40).

156 La taxe d'habitation étant établie pour l'année entière d'après les faits existants au 1er janvier de l'année d'imposition, le critère de la **disposition du logement** s'apprécie donc à cette date. Selon le Conseil d'État, le critère de la disposition du logement implique la recherche de l'**intention** du propriétaire **au 1er janvier** de l'année d'imposition : il a jugé que le propriétaire d'un local imposable qui peut être regardé, au 1er janvier de l'année d'imposition, comme entendant s'en réserver la disposition ou la jouissance une partie de l'année est redevable de la taxe d'habitation, même si, à cette date, le logement est loué de façon saisonnière (CE 30-11-2007 n° 291252 ▶331).
Sont régulièrement assujettis à la taxe d'habitation :

- un propriétaire qui a loué un logement meublé plusieurs mois pendant l'année d'imposition par un bail excluant la tacite reconduction et prenant fin en juin de cette année, dès lors qu'au **1er janvier** il n'avait donné **aucun mandat** à une agence pour mettre l'appartement en location à l'issue du bail et pouvait donc être regardé comme entendant s'en réserver la disposition en dehors des périodes de location saisonnière (CE 30-11-2007 précité) ;
- un propriétaire qui a **conservé à sa disposition** deux pièces garnies de meubles dans une maison donnée par lui en location, même s'il n'a fait aucun séjour dans cette habitation (CE 7-3-1938 : RO p. 165) ;
- un propriétaire ayant mis en location la maison garnie de meubles qu'il occupait précédemment, celle-ci étant toutefois **restée à sa disposition**. Il en est ainsi, alors même que cette personne serait assujettie à la cotisation foncière des entreprises (CE 18-1-1905 : Lebon p. 44 ; CE 27-1-1908 n° 26288, Commune de Saint-Jean-sur-Mer c/ Sieur Sazia : Lebon p. 90 ; en ce sens également, CE 2-7-2014 n° 369073 : RJF 10/14 n° 905).

157 Les communes ont la faculté d'exonérer de taxe d'habitation, pour la totalité de la part revenant à chaque collectivité territoriale ou groupement doté d'une fiscalité propre, les locaux meublés de tourisme et les chambres d'hôtes situés dans les **zones de revitalisation rurale** ou dans les **zones France ruralités revitalisation** ▶218.

158 **Locaux meublés ne constituant pas la résidence secondaire du loueur** Les locaux meublés qui ne constituent pas la résidence secondaire du loueur (au sens défini ▶155) ne sont pas imposables à la taxe d'habitation, mais ils sont en principe assujettis à la cotisation foncière des entreprises (BOI-IF-TH-10-20-20 n° 30).

N'est pas imposable (sous réserve que le propriétaire n'ait pas eu l'intention, au 1er janvier de l'année d'imposition, de s'en réserver la disposition : voir ▶ 156) :

- le propriétaire d'un château meublé mis en **location avant le 1er janvier** et dans lequel il n'a pas résidé au cours de l'année (CE 6-11-1901 n° 98678, Sieur de Raousset-Boulbon : Lebon p. 788, RO n° 3827) ;
- le propriétaire d'un **immeuble destiné à la location qu'il n'habite qu'exceptionnellement** et dans le but surtout d'assurer l'entretien et la conservation de l'immeuble (CE 17-7-1914 n° 50440, Auger : Lebon p. 887) ;
- le contribuable qui possède dans une commune une **villa meublée** qu'il met en location chaque année, encore bien qu'il **y ait fait un court séjour** (CE 21-12-1931 n° 4733, Cormier : RO n° 5744).

Situation du locataire en meublé

159 Les règles générales d'imposition à la taxe d'habitation sur les résidences secondaires et autres locaux meublés non affectés à l'habitation principale s'appliquent normalement aux locataires et sous-locataires en meublé **occupant** d'une manière **permanente et exclusive** un logement meublé qui reste à leur disposition même pendant leurs absences (en ce sens, BOI-IF-TH-10-20-20 n° 60).
Le Conseil d'État a jugé que l'**imposition est exigible** :

- d'une personne occupant une maison meublée mise gratuitement à sa disposition (CE 12-2-1947 n° 77373) ;
- d'un particulier qui occupe d'une manière permanente et exclusive une chambre d'hôtel ou un logement en garni (CE 14-12-1883 n° 61371, Thierry : Lebon p. 918, RO n° 3424 ; CE 25-3-1908 n° 28145, Andrieux : Lebon p. 319) ;
- du locataire d'un appartement meublé qui, s'il n'a effectivement occupé les lieux que dans le courant de l'année de l'imposition, en avait néanmoins la libre disposition au 1er janvier de l'année en cause (CE 10-1-1953 n° 16153, Feydieu : RO p. 190).

Le fait qu'une imposition à la taxe d'habitation ou à la cotisation foncière des entreprises ait été également réclamée au propriétaire ne dispense pas l'occupant d'acquitter la taxe d'habitation, qui est légalement à sa charge (CE 16-7-1863 n° 34932, Lecarpentier : RO n° 1365 ; dans le même sens, voir CE 29-3-1912, Escoffier : Lebon p. 453 ; CE 6-2-1920 : Lebon p. 138 ; CE 20-4-1984 n° 42673 : RJF 6/84 n° 792 ; BOI-IF-TH-10-20-20 n° 60).

160 Lorsque l'**occupation** du logement meublé n'est que **temporaire** ou en cas de séjours limités, **aucune imposition** ne saurait être établie.
En revanche, si nonobstant la courte durée du séjour, les locaux restaient à la disposition du contribuable toute l'année, le principe de l'imposition serait maintenu (BOI-IF-TH-10-20-10 n° 160).
L'occupation temporaire d'un logement meublé ne peut donner lieu à imposition (CE 30-3-1906 : Lebon p. 268), même si cette occupation a eu lieu précisément au début de l'année (CE 24-2-1908 n° 27708, Sieur Lehoërff : Lebon p. 181 ; BOI-IF-TH-10-20-10 n° 160 et BOI-IF-TH-10-20-20 n° 70).
C'est ainsi qu'un entrepreneur qui, pendant les quelques mois qu'a duré l'entreprise pour laquelle il a soumissionné, a occupé, dans la commune, un logement loué au mois, n'est pas imposable pour ce logement resté à la disposition du propriétaire avant comme après son séjour (CE 1-12-1911 n° 41873, Sieur Long : Lebon p. 1125).

c. Taxe foncière sur les propriétés bâties

161 Dans les **zones de revitalisation rurale** et les **zones France ruralités revitalisation**, les collectivités territoriales et les établissements publics de coopération intercommunale à fiscalité propre peuvent, sur délibération, exonérer de taxe foncière les locaux classés meublés de tourisme et les chambres d'hôtes ▶218. Le bénéfice de l'exonération est subordonné au respect des règles européennes concernant les aides « de minimis ».
Les exonérations de longue durée en faveur des logements sociaux et des logements acquis à usage locatif avec le concours financier de l'État (ou avec une subvention de l'Agence nationale pour la rénovation) ne sont pas susceptibles de s'appliquer aux logements destinés à être loués en meublé (sous réserve du cas des logements-foyers).

d. Contribution sur les revenus locatifs

162 Lorsqu'ils sont **exonérés de TVA** ou bénéficient de la franchise en base, les loueurs en meublé sont redevables de la contribution sur les revenus locatifs, s'il s'agit notamment de **personnes morales** passibles de l'impôt sur les sociétés ou dont un membre au moins est soumis à l'impôt sur les sociétés et si les locaux sont situés dans des immeubles achevés depuis 15 ans au moins (CGI art. 234 nonies et suivants).
La contribution est due sur la **totalité du loyer** (y compris ce qui correspond au prix des meubles).
Pour les **locations saisonnières**, ce sont les loyers stipulés pour la seule période de location (en faisant masse des différents contrats afférents au même logement) qui sont pris en compte pour apprécier si le seuil d'application de la contribution est ou non franchi.
Les opérations effectivement **soumises à la TVA** sont dispensées de cette contribution.

e. Impôt sur la fortune immobilière

163 Les locaux d'habitation loués meublés ou destinés à être loués meublés ne sont considérés comme des **biens professionnels** (et en tant que tels exonérés) pour l'assiette de l'impôt sur la fortune immobilière que si ces locations sont consenties, directement ou indirectement, par des personnes physiques qui réalisent plus de 23 000 € de recettes annuelles et retirent de cette activité plus de 50 % des revenus professionnels du foyer fiscal (CGI art. 975, V-1° ▶268).
Seuls les **locaux effectivement loués**, c'est-à-dire qui génèrent des revenus pour le foyer fiscal, sont susceptibles d'être éligibles au régime d'exonération des actifs professionnels.
Les recettes annuelles à retenir pour apprécier le **seuil de 23 000 €** s'entendent du montant réel des sommes perçues en vertu des contrats de location à titre de loyers, charges, taxes et remboursements de frais (BOI-PAT-IFI-30-10-10-10 n° 60).
L'appréciation du **seuil de 50 %** s'effectue par rapport à l'ensemble des revenus professionnels du foyer fiscal (TS, BIC, BNC, BA, revenus des gérants majoritaires visés à l'article 62 du CGI), retenus pour leur montant net après déduction des charges et abattements, à l'exclusion des revenus fonciers, des revenus mobiliers et des revenus taxables à un taux proportionnel, mais y compris le bénéfice net tiré de la location meublée auquel ils sont comparés (BOI-PAT-IFI-30-10-10-10 n° 60).
Selon l'administration, lorsqu'un loueur en meublé professionnel exerce une activité salariée ou une autre profession à plein temps, l'activité de location ne peut pas en général être considérée comme la **profession principale,** même si elle procure des revenus supérieurs aux autres revenus de l'intéressé (BOI-PAT-IFI-30-10-10-30 n° 20).

Si l'**activité** de loueur en meublé est **exercée par une société** (par exemple, une SARL de famille), lorsque le redevable y exerce son activité professionnelle principale (s'il s'agit d'une société de personnes) ou des fonctions dirigeantes (s'il s'agit d'une société soumise à l'impôt sur les sociétés), les immeubles lui appartenant en propre, directement ou indirectement, et mis à la disposition de la société sont exonérés à hauteur de sa participation dans la société. La loi n'exige pas que la société tire de ses locations un minimum de recettes annuelles ni que la rémunération reçue de la société par l'associé représente plus de 50 % des revenus professionnels de son foyer fiscal (Rép. Roseren : AN 13-11-2018 n° 10782). Lorsque les immeubles appartiennent à la société, les titres détenus par le redevable sont exonérés à hauteur de la fraction de leur valeur représentative des immeubles en cause.

E. Régime social

1. Distinction entre loueur en meublé de longue durée professionnel et non-professionnel

164 Le régime social applicable à la location meublée varie selon que le loueur de meublé exerce cette **activité à titre professionnel** ou non. L'activité de location meublée de longue durée est considérée comme professionnelle lorsque (CSS art. L 611-1, 6° ▶271) :

- les recettes annuelles qui en sont tirées par l'ensemble des membres du foyer fiscal dépassent 23 000 € ;
- et ces recettes excèdent les autres revenus d'activité du foyer fiscal, c'est-à-dire ceux soumis à l'impôt sur le revenu dans la catégorie des traitements et salaires, des bénéfices industriels et commerciaux (en dehors de ceux tirés de l'activité de location meublée), des bénéfices agricoles, des bénéfices non commerciaux et des revenus des gérants et associés (CGI art. 155, IV-2 ▶268).

Le loueur **non professionnel** est, par opposition, celui qui ne respecte pas l'une de ces conditions.

L'étude d'impact du projet de loi de financement de la sécurité sociale pour 2021 apporte les précisions suivantes, non encore inscrites dans un texte :

- lorsque le bien immobilier est **détenu par plusieurs personnes**, chacune de ces personnes doit déclarer le pourcentage de revenus correspondant aux parts qu'elle détient dans ce bien ;
- lorsque la location est effectuée par le biais d'une personne morale, par exemple une **société civile immobilière**, il n'y a pas d'obligation d'affiliation à la sécurité sociale.

Les pouvoirs publics avaient indiqué en 2018 que l'obligation d'affiliation ne s'appliquait pas aux situations de mise en location par le biais d'une **agence professionnelle** bénéficiaire d'un mandat de gestion et soumise à la loi 70-9 du 2 janvier 1970, dite **loi Hoguet** (Rép. Pellois : AN 10-7-2018 n° 3619). Cette règle mériterait toutefois d'être confirmée, l'article L 611-6 du Code de la sécurité sociale ne distinguant pas selon que la location est faite par l'entremise d'un intermédiaire ou non.

Sur le caractère professionnel de la location meublée de **courte durée**, voir ▶221 s.

2. Régime social applicable au loueur en meublé de longue durée professionnel

165 Lorsque les conditions de l'activité professionnelle sont remplies, le loueur de meublés de longue durée doit s'affilier au régime de sécurité sociale des **travailleurs indépendants non agricoles**.
Si les **recettes** annuelles sont **supérieures à 77 700 €** (montant 2024), le bailleur bénéficie du statut de travailleur indépendant de droit commun. Les cotisations et contributions sociales sont calculées sur les revenus.
Par **exemple**, l'Urssaf estime le montant des cotisations en 2024 d'un loueur ayant perçu 40 000 € de recettes et ayant 20 000 € de charges déductibles dont 8 000 € de cotisations sociales personnelles obligatoires à 8 814 € (20000 × 30,49 % + 28 000 × 9,70 %) auxquels s'ajoutent 110 € de contribution formation professionnelle (Plaquette sur l'économie collaborative qui précise que ce montant est indicatif et vaut pour l'année suivant l'affiliation, www.urssaf.fr).
Si les **recettes** annuelles sont comprises **entre 23 000 € et 77 700 €** (montant 2024), le loueur en meublé peut être affilié en tant que travailleur indépendant de droit commun (voir ci-dessus) ou micro-entrepreneur. Dans ce dernier cas, les cotisations et contributions sociales, au taux forfaitaire de 21,20 %, sont assises sur le montant des recettes déclarées.
Sur la déclaration et le paiement des cotisations lorsque le loueur en meublé passe par une **plateforme électronique**, voir ▶224.

166 Quel que soit le statut, l'Urssaf précise que les **cotisations** sont **assises** sur le montant des recettes (ou des revenus) supérieur à 23 000 € la première année, puis dès le premier euro les années suivantes (Plaquette sur l'économie collaborative, www.urssaf.fr). Ce seuil s'apprécie pour toutes les locations de logement meublé.

Contactée par nos soins, l'Urssaf caisse nationale précise que ce montant de 23 000 € est considéré comme une franchise de recettes ou de revenus pour l'**année d'affiliation**. Lors de cette année, le loueur en meublé cotise sur la base des revenus perçus postérieurement à son affiliation (en cours d'année), ce qui revient à opérer une déduction de 23 000 € sur le revenu annuel pour cette première année (et uniquement pour cette année).

Les loueurs en meublés peuvent bénéficier de l'**aide** à la création ou à la reprise d'entreprise (Acre) s'ils en remplissent les conditions (CSS art. L 131-6-4 ; C. trav. L 5141-1).

3. Régime social applicable au loueur en meublé non professionnel

167 Les revenus des **loueurs en meublés non professionnels** sont assujettis aux prélèvements sociaux au titre des revenus du patrimoine et assimilés, soit 17,2 % au total (CSG de 9,2 %, CRDS de 0,5 % et prélèvement de solidarité de 7,5 %).

III. Locations meublées saisonnières et touristiques

A. Régime juridique

1. Définition

168 Il existe plusieurs définitions de la location meublée saisonnière ou touristique.
La loi Hoguet indique que la location saisonnière est la location d'un immeuble conclue pour une durée maximale et non renouvelable de 90 jours consécutifs (Loi 70-9 du 2-1-1970 art. 1-1 ▶274).
Le Code du tourisme fait référence, dans son article L211-4, aux « locations meublées d'immeubles bâtis, dites locations saisonnières, telles que définies à l'article 1-1 de la loi du 2-1-1970 » pour soumettre les agents de tourisme à la « loi Hoguet » (C. tourisme art. L211-4 ▶272). Il définit les chambres d'hôtes comme des chambres meublées situées chez l'habitant en vue d'accueillir des touristes, à titre onéreux, pour une ou plusieurs nuitées, assorties de prestations (C. tourisme art. L324-3 ▶272).
Il définit les meublés de tourisme comme des villas, appartements ou studios meublés, à l'usage exclusif du locataire, offerts à la location à une clientèle de passage qui y effectue un séjour caractérisé par une location à la journée, à la semaine ou au mois et qui n'y élit pas domicile (C. tourisme art. D324-1 ▶272).
Quant à l'article 2 de l'arrêté du 16-5-1967 (BOSP n° 11 du 18-5-1967), il précise qu'il convient d'entendre par location saisonnière les locations en meublé consenties à l'occasion de vacances quelle que soit la durée de la location ou quel que soit le mode de location intervenu.
Sous certaines conditions, les revenus tirés de la location saisonnière peuvent être soumis à cotisations sociales ▶6.

2. Qualification

Durée

169 La durée de la location influe sur la qualification de location meublée saisonnière. En effet, la location meublée saisonnière ne peut pas être permanente.
Il s'agit d'un type de location qui doit être conclue pour une **période d'activité déterminée** de l'année correspondant à une saison qui peut être plus ou moins longue.
Le développement des locations touristiques de courte durée à toutes périodes de l'année ou le bail mobilité destiné aux étudiants et personnes en mutation professionnelle ou en mission temporaire dans le cadre de leur activité professionnelle influent sur la définition traditionnelle de la location meublée saisonnière.

Locations de vacances

170 Pour les locations de vacances, la saison correspond à une **période touristique**, à l'occasion de vacances ou de congés dont la durée et la date varient selon l'endroit et les usages locaux. Dans les grandes villes et grands lieux touristiques, les locations de courte durée sont le plus souvent déconnectées des périodes de vacances traditionnelles et il n'y a pas, dans ce cas, à proprement parler de saison.

Les **tribunaux** tiennent compte de ces critères pour apprécier le caractère de la location meublée saisonnière.

À défaut de respecter ces critères, le bail peut être **requalifié** et se voir appliquer les règles d'ordre public du statut des baux d'habitation vide de la loi du 6-7-1989 ou ses dispositions régissant les locations meublées occupées à titre de résidence principale ▶8.

Ainsi, en raison de l'existence de deux saisons touristiques sur la Côte d'Azur, la location meublée consentie pour une période allant de septembre à mars - correspondant à la saison hivernale - constitue bien une location saisonnière conforme à l'usage local (Cass. 3e civ. 22-7-1987 n° 86-12.858 ▶293). Il en a été jugé de même pour une location saisonnière consentie à Canet-Plage pour la saison hivernale (de novembre à avril) (CA Montpellier 8-11-1988).

En revanche, n'a pas le caractère de location meublée saisonnière un bail portant sur un local situé à Nice et consenti pour la période allant du 1er juin au 31 décembre de la même année (CA Aix-en-Provence 4-1-1999 n° 97-6712 ▶305).

Autres locations meublées saisonnières

171 Des locations meublées saisonnières peuvent être conclues au profit de **travailleurs saisonniers** qui ne sont pas logés par leur employeur, pour le temps d'un emploi qu'ils n'exercent qu'au cours d'une période de l'année.

Les **étudiants** ont besoin de se loger pendant l'« année universitaire » courant en règle générale sur une période de 9 mois (octobre à juin). La question s'est posée de savoir si ce type de location constituait ou non une location saisonnière. La réponse est désormais claire, les locations meublées consenties à des étudiants sont soumises, à titre dérogatoire, à la législation impérative s'appliquant aux locations meublées traditionnelles constituant la résidence principale du locataire ▶8 ou aux locations meublées consenties dans le cadre d'un bail mobilité (CCH art. L 632-1).

Des logements meublés peuvent donc être loués pendant l'année universitaire à des étudiants qui bénéficient des dispositions impératives et protectrices prévues pour les contrats régis par les articles 25-3 et suivants de la loi 89-462 du 6-7-1989 ▶276 , puis à des touristes pendant la période de vacances estivales, dans le cadre de locations saisonnières.

3. Meublés de tourisme

Définition

172 Les meublés de tourisme sont des villas, appartements ou studios meublés, à l'usage exclusif du locataire, offerts à la location à une **clientèle de passage** qui y effectue un séjour caractérisé par une location à la journée, à la semaine ou au mois et qui n'y élit pas domicile (C. tourisme art. D 324-1 ▶272). Ils peuvent être classés en catégories selon des modalités définies par décret (C. tourisme art. L 324-1 ▶272). Les Gîtes de France sont des meublés de tourisme situés en zones rurales.

Locaux classés

173 L'État détermine la procédure de classement des meublés de tourisme (C. tourisme art. L 324-1 ▶272).

Les meublés de tourisme sont répartis dans l'une des catégories désignées par un nombre d'étoiles croissant, en fonction de critères fixés par un tableau de classement élaboré par le groupement d'intérêt économique « Atout France, agence de développement touristique de la France » et homologué par arrêté (C. tourisme art. L 324-1 et D 324-2 ▶ 272 ; Arrêté ECEI1018990A du 2-8-2010 annexe I modifié par arrêté PMEI12131082A du 24-11-2021).

La décision de classement est prise par l'organisme évaluateur qui a procédé à la visite de classement. Il la transmet au comité départemental du tourisme (C. tourisme art. L 324-1 et D 324-5 ▶ 272).

Pour **obtenir le classement** de son meublé, le loueur ou son mandataire doit adresser sa demande à un organisme de son choix parmi les organismes accrédités ou agréés figurant sur la liste disponible gratuitement sur le site internet d'Atout France (C. tourisme art. D 324-3 et D 324-6-1 ▶ 272 ; Arrêté ECEI1018990A du 2-8-2010 et Ann. I modifié par arrêté PMEI12131082A du 24-11-2021 ▶ 285).

Après **visite des lieux**, l'organisme de classement dispose d'un mois pour remettre au loueur (ou à son mandataire) un certificat de visite comprenant un rapport de contrôle, une grille de contrôle et une proposition de classement. Le loueur (ou son mandataire) dispose alors de 15 jours pour refuser la proposition de décision de classement. À défaut, le classement est acquis pour une durée de 5 ans (C. tourisme art. D 324-4 ▶ 272). La **décision de classement** indique le nom du loueur, l'adresse du meublé, sa capacité en nombre de personnes accueillies et la catégorie de classement (Arrêté du 2-8-2010 art. 6 ▶ 285). La décision de classement doit être affichée de manière visible à l'intérieur du meublé. Un panonceau conforme à un modèle type peut signaler le classement du meublé (C. tourisme art. D 324-6 ▶ 272 ; Arrêté ECEI1018990A du 2-8-2010).

Après une procédure contradictoire, le préfet peut prononcer la **radiation** du meublé de la liste des meublés de tourisme classés pour défaut ou insuffisance grave d'entretien du meublé et de ses installations. Il informe de sa décision le comité départemental du tourisme (C. tourisme art. R 324-7 et R 324-8 ▶ 272).

Locaux non classés

174 Le classement n'est pas obligatoire pour pouvoir pratiquer la location saisonnière ou touristique. Les locaux non classés sont ceux qui sont généralement loués par des particuliers qui ne veulent pas se soumettre aux exigences de la procédure de classement.

Autorisation de changement d'usage

175 Les **locaux meublés loués à titre de résidence principale** du locataire ou dans le cadre d'un bail mobilité sont des locaux à usage d'habitation, mais le fait de louer en meublé un local destiné à l'habitation de manière répétée pour de courtes durées à une clientèle de passage qui n'y élit pas domicile constitue un changement d'usage (CCH art. L 631-7 et L 631-9 ▶ 266). Il en est ainsi que le bailleur soit ou non loueur professionnel. Ainsi, dans les communes de plus de 200 000 habitants, ainsi que dans les communes de la petite couronne de Paris (Hauts-de-Seine, Seine-Saint-Denis et Val-de-Marne) et dans toute autre commune sur décision du préfet, le changement d'usage d'un **local d'habitation** à un usage autre est soumis à autorisation préalable et éventuellement à compensation (c'est-à-dire la transformation concomitante en habitation de locaux ayant un autre usage).

1.À titre d'illustration, le règlement municipal de Paris fixant le régime du changement d'usage renforce la **compensation** prévue en cas d'affectation de locaux en meublés de tourisme dans certains secteurs où la densité des meublés est particulièrement importante : elle doit être faite dans le même quartier administratif que celui de la suppression de logement et doit être de 3 m² pour 1 m² supprimé y compris pour les bailleurs sociaux (Règlement municipal de la ville de Paris 15-12-2021 : BOVP n° 5 du

18-1-2022). En dehors de ces secteurs, la compensation s'effectue comme antérieurement (double de la surface transformée). Pour plus de détails voir BPIM 1/22 n° 71.
2. L'**usage d'habitation** peut être établi par tout moyen de preuve. Pour les constructions édifiées ou ayant fait l'objet d'un changement de destination après le 1er janvier 1970, les locaux sont réputés avoir l'usage pour lequel la construction ou les travaux ont été autorisés. Pour les constructions existantes au 1er janvier 1970, un local est réputé à usage d'habitation s'il était affecté à cet usage à cette date (CCH art. L 621-7 ; voir Cass. 3e civ. 7-9-2023 n° 22-18.101 FS-B : BPIM 5/23 inf. 339 ▶356). Les déclarations souscrites par les redevables de la contribution foncière remplies après le 1er janvier 1970 ne permettent pas d'en établir cet usage, ni de le faire présumer (Cass. 3e civ. 11-1-2024 n°22-21.126 FS-B : BPIM 1/24 inf. 72 ▶357, en l'espèce il s'agissait d'un fiche modèle R remplie le 9 octobre 1970).

En pratiquant des locations meublées touristiques de courtes durées, le propriétaire modifie l'usage des locaux et, s'il n'y a pas été autorisé, s'expose à une amende civile, dont le montant peut atteindre 50 000 € par local irrégulièrement transformé, et à la remise en état des lieux au besoin sous astreinte (CCH art. L 651-2 ▶266 ; CA Paris 24-5-2011 n° 10/23802 ▶338 ; CA Paris 4-9-2012 n° 11/21971 : BRDA 2/13 inf. 14). L'amende civile est prononcée par le président du tribunal judiciaire statuant selon la procédure accélérée au fond (Ord. 2019-738 du 17-7-2019).
La jurisprudence sur le prononcé de l'amende civile s'est enrichie depuis plusieurs années et la Cour de cassation rappelle régulièrement que toute personne qui enfreint la réglementation sur le changement d'usage des locaux d'habitation ou qui ne se conforme pas aux conditions et obligations qu'elle impose est condamnée à une amende civile. L'amende est encourue non seulement par le propriétaire qui met lui-même son bien en location meublée pour de courtes durées sans solliciter, lorsqu'elle est requise, l'autorisation prévue par l'article L 631-7, mais également par le propriétaire qui consent un bail autorisant le locataire à le louer de manière temporaire à une clientèle de passage n'y élisant pas domicile dès lors, en effet, qu'il incombe au bailleur d'obtenir l'autorisation de changement d'usage préalablement à la signature du bail lorsqu'elle est nécessaire (Cass. 3e civ. 12-7-2018 n° 17-20.654 FS-PBI : RJDA 10/18 n° 782).Le locataire qui sous-loue son logement en meublé de tourisme sans obtenir d'autorisation de changement d'usage est également passible de l'amende et ce malgré l'autorisation donnée par son bailleur pour la sous-location (Cass. 3e civ. 15-2-2023 n° 22-10.187 FS-B : BPIM 2/23 inf. 139 ▶354). En revanche, le gestionnaire chargé de la location touristique des logements n'encourt pas l'amende civile pour défaut d'autorisation de changement d'usage (Cass. 3e civ. 9-11-2022 n° 21-20.464 FS-B : BPAT 6/22 inf. 450 ▶353). Notons que le bailleur ne peut prétendre louer sous la forme de bail mobilité des lits dans une chambre partagée pour une clientèle de passage, cela constitue une location saisonnière qui doit respecter les règles du changement d'usage au risque d'encourir l'amende civile (CA Paris 16-2-2023 n° 22/10149 : BPIM 2/23 inf. 138).

176 Ce régime d'autorisation **ne s'applique pas** lorsque le logement loué meublé pour de courtes durées reste bien la résidence principale du loueur, c'est-à-dire lorsque le loueur l'occupe au moins 8 mois par an (CCH art. L 631-7-1-A, al. 5 ▶266). Afin de contrôler le respect de cette obligation et de la législation sur le changement d'usage des locaux d'habitation, le conseil municipal peut soumettre à une **déclaration préalable enregistrée** les locations meublées de courte durée ▶180.
Saisie de plusieurs questions préjudicielles (Cass. 3e civ. 15-11-2018 n° 17-26.156 FP-PBI : RJDA 2/19 n° 146 ▶343 Cass. 3e civ. 15-11-2018 n° 17-26.158 FP-D), la **Cour de justice de l'Union européenne** a jugé conforme au droit de l'Union une réglementation nationale soumettant à autorisation la location, de manière répétée, d'un local destiné à l'habitation pour de courtes durées à une clientèle de passage qui n'y élit pas domicile. La lutte contre la pénurie de logements destinés à la location de longue durée constitue une raison impérieuse d'intérêt général justifiant le régime d'autorisation mis en place. Ce régime est proportionné à l'objectif poursuivi car matériellement circonscrit à une activité spé-

cifique de location et de portée géographique restreinte (CJUE 22-9-2020 aff. C-724/18 et C-727/18). Eu égard aux réponses apportées par la juridiction européenne et au terme d'une analyse de la réglementation en cause, la Cour de cassation a jugé que la réglementation française sur les locations meublées de courte durée était conforme aux exigences posées par les articles 9 et 10 de la directive européenne « services » (Cass. 3e civ. 18-2-2021 n° 17-26.156 FP-PLRC ▶346 ; Cass. 3e civ. 18-2-2021 n° 17-26.158 FP-D ▶347 ; Cass. 3e civ. 18-2-2021 n° 19-11.462 FP-PLC ▶348 ; Cass. 3e civ. 18-2-2021 n° 19-11.577 FP-D ▶349 ; Cass. 3e civ. 18-2-2021 n° 19-13.191 FP-PC ▶350 : BPAT 2/21 inf. 53).

177 Un des cinq arrêts rendus le même jour (Cass. 3e civ. 18-2-2021 n° 19-13.191 FP-PC : BPAT 2/21 inf. 53 ▶350) posait la question, en outre, de la **caractérisation ou non d'un changement d'usage** dans le cas de deux locations consécutives consenties d'un même local pour des durées de quatre puis six mois. Faisant application de la solution dégagée par les arrêts cités ci-dessus, la Cour de cassation en a déduit que les 2 locations litigieuses, consenties pour des durées respectives de 4 et 6 mois, inférieures à un an, sur une période de moins d'un an, constituaient un changement d'usage au sens de l'article L631-7, al.6 du CCH et qu'en conséquence elles étaient soumises à autorisation préalable.

Dans cette affaires, les propriétaires d'un appartement à usage d'habitation situé à Paris ont été assignés par la Ville de Paris en paiement d'une amende pour l'avoir loué de manière répétée pour de courtes durées à une clientèle de passage qui n'y élit pas domicile, en l'espèce, pour avoir consenti à 2 sociétés 2 locations d'une durée respective de 4 et 6 mois, entre mars 2016 et janvier 2017, sans avoir sollicité l'autorisation de changement d'usage prévue par l'article L631-7 du CCH (précision étant ici donnée que les locations avaient été consenties avant l'instauration du « bail mobilité). La demande de la Ville de Paris avait été rejetée en première instance et en appel au motif qu'aucun changement d'usage n'était en l'espèce caractérisé, les baux ayant été conclus au profit de 2 sociétés qui y avaient logé le même salarié.

178 Les communes (ou les établissements publics de coopération intercommunale) peuvent assouplir les règles relatives au changement d'usage en instaurant une **autorisation temporaire de changement d'usage** permettant à une personne physique de louer pour de courtes durées des locaux destinés à l'habitation à une clientèle de passage qui n'y élit pas domicile. L'autorisation est délivrée par le maire. Une délibération du conseil municipal (ou de l'organe délibérant de l'EPCI) détermine les critères de cette autorisation temporaire, qui peuvent porter sur la durée des contrats de location, sur les caractéristiques physiques du local ainsi que sur sa localisation en fonction notamment des caractéristiques des marchés de locaux d'habitation et de la nécessité de ne pas aggraver la pénurie de logements. Ces critères peuvent être modulés en fonction du nombre d'autorisations accordées à un même propriétaire. Une **autorisation** temporaire n'est **pas nécessaire** lorsque le logement loué meublé pour de courtes durées constitue la résidence principale du loueur, c'est-à-dire lorsque le loueur l'occupe au moins 8 mois par an (CCH art. L631-7-1-A ▶266).

Déclaration des meublés de tourisme

179 Toute personne (professionnel ou non) qui offre à la location un meublé de tourisme (classé ou non) doit en faire préalablement la **déclaration en mairie**, sauf si ce meublé constitue également sa résidence principale (C. tourisme art. L324-1-1, II ▶272). À défaut, elle est passible d'une amende maximale de 450 € (C. tourisme art. R324-1-2 ▶272 ; C. pén. art. 131-13).

La déclaration précise l'identité et l'adresse du déclarant, l'adresse du meublé de tourisme, le nombre de pièces composant le meublé, le nombre de lits, la ou les périodes prévisionnelles de location et, le cas échéant, la date de la décision de classement et le niveau de classement du meublé. Tout changement concernant ces éléments entraîne le dépôt d'une nouvelle déclaration. La déclaration est adressée au maire de la commune par tout moyen permettant d'en obtenir un accusé de réception (C. tourisme art. D 324-1-1, I et III ▶272).

180 Dans les communes où le **changement d'usage** est **soumis à autorisation** ▶175, le conseil municipal peut soumettre à déclaration préalable toute location pour de courtes durées d'un local meublé en faveur d'une clientèle de passage qui n'y élit pas domicile. Cette déclaration fait l'objet d'un **enregistrement en mairie** ; elle remplace la simple déclaration du meublé de tourisme et donne lieu à la délivrance d'un accusé-réception comprenant un numéro de déclaration. Ce dispositif d'enregistrement concerne les meublés constituant la résidence principale ou secondaire du loueur (C. tourisme art. L 324-1-1, III ▶272). La déclaration est effectuée au moyen d'un téléservice ou par tout autre moyen de dépôt prévu par le conseil municipal. Elle comporte les coordonnées du déclarant, l'adresse et le descriptif du meublé, son statut de résidence principale ou non (C. tourisme art. D 324-1-1, II et III ▶272). À défaut de déclaration, le loueur encourt une amende civile pouvant atteindre 5 000 € (C. tourisme art. L 324-1-1, V-al. 1 ▶272 ; amende jugée par la troisième chambre civile comme ne méconnaissant ni le principe de légalité des délits et des peines, ni la présomption d'innocence, ni le droit de se taire : Cass. 3e civ. QPC 26-1-2022 n° 21-40.026 FS-B : BPIM 2/22 n° 166 ▶351).
La proposition de loi transpartisane visant à remédier aux déséquilibres du marché locatif en zone tendue adoptée en première lecture à l'Assemblée nationale le 29 janvier 2024 donnerait aux maires des compétences élargies avec notamment la **généralisation de la procédure d'enregistrement** en mairie à toute déclaration préalable de mise en location d'un meublé de tourisme, quelle que soit la commune et pour toute résidence principale ou secondaire. Le dispositif serait applicable au plus tard début 2026. Elle permettrait également aux communes dotées d'un règlement de changement d'usage d'en élargir le régime à tous les locaux qui ne sont pas à usage d'habitation (AN 29-1-2024 texte n°231).
Si propriétaires et locataires peuvent être condamnés à l'amende civile, ce n'est pas le cas du gestionnaire chargé de la location touristique de logements qui semble avoir un sort plus enviable, puis qu'il n'encourt pas l'amende civile pour défaut de respect de la réglementation sur le changement d'usage (Cass. 3e civ. 9-11-2022 n° 21-20.464 FS-B : BPIM 6/22 inf. 450). Les plateformes intermédiaires de location (Airbnb, Abritel...) ont l'obligation de déconnecter chaque annonce qui ne contient pas de numéro d'enregistrement, voir (▶188).

181 Si le meublé n'est **pas la résidence principale** du loueur, une autorisation de changement d'usage est requise ▶175. Il n'y a pas de formulaire type unique pour accomplir la demande. Certaines communes ont mis en ligne des imprimés qui leur sont propres qu'il est possible de télécharger sur leur site. Le non-respect de ces obligations peut exposer le loueur saisonnier à une amende de 50 000 € par logement et à un retour à usage d'habitation des locaux transformés sans autorisation, dans un délai fixé par le tribunal. Passé ce délai, une astreinte maximale de 1 000 € par jour et par mètre carré peut être prononcée jusqu'à ce que la situation soit régularisée (CCH art. L 651-2 ▶266). Si le loueur saisonnier passe par un professionnel, qu'il s'agisse d'un site Internet ou d'un agent immobilier, il doit lui remettre une déclaration sur l'honneur attestant qu'il a bien effectué ces démarches préalables (et lui fournir le numéro d'enregistrement, le cas échéant).

182 Si le meublé est déclaré comme **résidence principale**, il n'y a, en principe, ni autorisation à obtenir, ni déclaration à effectuer. Toutefois, si le logement est situé dans une commune ayant mis en place un téléservice d'enregistrement des meublés, une déclaration est alors obligatoire, mais uniquement si la totalité de la résidence principale est louée. Si une chambre (ou deux) est louée au sein de la résidence principale, il n'y a pas de déclaration préalable à effectuer. La résidence principale est entendue comme le logement occupé au moins 8 mois par an, sauf obligation professionnelle, raison de santé ou cas de force majeure. Dans les villes où l'autorisation de changement d'usage est en vigueur, l'autorisation n'est pas nécessaire si la location ne dépasse pas 120 jours par année civile (sauf obligation professionnelle, raison de santé ou cas de force majeure) (C. tourisme art. L 324-1-1, IV). La proposition de loi transpartisane visant à remédier aux déséquilibres du marché locatif en zone tendue adoptée en première lecture à l'Assemblée nationale le 29 janvier 2024 permettrait aux communes d'abaisser le nombre maximal de jours de mise en location touristique pour les résidences principales à 90 jours (AN 29-1-2024 texte n°231).

Trois exceptions alternatives permettent un déplafonnement. Ces exceptions sont examinées au cas par cas par le tribunal et rarement admises par les juges du référé (Locations meublées touristiques : panorama d'une jurisprudence en pleine expansion, X. Demeuzoy : BPIM 6/23 inf. 347). Parmi les exceptions, le juge s'assure de l'arrêt de l'infraction, sollicite le justificatif des revenus pendant l'infraction et au jour de l'audience, et tout autre élément concernant la situation sociale, familiale ou médicale du loueur (TJ Paris 12-4-2023 n° 23/52264 : BPIM 6/23 inf. 347, X. Demeuzoy). Le motif professionnel qui justifie un dépassement des 120 jours par an est le plus invoqué par les bailleurs lors des contentieux (CA Paris 29-9-2022 n° 21/20664 : BPIM 6/22 inf. 451 ▶352 ; TJ Paris 10-1-2024 RG n° 22/57486 : BPIM 1/24 inf. 71, en l'espèce il s'agit de la réalisation d'un stage et poursuite d'un cursus d'études). Cette exception est d'interprétation stricte et suppose que le bailleur rapporte toujours la preuve des ses obligations professionnelles justifiant son absence du domicile principal autant de jours que de nuitées proposées à la location.

183 Jusqu'au 31 décembre de l'année suivante, la commune peut demander au loueur **communication du nombre de jours de location**. Le loueur doit transmettre ces informations dans un délai d'un mois, en rappelant l'adresse du meublé et son numéro de déclaration (C. tourisme art. L 324-1-1, IV ▶272). En cas de dépassement ou de refus de transmettre à la commune, à sa demande, le décompte du nombre de nuitées louées, le loueur s'expose à une amende civile pouvant atteindre 10 000 € (C. tourisme art. L 324-1-1, V-al. 2 ▶272) ; le tout sans préjudice, le cas échéant, des sanctions prévues pour un changement d'usage non autorisé ▶175.

> **Attention** : Avant de proposer sa résidence principale à la location, il est préférable de vérifier que le **règlement de copropriété** n'interdit pas la location meublée touristique, de même que l'accord du propriétaire est essentiel si le logement saisonnier est une sous-location de la résidence principale. À défaut, le locataire principal encourt la résiliation de son bail et peut être condamné à verser à son propriétaire l'intégralité des sommes perçues pour les sous-locations non autorisées (Cass. 3e civ. 12-9-2019 n° 18-20.727 FS-PBRI : BPIM 5/19 inf. 355). L'intermédiaire de location telle une plateforme internet peut également être reconnu comme coresponsable de la sous-location illégale (CA Paris 3-1-2023 n° 20/08067 : BPIM 1/23 inf. 60).
> La proposition de loi transpartisane visant à remédier aux déséquilibres du marché locatif en zone tendue adoptée en première lecture à l'Assemblée nationale le 29 janvier 2024 obligerait les propriétaires et locataires à informer le syndic en cas de changement d'usage qui devra l'inscrire à l'ordre du jour de la prochaine assemblée générale (AN 29-1-2024 texte n°231).

Autorisation de louer des meublés de tourisme à usage commercial

184 Les communes qui ont instauré sur leur territoire la procédure d'enregistrement des meublés touristiques ▶180 peuvent mettre en place une autorisation de louer lorsque le local abritant le meublé de tourisme est à usage commercial. L'autorisation de louer est délivrée par le maire au regard des objectifs de protection de l'environnement urbain et d'équilibre entre emploi, habitat, commerce et services. Le cas échéant, l'autorisation de louer tient lieu d'autorisation préalable au titre d'un changement de destination relevant du Code de l'urbanisme. En cas de location sans autorisation, une amende civile de 25 000 € maximum est encourue (C. tourisme art. L 324-1-1, V- al. 3 ▶272).

185 Deux procédures coexistent depuis le 1er juillet 2021 selon qu'il y a ou non autorisation d'urbanisme (C. tourisme art. R 324-1-4 s. ▶272 ; C. urb. art. 425-32 ; Décret 2021-757 du 11-6-2021). Les locaux à usage commercial concernés sont ceux inclus dans des constructions dont la destination est le commerce et les activités de service, laquelle destination comprend des sous-destinations, notamment : artisanat et commerce de détail, restauration, hôtels et autres hébergements touristiques (C. urb. art. R 151-27, 3°). Pour les communes dont le plan local d'urbanisme (PLU) vise encore les 9 anciennes destinations (C. urb. art. R 123-9 dans sa rédaction antérieure au décret 2015-1783 du 28-12-2015), les locaux à usage commercial sont ceux inclus dans des constructions dont la destination est le commerce, l'hébergement hôtelier ou l'artisanat. La délibération du conseil municipal soumettant à autorisation ces locations meublées de courtes durées doit, après avoir analysé la situation particulière de la commune, préciser les principes de mise en oeuvre des objectifs de protection de l'environnement urbain et d'équilibre entre emploi, habitat, commerces et services, ainsi que les critères utilisés pour délivrer l'autorisation. Ces derniers peuvent s'appliquer de manière différenciée sur l'ensemble de la commune en fonction de la situation particulière de certains quartiers ou zones (C. tourisme art. R 324-1-5 ▶272).

Le décret précise **deux procédures** alternatives, selon que la transformation d'un local commercial en meublé de tourisme est par ailleurs soumise, ou non, à une autorisation d'urbanisme.

Lorsque la location du local commercial en tant que meublé de tourisme ne comporte **pas de changement de destination** ou de sous-destination soumis à autorisation d'urbanisme (C. urb. art. R 421-14 et R 421-17), la demande d'autorisation est adressée au maire de la commune où le local est situé par tout moyen permettant l'obtention d'un accusé de réception (C. tourisme art. R 324-1-6, al. 1 ▶272).

Cette demande doit indiquer l'identité (numéro Siret, qualité du signataire personne morale, adresse postale du domicile ou du siège social et adresse électronique du demandeur, le cas échéant, ceux du propriétaire du local) ; l'adresse du local en précisant s'il fait partie d'un immeuble comportant plusieurs locaux, le bâtiment, l'escalier, l'étage et le numéro du lot ; l'énoncé des modifications envisagées du local et les caractéristiques du bien mis en location, notamment le nombre maximal de personnes pouvant être accueillies (C. tourisme art. R 324-1-6, al. 2 à 6 ▶272).

La commune dispose d'un mois à compter de la réception de la demande pour demander les éléments manquants. Le demandeur dispose alors de 3 mois pour compléter sa demande (C. tourisme art. R 324-1-6, al. 7 ▶272).

La notice du décret précise que, sauf disposition contraire, cette procédure instaurée par l'article R324-1-6 du Code de tourisme est soumise aux règles générales du Code des relations entre le public et l'administration.

L'autorisation délivrée par le maire reproduit l'ensemble des éléments mentionnés dans la demande d'autorisation (C. tourisme art. R 324-1-6, al. 8 ▶272). La mise en location doit avoir lieu dans les 3 ans de la délivrance de l'autorisation sous peine de caducité (C. tourisme art. R 324-1-6, al. 9 ▶272).

Lorsque la location du local commercial en tant que meublé de tourisme comporte un changement de destination ou de sous-destination soumis à permis de construire ou un **changement de destination** relevant d'une déclaration préalable (C. urb. art. R 421-14 et R 421-17), l'autorisation de location tient lieu de permis de construire ou de décision de non-opposition à déclaration préalable si l'autorité compétente en matière d'autorisation d'urbanisme a donné son accord (C. tourisme art.

R 324-1-7 nouveau et ; C. urb. art. R 425-32). Pour simplifier les démarches des demandeurs et des collectivités, la demande est adressée, instruite et l'autorisation, délivrée et exécutée selon la procédure applicable aux autorisations d'urbanisme sous certaines réserves, notamment lorsque le maire de la commune où a été déposée la demande n'est pas l'autorité compétente en matière d'autorisations d'urbanisme (C. urb. art. R 425-32 et ; C. tourisme art. R 324-1-7).
Le Conseil d'État a précisé que les règles de location d'un local à usage commercial en tant que meublé de tourisme (C. tourisme art. L 324-1-1 s.) ne se cumulent pas avec celles relatives aux changements d'usage des locaux meublés d'habitation (CCH art. L 631-7 s. ; CE 26-6-2023 n° 458799 ▶355).
Ainsi si la location de meublé de tourisme d'un local d'habitation, dans les communes concernées, nécessite l'obtention d'une autorisation au titre du changement d'usage (CCH art. L 631-7 s.), celle de la location d'un local commercial en tant que meublé de tourisme ne nécessite que l'obtention de l'autorisation préalable (C. tourisme art. L 324-1-1 s.).

Contrôle

186 Les agents municipaux et départementaux assermentés (CCH art. L 621-4 et L 651-6) peuvent rechercher et constater les manquements aux diverses obligations mises à la charge des loueurs et des intermédiaires de locaux meublés situés sur le territoire relevant de leur service (C. tourisme art. L 324-2-1, IV).
Ces agents, nommés par le maire, tenus de prêter serment devant le juge du tribunal judiciaire et astreints au secret professionnel, peuvent, munis d'un ordre de mission personnel ainsi que d'une carte d'identité, **visiter les locaux** de huit heures à dix-neuf heures, la visite s'effectuant en la présence de l'occupant ou du gardien du local qui est tenu de laisser visiter sur présentation de l'ordre de mission.
Ils peuvent recevoir toute déclaration et se faire présenter par les propriétaires, locataires ou autres occupants des lieux toute pièce ou document établissant les conditions d'occupation des locaux visités.

À la suite d'une question prioritaire de constitutionnalité renvoyée au Conseil constitutionnel par la Cour de cassation (Cass. 3e civ. 17-1-2019 n° 18-40.040 FS-PBI : Bull. civ. III n° 524), la disposition prévoyant qu'en cas de carence de la part de l'occupant ou du gardien, l'agent assermenté pouvait, au besoin, se faire ouvrir les portes et visiter les lieux en présence du maire ou du commissaire de police, les portes devant être refermées dans les mêmes conditions a été déclarée inconstitutionnelle (Cons. const. 5-4-2019 n° 2019-772 QPC). Le Conseil a en effet considéré qu'en prévoyant que les agents peuvent procéder à une telle visite, sans l'accord de l'occupant du local ou de son gardien, et sans y avoir été préalablement autorisés par le juge, le législateur a méconnu le principe d'inviolabilité du domicile. Cette disposition a donc été supprimée.

4. Qualité du loueur

187 La location en meublé saisonnière peut être le fait :

- de **loueurs professionnels** : particuliers louant habituellement chaque année pour la saison au moins 2 logements distincts de leur propre habitation ou professionnels de l'immobilier intervenant dans de telles locations,
- de **loueurs non professionnels** : particuliers ne louant qu'un seul logement ou une ou plusieurs pièces de leur habitation.

Les loueurs saisonniers de résidences de plaisance (résidences secondaires) doivent être considérés comme exerçant la profession de loueurs en meublé (CE 14-11-1973 Synd. intercommunal des loueurs saisonniers de résidences de plaisance c/ Préfet du Var, cité par J. Lafond et E. Mallet : J.-Cl. notarial fasc. 50 n° 64).

Si le loueur du meublé est lui-même locataire du local, la **sous-location** ne devra pas être interdite par le bail principal (C. civ. art. 1717 ▶264). Si la location principale relève de la loi du 6 juillet 1989 sur les baux d'habitation, le locataire principal devra au préalable obtenir l'accord écrit du bailleur, y compris sur le montant du loyer. En aucun cas le prix du loyer au mètre carré de surface habitable des locaux sous-loués ne pourra pas dépasser celui payé par le locataire principal. Ces règles s'appliquent que la location principale soit une location vide, une location meublée à usage de résidence principale ou un bail mobilité (Loi 89-462 du 6-7-1989 art. 8 sur renvoi de art. 25-3, al. 2 et art. 25-12, al. 3 ▶276). À défaut, le locataire principal encourt la résiliation de son bail et peut être condamné à verser à son propriétaire l'intégralité des sommes perçues pour les sous-locations non autorisées (Cass. 3e civ. 12-9-2019 n° 18-20.727 FS-PBRI : BPIM 5/19 inf. 355 ▶344).

5. Intervention d'un intermédiaire

188 Les **agents immobiliers** et les **administrateurs de biens** peuvent intervenir dans la conclusion de contrats de locations saisonnières qui entrent dans le champ d'application de la loi Hoguet du 2 janvier 1970.

Cette loi s'applique aux personnes qui prêtent leur concours de manière habituelle à des opérations portant sur les biens d'autrui relatives notamment aux locations saisonnières ; elle réglemente l'activité des agents immobiliers et administrateurs de biens qui doivent être titulaires d'une carte professionnelle délivrée, en principe par le président de la chambre de commerce et d'industrie territoriale, sur justification de leur aptitude professionnelle, d'une garantie financière permettant le remboursement des fonds, effets ou valeurs déposés, spécialement affectée à cet effet, et être assurés pour leur responsabilité civile professionnelle (Loi 70-9 du 2-1-1970 art. 1, 1-1 et 3 ▶274).

Le propriétaire ou bailleur conclut avec ces professionnels soit un **mandat de location** limité à la recherche des locataires, soit un mandat de gestion leur confiant une mission plus étendue (recherche des locataires, perception des loyers…).

189 Dans le secteur du tourisme, les **agents de voyages et autres opérateurs** peuvent réaliser pour le compte d'autrui des locations meublées saisonnières et sont soumis, pour l'exercice de cette activité, aux dispositions de l'article 8 de la loi Hoguet du 2-1-1970 (C. tourisme art. L 211-4 ▶272).

Ils sont dispensés d'obtenir une carte professionnelle prévue par la loi Hoguet lorsque leur activité de location saisonnière de meublés (hors forfait touristique) est accessoire à leur activité principale. Ils doivent néanmoins souscrire une garantie financière permettant le remboursement des fonds, effets ou valeurs déposés et une assurance garantissant les conséquences pécuniaires de la responsabilité civile professionnelle qu'ils encourent du fait de cette activité (Loi 70-9 du 2-1-1970 art. 8 ▶274).

190 Tout intermédiaire qui, contre rémunération ou à titre gratuit, par entremise ou négociation ou mise à disposition d'une **plate-forme numérique**, prête son concours à la mise en location d'un meublé de tourisme soumis aux règles restrictives du changement d'usage des locaux d'habitation doit rappeler au loueur les obligations applicables en matière d'autorisation et de déclaration. Avant toute publication en ligne de l'annonce de location, l'intermédiaire doit obtenir du loueur une **déclaration sur l'honneur** attestant du respect des obligations légales, précisant si le logement constitue ou non sa résidence principale et indiquant, le cas échéant, le numéro de déclaration du

meublé. Ce numéro devra être mentionné sur les annonces relatives au local (C. tourisme art. L 324-2-1, I ▶272). Le non-respect de ces obligations est sanctionné d'une amende civile pouvant atteindre 12 500 € par meublé objet du manquement (C. tourisme art. L 324-2-1, III-al. 1 ▶272). Dès lors qu'une offre de location émane d'un professionnel, elle doit porter la mention « annonce professionnelle » (C. tourisme art. D 324-1-3 créé par Décret 2020-1585 du 14-12-2020). Si le loueur ne passe pas par agence il devra indiquer « annonce d'un particulier ». Les juges ont estimé qu'Airbnb joue un rôle actif d'éditeur, de nature à lui conférer une connaissance ou un contrôle des données. La plateforme est ainsi de plein droit responsable de la diffusion d'annonces illicites par les hôtes puisqu'elle a pour mission de surveiller les informations transmises par eux. Elle ne peut donc pas bénéficier de la responsabilité allégée des simples hébergeurs (CA Paris 3-1-2023 n° 20/08067, Sté Airbnb Ireland unlimited company : BPIM 1/23 inf. 60).

Dans les **communes** où la déclaration des meublés est **soumise à enregistrement**, la commune peut demander à l'intermédiaire de lui transmettre l'adresse, le numéro de déclaration et le nombre de jours loués par son entremise pour chaque meublé, s'il en a connaissance, ainsi que le nom du loueur et le statut du meublé : résidence principale du loueur ou non (C. tourisme art. L 324-2-1, II-al. 1 ▶272). Cette demande d'informations, formulée par voie électronique au plus tard le 31 décembre de l'année suivant la mise en location, ne peut intervenir qu'une fois par an. Les renseignements portent sur l'année en cours et l'année civile précédente, même si le meublé n'est plus offert à la location lors de la demande. La demande peut ne concerner que les meublés situés dans un périmètre donné de la commune (C. tourisme art. R 324-2 et R 324-3 ▶272). Cette information doit permettre à la commune de vérifier que le seuil des 120 jours par an est respecté lorsque le meublé a été déclaré comme étant la résidence principale du loueur et, à défaut, d'engager la procédure de sanction à l'encontre du propriétaire qui n'a pas respecté la procédure de changement d'usage. L'intermédiaire dispose d'un mois pour transmettre les informations demandées par la commune (C. tourisme art. L 324-2-1, II-al. 1 ▶272). Le non-respect de ces obligations est sanctionné d'une amende civile pouvant atteindre 50 000 € par meublé objet du manquement (C. tourisme art. L 324-2-1, III-al. 2 ▶272).

6. Chambre d'hôtes

191 Contrairement à ce qui avait été prévu (C. tourisme art. L 324-3-1 issu de la loi 2009-888 du 22-7-2009, abrogé par la loi 2010-853 du 23-7-2010 art. 43), les chambres d'hôtes ne font **pas encore l'objet d'un classement**. Tout au plus le législateur a-t-il défini ce mode d'hébergement afin d'éclairer le consommateur, de permettre une meilleure identification de ce produit et de faciliter l'application de certaines réglementations (Rép. Breton : AN 15-4-2008 n° 11700 p. 3244).

Il s'agit de chambres meublées, donnant chacune accès à une salle d'eau et à un WC conformes à la réglementation, situées chez l'habitant en vue d'accueillir des touristes (capacité maximale d'accueil de 15 personnes pour 5 chambres), à titre onéreux, pour une ou plusieurs nuitées avec fourniture du petit déjeuner et, au minimum, du linge de maison (C. tourisme art. L 324-3, C. tourisme D 324-13 et D 324-14).

La **seule obligation** incombant aux propriétaires, sanctionnée par une amende de 450 € (C. tourisme art. R 324-16 art. 12, II), consiste en une **déclaration préalable** à la location auprès de la mairie du lieu de l'habitation par voie électronique, lettre recommandée ou dépôt en mairie et faire l'objet d'un accusé de réception. Elle doit préciser l'identité du déclarant, l'identification du domicile de l'habitant, le nombre de chambres mises en location, le nombre maximal de personnes susceptibles d'être accueillies et la ou les périodes prévisionnelles de location. Tout changement concernant ces éléments d'information doit faire l'objet d'une nouvelle déclaration (C. tourisme art. D 324-15). La liste des chambres d'hôtes est consultable en mairie (même art.).

B. Régime locatif

192 Les locations meublées saisonnières ne sont pas soumises à la loi du 1er septembre 1948 et sont exclues du champ d'application de la loi du 6 juillet 1989. Elles sont régies pour l'essentiel par les dispositions du Code civil.
Lorsque les locations meublées saisonnières sont incluses dans un forfait touristique et constituent un élément de ce forfait, elles ne sont pas concernées par les dispositions ci-dessous : elles sont seulement soumises aux dispositions des articles L 211-1 et suivants du Code du tourisme.

1. Réservation

a. Information préalable

193 Toute offre de location saisonnière doit revêtir la forme écrite et contenir l'indication du prix demandé ainsi qu'un état descriptif des lieux (C. tourisme art. L 324-2, al. 1 ▶ 272). Cet **état descriptif** complet et précis conforme au modèle annexé à l'arrêté du 2-8-2010 doit être remis au candidat locataire qui en fait la demande. Les professionnels de la location peuvent fournir un document différent s'il comporte les mêmes informations que le modèle type (Arrêté ECEI1018990A du 2-8-2010 art. 8 ▶ 285).
Outre des renseignements sur le propriétaire, ce document doit contenir la description des lieux loués et leur situation dans la localité, le mobilier et les équipements garnissant le logement, les modalités de prix et des conditions de la location.
L'indication du classement énergétique du local dans les annonces de mise en location n'est obligatoire que si un diagnostic de performance énergétique est obligatoire ▶ 198.
Si le meublé proposé à la location est soumis à la procédure de la déclaration enregistrée ▶ 180, l'offre de location doit mentionner le numéro de cette déclaration et préciser si l'offre émane d'un particulier ou d'un loueur professionnel au sens fiscal du terme (C. tourisme art. L 324-2, al. 2 ▶ 272).
Se rend coupable d'offre de service sans respect des règles d'information du consommateur sur les prix et conditions de vente la personne qui omet de remettre un état descriptif des lieux loués (CA Pau 9-2-1999 n° 98-688 ▶ 307).
Si la description des lieux loués est erronée et ne correspond pas à la réalité, le bailleur manque à son obligation de bonne foi et engage sa responsabilité contractuelle (CA Rennes 28-1-1999 n° 98-1177 ▶ 306).
Le propriétaire qui omet d'informer le preneur de la proximité d'une voie de circulation se rend coupable d'une réticence dolosive de nature à entraîner la nullité du contrat (Cass. 3e civ. 12-7-2000 n° 1217 FS-D ▶ 312).
Toute personne qui, à l'occasion d'une location saisonnière ou d'une offre de location saisonnière d'un local meublé d'habitation, fournit des renseignements manifestement inexacts sur la situation de l'immeuble, la consistance et l'état des lieux, les éléments de confort ou l'ameublement est punie d'une amende de 750 € portée à 7500 € en cas de récidive (Décret 67-128 du 14-2-1967 ▶ 278).

194 **En cas de location à distance et pour les contrats conclus hors établissement**, ce qui est le cas le plus fréquent en pratique, le consommateur, futur locataire, doit recevoir par écrit une **offre**

de contrat comportant un certain nombre d'informations (C. tourisme art. L 324-2 ▶272 ; C. consom. art. L 221-8 et L 221-11 ▶265), et notamment :

- le nom et l'adresse du prestataire de service ;
- le cas échéant, le numéro d'enregistrement de la déclaration du meublé ;
- le prix demandé ;
- les modalités de paiement ;
- l'existence d'un droit de rétractation ;
- la durée de la validité de l'offre ;
- un état descriptif des lieux.

De la même manière, le consommateur bénéficie, à compter de la conclusion du contrat, d'un **droit de rétractation** de 14 jours sans avoir à payer de pénalités (C. consom. art. L 221-18 ▶265). Lorsqu'il exerce son droit de rétractation, il doit être remboursé dans les 14 jours (C. consom. art. L 221-24 ▶265).

b. Versement d'arrhes ou d'acomptes par le locataire

Qualification

195 Dès la réservation, le propriétaire est en droit de demander au locataire le versement d'une certaine somme qui correspond à une partie du prix versée d'avance.
S'il s'agit d'**arrhes** (C. civ. art. 1590 ; C. consom. art. L 214-1 ▶265), le futur « locataire » les perdra s'il se désiste et le propriétaire devra verser le double s'il renonce à louer.
Ne constitue pas un cas de force majeure, permettant au locataire de se dédire, le cas de grossesse (CA Pau 13-6-1991 n° 90-296 ▶296).
Si le versement est qualifié d'**acompte**, le locataire qui annule sa réservation peut être tenu de verser l'intégralité du prix si le logement n'a pas pu être reloué.
Si le propriétaire renonce à louer, des dommages-intérêts peuvent lui être réclamés pour réparer le préjudice moral ou financier subi par le locataire.

Montant du versement

196 Lorsque le contrat est **conclu par un intermédiaire professionnel**, toute remise de fonds et tout versement sont réglementés par la loi Hoguet 70-9 du 2 janvier 1970 et l'article 68 du décret 72-678 du 20-7-1972.
Les versements ne peuvent être reçus par le mandataire plus de 6 mois avant le début de la location et le montant exigé ne peut excéder 25 % du montant du loyer.
Le propriétaire ou le bailleur doit être informé de ces versements dans les conditions prévues par le mandat le liant au professionnel.
Lorsque le contrat n'est **pas conclu par un professionnel**, les modalités de versement peuvent être librement négociées entre le bailleur et le locataire, mais il est d'usage de respecter les règles précitées.

2. Contrat de location

a. Contenu du contrat

197 Tout contrat de location saisonnière doit revêtir la **forme écrite** et contenir l'indication du prix demandé ainsi qu'un état descriptif des lieux (C. tourisme art. L 324-2 ▶272). Il doit être établi en 2 exemplaires destinés à chacune des parties.

Le contrat doit comporter un certain nombre d'**informations** :

- identités du bailleur et du locataire ;
- informations précises concernant la situation et l'adresse des locaux loués ;
- le cas échéant, le numéro d'enregistrement de la déclaration du meublé ;
- durée de la location ;
- dates et heures d'arrivée et de départ ;
- prix de la location et montant des charges éventuelles ainsi que les modalités de leur paiement ;
- montant de l'avance à régler ;
- montant de la caution à payer et mode de restitution ;
- rémunération, le cas échéant, d'un intermédiaire.

b. Pièces annexes

198 Le contrat de location saisonnière doit obligatoirement être accompagné d'un **état descriptif** ▶ 193.

Il est préférable d'établir dès l'entrée dans les lieux un **état des lieux** ainsi qu'un **inventaire détaillé** du mobilier et des objets mis à la disposition du locataire dans les locaux loués ; ces deux documents doivent être signés par les parties, datés et établis en double exemplaire. Un nouvel état des lieux et un nouvel inventaire seront établis en fin de séjour.

Le **diagnostic de performance énergétique (DPE)** n'a pas à être joint au contrat d'une location saisonnière (CCH art. L 126-29 ▶266), mais le propriétaire doit tenir à la disposition du candidat locataire le diagnostic complet (CCH art. L 126-28 ▶266). Si le logement loué est utilisé moins de 4 mois par an, aucun DPE n'est exigé (CCH art. R 126-15, g).

La proposition de loi transpartisane visant à remédier aux déséquilibres du marché locatif en zone tendue adoptée en première lecture à l'Assemblée nationale le 29 janvier 2024 imposerait la présentation obligatoire d'un DPE classé entre les niveaux A et D pour toute location de meublé de tourisme dont le changement d'usage est définitif (CCH création art. L 631-10 ; AN 29-1-2024 texte n°231). En cas de changement d'usage temporaire en meublé de tourisme, le texte proposerait comme pour les logements classiques l'interdiction à la location les meublés touristiques classés G au 1er janvier 2025, classés F au 1er janvier 2028 et classés E au 1er janvier 2034 (AN 29-1-2024 texte n°231).

Aujourd'hui, doivent être annexés au bail les **diagnostics gaz et électricité** (pour les immeubles dont le permis de construire a été délivré avant 1975), un **constat des risques d'exposition au plomb** (Crep) pour les immeubles construits avant le 1er janvier 1949 (CSP art. L 1334-7) et un **état des risques** dans les zones mentionnées au I de l'article L 125-5 du Code de l'environnement (zones couvertes par un plan de prévention des risques technologiques ou par un plan de prévention des risques naturels prévisibles, prescrit ou approuvé, dans des zones de sismicité ou dans des zones à potentiel radon définies par voie réglementaire et dans les zones exposées au recul du trait de côte délimitées par un plan local d'urbanisme) (C. envir. art. L 125-5 dans sa rédaction applicable depuis le

1-1-2023 ▶ 267). Depuis le 1er juin 2020, les locations touristiques ne sont plus concernées par cette obligation d'information aux zones de bruit d'un aéroport (C. urb. art. L 112-11, I-al. 6).

c. Conditions financières

199 Les tarifs des locations saisonnières sont fixés librement.
Le solde du **loyer** non payable d'avance ▶ 195 peut être exigé lors de l'arrivée dans les lieux, au moment de la remise des clés.
Les **charges** peuvent être soit comprises dans le prix, soit non comprises dans celui-ci ou encore être fixées de manière forfaitaire.

200 Le bailleur est en droit de demander un **dépôt de garantie** ou une **caution**.
Lorsque la location saisonnière est conclue avec l'intervention d'un **intermédiaire**, le dépôt de garantie ne peut excéder 25 % du loyer si aucun acompte n'a été versé et ne peut être reçu plus de 6 mois à l'avance. Si la location a lieu entre particuliers, le montant du dépôt de garantie conseillé est du même montant.
Le dépôt de garantie est restitué au locataire lors de la sortie des lieux si aucune détérioration n'est constatée. En cas de détériorations ou s'il reste des charges à payer, le dépôt de garantie, déduction faite de ces frais, doit être restitué dans un délai raisonnable, le locataire pouvant demander la production de toutes pièces justificatives.

d. Clauses abusives ou illicites

201 Dans les contrats conclus entre professionnels et non-professionnels ou consommateurs, sont abusives les clauses qui ont pour objet ou pour effet de créer, au détriment du non-professionnel ou du consommateur, un **déséquilibre significatif** entre les droits et obligations des parties au contrat (C. consom. art. L 212-1 et L 212-2 ▶ 265 ; CA Chambéry 19-1-2000 n° 97-472 ▶ 311). Elles sont réputées non écrites.
Le Code de la consommation détermine une **liste** de clauses présumées abusives (C. consom. art. R 212-1).
En cas de litige concernant un contrat comportant une telle clause, le professionnel doit apporter la preuve du caractère non abusif de la clause litigieuse. Les types de clauses sont ainsi listées eu égard à la gravité des atteintes qu'elles portent à l'équilibre du contrat et doivent être regardées, de manière irréfragable, comme abusives (C. consom. art. R 212-1). Ces dispositions sont applicables quels que soient la forme ou le support du contrat. Sans préjudice des règles d'interprétation prévues aux articles 1188, 1189, 1191 et 1192 du Code civil, le caractère abusif d'une clause s'apprécie en se référant, au moment de la conclusion du contrat, à toutes les circonstances qui entourent sa conclusion, de même qu'à toutes les autres clauses du contrat. Il s'apprécie également au regard de celles contenues dans un autre contrat lorsque la conclusion ou l'exécution de ces deux contrats dépendent juridiquement l'une de l'autre. L'appréciation du caractère abusif des clauses ne porte ni sur la définition de l'objet principal du contrat, ni sur l'adéquation de la rémunération au service offert pour autant que les clauses soient rédigées de façon claire et compréhensible. Le contrat restera applicable dans toutes ses dispositions autres que celles jugées abusives s'il peut subsister sans lesdites clauses. Ces dispositions sont d'ordre public (C. consom. art. L 212-1). Dans les contrats conclus entre professionnels et non-professionnels ou consommateurs, la présence d'une ou plusieurs clauses abusives est passible d'une amende de 3 000 e pour une personne physique et de 15 000 e pour une personne morale.

Ont été jugées comme abusives les clauses suivantes contenues dans un contrat de location saisonnière (CA Paris 7-5-1998 n° 96-86626 : RJDA 8-9/98 n° 1058 ▶302):

- la clause ne laissant au locataire qu'un délai trop bref de 24 heures pour dénoncer les anomalies qu'il a constatées à son arrivée dans les locaux ;
- la clause prévoyant un séjour de remplacement pour le locataire, avec interdiction d'annuler sa réservation dans un délai de 7 jours dans le cas où le prestataire devrait modifier le séjour réservé du fait de circonstances extérieures ;
- la clause disposant qu'en cas d'arrivée du locataire après 18 h 30, il y aura report de la prise de possession des lieux au prochain jour ouvrable à 9 heures avec application d'une facturation pour heures de retard en cas d'arrivée tardive de l'intéressé.

202 La clause visant à interdire la détention d'animaux familiers dans les locaux d'habitation donnés en location saisonnière a été jugée illicite (Cass. 1e civ. 3-2-2011 n° 08-14.402 : RJDA 5/11 n° 468). La loi de simplification du droit du 22 mars 2012 revient sur cette jurisprudence en précisant que cette clause est réputée non écrite sauf dans les contrats de location saisonnière de meublés de tourisme ; seule l'interdiction des chiens d'attaque est licite (Loi 70-598 du 9-7-1970 art. 10 ▶275).

203 La commission des clauses abusives a recommandé que soient éliminées des contrats de location saisonnière un certain nombre de clauses considérées comme abusives (Recommandation 94-04 : BOCCRF du 27-10-1994). Ces recommandations de la commission n'ont aucun caractère impératif (CA Paris 11-2-2009 n° 07-9951 : RJDA 7/09 n° 683). Elles ont pour but d'inciter les professionnels à modifier ou à supprimer les clauses abusives de leurs contrats et d'informer les consommateurs sur les dangers de ces clauses. Le juge peut s'y référer en cas de contentieux pour déclarer abusives les clauses d'un contrat.

La Commission des clauses abusives recommande (Recommandation 13-01 du 6-6-2013 : BOCCRF du 13-9-2013) que soient supprimées des contrats conclus entre professionnels et non-professionnels 43 clauses litigieuses ayant pour objet ou pour effet :

1. De laisser croire au locataire d'un logement meublé qui constitue son habitation principale qu'il ne bénéficie pas des dispositions des articles L632-1 et suivants du CCH ;
2. D'exclure l'application des articles L632-1 et suivants du CCH lorsque le logement loué constitue, en réalité, la résidence principale du locataire ;
3. D'imposer au consommateur, pour obtenir et conserver la location du bien, de renoncer au régime protecteur d'ordre public institué par les articles L632-1 et suivants du CCH ;
4. De prévoir une durée de location contraire aux dispositions des articles L632-1 et suivants du CCH ;
5. De prévoir, de manière générale, que seront à la charge du locataire l'ensemble des frais, droits et honoraires du bail ainsi que leur suite et conséquence, sans en indiquer précisément ni la nature ni le montant ;
6. De faire peser sur le locataire les frais et honoraires du mandataire du bailleur ;
7. De prévoir un supplément de rémunération pour la fourniture du mobilier et des équipements nécessaires à une habitation normale, par ailleurs incluse dans le loyer ;
8. De mettre à la charge du locataire, en sus du loyer, des impôts et taxes relatifs au bien loué, incombant au bailleur ;
9. D'imposer des frais supplémentaires au consommateur en fonction du mode de paiement qu'il choisit ;
10. De prévoir la faculté pour le bailleur de modifier unilatéralement, à tout moment, le prix et la nature des prestations prévues dans le contrat de bail ;
11. De restreindre le droit pour le locataire de recevoir ou héberger ses proches dans les lieux loués, même dans les conditions d'une occupation paisible ;

12. De porter atteinte à la jouissance paisible des lieux loués en prévoyant la possibilité pour le bailleur de vérifier ou de faire vérifier à tout moment les conditions d'occupation des locaux ;
13. De prévoir une pénalité rétroactive en cas de non-respect des conditions contractuelles d'occupation ;
14. D'empêcher le locataire de détenir des animaux domestiques dans les lieux loués dès lors que ceux-ci ne causent pas de dégâts et ne troublent pas la jouissance des autres occupants de l'immeuble ;
15. D'imposer des frais à un locataire alors qu'il n'a pas, au préalable, accepté de bénéficier du service de raccordement à une antenne collective ;
16. De limiter la jouissance paisible du locataire en l'obligeant à laisser visiter le bien loué par le gérant, ses préposés ou ses prestataires, soit sans nécessité, soit, en cas de nécessité, sans avertissement préalable, sauf urgence ;
17. De contraindre le locataire à laisser visiter son logement, en cas de congé ou de vente, pendant une durée excessive au regard des usages et du droit au respect de la vie privée ;
18. De prévoir que le bailleur pourra effectuer tous travaux dans les lieux loués, en toutes circonstances, sans limitation de durée et sans aucune indemnité ;
19. D'autoriser une délivrance seulement partielle du local loué, pour une durée indéterminée et sans diminution de loyer ;
20. De dispenser le bailleur de ses obligations de fourniture de chauffage et d'eau chaude ;
21. De faire peser sur le preneur des dépenses non locatives ;
22. De mettre à la charge du locataire divers travaux susceptibles d'incomber au bailleur ;
23. De soumettre la restitution du dépôt de garantie à la survenance d'un certain nombre d'événements dépendant de la volonté du bailleur ou de ses prestataires et sans stipulation d'une durée raisonnable ;
24. De stipuler qu'à défaut d'état des lieux d'entrée, le local est présumé loué neuf ;
25. De mettre à la charge du locataire des sommes forfaitaires pour chaque dégradation subie par le logement ;
26. De prévoir une faculté de résiliation du contrat par le bailleur pour des motifs autres que ceux limitativement prévus par les articles L 632-1 et du L 632-2 du CCH ;
27. De prévoir la résiliation du bail de plein droit en cas d'inexécution, par le locataire, de l'une quelconque de ses obligations, même mineure ;
28. De prévoir une clause résolutoire de plein droit en cas de défaut de paiement d'une prestation étrangère à l'objet principal du contrat de location d'un logement meublé ;
29. De permettre au bailleur de résilier, ou non, le bail en cas de destruction totale ou partielle des locaux loués, en méconnaissance de l'article 1722 du Code civil ;
30. De prévoir la résiliation du contrat, par le locataire comme par le bailleur, dans des conditions contraires à l'article L 632-1 du CCH ;
31. De reporter, dans tous les cas, au dernier jour du mois, la date d'effet du congé donné par le locataire ;
32. D'imposer la rédaction d'un nouveau bail à l'expiration du contrat, alors qu'il est tacitement renouvelé par application de l'article L 632-1 du CCH ;
33. D'imposer au locataire résiliant son contrat de bail de manière anticipée, une indemnité de résiliation, quelle que soit sa forme, notamment un réajustement du montant des loyers ;
34. De prévoir que le bailleur ou son mandataire peut accepter ou refuser le congé régulièrement donné par le locataire ;
35. De faire peser sur le locataire une présomption de responsabilité dans la survenance des dégradations des parties communes ;
36. D'empêcher le locataire de faire valoir des causes de non-imputabilité des dégradations du logement loué ;
37. De faire bénéficier le bailleur d'une présomption d'exécution de ses obligations ;
38. De prévoir une pénalité en cas de retard dans le paiement du loyer, sans réciprocité en cas d'inexécution par le bailleur de ses obligations ;

39. De prévoir le versement d'une indemnité contractuelle supérieure au loyer en cas d'obtention d'un délai judiciaire pour libérer les lieux à l'expiration du bail ;
40. De prévoir contractuellement des indemnités sans lien avec le manquement reproché au locataire ;
41. De mettre à la charge du locataire, sans décision de justice, l'ensemble des frais de recouvrement des sommes impayées ;
42. De supprimer le droit à réparation du preneur en cas de manquement du bailleur à ses obligations ;
43. De prévoir que le locataire fait élection de domicile dans les lieux loués, même après la résiliation du contrat.

3. Obligations des parties

204 La plupart des dispositions concernant les obligations des parties en vigueur pour les locations meublées traditionnelles ▶73 s'appliquent également aux locations meublées saisonnières.
Ne sont précisés ci-dessous que certains points particuliers liés à la spécificité des locations meublées saisonnières.

a. Obligations du bailleur

205 Le bailleur doit **délivrer le logement** loué au locataire, à la date convenue, tel qu'il est mentionné dans l'état descriptif.
Si tel n'est pas le cas, le locataire peut demander une diminution du prix ou l'annulation du contrat et s'adresser à la préfecture du département ou au tribunal d'instance du lieu de situation de l'immeuble loué.
Il a été jugé qu'un contrat de location meublée saisonnière ne peut être résolu au motif que le bailleur n'a pas rempli son obligation de délivrance pour n'avoir pas rendu accessible un chemin privé conduisant au chalet loué, de précédents locataires ayant pu accéder à ce chalet par ledit chemin malgré la présence de verglas (CA Aix-en-Provence 2-3-1995 n° 92-17541 ▶300).

206 Les propriétaires de biens objets de locations meublées saisonnières doivent avoir équipé leurs **piscines** de plein air d'un **dispositif de sécurité normalisé** pour éviter le risque de noyade ▶81.

b. Obligations du locataire

207 Le locataire doit **prendre possession** des lieux à la date convenue et les libérer le dernier jour prévu au contrat.
Si le locataire ne se présente pas, le solde du prix fixé peut lui être réclamé par le bailleur.
S'il part avant la date prévue sans en avertir le bailleur, ce dernier peut lui réclamer le solde du loyer ou le conserver s'il a été payé d'avance.
Le locataire doit restituer les lieux dans l'état dans lesquels il les a pris.

208 Le locataire doit **utiliser** les biens loués **raisonnablement** (C. civ. art. 1728 ▶264).
Il n'est pas responsable de l'usure normale des objets mobiliers, mais doit remplacer ceux qu'il a détériorés.
Il est tenu pour responsable des dommages survenus du fait de sa négligence ainsi qu'en cas d'incendie ou de dégât des eaux.
La présomption de responsabilité de l'occupant en cas d'incendie prévue à l'article 1733 du Code civil ▶264 s'applique même s'il s'agit d'une occupation temporaire ou précaire, et notamment en cas de location pour une durée de 15 jours d'un chalet meublé (Cass. 3e civ. 2-6-1977 n° 75-15.440 ▶290).

Il est souhaitable, de ce fait, que le locataire souscrive une assurance ▶82.

C. Régime fiscal

1. Imposition des revenus

209 Le fait qu'une location meublée soit saisonnière ne fait pas obstacle à l'imposition des revenus dans la **catégorie** des bénéfices industriels et commerciaux.

Les **sociétés civiles** dont la seule activité est de louer un local meublé durant la saison estivale exercent une activité industrielle et commerciale. En application des dispositions de l'article 206, 2 du CGI, elles sont donc passibles de l'impôt sur les sociétés (Rép. Mauger : AN 20-11-1989 p. 5081 n° 15286 ; BOI-BIC-CHAMP-40-20 n° 40 ; BOI-IS-CHAMP-10-30 n° 250).

210 Les propriétaires qui louent pendant une partie de l'année des locaux dont ils se réservent la jouissance pendant le reste de l'année peuvent, lorsqu'ils sont imposables selon un régime réel, choisir d'inscrire ou non les locaux à l'actif. Cette **inscription à l'actif** s'entend de l'inscription de l'immeuble à l'actif du bilan de l'entreprise ou, pour les contribuables au régime simplifié dispensés de l'établissement d'un bilan (chiffre d'affaires inférieur à 176 000 € HT pour les années 2023 à 2025), de sa mention sur le tableau des immobilisations et des amortissements (imprimé 2033 C) joint à la déclaration BIC.

Lorsqu'un immeuble inscrit à l'actif fait l'objet d'une location meublée qui ne se rattache pas à l'activité exercée par l'entreprise (**immeuble de placement** en vue d'en retirer des loyers), les produits et les charges correspondants sont en principe extournés du bénéfice imposable de l'entreprise en application du II de l'article 155 du CGI. Les produits et charges font alors l'objet d'un résultat imposable séparé dans la catégorie des bénéfices industriels et commerciaux en tant que revenus tirés d'une location meublée.

De même, les **loueurs en meublé professionnels** doivent extourner les charges afférentes aux immeubles loués correspondant à la période d'usage à titre privé.

Lorsque le contribuable utilise à titre privé le bien qu'il met en location meublée à titre **non professionnel**, il doit alors inclure dans les produits entrant en compte pour la détermination du bénéfice imposable une somme représentant la valeur locative réelle des locaux réservé à cet usage au cours de la période d'imposition considérée.

Lorsque les immeubles destinés à la location ne sont **pas inscrits à l'actif**, les charges de propriété et de gestion de l'immeuble sont déductibles au prorata de la durée effective de location (CE 8-11-1989 n° 63967 : RJF 1/90 n° 31 ▶295 ; BOI-BIC-CHG-10-10-30 n° 30). C'est ainsi, par exemple, que les charges afférentes à un appartement meublé loué quinze semaines par an ne seront déductibles qu'à hauteur des 15/52e de leur montant. Corrélativement à la non-déduction des charges afférentes à la période pendant laquelle le propriétaire des locaux s'en réserve la jouissance, aucun avantage en nature ne doit être intégré dans les recettes.

211 Lorsque les propriétaires de **gîtes ruraux** ou de **chambres d'hôtes** offrent des **prestations annexes**, ces activités ne relèvent pas de la location meublée mais de la **parahôtellerie**. Sont considérées comme telles les conventions d'hébergement qui, en raison des services fournis ou proposés, dépassent la simple jouissance du bien. Au cas particulier, les exploitants d'activités d'accueil en milieu rural fournissent en principe, en sus de l'hébergement, au moins trois des prestations exigées parmi le petit déjeuner, le nettoyage régulier des locaux, la fourniture de linge de maison

et la réception même non personnalisée de la clientèle (voir ▶140), rendues dans des conditions similaires à celles proposées par les établissements d'hébergement à caractère hôtelier exploités de manière professionnelle.
Ce secteur relève du régime des BIC dans les conditions de droit commun (sur le régime des **micro-entreprises**, voir ▶93). Notons également que cette activité relève du seuil applicable aux ventes et à la fourniture de logement pour l'exonération des plus-values professionnelles prévue par l'article 151 septies du CGI (soit 250 000 € et 350 000 € : BOI-BIC-CHAMP-40-20 n° 430).

2. TVA

212 Le caractère saisonnier de l'activité est sans influence sur la situation au regard de la TVA ▶139.

3. Cotisation foncière des entreprises

213 Sous réserve du cas où la location porte sur tout ou partie de l'habitation personnelle et présente un caractère accidentel et non périodique et des exonérations citées ci-après, le loueur est redevable de la cotisation foncière des entreprises.
Sont ainsi **imposables** :

- le propriétaire d'une villa qui loue cette dernière meublée pour un mois au cours de la saison d'été, à moins qu'il ne s'agisse que d'une location purement accidentelle et ne revêtant aucun caractère de périodicité (Rép. Ponsard : AN 9-4-1938 p. 1137 n° 5364, non reprise dans la base Bofip) ;
- un contribuable qui, depuis plusieurs années, offre en location une villa meublée dont il est propriétaire dans une station balnéaire (CE 1-5-1939 n° 64427, Sieur de Ganay : Lebon p. 276).

N'est pas imposable, en revanche, celui qui n'a loué que pendant la saison balnéaire d'une année la villa meublée qu'il occupe habituellement chaque année (CE 1-7-1915 n° 58444, Dame Muni : Lebon p. 219).

214 **Sont exonérées** de CFE, sauf délibération contraire des collectivités locales (CGI art. 1459, 3°-b ▶268) :

- les personnes qui louent des locaux faisant partie de leur habitation personnelle, principale ou secondaire, classés « meublés de tourisme » dans les conditions prévues par l'article L 324-1 du Code du tourisme ;
- les personnes autres que celles visées ci-dessus qui louent ou sous-louent en meublé tout ou partie de leur **habitation personnelle**, par exemple, les propriétaires qui donnent en location leur résidence secondaire quelques semaines par an ou ceux qui louent des chambres d'hôtes dépendant de leur résidence personnelle (Rép. Prat : AN 16-4-2013 p. 4141 n° 8234).

En ce qui concerne les loueurs de **gîtes ruraux**, voir ▶153.

4. Taxe d'habitation sur les résidences secondaires et autres locaux meublés non affectés à l'habitation principale

Situation du propriétaire

215 Les personnes qui donnent des logements meublés en location saisonnière sont imposables à la taxe d'habitation sur les résidences secondaires et autres locaux meublés non affectés à l'habitation

principale dès lors qu'elles gardent la **disposition** de tels locaux en dehors des périodes de location (voir ▶154).
Pour apprécier si le propriétaire d'un logement loué meublé est imposable à la taxe d'habitation parce qu'il se réserve la disposition du logement pour une partie de l'année, il convient de rechercher quelle était son **intention au 1er janvier** : voir ▶156.

216 Le propriétaire qui propose, par l'**intermédiaire d'une agence**, un appartement meublé à la location saisonnière durant toute l'année, en dehors des périodes où il s'en réserve la disposition pour lui-même, est redevable de la taxe d'habitation, quelle que soit la durée de cette réservation et nonobstant son imposition à la cotisation foncière des entreprises en qualité de loueur en meublé. En tel cas, celui-ci est en effet réputé avoir eu, au 1er janvier de l'année d'imposition, la disposition de l'appartement comme résidence personnelle (CAA Bordeaux 20-5-1997 n° 95-960 : RJF 12/97 n° 1151).
En revanche, le propriétaire d'une habitation meublée qui l'a offerte à la **location saisonnière toute l'année** par l'intermédiaire d'une agence de location à laquelle il a donné un mandat ne lui réservant **aucune possibilité de séjour** et qui n'y a **effectivement pas séjourné** n'est pas redevable de la taxe d'habitation à raison de ce local, alors même que la location n'a été effective que pour une partie des années en litige (CAA Bordeaux 20-5-1997 n° 95-949 ; solution toujours valable après l'intervention de la décision du Conseil d'État mentionnée ▶156).

217 Les **propriétaires de meublés qui conservent la disposition** de leur logement en dehors des périodes de location sont imposables pour l'année entière dans les conditions de droit commun (Rép. Bayard : AN 1-12-1986 p. 4565 n° 8876 ; Rép. Raynal : AN 24-11-1986 p. 4368 n° 8067 ; dans le même sens, Rép. Néri : AN 24-4-1989 p. 1913 n° 2400, qui souligne que l'exonération de cotisation foncière des entreprises ne saurait être étendue à la taxe d'habitation même à l'initiative des communes ; réponses non reprises dans la base Bofip mais toujours valables, s'agissant de l'application de principes de droit commun).
Lorsqu'ils **ne constituent pas l'habitation personnelle** du loueur, les gîtes ne sont pas imposables à la taxe d'habitation, mais ils sont alors assujettis à la cotisation foncière des entreprises puisque l'exonération du 3° de l'article 1459 du CGI ▶268 ne leur est pas applicable (BOI-IF-TH-10-20-20 n° 30 et 50).

218 Des **exonérations** de taxe d'habitation (CGI art. 1407, III ▶268) et/ou de taxe foncière (CGI art. 1383 E bis ▶268) sont susceptibles de s'appliquer sur délibération des collectivités territoriales aux locaux situés dans une des **zones de revitalisation rurale** ou des **zones France ruralités revitalisation** et répondant aux définitions suivantes :

- locaux **classés meublés de tourisme** dans les conditions prévues à l'article L 324-1 du Code du tourisme, c'est-à-dire les villas, appartements ou studios meublés, à l'usage exclusif du locataire, offerts en location à une clientèle de passage qui y effectue un séjour caractérisé par une location à la journée, à la semaine ou au mois, et qui n'y élit pas domicile (Code du tourisme, art. D 324-1) ;

  Pour les impositions établies à compter de 2017, les **gîtes ruraux** doivent être classés meublés de tourisme pour bénéficier de l'exonération de taxe d'habitation (et de taxe foncière).

- **chambres d'hôtes** au sens de l'article L 324-3 du Code du tourisme, c'est-à-dire les chambres meublées situées chez l'habitant en vue d'accueillir des touristes, à titre onéreux, pour une ou plusieurs nuitées, assorties de prestations.

En pratique, cette exonération concerne les propriétaires qui louent des locaux en meublé constituant leur habitation personnelle ou une partie de celle-ci. Ces personnes sont également exonérées de cotisation foncière des entreprises ▶214 sauf délibération contraire des collectivités territoriales. Cette disposition rend donc possible, le cas échéant, une double exonération pour les locaux en cause.

Situation du locataire

219 Dans le cas d'habitation louée pour la saison seulement, le locataire n'est **pas imposable** si, après comme avant la saison, cette habitation reste à la disposition du propriétaire.
Ainsi jugé :

- pour un logement dont le locataire **dispose au 1er janvier**, dès lors que le propriétaire entend à cette date en conserver la disposition ou la jouissance une partie de l'année (CE 24-7-2019 n° 420149) ;
- pour la maison qu'un contribuable ne loue chaque année qu'après le 1er janvier et dans laquelle il vient passer l'**été** (CE 2-2-1859 : RO n° 709 ; CE 2-9-1863 : RO n° 1553) ;

5. Taxe de séjour

220 Une taxe de séjour peut être instituée, sur délibération du conseil municipal, dans les communes à vocation touristique, notamment les communes littorales ou de montagne et celles classées « stations de tourisme » (CGCT art. L 2333-26). Elle est en principe **collectée** par le loueur. De nombreuses communes ont mis en place des services de déclaration en ligne qui permettent de s'acquitter de cette obligation. Toutefois, les plates-formes de location qui encaissent le loyer pour le compte du loueur non professionnel doivent obligatoirement se charger de cette obligation (CGCT art. L 2333-33). Elles peuvent le faire même lorsqu'elles ne sont pas intermédiaires de paiement ou agissent pour le compte d'un loueur professionnel (CGCT art. L 2333-34). Le loueur n'a alors aucune démarche à accomplir.
Sont soumises à la taxe les **personnes** qui ne sont pas domiciliées dans la commune. Toutefois, bénéficient d'une exemption, notamment, les personnes mineures et les titulaires d'un contrat de travail saisonnier (CGCT art. L 2333-31).
Les collectivités bénéficiaires peuvent lui préférer (soit de manière globale soit, selon les natures d'hébergement), une **taxe forfaitaire** établie sur les logeurs, hôteliers et propriétaires et assise sur la capacité d'accueil et le nombre de nuitées comprises à la fois dans la période d'ouverture de l'établissement et la période de perception (CGCT art. L 2333-41).
Le **tarif** des deux taxes - fixé par personne et par nuitée de séjour (pour la première), par unité de capacité d'accueil et par nuitée (pour la taxe forfaitaire) - ne peut être inférieur à 0,2 € ni excéder 4 € (hors taxe additionnelle départementale) ; il est arrêté par le conseil municipal conformément aux barèmes prévus aux articles L 2333-30 (taxe de séjour) et L 2333-41 (taxe forfaitaire) du CGCT.
Le montant total de la taxe forfaitaire peut être réduit, par application d'un abattement (entre 10 % et 80 %) afin de tenir compte de la durée de la période d'ouverture de l'établissement.

D. Régime social

1. Location saisonnière

221 Est considérée comme **professionnelle** l'activité de location meublée lorsque ces locaux sont loués à une clientèle y effectuant un séjour à la journée, à la semaine ou au mois et n'y élisant pas

domicile et que les recettes sont supérieures à 23 000 € par an (CSS art. L 611-1, 6° ▶271). Autrement dit, l'activité de location meublée saisonnière est professionnelle dès lors qu'elle génère plus de 23 000 € de recettes annuelles.
Lorsque les conditions de l'activité professionnelle sont remplies, le bailleur doit s'affilier à la sécurité sociale, en principe au régime des **travailleurs indépendants non agricoles**, éventuellement comme micro-entrepreneur, dans les mêmes conditions que pour les locations de longue durée : voir ▶165 s.
Toutefois, si les recettes annuelles ne dépassent pas 77 700 €, le loueur en meublé de courte durée peut choisir d'être affilié au régime général des **salariés** (CSS art. L 311-3, 35° ▶271). L'option est exercée lors de l'affiliation, via une interface dédiée sur le site www.urssaf.fr : ats.declaration.urssaf.fr/Application-ECOLAB-Inscription/

> Cette option a pour **objectif** de tenir compte du fait que beaucoup des loueurs en meublés de courte durée sont déjà par ailleurs affiliés au régime général (Rapport AN n° 3432 art. 14 relatif à la loi 2020-1576 du 14-12-2020). Sont ainsi évitées les multiplications d'affiliation.
> Ce régime social n'est pas applicable aux loueurs de **chambres d'hôtes**, voir ▶227. Sur les locations de **meublés touristiques**, voir ▶226.

222 En cas d'option pour le régime général, l'assiette de calcul des **cotisations et contributions sociales** est constituée des recettes diminuées d'un abattement de 60 % (CSS art. L 311-3, 35°).
Par **exemple**, selon l'Urssaf, le montant des cotisations pour 40 000 € de recettes d'une location de courte durée non touristique hors Alsace-Moselle en 2024 est de 7 587 € : (40 000 × 60 %) × 47,42 % (Plaquette sur l'économie collaborative qui précise que ce montant est indicatif et vaut pour l'année suivant l'affiliation ; www.urssaf.fr).

> L'Urssaf propose un **simulateur de cotisations** en ligne pour les loueurs de meublé de courte durée, touristique ou non, dont les recettes ne dépassent pas 72 600 € par an.

223 Quelque soit le statut, l'Urssaf précise que les **cotisations** sont **assises** sur le montant des recettes (ou des revenus) supérieur à 23 000 € la première année, puis dès le premier euro les années suivantes (Plaquette sur l'économie collaborative, www.urssaf.fr ▶166).
Les loueurs en meublés peuvent bénéficier de l'**aide** à la création ou à la reprise d'entreprise (Acre) s'ils en remplissent les conditions (CSS art. L 131-6-4 ; C. trav. L 5141-1).

224 Actuellement, le propriétaire-bailleur qui passe par une **plateforme électronique** pour la location de son logement peut donner mandat à la plate-forme pour effectuer les démarches déclaratives de début d'activité, les déclarations sociales et le paiement des cotisations (CSS art. L 613-6). Les cotisations sont alors précomptées par la plateforme.
Cette disposition n'étant que très peu appliquée, le législateur a prévu de rendre **obligatoire** le dispositif de précompte, par les plateformes, des cotisations et contributions sociales dues, au titre de l'activité réalisée par leur intermédiaire, par les loueurs de meublés (CSS art. L 613-6-1 ▶271) :

- ayant le statut d'auto-entrepreneur ;
- de courte durée ayant opté pour le régime de sécurité sociale des salariés.

Ce dispositif sera progressivement applicable **à compter du** 1er janvier 2026 aux opérateurs de plateformes remplissant certains critères et selon des modalités fixés par décret. Il sera généralisé à compter du 1er janvier 2027 (Loi 2023-1250 du 26-12-2023 art. 6).

225 Les loueurs en meublés de courte durée dont les **recettes sont inférieures à 23 000 €** sont uniquement redevables des prélèvements sociaux, voir ▶167.

2. Meublé de tourisme

226 Le régime social des locations de courte durée de logement meublé de tourisme classé au sens de l'article L324-1 du Code du tourisme est le même que pour les locations saisonnières de courte durée « classiques » (voir ▶221 s.), sous les réserves suivantes :

- le seuil maximum de recettes pour s'affilier en tant que **micro-entrepreneur** est de 188 700 € en 2024 (contre 77 700 € pour les locations classiques). Le taux forfaitaire de cotisations est de 6 %. Par exemple, un loueur de meublé de tourisme percevant 40 000 € de recettes affilié en tant que micro-entrepreneur paiera 2 400 € de cotisations sociales (40 000 x 6 %), auxquels s'ajoutent la contribution formation professionnelle et les frais de chambre (Plaquette sur l'économie collaborative qui précise que ce montant est indicatif et vaut pour l'année suivant l'affiliation ; www.urssaf.fr) ;
- en cas d'option pour le **régime général des salariés** (ouverte en deçà de 77 700 € de recettes), les cotisations et contributions sociales sont assises sur les recettes diminuées d'un abattement de 87 %.

3. Chambres d'hôtes

227 Les loueurs de chambres d'hôtes, définies à l'article L324-3 du Code du tourisme et non située sur une exploitation agricole, sont obligatoirement affiliés au régime de sécurité sociale des **travailleurs indépendants non agricoles** (voir ▶165), lorsque le revenu imposable annuel de l'activité est supérieur à 13 % du plafond annuel de la sécurité sociale, soit 6 028 € pour 2024 (CSS art. L611-1, 5°et D611-1 ▶271). Si les revenus sont inférieurs à 188 700 € (montant 2024), ils peuvent s'affilier en tant que **micro-entrepreneur**. Les cotisations sont alors dues au taux forfaitaire de 12,3 %.

> Les activités de location de chambre d'hôtes situées sur une **exploitation agricole** relèvent du régime des non-salariés agricoles (C. rur. art. L722-1, 1° et D722-4).

En cas de **revenus inférieurs à 6 028 €**, il n'y a pas d'obligation d'affiliation à la sécurité sociale mais les revenus sont soumis aux prélèvements sociaux au taux global de 17,2 %.

228 Quel que soit le statut, l'Urssaf précise que les **cotisations** sont **assises** sur le montant des revenus supérieur à 6 028 € la première année, puis dès le premier euro les années suivantes (Plaquette sur l'économie collaborative, www.urssaf.fr ; voir ▶166).
Les loueurs de chambres d'hôtes peuvent bénéficier de l'**aide** à la création ou à la reprise d'entreprise (Acre) s'ils en remplissent les conditions (CSS art. L131-6-4 ; C. trav. L5141-1).

IV. Investissement de loisirs et résidences hôtelières

229 Le secteur dit de la « parahôtellerie » recouvre **divers modes d'exploitation** d'investissements immobiliers locatifs destinés notamment à l'exploitation touristique qui se distinguent de l'hôtellerie

traditionnelle par une réglementation et une classification différentes. Pour atteindre un objectif de « défiscalisation » d'une partie de son investissement et de ses revenus, un investisseur va acheter un bien immobilier dans le but de le louer indirectement en meublé au travers d'un bail consenti à un exploitant qui va en assumer la gestion dans le cadre de son activité professionnelle.
La résidence hôtelière, qui n'est qu'une appellation commerciale, est une pure création de la pratique mise en place dans un souci d'optimisation fiscale : les réductions d'impôt mises en place pour favoriser les investissements des particuliers ne visent plus seulement l'immobilier de loisirs mais s'étendent aux logements à caractère social.

A. Résidences de tourisme classées

230 Les résidences de tourisme constituent une forme d'investissement locatif destinée à l'exploitation touristique et liée à l'immobilier de loisirs. Elles sont régies par le Code du tourisme (art. L 321-1 s. et D 321-1 à R 321-9) et l'arrêté ECOI1835708A du 10 avril 2019.
Ces résidences font l'objet de montages juridico-financiers, dont l'objectif principal est de « défiscaliser ». Ces différents montages recouvrent en pratique deux statuts juridiques et fiscaux différents, à savoir :
- celui d'**exploitant direct ou indirect** de la résidence, fournisseur d'une prestation d'hébergement et louant en meublé ;
- celui de **loueur de locaux nus** louant à une société de gestion qui sous-loue en meublé.

1. Régime juridique

a. Définition

231 La résidence de tourisme est un **établissement commercial d'hébergement** classé, faisant l'objet d'une exploitation permanente ou saisonnière.

> Cette forme d'investissement locatif se différencie de la formule improprement dénommée « multipropriété » qui consiste à n'acquérir qu'un droit de jouissance, c'est-à-dire un droit de séjour limité, et où l'acheteur n'est pas directement propriétaire.

Elle est constituée d'un ou plusieurs bâtiments d'habitation individuels ou collectifs regroupant, en un ensemble homogène, des locaux d'habitation meublés et des locaux à usage collectif. Les locaux d'habitation meublés sont proposés à une clientèle touristique qui n'y élit pas domicile, pour une occupation à la journée, à la semaine ou au mois. Elle est dotée d'un **minimum d'équipements** et de **services communs**. Elle est gérée dans tous les cas par une seule personne physique ou morale (C. tourisme art. D 321-1 ▶272).
Une résidence de tourisme peut être placée sous le statut de **copropriété** des immeubles bâtis fixé par la loi 65-557 du 10 juillet 1965 ou sous le régime des sociétés d'attribution d'immeubles en **jouissance à temps partagé** défini par la loi 86-18 du 6 janvier 1986, sous réserve que le règlement de copropriété ou les documents prévus par l'article 8 de la loi 86-18 du 6 janvier 1986 prévoient expressément :
- une destination et des conditions de jouissance des parties tant privatives que communes conformes au mode d'utilisation tel que défini pour ce type d'établissement et comportant une obligation durable de location d'au moins 70 % des locaux d'habitation meublés qui ne

saurait être inférieure à 9 ans, les copropriétaires ou les associés des sociétés d'attribution pouvant bénéficier d'une réservation prioritaire (le seuil de 70 % est ramené à 55 % pour les résidences de tourisme exploitées depuis plus de 9 ans et dont le classement est arrivé à échéance ainsi que pour les établissements non classés exploités depuis plus de 9 ans répondant aux caractéristiques des résidences de tourisme classées) ;

- une gestion assurée pour l'ensemble de la résidence de tourisme par une seule personne physique ou morale, liée aux copropriétaires ou associés de la société d'attribution par un contrat de louage ou un mandat (C. tourisme art. D 321-2 ▶272).

Mais les copropriétaires qui n'ont pas donné la gestion de leurs lots à la société d'exploitation ne sont pas tenus des charges afférentes aux services et équipements spécifiques qui ne présentent pour eux aucune utilité objective (Cass. 3e civ. 18-2-2015 n° 13-27.104, Synd. cop. de la résidence Les terrasses du golf : BPIM 3/15 inf. 213).

Précisons que les règles relatives à l'encadrement des loyers figurant à l'article 25-9, I de la loi 89-462 du 6 juillet 1989 ne sont pas applicables (Loi 89-462 du 6-7-1989 art. 25-9, II).

b. Règles de construction et urbanisme

232 Les résidences de tourisme relèvent des dispositions du Code de la construction et de l'habitation relatives aux **bâtiments d'habitation** et de l'arrêté du 30-1-1978 (JONC 26-2) relatif aux règles de construction spéciales à l'habitat de loisirs à gestion collective. Elles bénéficient de la déduction forfaitaire de 10 % prévue pour le calcul de la surface de plancher (C. urb. art. R 111-22).

Elles échappent à la réglementation de l'aménagement commercial (C. com. art. L 750-1 s.) et ne sont pas, de ce fait, soumises à autorisation préalable d'exploitation commerciale (Rép. Zimmermann : AN 26-3-2001 n° 54930).

Bien qu'elles soient toutes deux à destination commerciale, les résidences de tourisme **se différencient des résidences hôtelières** (voir ▶259).

c. Classement

233 L'État détermine les procédures de classement des résidences de tourisme (C. tourisme art. L 321-1 ▶272).

La résidence de tourisme est classée dans une catégorie en fonction de **critères** fixés par l'agence Atout France et homologués par l'arrêté ECOI1835708A du 10-4-2019 applicable aux demandes de classement déposées depuis le 1er juillet 2019 ▶286. Chaque **catégorie** de classement est exprimée par un nombre d'étoiles croissant avec le confort de l'établissement homologué. L'exploitant qui souhaite obtenir un classement doit présenter une demande auprès d'Atout France et produire un certificat de visite délivré par un organisme évaluateur accrédité figurant sur la liste disponible gratuitement sur le site internet d'Atout France. La visite doit être intervenue moins de 3 mois avant la transmission de la demande et le certificat doit être remis à l'exploitant, sous forme numérique, dans les 15 jours de la fin de la visite (C. tourisme art. D 321-4 et D 321-5 ▶272). Sous réserve d'un avis favorable de l'organisme évaluateur, la décision de classement est prise pour 5 ans par Atout France dans le mois de la réception du dossier complet (C. tourisme art. L 321-1 et D 321-6 ▶272).

Afin de tenir compte de certaines situations qui empêchent les résidences de tourisme de déposer, dans les délais impartis, leur demande de renouvellement, la décision de classement est maintenue temporairement depuis le 1er janvier 2022. Une condition cependant : que les exploitants aient lancé la démarche relative à la visite de contrôle de l'hébergement concerné, nécessaire au

renouvellement de leur classement (C. tourisme art. D 321-6 modifié par décret 2021-1760 du 22-12-2021 : JO 24 texte n° 14). Un panonceau conforme à un modèle type signale obligatoirement le classement de la résidence (C. tourisme art. D 321-7 ▶272 ; Arrêté TMEI2137573A du 30-12-2021).
Lorsqu'elle est saisie d'une réclamation faisant apparaître un **écart de conformité réel et sérieux** entre la résidence et son classement, l'agence Atout France adresse à l'exploitant une demande d'évaluation au regard des critères identifiés. À défaut de réponse dans le délai fixé ou en cas de non-conformité avérée, Atout France impose un délai à l'exploitant pour mettre en oeuvre un plan d'actions, avec des mesures correctrices, suivi d'une contre-visite par un organisme évaluateur accrédité. Le certificat de contre-visite doit être transmis par voie électronique à Atout France dans le délai imposé. Le certificat porte sur les seuls critères de classement contestés et précise la catégorie dans laquelle l'établissement peut être classé. Si un changement de catégorie est nécessaire, Atout France dispose de 15 jours pour prendre la décision modificative de classement. À défaut de transmission du certificat de contre-visite dans les délais, la décision de classement est abrogée et une nouvelle demande de classement devra être présentée (C. tourisme art. D 321-7-1 ▶272 ; Arrêté ECOI1835708A du 10-4-2019 art. 5 ▶286). En l'absence de mise en conformité, le préfet procède, à la radiation de la résidence de tourisme de la liste des établissements classés (C. tourisme art. R 321-8 et R 321-9 ▶272). Les conditions de maintien et de délivrance du classement sont assouplies lorsque, après défaillance du gestionnaire d'une résidence en copropriété, les prestations additionnelles à l'hébergement sont reprises par une ou plusieurs entreprises ▶235. Les conditions assouplies de classement s'appliquent pour la durée de l'obligation de location restant à courir (C. tourisme art. D 321-2-1 ▶272).
Dès lors qu'un **équipement ou un service est partagé** entre des hébergements touristiques, il peut être pris en compte pour le classement de l'ensemble des hébergements concernés (Arrêté TMEI2137579A du 30-12-2021 : JO 14-1-2022 texte n° 42 applicable depuis le 1er avril 2022). Les critères doivent déjà exister dans chacun de leurs tableaux de classement respectifs et les hébergements doivent se situer dans un même bâtiment, à proximité ou au sein d'un même domaine. Les équipements et services concernés sont listés dans l'arrêté. Le partage des équipements et des services entre hébergements touristiques doit faire l'objet d'une information claire et transparente de la clientèle.

d. Gestion de la résidence de tourisme

234 La résidence de tourisme est gérée dans tous les cas par une seule personne physique ou morale (C. tourisme art. D 321-1 ▶272).
Par exception, lorsque le **gestionnaire** d'une résidence de tourisme en copropriété est **défaillant** et qu'un nouveau gestionnaire n'a pas pu être désigné, les copropriétaires détenant au moins 50 % des appartements de la résidence peuvent faire réaliser les prestations additionnelles à l'hébergement par une ou plusieurs entreprises, soit en contractant directement avec elles soit en créant une entreprise qui contracte avec elles (CGI ann. III art. 46 AGG bis).

235 L'exploitant de plusieurs résidences de tourisme doit tenir des comptes d'exploitation distincts pour chaque résidence. Il est tenu de les communiquer aux propriétaires qui en font la demande. Il est en outre tenu de communiquer une fois par an à l'ensemble des propriétaires un **bilan de l'année** écoulée, précisant les taux de remplissage obtenus, les événements significatifs de l'année ainsi que le montant et l'évolution des principaux postes de dépenses et de recettes de la résidence. Les propriétaires qui en font la demande peuvent obtenir communication du compte d'exploitation de la résidence (C. tourisme art. L 321-2 ▶272). Le compte d'exploitation doit préciser les taux de remplissage obtenus, les événements significatifs de l'année, le montant et l'évolution des principaux postes de dépenses et de recettes de la résidence ainsi que le détail des charges variables (commissions, linge, ménages, énergie, etc.) et des charges fixes (frais de personnel, maintenance, location, taxes, etc.) ; il ne peut pas être constitué d'un simple extrait du bilan (Cass. 3e civ. 19-10-2017 n° 16-21.460 FS-PBI ▶342).

236 Dans un investissement d'exploitant, l'investissement immobilier est réalisé soit par l'investisseur directement ou, dans le but - illusoire - d'éviter de courir le risque commercial, au travers d'une **structure-écran** (EURL, SARL de famille, etc.), soit indirectement par l'acquisition de droits sociaux de SARL, SNC ou de sociétés en participation préalablement constituées. Les meubles et le matériel d'exploitation sont soit achetés directement par les investisseurs, soit vendus avec le lot de copropriété.

L'exploitation de la résidence est confiée à un gestionnaire unique par tous les investisseurs (personnes physiques ou morales) regroupés au sein d'une **société en participation** créée à cet effet, et à laquelle ils font apport en jouissance de leurs lots. Le gérant de la société en participation, qui est en fait le véritable gestionnaire (directement ou indirectement) de la résidence, doit être immatriculé au RCS.

237 Les relations entre les investisseurs (copropriétaires) et le gestionnaire peuvent être établies dans le cadre d'un **mandat spécial** (C. civ. art. 1987) précisant expressément le contenu de la mission d'exploitation de la résidence, conférée au mandataire commun. Celui-ci agira donc au nom de ses mandants dans ses rapports avec les tiers, en tant que gestionnaire unique. Ainsi, ce sont les mandants (l'ensemble des investisseurs regroupés en pratique au sein de la société en participation) qui seront directement responsables à l'égard des tiers de la gestion du mandataire. En effet, les mandants sont propriétaires des immeubles, des meubles, du matériel d'exploitation et même du fonds de commerce. Le mandataire n'est que le représentant de ses mandants envers les tiers, dans la limite du pouvoir de représentation qui lui a été confié (C. civ. art. 1998). Mais s'agissant d'un mandat de gestion, les mandants vont se trouver directement et solidairement responsables des dettes engagées en leur nom (voir P. Diener, « Mandat d'exploitation et redressement judiciaire » : JCP N 1993 I p. 353).

e. Statut des acquéreurs-investisseurs

238 Les relations entre les investisseurs et le gestionnaire peuvent découler d'un **bail de longue durée**. Cette forme d'investissement locatif, également connue sous les appellations de « propriété-loisirs », « propriété allégée », « nouvelle propriété », consiste en un achat direct avec location finançant l'apport personnel.

Le montage se caractérise :

- d'une part, par l'**acquisition en pleine propriété** d'un lot d'immeuble (soumis, en général, au régime de la copropriété) auprès d'un « promoteur » ;
- et, d'autre part, par la **location concomitante** de ce bien par bail de longue durée (en général 9 à 11 ans) à une société de gestion hôtelière ou parahôtelière qui offre le local à l'hébergement des touristes.

Dans ce type d'investissement, le propriétaire perçoit des **loyers** garantis par la société de gestion qui peuvent être fixes (tant par mois) ; ils peuvent aussi comporter une part fixe et une part variable en fonction du chiffre d'affaires de la résidence. Une résidence de tourisme ne peut d'ailleurs invoquer ni l'exception d'inexécution ni la force majeure pour échapper au paiement des loyers commerciaux des premier et deuxième trimestres 2020 (CA Grenoble 5-11-2020 n° 16/04533, D. c/ Sté Appart City : BPAT 1/21 inf. 25, espèce rendue à propos de la question du paiement des loyers commerciaux dus pendant la crise sanitaire, cette décision constitue, à notre connaissance, l'une des premières décisions rendues au fond sur cette question ▶345).

Dans la plupart des cas, l'investisseur peut se « réserver » une **période annuelle d'occupation** (ce « droit de séjour » correspond à un loyer « en nature ») et peut se voir consentir parallèlement divers avantages : non-paiement des charges pendant la durée de la location, réduction sur le prix des services d'animation, de restauration, etc. Certaines sociétés proposent également des « bourses d'échange » d'appartements.

239 Pendant le bail, l'appartement est géré et entretenu par la société de gestion. L'acquéreur ne supporte **aucune** des **charges d'entretien** et de fonctionnement incombant habituellement à un propriétaire tant pour les parties communes que pour les parties privatives, à l'exception parfois de celles correspondant à ses propres séjours.

Bien souvent, il s'agit pour l'acquéreur-investisseur d'un achat avec jouissance différée au terme de laquelle il se retrouve dans la même situation que n'importe quel autre propriétaire immobilier.

La société exploitant une résidence de tourisme bénéficie du **statut des baux commerciaux**, ce qui lui ouvre droit au renouvellement de son bail ou à une indemnité d'éviction, si elle fournit des prestations de services dans les lieux loués (Cass. 3ᵉ civ. 10-2-1999 n° 306 PB : RJDA 5/99 n° 529 ▶308).

Dans un tel cas, le contrat signé entre les propriétaires et l'exploitant est un bail commercial, mais celui-ci a une durée minimale de 9 ans sans possibilité de résiliation triennale par l'exploitant (C. com. art. L 145-7-1).

La reconversion d'une résidence de tourisme classée en immeuble collectif d'habitation privé revêt en pratique de grandes difficultés sur le plan technique comme aux plans administratif et juridique. Il peut être opportun de prévoir dans le règlement de copropriété les dispositions qui s'appliqueront lorsque le bâtiment aura changé de destination.

f. Commercialisation de la résidence de tourisme classée

240 Les documents de commercialisation diffusés aux acquéreurs d'un logement situé dans une résidence de tourisme classée doivent préciser l'identité du promoteur et celle du gestionnaire retenu pour gérer la résidence (nom, adresse, numéro d'enregistrement au RCS, montant du capital de la société, nombre de résidences gérées, engagements vis-à-vis de l'acquéreur) (C. tourisme art. L 321-4 ▶272). Ils doivent également comporter les informations concernant les avantages fiscaux et financiers de cet investissement et notamment l'obligation impérative de classement de l'établissement en tant que résidence de tourisme (Arrêté ECEI0929483A du 23-12-2009 art. 3 ▶284) :

Ces documents doivent indiquer que le bail liant le propriétaire et l'exploitant est un bail de nature commerciale soumis, à ce titre, au statut des baux commerciaux (C. com. art. L 145-1 à L 145-60) et préciser les caractéristiques principales de ce bail (Arrêté ECEI0929483A du 23-12-2009 art. 1 ▶284).

Ils doivent en outre mentionner explicitement l'existence du droit à l'indemnité d'éviction du gestionnaire prévue par le statut des baux commerciaux en cas de refus de renouvellement du bail, ainsi que les modalités générales de son calcul (C. tourisme art. L 321-3 ▶272 ; Arrêté ECEI0929483A du 23-12-2009 art. 2 ▶284).

Remarque : pour redynamiser les résidences de tourisme situées en zone de montagne, la loi 3DS autorise l'exploitant à céder à titre gratuit son droit de préemption de locataire commercial (conféré par l'article L 145-46-1 du Code de commerce) à un établissement public y ayant vocation, à une société d'économie mixte, à une société publique locale ou à un opérateur agréé par l'État.

Les biens acquis par le cessionnaire du droit devront être exploités en qualité de résidence de tourisme pendant au moins 9 ans (C. tourisme art. L321-5 nouveau ; Loi 3DS 2022-217 du 21-2-2022 art. 115 : JO 22 texte n° 3).

2. Régime fiscal

a. Impôt sur le revenu

241 Aucun régime spécial n'ayant été prévu pour l'imposition des revenus provenant des résidences touristiques classées, il convient de faire application des règles générales en fonction des clauses des contrats de location.
Certains investissements sont susceptibles de bénéficier d'une réduction d'impôt (▶248).

1° Imposition des revenus

Location d'un logement meublé

242 Les bénéfices provenant de la location en meublé relèvent normalement de la catégorie des **bénéfices industriels et commerciaux** lorsque le bailleur est propriétaire des meubles ou lorsque la location de locaux non destinés à être meublés présente un caractère commercial en raison des modalités prévues dans le contrat de bail ; il en est ainsi notamment dans le cas où la location constitue pour le bailleur le moyen de participer à la gestion ou aux résultats d'une entreprise commerciale. Il en est de même lorsque le propriétaire fournit, de manière directe ou indirecte, des services attachés à la location des logements.
En vertu de l'article 38, 2 bis du CGI, les loyers payés d'avance doivent être rattachés à l'exercice au cours duquel ils ont couru, indépendamment de la date d'échéance ou de celle du paiement.
S'agissant du mode d'amortissement, le Conseil d'État a jugé que des appartements meublés situés dans une résidence de tourisme offrant des prestations de services accessoires peuvent être regardés comme des investissements hôteliers au sens de l'article 39 A, 2 du CGI, et donc être amortis selon le mode dégressif (CE 27-7-2005 n° 254562 : RJF 11/05 n° 1151 ▶326).

243 Lorsque la location d'un logement meublé s'accompagne de **prestations de services annexes**, la question se pose de savoir si elle conserve le caractère de louage de biens ou si elle s'apparente à un louage de services.
Notons qu'en permettant la déduction de l'ensemble des amortissements pratiqués sur le bien loué, la qualification de convention de louage de services se révèle plus avantageuse que la qualité de loueur en meublé.
En effet, les loueurs en meublés non professionnels supportent la limitation de déduction des amortissements des biens loués. Ils ne peuvent en outre imputer les déficits subis que sur les revenus ultérieurs de même nature. Seuls les loueurs en meublés professionnels ont la possibilité d'imputer sur leur revenu global les déficits constatés - autres que ceux correspondant aux amortissements plafonnés. Or, depuis l'imposition des revenus pour 2009, les règles d'appréciation du **caractère professionnel** des locations meublées sont beaucoup plus strictes que dans le cadre du régime antérieur. Lorsque le propriétaire des locaux est qualifié de loueur en meublé, il lui sera plus difficile d'accéder au statut de loueur en meublé professionnel, qui suppose notamment de retirer de cette activité un revenu supérieur aux autres revenus professionnels du foyer fiscal (▶104 s.).

En revanche, lorsque l'activité ne relève pas de la location meublée, son caractère professionnel suppose la participation personnelle, continue et directe du contribuable.
Le statut de loueur en meublé non professionnel ne présente un avantage que lorsque la location porte sur certaines résidences meublées telles que les résidences de tourisme classées, les résidences avec services pour étudiants, pour personnes âgées ou handicapées. En effet, dans cette situation, le contribuable qui a réalisé un investissement entre 2009 et 2022 peut bénéficier d'une réduction d'impôt en application de l'article 199 sexvicies du CGI (▶118 s.).

244 L'administration a adopté depuis plusieurs années une définition restrictive des opérations constitutives de location en meublé. Ainsi a-t-elle indiqué que ne sauraient être qualifiées de locations meublées les conventions d'hébergement qui, en raison des services fournis ou proposés, dépassent la simple jouissance du bien.
Selon l'**administration,** le loueur qui fournit ou propose, en sus de l'hébergement, **au moins trois des prestations** parmi le petit déjeuner, le nettoyage régulier des locaux, la fourniture de linge de maison ou la réception, même non personnalisée, de la clientèle, dans des conditions **similaires** à celles proposées par les établissements d'hébergement à caractère hôtelier exploités de manière professionnelle, relève du régime de la parahôtellerie, non du régime fiscal de la location meublée.
La qualification de location meublée est réservée aux locations assorties de prestations accessoires et réalisées dans des conditions non similaires aux établissements d'hébergement à caractère hôtelier (BOI-BIC-CHAMP-40-10 n° 20). Bien que non prévue par la loi, la référence aux critères spécifiques de la TVA s'inscrit dans une logique d'harmonisation et a le mérite de la simplicité. Mais elle ne doit pas revêtir un caractère automatique.
En revanche, lorsque ces services sont fournis ou proposés de manière accessoire et dans des conditions **non similaires** aux établissements d'hébergement à caractère hôtelier, l'activité relève du régime fiscal de la location meublée. Tel est le cas, par exemple, si le nettoyage des locaux est effectué uniquement à l'occasion du changement de locataire, si la réception se limite à la simple remise des clés ou si la fourniture de linge n'est pas régulière (BOI-BIC-CHAMP-40-10 n° 20).
Les précisions apportées par l'administration vont dans le même sens que la **jurisprudence**, qui retient une position pragmatique. Il en ressort que la qualification des opérations nécessite une analyse circonstanciée de la nature et de l'étendue des prestations rendues (CE 22-5-1992 n° 70475 : RJF 7/92 n° 945 ; CAA Paris 25-7-1989 n° 280, 2ᵉ ch. : RJF 10/89 n° 1074 ▶294). La fourniture de prestations qui conservent un caractère nettement accessoire (fourniture de linge, nettoyage des locaux) ne remet pas en cause la qualification de location meublée (CAA Bordeaux 18-1-2000 n° 97-157, 3ᵉ ch. : RJF 3/00 n° 333 ▶310 ; TA Dijon 23-7-2002 n° 01-2219 : RJF 1/03 n° 3 ▶320). Une telle remise en cause devrait en revanche être opérée s'il était établi que les prestations rendues sont de type hôtelier (voir notamment TA Toulouse 30-1-2001 n° 97-2823 : RJF 8-9/01 n° 1039 ▶314).

245 Dans le cas où le **propriétaire** des locaux **confie la gestion** de l'activité de prestation de services **à un professionnel**, la qualification de loueur en meublé sera retenue lorsque le propriétaire procède, dans le cadre de convention dépourvue de toute ambiguïté juridique, à une location meublée de son bien au profit d'une structure qui prend en charge la gestion de l'ensemble immobilier (CE 28-7-2000 n° 201789 : RJF 11/00 n° 1208). L'administration exige en outre que le propriétaire ne soit **pas associé** aux résultats de son locataire exploitant (BOI-BIC-CHAMP-40-10 n° 20).
Dans d'autres situations, pour déterminer si la convention conclue par le propriétaire présente le caractère d'une location d'immeuble ou d'un louage de services, la jurisprudence recherche quel est celui, du propriétaire ou de l'exploitant, qui assume effectivement les **risques de l'exploitation**.
La reconnaissance de la qualité de loueur en meublé au propriétaire suppose qu'il ressorte des

conventions conclues avec l'entreprise exploitant la résidence, et notamment de leurs modalités financières, que les services dont bénéficie la clientèle sont rendus par cette entreprise agissant pour son propre compte et non en qualité de mandataire (CAA Bordeaux 26-10-2006 n° 03-2275 : RJF 3/07 n° 249 ▶329 ; CAA Marseille 12-10-1998 n° 97-544 : RJF 1/99 n° 9 confirmé par ▶304 CE 28-7-2000 n° 201789 précité). Pour conclure à l'existence d'une simple location meublée, le Conseil d'État se fonde sur les modalités de rémunération du « mandant » et le partage des risques liés à l'exploitation (CE 16-10-2009 n° 301235 ▶335).

246 L'administration a précisé que la **location à un exploitant**, qui, sous sa seule responsabilité, effectue les prestations de services inhérentes à son activité hôtelière ou parahôtelière, **de lots de copropriété** comprenant des parties privatives et des parties communes constituées, outre les dépendances habituelles (hall, parking, voie d'accès...), d'espaces nécessaires à cette activité (salle de restauration, local pour le personnel, salle médicalisée...), relève du régime fiscal de la location meublée lorsque :

- la location porte sur des locaux à usage d'habitation et ne s'accompagne d'aucune prestation annexe ;
- la location ne constitue pas pour le bailleur le moyen de participer à la gestion ou aux résultats de la société d'exploitation (les formules de rémunération du bailleur se référant ou combinant des données propres à l'activité, au chiffre d'affaires ou aux résultats de l'entreprise locataire peuvent constituer des moyens de participation à la gestion ou aux résultats) ;
- la location des parties communes est accessoire à la location meublée et ne donne lieu en elle-même à aucune rémunération. Cette condition est réputée satisfaite lorsque le niveau de loyer des parties privatives correspond au prix du marché (BOI-BIC-CHAMP-40-10 n° 30).

Location d'un logement non meublé

247 Lorsque la location des locaux nus, même destinés à être loués meublés, ne présente pas un caractère commercial, l'imposition des revenus relève de la catégorie des **revenus fonciers**.
Cette situation se présente notamment lorsque les logements sont mis à la disposition des locataires sans être meublés, ou lorsque ces logements sont loués nus à une société d'exploitation qui sous-loue le logement (nu ou meublé) à des personnes physiques ; toutefois, dans ce dernier cas, l'investisseur ne doit pas participer à la gestion : il ne doit donc pas être associé de la société d'exploitation.
Les **loyers perçus d'avance** sont imposés au titre de l'année au cours de laquelle ils ont été effectivement encaissés sans pouvoir bénéficier de l'étalement au titre des revenus exceptionnels. Ainsi, l'acquéreur qui reçoit en une seule fois le loyer de toutes les années du bail subira une imposition aggravée du fait de la progressivité de l'impôt sur le revenu.
Selon la règle générale, les **déficits**, autres que les intérêts d'emprunts, ne peuvent être imputés sur le revenu global que dans la limite annuelle de 10 700 €. La fraction du déficit supérieur à cette limite ainsi que celle correspondant aux intérêts d'emprunts ne sont imputables que sur les revenus fonciers des dix années suivantes.
Lorsque le revenu global est insuffisant pour absorber le déficit (limité à 10 700 €), l'excédent est imputable dans les conditions de droit commun sur les revenus globaux des six années suivantes.

L'imputation des déficits fonciers sur le revenu global n'est définitivement acquise que si le contribuable maintient l'affectation de l'immeuble à la location jusqu'au 31 décembre de la troisième année suivant celle au titre de laquelle l'imputation a été pratiquée. Lorsque cette condition n'est pas respectée (sauf les cas de décès, invalidité ou perte d'emploi, expropriation pour cause d'utilité publique), le revenu global et les revenus fonciers des trois dernières années sont reconstitués selon les modalités applicables en cas de non-imputation du déficit sur le revenu global.

2° Réductions d'impôt

248 Une réduction d'impôt sur le revenu est prévue en faveur des acquisitions, qui ont été réalisées entre le 1er janvier 2009 et le 31 décembre 2022, de logements situés dans une résidence de tourisme et destinés à une **location meublée non professionnelle** (Dispositif dit « LMNP » ou Censi-Bouvard : CGI art. 199 sexvicies) ▶118. À signaler la possibilité, pour les propriétaires qui paient leur séjour par compensation avec des loyers, d'occuper pendant 8 semaines au plus la résidence de tourisme (▶128).

Un autre dispositif ouvrant droit à réduction d'impôt sur le revenu a pris fin mais les obligations pesant sur les bailleurs subsistent jusqu'au terme de l'engagement de location. Il concerne les **travaux** votés entre le 1er janvier 2017 et le 31 décembre 2019, dans des logements situés dans des résidences de tourisme (▶249).

On signale que ces réductions d'impôt entrent dans le champ d'application de l'article 200-0 A du CGI qui plafonne le **montant global** de l'avantage fiscal procuré au foyer fiscal par certains crédits ou réductions d'impôt.

Travaux de réhabilitation des résidences de tourisme

249 Les contribuables, domiciliés en France au sens de l'article 4 B du CGI, peuvent bénéficier d'une réduction d'impôt lorsqu'ils ont réalisé certains travaux, **votés entre le 1er janvier 2017 et le 31 décembre 2019**, dans des logements situés dans des résidences de tourisme (CGI art. 199 decies G bis).

La réduction d'impôt ne peut se cumuler, pour un même logement et au titre d'une même année, ni avec la réduction d'impôt en faveur des loueurs en meublé non professionnels (réduction « Censi-Bouvard » ▶118) ni avec les investissements réalisés outre-mer prévus par les articles 199 undecies B et 244 quater W du CGI.

250 Peuvent bénéficier de la réduction les personnes physiques qui réalisent des travaux de réhabilitation :

- dans des logements **achevés depuis au moins 15 ans**, la date d'achèvement s'appréciant à la date de l'adoption des travaux par l'assemblée générale des copropriétaires,
- situés dans une **résidence de tourisme classée**.

Satisfont à la seconde condition les logements faisant partie d'une résidence de tourisme classée dans les conditions prévues à l'article L321-1 du Code du tourisme ainsi que ceux qui appartiennent à une copropriété comprenant une telle résidence de tourisme classée et qui sont eux-mêmes classés au titre des meublés de tourisme dans les conditions prévues par l'article L324-1 du même Code (situation qui doit être effective au plus tard deux mois après la date d'achèvement des travaux de réhabilitation).

Les dépenses doivent être réalisées directement par les contribuables, la loi ne prévoyant pas l'investissement à travers une société de personnes. L'avantage fiscal ne s'applique pas aux logements dont le droit de **propriété** est **démembré** ; mais le bien peut être détenu en **indivision**.

La réduction d'impôt peut bénéficier aux loueurs en meublé professionnels.

251 Le logement doit être **affecté à la location** pendant au moins **cinq ans** à compter de la date d'achèvement des travaux. Si le logement n'était pas affecté à la location avant les travaux, celle-ci doit intervenir au plus tard deux mois après la date d'achèvement des travaux.
Si le logement fait partie d'une résidence de tourisme classée, le propriétaire doit s'engager à le louer à l'exploitant de la résidence de tourisme. Dans ce cas le bien peut être loué nu.
Si le logement est situé dans une copropriété comprenant une telle résidence de tourisme classée et qu'il est classé comme meublé de tourisme, le propriétaire doit s'engager à le louer à des personnes physiques au moins douze semaines par an. Dans ce cas la location est nécessairement meublée.

> Pendant la période de cinq ans, le logement peut être **loué successivement** à l'exploitant de la résidence ou en direct à des personnes physiques. Le changement d'affectation doit alors intervenir dans un délai de deux mois. Ainsi, un propriétaire qui louait à l'exploitant de la résidence de tourisme a deux mois pour faire classer son logement comme meublé de tourisme et prendre l'engagement de louer à des personnes physiques au moins douze semaines par an ; un propriétaire qui louait directement et renonce à ce mode de location a deux mois pour conclure un bail avec l'exploitant de la résidence.

252 Les **travaux** ouvrant droit à la réduction d'impôt sont :

- les travaux d'amélioration des **performances environnementales** du logement : acquisition et pose de matériaux d'isolation thermique des parois vitrées ou de volets isolants, de matériaux d'isolation thermique des parois opaques, d'équipements de chauffage (les matériaux et équipements visés doivent respecter les caractéristiques techniques et les critères de performances minimales prévus pour le crédit d'impôt pour la transition énergétique (CGI art. 200 quater) ;
- les travaux visant à faciliter l'accueil de **personnes handicapées** ;
- les travaux de **ravalement**.

Les travaux doivent être **achevés** au plus tard le 31 décembre de la deuxième année suivant celle de leur adoption par les copropriétaires.

253 La **réduction** d'impôt est égale à **20 % du montant des travaux** payé par le propriétaire, dans la limite de 22 000 € par logement pour l'ensemble des travaux votés sur la période 2017-2019 (soit une réduction d'impôt maximale de 4 400 € par logement). Lorsque le logement est détenu en indivision, chaque indivisaire bénéficie de la réduction à hauteur de sa quote-part dans l'indivision.
Le **fait générateur** de la réduction d'impôt est le paiement par le syndic de copropriété de la facture de l'entreprise ayant effectué les travaux (le paiement d'acomptes ne constitue pas un fait générateur). La réduction d'impôt est accordée au titre de l'année au cours de laquelle survient le fait générateur et s'impute sur le montant brut de l'impôt progressif.
Les **dépenses** donnant lieu à la réduction d'impôt ne peuvent pas faire l'objet d'une déduction ou d'un amortissement pour la détermination des revenus catégoriels. Il en va différemment pour le montant qui n'a pas donné lieu à la réduction d'impôt (dépenses excédant le plafond de 22 000 €).

254 La **réduction** d'impôt est **reprise** en cas de non-respect de l'engagement de location, de cession ou de démembrement du droit de propriété du logement. La reprise intervient au titre de l'année au cours de laquelle intervient l'un de ces événements. Aucune reprise n'est toutefois effectuée en cas d'invalidité correspondant au classement dans la deuxième ou la troisième catégorie prévue par l'article L 341-4 du Code de la sécurité sociale, de licenciement ou de décès.

255 Le contribuable doit respecter un certain nombre d'**obligations**. Il doit être en mesure de présenter, à la demande de l'administration, une **attestation du syndic détaillant** :

- le lieu de réalisation des travaux ;
- la nature et le montant de ces travaux ainsi que, le cas échéant, les caractéristiques techniques et les critères de performances minimales des équipements et matériaux visant à l'amélioration des performances environnementales du logement ;
- le nom et l'adresse de l'entreprise ayant effectué les travaux ;
- la date d'achèvement des travaux ;
- la date du paiement définitif des travaux à l'entreprise ;
- la quote-part des travaux incombant au contribuable ainsi que les dates de paiement par le contribuable des appels de fonds correspondants.

b. TVA

Assujettissement des loyers

256 Les prestations d'hébergement fournies dans les **résidences de tourisme classées** relèvent, en principe, du secteur hôtelier et sont soumises à la TVA dans les conditions exposées ▶140.
La location par l'acquéreur-investisseur est également taxable, soit au titre de l'article 260 D du CGI ▶268 (locations indirectes), soit au titre de l'article 261 D, 4°-c ▶268 lorsque la location des locaux (nus ou meublés) est consentie par bail (commercial ou non commercial) à l'exploitant taxable de la résidence de tourisme.

257 La **base taxable** comprend :

- les loyers versés par les occupants ou l'avance de loyer consentie par la société de gestion ;
- et, éventuellement, la valeur du loyer « en nature » correspondant à l'utilisation par le propriétaire de ses « droits de séjour ».

Le **taux** applicable est le taux intermédiaire, soit en principe 10 % (voir ▶145).

Régime d'imposition

258 Les investisseurs-acquéreurs suivent le même régime d'imposition que les autres loueurs en meublé. En particulier, ils peuvent **déduire** dans les conditions de droit commun la TVA ayant grevé leurs acquisitions de biens et services : ils peuvent soit imputer cette taxe, soit en demander le remboursement.
En cas de **défaillance de l'exploitant** de la résidence, ils ne sont exposés au risque de devoir restituer la TVA dont ils ont pu exercer la déduction que dans la mesure où les activités auxquelles concourt leur appartement ne seraient, en définitive, plus soumises à la TVA. Tel serait notamment le cas si les propriétaires louent à l'avenir leur appartement sous une forme occasionnelle, permanente ou saisonnière de logement meublé ou garni, les loyers perçus étant exonérés de plein droit de la TVA.
Si les **loyers** hors taxe perçus l'année précédente sont **inférieurs à 91 900 €** ou à 101 000 € (mais à condition dans ce dernier cas que le chiffre d'affaires de l'année N - 2 n'excède pas 91 900 €), les propriétaires sont de droit dans le champ d'application de la franchise en base ; la franchise cesse de s'appliquer lorsque le chiffre d'affaires de l'année en cours excède 101 000 €. Une option pour le paiement de la TVA peut permettre d'éviter toute régularisation de la TVA antérieurement déduite.

Plusieurs aménagements seront apportés au régime de la franchise en base **à compter du 1er janvier 2025** (Loi 2023-1322 du 29-12-2023 art. 82 transposant la directive UE/2020/285 du 18-2-2020) :

- la franchise s'appliquera, au titre d'une année N, aux assujettis dont le chiffre d'affaires réalisé en France au titre de l'année précédente n'excède pas 85 000 € (au lieu de 91 900 € actuellement) ;
- elle cessera immédiatement de s'appliquer si le chiffre d'affaires de l'année en cours dépasse 93 500 €. Le mécanisme de maintien de la franchise l'année suivant le dépassement du chiffre d'affaires lorsque la limite de 101 000 € n'a pas été dépassée sera supprimé ;
- par ailleurs, pourra bénéficier de la franchise en France non seulement tout assujetti établi en France mais également tout assujetti établi dans un autre État membre dès lors que le chiffre d'affaires réalisé sur l'ensemble du territoire de l'UE n'excède pas 100 000 €. De la même façon, un assujetti établi en France pourra bénéficier du régime de la franchise dans un autre État membre de l'UE pour les opérations qu'il y réalise.

B. Résidence hôtelière

1. Définition

259 À la différence de la résidence de tourisme classée, la résidence hôtelière - qui n'est pas définie par la loi et correspond à une appellation commerciale (Cass. 3e civ. 7-4-2016 n° 15-11.342) - n'est pas considérée comme un bâtiment d'habitation. Il s'agit d'un **établissement** d'hébergement non classés « tourisme » se situant en pratique dans une catégorie intermédiaire entre les hôtels classés et les résidences de tourisme et qui est considéré à l'égard de la législation sur l'autorisation d'exploitation comme un établissement hôtelier (Rép. Mariani : AN 1-2-2005 p. 1170 n° 54633 ▶ 287 ; Rép. Le Brethon : AN 9-5-2006 n° 87119). D'une manière générale, les résidences hôtelières ne font l'objet d'aucune réglementation spécifique, à l'exception des résidences hôtelières à vocation sociale (CCH art. L 631-11 ; Décret 2017-920 du 9-5-2017). S'agissant de l'objet même de la location, les locaux abritant une résidence hôtelière peuvent être sous-loués sans l'intervention du bailleur (Cass. 3e civ. 15-4-2015 n° 14-15.976, Sté de gestion hôtelière La Coupole c/ C. : BPIM 3/15 inf. 222). La résidence hôtelière se distingue de l'hôtel par l'absence de classement au sens de l'article L 311-6 du Code du tourisme. Au plan de la législation sur l'accueil des touristes, et dès lors que ce type d'établissement est destiné à recevoir une clientèle de passage qui n'y élit pas domicile, nous estimons que les dispositions du chapitre I du titre I du livre III du Code du tourisme relatives aux hôtels, restaurants, cafés et débits de boissons sont susceptibles de s'appliquer, selon le cas.

2. Urbanisme et construction

260 Ce type de bâtiment doit respecter les règles d'urbanisme et les règles de construction afférentes aux activités à caractère hôtelier. Il est également soumis à la réglementation de sécurité incendie définie par l'arrêté interministériel du 30 janvier 1978 relatif à l'habitat de loisirs à gestion collective, en tant qu'établissement recevant du public (ERP) (Rép. Mariani : AN 1-2-2005 p. 1170 n° 54633 ▶ 287).

3. Exploitation

261 En pratique, la résidence hôtelière est exploitée comme une résidence de tourisme ▶ 230. À notre sens, les dispositions des articles L 311-1 à L 311-5 du Code du tourisme relatives aux rapports entre bailleurs et locataires exploitants des immeubles affectés à l'hôtellerie s'appliquent en l'espèce.

4. Régime fiscal

Imposition des bénéfices

262 La question se pose de savoir si la qualité de loueur en meublé peut être reconnue au bailleur de locaux meublés faisant partie d'une résidence hôtelière.
Les loueurs en meublé s'entendent des personnes qui louent ou sous-louent, directement ou indirectement, des locaux d'habitation meublés ou destinés à être meublés.
La notion d'habitation telle que définie par le Code de la construction et de l'habitation pose des conditions qui sont de nature à exclure les résidences hôtelières.
Dans l'hypothèse où le propriétaire des locaux confie la **gestion** de l'activité à un **professionnel** de l'hôtellerie, la question se pose de savoir si le bailleur est lui-même un loueur en meublé ou un prestataire de services. Pour déterminer la nature de la convention, la jurisprudence recherche quel est celui du propriétaire ou de l'exploitant qui assume effectivement les risques de l'exploitation.
Dans la situation où la **gestion de l'exploitation** est confiée à un **gérant** qui assure seul et pour son propre compte la gestion de l'hébergement et des prestations hôtelières, la jurisprudence considère que le propriétaire ne peut être regardé comme un exploitant et exerce par conséquent une activité de location meublée (CAA Bordeaux 26-10-2006 n° 03-2275 ; CAA Marseille 12-10-1998 n° 97-544 confirmé par ▶304 CE 28-7-2000 n° 201789). Le Conseil d'État s'attache également aux modalités de **rémunération de la location**. Si la rémunération du propriétaire n'est pas fonction des résultats dégagés par l'activité parahôtelière mais de la valeur des locaux et que la société gestionnaire prend à sa charge une assurance destinée à garantir l'attribution de ces revenus, le loueur doit être regardé comme ne supportant aucun des risques de l'exploitation. Son activité relève donc de la location meublée et non de l'hôtellerie ou de la parahôtellerie (CE 25-11-2009 n° 306540 ▶336).
La situation est plus délicate lorsqu'une convention qualifiée de mandat de gestion prévoit que le prestataire de services agit en qualité de mandataire des propriétaires des locaux.
Retenant une position pragmatique, la Haute Assemblée s'est fondée sur les modalités de rémunération du mandant et la garantie souscrite par le mandataire afin de protéger le propriétaire du risque d'avoir à supporter les pertes générées par l'exploitation hôtelière pour conclure à l'existence d'une simple location meublée (CE 16-10-2009 n° 301235 ▶335).
Lorsque les prestations sont assurées par le loueur en meublé, l'opération s'analyse en un louage de services. Sur les critères de distinction entre louage de services et location meublée et les conséquences de cette qualification, voir ▶243 s.

TVA

263 La location sera soumise à la TVA (au taux de 10 %), en application de l'article 261 D, 4°-c du CGI, lorsque la résidence est exploitée sous le régime de la TVA (voir ▶140).

Textes

264 Code civil

Art. 1717

Le preneur a le droit de sous-louer, et même de céder son bail à un autre, si cette faculté ne lui a pas été interdite.
Elle peut être interdite pour le tout ou partie.
Cette clause est toujours de rigueur.

Art. 1719

Le bailleur est obligé, par la nature du contrat, et sans qu'il soit besoin d'aucune stipulation particulière :
1° De délivrer au preneur la chose louée et, s'il s'agit de son habitation principale, un logement décent. Lorsque des locaux loués à usage d'habitation sont impropres à cet usage, le bailleur ne peut se prévaloir de la nullité du bail ou de sa résiliation pour demander l'expulsion de l'occupant ;
2° D'entretenir cette chose en état de servir à l'usage pour lequel elle a été louée ;
3° D'en faire jouir paisiblement le preneur pendant la durée du bail ;
4° D'assurer également la permanence et la qualité des plantations.

Art. 1720

Le bailleur est tenu de délivrer la chose en bon état de réparations de toute espèce.
Il doit y faire, pendant la durée du bail, toutes les réparations qui peuvent devenir nécessaires, autres que les locatives.

Art. 1721

Il est dû garantie au preneur pour tous les vices ou défauts de la chose louée qui en empêchent l'usage, quand bien même le bailleur ne les aurait pas connus lors du bail.
S'il résulte de ces vices ou défauts quelque perte pour le preneur, le bailleur est tenu de l'indemniser.

Art. 1724

Si, durant le bail, la chose louée a besoin de réparations urgentes et qui ne puissent être différées jusqu'à sa fin, le preneur doit les souffrir, quelque incommodité qu'elles lui causent, et quoiqu'il soit privé, pendant qu'elles se font, d'une partie de la chose louée.
Mais, si ces réparations durent plus de vingt et un jours, le prix du bail sera diminué à proportion du temps et de la partie de la chose louée dont il aura été privé.
Si les réparations sont de telle nature qu'elles rendent inhabitable ce qui est nécessaire au logement du preneur et de sa famille, celui-ci pourra faire résilier le bail.

Art. 1728

Le preneur est tenu de deux obligations principales :
1° D'user de la chose louée raisonnablement, et suivant la destination qui lui a été donnée par le bail, ou suivant celle présumée d'après les circonstances, à défaut de convention ;
2° De payer le prix du bail aux termes convenus.

Art. 1730

S'il a été fait un état des lieux entre le bailleur et le preneur, celui-ci doit rendre la chose telle qu'il l'a reçue, suivant cet état, excepté ce qui a péri ou a été dégradé par vétusté ou force majeure.

Art. 1731

S'il n'a pas été fait d'état des lieux, le preneur est présumé les avoir reçus en bon état de réparations locatives, et doit les rendre tels, sauf la preuve contraire.

Art. 1732

Il répond des dégradations ou des pertes qui arrivent pendant sa jouissance, à moins qu'il ne prouve qu'elles ont eu lieu sans sa faute.

Art. 1733

Il répond de l'incendie, à moins qu'il ne prouve :
Que l'incendie est arrivé par cas fortuit ou force majeure, ou par vice de construction.
Ou que le feu a été communiqué par une maison voisine.

Art. 1736

Si le bail a été fait sans écrit, l'une des parties ne pourra donner congé à l'autre qu'en observant les délais fixés par l'usage des lieux.

Art. 1737

Le bail cesse de plein droit à l'expiration du terme fixé, lorsqu'il a été fait par écrit, sans qu'il soit nécessaire de donner congé.

Art. 1738

Si, à l'expiration des baux écrits, le preneur reste et est laissé en possession, il s'opère un nouveau bail dont l'effet est réglé par l'article relatif aux locations faites sans écrit.

Art. 1741

Le contrat de louage se résout par la perte de la chose louée, et par le défaut respectif du bailleur et du preneur de remplir leurs engagements.

Art. 1754

Les réparations locatives ou de menu entretien dont le locataire est tenu, s'il n'y a clause contraire, sont celles désignées comme telles par l'usage des lieux, et, entre autres, les réparations à faire :
Aux âtres, contre-coeurs, chambranles et tablettes de cheminées ;
Au recrépiment du bas des murailles des appartements et autres lieux d'habitation à la hauteur d'un mètre ;
Aux pavés et carreaux des chambres, lorsqu'il y en a seulement quelques-uns de cassés ;
Aux vitres, à moins qu'elles ne soient cassées par la grêle ou autres accidents extraordinaires et de force majeure, dont le locataire ne peut être tenu ;
Aux portes, croisées, planches de cloison ou de fermeture de boutiques, gonds, targettes et serrures.

Art. 1755

Aucune des réparations réputées locatives n'est à la charge des locataires quand elles ne sont occasionnées que par vétusté ou force majeure.

Art. 1758

Le bail d'un appartement meublé est censé fait à l'année, quand il a été fait à tant par an ;
Au mois, quand il a été fait à tant par mois ;
Au jour, quand il a été fait à tant par jour.
Si rien ne constate que le bail soit fait à tant par an, par mois ou par jour, la location est censée faite suivant l'usage des lieux.

Art. 1760

En cas de résiliation par la faute du locataire, celui-ci est tenu de payer le prix du bail pendant le temps nécessaire à la relocation, sans préjudice des dommages et intérêts qui ont pu résulter de l'abus.

265 Code de la consommation

Art. L212-1

Dans les contrats conclus entre professionnels et consommateurs, sont abusives les clauses qui ont pour objet ou pour effet de créer, au détriment du consommateur, un déséquilibre significatif entre les droits et obligations des parties au contrat.

Sans préjudice des règles d'interprétation prévues aux articles 1188, 1189, 1191 et 1192 du Code civil , le caractère abusif d'une clause s'apprécie en se référant, au moment de la conclusion du contrat, à toutes les circonstances qui entourent sa conclusion, de même qu'à toutes les autres clauses du contrat. Il s'apprécie également au regard de celles contenues dans un autre contrat lorsque les deux contrats sont juridiquement liés dans leur conclusion ou leur exécution.

L'appréciation du caractère abusif des clauses au sens du premier alinéa ne porte ni sur la définition de l'objet principal du contrat ni sur l'adéquation du prix ou de la rémunération au bien vendu ou au service offert pour autant que les clauses soient rédigées de façon claire et compréhensible.

Un décret en Conseil d'État, pris après avis de la commission des clauses abusives, détermine des types de clauses qui, eu égard à la gravité des atteintes qu'elles portent à l'équilibre du contrat, doivent être regardées, de manière irréfragable, comme abusives au sens du premier alinéa.

Un décret pris dans les mêmes conditions, détermine une liste de clauses présumées abusives ; en cas de litige concernant un contrat comportant une telle clause, le professionnel doit apporter la preuve du caractère non abusif de la clause litigieuse.

Ces dispositions sont applicables quels que soient la forme ou le support du contrat. Il en est ainsi notamment des bons de commande, factures, bons de garantie, bordereaux ou bons de livraison, billets ou tickets, contenant des stipulations négociées librement ou non ou des références à des conditions générales préétablies.

Art. L214-1

Sauf stipulation contraire, pour tout contrat de vente ou de prestation de services conclu entre un professionnel et un consommateur, les sommes versées d'avance sont des arrhes, au sens de l'article 1590 du Code civil.

Dans ce cas, chacun des contractants peut revenir sur son engagement, le consommateur en perdant les arrhes, le professionnel en les restituant au double.

Art. L221-5

I. Préalablement à la conclusion d'un contrat de vente de biens ou de fourniture de services, de contenu numérique ou de services numériques, le professionnel communique au consommateur, de manière lisible et compréhensible, les informations suivantes :

1° Les caractéristiques essentielles du bien, du service, du service numérique ou du contenu numérique ;

2° Le prix du bien, du service, du service numérique ou du contenu numérique, en application des articles L 112-1 à L 112-4 ;

3° La date à laquelle ou le délai dans lequel le professionnel s'engage à livrer le bien ou à fournir le service, le service numérique ou le contenu numérique ;

4° Les informations relatives à son identité, à ses coordonnées postales, téléphoniques et électroniques, aux modalités de résiliation, aux modes de règlement des litiges, aux autres conditions contractuelles et, le cas échéant, aux coûts de l'utilisation de la technique de communication à distance, à l'existence de codes de bonne conduite et aux cautions et garanties financières ;

5° S'il y a lieu, les informations relatives aux garanties légales, aux fonctionnalités, à la compatibilité et à l'interopérabilité du contenu numérique, du service numérique ou du bien comportant des éléments numériques, aux autres conditions contractuelles et, le cas échéant, à l'existence de toute restriction d'installation de logiciel ;

6° La possibilité de recourir à un médiateur de la consommation dans les conditions prévues au titre Ier du livre VI ;

7° Lorsque le droit de rétractation existe, les conditions, le délai et les modalités d'exercice de ce droit ainsi que le formulaire type de rétractation, dont les conditions de présentation et les mentions qu'il contient sont fixées par décret en Conseil d'Etat ;

8° Le cas échéant, le fait que le consommateur supporte les frais de renvoi du bien en cas de rétractation et, pour les contrats à distance, le coût de renvoi du bien lorsque celui-ci, en raison de sa nature, ne peut normalement être renvoyé par la poste ;

9° L'information sur l'obligation du consommateur de payer des frais lorsqu'il exerce son droit de rétractation d'un contrat de prestation de services, de distribution d'eau, de fourniture de gaz ou d'électricité et d'abonnement à un réseau de chauffage urbain dont il a demandé expressément l'exécution avant la fin du délai de rétractation ; ces frais

sont calculés selon les modalités fixées à l'article L221-25 ;
10° Lorsque le droit de rétractation ne peut être exercé en application de l'article L221-28, l'information selon laquelle le consommateur ne bénéficie pas de ce droit ou, le cas échéant, les circonstances dans lesquelles il le perd ;
11° L'application d'un prix personnalisé sur la base d'une prise de décision automatisée, s'il y a lieu. La liste et le contenu de ces informations sont précisés par décret en Conseil d'Etat. Dans le cas d'une vente aux enchères publiques telle que définie par le premier alinéa de l'article L321-3 du code de commerce, les informations relatives à l'identité et aux coordonnées postales, téléphoniques et électroniques du professionnel prévues au 4° du I du présent article peuvent être remplacées par celles du mandataire.
II.-Outre les informations prévues au I, tout professionnel, avant la conclusion d'un contrat de fourniture de services et, lorsqu'il n'y a pas de contrat, avant l'exécution de la prestation de services, fournit les informations complémentaires prévues par l'article L111-2.

Art. L221-8

Dans le cas d'un contrat conclu hors établissement, le professionnel fournit au consommateur, sur papier ou, sous réserve de l'accord du consommateur, sur un autre support durable, les informations prévues à l'article L221-5.
Ces informations sont rédigées de manière lisible et compréhensible.

Art. L221-11

Lorsque le contrat est conclu à distance, le professionnel fournit au consommateur, de manière lisible et compréhensible, les informations prévues à l'article L221-5 ou les met à sa disposition par tout moyen adapté à la technique de communication à distance utilisée.

Art. L221-18

Le consommateur dispose d'un délai de quatorze jours pour exercer son droit de rétractation d'un contrat conclu à distance, à la suite d'un démarchage téléphonique ou hors établissement, sans avoir à motiver sa décision ni à supporter d'autres coûts que ceux prévus aux articles L221-23 à L. 221-25.
Le délai mentionné au premier alinéa court à compter du jour :
1° De la conclusion du contrat, pour les contrats de prestation de services et ceux mentionnés à l'article L221-4 ;
2° De la réception du bien par le consommateur ou un tiers, autre que le transporteur, désigné par lui, pour les contrats de vente de biens. Pour les contrats conclus hors établissement, le consommateur peut exercer son droit de rétractation à compter de la conclusion du contrat.
Dans le cas d'une commande portant sur plusieurs biens livrés séparément ou dans le cas d'une commande d'un bien composé de lots ou de pièces multiples dont la livraison est échelonnée sur une période définie, le délai court à compter de la réception du dernier bien ou lot ou de la dernière pièce.
Pour les contrats prévoyant la livraison régulière de biens pendant une période définie, le délai court à compter de la réception du premier bien.

Art. L221-24

Lorsque le droit de rétractation est exercé, le professionnel rembourse le consommateur de la totalité des sommes versées, y compris les frais de livraison, sans retard injustifié et au plus tard dans les quatorze jours à compter de la date à laquelle il est informé de la décision du consommateur de se rétracter.
Pour les contrats de vente de biens, à moins qu'il ne propose de récupérer lui-même les biens, le professionnel peut différer le remboursement jusqu'à récupération des biens ou jusqu'à ce que le consommateur ait fourni une preuve de l'expédition de ces biens, la date retenue étant celle du premier de ces faits.
Le professionnel effectue ce remboursement en utilisant le même moyen de paiement que celui utilisé par le consommateur pour la transaction initiale, sauf accord exprès du consommateur pour qu'il utilise un autre moyen de paiement et dans la

mesure où le remboursement n'occasionne pas de frais pour le consommateur.

Le professionnel n'est pas tenu de rembourser les frais supplémentaires si le consommateur a expressément choisi un mode de livraison plus coûteux que le mode de livraison standard proposé par le professionnel.

266 Code de la construction et de l'habitation

Art. L 126-26

Le diagnostic de performance énergétique d'un bâtiment ou d'une partie de bâtiment est un document qui comporte la quantité d'énergie effectivement consommée ou estimée, exprimée en énergie primaire et finale, ainsi que les émissions de gaz à effet de serre induites, pour une utilisation standardisée du bâtiment ou d'une partie de bâtiment et une classification en fonction de valeurs de référence permettant de comparer et évaluer sa performance énergétique et sa performance en matière d'émissions de gaz à effet de serre. Il comporte une information sur les conditions d'aération ou de ventilation. Il est accompagné de recommandations destinées à améliorer ces performances et du montant des dépenses théoriques de l'ensemble des usages énumérés dans le diagnostic.

Il est établi par une personne répondant aux conditions prévues par l'article L 271-6.

Sa durée de validité est fixée par voie réglementaire.

Art. L 126-29

En cas de location de tout ou partie d'un bâtiment, le diagnostic de performance énergétique prévu par l'article L 126-26 est joint au contrat de location lors de sa conclusion, à l'exception des contrats de bail rural et des contrats de location saisonnière. Le locataire ne peut se prévaloir à l'encontre du bailleur des recommandations accompagnant le diagnostic de performance énergétique, qui n'ont qu'une valeur informative.

Art. L 134-10

Les piscines enterrées non closes privatives, neuves ou existantes, à usage individuel ou à usage collectif sont pourvues d'un dispositif de sécurité efficace visant à prévenir le risque de noyade.

Les exigences fonctionnelles du dispositif de protection et la façon dont le maître d'ouvrage est informé par le constructeur ou l'installateur des caractéristiques techniques et des conditions d'utilisation du dispositif retenu sont fixées par voie réglementaire.

Art. D 134-52

I. - Les maîtres d'ouvrage des piscines construites ou installées à partir du 1er janvier 2004 doivent les avoir pourvues d'un dispositif de sécurité destiné à prévenir les noyades, au plus tard à la mise en eau ou, si les travaux de mise en place des dispositifs nécessitent une mise en eau préalable, au plus tard à l'achèvement des travaux de la piscine.

II. - Ce dispositif est constitué par une barrière de protection, une couverture, un abri ou une alarme répondant aux exigences de sécurité suivantes :

1° Les barrières de protection doivent être réalisées, construites ou installées de manière à empêcher le passage d'enfants de moins de cinq ans sans l'aide d'un adulte, à résister aux actions d'un enfant de moins de cinq ans, notamment en ce qui concerne le système de verrouillage de l'accès, et à ne pas provoquer de blessure ;

2° Les couvertures doivent être réalisées, construites ou installées de façon à empêcher l'immersion involontaire d'enfants de moins de cinq ans, à résister au franchissement d'une personne adulte et à ne pas provoquer de blessure ;

3° Les abris doivent être réalisés, construits ou installés de manière à ne pas provoquer de blessure et être tels que, lorsqu'il est fermé, le bassin de la piscine est inaccessible aux enfants de moins de cinq ans ;

4° Les alarmes doivent être réalisées, construites ou installées de manière que toutes les commandes d'activation et de désactivation ne doivent pas pouvoir être utilisées par des enfants de moins de cinq ans. Les systèmes de détection doivent pouvoir détecter tout franchissement par un enfant de moins de cinq ans et déclencher un dispositif d'alerte

constitué d'une sirène. Ils ne doivent pas se déclencher de façon intempestive.
III. - Sont présumés satisfaire les exigences visées au II les dispositifs conformes aux normes françaises ou aux normes ou aux spécifications techniques ou aux procédés de fabrication en vigueur dans un État membre de la Communauté européenne ou un autre État partie à l'accord sur l'Espace économique européen, assurant un niveau de sécurité équivalent. Les références de ces normes et réglementations sont publiées au Journal officiel de la République française.

Art. D 134-53

Pour l'application de l'article L 134-10, le maître d'ouvrage est informé des caractéristiques techniques et des conditions d'utilisation du dispositif par le constructeur ou l'installateur au moyen d'une note technique fournie au plus tard à la date de réception de la piscine. Cette note indique les caractéristiques, les conditions de fonctionnement et d'entretien du dispositif de sécurité. Elle informe également le maître d'ouvrage sur les risques de noyade, sur les mesures générales de prévention à prendre et sur les recommandations attachées à l'utilisation du dispositif de sécurité.

Art. L 631-7

La présente section est applicable aux communes de plus de 200 000 habitants et à celles des départements des Hauts-de-Seine, de la Seine-Saint-Denis et du Val-de-Marne. Dans ces communes, le changement d'usage des locaux destinés à l'habitation est, dans les conditions fixées par l'article L 631-7-1, soumis à autorisation préalable.
Constituent des locaux destinés à l'habitation toutes catégories de logements et leurs annexes, y compris les logements-foyers, logements de gardien, chambres de service, logements de fonction, logements inclus dans un bail commercial, locaux meublés donnés en location dans les conditions de l'article L 632-1 ou dans le cadre d'un bail mobilité conclu dans les conditions prévues au titre Ier ter de la loi 89-462 du 6 juillet 1989 tendant à améliorer les rapports locatifs et portant modification de la loi 86-1290 du 23 décembre 1986.
Pour l'application de la présente section, un local est réputé à usage d'habitation s'il était affecté à cet usage au 1er janvier 1970. Cette affectation peut être établie par tout mode de preuve. Les locaux construits ou faisant l'objet de travaux ayant pour conséquence d'en changer la destination postérieurement au 1er janvier 1970 sont réputés avoir l'usage pour lequel la construction ou les travaux sont autorisés.
Toutefois, lorsqu'une autorisation administrative subordonnée à une compensation a été accordée après le 1er janvier 1970 pour changer l'usage d'un local mentionné à l'alinéa précédent, le local autorisé à changer d'usage et le local ayant servi de compensation sont réputés avoir l'usage résultant de l'autorisation.
Sont nuls de plein droit tous accords ou conventions conclus en violation du présent article.
Le fait de louer un local meublé destiné à l'habitation de manière répétée pour de courtes durées à une clientèle de passage qui n'y élit pas domicile constitue un changement d'usage au sens du présent article.

Art. L 631-7-1-A

Une délibération du conseil municipal peut définir un régime d'autorisation temporaire de changement d'usage permettant à une personne physique de louer pour de courtes durées des locaux destinés à l'habitation à une clientèle de passage qui n'y élit pas domicile.
La délibération fixe les conditions de délivrance de cette autorisation temporaire par le maire de la commune dans laquelle est situé l'immeuble après avis, à Paris, Marseille et Lyon, du maire d'arrondissement concerné. Elle détermine également les critères de cette autorisation temporaire, qui peuvent porter sur la durée des contrats de location, sur les caractéristiques physiques du local ainsi que sur sa localisation en fonction notamment des caractéristiques des marchés de locaux d'habitation et de la nécessité de ne pas aggraver la pénurie de logements. Ces critères peuvent être modulés en fonction du nombre d'autorisations accordées à un même propriétaire personne physique.

Si la commune est membre d'un établissement public de coopération intercommunale compétent en matière de plan local d'urbanisme, la délibération est prise par l'organe délibérant de cet établissement.

Le local à usage d'habitation bénéficiant de cette autorisation temporaire ne change pas de destination, au sens du troisième alinéa de l'article L 151-9 du Code de l'urbanisme.

Lorsque le local à usage d'habitation constitue la résidence principale du loueur, au sens de l'article 2 de la loi 89-462 du 6 juillet 1989 tendant à améliorer les rapports locatifs et portant modification de la loi 86-1290 du 23 décembre 1986, l'autorisation de changement d'usage prévue à l'article L 631-7 du présent Code ou celle prévue au présent article n'est pas nécessaire pour le louer pour de courtes durées à une clientèle de passage qui n'y élit pas domicile.

Art. L631-9

Dans les communes autres que celles mentionnées au premier alinéa de l'article L631-7, les dispositions dudit article peuvent être rendues applicables par décision de l'autorité administrative sur proposition du maire ou, pour les communes dont la liste est fixée par le décret mentionné au I de l'article 232 du Code général des impôts, par une délibération de l'organe délibérant de l'établissement public de coopération intercommunale compétent en matière de plan local d'urbanisme ou, à défaut, du conseil municipal.

Ces dispositions peuvent également, dans les mêmes conditions, être rendues applicables sur une partie seulement de la commune.

Art. L632-1

I.- Une location d'un logement meublé constituant la résidence principale du preneur est soumise au titre Ier bis de la loi 89-462 du 6 juillet 1989 tendant à améliorer les rapports locatifs et portant modification de la loi 86-1290 du 23 décembre 1986.

Lorsque le bailleur est titulaire d'un bail commercial venant à expiration ou lorsque la cessation d'activité est prévue, le contrat peut être d'une durée inférieure à un an et doit mentionner les raisons et événements justificatifs.

Si le bail commercial est renouvelé ou si l'activité est poursuivie, la durée du contrat est portée à un an.

À peine d'irrecevabilité de la demande, l'assignation par l'exploitant d'un établissement recevant du public aux fins d'hébergement, aux fins de constat de résiliation ou de prononcé de la résiliation du bail d'une personne dont le logement loué meublé constitue la résidence principale est notifiée, à la diligence de l'huissier de justice, au représentant de l'État dans le département, par lettre recommandée avec demande d'avis de réception, au moins un mois avant l'audience, afin qu'il informe les services compétents, notamment les organismes chargés du service des aides au logement et le fonds de solidarité pour le logement.

II.- Lorsque la location d'un local meublé constituant la résidence principale du preneur est située dans un établissement recevant du public aux fins d'hébergement, celle-ci est soumise au titre Ier bis de la loi 89-462 du 6 juillet 1989 précitée. Ne sont pas applicables à cette location les articles 3-2, 3-3, 18, 24-1, 25-4 et 25-11 de la même loi.

Le local loué mentionné au premier alinéa doit être équipé du mobilier nécessaire au sommeil et à la vie courante du locataire ainsi qu'être pourvu de chauffage, d'une alimentation en eau et de sanitaires.

Lorsqu'un locataire ou plusieurs locataires ont avec le même bailleur un litige locatif ayant une origine commune, ils peuvent donner par écrit mandat d'agir en justice en leur nom et pour leur compte à une association dont l'un des objets est l'insertion ou le logement des personnes défavorisées ou à une association de défense des personnes en situation d'exclusion par le logement mentionnées à l'article 3 de la loi 90-449 du 31 mai 1990 visant à la mise en oeuvre du droit au logement. Une de ces associations peut assister ou représenter un locataire, selon les modalités définies à l'article 828 du Code de procédure civile, en cas de litige portant sur le respect des caractéristiques de décence de son logement.

Art. L632-2

Lorsque le bailleur, propriétaire ou gérant du fonds doit, pour quelque motif que ce soit, cesser son activité, il en informe les locataires titulaires du contrat mentionné à l'article L632-1 trois mois au moins avant la date à laquelle la cessation d'activité est prévue. Sauf cas de force majeure ou de mise en oeuvre des procédures de sauvegarde ou de redressement judiciaire prévues par le Code de commerce, la cessation d'activité ne peut avoir lieu avant l'expiration des contrats en cours de validité ou avant le relogement des locataires titulaires desdits contrats. Si, en dépit de la cessation d'activité du bailleur, les locaux gardent leur destination première, le contrat de bail est tacitement reconduit. Si, en revanche, la cessation d'activité est due à une opération d'urbanisme ou d'aménagement, les occupants doivent être relogés aux frais de l'opérateur dans les conditions prévues aux articles L314-1 et L314-2 du Code de l'urbanisme.

Art. L632-3

Les dispositions du présent chapitre sont d'ordre public.
Les dispositions du présent chapitre ne s'appliquent pas aux logements-foyers ni aux logements faisant l'objet d'une convention avec l'État portant sur leurs conditions d'occupation et leurs modalités d'attribution.

Art. L651-2

Toute personne qui enfreint les dispositions de l'article L631-7 ou qui ne se conforme pas aux conditions ou obligations imposées en application dudit article est condamnée à une amende civile dont le montant ne peut excéder 50 000 € par local irrégulièrement transformé.
Cette amende est prononcée par le président du tribunal judiciaire statuant selon la procédure accélérée au fond, sur assignation de la commune dans laquelle est situé le local irrégulièrement transformé ou de l'Agence nationale de l'habitat. Le produit de l'amende est intégralement versé à la commune dans laquelle est situé ce local. Le tribunal judiciaire compétent est celui dans le ressort duquel est situé le local.
Sur assignation de la commune dans laquelle est situé le local irrégulièrement transformé ou de l'Agence nationale de l'habitat, le président du tribunal ordonne le retour à l'usage d'habitation du local transformé sans autorisation, dans un délai qu'il fixe. À l'expiration de celui-ci, il prononce une astreinte d'un montant maximal de 1 000 € par jour et par mètre carré utile du local irrégulièrement transformé. Le produit en est intégralement versé à la commune dans laquelle est situé le local irrégulièrement transformé.
Passé ce délai, l'administration peut procéder d'office, aux frais du contrevenant, à l'expulsion des occupants et à l'exécution des travaux nécessaires.

267 Code de l'environnement

Art. L125-5

I. Les acquéreurs ou locataires de biens immobiliers situés dans des zones couvertes par un plan de prévention des risques technologiques, par un plan de prévention des risques miniers ou par un plan de prévention des risques naturels prévisibles, prescrit ou approuvé, dans des zones de sismicité ou dans des zones à potentiel radon définies par voie réglementaire ou dans une zone susceptible d'être atteinte par le recul du trait de côte définie en application des articles L121-22-2, L121-22-3, L121-22-6 et L121-22-7 du code de l'urbanisme, sont informés par le vendeur ou le bailleur de l'existence de ces risques. A cet effet, un état des risques est établi.
I bis.Toute annonce, quel que soit son support de diffusion, relative à la vente d'un bien immobilier devant faire l'objet d'un état des risques conformément au I comprend une mention précisant le moyen d'accéder aux informations mentionnées au même I concernant le bien.
En cas de mise en vente de tout ou partie d'un immeuble, l'état des risques est remis au potentiel acquéreur par le vendeur lors de la première visite de l'immeuble, si une telle visite a lieu.

Sans préjudice des deux premiers alinéas du présent I bis, l'état des risques est :
1° Intégré au dossier de diagnostic technique prévu à l'article L271-4 du code de la construction et de l'habitation ou, lorsque la vente porte sur un immeuble non bâti, annexé à la promesse de vente ou, à défaut de promesse, à l'acte authentique de vente ;
2° Annexé à l'acte authentique de vente et, le cas échéant, au contrat préliminaire, en cas de vente en l'état futur d'achèvement.
Lorsque l'état des risques n'est pas remis à l'acquéreur au plus tard à la date de signature de la promesse de vente ou du contrat préliminaire, le délai de rétractation prévu à l'article L271-1 du même code ne court qu'à compter du lendemain de la communication de ce document à l'acquéreur.
Lorsque l'acte authentique de vente n'est pas précédé d'une promesse de vente ou d'un contrat préliminaire et que l'état des risques n'est pas joint à l'acte authentique de vente, le délai de réflexion mentionné au même article L. 271-1 ne court qu'à compter du lendemain de la communication de ce document à l'acquéreur.
Cette communication est réalisée selon les modalités de notification ou de remise de la promesse, du contrat préliminaire ou de l'acte authentique de vente prévues audit article L271-1.
II.Toute annonce, quel que soit son support de diffusion, relative à la mise en location d'un bien immobilier devant faire l'objet d'un état des risques conformément au I du présent article comprend une mention précisant le moyen d'accéder aux informations mentionnées au même I concernant le bien.
En cas de mise en location de tout ou partie d'un immeuble, l'état des risques est fourni au potentiel locataire par le bailleur lors de la première visite de l'immeuble, si une telle visite a lieu.
Sans préjudice du deuxième alinéa du présent II, lors de la conclusion du bail, l'état des risques est annexé au contrat de location, dans les conditions et selon les modalités prévues à l'article 3-3 de la loi n° 89-462 du 6 juillet 1989 tendant à améliorer les rapports locatifs et portant modification de la loi n° 86-1290 du 23 décembre 1986, ou aux baux commerciaux mentionnés aux articles L145-1 et L145-2 du code de commerce.
III. (Abrogé).
IV. Lorsqu'un immeuble bâti a subi un sinistre ayant donné lieu au versement d'une indemnité en application de l'article L125-2 ou de l'article L128-2 du code des assurances, le vendeur ou le bailleur de l'immeuble est tenu d'informer, dans l'état des risques mentionné aux I, I bis et II du présent article, l'acquéreur ou le locataire de tout sinistre survenu pendant la période où il a été propriétaire de l'immeuble ou dont il a été lui-même informé en application des présentes dispositions.
Lorsqu'un immeuble est soumis aux obligations prévues à l'article L121-22-5 du code de l'urbanisme, le vendeur ou le bailleur de l'immeuble est tenu d'en informer l'acquéreur ou le locataire dans l'état des risques mentionné aux I, I bis et II du présent article.
V. En cas de non-respect du I, des troisième à cinquième alinéas du I bis, du dernier alinéa du II et du IV du présent article, l'acquéreur ou le locataire peut poursuivre la résolution du contrat ou demander au juge une diminution du prix. VI. # Un décret en Conseil d'Etat fixe les conditions d'application du présent article.
VII. Le présent article n'est pas applicable aux conventions mentionnées aux articles L323-14 et L411-37 du code rural et de la pêche maritime.
NDLR : Conformément au V de l'article 236 de la loi n° 2021-1104 du 22 août 2021, ces dispositions sont applicables à compter de l'entrée en vigueur du décret en Conseil d'Etat pris pour son application, et au plus tard le 1er janvier 2023.

268 Code général des impôts

Art. 35 bis

I. Les personnes qui louent ou sous-louent jusqu'au 31 décembre 2026 en meublé une ou plusieurs pièces de leur habitation principale sont exonérées de l'impôt sur le revenu pour les produits de cette location sous réserve que les pièces louées constituent pour le locataire ou le sous-locataire en meublé sa résidence principale ou sa résidence temporaire, dès lors qu'il justifie d'un contrat conclu en application du 3° de l'article L 1242-2 du Code du travail, et que le prix de location demeure fixé dans des limites raisonnables.

II. À compter du 1er janvier 2001 et jusqu'au 31 décembre 2026, les personnes qui mettent de façon habituelle à la disposition du public une ou plusieurs pièces de leur habitation principale sont exonérées de l'impôt sur le revenu sur le produit de ces locations lorsque celui-ci n'excède pas 760 € par an.

Cette exonération ne peut se cumuler avec les dispositions de l'article 50-0.

III. *(Abrogé).*

Art. 39 B

À la clôture de chaque exercice, la somme des amortissements effectivement pratiqués depuis l'acquisition ou la création d'un élément donné ne peut être inférieure au montant cumulé des amortissements calculés suivant le mode linéaire et répartis sur la durée normale d'utilisation. À défaut de se conformer à cette obligation, l'entreprise perd définitivement le droit de déduire la fraction des amortissements qui a été ainsi différée.

Art. 39 C

I. L'amortissement des biens donnés en location ou mis à disposition sous toute autre forme est réparti sur la durée normale d'utilisation suivant des modalités fixées par décret en Conseil d'État *(Voir Annexe II, art. 30 à 32).*

Par dérogation aux dispositions du premier alinéa, les entreprises donnant en location des biens dans les conditions prévues aux 1 et 2 de l'article L313-7 du Code monétaire et financier et celles pratiquant des opérations de location avec option d'achat peuvent, sur option, répartir l'amortissement de ces biens sur la durée des contrats de crédit-bail ou de location avec option d'achat correspondants. La dotation à l'amortissement de chaque exercice est alors égale à la fraction du loyer acquise au titre de cet exercice, qui correspond à l'amortissement du capital engagé pour l'acquisition des biens donnés à bail.

Si l'option mentionnée au deuxième alinéa est exercée, elle s'applique à l'ensemble des biens affectés à des opérations de crédit-bail ou de location avec option d'achat. Toutefois, les sociétés mentionnées au I de l'article 30 de la loi n° 80-531 du 15 juillet 1980 relative aux économies d'énergie et à l'utilisation de la chaleur pourront exercer cette option contrat par contrat.

(Les dispositions des quatrième et cinquième alinéas sont applicables aux opérations de location avec option d'achat fondés sur des contrats conclus à compter du 1er janvier 2004.)

II. 1. En cas de location ou de mise à disposition sous toute autre forme de biens situés ou exploités ou immatriculés en France ou dans un autre État partie à l'accord sur l'Espace économique européen qui a conclu avec la France une convention d'assistance administrative en vue de lutter contre la fraude et l'évasion fiscales, consentie par une société soumise au régime prévu à l'article 8, par une copropriété visée à l'article 8 quater ou 8 quinquies ou par un groupement au sens des articles 239 quater, 239 quater B, 239 quater C ou 239 quater D, le montant de l'amortissement de ces biens ou des parts de copropriété est admis en déduction du résultat imposable. Pendant une période de trente-six mois décomptée à partir du début de la mise en location ou de la mise à disposition, cet amortissement est admis en déduction, au titre d'un même exercice, dans la limite de trois fois le montant des loyers acquis ou de la quote-part du résultat de la copropriété.

La fraction des déficits des sociétés, copropriétés ou groupements mentionnés au premier alinéa correspondant au montant des dotations aux amortissements déduites, dans les conditions définies au même alinéa, au titre des douze premiers mois d'amortissement du bien est déductible à hauteur du quart des bénéfices imposables au taux d'impôt sur les sociétés de droit commun que chaque associé, copropriétaire, membre ou, le cas échéant, groupe au sens de l'article 223 A ou de l'article 223 A bis auquel il appartient retire du reste de ses activités.

En cas de location ou de mise à disposition sous toute autre forme de biens situés ou exploités ou immatriculés dans un État qui n'est pas partie à l'accord sur l'Espace économique européen ou qui n'a pas conclu avec la France une convention d'assistance administrative en vue de lutter contre la fraude et l'évasion fiscales, consentie par les sociétés, copropriétés ou groupements mentionnés au premier alinéa, le montant de l'amortissement de ces biens ou parts de copropriété est admis en déduction du résultat imposable, au titre d'un même exercice, dans la limite du montant du loyer acquis, ou de la quote-part du résultat de la copropriété, diminué du montant des autres charges afférentes à ces biens ou parts.

La limitation de l'amortissement prévue aux premier et troisième alinéas et du montant des déficits prévue au deuxième alinéa ne s'applique pas à la part de résultat revenant aux entreprises utilisatrices des biens, lorsque la location ou la mise à disposition n'est pas consentie indirectement par une personne physique.

2. En cas de location ou de mise à disposition sous toute autre forme de biens consentie directement ou indirectement par une personne physique, le montant de l'amortissement de ces biens ou parts de copropriété est admis en déduction du résultat imposable, au titre d'un même exercice, dans la limite du montant du loyer acquis, ou de la quote-part du résultat de la copropriété, diminué du montant des autres charges afférentes à ces biens ou parts.

3. L'amortissement régulièrement comptabilisé au titre d'un exercice et non déductible du résultat de cet exercice en application des 1 ou 2 peut être déduit du résultat des exercices suivants, dans les conditions et limites prévues par ces 1 ou 2.

Lorsque le bien cesse d'être donné en location ou mis à disposition pendant un exercice, l'amortissement non déductible en application des 1 ou 2 et qui n'a pu être déduit selon les modalités prévues au premier alinéa est déduit du bénéfice de cet exercice. Si ce bénéfice n'est pas suffisant pour que la déduction puisse être intégralement opérée, l'excédent d'amortissement est reporté et déduit des bénéfices des exercices suivants.

En cas de cession de ce bien, l'amortissement non déduit en application des 1 ou 2 majore la valeur nette comptable prise en compte pour le calcul de la plus-value ou de la moins-value de cession.

La fraction des déficits non admise en déduction en application du deuxième alinéa du 1 peut être déduite du bénéfice des exercices suivants sous réserve de la limite prévue au même alinéa au titre des douze premiers mois d'amortissement du bien.

Art. 50-0

1. Sont soumises au régime défini au présent article pour l'imposition de leurs bénéfices les entreprises dont le chiffre d'affaires hors taxe, ajusté s'il y a lieu au prorata du temps d'exploitation au cours de l'année de référence, n'excède pas, l'année civile précédente ou la pénultième année :

1° 188 700 € s'il s'agit d'entreprises dont le commerce principal est de vendre des marchandises, objets, fournitures et denrées à emporter ou à consommer sur place ou de fournir le logement, à l'exclusion de la location directe ou indirecte de locaux d'habitation meublés ou destinés à être loués meublés, autres que ceux mentionnés aux 2° et 3° du III de l'article 1407 ;

1° bis 15 000 € s'il s'agit de la location directe ou indirecte de meublés de tourisme au sens de l'article L 324-1-1 du Code du tourisme ;

2° 77 700 € s'il s'agit d'autres entreprises.

Lorsque l'activité d'une entreprise se rattache aux trois catégories définies aux 1°, 1° bis et 2°, le régime défini au présent article n'est applicable que si le chiffre d'affaires hors taxes global de l'entreprise respecte la limite mentionnée au 1° et si :

a) Le chiffre d'affaires hors taxes afférent aux activités de la catégorie mentionnée au 1° bis respecte la limite mentionnée au même 1° bis ;

b) Et le chiffre d'affaires hors taxes afférent aux activités de la catégorie mentionnée au 2° respecte la limite mentionnée au même 2°.

Le résultat imposable, avant prise en compte des plus ou moins-values provenant de la cession des

biens affectés à l'exploitation, est égal au montant du chiffre d'affaires hors taxe diminué d'un abattement, qui ne peut être inférieur à 305 €, de :
- 71 % pour le chiffre d'affaires provenant d'activités de la catégorie mentionnée au 1° ;
- 30 % pour le chiffre d'affaires provenant d'activités de la catégorie mentionnée au 1° bis ;
- 50 % pour le chiffre d'affaires provenant d'activités de la catégorie mentionnée au 2°.

Les plus ou moins-values mentionnées au huitième alinéa du présent 1 sont déterminées et imposées dans les conditions prévues aux articles 39 duodecies à 39 quindecies du présent Code, sous réserve de l'article 151 septies. Pour l'application du présent alinéa, les abattements mentionnés aux huitième à onzième alinéas du présent 1 sont réputés tenir compte des amortissements pratiqués selon le mode linéaire.

Les entreprises qui relèvent du présent régime bénéficient d'un abattement supplémentaire de 21 % pour le chiffre d'affaires afférent à leur activité de location de locaux classés meublés de tourisme mentionnés au 2° du III de l'article 1407, lorsque ces derniers ne sont pas situés dans des zones géographiques se caractérisant par un déséquilibre important entre l'offre et la demande de logements, sous réserve que le chiffre d'affaires hors taxes, ajusté s'il y a lieu au prorata du temps d'exploitation au cours de l'année de référence, afférent à l'ensemble des activités de location de locaux meublés mentionnées au présent 1 n'excède pas au cours de l'année civile précédente 15 000 €. Le bénéfice de cet abattement supplémentaire est subordonné au respect du règlement (UE) n° 1407/2013 de la Commission du 18 décembre 2013 relatif à l'application des articles 107 et 108 du traité sur le fonctionnement de l'Union européenne aux aides de minimis.

Les seuils mentionnés au présent 1 sont actualisés tous les trois ans dans la même proportion que l'évolution triennale de la première tranche du barème de l'impôt sur le revenu et arrondis à la centaine d'€ la plus proche.

2. Sont exclus de ce régime :

a. Les contribuables qui exploitent plusieurs entreprises dont le total des chiffres d'affaires excède les limites mentionnées au aux 1°, 1° bis et 2° du 1, appréciées, s'il y a lieu, dans les conditions prévues au quatrième alinéa de ce même 1 ;

b. (Abrogé) ;

c. Les sociétés ou organismes dont les résultats sont imposés selon le régime des sociétés de personnes défini à l'article 8, à l'exception des sociétés à responsabilité limitée dont l'associé unique est une personne physique dirigeant cette société ;

d. Les personnes morales passibles de l'impôt sur les sociétés ;

e. Les opérations portant sur des immeubles, des fonds de commerce ou des actions ou parts de sociétés immobilières et dont les résultats doivent être compris dans les bases de l'impôt sur le revenu au titre des bénéfices industriels et commerciaux ;

f. (Abrogé) ;

g. Les opérations visées au 8° du I de l'article 35 ;

h. Les contribuables dont tout ou partie des biens affectés à l'exploitation sont compris dans un patrimoine fiduciaire en application d'une opération de fiducie définie à l'article 2011 du Code civil ;

i. Les contribuables qui exercent une activité occulte au sens du deuxième alinéa de l'article L 169 du Livre des procédures fiscales ;

j. Les contribuables qui perçoivent des revenus d'un fonds de placement immobilier imposables dans les conditions définies au e du 1 du II de l'article 239 nonies.

3. Les contribuables concernés portent directement le montant du chiffre d'affaires annuel et des plus ou moins-values réalisées ou subies au cours de cette même année sur la déclaration prévue à l'article 170.

4. Les entreprises placées dans le champ d'application du présent article peuvent opter pour un régime réel d'imposition. Cette option doit être exercée dans les délais applicables au dépôt de la déclaration prévue à l'article 170 souscrite au titre de l'année précédant celle au titre de laquelle cette même option s'applique. Toutefois, lorsque de telles entreprises étaient soumises de plein droit à un régime réel d'imposition au titre de la période précédant celle au titre de laquelle elles sont placées dans le champ d'application du présent article, elles exercent cette option dans les délais ap-

plicables au dépôt de la déclaration souscrite au titre de l'année au titre de laquelle l'option s'applique. En cas de création d'entreprise, l'option est exercée dans les délais applicables au dépôt de la déclaration souscrite au titre de l'année de la première période d'activité. L'option pour un régime réel d'imposition est valable un an et reconduite tacitement chaque année civile pour un an. Les entreprises peuvent renoncer à cette option dans les délais applicables au dépôt de la déclaration souscrite au titre des résultats de l'année précédant celle au titre de laquelle la renonciation s'applique.

5. Les entreprises qui n'ont pas exercé l'option visée au 4 doivent tenir et présenter, sur demande de l'administration, un livre-journal servi au jour le jour et présentant le détail de leurs recettes professionnelles, appuyé des factures et de toutes autres pièces justificatives. Elles doivent également, lorsque leur commerce principal est de vendre des marchandises, objets, fournitures et denrées à emporter ou à consommer sur place, ou de fournir le logement, tenir et présenter, sur demande de l'administration, un registre récapitulé par année, présentant le détail de leurs achats.

Art. 151-0

I. Les contribuables peuvent sur option effectuer un versement libératoire de l'impôt sur le revenu assis sur le chiffre d'affaires ou les recettes de leur activité professionnelle lorsque les conditions suivantes sont satisfaites :

1° Ils sont soumis aux régimes définis aux articles 50-0 ou 102 ter ;

2° Le montant des revenus du foyer fiscal de l'avant-dernière année, tel que défini au IV de l'article 1417, est inférieur ou égal, pour une part de quotient familial, à la limite supérieure de la deuxième tranche du barème de l'impôt sur le revenu de l'année précédant celle au titre de laquelle l'option est exercée. Cette limite est majorée respectivement de 50 % ou 25 % par demi-part ou quart de part supplémentaire ;

3° Ils sont soumis au régime prévu à l'article L613-7 du Code de la sécurité sociale

II. Les versements sont liquidés par application, au montant du chiffre d'affaires ou des recettes hors taxe de la période considérée, des taux suivants :

1° 1 % pour les entreprises concernées par le premier seuil prévu au premier alinéa du 1 de l'article 50-0 ;

2° 1, 7 % pour les entreprises concernées par le second seuil prévu au premier alinéa du 1 de l'article 50-0 ;

3° 2, 2 % pour les contribuables concernés par le seuil prévu au 1 de l'article 102 ter.

III. Les versements libèrent de l'impôt sur le revenu établi sur la base du chiffre d'affaires ou des recettes annuels, au titre de l'année de réalisation des résultats de l'exploitation, à l'exception des plus et moins-values provenant de la cession de biens affectés à l'exploitation, qui demeurent imposables dans les conditions visées au douzième alinéa du 1 de l'article 50-0 et au deuxième alinéa du 1 de l'article 102 ter.

Les contribuables qui s'acquittent du versement libératoire au titre de l'année en cours ne sont pas redevables de l'acompte prévu au 2° du 2 de l'article 204 A au titre des revenus soumis à ce versement.

IV. L'option prévue au premier alinéa du I est adressée aux organismes mentionnés aux articles L213-1 et L752-4 du Code de la sécurité sociale au plus tard le 30 septembre de l'année précédant celle au titre de laquelle elle est exercée et, en cas de création d'activité, au plus tard le dernier jour du troisième mois qui suit celui de la création. L'option s'applique tant qu'elle n'a pas été expressément dénoncée dans les mêmes conditions.

Elle cesse toutefois de s'appliquer dans les cas suivants :

1° Au titre de l'année civile au cours de laquelle les régimes définis aux articles 50-0 et 102 ter ne s'appliquent plus. Dans cette situation, le III n'est pas applicable. Les versements effectués au cours de cette année civile s'imputent sur le montant de l'impôt sur le revenu établi dans les conditions prévues aux articles 197 et 197 A. Si ces versements excèdent l'impôt dû, l'excédent est restitué ;

2° Au titre de la deuxième année civile suivant celle au cours de laquelle le montant des revenus du

foyer fiscal du contribuable, tel que défini au IV de l'article 1417, excède le seuil défini au 2° du I ;
3° (Abrogé).
V. Les versements mentionnés au I sont effectués suivant la périodicité, selon les règles et sous les garanties et sanctions applicables au recouvrement des cotisations et contributions de sécurité sociale visées à l'article L613-7 du Code de la sécurité sociale. Le contrôle et, le cas échéant, le recouvrement des impositions supplémentaires sont effectués selon les règles applicables à l'impôt sur le revenu.
Les contribuables ayant opté pour le versement libératoire mentionné au I portent sur la déclaration prévue à l'article 170 les informations mentionnées aux 3 de l'article 50-0 et 2 de l'article 102 ter.

Art. 151 septies

I Les dispositions du présent article s'appliquent aux activités commerciales industrielles, artisanales, libérales ou agricoles, exercées à titre professionnel.
II. Les plus-values de cession soumises au régime des articles 39 duodecies à 39 quindecies, à l'exception de celles afférentes aux biens entrant dans le champ d'application du A de l'article 1594-0 G, et réalisées dans le cadre d'une des activités mentionnées au I sont, à condition que l'activité ait été exercée pendant au moins cinq ans, exonérées pour :
1° La totalité de leur montant lorsque les recettes annuelles sont inférieures ou égales à :
a. 250 000 euros s'il s'agit d'entreprises dont le commerce principal est de vendre des marchandises, objets, fournitures et denrées à emporter ou à consommer sur place ou de fournir le logement, à l'exclusion de la location directe ou indirecte de locaux d'habitation meublés ou destinés à être loués meublés ;
b. 90 000 euros s'il s'agit d'autres entreprises non agricoles ou de titulaires de bénéfices non commerciaux ;
c. 350 000 € s'il s'agit d'entreprises exerçant une activité agricole ;
2° Une partie de leur montant lorsque les recettes sont supérieures à 250 000 euros et inférieures à 350 000 euros pour les entreprises mentionnées au a du 1° du présent II, lorsque les recettes sont supérieures à 90 000 euros et inférieures à 126 000 euros pour les entreprises mentionnées au b du même 1° et lorsque les recettes sont supérieures à 350 000 € et inférieures à 450 000 € pour les entreprises mentionnées au c dudit 1°. Pour l'application de ces dispositions, le montant exonéré de la plus-value est déterminé en lui appliquant :
a. Pour les entreprises mentionnées au a du 1°, un taux égal au rapport entre, au numérateur, la différence entre 350 000 euros et le montant des recettes et, au dénominateur, le montant de 100 000 euros ;
b. Pour les entreprises mentionnées au b du 1°, un taux égal au rapport entre, au numérateur, la différence entre 126 000 euros et le montant des recettes et, au dénominateur, le montant de 36 000 euros.
c. Pour les entreprises mentionnées au c du même 1°, un taux égal au rapport entre, au numérateur, la différence entre 450 000 euros et le montant des recettes et, au dénominateur, le montant de 100 000 euros.
Lorsque l'activité de l'entreprise se rattache à au moins deux des trois catégories définies aux a, b et c du même 1°, l'exonération totale n'est applicable que si le montant global des recettes est inférieur ou égal au plus élevé des montants mentionnés au même 1° au titre des activités exercées et si le montant des recettes afférentes à chacune de ces activités est inférieur ou égal au montant mentionné au même 1° afférent à chacune d'elles.
Lorsque ces conditions ne sont pas remplies, si le montant global des recettes est inférieur au plus élevé des montants mentionnés au 2° au titre des activités exercées et si le montant des recettes afférentes à chacune de ces activités est inférieur au montant afférent à chacune d'elles mentionné au même 2°, le montant exonéré de la plus-value est déterminé en appliquant le moins élevé des taux entre celui qui aurait été déterminé dans les conditions fixées audit 2° si l'entreprise avait réalisé la totalité de ses recettes au titre de l'activité pour laquelle le montant mentionné au même 2° est le plus élevé et celui ou ceux déterminés dans les conditions fixées au même 2° si l'entreprise avait

réalisé exclusivement chacune des autres activités exercées.

III. Les plus-values réalisées à l'occasion de la cession de matériels agricoles ou forestiers par des entreprises de travaux agricoles ou forestiers sont exonérées dans les conditions applicables aux entreprises mentionnées au c du 1° du II. Un décret précise les modalités d'application du présent III (voir Annexe III, art. 41-0 A).

IV. Le montant des recettes annuelles s'entend de la moyenne des recettes, appréciées hors taxe, réalisées au titre des exercices clos, ramenés le cas échéant à douze mois, au cours des deux années civiles qui précèdent la date de clôture de l'exercice de réalisation des plus-values.

Pour les entreprises dont les recettes correspondent à des sommes encaissées, le montant des recettes annuelles s'entend de la moyenne des recettes, appréciées hors taxe, au cours des deux années civiles qui précèdent l'année de réalisation des plus-values.

Lorsque le contribuable exerce plusieurs activités, il est tenu compte du montant total des recettes réalisées dans l'ensemble de ces activités.

Il est également tenu compte des recettes réalisées par les sociétés mentionnées aux articles 8 et 8 ter et les groupements non soumis à l'impôt sur les sociétés dont il est associé ou membre, à proportion de ses droits dans les bénéfices de ces sociétés et groupements.

Pour l'application des troisième et quatrième alinéas, la globalisation des recettes est effectuée par catégorie de revenus.

Lorsque les plus-values sont réalisées par une société ou un groupement mentionnés au quatrième alinéa, le montant des recettes annuelles s'apprécie au niveau de la société ou du groupement.

V. Pour les plus-values réalisées à la suite d'une expropriation ou de la perception d'indemnités d'assurance, la condition d'exercice de l'activité pendant au moins cinq ans n'est pas requise.

Les terrains expropriés qui ne remplissent pas les conditions mentionnées à l'article L 322-3 du Code de l'expropriation pour cause d'utilité publique ne sont pas considérés comme des biens entrant dans le champ d'application du I du A de l'article 1594-0 G du présent Code.

VI. Les plus-values mentionnées aux II et III s'entendent des plus-values nettes déterminées après compensation avec les moins-values de même nature.

VII. Les articles 150 U à 150 VH sont applicables aux plus-values réalisées lors de la cession de locaux d'habitation meublés ou destinés à être loués meublés et faisant l'objet d'une location directe ou indirecte lorsque cette activité n'est pas exercée à titre professionnel.

VIII. Les dispositions du présent article ne s'appliquent pas aux transferts de biens ou de droits dans un patrimoine fiduciaire effectués dans le cadre d'une opération de fiducie définie à l'article 2011 du code civil.

Art. 155

I. 1. Lorsqu'une entreprise industrielle ou commerciale étend son activité à des opérations dont les résultats entrent dans la catégorie des bénéfices de l'exploitation agricole ou dans celle des bénéfices des professions non commerciales, il est tenu compte de ces résultats pour la détermination des bénéfices industriels et commerciaux à comprendre dans les bases de l'impôt sur le revenu.

2. Lorsqu'un titulaire de bénéfices non commerciaux étend son activité à des opérations dont les résultats entrent dans la catégorie des bénéfices de l'exploitation agricole ou dans celle des bénéfices industriels et commerciaux, il est tenu compte de ces résultats pour la détermination des bénéfices non commerciaux à comprendre dans les bases de l'impôt sur le revenu.

II. 1. Le bénéfice net mentionné à l'article 38 est :

1° Diminué du montant des produits qui ne proviennent pas de l'activité exercée à titre professionnel, à l'exclusion de ceux pris en compte pour la détermination de la plus-value ou moins-value de cession d'un élément d'actif immobilisé ou pour la détermination des résultats mentionnés au I ;

2° Augmenté du montant des charges admises en déduction qui ne sont pas nécessitées par l'exercice de l'activité à titre professionnel, à l'exclusion de celles prises en compte pour la détermination de la

plus-value ou moins-value de cession d'un élément d'actif immobilisé ou pour la détermination des résultats mentionnés au I.
2. Sous réserve du VII de l'article 151 septies, en cas de cession d'un élément d'actif immobilisé, les articles 39 duodecies à 39 novodecies sont applicables dans les conditions suivantes :
1° Le prix de cession de l'élément d'actif est réputé égal à la somme :
a. Du prix de cession réel de cet élément, multiplié par le rapport entre, au numérateur, la durée d'utilisation de l'élément aux fins de l'exercice de l'activité à titre professionnel et, au dénominateur, sa durée d'appartenance au patrimoine professionnel ;
b. Et de la valeur d'origine de cet élément, multipliée par le rapport entre, au numérateur, la durée d'utilisation de l'élément à des fins autres que l'exercice de l'activité à titre professionnel depuis qu'il appartient au patrimoine professionnel et, au dénominateur, sa durée d'appartenance au patrimoine professionnel ;
2° La valeur comptable de l'élément d'actif cédé est réputée majorée du montant des amortissements, autres que ceux soumis au 2° du 1 du III du présent article, qui ont été réintégrés au bénéfice en application du 2° du 1 ; ces amortissements sont néanmoins considérés ne pas avoir été expressément exclus des charges déductibles.
3. Le 1° du 1 n'est pas applicable, d'une part, et le 2° du même 1 n'est applicable qu'à la quote-part des charges afférentes à un bien qui excède le montant des produits afférents au même bien, d'autre part :
(NDLR. À compter du 1-1-2017, cet alinéa est rédigé comme suit : Sous réserve d'une option expresse en ce sens, le 1° du 1 n'est pas applicable, d'une part, et le 2° du même 1 n'est applicable qu'à la quote-part des charges afférentes à un bien qui excède le montant des produits afférents au même bien, d'autre part :)
1° Lorsque les produits mentionnés au 1° du même 1 n'excèdent pas 5 % de l'ensemble des produits de l'exercice, y compris ceux pris en compte pour la détermination des résultats mentionnés au I mais hors plus-values de cession ;
2° Ou que les produits mentionnés au même 1° n'excèdent pas 10 % de l'ensemble des produits de l'exercice, y compris ceux pris en compte pour la détermination des résultats mentionnés au I mais hors plus-values de cession, si la condition mentionnée au 1° du présent 3 était satisfaite au titre de l'exercice précédent.
III. 1. Les charges et produits mentionnés au 1 du II sont retenus, suivant leur nature, pour la détermination :
1° Des revenus fonciers, des revenus de capitaux mobiliers, des profits mentionnés à l'article 150 ter ou des plus-values de cession à titre onéreux de biens ou droits de toute nature mentionnées aux articles 150-0 A à 150 VH, selon les règles applicables à ces catégories de revenus ;
2° D'un bénéfice, distinct du bénéfice net, imposable dans les conditions prévues aux 1°, 1° bis, 1° ter ou 2° du I de l'article 156.
2. Sous réserve du VII de l'article 151 septies, en cas de cession d'un élément d'actif immobilisé, la différence entre le prix de cession réel de l'élément d'actif et le montant déterminé dans les conditions du 1° du 2 du II du présent article est retenue pour la détermination des plus-values de cession à titre onéreux de biens ou droits de toute nature selon les règles applicables à cette catégorie de revenus.
3. Les revenus, profits et plus-values mentionnés au 1° du 1 ou au 2 sont réputés avoir été perçus ou réalisés à la date de la clôture de l'exercice ou de la période d'imposition pour l'application des obligations déclaratives et pour le recouvrement de l'impôt dû.
IV. 1. Sous réserve du 2, l'exercice à titre professionnel implique la participation personnelle, directe et continue à l'accomplissement des actes nécessaires à l'activité.
2. L'activité de location directe ou indirecte de locaux d'habitation meublés ou destinés à être loués meublés est exercée à titre professionnel lorsque les deux conditions suivantes sont réunies :
1° (Abrogé)
2° Les recettes annuelles retirées de cette activité par l'ensemble des membres du foyer fiscal excèdent 23 000 € ;

3° Ces recettes excèdent les revenus du foyer fiscal soumis à l'impôt sur le revenu dans les catégories des traitements et salaires au sens de l'article 79, des bénéfices industriels et commerciaux autres que ceux tirés de l'activité de location meublée, des bénéfices agricoles, des bénéfices non commerciaux et des revenus des gérants et associés mentionnés à l'article 62.

Pour l'application du 3°, les recettes afférentes à une location ayant commencé avant le 1er janvier 2009 ou portant sur un local d'habitation acquis ou réservé avant cette date dans les conditions prévues aux articles L261-2, L261-3, L261-15 ou L262-1 du Code de la construction et de l'habitation sont comptées pour un montant quintuple de leur valeur, diminué de deux cinquièmes de cette valeur par année écoulée depuis le début de la location, dans la limite de dix années à compter du début de celle-ci.

La location du local d'habitation est réputée commencer à la date de son acquisition ou, si l'acquisition a eu lieu avant l'achèvement du local, à la date de cet achèvement. L'année où commence la location, les recettes y afférentes sont, le cas échéant, ramenées à douze mois pour l'appréciation des seuils mentionnés aux 2° et 3° du présent 2. Il en est de même l'année de cessation totale de l'activité de location.

Art. 156

(extraits)

L'impôt sur le revenu est établi d'après le montant total du revenu net annuel dont dispose chaque foyer fiscal. Ce revenu net est déterminé eu égard aux propriétés et aux capitaux que possèdent les membres du foyer fiscal désignés aux 1 et 3 de l'article 6, aux professions qu'ils exercent, aux traitements, salaires, pensions et rentes viagères dont ils jouissent ainsi qu'aux bénéfices de toutes opérations lucratives auxquelles ils se livrent, sous déduction :

I. Du déficit constaté pour une année dans une catégorie de revenus ; si le revenu global n'est pas suffisant pour que l'imputation puisse être intégralement opérée, l'excédent du déficit est reporté successivement sur le revenu global des années suivantes jusqu'à la sixième année inclusivement.

Toutefois, n'est pas autorisée l'imputation :

(...)

1° bis Des déficits provenant, directement ou indirectement, des activités relevant des bénéfices industriels ou commerciaux lorsque ces activités ne comportent pas la participation personnelle, continue et directe de l'un des membres du foyer fiscal à l'accomplissement des actes nécessaires à l'activité. Il en est ainsi, notamment, lorsque la gestion de l'activité est confiée en droit ou en fait à une personne qui n'est pas un membre du foyer fiscal par l'effet d'un mandat, d'un contrat de travail ou de toute autre convention. Les déficits non déductibles pour ces motifs peuvent cependant être imputés sur les bénéfices tirés d'activités de même nature exercées dans les mêmes conditions, durant la même année ou les six années suivantes. Ces modalités d'imputation ne sont pas applicables aux déficits provenant de l'activité de location directe ou indirecte de locaux d'habitation meublés ou destinés à être loués meublés *(NDLR : Ces dernières dispositions s'appliquent à compter de l'impôt sur le revenu dû au titre de 2009)*.

Toutefois, lorsque l'un des membres du foyer fiscal fait l'objet d'une procédure de liquidation judiciaire prévue par le titre IV du livre VI du Code de commerce à raison de l'activité génératrice des déficits mentionnés au premier alinéa, les dispositions du premier alinéa du I sont applicables au montant de ces déficits restant à reporter à la date d'ouverture de la procédure, à la condition que les éléments d'actifs affectés à cette activité cessent définitivement d'appartenir, directement ou indirectement, à l'un des membres du foyer fiscal.

Les dispositions du premier alinéa s'appliquent pour la détermination du revenu imposable au titre des années 1996 et suivantes aux déficits réalisés par les membres des copropriétés mentionnées à l'article 8 quinquies. Dans les autres cas, elles sont applicables au déficit ou à la fraction du déficit provenant d'activités créées, reprises, étendues ou adjointes à compter du 1er janvier 1996. Cette fraction est déterminée au moyen d'une comptabilité séparée retraçant les opérations propres à ces extensions ou adjonctions et qui donne lieu à la production des documents prévus à l'article 53 A ; à défaut, les modalités d'imputation prévues au premier alinéa s'appliquent à l'ensemble du déficit des activités.

Les dispositions du premier alinéa s'appliquent également à la fraction du déficit des activités créées ou reprises avant le 1er janvier 1996 provenant des investissements réalisés à compter de cette date. Cette fraction est déterminée selon le rapport existant entre la somme des valeurs nettes comptables de ces investissements et la somme des valeurs nettes comptables de l'ensemble des éléments de l'actif immobilisé, y compris ces investissements. Les biens loués ou affectés à l'activité par l'effet de toute autre convention sont assimilés à des investissements pour l'application de ces dispositions.

Les dispositions du premier alinéa ne sont pas applicables au déficit ou à la fraction de déficit provenant de l'exploitation :

a. D'immeubles ayant fait l'objet avant le 1er janvier 1996 d'une déclaration d'ouverture de chantier prévue à l'article R421-40 du Code de l'urbanisme et acquis par le contribuable, directement ou indirectement, dans les cinq ans de cette déclaration, lorsque les biens ou droits ainsi acquis n'ont pas été détenus directement ou indirectement par une personne physique ;

b. De biens meubles corporels acquis à l'état neuf, non encore livrés au 1er janvier 1996 et ayant donné lieu avant cette date à une commande accompagnée du versement d'acomptes au moins égaux à 50 % de leur prix ;

1° ter Des déficits du foyer fiscal provenant de l'activité de location directe ou indirecte de locaux d'habitation meublés ou destinés à être loués meublés lorsque l'activité n'est pas exercée à titre professionnel au sens du IV de l'article 155. Ces déficits s'imputent exclusivement sur les revenus provenant d'une telle activité au cours de celles des dix années suivantes pendant lesquelles l'activité n'est pas exercée à titre professionnel au sens des mêmes dispositions.

Toutefois, lorsque l'activité est exercée, dès le commencement de la location, à titre professionnel au sens des mêmes dispositions, la part des déficits qui n'a pu être imputée en application du premier alinéa et qui provient des charges engagées en vue de la location directe ou indirecte d'un local d'habitation avant le commencement de cette location, tel que déterminé conformément au septième alinéa du IV de l'article 155, peut être imputée par tiers sur le revenu global des trois premières années de location du local, tant que l'activité reste exercée à titre professionnel ;

(...)

3° Des déficits fonciers, lesquels s'imputent exclusivement sur les revenus fonciers des dix années suivantes ; cette disposition n'est pas applicable aux propriétaires de monuments classés ou inscrits au titre des monuments historiques ou ayant reçu le label délivré par la « Fondation du patrimoine » en application de l'article L 143-2 du code du patrimoine si ce label a été accordé sur avis favorable du service départemental de l'architecture et du patrimoine.

(...)

Art. 199 sexvicies

I. Les contribuables domiciliés en France au sens de l'article 4 B peuvent bénéficier d'une réduction d'impôt sur le revenu au titre de l'acquisition, à compter du 1er janvier 2009 et jusqu'au 31 décembre 2022, d'un logement neuf ou en l'état futur d'achèvement ou d'un logement achevé depuis au moins quinze ans ayant fait l'objet d'une réhabilitation ou d'une rénovation ou qui fait l'objet de travaux de réhabilitation ou de rénovation si les travaux de réhabilitation ou de rénovation permettent, après leur réalisation, de satisfaire à l'ensemble des performances techniques mentionnées au II de l'article 2 quindecies B de l'annexe III, qu'ils destinent à une location meublée n'étant pas exercée à titre professionnel et dont le produit est imposé dans la catégorie des bénéfices industriels et commerciaux lorsque ce logement est compris dans :

1° Un établissement mentionné aux 6° ou 7° du I de l'article L312-1 du Code de l'action sociale et des familles, une résidence avec services pour personnes âgées ou handicapées ayant obtenu l'agrément « qualité » visé à l'article L 7232-1 du Code du travail ou l'autorisation prévue à l'article L. 313-1 du Code de l'action sociale et des familles pour son service d'aide et d'accompagnement à domicile relevant des 6° ou 7° du I de l'article L. 312-1 du même Code, ou l'ensemble des logements affectés à l'accueil familial salarié de personnes âgées ou handicapées, prévu par les articles L 444-1 à L 444-9 du Code de l'action sociale et des familles géré par un groupement de coopération sociale ou médico-sociale ;

2° Une résidence avec services pour étudiants ;

3° (Dispositions abrogées par l'article 69 de la loi 2016-1917 du 29 décembre 2016) ;

Ndlr : Ces dispositions accordaient le bénéfice de la réduction d'impôt au titre des acquisitions de logements situés dans des résidences de tourisme classées pour les investissements réalisés jusqu'au 31 décembre 2016, ou jusqu'au 31 mars 2017 à la condition qu'un engagement d'acquisition ait été pris au plus tard le 31 décembre 2016 (signature d'une promesse d'achat ou promesse synallagmatique de vente ou, pour les acquisitions en l'état futur d'achèvement, dépôt chez un notaire ou enregistrement au service des impôts d'un contrat préliminaire de réservation).

4° Un établissement délivrant des soins de longue durée, mentionné à l'avant-dernier alinéa de l'article L 6143-5 du Code de la santé publique, et comportant un hébergement, à des personnes n'ayant pas leur autonomie de vie dont l'état nécessite une surveillance médicale constante et des traitements d'entretien.

II. La réduction d'impôt est calculée sur le prix de revient des logements retenu pour sa fraction inférieure à 300 000 €. Lorsqu'elle est acquise au titre d'un logement achevé depuis au moins quinze ans et qui fait l'objet de travaux de réhabilitation, elle est calculée sur le prix d'acquisition majoré du montant de ces travaux.

Le taux de la réduction d'impôt est de 25 % pour les logements acquis en 2009 et en 2010, de 18 % pour les logements acquis en 2011 et de 11 % pour ceux acquis à compter de 2012.

Toutefois, pour les logements acquis en 2012, le taux de la réduction d'impôt reste fixé à 18 % au titre des acquisitions pour lesquelles le contribuable justifie qu'il a pris, au plus tard le 31 décembre 2011, l'engagement de réaliser un investissement immobilier. À titre transitoire, l'engagement de réaliser un investissement immobilier peut prendre la forme d'une réservation, à condition qu'elle soit enregistrée chez un notaire ou au service des impôts avant le 31 décembre 2011 et que l'acte authentique soit passé au plus tard le 31 mars 2012.

Lorsque le logement est détenu en indivision, chaque indivisaire bénéficie de la réduction d'impôt dans la limite de la quote-part du prix de revient, majoré le cas échéant des dépenses de travaux de réhabilitation, correspondant à ses droits dans l'indivision.

La réduction d'impôt est répartie sur neuf années.

Pour les logements acquis neufs, en l'état futur d'achèvement ou achevés depuis au moins quinze ans et ayant fait l'objet d'une réhabilitation, elle est accordée au titre de l'année d'achèvement du logement ou de celle de son acquisition si elle est postérieure, et imputée sur l'impôt dû au titre de cette même année puis sur l'impôt dû au titre de chacune des huit années suivantes à raison d'un neuvième de son montant total au titre de chacune de ces années.

Pour les logements achevés depuis au moins quinze ans et qui font l'objet de travaux de réhabilitation, elle est accordée au titre de l'année d'achèvement de ces travaux et imputée sur l'impôt dû au titre de cette même année puis sur l'impôt dû au titre de chacune des huit années suivantes à raison d'un neuvième de son montant total au titre de chacune de ces années.

Lorsque la fraction de la réduction d'impôt imputable au titre d'une année d'imposition excède l'impôt dû par le contribuable au titre de cette même année, le solde peut être imputé sur l'impôt dû au titre des années suivantes jusqu'à la sixième année inclusivement.

Ndlr : Les dispositions du présent II s'appliquent à compter de l'imposition des revenus de 2009.

III. Le propriétaire doit s'engager à louer le logement pendant au moins neuf ans à l'exploitant de

l'établissement ou de la résidence. Cette location doit prendre effet dans le mois qui suit la date :
1° d'achèvement de l'immeuble ou de son acquisition si elle est postérieure, pour les logements acquis neuf ou en l'état futur d'achèvement ;
2° d'acquisition pour les logements neufs achevés depuis au moins quinze ans ayant fait l'objet d'une réhabilitation ;
3° d'achèvement des travaux pour les logements achevés depuis au moins quinze ans et qui font l'objet de travaux de réhabilitation.
En cas de non-respect de l'engagement de location ou de cession du logement, la réduction pratiquée fait l'objet d'une reprise au titre de l'année de la rupture de l'engagement ou de la cession. Toutefois, en cas d'invalidité correspondant au classement dans la deuxième ou la troisième des catégories prévues à l'article L341-4 du Code de la sécurité sociale, de licenciement ou de décès du contribuable ou de l'un des époux soumis à imposition commune, la réduction d'impôt n'est pas reprise.
La réduction n'est pas applicable au titre des logements dont le droit de propriété est démembré. Toutefois, lorsque le transfert de la propriété du bien ou le démembrement de ce droit résulte du décès de l'un des époux soumis à imposition commune, le conjoint survivant attributaire du bien ou titulaire de son usufruit peut demander la reprise à son profit, dans les mêmes conditions et selon les mêmes modalités, du bénéfice de la réduction prévue au présent article pour la période restant à courir à la date du décès.
IV. Un contribuable ne peut, pour un même logement, bénéficier à la fois des réductions d'impôt mentionnées aux articles 199 undecies A et 199 undecies B et des dispositions du présent article.
V. Le présent article est applicable lorsque l'achèvement du logement ou des travaux de réhabilitation ou de rénovation intervient au plus tard le 1er juillet 2025 ou, dans le cas de logements acquis en l'état futur d'achèvement après le 1er juillet 2021, lorsque les logements sont achevés dans un délai de quatre ans à compter de l'acquisition.

Art. 260 D

Pour l'application de la taxe sur la valeur ajoutée, la location d'un local meublé ou nu dont la destination finale est le logement meublé est toujours considérée comme une opération de fourniture de logement meublé quelles que soient l'activité du preneur et l'affectation qu'il donne à ce local.

Art. 261 D

Sont exonérées de la taxe sur la valeur ajoutée :
1° Les locations de terres et bâtiments à usage agricole ;
1° bis Les locations d'immeubles résultant d'un bail conférant un droit réel ;
2° Les locations de terrains non aménagés et de locaux nus, à l'exception des emplacements pour le stationnement des véhicules ; toutefois, ces dispositions ne sont pas applicables lorsque les locations constituent pour le bailleur un moyen de poursuivre, sous une autre forme, l'exploitation d'un actif commercial ou d'accroître ses débouchés ou lorsque le bailleur participe aux résultats de l'entreprise locataire ;
3° Les locations ou concessions de droits portant sur les immeubles visés aux 1° et 2° dans la mesure où elles relèvent de la gestion d'un patrimoine foncier ;
4° Les locations occasionnelles, permanentes ou saisonnières de logements meublés ou garnis à usage d'habitation.
Toutefois, l'exonération ne s'applique pas :
a. (Abrogé) ;
b. Aux prestations d'hébergement fournies dans le cadre du secteur hôtelier ou de secteurs ayant une fonction similaire qui remplissent les conditions cumulatives suivantes :
- elles sont offertes au client pour une durée n'excédant pas trente nuitées, sans préjudice des possibilités de reconduction proposées ;
- elles comprennent la mise à disposition d'un local meublé et au moins trois des prestations suivantes : le petit déjeuner, le nettoyage régulier des locaux, la fourniture de linge de maison et la réception, même non personnalisée, de la clientèle ;
b bis. Aux locations de logements meublés à usage résidentiel dans le cadre de secteurs autres que

ceux mentionnés au b qui sont assorties d'au moins trois des prestations suivantes : le petit déjeuner, le nettoyage régulier des locaux, la fourniture de linge de maison et la réception, même non personnalisée, de la clientèle ;
c. Aux locations de locaux nus, meublés ou garnis consenties à l'exploitant d'un établissement d'hébergement qui remplit les conditions fixées aux b ou b bis, à l'exclusion de celles consenties à l'exploitant d'un établissement mentionné à l'article L633-1 du Code de la construction et de l'habitation dont l'activité n'ouvre pas droit à déduction ;
d. (Dispositions devenues sans objet)

Art. 975

I. Sont exonérés les biens ou droits immobiliers mentionnés au 1° de l'article 965 et les parts ou actions mentionnées au 2° du même article 965 représentatives de ces mêmes biens ou droits, lorsque ces biens ou droits immobiliers sont affectés à l'activité principale industrielle, commerciale, artisanale, agricole ou libérale des personnes mentionnées au 1° dudit article 965.
Les biens ou droits mentionnés au premier alinéa du présent I affectés à différentes activités pour lesquelles le redevable remplit les conditions prévues au même premier alinéa sont également exonérés lorsque les différentes activités professionnelles exercées sont soit similaires, soit connexes et complémentaires. Toutefois, pour l'application du présent alinéa, la condition d'activité principale s'apprécie au regard de l'ensemble des activités précitées.
II. Sont également exonérés les biens ou droits immobiliers mentionnés au 1° de l'article 965 et les parts ou actions mentionnées au 2° du même article 965 représentatives de ces mêmes biens ou droits, lorsque ces biens et droits immobiliers sont affectés à l'activité industrielle, commerciale, artisanale, agricole ou libérale d'une société de personnes soumise à l'impôt sur le revenu mentionnée aux articles 8 et 8 ter dans laquelle les personnes mentionnées au premier alinéa du I du présent article exercent leur activité principale.
Les biens ou droits mentionnés au premier alinéa du présent II affectés à l'activité industrielle, commerciale, artisanale, agricole ou libérale de plusieurs sociétés de personnes dans lesquelles le redevable remplit les conditions prévues au même premier alinéa sont également exonérés lorsque les sociétés ont des activités soit similaires, soit connexes et complémentaires. Toutefois, pour l'application du présent alinéa, la condition d'activité principale s'apprécie au regard de l'ensemble des sociétés précitées.
III. 1. Sont également exonérés les biens ou droits immobiliers mentionnés au 1° de l'article 965 et les parts ou actions mentionnées au 2° du même article 965 représentatives de ces mêmes biens ou droits, lorsque ces biens et droits immobiliers sont affectés à l'activité industrielle, commerciale, artisanale, agricole ou libérale d'une société soumise, de droit ou sur option, à l'impôt sur les sociétés, sous réserve que le redevable :
1° Exerce dans la société la fonction de gérant, nommé conformément aux statuts d'une société à responsabilité limitée ou en commandite par actions, d'associé en nom d'une société de personnes ou de président, directeur général, président du conseil de surveillance ou membre du directoire d'une société par actions.
Les fonctions mentionnées au premier alinéa du présent 1° doivent être effectivement exercées et donner lieu à une rémunération normale, dans les catégories imposables à l'impôt sur le revenu des traitements et salaires, bénéfices industriels et commerciaux, bénéfices agricoles, bénéfices non commerciaux et revenus des gérants et associés mentionnés à l'article 62, au regard des rémunérations du même type versées au titre de fonctions analogues dans l'entreprise ou dans des entreprises similaires établies en France. Cette rémunération doit représenter plus de la moitié des revenus à raison desquels l'intéressé est soumis à l'impôt sur le revenu dans les mêmes catégories, à l'exclusion des revenus non professionnels ;
2° Détienne 25 % au moins des droits de vote attachés aux titres émis par la société, directement ou par l'intermédiaire de son conjoint, de leurs ascendants ou descendants ou de leurs frères et soeurs. Les titres détenus dans les mêmes conditions dans une société possédant une participation dans la so-

ciété dans laquelle le redevable exerce ses fonctions sont pris en compte à proportion de cette participation.

Le respect de la condition de détention de 25 % au moins des droits de vote attachés aux titres émis par la société prévue au premier alinéa du 2° n'est pas exigé après une augmentation de capital si, à compter de la date de cette dernière, le redevable remplit les trois conditions suivantes :

a. Il a respecté cette condition au cours des cinq années ayant précédé l'augmentation de capital ;

b. Il détient 12,5 % au moins des droits de vote attachés aux titres émis par la société, directement ou par l'intermédiaire de son conjoint, de leurs ascendants ou descendants ou de leurs frères et soeurs ;

c. Il est partie à un pacte conclu avec d'autres associés ou actionnaires représentant au total 25 % au moins des droits de vote et exerçant un pouvoir d'orientation dans la société.

Par dérogation au premier alinéa du 2°, la condition de détention de 25 % au moins des droits de vote attachés aux titres émis par la société n'est pas exigée des gérants et associés mentionnés à l'article 62.

2. Sont également exonérés les biens ou droits immobiliers mentionnés au 1 affectés à l'activité industrielle, commerciale, artisanale, agricole ou libérale d'une société soumise, de droit ou sur option, à l'impôt sur les sociétés dont les parts ou actions sont détenues directement par le gérant, nommé conformément aux statuts d'une société à responsabilité limitée ou en commandite par actions, le président, le directeur général, le président du conseil de surveillance ou le membre du directoire d'une société par actions, qui remplit les conditions prévues au 1° du même 1, lorsque la valeur des titres qu'il détient dans cette société excède 50 % de la valeur brute du patrimoine total du redevable, y compris les biens ou droits immobiliers précités.

V. Pour l'application du présent article, les activités commerciales s'entendent de celles définies à l'article 966.

Par exception au premier alinéa du présent V, est considérée comme une activité commerciale pour l'application des I à IV :

1° L'exercice d'une activité de location de locaux d'habitation loués meublés ou destinés à être loués meublés, par une personne mentionnée au 1° de l'article 965 ou par une société ou organisme, sous réserve, s'agissant des personnes mentionnées au même 1°, qu'elles réalisent plus de 23 000 € de recettes annuelles et retirent de cette activité plus de 50 % des revenus à raison desquels le foyer fiscal auquel elles appartiennent est soumis à l'impôt sur le revenu dans les catégories des traitements et salaires, bénéfices industriels et commerciaux, bénéfices agricoles, bénéfices non commerciaux, revenus des gérants et associés mentionnés à l'article 62 ;

2° L'exercice, par une personne mentionnée au 1° de l'article 965 ou par une société ou un organisme, d'une activité de location d'établissements commerciaux ou industriels munis du mobilier ou du matériel nécessaire à leur exploitation.

VI. Les biens ou droits immobiliers affectés à des sociétés mentionnées aux II à IV qui n'en ont pas la propriété sont exonérés à hauteur de la participation du redevable dans les sociétés auxquelles ils sont affectés.

Art. 1383 E bis

Dans les zones de revitalisation rurale mentionnées à l'article 1465 A, les communes et les établissements publics de coopération intercommunale dotés d'une fiscalité propre peuvent, par une délibération de portée générale prise dans les conditions prévues au I de l'article 1639 A bis, exonérer de taxe foncière sur les propriétés bâties :

a. Les hôtels pour les locaux affectés exclusivement à une activité d'hébergement ;

b. (abrogé) ;

c. Les locaux classés meublés de tourisme dans les conditions prévues à l'article L324-1 du Code du tourisme ;

d. Les chambres d'hôtes au sens de l'article L324-3 du Code du tourisme.

Lorsque les conditions requises pour bénéficier de l'exonération prévue à l'article 1383 A et celles prévues au présent article sont remplies, l'exonération prévue au présent article est applicable.

Pour bénéficier de l'exonération prévue au présent article, le propriétaire adresse au service des impôts du lieu de situation du bien, avant le 1er janvier de chaque année au titre de laquelle l'exonération est applicable, une déclaration accompagnée de tous les éléments justifiant de l'affectation des locaux.

Le bénéfice de l'exonération est subordonné au respect du règlement (UE) n° 1407/2013 de la Commission, du 18 décembre 2013, relatif à l'application des articles 107 et 108 du traité sur le fonctionnement de l'Union européenne.

Art. 1407

(...)

III. Dans les zones de revitalisation rurale mentionnées à l'article 1465 A, les communes peuvent, par une délibération de portée générale prise dans les conditions prévues au I de l'article 1639 A bis, exonérer :

1° (abrogé) ;

2° Les locaux classés meublés de tourisme dans les conditions prévues à l'article L324-1 du Code du tourisme ;

3° Les chambres d'hôtes au sens de l'article L324-3 du Code du tourisme.

La délibération prise par la commune produit ses effets pour la détermination de la part de la taxe d'habitation afférente à ces locaux revenant à la commune et, le cas échéant, à l'établissement public de coopération intercommunale doté d'une fiscalité propre dont elle est membre. Elle peut concerner une ou plusieurs catégories de locaux.

Pour bénéficier de cette exonération, le redevable de la taxe d'habitation adresse au service des impôts du lieu de situation du bien, avant le 1er janvier de chaque année au titre de laquelle l'exonération est applicable, une déclaration accompagnée de tous les éléments justifiant de l'affectation des locaux.

Art. 1459

Sont exonérés de la cotisation foncière des entreprises :

1° Les propriétaires ou locataires qui louent accidentellement une partie de leur habitation personnelle, lorsque d'ailleurs cette location ne présente aucun caractère périodique ;

2° Les personnes qui louent ou sous-louent en meublé une ou plusieurs pièces de leur habitation principale, sous réserve que les pièces louées constituent pour le locataire ou le sous-locataire en meublé sa résidence principale, et que le prix de location demeure fixé dans des limites raisonnables ;

3° Sauf délibération contraire modifié instituant la répartition catégorielle des meublés de tourisme d'une fiscalité propre :

a. (abrogé) ;

b. Les personnes qui louent en meublé des locaux classés dans les conditions prévues à l'article L324-1 du Code du tourisme, lorsque ces locaux sont compris dans leur habitation personnelle ;

c. Les personnes autres que celles visées aux 1° et 2° du présent article ainsi qu'au b qui louent ou sous-louent en meublé tout ou partie de leur habitation personnelle.

Les délibérations sont prises dans les conditions prévues à l'article 1639 A bis et portent sur la totalité de la part revenant à chaque collectivité ou groupement ; elles peuvent concerner une ou plusieurs des catégories de personnes énumérées ci-dessus.

269 Annexe II du Code général des impôts

Art. 30

Les biens donnés en location sont amortis sur leur durée normale d'utilisation, quelle que soit la durée de la location.

270 Annexe III du Code général des impôts

Art. 46 AZA nonies

I.- Pour l'application de l'article 199 sexvicies du Code général des impôts, le contribuable joint à sa déclaration de revenus de l'année au titre de laquelle le bénéfice de la réduction d'impôt est demandé :

1° Une note annexe, établie conformément au modèle fixé par l'administration, qui comporte les éléments suivants :

a. Ses identité et adresse ;

b. L'adresse du logement concerné ;

c. Pour les logements acquis en l'état futur d'achèvement ou les logements achevés depuis au moins quinze ans, la date d'achèvement du logement ;

d. Le nom et le type d'établissement ou de résidence dans lequel le logement est situé ;

e. L'engagement de louer le logement meublé pendant une durée de neuf ans au moins à l'exploitant de l'établissement ou de la résidence ;

f. Le prix d'acquisition ou de revient du logement retenu pour la détermination de la base de la réduction d'impôt ;

2° Une copie du bail conclu avec l'exploitant de l'établissement ou de la résidence mentionnant la date de prise d'effet de la location ainsi que, s'il y a lieu, la durée totale, par année civile, des périodes d'occupation du logement que le propriétaire se réserve ;

3° Une copie de l'acte authentique d'acquisition du logement ;

4° Pour les logements achevés depuis au moins quinze ans ayant fait l'objet de travaux de réhabilitation :

a. Les états descriptifs du logement mentionnés aux 1° et 2° de l'article 2 quindecies C. La personne mentionnée au premier alinéa de cet article qui établit ces états fournit également une attestation indiquant que l'ensemble des performances techniques mentionnées au II de l'article 2 quindecies B est respecté, dont au moins une d'entre elles à la suite des travaux de réhabilitation concernés ;

b. Lorsqu'ils sont requis, les états prévus aux articles L 1334-5 et L 1334-13 du Code de la santé publique fournis par le vendeur lors de la promesse de vente ou annexés à l'acte authentique de vente du logement ;

5° Pour les logements achevés depuis au moins quinze ans qui font l'objet de travaux de réhabilitation :

a. Les états et attestation mentionnés au 4° ;

b. Lorsque le logement fait l'objet de travaux de la part de l'acquéreur, une copie des factures des entreprises ayant réalisé les travaux ; ces factures doivent mentionner l'adresse de réalisation des travaux, leur nature et leur montant ;

6° Pour les logements situés dans les résidences de tourisme, une copie de l'arrêté préfectoral portant classement de la résidence ;

7° Pour les logements situés dans des résidences avec services pour personnes âgées ou handicapées, une copie attestant de la délivrance de l'agrément prévue à l'article L 7232-1 du Code du travail, par le gestionnaire des services.

II.- En cas de changement d'exploitant au cours de la période couverte par l'engagement de location, le contribuable joint à sa déclaration des revenus de l'année au cours de laquelle le changement est intervenu une copie du bail conclu avec le nouvel exploitant comportant les mentions définies au 2° du I.

II.- Pour l'application du dernier alinéa du III de l'article 199 sexvicies du Code général des impôts, le conjoint survivant joint à la déclaration des revenus qu'il souscrit au titre de l'année du décès de son conjoint, pour la période postérieure à cet événement, une note établie conformément à un modèle fixé par l'administration qui comporte l'engagement de louer le logement meublé à l'exploitant de l'établissement ou de la résidence pour la fraction de la période de neuf ans couverte par l'engagement de location initial restant à courir à la date du décès.

En cas de changement d'exploitant de l'établissement ou de la résidence, les dispositions du II sont applicables.

271 Code de la sécurité sociale

Art. L311-3

Sont notamment compris parmi les personnes auxquelles s'impose l'obligation prévue à l'article L311-2, même s'ils ne sont pas occupés dans l'établissement de l'employeur ou du chef d'entreprise, même s'ils possèdent tout ou partie de l'outillage nécessaire à leur travail et même s'ils sont rétribués en totalité ou en partie à l'aide de pourboires :

1° les travailleurs à domicile soumis aux dispositions des articles L721-1 et suivants du code du travail ;

2° les voyageurs et représentants de commerce soumis aux dispositions des articles L751-1 et suivants du code du travail ;

3° les employés d'hôtels, cafés et restaurants ;

4° sans préjudice des dispositions du 5°) du présent article réglant la situation des sous-agents d'assurances, les mandataires non assujettis à la contribution économique territoriale mentionnés au 4° de l'article R511-2 du code des assurances rémunérés à la commission, qui effectuent d'une façon habituelle et suivie des opérations de présentation d'assurances pour une ou plusieurs entreprises d'assurances telles que définies par l'article L310-1 du code des assurances et qui ont tiré de ces opérations plus de la moitié de leurs ressources de l'année précédente ;

5° les sous-agents d'assurances travaillant d'une façon habituelle et suivie pour un ou plusieurs agents généraux et à qui il est imposé, en plus de la prospection de la clientèle, des tâches sédentaires au siège de l'agence ;

6° les gérants non-salariés des coopératives et les gérants de dépôts de sociétés à succursales multiples ou d'autres établissements commerciaux ou industriels ;

7° (Abrogé)

8° les porteurs de bagages occupés dans les gares s'ils sont liés, à cet effet, par un contrat avec l'exploitation ou avec un concessionnaire ;

9° les ouvreuses de théâtres, cinémas, et autres établissements de spectacles, ainsi que les employés qui sont dans les mêmes établissements chargés de la tenue des vestiaires et qui vendent aux spectateurs des objets de nature diverse ;

10° les personnes assurant habituellement à leur domicile, moyennant rémunération, la garde et l'entretien d'enfants qui leur sont confiés par les parents, une administration ou une oeuvre au contrôle desquels elles sont soumises ;

11° Les gérants de sociétés à responsabilité limitée et de sociétés d'exercice libéral à responsabilité limitée à condition que lesdits gérants ne possèdent pas ensemble plus de la moitié du capital social, étant entendu que les parts appartenant, en toute propriété ou en usufruit, au conjoint, au partenaire lié par un pacte civil de solidarité et aux enfants mineurs non émancipés d'un gérant sont considérées comme possédées par ce dernier ;

12° Les présidents du conseil d'administration, les directeurs généraux et les directeurs généraux délégués des sociétés anonymes et des sociétés d'exercice libéral à forme anonyme et les directeurs généraux et les directeurs généraux délégués des institutions de prévoyance, des unions d'institutions de prévoyance et des sociétés de groupe assurantiel de protection sociale ;

13° les membres des sociétés coopératives de production ainsi que les gérants, les directeurs généraux, les présidents du conseil d'administration et les membres du directoire des mêmes coopératives lorsqu'ils perçoivent une rémunération au titre de leurs fonctions et qu'ils n'occupent pas d'emploi salarié dans la même société ;

14° les délégués à la sécurité des ouvriers des carrières exerçant leurs fonctions dans des entreprises ne relevant pas du régime spécial de la sécurité sociale dans les mines, les obligations de l'employeur étant, en ce qui les concerne, assumées par le ou les exploitants intéressés ;

15° les artistes du spectacle et les mannequins auxquels sont reconnues applicables les dispositions des articles L762-1 et suivants, L763-1 et 763-2 du code du travail.

Les obligations de l'employeur sont assumées à l'égard des artistes du spectacle et des mannequins mentionnés à l'alinéa précédent, par les entreprises, établissements, services, associations, groupements ou personnes qui font appel à eux, même de façon occasionnelle ;

16° les journalistes professionnels et assimilés, au sens des articles L 761-1 et L 761-2 du code du travail, dont les fournitures d'articles, d'informations, de reportages, de dessins ou de photographies à une agence de presse ou à une entreprise de presse quotidienne ou périodique, sont réglées à la pige, quelle que soit la nature du lien juridique qui les unit à cette agence ou entreprise ;

17° Les personnes agréées qui accueillent des personnes âgées ou handicapées adultes et qui ont passé avec celles-ci à cet effet un contrat conforme aux dispositions de l'article L 442-1 du code de l'action sociale et des familles ;

18° Les vendeurs-colporteurs de presse et porteurs de presse, visés aux paragraphes I et II de l'article 22 de la loi n° 91-1 du 3 janvier 1991 tendant au développement de l'emploi par la formation dans les entreprises, l'aide à l'insertion sociale et professionnelle et l'aménagement du temps de travail, pour l'application du troisième plan pour l'emploi, non immatriculés au registre du commerce et des sociétés ou au registre national des entreprises en tant qu'entreprise du secteur des métiers et de l'artisanat ;

19° Les avocats salariés, sauf pour les risques gérés par la Caisse nationale des barreaux français visée à l'article L 723-1 à l'exception des risques invalidité-décès ;

20° Les vendeurs à domicile visés à l'article L 135-1 du code de commerce, non immatriculés au registre du commerce et des sociétés ou au registre spécial des agents commerciaux. Lorsqu'ils procèdent par achat et revente de produits ou de services, ils sont tenus de communiquer le pourcentage de leur marge bénéficiaire à l'entreprise avec laquelle ils sont liés ;

21° Les personnes qui contribuent à l'exécution d'une mission de service public à caractère administratif pour le compte d'une personne publique ou privée, lorsque cette activité revêt un caractère occasionnel, à l'exception des experts requis, commis ou désignés par les juridictions de l'ordre judiciaire ou par les personnes agissant sous leur contrôle afin d'accomplir une mission d'expertise indépendante et qui sont affiliés à un régime de travailleurs non-salariés.

Un décret précise les sommes, les activités et les employeurs entrant dans le champ d'application du présent 21°. Il fixe les conditions dans lesquelles, lorsque la participation à la mission de service public constitue le prolongement d'une activité salariée, les sommes versées en rétribution de la participation à cette mission peuvent, en accord avec l'ensemble des parties, être versées à l'employeur habituel pour le compte duquel est exercée l'activité salariée, quand ce dernier maintient en tout ou partie la rémunération.

Il fixe également les conditions dans lesquelles les deux premiers alinéas du présent 21° ne sont pas applicables, sur leur demande, aux travailleurs indépendants participant à la mission de service public. Dans ce cas, les sommes versées en rétribution de l'activité occasionnelle sont assujetties dans les mêmes conditions, selon les mêmes modalités et sous les mêmes garanties que le revenu d'activité non salarié, défini à l'article L 131-6 du présent code, ou les revenus professionnels, définis à l'article L 731-14 du code rural et de la pêche maritime, que ces personnes tirent de leur profession.

22° Les dirigeants des associations remplissant les conditions prévues au deuxième alinéa du d du 1° du 7 de l'article 261 du code général des impôts ;

23° Les présidents et dirigeants des sociétés par actions simplifiées et des sociétés d'exercice libéral par actions simplifiées ;

24° Les administrateurs des groupements mutualistes qui perçoivent une indemnité de fonction et qui ne relèvent pas, à titre obligatoire, d'un régime de sécurité sociale ;

25° Les personnes bénéficiaires d'un appui à la création ou à la reprise d'une activité économique dans les conditions définies par l'article L 127-1 du code de commerce ;

26° Les personnes mentionnées au 2° de l'article L 781-1 du code du travail ;

27° Les fonctionnaires et agents publics autorisés à faire des expertises ou à donner des consultations au titre du décret du 29 octobre 1936 relatif aux cumuls de retraites, de rémunérations et de fonctions, dans le cadre d'activités de recherche et d'innovation, ainsi que ceux qui sont autorisés à apporter leur concours scientifique à une entreprise qui assure la valorisation de leurs travaux au titre de l'article L. 531-8 du code de la recherche. Toutefois, ces dispositions ne sont pas applicables, sur leur demande, aux personnes inscrites auprès des unions de recouvrement des cotisations de sécurité sociale et d'allocations familiales en qualité de travailleurs indépendants lorsque l'existence d'un lien de subordination avec le donneur d'ouvrage ne peut être établi ;

28° Les personnes ayant souscrit un service civique dans les conditions prévues au chapitre II du titre Ier bis du livre Ier du code du service national ;

29° Les arbitres et juges, mentionnés à l'article L223-1 du code du sport, au titre de leur activité d'arbitre ou de juge ;

30° Les présidents des sociétés coopératives de banque, mentionnées aux articles L512-61 à L. 512-67 du code monétaire et financier ;

31° Les salariés au titre des sommes ou avantages mentionnés au premier alinéa de l'article L. 242-1-4 ;

32° Les entrepreneurs salariés et les entrepreneurs salariés associés mentionnés aux articles L7331-2 et L7331-3 du code du travail ;

33° Les gens de mer salariés définis au 4° de l'article L. 5511-1 du code des transports, à l'exclusion des marins définis au 3° du même article, qui remplissent les conditions prévues au 2° de l'article L5551-1 du même code ;

34° Les gens de mer salariés employés à bord d'un navire mentionné aux 1° à 3° de l'article L5561-1 du code des transports, sous réserve qu'ils ne soient soumis ni au régime spécial de sécurité sociale des marins ni au régime de protection sociale d'un Etat membre de l'Union européenne ou d'un Etat partie à l'accord sur l'Espace économique européen autre que la France ;

35° Les personnes mentionnées aux 6° et 7° de l'article L611-1 du présent code qui exercent l'option mentionnée à cet article dès lors que leurs recettes ne dépassent pas le seuil mentionné au premier alinéa du 1 de l'article 102 ter du code général des impôts. Les cotisations et contributions de sécurité sociale dues par ces personnes sont calculées sur une assiette constituée de leurs recettes diminuées d'un abattement de 60 %. Par dérogation, cet abattement est fixé à 87 % pour les personnes mentionnées au 6° de l'article L611-1 du présent code lorsqu'elles exercent une location de locaux d'habitation meublés de tourisme, définis conformément à l'article L. 324-1 du code du tourisme.

36° Les particuliers qui font appel pour leur usage personnel à d'autres particuliers pour effectuer de manière ponctuelle un service de conseil ou de formation en contrepartie d'une rémunération au sens de l'article L242-1 du présent code, pour des activités dont la durée et la nature sont définies au décret mentionné au 8° de l'article L133-5-6.

37° Les particuliers qui vendent des biens neufs qu'ils ont confectionnés ou achetés pour les revendre ou qui fournissent des services rémunérés de manière ponctuelle et qui exercent l'option pour relever du régime général, dès lors que leurs recettes annuelles ne dépassent pas un montant de 1 500 €. Les cotisations et contributions de sécurité sociale dues par ces personnes sont calculées sur une assiette constituée de leurs recettes diminuées d'un abattement forfaitaire fixé par décret, qui ne peut pas être inférieur à l'abattement prévu au premier alinéa du 1 de l'article 102 ter du code général des impôts ni supérieur au plus élevé des abattements prévus à la première phrase du cinquième alinéa du 1 de l'article 50-0 du même code. Lorsque le montant mentionné à la première phrase du présent 37° est dépassé au titre de deux années consécutives, ou le triple de ce montant au titre d'une même année, l'option cesse d'être applicable à compter de l'année suivante.

Un décret fixe les modalités d'application du présent article.

Art. L611-1

Le présent livre s'applique aux personnes suivantes :

1° Les travailleurs non salariés qui ne sont pas affiliés au régime mentionné au 3° de l'article L722-8 du code rural et de la pêche maritime ;

2° Les débitants de tabacs ;

3° Pour des raisons impérieuses de sécurité, les moniteurs de ski titulaires d'un brevet d'Etat ou d'une autorisation d'exercer, organisés en association ou en syndicat professionnel pour la mise en

oeuvre de leur activité ; ces moniteurs sont considérés comme exerçant une activité non salariée, quel que soit le public auquel ils s'adressent ;
4° Les personnes bénéficiaires de l'agrément prévu à l'article L472-1 du code de l'action sociale et des familles ;
5° Sous réserve des dispositions du 1° de l'article L722-1 du code rural et de la pêche maritime, les loueurs de chambres d'hôtes mentionnées à l'article L324-3 du code du tourisme dont le revenu imposable de l'activité est supérieur à un montant fixé par décret ;
6° Les personnes, autres que celles mentionnées au 5° du présent article, exerçant une activité de location de locaux d'habitation meublés dont les recettes sont supérieures au seuil mentionné au 2° du 2 du IV de l'article 155 du code général des impôts, lorsque ces locaux sont loués à une clientèle y effectuant un séjour à la journée, à la semaine ou au mois et n'y élisant pas domicile, sauf option contraire de ces personnes lors de l'affiliation pour relever du régime général dans les conditions prévues au 35° de l'article L311-3 du présent code, ou lorsque ces personnes remplissent les conditions mentionnées au 2 du IV de l'article 155 du code général des impôts ;
7° Les personnes exerçant une activité de location de biens meubles mentionnée au 4° de l'article L. 110-1 du code de commerce et dont les recettes annuelles tirées de cette activité sont supérieures à 20 % du montant annuel du plafond mentionné à l'article L241-3 du présent code, sauf option contraire de ces personnes lors de l'affiliation pour relever du régime général dans les conditions prévues au 35° de l'article L311-3.
Il s'applique en outre aux conjoints collaborateurs et associés des personnes mentionnées au 1° dans les conditions fixées par le titre 6.

Art. L613-6

(version applicable jusqu'au 31-12-2026)
Les travailleurs indépendants exerçant leur activité par l'intermédiaire d'une personne dont l'activité consiste à mettre en relation par voie électronique plusieurs parties en vue de la vente d'un bien ou de la fourniture d'un service peuvent autoriser par mandat cette personne à réaliser par voie dématérialisée les démarches déclaratives de début d'activité auprès du centre de formalités des entreprises compétent conformément aux dispositions du code de commerce.
Lorsqu'ils relèvent de l'article L613-7 ou du 35° de l'article L311-3, les travailleurs indépendants ainsi que les personnes affiliées au régime général en application du même 35° peuvent autoriser par mandat la personne mentionnée au premier alinéa du présent article à procéder à la déclaration du chiffre d'affaires ou de recettes réalisés au titre de cette activité par son intermédiaire ainsi qu'au paiement des cotisations et contributions de sécurité sociale dues à compter de leur affiliation, au titre des périodes correspondant à l'exercice de cette activité, auprès des organismes de recouvrement concernés.
Dans ce cas, les cotisations et contributions de sécurité sociale dues sont prélevées par la personne mentionnée au même premier alinéa sur le montant des transactions effectuées par son intermédiaire. Ce paiement vaut acquit des cotisations et contributions de sécurité sociale par ces personnes.

Art. L613-6

(version applicable à partir du 1-1-2027)
Les travailleurs indépendants recourant pour l'exercice de leur activité professionnelle aux plateformes de mise en relation par voie électronique mentionnées au premier alinéa de l'article 242 bis du code général des impôts peuvent autoriser par mandat les opérateurs de ces plateformes à réaliser les démarches déclaratives de début d'activité prévues à l'article L123-33 du code de commerce auprès de l'organisme unique mentionné au deuxième alinéa du même article L123-33.

Art. L613-6-1

(applicable à compter du 1-1-2027)
I. - Les cotisations et contributions sociales ainsi que les taxes et, le cas échéant, le versement libératoire mentionné au I de l'article 151-0 du code général des impôts dus par les vendeurs et les prestataires relevant de l'article L613-7 ou du 35° de l'article L311-3 du présent code au titre du chiffre d'affaires ou des recettes réalisés par l'inter-

médiaire d'une plateforme mentionnée à l'article L613-6 sont prélevés par l'opérateur de cette plateforme sur les sommes qui leur sont versées à ce titre. Ce prélèvement vaut acquit de ces cotisations et contributions sociales, taxes et impôts par le cotisant concerné.

Le présent article n'est pas applicable aux taxes mentionnées au chapitre Ier du titre II de la première partie du livre Ier du code général des impôts et à l'article 1447 du même code.

II. - En vue de déterminer les modalités du précompte prévu au I du présent article qui leur sont le cas échéant applicables et de procéder aux opérations mentionnées au III, les vendeurs et les prestataires transmettent aux opérateurs des plateformes auxquelles ils ont recours les données permettant leur identification. Ces opérateurs transmettent ces mêmes données à l'organisme mentionné à l'article L225-1-1.

La méconnaissance du premier alinéa du présent II entraîne l'application d'une pénalité d'un montant maximal :

1° Pour les vendeurs et prestataires, de 7 500 euros ;

2° Pour les opérateurs de plateforme, de 7 500 euros par vendeur ou prestataire concerné.

Cette pénalité peut être à nouveau prononcée en cas de manquement réitéré au moins six mois après un précédent constat de manquement.

La nature des données mentionnées au même premier alinéa, leurs modalités de transmission et d'utilisation ainsi que la procédure applicable au prononcé des pénalités mentionnées au présent II sont déterminées par décret en Conseil d'Etat.

272 Code du tourisme

Art. L211-4

Les personnes physiques ou morales immatriculées au registre mentionné à l'article L141-3 peuvent réaliser pour le compte d'autrui des locations meublées d'immeubles bâtis, dites locations saisonnières, telles que définies à l'article 1er-1 de la loi 70-9 du 2 janvier 1970 précitée. Elles sont soumises, pour l'exercice de cette activité, à l'article 8 de la même loi.

III. - Les opérateurs des plateformes concernées procèdent chaque mois, auprès de l'organisme mentionné à l'article L225-1-1 ou de l'un des organismes mentionnés à l'article L213-1 désigné par le directeur de l'organisme mentionné à l'article L225-1-1 pour exercer cette compétence :

1° A la déclaration du montant du chiffre d'affaires ou des recettes réalisés par chaque vendeur ou prestataire par l'intermédiaire de la plateforme ;

2° A la déclaration et au versement, pour le compte de chaque vendeur ou prestataire, des sommes précomptées en application du I du présent article.

Un décret en Conseil d'Etat définit les modalités d'application du présent III.

IV. - Les coûts des prélèvements, des déclarations et des versements qu'ils sont tenus d'effectuer en application du présent article sont à la charge des opérateurs de plateforme.

Les cotisations et contributions sociales, les taxes et les impôts précomptés en application du présent article sont recouvrés dans les conditions et sous les garanties, sûretés et sanctions applicables aux cotisations et contributions précomptées sur la rémunération des salariés prévues aux chapitres III et IV du titre IV du livre II.

La méconnaissance par un opérateur de plateforme de l'obligation de précompte prévue au I entraîne l'application d'une pénalité d'un montant maximal égal à 5 % du chiffre d'affaires ou des recettes sur lesquels cette obligation a été méconnue. Un décret détermine la procédure applicable au prononcé de cette pénalité.

Art. L321-1

L'État détermine les procédures de classement des résidences de tourisme selon des modalités fixées par décret.

L'établissement est classé par l'organisme mentionné à l'article L141-2 dans une catégorie en fonction de critères fixés par un tableau de classement élaboré par ce même organisme et homologué par arrêté du ministre chargé du tourisme.

S'il souhaite obtenir le classement, l'exploitant doit produire un certificat de visite délivré par un organisme évaluateur. Dans des conditions fixées par arrêté du ministre chargé du tourisme, les organismes évaluateurs sont accrédités dans les domaines correspondant à leurs missions par l'instance nationale d'accréditation mentionnée à l'article 137 de la loi 2008-776 du 4 août 2008 précitée, ou tout organisme européen équivalent signataire de l'accord multilatéral pris dans le cadre de la coordination européenne des organismes d'accréditation.

Art. L321-2

L'exploitant d'une résidence de tourisme classée doit tenir des comptes d'exploitation distincts pour chaque résidence. Il est tenu de les communiquer aux propriétaires qui en font la demande.

Une fois par an, il est tenu de communiquer à l'ensemble des propriétaires un bilan de l'année écoulée, précisant les taux de remplissage obtenus, les événements significatifs de l'année ainsi que le montant et l'évolution des principaux postes de dépenses et de recettes de la résidence.

Art. L321-3

Les documents de commercialisation diffusés aux acquéreurs de logements situés dans des résidences de tourisme mentionnées à l'article L321-1 du présent Code doivent mentionner explicitement l'existence du droit à l'indemnité dite d'éviction prévue à l'article L 145-14 du Code de commerce en cas de refus de renouvellement du bail, ainsi que les modalités générales de son calcul.

Art. L321-4

Les documents de commercialisation diffusés aux acquéreurs de logements situés dans des résidences de tourisme doivent comprendre l'identité du gestionnaire retenu pour gérer la résidence et répondre à des critères fixés par arrêté du ministre chargé du tourisme.

Art. L321-5

L'exploitant d'une résidence de tourisme, située en zone de montagne au sens de l'article 3 de la loi n° 85-30 du 9 janvier 1985 relative au développement et à la protection de la montagne, peut céder à titre gratuit le droit conféré par l'article L 145-46-1 du Code de commerce à un établissement public y ayant vocation, à une société d'économie mixte, à une société publique locale ou à un opérateur agréé par l'Etat.

Peuvent être agréés à cette fin les opérateurs dont la mission principale contribue au développement de l'offre touristique en montagne par la maîtrise foncière de locaux à usage commercial et leur mise en location par l'intermédiaire d'un bail commercial ou d'un mandat de longue durée. La décision d'agrément tient compte de ses compétences en matière de gestion immobilière, commerciale et foncière, de sa soutenabilité financière, en particulier de sa capacité à porter du foncier, des baux commerciaux et des mandats de long terme ainsi que de son organisation adoptée pour prévenir les conflits d'intérêts et garantir son indépendance.

Un décret en Conseil d'Etat précise la procédure d'agrément et les modalités d'application du présent article.

Le cessionnaire du droit conféré par le même article L 145-46-1 s'engage à ce que les biens acquis soient exploités en qualité de résidence de tourisme pour une durée de neuf ans au moins.

La cession doit être constatée par écrit, à peine de nullité.

Elle produit effet à l'égard du propriétaire du local lorsqu'elle lui a été signifiée ou lorsqu'il en prend acte.

A compter de cette prise d'effet, l'information due par le propriétaire au locataire en vertu des premier, troisième et quatrième alinéas dudit article L 145-46-1 doit être délivrée au cessionnaire dans les mêmes conditions.

Le droit cédé s'exerce par le cessionnaire selon les modalités prévues au même article L 145-46-1.

Art. D321-1

La résidence de tourisme est un établissement commercial d'hébergement classé, faisant l'objet d'une exploitation permanente ou saisonnière. Elle est constituée d'un ou plusieurs bâtiments d'habitation individuels ou collectifs regroupant, en un ensemble homogène, des locaux d'habitation meublés et des locaux à usage collectif. Les locaux d'habitation meublés sont proposés à une clientèle touristique qui n'y élit pas domicile, pour une occupation à la journée, à la semaine ou au mois. Elle est dotée d'un minimum d'équipements et de services communs. Elle est gérée dans tous les cas par une seule personne physique ou morale.

Art. D321-2

La résidence de tourisme peut être placée sous le statut de copropriété des immeubles bâtis fixé par la loi 65-557 du 10 juillet 1965 modifiée ou sous le régime des sociétés d'attribution d'immeubles en jouissance à temps partagé défini par la loi 86-18 du 6 janvier 1986 relative aux sociétés d'attribution d'immeubles en jouissance à temps partagé, sous réserve que le règlement de copropriété ou les documents prévus par l'article 8 de la loi 86-18 du 6 janvier 1986 prévoient expressément :

1° Une destination et des conditions de jouissance des parties tant privatives que communes conformes au mode d'utilisation défini au présent article pour ce type de classement et comportant une obligation durable de location d'au moins 70 % des locaux d'habitation meublés qui ne saurait être inférieure à neuf ans, les copropriétaires ou les associés des sociétés d'attribution pouvant bénéficier d'une réservation prioritaire ;

À titre dérogatoire, l'obligation durable de location d'au moins 70 % des locaux d'habitation meublés est fixée à 55 % pour :

- les résidences de tourisme exploitées depuis plus de neuf ans, dont le classement est arrivé à échéance à la date d'entrée en vigueur du décret n° 2015-298 du 16 mars 2015 modifiant les conditions de classement des résidences de tourisme ;
- les établissements non classés répondant aux caractéristiques fixées à l'article D. 321-1, exploités depuis plus de neuf ans.

2° Une gestion assurée pour l'ensemble de la résidence de tourisme par une seule personne physique ou morale, liée par un contrat de louage ou mandat aux copropriétaires ou associés des sociétés d'attribution.

Art. D321-2-1

I. En cas d'application des sixième et septième phrases du cinquième alinéa de l'article 199 decies E du Code général des impôts ou du dernier alinéa du 4 de l'article 199 decies F du même Code et à la condition que la poursuite de l'exploitation soit assurée dans les conditions prévues au I de l'article 46 AGG bis de l'annexe 3 au Code général des impôts, le maintien et la délivrance du classement de la résidence ne sont, pour la durée de l'engagement de location, subordonnés au respect ni du critère de gestion par une seule personne physique ou morale prévu à l'article D321-1, ni du critère de location d'au moins 70 % des locaux d'habitation meublés prévu à l'article D321-2, ni du critère de capacité minimale requis pour le classement de la résidence de tourisme.

II. La demande de classement est présentée soit par les copropriétaires dans le cas prévu au 1° du I de l'article 46 AGG bis de l'annexe 3 au Code général des impôts, soit par l'entreprise créée dans le cas prévu au 2° du I du même article.

Art. D321-3

Les résidences de tourisme sont réparties dans l'une des catégories désignées par un nombre d'étoiles croissant, en fonction de critères fixés par un tableau de classement élaboré par l'organisme mentionné à l'article L141-2 et homologué par arrêté du ministre chargé du tourisme.

Les classements ainsi faits s'imposent aux éditeurs des guides et annuaires de tourisme et des indicateurs de publicité. Aucun document de publicité touristique ne doit contenir d'indication de nature à créer une équivoque à cet égard.

Art. D321-4

L'exploitant qui souhaite obtenir le classement transmet par voie électronique à l'organisme mentionné à l'article L141-2 sa demande accompagnée du certificat de visite délivré par un organisme évaluateur de type A ou C accrédité pour le contrôle des résidences de tourisme par le Comité français d'accréditation (COFRAC) ou tout organisme européen équivalent conformément à l'article L321-1.

Un arrêté du ministre chargé du tourisme précise la procédure à suivre et le format du dossier de demande.

Art. D321-5

Le certificat de visite mentionné à l'article D321-4 comprend :

a) Un rapport de contrôle attestant la conformité au tableau de classement dans la catégorie demandée et portant mention de l'avis de l'organisme évaluateur sur le classement dans cette catégorie ; ce rapport de contrôle est établi sur la base d'une visite réalisée dans les trois mois précédant la transmission de la demande de classement à l'organisme mentionné à l'article L141-2 ;

b) La grille de contrôle renseignée par l'organisme évaluateur.

L'organisme évaluateur dispose d'un délai de quinze jours à compter de la date à laquelle s'est achevée la visite de l'établissement pour remettre à l'exploitant, sous forme numérique, le certificat de visite.

Art. D321-6

Dans le mois qui suit la réception du dossier complet de demande de classement, l'organisme mentionné à l'article L141-2 prend la décision de classement dans la catégorie pour laquelle l'organisme évaluateur prévu à l'article D321-4 a émis un avis favorable.

Le classement est prononcé pour une durée de cinq ans.

Dès lors qu'avant le terme de la durée de cinq ans prévue au précédent alinéa, l'exploitant a accompli les formalités nécessaires à la visite de son établissement par un organisme évaluateur conformément à l'article D321-5, son classement est maintenu à titre temporaire jusqu'à la notification de la décision relative à ce classement. En cas de non réalisation de la visite, l'organisme évaluateur en informe sans délai l'organisme mentionné à l'article L141-2 qui notifie par tout moyen à l'exploitant que la durée de validité du classement a expiré.

Art. D321-7

Les établissements classés résidences de tourisme apposent obligatoirement sur leur façade un panonceau selon un modèle établi par l'organisme mentionné à l'article L141-2 et homologué par arrêté du ministre chargé du tourisme.

Art. D321-7-1

La décision de classement mentionnée à l'article D321-6 peut être abrogée ou modifiée pour la durée restant à courir de la décision initiale lorsqu'au terme d'une procédure contradictoire initiée par l'organisme mentionné à l'article L141-2 à la suite d'une réclamation, l'exploitant n'établit pas la conformité au tableau de classement sur un ou plusieurs critères au regard desquels le classement a été prononcé.

Un arrêté du ministre chargé du tourisme précise les conditions et modalités de modification ou d'abrogation d'une décision de classement et notamment les conditions dans lesquelles un certificat de contre-visite établi par un organisme évaluateur de la conformité peut être requis, à peine d'abrogation de la décision de classement, afin de vérifier que les écarts de conformité par rapport aux critères de classement contestés ont été rectifiés.

Art. R321-8

Le préfet peut prononcer la radiation de la liste des établissements classés résidences de tourisme pour défaut ou insuffisance grave d'entretien des bâtiments et des installations.

Il informe de sa décision l'organisme mentionné à l'article L141-2.

Art. L324-1

L'État détermine les procédures de classement des meublés de tourisme selon des modalités fixées par décret.

La décision de classement d'un meublé de tourisme dans une catégorie, en fonction de critères fixés par un tableau de classement élaboré par l'organisme mentionné à l'article L141-2 et homologué par arrêté du ministre chargé du tourisme, est prononcée par l'organisme qui a effectué la visite de classement.

Cette visite de classement est effectuée :
1° Soit par des organismes évaluateurs accrédités, dans des conditions fixées par arrêté du ministre chargé du tourisme, dans les domaines correspondant à leurs missions par l'instance nationale d'accréditation mentionnée à l'article 137 de la loi n° 2008-776 du 4 août 2008 précitée ou par tout organisme européen équivalent signataire de l'accord multilatéral pris dans le cadre de la coordination européenne des organismes d'accréditation ;
2° Soit, dans des conditions fixées par décret, par les organismes qui, à la date du 22 juillet 2009, étaient titulaires de l'agrément requis pour la délivrance des certificats de visite des meublés de tourisme.
L'organisme qui a effectué la visite de classement transmet sa décision de classement à l'organisme mentionné à l'article L 132-2.

Art. L324-1-1

I. Pour l'application du présent article, les meublés de tourisme sont des villas, appartements ou studios meublés, à l'usage exclusif du locataire, offerts à la location à une clientèle de passage qui n'y élit pas domicile et qui y effectue un séjour caractérisé par une location à la journée, à la semaine ou au mois.
II. Toute personne qui offre à la location un meublé de tourisme, que celui-ci soit classé ou non au sens du présent Code, doit en avoir préalablement fait la déclaration auprès du maire de la commune où est situé le meublé.
Cette déclaration préalable n'est pas obligatoire lorsque le local à usage d'habitation constitue la résidence principale du loueur, au sens de l'article 2 de la loi 89-462 du 6 juillet 1989 tendant à améliorer les rapports locatifs et portant modification de la loi 86-1290 du 23 décembre 1986.
III. Par dérogation au II, dans les communes où le changement d'usage des locaux destinés à l'habitation est soumis à autorisation préalable au sens des articles L631-7 à L631-9 du Code de la construction et de l'habitation une délibération du conseil municipal peut décider de soumettre à une déclaration préalable soumise à enregistrement auprès de la commune toute location d'un meublé de tourisme.
La déclaration indique si le meublé de tourisme offert à la location constitue la résidence principale du loueur au sens de l'article 2 de la loi 89-462 du 6 juillet 1989 précitée.
Un téléservice permet d'effectuer la déclaration. La déclaration peut également être faite par tout autre moyen de dépôt prévu par la délibération susmentionnée.
Dès réception, la déclaration donne lieu à la délivrance sans délai par la commune d'un accusé-réception comprenant un numéro de déclaration.
Un décret détermine les informations qui peuvent être exigées pour l'enregistrement.
IV. Dans les communes ayant mis en oeuvre la procédure d'enregistrement de la déclaration préalable mentionnée au III, toute personne qui offre à la location un meublé de tourisme qui est déclaré comme sa résidence principale ne peut le faire au-delà de cent vingt jours au cours d'une même année civile, sauf obligation professionnelle, raison de santé ou cas de force majeure.
La commune peut, jusqu'au 31 décembre de l'année suivant celle au cours de laquelle un meublé de tourisme a été mis en location, demander au loueur de lui transmettre le nombre de jours au cours desquels ce meublé a été loué. Le loueur transmet ces informations dans un délai d'un mois, en rappelant l'adresse du meublé et son numéro de déclaration.
IV bis. Sur le territoire des communes ayant mis en oeuvre la procédure d'enregistrement prévue au III, une délibération du conseil municipal peut soumettre à autorisation la location d'un local à usage commercial en tant que meublé de tourisme.
Cette autorisation est délivrée au regard des objectifs de protection de l'environnement urbain et d'équilibre entre emploi, habitat, commerces et services, par le maire de la commune dans laquelle est situé le local.
Lorsque la demande porte sur des locaux soumis à autorisation préalable au titre d'un changement de destination relevant du Code de l'urbanisme, l'autorisation prévue au premier alinéa tient lieu de l'autorisation précitée dès lors que les conditions

prévues par le Code de l'urbanisme sont respectées.
Un décret en Conseil d'État précise les modalités d'application du présent IV bis.
V. Toute personne qui ne se conforme pas aux obligations résultant du III est passible d'une amende civile dont le montant ne peut excéder 5 000 €.
Toute personne qui ne se conforme pas aux obligations résultant du IV est passible d'une amende civile dont le montant ne peut excéder 10 000 €.
Toute personne qui ne se conforme pas aux obligations résultant du IV bis est passible d'une amende civile dont le montant ne peut excéder 25 000 €.
Ces amendes sont prononcées par le président du tribunal judiciaire statuant selon la procédure accélérée au fond sur demande de la commune dans laquelle est situé le meublé de tourisme. Le produit de l'amende est versé à la commune. Le tribunal judiciaire compétent est celui dans le ressort duquel est situé le meublé de tourisme.

Art. L324-2

Toute offre ou contrat de location saisonnière doit revêtir la forme écrite et contenir l'indication du prix demandé ainsi qu'un état descriptif des lieux.
Toute offre de location mentionnée au II de l'article L324-1-1 contient le numéro de déclaration mentionné à cet article et indique, dans des conditions définies par décret, si l'offre émane d'un particulier ou d'un professionnel au sens de l'article 155 du Code général des impôts.

Art. L324-2-1

I. Toute personne qui se livre ou prête son concours contre rémunération ou à titre gratuit, par une activité d'entremise ou de négociation ou par la mise à disposition d'une plate-forme numérique, à la mise en location d'un meublé de tourisme soumis à l'article L324-1-1 du présent Code et aux articles L631-7 et suivants du Code de la construction et de l'habitation informe le loueur des obligations de déclaration ou d'autorisation préalables prévues par ces articles et obtient de lui, préalablement à la publication ou à la mise en ligne de l'annonce de location, une déclaration sur l'honneur attestant du respect de ces obligations, indiquant si le logement constitue ou non sa résidence principale au sens de l'article 2 de la loi 89-462 du 6 juillet 1989, ainsi que, le cas échéant, le numéro de déclaration, obtenu en application du III de l'article L324-1-1 du présent Code. Lorsque ce meublé de tourisme est soumis au même III, elle publie, dans toute annonce relative à ce meublé, ce numéro de déclaration.
II. Dans les communes ayant mis en oeuvre la procédure d'enregistrement mentionnée au III de l'article L324-1-1, la commune peut, jusqu'au 31 décembre de l'année suivant celle au cours de laquelle un meublé de tourisme a été mis en location, demander à la personne mentionnée au I du présent article, lorsque celle-ci en a connaissance, notamment lorsqu'elle met à disposition une plate-forme numérique de nature à lui conférer la connaissance ou le contrôle des données stockées, de lui transmettre le nombre de jours au cours desquels ce meublé de tourisme a fait l'objet d'une location par son intermédiaire. La personne mentionnée au même I transmet ces informations dans un délai d'un mois, en rappelant le nom du loueur, l'adresse du meublé et son numéro de déclaration ainsi que, le cas échéant, le fait que ce meublé constitue ou non la résidence principale du loueur au sens de l'article 2 de la loi 89-462 du 6 juillet 1989 tendant à améliorer les rapports locatifs et portant modification de la loi 86-1290 du 23 décembre 1986. La commune peut demander un décompte individualisé pour les meublés de tourisme situés sur tout ou partie de son territoire.
Dans ces mêmes communes, la personne mentionnée audit I n'offre plus à la location un meublé de tourisme déclaré comme résidence principale du loueur lorsqu'elle a connaissance, notamment lorsqu'elle met à disposition une plate-forme numérique de nature à lui conférer la connaissance ou le contrôle des données stockées, que ce meublé a été loué, par son intermédiaire, plus de cent vingt jours au cours d'une même année civile. Elle remplit ses obligations sur la base de la déclaration sur l'honneur mentionnée au même I. Le dispositif de retrait des offres peut être mutualisé par plusieurs personnes mentionnées au même I. Le cas échéant, ce dispositif mutualisé est certifié chaque année avant le 31 décembre par un tiers indépendant.

Un décret en Conseil d'État précise la fréquence et les modalités techniques de transmission des informations mentionnées au premier alinéa du présent II en fonction des caractéristiques des communes, de leurs besoins pour effectuer les contrôles de la réglementation prévue au présent chapitre et de la capacité de la personne mentionnée au I à répondre aux demandes des communes.

III. Toute personne qui ne se conforme pas aux obligations résultant du I est passible d'une amende civile dont le montant ne peut excéder 12 500 € par meublé de tourisme objet du manquement.

Toute personne qui ne se conforme pas aux obligations résultant du premier alinéa du II est passible d'une amende civile dont le montant ne peut excéder 50 000 € par meublé de tourisme objet du manquement.

Toute personne qui ne se conforme pas aux obligations résultant du deuxième alinéa du même II est passible d'une amende civile dont le montant ne peut excéder 50 000 € par annonce faisant l'objet du manquement.

Ces amendes sont prononcées par le président du tribunal judiciaire statuant selon la procédure accélérée au fond sur demande de la commune dans laquelle est situé le meublé de tourisme. Le produit de l'amende est versé à la commune. Le tribunal de grande instance compétent est celui dans le ressort duquel est situé le meublé de tourisme.

IV. Les agents assermentés du service municipal ou départemental du logement mentionnés aux articles L621-4 et L651-6 du Code de la construction et de l'habitation sont habilités à rechercher et à constater tout manquement aux articles L324-1-1 et L324-2 du présent Code ainsi qu'au présent article sur le territoire relevant du service municipal ou départemental du logement. À cette fin, ils sont habilités à se faire présenter toute déclaration par les personnes mentionnées au II de l'article L324-1-1 et au I du présent article.

Art. L324-3

Les chambres d'hôtes sont des chambres meublées situées chez l'habitant en vue d'accueillir des touristes, à titre onéreux, pour une ou plusieurs nuitées, assorties de prestations.

Art. D324-1

Les meublés de tourisme sont des villas, appartements, ou studios meublés, à l'usage exclusif du locataire, offerts en location à une clientèle de passage qui y effectue un séjour caractérisé par une location à la journée, à la semaine ou au mois, et qui n'y élit pas domicile.

Art. D324-1-1

I. - La déclaration de location d'un meublé de tourisme, que celui-ci soit classé ou non au sens du présent Code, prévue au II de l'article L324-1-1 est adressée au maire de la commune où est situé le meublé par tout moyen permettant d'en obtenir un accusé de réception.

La déclaration précise l'identité et l'adresse du déclarant, l'adresse du meublé de tourisme, le nombre de pièces composant le meublé, le nombre de lits, la ou les périodes prévisionnelles de location et, le cas échéant, la date de la décision de classement et le niveau de classement des meublés de tourisme.

II. - La déclaration, effectuée au moyen d'un téléservice dans les conditions prévues au III de l'article L324-1-1, indique :

1° L'identité, l'adresse postale et l'adresse électronique du déclarant ;

2° L'adresse du meublé de tourisme, précisant, lorsque ce dernier fait partie d'un immeuble comportant plusieurs locaux, le bâtiment, l'escalier, l'étage et le numéro d'appartement.

Lorsque cette possibilité lui est offerte, le déclarant peut indiquer le numéro invariant identifiant le logement tel qu'il ressort de son avis de taxe d'habitation, en lieu et place des informations mentionnées au premier alinéa du présent 2° ;

3° Son statut de résidence principale ou non ;

4° Le nombre de pièces composant le meublé, le nombre de lits et, le cas échéant, la date de la décision de classement et le niveau de classement ou de toute autre reconnaissance de qualité des meublés de tourisme.

La déclaration fait l'objet d'un numéro de déclaration délivré immédiatement par la commune. Ce numéro est constitué de treize caractères répartis en trois groupes séparés ainsi composés :

- le code officiel géographique de la commune de localisation à cinq chiffres ;
- un identifiant unique à six chiffres, déterminé par la commune ;
- une clé de contrôle à deux caractères alphanumériques, déterminée par la commune.

III. - Tout changement concernant les éléments d'information de la déclaration visée au I ou II du présent article fait l'objet d'une nouvelle déclaration.

Art. R324-1-2

Le fait, pour une personne qui offre à la location un meublé de tourisme au sens de l'article L324-1-1, de ne pas respecter l'obligation de déclaration prévue au II de cet article L324-1-1 est puni des peines prévues pour les contraventions de la troisième classe.

Art. D324-1-3

Pour l'application de l'article L324-2, toute offre de location d'un meublé de tourisme au sens du II de l'article L324-1-1 émanant d'un professionnel au sens de l'article 155 du Code général des impôts porte la mention « annonce professionnelle ».

Dans les mêmes conditions, toute offre de location d'un meublé de tourisme au sens du II de l'article L324-1-1 n'émanant pas d'un professionnel porte la mention « annonce d'un particulier ».

Ces mentions figurent sur l'offre telle qu'affichée sur le site internet de la plate-forme, dans des conditions de visibilité et de lisibilité suffisantes.

Art. R324-1-4

Pour l'application du IV bis de l'article L324-1-1, les locaux à usage commercial sont les locaux inclus dans des constructions dont la destination est le commerce et les activités de service au sens du 3° de l'article R151-27 du code de l'urbanisme.

Pour les communes dont les plans locaux d'urbanisme relèvent du régime antérieur à la loi 2014-366 du 24 mars 2014 pour l'accès au logement et un urbanisme rénové, les locaux à usage commercial sont les locaux inclus dans des constructions dont la destination est le commerce, l'hébergement hôtelier ou l'artisanat au sens de l'article R * 123-9 du code de l'urbanisme dans sa rédaction antérieure au décret 2015-1783 du 28 décembre 2015 relatif à la partie réglementaire du livre Ier du code de l'urbanisme et à la modernisation du contenu du plan local d'urbanisme.

Art. R324-1-5

La délibération mentionnée au premier alinéa du IV bis de l'article L. 324-1-1 précise, sur le fondement d'une analyse de la situation particulière de la commune :

1° Les principes de mise en oeuvre des objectifs de protection de l'environnement urbain et d'équilibre entre emploi, habitat, commerces et services ;

2° Les critères utilisés pour délivrer l'autorisation prévue au même alinéa. Ces critères peuvent être mis en oeuvre de manière différenciée sur le territoire de la commune, en fonction de la situation particulière de certains quartiers ou zones.

Art. R324-1-6

Lorsque la location d'un local à usage commercial en tant que meublé de tourisme ne comporte pas de changement de destination ou de sous-destination soumis à permis de construire en application du c de l'article R * 421-14 du code de l'urbanisme, ou un changement de destination soumis à déclaration préalable en application du b de l'article R * 421-17 du même code, la demande d'autorisation prévue au premier alinéa du IV bis de l'article L324-1-1 est adressée au maire de la commune où le local est situé, par tout moyen permettant d'en obtenir un accusé de réception.

La demande indique :

1° L'identité, qui comprend le numéro SIRET et la qualité du signataire de la demande lorsqu'il s'agit d'une personne morale, l'adresse postale du domicile ou du siège social et l'adresse électronique du demandeur ainsi que, le cas échéant, ceux du propriétaire du local ;

2° L'adresse du local, précisant, lorsque ce dernier fait partie d'un immeuble comportant plusieurs locaux, le bâtiment, l'escalier, l'étage et le numéro de lot ;

3° La surface du local, le nombre de pièces le composant et, le cas échéant, la consistance de l'immeuble dans lequel il est situé ;

4° L'énoncé des modifications envisagées du local et des caractéristiques du bien qui sera mis en location, notamment le nombre maximal de personnes pouvant être accueillies.
Si la demande n'est pas complète, la commune dispose d'un mois à compter de sa réception pour demander les éléments manquants. Le demandeur dispose alors de trois mois pour compléter sa demande.
L'autorisation délivrée par le maire reproduit l'ensemble des éléments mentionnés dans la demande d'autorisation.
L'autorisation devient caduque si elle n'est pas suivie d'une mise en location dans un délai de trois ans suivant sa délivrance.

Art. R324-1-7

Lorsque la location d'un local à usage commercial en tant que meublé de tourisme comporte un changement de destination ou de sous-destination soumis à permis de construire en application du c de l'article R * 421-14 du code de l'urbanisme, ou un changement de destination soumis à déclaration préalable en application du b de l'article R. * 421-17 du même code, l'autorisation prévue au premier alinéa du IV bis de l'article L324-1-1 tient lieu de permis de construire ou de décision de non-opposition à déclaration préalable.
Dans ce cas, cette autorisation est demandée, instruite, délivrée et exécutée dans les conditions prévues par le code de l'urbanisme pour l'autorisation dont elle tient lieu, sous réserve des dispositions suivantes :
1° La demande déposée en application de l'article R * 423-1 du code de l'urbanisme comporte une mention indiquant qu'elle est également déposée au titre du troisième alinéa du IV bis de l'article L324-1-1 du présent code. Elle est complétée des éléments mentionnés à l'article R. 324-1-6 qui ne figurent pas dans le dossier de demande de permis de construire ou de déclaration préalable en application des sections 2 et 3 du chapitre 1er du titre III du livre IV de la partie réglementaire du code de l'urbanisme ;
2° Lorsque le maire de la commune où a été déposée la demande d'autorisation n'est pas l'autorité compétente pour délivrer l'autorisation d'urbanisme :
a) La transmission de la demande par le maire à l'autorité compétente pour délivrer l'autorisation d'urbanisme en application des articles R * 423-8 ou R * 423-9 tient lieu de demande de l'accord prévu à l'article R425-32 du même code ;
b) Cette autorité informe le maire, dans un délai de quinze jours suivant les transmissions prévues aux articles R * 423-8 et R * 423-9 du même code, que le dossier de demande d'autorisation d'urbanisme est complet ou, s'il est incomplet, des éléments manquants qui doivent figurer dans ce dossier. Elle l'informe également dans les mêmes conditions si le délai d'instruction de droit commun de la demande est modifié ou prolongé dans les conditions prévues à l'article R. * 423-18 de ce code ;
c) Par dérogation aux articles R * 423-5, R * 423-22, R * 423-38, R * 423-42, R * 423-44 et R * 424-10, du même code, les notifications sont adressées par le maire de la commune où a été déposée la demande d'autorisation. Copie de ces notifications est adressée à l'autorité compétente pour délivrer l'autorisation d'urbanisme ;
d) La décision de l'autorité compétente pour délivrer l'autorisation d'urbanisme est transmise au maire et tient lieu de réponse à la demande d'accord prévue au a du 2° du présent article ;
e) Le délai d'instruction de la demande est, selon le cas, l'un de ceux prévus aux articles R * 423-23 à R423-37-2 du code de l'urbanisme, auquel s'ajoutent dix jours.

Art. R324-2

I. - Lorsqu'une commune a mis en oeuvre la procédure d'enregistrement mentionnée au III de l'article L324-1-1, cette commune peut adresser au plus une demande d'information par année civile à la personne mentionnée au I de l'article L324-2-1 portant sur les locations de meublés de tourisme de l'année en cours et celles de l'année civile précédente.
II. - Cette demande est adressée par voie électronique dans les conditions de sécurité établies par le référentiel général de sécurité prévu par l'article 9 de l'ordonnance du 8 décembre 2005 susvisée.

La demande peut porter sur les locations de meublés de tourisme situés dans un périmètre donné couvrant tout ou partie du territoire de la commune.
Le format de la demande est fixé par arrêté des ministres chargés respectivement du tourisme et du logement.

Art. R324-3

La personne mentionnée au I de l'article L324-2-1 transmet à la commune les informations mentionnées au II de l'article L324-2-1 pour chaque meublé de tourisme ayant fait l'objet d'au moins une location dans la commune par l'intermédiaire de cette personne, y compris si ce meublé n'est plus offert à la location à la date de la demande. Cette transmission est faite par voie électronique, dans un format fixé par l'arrêté prévu à l'article précédent.
Le délai de réponse d'un mois prévu au II de l'article L324-2-1 court à partir de la date de la demande de la commune.

Art. D324-2

Les meublés de tourisme classés sont répartis dans l'une des catégories désignées par un nombre d'étoiles croissant, en fonction de critères fixés par un tableau de classement élaboré par l'organisme mentionné à l'article L141-2 et homologué par arrêté du ministre chargé du tourisme.

Art. D324-3

Le loueur du meublé ou son mandataire qui souhaite obtenir le classement transmet une demande de classement en meublé de tourisme à un organisme de son choix parmi les organismes mentionnés aux 1° et 2° de l'article L324-1.

Art. D324-4

L'organisme qui a effectué la visite de classement dispose d'un délai d'un mois à compter de la date à laquelle s'est achevée la visite du meublé pour remettre au loueur du meublé ou à son mandataire le certificat de visite, qui comprend :
a) Un rapport de contrôle attestant la conformité au tableau de classement dans la catégorie demandée ;
b) La grille de contrôle renseignée par l'organisme évaluateur ;
c) Une proposition de décision de classement pour la catégorie indiquée dans le rapport de contrôle.
Le loueur du meublé ou son mandataire dispose d'un délai de quinze jours à compter de la réception de ce certificat de visite pour refuser la proposition de classement.
A l'expiration de ce délai et en l'absence de refus, le classement est acquis.
Le classement est prononcé pour une durée de cinq ans.
Un arrêté du ministre chargé du tourisme précise la procédure de demande, la composition et le format du dossier de demande.

Art. D324-5

L'organisme qui a effectué la visite de classement transmet mensuellement, par voie électronique, à l'organisme mentionné à l'article L132-2, les décisions de classement.

Art. D324-6

Le loueur du meublé ou son mandataire peut signaler le classement de son meublé par l'affichage d'un panonceau selon un modèle établi par l'organisme mentionné à l'article L141-2 et homologué par arrêté du ministre chargé du tourisme. Il doit afficher, de manière visible à l'intérieur du meublé, la décision de classement.

Art. D324-6-1

Les organismes mentionnés au 2° de l'article L324-1 sont ceux qui, à la date du 22 juillet 2009, étaient titulaires :
1° Soit de l'agrément délivré par le représentant de l'État dans le département, conformément aux dispositions de l'article D324-8 dans sa rédaction en vigueur le 22 juillet 2009 ;
2° Soit de l'agrément délivré par le ministre chargé du tourisme, conformément aux dispositions de l'article R324-9 dans sa rédaction en vigueur le 22 juillet 2009.
Les visites de contrôle effectuées par les organismes mentionnés au 2° de l'article L324-1 sont réalisées selon une procédure bénéficiant d'un ni-

veau de certification fixé par arrêté du ministre chargé du tourisme.

Art. R321-9

La radiation prévue à l'article R321-8 ne peut être prononcée sans que l'exploitant en ait été préalablement avisé et invité à se faire entendre personnellement ou par mandataire.

Art. R324-7

Le préfet peut prononcer la radiation de la liste des meublés classés meublés de tourisme pour défaut ou insuffisance grave d'entretien du meublé et de ses installations.
Il informe de sa décision le comité départemental du tourisme.

Art. R324-8

La radiation prévue à l'article R324-7 ne peut être prononcée sans que l'exploitant en ait été préalablement avisé et invité à se faire entendre personnellement ou par mandataire.

273 Loi 49-458 du 2-4-1949

Art. 2

Pour l'application de la présente loi, est considéré comme exerçant la profession de loueur en meublé le bailleur qui loue habituellement plusieurs logements meublés, que la location s'accompagne ou non de prestations secondaires telles que location de linge, nettoyage des locaux, préparations culinaires.

N'est pas considéré comme exerçant la profession de loueur en meublé le bailleur d'une ou plusieurs pièces de sa propre habitation, même isolées, ni le bailleur de moins de quatre pièces dont il a recouvré la disposition en application des articles 1er et 2 de la loi 54-781 du 2 août 1954.

274 Loi 70-9 du 2-1-1970

Art. 1

Les dispositions de la présente loi s'appliquent aux personnes physiques ou morales qui, d'une manière habituelle, se livrent ou prêtent leur concours, même à titre accessoire, aux opérations portant sur les biens d'autrui et relatives à :
1° L'achat, la vente, la recherche, l'échange, la location ou sous-location, saisonnière ou non, en nu ou en meublé d'immeubles bâtis ou non bâtis ;
2° L'achat, la vente ou la location-gérance de fonds de commerce ;
3° La cession d'un cheptel mort ou vif ;
4° La souscription, l'achat, la vente d'actions ou de parts de sociétés immobilières ou de sociétés d'habitat participatif donnant vocation à une attribution de locaux en jouissance ou en propriété ;
5° L'achat, la vente de parts sociales non négociables lorsque l'actif social comprend un immeuble ou un fonds de commerce ;
6° La gestion immobilière ;
7° A l'exclusion des publications par voie de presse, la vente de listes ou de fichiers relatifs à l'achat, la vente, la location ou sous-location en nu ou en meublé d'immeubles bâtis ou non bâtis, ou à la vente de fonds de commerce ;
8° La conclusion de tout contrat de jouissance d'immeuble à temps partagé régi par les articles L121-60 et suivants du Code de la consommation ;
9° L'exercice des fonctions de syndic de copropriété dans le cadre de la loi 65-557 du 10 juillet 1965 fixant le statut de la copropriété des immeubles bâtis.

Art. 1-1

Pour l'application de la présente loi :
1° Est considérée comme relevant de l'activité de gestion immobilière la location ou la sous-location, saisonnière ou non, en nu ou en meublé, d'immeubles bâtis ou non bâtis lorsqu'elle constitue l'accessoire d'un mandat de gestion ;
2° Est considérée comme une location saisonnière pour l'application de la présente loi la location d'un

immeuble conclue pour une durée maximale et non renouvelable de quatre-vingt-dix jours consécutifs.

Lorsque ces locations font intervenir un intermédiaire, leurs conditions de conclusion sont précisées par un décret en Conseil d'État.

Art. 3

Les activités visées à l'article 1er ne peuvent être exercées que par les personnes physiques ou morales titulaires d'une carte professionnelle, délivrée, pour une durée et selon des modalités fixées par décret en Conseil d'État, par le président de la chambre de commerce et d'industrie territoriale ou, dans les circonscriptions où il n'existe pas de chambre de commerce et d'industrie territoriale, par le président de la chambre de commerce et d'industrie de région, précisant celles des opérations qu'elles peuvent accomplir. Lorsque le président de la chambre de commerce et d'industrie concernée exerce une activité mentionnée à l'article 1er, la carte est délivrée par le vice-président, dans des conditions fixées par décret en Conseil d'État.

CCI France établit et tient à jour un fichier des personnes titulaires de la carte professionnelle, selon des modalités définies par décret.

Cette carte ne peut être délivrée qu'aux personnes physiques qui satisfont aux conditions suivantes :

1° Justifier de leur aptitude professionnelle ;

2° Justifier d'une garantie financière permettant le remboursement des fonds, effets ou valeurs déposés et spécialement affectée à ce dernier, y compris les sommes versées au fonds de travaux mentionné à l'article 14-2-1 de la loi 65-557 du 10 juillet 1965 fixant le statut de la copropriété des immeubles bâtis à l'exception toutefois des personnes déclarant leur intention de ne détenir aucun fonds, effet ou valeur, pour les activités mentionnées à l'article 1er, à l'exception de celles mentionnées aux 6° et 9° du même article dans des conditions fixées par décret en Conseil d'État. Seuls les garants financiers ayant mis en place des procédures de contrôle internes, au moyen d'un référentiel et de modèles de suivi des risques, sont habilités à délivrer la garantie financière. Un décret en Conseil d'État définit les procédures et les conditions dans lesquelles les garants exercent leurs missions de contrôle sur les fonds qu'ils garantissent en application du présent article ;

3° Contracter une assurance contre les conséquences pécuniaires de leur responsabilité civile professionnelle ;

4° Ne pas être frappées d'une des incapacités ou interdictions d'exercer définies aux titres II et II bis ci-après.

La garantie mentionnée au 2° ci-dessus résulte d'un engagement écrit fourni par une entreprise d'assurance spécialement agréée, par un établissement de crédit, une société de financement ou une institution mentionnée à l'article L518-1 du Code monétaire et financier.

Les modalités de détermination du montant de la garantie sont fixées par décret en Conseil d'État.

La carte n'est délivrée aux personnes morales que si lesdites personnes satisfont aux conditions prévues aux 2° et 3° ci-dessus et que si leurs représentants légaux et statutaires satisfont aux conditions prévues aux 1° et 4° ci-dessus.

Il doit être procédé à une déclaration préalable d'activité pour chaque établissement, succursale, agence ou bureau par la personne qui en assure la direction. Cette personne doit, en outre, satisfaire à la condition prévue au 1° et ne pas être frappée d'une des incapacités ou interdictions d'exercer définies au titre II de la présente loi.

Art. 8

Les personnes titulaires d'une autorisation administrative délivrée en application de la loi du 13 juillet 1992 susmentionnée, qui ont une activité de location saisonnière de meublés hors forfait touristique, sont dispensées de la carte professionnelle prévue à l'article 3 de la présente loi lorsque cette activité est accessoire à leur activité principale.

Elles doivent souscrire, pour l'exercice de cette activité, une garantie financière permettant le remboursement des fonds, effets ou valeurs déposés et une assurance garantissant les conséquences pécuniaires de la responsabilité civile professionnelle qu'elles encourent en raison de cette activité.

L'exercice de ces activités est régi par les dispositions de la présente loi et des textes pris pour son application.

275 Loi 70-598 du 9-7-1970

Art. 10

I - Sauf dans les contrats de location saisonnière de meublés de tourisme, est réputée non écrite toute stipulation tendant à interdire la détention d'un animal dans un local d'habitation dans la mesure où elle concerne un animal familier. Cette détention est toutefois subordonnée au fait que ledit animal ne cause aucun dégât à l'immeuble ni aucun trouble de jouissance aux occupants de celui-ci.

Est licite la stipulation tendant à interdire la détention d'un chien appartenant à la première catégorie mentionnée à l'article L211-12 du Code rural et de la pêche maritime.

II - Les dispositions du présent article à l'exception de celles du dernier alinéa du I, sont applicables aux instances en cours.

276 Loi 89-462 du 6-7-1989

Art. 1

Le droit au logement est un droit fondamental ; il s'exerce dans le cadre des lois qui le régissent.

L'exercice de ce droit implique la liberté de choix pour toute personne de son mode d'habitation grâce au maintien et au développement d'un secteur locatif et d'un secteur d'accession à la propriété ouverts à toutes les catégories sociales.

Aucune personne ne peut se voir refuser la location d'un logement pour un motif discriminatoire défini à l'article 225-1 du Code pénal.

En cas de litige relatif à l'application de l'alinéa précédent, la personne s'étant vu refuser la location d'un logement présente des éléments de fait laissant supposer l'existence d'une discrimination directe ou indirecte. Au vu de ces éléments, il incombe à la partie défenderesse de prouver que sa décision est justifiée. Le juge forme sa conviction après avoir ordonné, en cas de besoin, toutes les mesures d'instruction qu'il estime utiles.

Les droits et obligations réciproques des bailleurs et des locataires doivent être équilibrés dans leurs relations individuelles comme dans leurs relations collectives.

Art. 2

Les dispositions du présent titre sont d'ordre public.

Le présent titre s'applique aux locations de locaux à usage d'habitation ou à usage mixte professionnel et d'habitation, et qui constituent la résidence principale du preneur, ainsi qu'aux garages, aires et places de stationnement, jardins et autres locaux, loués accessoirement au local principal par le même bailleur. La résidence principale est entendue comme le logement occupé au moins huit mois par an, sauf obligation professionnelle, raison de santé ou cas de force majeure, soit par le preneur ou son conjoint, soit par une personne à charge au sens du code de la construction et de l'habitation.

Toutefois, ce titre ne s'applique pas :

1° Aux logements-foyers, à l'exception du premier alinéa de l'article 6 et de l'article 20-1 ;

2° Aux logements meublés, régis par le titre Ier bis ;

2° bis Aux logements meublés loués dans le cadre d'un bail mobilité, régis par le titre Ier ter ;

3° Aux logements attribués ou loués en raison de l'exercice d'une fonction ou de l'occupation d'un emploi et aux locations consenties aux travailleurs saisonniers, à l'exception de l'article 3-3, des deux premiers alinéas de l'article 6, de l'article 20-1 et de l'article 24-1.

Aux logements faisant l'objet du dispositif d'occupation temporaire de locaux mentionné à l'article 29 de la loi 2018-1021 du 23 novembre 2018 portant évolution du logement, de l'aménagement et du numérique.

Art. 2-1

Les annonces relatives à la mise en location d'un logement soumis à la présente loi mentionnent des informations relatives au bien concerné et aux conditions tarifaires de cette mise en location et, dans les territoires où s'applique l'arrêté mentionné au I de l'article 140 de la loi n° 2018-1021 du 23 novembre 2018 portant évolution du logement, de l'aménagement et du numérique, à l'encadrement des loyers. La liste de ces informations est fixée par arrêté du ministre chargé du logement pour les annonces émises par les non-professionnels.

Art. 3

Le contrat de location est établi par écrit et respecte un contrat type défini par décret en Conseil d'Etat, pris après avis de la Commission nationale de concertation.

Le contrat de location précise :

1° Le nom ou la dénomination du bailleur et son domicile ou son siège social ainsi que, le cas échéant, ceux de son mandataire ;

2° Le nom ou la dénomination du locataire ;

3° La date de prise d'effet et la durée ;

4° La consistance, la destination ainsi que la surface habitable de la chose louée, définie par le code de la construction et de l'habitation ;

5° La désignation des locaux et équipements d'usage privatif dont le locataire a la jouissance exclusive et, le cas échéant, l'énumération des parties, équipements et accessoires de l'immeuble qui font l'objet d'un usage commun, ainsi que des équipements d'accès aux technologies de l'information et de la communication ;

6° Le montant du loyer, ses modalités de paiement ainsi que ses règles de révision éventuelle ;

7° (Abrogé) ;

8° Le montant et la date de versement du dernier loyer appliqué au précédent locataire, dès lors que ce dernier a quitté le logement moins de dix-huit mois avant la signature du bail ;

9° La nature et le montant des travaux effectués dans le logement depuis la fin du dernier contrat de location ou depuis le dernier renouvellement du bail ;

10° Le montant du dépôt de garantie, si celui-ci est prévu.

Le contrat de location mentionne également, à titre d'information, une indication sur le montant des dépenses théoriques de l'ensemble des usages énumérés dans le diagnostic de performance énergétique et définis par voie réglementaire.

Une notice d'information relative aux droits et obligations des locataires et des bailleurs ainsi qu'aux voies de conciliation et de recours qui leur sont ouvertes pour régler leurs litiges est annexée au contrat de location.Un arrêté du ministre chargé du logement, pris après avis de la Commission nationale de concertation, détermine le contenu de cette notice.

Lorsque l'immeuble est soumis au statut de la copropriété, le copropriétaire bailleur est tenu de communiquer au locataire les extraits du règlement de copropriété concernant la destination de l'immeuble, la jouissance et l'usage des parties privatives et communes, et précisant la quote-part afférente au lot loué dans chacune des catégories de charges. Ces extraits du règlement de copropriété sont communiqués par voie dématérialisée, sauf opposition explicite de l'une des parties au contrat.

Le bailleur ne peut pas se prévaloir de la violation du présent article.

Chaque partie peut exiger de l'autre partie, à tout moment, l'établissement d'un contrat conforme au présent article. En cas de mutation à titre gratuit ou onéreux du logement, le nouveau bailleur est tenu de notifier au locataire son nom ou sa dénomination et son domicile ou son siège social ainsi que, le cas échéant, ceux de son mandataire.

En cas d'absence dans le contrat de location d'une des informations relatives à la surface habitable et au dernier loyer acquitté par le précédent locataire, le locataire peut, dans un délai d'un mois à compter de la prise d'effet du contrat de location, mettre en demeure le bailleur de porter ces informations au bail. A défaut de réponse du bailleur dans le délai d'un mois ou en cas de refus de ce dernier, le locataire peut saisir, dans le délai de trois mois à compter de la mise en demeure, la juridiction compétente afin d'obtenir, le cas échéant, la diminution du loyer.

Art. 3-1

Lorsque la surface habitable de la chose louée est inférieure de plus d'un vingtième à celle exprimée dans le contrat de location, le bailleur supporte, à la demande du locataire, une diminution du loyer proportionnelle à l'écart constaté. A défaut d'accord entre les parties ou à défaut de réponse du bailleur dans un délai de deux mois à compter de la demande en diminution de loyer, le juge peut être saisi, dans le délai de quatre mois à compter de cette même demande, afin de déterminer, le cas échéant, la diminution de loyer à appliquer. La diminution de loyer acceptée par le bailleur ou prononcée par le juge prend effet à la date de signature du bail. Si la demande en diminution du loyer par le locataire intervient plus de six mois à compter de la prise d'effet du bail, la diminution de loyer acceptée par le bailleur ou prononcée par le juge prend effet à la date de la demande.

Art. 3-2

Un état des lieux est établi selon des modalités définies par décret en Conseil d'État, pris après avis de la Commission nationale de concertation, dans les mêmes formes et en autant d'exemplaires que de parties lors de la remise et de la restitution des clés. Il est établi contradictoirement et amiablement par les parties ou par un tiers mandaté par elles et joint au contrat de location.

Si l'état des lieux ne peut être établi dans les conditions prévues au premier alinéa, il est établi par un commissaire de justice, sur l'initiative de la partie la plus diligente, à frais partagés par moitié entre le bailleur et le locataire et à un coût fixé par décret en Conseil d'État. Dans ce cas, les parties en sont avisées par le commissaire de justice au moins sept jours à l'avance, par lettre recommandée avec demande d'avis de réception.

À défaut d'état des lieux ou de la remise d'un exemplaire de l'état des lieux à l'une des parties, la présomption établie par l'article 1731 du Code civil ne peut être invoquée par celle des parties qui a fait obstacle à l'établissement de l'acte ou à sa remise à l'une des parties.

Le locataire peut demander au bailleur ou à son représentant de compléter l'état des lieux d'entrée dans un délai de dix jours à compter de son établissement. Si cette demande est refusée, le locataire peut saisir la commission départementale de conciliation territorialement compétente.

Pendant le premier mois de la période de chauffe, le locataire peut demander que l'état des lieux soit complété par l'état des éléments de chauffage.

Le propriétaire ou son mandataire complète les états des lieux d'entrée et de sortie par les relevés des index pour chaque énergie, en présence d'une installation de chauffage ou d'eau chaude sanitaire individuelle, ou collective avec un comptage individuel. L'extrait de l'état des lieux correspondant est mis à la disposition de la personne chargée d'établir le diagnostic de performance énergétique prévu à l'article L 126-6 du code de la construction et de l'habitation qui en fait la demande, sans préjudice de la mise à disposition des factures.

Art. 3-3

Un dossier de diagnostic technique, fourni par le bailleur, est annexé au contrat de location lors de sa signature ou de son renouvellement et comprend :

1° Le diagnostic de performance énergétique prévu à l'article L 134-1 (NDLR : L 126-26 depuis loi 2021-1104 du 22 août 2021) du Code de la construction et de l'habitation ;

2° Le constat de risque d'exposition au plomb prévu aux articles L 1334-5 et L 1334-7 du Code de la santé publique ;

3° Une copie d'un état mentionnant l'absence ou, le cas échéant, la présence de matériaux ou produits de la construction contenant de l'amiante. Un décret en Conseil d'État définit les modalités d'application du présent 3°, notamment la liste des matériaux ou produits concernés ;

4° Un état de l'installation intérieure d'électricité et de gaz, dont l'objet est d'évaluer les risques pouvant porter atteinte à la sécurité des personnes. Un décret en Conseil d'État définit les modalités d'application du présent 4° ainsi que les dates d'entrée en vigueur de l'obligation en fonction des enjeux liés aux différents types de logements, dans la limite de six ans à compter de la publication de la

loi 2014-366 du 24 mars 2014 pour l'accès au logement et un urbanisme rénové.
Dans les zones mentionnées au I de l'article L 125-5 du Code de l'environnement, le dossier de diagnostic technique est complété à chaque changement de locataire par l'état des risques.
Lorsque le bien loué est situé dans l'une des zones de bruit définies par un plan d'exposition au bruit des aérodromes prévu par l'article L 112-6 du code de l'urbanisme, le dossier de diagnostic est complété par un document comportant l'indication claire et précise de cette zone ainsi que les informations prévues par l'article L 112-11 du même code.
Le dossier de diagnostic technique est communiqué au locataire par voie dématérialisée, sauf opposition explicite de l'une des parties au contrat.
Le locataire ne peut se prévaloir à l'encontre du bailleur des recommandations accompagnant le diagnostic de performance énergétique ainsi que le document relatif à la situation du bien dans une zone définie par un plan d'exposition au bruit des aérodromes, qui n'ont qu'une valeur indicative.
Le propriétaire bailleur tient le diagnostic de performance énergétique à la disposition de tout candidat locataire. Dans les zones mentionnées au I de l'article L 125-5 du Code de l'environnement, le bailleur fournit au candidat locataire l'état des risques prévu au même article L 125-5, lors de la première visite de l'immeuble, si une telle visite a lieu.

Art. 4

Est réputée non écrite toute clause :
a) Qui oblige le locataire, en vue de la vente ou de la location du local loué, à laisser visiter celui-ci les jours fériés ou plus de deux heures les jours ouvrables ;
b) Par laquelle le locataire est obligé de souscrire une assurance auprès d'une compagnie choisie par le bailleur ;
c) Qui impose comme mode de paiement du loyer l'ordre de prélèvement automatique sur le compte courant du locataire ou la signature par avance de traites ou de billets à ordre ;
d) Par laquelle le locataire autorise le bailleur à prélever ou à faire prélever les loyers directement sur son salaire dans la limite cessible ;
e) Qui prévoit la responsabilité collective des locataires en cas de dégradation d'un élément commun de la chose louée ;
f) Par laquelle le locataire s'engage par avance à des remboursements sur la base d'une estimation faite unilatéralement par le bailleur au titre des réparations locatives ;
g) Qui prévoit la résiliation de plein droit du contrat en cas d'inexécution des obligations du locataire pour un motif autre que le non-paiement du loyer, des charges, du dépôt de garantie, la non-souscription d'une assurance des risques locatifs ou le non-respect de l'obligation d'user paisiblement des locaux loués, résultant de troubles de voisinage constatés par une décision de justice passée en force de chose jugée ;
h) Qui autorise le bailleur à diminuer ou à supprimer, sans contrepartie équivalente, des prestations stipulées au contrat ;
i) Qui autorise le bailleur à percevoir des amendes ou des pénalités en cas d'infraction aux clauses d'un contrat de location ou d'un règlement intérieur à l'immeuble ;
j) Qui interdit au locataire l'exercice d'une activité politique, syndicale, associative ou confessionnelle ;
k) Qui impose au locataire la facturation de l'état des lieux de sortie dès lors que celui-ci n'est pas établi par un commissaire de justice dans le cas prévu par l'article 3-2 ;
l) Qui prévoit le renouvellement du bail par tacite reconduction pour une durée inférieure à celle prévue à l'article 10 ;
m) Qui interdit au locataire de rechercher la responsabilité du bailleur ou qui exonère le bailleur de toute responsabilité ;
n) Qui interdit au locataire d'héberger des personnes ne vivant pas habituellement avec lui ;
o) Qui impose au locataire le versement, lors de l'entrée dans les lieux, de sommes d'argent en plus de celles prévues aux articles 5 et 22 ;
p) Qui fait supporter au locataire des frais de relance ou d'expédition de la quittance ainsi que les

frais de procédure en plus des sommes versées au titre des dépens et de l'article 700 du Code de procédure civile ;
q) Qui prévoit que le locataire est automatiquement responsable des dégradations constatées dans le logement ;
r) Qui interdit au locataire de demander une indemnité au bailleur lorsque ce dernier réalise des travaux d'une durée supérieure à vingt et un jours ;
s) Qui permet au bailleur d'obtenir la résiliation de plein droit du bail au moyen d'une simple ordonnance de référé insusceptible d'appel ;
t) Qui impose au locataire, en surplus du paiement du loyer pour occupation du logement, de souscrire un contrat pour la location d'équipements.

Art. 5

I. La rémunération des personnes mandatées pour se livrer ou prêter leur concours à l'entremise ou à la négociation d'une mise en location d'un logement, tel que défini aux articles 2 et 25-3, est à la charge exclusive du bailleur, à l'exception des honoraires liés aux prestations mentionnées aux deuxième et troisième alinéas du présent I.
Les honoraires des personnes mandatées pour effectuer la visite du preneur, constituer son dossier et rédiger un bail sont partagés entre le bailleur et le preneur. Le montant toutes taxes comprises imputé au preneur pour ces prestations ne peut excéder celui imputé au bailleur et demeure inférieur ou égal à un plafond par mètre carré de surface habitable de la chose louée fixé par voie réglementaire et révisable chaque année, dans des conditions définies par décret. Ces honoraires sont dus à la signature du bail.
Les honoraires des personnes mandatées pour réaliser un état des lieux sont partagés entre le bailleur et le preneur. Le montant toutes taxes comprises imputé au locataire pour cette prestation ne peut excéder celui imputé au bailleur et demeure inférieur ou égal à un plafond par mètre carré de surface habitable de la chose louée fixé par voie réglementaire et révisable chaque année, dans des conditions définies par décret. Ces honoraires sont dus à compter de la réalisation de la prestation.
Les trois premiers alinéas du présent I ainsi que les montants des plafonds qui y sont définis sont reproduits, à peine de nullité, dans le contrat de bail lorsque celui-ci est conclu avec le concours d'une personne mandatée et rémunérée à cette fin.
II. Les professionnels qui interviennent, à quelque titre que ce soit, lors de la conclusion du contrat de bail d'un logement, lors de la location ou pour en assurer la gestion locative communiquent à l'observatoire local des loyers compétent, tel que défini à l'article 16, des informations relatives au logement et au contrat de location. Tout bailleur possédant une part significative des locaux constituant le parc de référence, défini au deuxième alinéa du même article 16, à l'échelle de la zone géographique d'un observatoire local des loyers prévu au premier alinéa dudit article 16, communique audit observatoire, des informations relatives au logement et au contrat de location. Ces communications s'effectuent directement ou par l'intermédiaire d'un organisme tiers qui transmet ces informations à l'association mentionnée au cinquième alinéa du même article 16, selon une méthodologie validée par l'instance scientifique mentionnée audit article.
La nature de ces informations, les conditions dans lesquelles elles sont transmises et le nombre de logements correspondant à une part significative du parc de référence sont définis par décret.
Toute personne intéressée peut communiquer à l'observatoire local des loyers les informations mentionnées au premier alinéa du présent II.
Les manquements à l'obligation mentionnée au même premier alinéa sont punis d'une amende administrative, prononcée par le représentant de l'État dans le département, dont le montant ne peut être supérieur à 5 000 € pour une personne physique et à 15 000 € pour une personne morale.
L'amende est prononcée après que l'intéressé a été informé de la possibilité de présenter ses observations dans un délai déterminé. Le montant de l'amende est proportionné à la gravité des faits constatés.

Art. 6

Le bailleur est tenu de remettre au locataire un logement décent ne laissant pas apparaître de risques manifestes pouvant porter atteinte à la sécurité physique ou à la santé, exempt de toute infestation d'espèces nuisibles et parasites, répondant à un critère de performance énergétique minimale «)défini par un seuil maximal de consommation d'énergie finale par mètre carré et par an, (NDLR : applicable aux contrats signés à compter d'une date fixée par décret, et au plus tard le 1er janvier 2023) » et doté des éléments le rendant conforme à l'usage d'habitation. Un décret en Conseil d'État définit le critère de performance énergétique minimale à respecter et un calendrier de mise en oeuvre échelonnée.

Les caractéristiques correspondantes sont définies par décret en Conseil d'État pour les locaux à usage de résidence principale ou à usage mixte mentionnés au deuxième alinéa de l'article 2 et les locaux visés aux 1° à 3° du même article, à l'exception des logements-foyers et des logements destinés aux travailleurs agricoles qui sont soumis à des règlements spécifiques.

Le bailleur est obligé :

a) De délivrer au locataire le logement en bon état d'usage et de réparation ainsi que les équipements mentionnés au contrat de location en bon état de fonctionnement ; toutefois, les parties peuvent convenir par une clause expresse des travaux que le locataire exécutera ou fera exécuter et des modalités de leur imputation sur le loyer ; cette clause prévoit la durée de cette imputation et, en cas de départ anticipé du locataire, les modalités de son dédommagement sur justification des dépenses effectuées ; une telle clause ne peut concerner que des logements répondant aux caractéristiques définies en application des premier et deuxième alinéas ;

b) D'assurer au locataire la jouissance paisible du logement et, sans préjudice des dispositions de l'article 1721 du Code civil, de le garantir des vices ou défauts de nature à y faire obstacle hormis ceux qui, consignés dans l'état des lieux, auraient fait l'objet de la clause expresse mentionnée au a ci-dessus ;

c) D'entretenir les locaux en état de servir à l'usage prévu par le contrat et d'y faire toutes les réparations, autres que locatives, nécessaires au maintien en état et à l'entretien normal des locaux loués ;

d) De ne pas s'opposer aux aménagements réalisés par le locataire, dès lors que ceux-ci ne constituent pas une transformation de la chose louée.

Art. 6-2

Lorsque l'immeuble est équipé d'une installation centrale de chauffage, de froid ou d'eau chaude sanitaire et muni des dispositifs d'individualisation des frais télé-relevables prévus à l'article L 174-2 du Code de la construction et de l'habitation, le bailleur transmet au locataire une évaluation de la consommation de chaleur, de froid et d'eau chaude sanitaire de son local privatif, selon des modalités précisées par décret en Conseil d'État.

Lorsque le logement est situé dans un immeuble relevant du statut de la copropriété, le bailleur transmet au locataire les informations qu'il a reçues dans les conditions prévues par l'article 24-9 de la loi 65-557 du 10 juillet 1965 fixant le statut de la copropriété des immeubles bâtis.

Art. 7

Le locataire est obligé :

a) De payer le loyer et les charges récupérables aux termes convenus ; le paiement mensuel est de droit lorsque le locataire en fait la demande. Le paiement partiel du loyer par le locataire réalisé en application de l'article L 843-1 du Code de la construction et de l'habitation ne peut être considéré comme un défaut de paiement du locataire ;

b) D'user paisiblement des locaux loués suivant la destination qui leur a été donnée par le contrat de location ;

c) De répondre des dégradations et pertes qui surviennent pendant la durée du contrat dans les locaux dont il a la jouissance exclusive, à moins qu'il ne prouve qu'elles ont eu lieu par cas de force majeure, par la faute du bailleur ou par le fait d'un tiers qu'il n'a pas introduit dans le logement ;

d) De prendre à sa charge l'entretien courant du logement, des équipements mentionnés au contrat et les menues réparations ainsi que l'ensemble des réparations locatives définies par décret en Conseil d'État, sauf si elles sont occasionnées par vétusté, malfaçon, vice de construction, cas fortuit ou force majeure. Les modalités de prise en compte de la vétusté de la chose louée sont déterminées par décret en Conseil d'État, après avis de la Commission nationale de concertation. Lorsque les organismes bailleurs mentionnés à l'article L 411-2 du Code de la construction et de l'habitation ont conclu avec les représentants de leurs locataires des accords locaux portant sur les modalités de prise en compte de la vétusté et établissant des grilles de vétusté applicables lors de l'état des lieux, le locataire peut demander à ce que les stipulations prévues par lesdits accords soient appliquées ;

e) De permettre l'accès aux lieux loués pour la préparation et l'exécution de travaux d'amélioration des parties communes ou des parties privatives du même immeuble, de travaux nécessaires au maintien en état ou à l'entretien normal des locaux loués, de travaux d'amélioration de la performance énergétique à réaliser dans ces locaux et de travaux qui permettent de remplir les obligations mentionnées au premier alinéa de l'article 6. Les deux derniers alinéas de l'article 1724 du Code civil sont applicables à ces travaux sous réserve du respect de la loi 67-561 du 12 juillet 1967 relative à l'amélioration de l'habitat. Avant le début des travaux, le locataire est informé par le bailleur de leur nature et des modalités de leur exécution par une notification de travaux qui lui est remise en main propre ou par lettre recommandée avec demande d'avis de réception. Aucuns travaux ne peuvent être réalisés les samedis, dimanches et jours fériés sans l'accord exprès du locataire. Si les travaux entrepris dans un local d'habitation occupé, ou leurs conditions de réalisation, présentent un caractère abusif ou vexatoire ou ne respectent pas les conditions définies dans la notification de préavis de travaux ou si leur exécution a pour effet de rendre l'utilisation du local impossible ou dangereuse, le juge peut prescrire, sur demande du locataire, l'interdiction ou l'interruption des travaux entrepris ;

f) De ne pas transformer les locaux et équipements loués sans l'accord écrit du propriétaire ; à défaut de cet accord, ce dernier peut exiger du locataire, à son départ des lieux, leur remise en l'état ou conserver à son bénéfice les transformations effectuées sans que le locataire puisse réclamer une indemnisation des frais engagés ; le bailleur a toutefois la faculté d'exiger aux frais du locataire la remise immédiate des lieux en l'état lorsque les transformations mettent en péril le bon fonctionnement des équipements ou la sécurité du local. Toutefois, des travaux d'adaptation du logement aux personnes en situation de handicap ou de perte d'autonomie ou des travaux de rénovation énergétique peuvent être réalisés aux frais du locataire. Ces travaux font l'objet d'une demande écrite par lettre recommandée avec demande d'avis de réception auprès du bailleur. L'absence de réponse dans un délai de deux mois à compter de la date de réception de la demande vaut décision d'acceptation du bailleur. Au départ du locataire, le bailleur ne peut pas exiger la remise des lieux en l'état. La liste des travaux ainsi que les modalités de mise en oeuvre sont fixées par décret en Conseil d'État ;

g) De s'assurer contre les risques dont il doit répondre en sa qualité de locataire et d'en justifier lors de la remise des clés puis, chaque année, à la demande du bailleur. La justification de cette assurance résulte de la remise au bailleur d'une attestation de l'assureur ou de son représentant.

Toute clause prévoyant la résiliation de plein droit du contrat de location pour défaut d'assurance du locataire ne produit effet qu'un mois après un commandement demeuré infructueux. Ce commandement reproduit, à peine de nullité, les dispositions du présent alinéa.

À défaut de la remise de l'attestation d'assurance et après un délai d'un mois à compter d'une mise en demeure non suivie d'effet, le bailleur peut souscrire une assurance pour compte du locataire, récupérable auprès de celui-ci.

Cette mise en demeure doit informer le locataire de la volonté du bailleur de souscrire une assurance pour compte du locataire et vaut renoncement à la mise en oeuvre de la clause prévoyant, le cas échéant, la résiliation de plein droit du contrat de location pour défaut d'assurance du locataire.

Cette assurance constitue une assurance pour compte au sens de l'article L 112-1 du Code des assurances. Elle est limitée à la couverture de la responsabilité locative mentionnée au premier alinéa du présent g. Le montant total de la prime d'assurance annuelle, éventuellement majoré dans la limite d'un montant fixé par décret en Conseil d'État, est récupérable par le bailleur par douzième à chaque paiement du loyer. Il est inscrit sur l'avis d'échéance et porté sur la quittance remise au locataire.

Une copie du contrat d'assurance est transmise au locataire lors de la souscription et à chaque renouvellement du contrat.

Lorsque le locataire remet au bailleur une attestation d'assurance ou en cas de départ du locataire avant le terme du contrat d'assurance, le bailleur résilie le contrat souscrit pour le compte du locataire dans le délai le plus bref permis par la législation en vigueur. La prime ou la fraction de prime exigible dans ce délai au titre de la garantie souscrite par le bailleur demeure récupérable auprès du locataire.

Art. 7-1

Toutes actions dérivant d'un contrat de bail sont prescrites par trois ans à compter du jour où le titulaire d'un droit a connu ou aurait dû connaître les faits lui permettant d'exercer ce droit.

Toutefois, l'action en révision du loyer par le bailleur est prescrite un an après la date convenue par les parties dans le contrat de bail pour réviser ledit loyer.

Art. 8

Le locataire ne peut ni céder le contrat de location, ni sous-louer le logement sauf avec l'accord écrit du bailleur, y compris sur le prix du loyer. Le prix du loyer au mètre carré de surface habitable des locaux sous-loués ne peut excéder celui payé par le locataire principal. Le locataire transmet au sous-locataire l'autorisation écrite du bailleur et la copie du bail en cours.

En cas de cessation du contrat principal, le sous-locataire ne peut se prévaloir d'aucun droit à l'encontre du bailleur ni d'aucun titre d'occupation.

Les autres dispositions de la présente loi ne sont pas applicables au contrat de sous-location.

Art. 8-1

I. La colocation est définie comme la location d'un même logement par plusieurs locataires, constituant leur résidence principale, et formalisée par la conclusion d'un contrat unique ou de plusieurs contrats entre les locataires et le bailleur.

II. Lorsque la colocation est formalisée par la conclusion de plusieurs contrats entre les locataires et le bailleur, elle constitue une division du logement tenue au respect des articles L 126-17,L 126-18 et L 126-21 du Code de la construction et de l'habitation. Par dérogation aux mêmes articles L 126-17 et L 126-21, la surface et le volume habitables des locaux privatifs doivent être au moins égaux, respectivement, à 9 mètres carrés et à 20 mètres cubes. Pour l'application de l'article 6 de la présente loi, il est tenu compte de l'ensemble des éléments, équipements et pièces du logement.

Chaque contrat de bail formalisant une colocation respecte le présent titre Ier ou, s'il concerne un logement loué meublé, le titre Ier bis de la présente loi.

Le montant de la somme des loyers perçus de l'ensemble des colocataires ne peut être supérieur au montant du loyer applicable au logement en application des articles 17 ou 25-9. Les articles 17-1 et 17-2 sont applicables.

Les normes de peuplement prises en application de l'article L 822-10 du Code de la construction et de l'habitation s'imposent aux logements loués en colocation.

III. Le contrat de bail d'une colocation respecte un contrat type défini par décret en Conseil d'État, pris après avis de la Commission nationale de concertation.

IV. Les parties au contrat de bail d'une colocation peuvent convenir dans le bail de la souscription par le bailleur d'une assurance pour compte récupérable auprès des colocataires dans les conditions prévues au g de l'article 7. Les colocataires peuvent provoquer la résiliation de l'assurance pour compte récupérable dans les conditions fixées au même article.

V. Les charges locatives accessoires au loyer principal d'un contrat de bail d'une colocation sont récupérées par le bailleur au choix des parties comme prévu par ce contrat :

1° Soit dans les conditions prévues à l'article 23, lorsqu'il s'agit de provisions pour charges ;

2° Soit sous la forme d'un forfait versé simultanément au loyer, dont le montant et la périodicité de versement sont définis dans le contrat et qui ne peut donner lieu à complément ou à régularisation ultérieure. Le montant du forfait de charges est fixé en fonction des montants exigibles par le bailleur en application de l'article 23 et peut être révisé chaque année aux mêmes conditions que le loyer principal. Ce montant ne doit pas être manifestement disproportionné au regard des charges dont le locataire ou, le cas échéant, le précédent locataire se serait acquitté.

VI. La solidarité d'un des colocataires et celle de la personne qui s'est portée caution pour lui prennent fin à la date d'effet du congé régulièrement délivré et lorsqu'un nouveau colocataire figure au bail. À défaut, la solidarité du colocataire sortant s'éteint au plus tard à l'expiration d'un délai de six mois après la date d'effet du congé.

L'acte de cautionnement des obligations d'un ou de plusieurs colocataires résultant de la conclusion d'un contrat de bail d'une colocation identifie nécessairement, sous peine de nullité, le colocataire pour lequel le congé met fin à l'engagement de la caution.

Art. 17

I. Les zones d'urbanisation continue de plus de 50 000 habitants où il existe un déséquilibre marqué entre l'offre et la demande de logements, entraînant des difficultés sérieuses d'accès au logement sur l'ensemble du parc résidentiel existant, qui se caractérisent notamment par le niveau élevé des loyers, le niveau élevé des prix d'acquisition des logements anciens ou le nombre élevé de demandes de logement par rapport au nombre d'emménagements annuels dans le parc locatif social, sont dotées d'un observatoire local des loyers mentionné à l'article 16. Un décret fixe la liste des communes comprises dans ces zones.

II. La fixation du loyer des logements mis en location est libre. Toutefois, lorsqu'un logement de la classe F ou de la classe G, au sens de l'article L 173-1-1 du Code de la construction et de l'habitation, fait l'objet d'une nouvelle location, le loyer du nouveau contrat de location ne peut excéder le dernier loyer appliqué au précédent locataire).

Art. 17-1

I. Lorsque le contrat prévoit la révision du loyer, celle-ci intervient chaque année à la date convenue entre les parties ou, à défaut, au terme de chaque année du contrat.

La variation qui en résulte ne peut excéder, à la hausse, la variation d'un indice de référence des loyers publié par l'Institut national de la statistique et des études économiques chaque trimestre et qui correspond à la moyenne, sur les douze derniers mois, de l'évolution des prix à la consommation hors tabac et hors loyers. À défaut de clause contractuelle fixant la date de référence, cette date est celle du dernier indice publié à la date de signature du contrat de location.

À défaut de manifester sa volonté d'appliquer la révision du loyer dans un délai d'un an suivant sa date de prise d'effet, le bailleur est réputé avoir renoncé au bénéfice de cette clause pour l'année écoulée.

Si le bailleur manifeste sa volonté de réviser le loyer dans le délai d'un an, cette révision de loyer prend effet à compter de sa demande.

II. Lorsque les parties sont convenues, par une clause expresse, de travaux d'amélioration du logement que le bailleur fera exécuter, le contrat de location ou un avenant à ce contrat peut fixer la majoration du loyer consécutive à la réalisation de ces travaux. Cette majoration ne peut faire l'objet d'une action en diminution de loyer.

III. La révision et la majoration de loyer prévues aux I et II du présent article ne peuvent pas être appliquées dans les logements de la classe F ou de la classe G, au sens de l'article L173-1-1 du Code de la construction et de l'habitation).

Art. 17-2

I. Lors du renouvellement du contrat, le loyer ne donne lieu à réévaluation que s'il est manifestement sous-évalué.

Dans ce cas, le bailleur peut proposer au locataire, au moins six mois avant le terme du contrat et dans les conditions de forme prévues à l'article 15, un nouveau loyer fixé par référence aux loyers habi-

tuellement constatés dans le voisinage pour des logements comparables.
Les loyers servant de références doivent être représentatifs de l'ensemble des loyers habituellement constatés dans le voisinage pour des logements comparables, situés soit dans le même groupe d'immeubles, soit dans tout autre groupe d'immeubles comportant des caractéristiques similaires et situés dans la même zone géographique. Un décret en Conseil d'État définit les éléments constitutifs de ces références.
Le nombre minimal de références à fournir est de trois. Toutefois, il est de six dans les communes, dont la liste est fixée par décret, faisant partie d'une agglomération de plus d'un million d'habitants.
Lorsque le bailleur fait application des dispositions du présent article, il ne peut donner congé au locataire pour la même échéance du contrat.
La notification reproduit intégralement, à peine de nullité, les dispositions du présent article et mentionne le montant du loyer ainsi que la liste des références ayant servi à le déterminer.
En cas de désaccord ou à défaut de réponse du locataire quatre mois avant le terme du contrat, l'une ou l'autre des parties saisit la commission départementale de conciliation.
À défaut d'accord constaté par la commission, le juge est saisi avant le terme du contrat. À défaut de saisine, le contrat est reconduit de plein droit aux conditions antérieures du loyer, éventuellement révisé. Le contrat dont le loyer est fixé judiciairement est réputé renouvelé pour la durée définie à l'article 10 à compter de la date d'expiration du contrat. La décision du juge est exécutoire par provision.
La hausse convenue entre les parties ou fixée judiciairement s'applique par tiers ou par sixième selon la durée du contrat.
Toutefois, cette hausse s'applique par sixième annuel au contrat renouvelé, puis lors du renouvellement ultérieur, dès lors qu'elle est supérieure à 10 % si le premier renouvellement avait une durée inférieure à six ans.
La révision éventuelle résultant de l'article 17-1 s'applique à chaque valeur ainsi définie.
II. Le loyer ne peut pas être réévalué lors du renouvellement du contrat dans les logements de la classe F ou de la classe G, au sens de l'article L 173-1-1 du Code de la construction et de l'habitation.

Art. 18

Pour chacune des zones d'urbanisation continue de plus de 50 000 habitants où il existe un déséquilibre marqué entre l'offre et la demande de logements, entraînant des difficultés sérieuses d'accès au logement sur l'ensemble du parc résidentiel existant qui se caractérisent notamment par le niveau élevé des loyers, le niveau élevé des prix d'acquisition des logements anciens ou le nombre élevé de demandes de logement par rapport au nombre d'emménagements annuels dans le parc locatif social, un décret en Conseil d'État, pris après avis de la Commission nationale de concertation, fixe annuellement le montant maximum d'évolution des loyers des logements vacants et des contrats renouvelés.
Ce décret peut prévoir des adaptations particulières, notamment en cas de travaux réalisés par les bailleurs ou de loyers manifestement sous-évalués.
En cas de litige entre les parties résultant de l'application de ce décret, la commission départementale de conciliation est compétente et sa saisine constitue un préalable obligatoire à la saisine du juge par l'une ou l'autre des parties.

Art. 20-1

Si le logement loué ne satisfait pas aux dispositions des premier et deuxième alinéas de l'article 6, le locataire peut demander au propriétaire sa mise en conformité sans qu'il soit porté atteinte à la validité du contrat en cours. À défaut d'accord entre les parties ou à défaut de réponse du propriétaire dans un délai de deux mois, la commission départementale de conciliation peut être saisie et rendre un avis dans les conditions fixées à l'article 20. La saisine de la commission ou la remise de son avis ne constitue pas un préalable à la saisine du juge par l'une ou l'autre des parties.
L'information du bailleur par l'organisme payeur de son obligation de mise en conformité du logement, telle que prévue à l'article L 843-1 du Code de la construction et de l'habitation, tient lieu de demande de mise en conformité par le locataire.

Le juge saisi par l'une ou l'autre des parties détermine, le cas échéant, la nature des travaux à réaliser et le délai de leur exécution. Il peut réduire le montant du loyer ou suspendre, avec ou sans consignation, son paiement et la durée du bail jusqu'à l'exécution de ces travaux. Le juge transmet au représentant de l'État dans le département l'ordonnance ou le jugement constatant que le logement loué ne satisfait pas aux dispositions des premier et deuxième alinéas de l'article 6.

Toutefois, le juge ne peut ordonner de mesure visant à permettre le respect du seuil maximal de consommation d'énergie finale par mètre carré et par an mentionné au premier alinéa du même article 6 lorsque le logement fait partie d'un immeuble soumis au statut de la copropriété et que le copropriétaire concerné démontre que, malgré ses diligences en vue de l'examen de résolutions tendant à la réalisation de travaux relevant des parties communes ou d'équipements communs et la réalisation de travaux dans les parties privatives de son lot adaptés aux caractéristiques du bâtiment, il n'a pu parvenir à un niveau de consommation énergétique inférieur au seuil maximal.

Art. 21

Le bailleur ou son mandataire est tenu de transmettre gratuitement une quittance au locataire qui en fait la demande. La quittance porte le détail des sommes versées par le locataire en distinguant le loyer et les charges.

Aucuns frais liés à la gestion de l'avis d'échéance ou de la quittance ne peuvent être facturés au locataire.

Avec l'accord exprès du locataire, le bailleur peut procéder à la transmission dématérialisée de la quittance.

Si le locataire effectue un paiement partiel, le bailleur est tenu de délivrer un reçu.

Art. 22

Lorsqu'un dépôt de garantie est prévu par le contrat de location pour garantir l'exécution de ses obligations locatives par le locataire, il ne peut être supérieur à un mois de loyer en principal. Au moment de la signature du bail, le dépôt de garantie est versé au bailleur directement par le locataire ou par l'intermédiaire d'un tiers.

Un dépôt de garantie ne peut être prévu lorsque le loyer est payable d'avance pour une période supérieure à deux mois ; toutefois, si le locataire demande le bénéfice du paiement mensuel du loyer, par application de l'article 7, le bailleur peut exiger un dépôt de garantie.

Il est restitué dans un délai maximal de deux mois à compter de la remise en main propre, ou par lettre recommandée avec demande d'avis de réception, des clés au bailleur ou à son mandataire, déduction faite, le cas échéant, des sommes restant dues au bailleur et des sommes dont celui-ci pourrait être tenu, au lieu et place du locataire, sous réserve qu'elles soient dûment justifiées. À cette fin, le locataire indique au bailleur ou à son mandataire, lors de la remise des clés, l'adresse de son nouveau domicile.

Il est restitué dans un délai maximal d'un mois à compter de la remise des clés par le locataire lorsque l'état des lieux de sortie est conforme à l'état des lieux d'entrée, déduction faite, le cas échéant, des sommes restant dues au bailleur et des sommes dont celui-ci pourrait être tenu, en lieu et place du locataire, sous réserve qu'elles soient dûment justifiées.

Lorsque les locaux loués se situent dans un immeuble collectif, le bailleur procède à un arrêté des comptes provisoire et peut, lorsqu'elle est dûment justifiée, conserver une provision ne pouvant excéder 20 % du montant du dépôt de garantie jusqu'à l'arrêté annuel des comptes de l'immeuble. La régularisation définitive et la restitution du solde, déduction faite, le cas échéant, des sommes restant dues au bailleur et des sommes dont celui-ci pourrait être tenu en lieu et place du locataire, sont effectuées dans le mois qui suit l'approbation définitive des comptes de l'immeuble. Toutefois, les parties peuvent amiablement convenir de solder immédiatement l'ensemble des comptes.

Le montant de ce dépôt de garantie ne porte pas intérêt au bénéfice du locataire. Il ne doit faire l'objet d'aucune révision durant l'exécution du contrat de location, éventuellement renouvelé.

À défaut de restitution dans les délais prévus, le dépôt de garantie restant dû au locataire est majoré d'une somme égale à 10 % du loyer mensuel en principal, pour chaque période mensuelle commencée en retard. Cette majoration n'est pas due lorsque l'origine du défaut de restitution dans les délais résulte de l'absence de transmission par le locataire de l'adresse de son nouveau domicile.
En cas de mutation à titre gratuit ou onéreux des locaux loués, la restitution du dépôt de garantie incombe au nouveau bailleur. Toute convention contraire n'a d'effet qu'entre les parties à la mutation.

Art. 22-1

Le cautionnement ne peut pas être demandé, à peine de nullité, par un bailleur qui a souscrit une assurance, ou toute autre forme de garantie, garantissant les obligations locatives du locataire, sauf en cas de logement loué à un étudiant ou un apprenti. Cette disposition ne s'applique pas au dépôt de garantie mentionné à l'article 22.
Si le bailleur est une personne morale autre qu'une société civile constituée exclusivement entre parents et alliés jusqu'au quatrième degré inclus, le cautionnement ne peut être demandé que :

- s'il est apporté par un des organismes dont la liste est fixée par décret en Conseil d'État ;
- ou si le logement est loué à un étudiant ne bénéficiant pas d'une bourse de l'enseignement supérieur.

Lorsqu'un cautionnement pour les sommes dont le locataire serait débiteur dans le cadre d'un contrat de location conclu en application du présent titre est exigé par le bailleur, celui-ci ne peut refuser la caution présentée au motif qu'elle ne possède pas la nationalité française ou qu'elle ne réside pas sur le territoire métropolitain.
Lorsque le cautionnement d'obligations résultant d'un contrat de location conclu en application du présent titre ne comporte aucune indication de durée ou lorsque la durée du cautionnement est stipulée indéterminée, la caution peut le résilier unilatéralement. La résiliation prend effet au terme du contrat de location, qu'il s'agisse du contrat initial ou d'un contrat reconduit ou renouvelé, au cours duquel le bailleur reçoit notification de la résiliation.
La personne physique qui se porte caution signe l'acte de cautionnement faisant apparaître le montant du loyer et les conditions de sa révision tels qu'ils figurent au contrat de location, la mention exprimant de façon explicite et non équivoque la connaissance qu'elle a de la nature et de l'étendue de l'obligation qu'elle contracte ainsi que la reproduction de l'avant-dernier alinéa du présent article. Le bailleur remet à la caution un exemplaire du contrat de location. Ces formalités sont prescrites à peine de nullité du cautionnement. (À compter du 1er janvier 2022 : La personne physique qui se porte caution signe l'acte de cautionnement faisant apparaître le montant du loyer et les conditions de sa révision tels qu'ils figurent au contrat de location, ainsi que la reproduction de l'avant-dernier alinéa du présent article. La caution doit apposer la mention prévue par l'article 2297 du Code civil. Le bailleur remet à la caution un exemplaire du contrat de location. Ces formalités sont prescrites à peine de nullité du cautionnement).

Art. 22-2

La liste des pièces justificatives pouvant être exigées du candidat à la location ou de sa caution par le bailleur, préalablement à l'établissement du contrat de location, est définie par décret en Conseil d'État, pris après avis de la Commission nationale de concertation.
En préalable à l'établissement du contrat de location, le bailleur ne peut imposer la cosignature d'un ascendant ou d'un descendant du candidat à la location.
Les manquements au présent article sont punis d'une amende administrative, prononcée par le représentant de l'État dans le département, dont le montant ne peut être supérieur à 3 000 € pour une personne physique et à 15 000 € pour une personne morale.
Le montant de l'amende est proportionné à la gravité des faits constatés.
L'amende ne peut être prononcée plus d'un an à compter de la constatation des faits.

L'amende est prononcée après que l'intéressé a été informé de la possibilité de présenter ses observations dans un délai déterminé.

Art. 23

Les charges récupérables, sommes accessoires au loyer principal, sont exigibles sur justification en contrepartie :

1° Des services rendus liés à l'usage des différents éléments de la chose louée ;

2° Des dépenses d'entretien courant et des menues réparations sur les éléments d'usage commun de la chose louée. Sont notamment récupérables à ce titre les dépenses engagées par le bailleur dans le cadre d'un contrat d'entretien relatif aux ascenseurs et répondant aux conditions de l'article L 125-2-2 du Code de la construction et de l'habitation, qui concernent les opérations et les vérifications périodiques minimales et la réparation et le remplacement de petites pièces présentant des signes d'usure excessive ainsi que les interventions pour dégager les personnes bloquées en cabine et le dépannage et la remise en fonctionnement normal des appareils ;

3° Des impositions qui correspondent à des services dont le locataire profite directement.

La liste de ces charges est fixée par décret en Conseil d'État. Il peut y être dérogé par accords collectifs locaux portant sur l'amélioration de la sécurité ou la prise en compte du développement durable, conclus conformément à l'article 42 de la loi 86-1290 du 23 décembre 1986 précitée.

Les charges locatives peuvent donner lieu au versement de provisions et doivent, en ce cas, faire l'objet d'une régularisation annuelle. Les demandes de provisions sont justifiées par la communication de résultats antérieurs arrêtés lors de la précédente régularisation et, lorsque l'immeuble est soumis au statut de la copropriété ou lorsque le bailleur est une personne morale, par le budget prévisionnel.

Un mois avant cette régularisation, le bailleur en communique au locataire le décompte par nature de charges ainsi que, dans les immeubles collectifs, le mode de répartition entre les locataires et, le cas échéant, une note d'information sur les modalités de calcul des charges de chauffage et de production d'eau chaude sanitaire collectifs et sur la consommation individuelle de chaleur et d'eau chaude sanitaire du logement, dont le contenu est défini par décret en Conseil d'État. Durant six mois à compter de l'envoi de ce décompte, les pièces justificatives sont tenues, dans des conditions normales, à la disposition des locataires.

À compter du 1er septembre 2015, le bailleur transmet également, à la demande du locataire, le récapitulatif des charges du logement par voie dématérialisée ou par voie postale.

Lorsque la régularisation des charges n'a pas été effectuée avant le terme de l'année civile suivant l'année de leur exigibilité, le paiement par le locataire est effectué par douzième, s'il en fait la demande.

Pour l'application du présent article, le coût des services assurés dans le cadre d'un contrat d'entreprise ou d'un contrat d'achat d'électricité, d'énergie calorifique ou de gaz naturel combustible, distribués par réseaux correspond à la dépense, toutes taxes comprises, acquittée par le bailleur.

Art. 24

I. Tout contrat de bail d'habitation contient une clause prévoyant la résiliation de plein droit du contrat de location pour défaut de paiement du loyer ou des charges aux termes convenus ou pour non-versement du dépôt de garantie. Cette clause ne produit effet que six semaines après un commandement de payer demeuré infructueux.

Le commandement de payer contient, à peine de nullité :

1° La mention que le locataire dispose d'un délai de six semaines pour payer sa dette ;

2° Le montant mensuel du loyer et des charges ;

3° Le décompte de la dette ;

4° L'avertissement qu'à défaut de paiement ou d'avoir sollicité des délais de paiement, le locataire s'expose à une procédure judiciaire de résiliation de son bail et d'expulsion ;

5° La mention de la possibilité pour le locataire de saisir le fonds de solidarité pour le logement de son département, dont l'adresse est précisée, aux fins de solliciter une aide financière ;

6° La mention de la possibilité pour le locataire de saisir, à tout moment, la juridiction compétente

aux fins de demander un délai de grâce sur le fondement de l'article 1343-5 du Code civil.
Lorsque les obligations résultant d'un contrat de location conclu en application du présent titre sont garanties par un cautionnement, le commandement de payer est signifié à la caution dans un délai de quinze jours à compter de sa signification au locataire. À défaut, la caution ne peut être tenue au paiement des pénalités ou des intérêts de retard.
Lorsque le locataire est en situation d'impayé de loyer ou de charges locatives sans interruption depuis une durée de deux mois ou lorsque la dette de loyer ou de charges locatives du locataire est équivalente à deux fois le montant du loyer mensuel hors charges locatives, les commandements de payer, délivrés pour le compte d'un bailleur personne physique ou société civile constituée exclusivement entre parents et alliés jusqu'au quatrième degré inclus, sont signalés par le commissaire de justice à la commission de coordination des actions de prévention des expulsions locatives prévue à l'article 7-2 de la loi n° 90-449 du 31 mai 1990 précitée. Lors de ce signalement, le commissaire de justice précise les coordonnées téléphoniques et électroniques et la situation socioéconomique des occupants au vu des informations en sa connaissance. Le signalement s'effectue par voie électronique par l'intermédiaire du système d'information prévu au dernier alinéa du même article 7-2.
Le représentant de l'Etat dans le département saisit l'organisme compétent désigné par le plan départemental d'action pour le logement et l'hébergement des personnes défavorisées, suivant la répartition de l'offre globale de services d'accompagnement vers et dans le logement prévue à l'article 4 de la loi n° 90-449 du 31 mai 1990 précitée, afin qu'il réalise un diagnostic social et financier pour les locataires ainsi signalés par le commissaire de justice. Le diagnostic est transmis par l'opérateur à la commission de coordination des actions de prévention des expulsions locatives prévue à l'article 7-2 de la même loi avant l'expiration du délai mentionné au III du présent article.
II. Les bailleurs personnes morales autres qu'une société civile constituée exclusivement entre parents et alliés jusqu'au quatrième degré inclus ne peuvent faire délivrer, sous peine d'irrecevabilité de la demande, une assignation aux fins de constat de résiliation du bail avant l'expiration d'un délai de deux mois suivant la saisine de la commission de coordination des actions de prévention des expulsions locatives prévue à l'article 7-2 de la loi 90-449 du 31 mai 1990 précitée. Cette saisine est réputée constituée lorsque persiste une situation d'impayés, préalablement signalée dans les conditions réglementaires aux organismes payeurs des aides au logement en vue d'assurer le maintien du versement des aides mentionnées à l'article L821-1 du Code de la construction et de l'habitation. Cette saisine, qui contient les mêmes informations que celles des signalements par les huissiers de justice des commandements de payer prévus au I du présent article, peut s'effectuer par voie électronique, selon des modalités fixées par décret.
III. À peine d'irrecevabilité de la demande, l'assignation aux fins de constat de la résiliation est notifiée à la diligence de l'huissier de justice au représentant de l'État dans le département au moins deux mois avant l'audience, afin qu'il saisisse l'organisme compétent désigné par le plan départemental d'action pour le logement et l'hébergement des personnes défavorisées, suivant la répartition de l'offre globale de services d'accompagnement vers et dans le logement prévue à l'article 4 de la loi 90-449 du 31 mai 1990 précitée. Cette notification s'effectue par voie électronique par l'intermédiaire du système d'information prévu au dernier alinéa de l'article 7-2 de la même loi. La saisine de l'organisme mentionné à la première phrase du présent III peut s'effectuer par voie électronique, selon des modalités fixées par décret. L'organisme saisi réalise un diagnostic social et financier, selon des modalités et avec un contenu précisés par décret, au cours duquel le locataire et le bailleur sont mis en mesure de présenter leurs observations, et le transmet au juge avant l'audience, ainsi qu'à la commission de coordination des actions de prévention des expulsions locatives ; le cas échéant, les observations écrites des intéressés sont jointes au diagnostic. Le locataire est informé par le représentant de l'Etat dans le département de son droit de deman-

der au juge de lui accorder des délais de paiement, prévu au V du présent article.

IV. Les II et III sont applicables aux assignations tendant au prononcé de la résiliation du bail lorsqu'elle est motivée par l'existence d'une dette locative du preneur. Ils sont également applicables aux demandes additionnelles et reconventionnelles aux fins de constat ou de prononcé de la résiliation motivées par l'existence d'une dette locative, la notification au représentant de l'État dans le département incombant au bailleur.

V.- Le juge peut, à la demande du locataire, du bailleur ou d'office, à la condition que le locataire soit en situation de régler sa dette locative et qu'il ait repris le versement intégral du loyer courant avant la date de l'audience, accorder des délais de paiement dans la limite de trois années, par dérogation au délai prévu au premier alinéa de l'article 1343-5 du Code civil, au locataire en situation de régler sa dette locative. Le quatrième alinéa de l'article 1343-5 s'applique lorsque la décision du juge est prise sur le fondement du présent alinéa. Le juge peut d'office vérifier tout élément constitutif de la dette locative et le respect de l'obligation prévue au premier alinéa de l'article 6 de la présente loi. Il invite les parties à lui produire tous éléments relatifs à l'existence d'une procédure de traitement du surendettement au sens du livre VII du code de la consommation.

VI.- Par dérogation à la première phrase du V, lorsqu'une procédure de traitement du surendettement au sens du livre VII du code de la consommation a été ouverte au bénéfice du locataire et qu'au jour de l'audience, le locataire a repris le paiement du loyer et des charges, le juge qui constate l'acquisition de la clause de résiliation de plein droit du contrat de location statue dans les conditions suivantes :

1° Lorsque la commission de surendettement des particuliers a rendu une décision de recevabilité de la demande de traitement de la situation de surendettement formée par le locataire, le juge accorde des délais de paiement jusqu'à, selon les cas, l'approbation du plan conventionnel de redressement prévu à l'article L 732-1 du code de la consommation, la décision imposant les mesures prévues aux articles L 733-1, L 733-4, L 733-7 et L 741-1 du même code, le jugement prononçant un rétablissement personnel sans liquidation judiciaire, le jugement d'ouverture d'une procédure de rétablissement personnel avec liquidation judiciaire ou toute décision de clôture de la procédure de traitement du surendettement ;

2° Lorsqu'un plan conventionnel de redressement prévu à l'article L 732-1 dudit code a été approuvé ou que la commission de surendettement des particuliers a imposé les mesures prévues aux articles L 733-1, L 733-4 et L 733-7 du même code, dont le bailleur a été avisé, le juge accorde les délais et modalités de paiement de la dette locative contenus dans le plan ou imposés par la commission de surendettement des particuliers. Lorsque la commission de surendettement des particuliers a imposé pendant un délai la suspension de l'exigibilité de la créance locative en application du 4° de l'article L 733-1 du même code, le juge accorde ce délai prolongé de trois mois pour permettre au locataire de saisir à nouveau la commission de surendettement des particuliers en application de l'article L 733-2 du même code. Lorsque, dans ce délai, la commission de surendettement des particuliers a de nouveau été saisie d'une demande de traitement de la situation de surendettement, l'exigibilité de la créance locative demeure suspendue jusqu'à, selon les cas, l'approbation d'un plan conventionnel de redressement prévu à l'article L 732-1 du même code, la décision imposant les mesures prévues aux articles L 733-1, L 733-4, L 733-7 et L 741-1 du même code, le jugement prononçant un rétablissement personnel sans liquidation judiciaire, le jugement d'ouverture d'une procédure de rétablissement personnel avec liquidation judiciaire ou toute décision de clôture de la procédure de traitement du surendettement. A défaut, ou dès lors que la nouvelle procédure de traitement du surendettement est clôturée sans que de nouveaux délais de paiement de la dette locative aient été accordés, la clause de résiliation de plein droit reprend son plein effet ;

3° Par dérogation au 2° du présent VI, lorsqu'en application de l'article L 733-10 du même code, une contestation a été formée par l'une des par-

ties contre les délais et modalités de paiement de la dette locative imposés par la commission de surendettement des particuliers, le juge accorde des délais de paiement jusqu'à la décision du juge statuant sur cette contestation ;
4° Lorsque le juge statuant en application de l'article L 733-10 du même code a pris tout ou partie des mesures mentionnées au 2° du présent VI, le juge accorde les délais et modalités de paiement de la dette locative imposés dans ces mesures. Lorsque la suspension de l'exigibilité de la créance locative a été imposée pendant un délai en application du 4° de l'article L. 733-1 du code de la consommation, le juge accorde ce délai prolongé de trois mois pour permettre au locataire de saisir à nouveau la commission de surendettement des particuliers en application de l'article L 733-2 du même code. Lorsque, dans ce délai, la commission de surendettement des particuliers a de nouveau été saisie d'une demande de traitement de la situation de surendettement, l'exigibilité de la créance locative demeure suspendue jusqu'à, selon les cas, l'approbation d'un plan conventionnel de redressement prévu à l'article L. 732-1 dudit code, la décision imposant les mesures prévues aux articles L 733-1, L 733-4, L 733-7 et L 741-1 du même code, le jugement prononçant un rétablissement personnel sans liquidation judiciaire, le jugement d'ouverture d'une procédure de rétablissement personnel avec liquidation judiciaire ou toute décision de clôture de la procédure de traitement du surendettement. A défaut, ou dès lors que la nouvelle procédure de traitement du surendettement est clôturée sans que de nouveaux délais de paiement de la dette locative aient été accordés, la clause de résiliation de plein droit reprend son plein effet.
VII.- Lorsque le juge est saisi en ce sens par le bailleur ou par le locataire, et à la condition que celui-ci ait repris le versement intégral du loyer courant avant la date de l'audience, les effets de la clause de résiliation de plein droit peuvent être suspendus pendant le cours des délais accordés par le juge dans les conditions prévues aux V et VI du présent article. Cette suspension prend fin dès le premier impayé ou dès lors que le locataire ne se libère pas de sa dette locative dans le délai et selon les modalités fixés par le juge. Ces délais et les modalités de paiement accordés ne peuvent affecter l'exécution du contrat de location et notamment suspendre le paiement du loyer et des charges. Si le locataire se libère de sa dette locative dans le délai et selon les modalités fixés par le juge, la clause de résiliation de plein droit est réputée ne pas avoir joué. Dans le cas contraire, elle reprend son plein effet.
VIII.- Lorsqu'un rétablissement personnel sans liquidation judiciaire a été imposé par la commission de surendettement des particuliers ou prononcé par le juge ou lorsqu'un jugement de clôture d'une procédure de rétablissement personnel avec liquidation judiciaire a été rendu, le juge suspend les effets de la clause de résiliation de plein droit pendant un délai de deux ans à partir de la date de la décision imposant les mesures d'effacement ou du jugement de clôture.
Par dérogation au premier alinéa du présent VIII, lorsqu'en application de l'article L 741-4 du code de la consommation, une contestation a été formée par l'une des parties contre la décision de la commission de surendettement des particuliers imposant un rétablissement personnel sans liquidation judiciaire, le juge suspend les effets de la clause de résiliation de plein droit jusqu'à la décision du juge statuant sur cette contestation.
Ce délai ne peut affecter l'exécution du contrat de location et notamment suspendre le paiement du loyer et des charges.
Si le locataire s'est acquitté du paiement des loyers et des charges conformément au contrat de location pendant le délai de deux ans mentionné au premier alinéa du présent VIII, la clause de résiliation de plein droit est réputée ne pas avoir joué. Dans le cas contraire, elle reprend son plein effet.
IX.- La notification de la décision de justice prononçant l'expulsion indique les modalités de saisine et l'adresse de la commission de médiation prévue à l'article L 441-2-3 du code de la construction et de l'habitation.

Art. 24-1

Lorsqu'un locataire a avec son bailleur un litige locatif ou lorsque plusieurs locataires ont avec un même bailleur un litige locatif ayant une origine commune, ils peuvent donner par écrit mandat d'agir en justice en leur nom et pour leur compte à une association siégeant à la Commission nationale de concertation ; si le litige porte sur les caractéristiques du logement mentionnées aux premier et deuxième alinéas de l'article 6, ce mandat peut être donné en outre à une association dont l'un des objets est l'insertion ou le logement des personnes défavorisées ou à une association de défense des personnes en situation d'exclusion par le logement mentionnées à l'article 3 de la loi 90-449 du 31 mai 1990 visant à la mise en oeuvre du droit au logement. Une association précitée peut assister ou représenter, selon les modalités définies à l'article 828 du Code de procédure civile, un locataire en cas de litige portant sur le respect des caractéristiques de décence de son logement. La collectivité territorialement compétente en matière d'habitat ainsi que les organismes payeurs des aides au logement territorialement compétents peuvent être destinataires du mandat à agir mentionné au présent alinéa.

Les dispositions de l'alinéa précédent sont applicables aux locataires des locaux mentionnés aux 1° à 3° de l'article 2 lorsque le litige locatif porte sur la décence du logement.

Titre I bis : Des rapports entre bailleurs et locataires dans les logements meublés résidence principale

Art. 25-3

Les dispositions du présent titre sont d'ordre public et s'appliquent aux contrats de location de logements meublés tels que définis à l'article 25-4 dès lors qu'ils constituent la résidence principale du locataire au sens de l'article 2.

Les articles 1er, 3, 3-2, 3-3, 4, à l'exception du l, 5, 6, 6-2, 7, 7-1, 8, 8-1, 17, 18, 20-1, 21, 22, 22-1, 22-2, 24 et 24-1 sont applicables aux logements meublés.

Le présent titre ne s'applique ni aux logements-foyers, ni aux logements faisant l'objet d'une convention avec l'État portant sur leurs conditions d'occupation et leurs modalités d'attribution.

Le présent titre ne s'applique ni aux logements attribués ou loués en raison de l'exercice d'une fonction ou de l'occupation d'un emploi, ni aux locations consenties aux travailleurs saisonniers.

Art. 25-4

Un logement meublé est un logement décent équipé d'un mobilier en nombre et en qualité suffisants pour permettre au locataire d'y dormir, manger et vivre convenablement au regard des exigences de la vie courante.

La liste des éléments que doit comporter ce mobilier est fixée par décret.

Art. 25-5

Un inventaire et un état détaillé du mobilier sont établis dans les mêmes formes et en autant d'exemplaires que de parties lors de la remise et de la restitution des clés. Ces documents, établis contradictoirement et amiablement, sont signés par les parties ou par un tiers mandaté par elles et joints au contrat de location. Ces documents ne peuvent donner lieu à aucune autre facturation que celle liée à l'établissement de l'état des lieux.

Art. 25-6

Par dérogation à l'article 22, le montant du dépôt de garantie exigible par le bailleur est limité à deux mois de loyer en principal.

Art. 25-7

Le contrat de location est établi par écrit et respecte un contrat type défini par décret en Conseil d'État, pris après avis de la Commission nationale de concertation.

Il est conclu pour une durée d'au moins un an.

Si les parties au contrat ne donnent pas congé dans les conditions prévues à l'article 25-8, le contrat de location parvenu à son terme est reconduit tacitement pour une durée d'un an.

Lorsque la location est consentie à un étudiant, la durée du bail peut être réduite à neuf mois. Dans ce cas, la reconduction tacite prévue au troisième alinéa du présent article est inapplicable.

Art. 25-8

I. Le locataire peut résilier le contrat à tout moment, sous réserve du respect d'un préavis d'un mois, y

compris lorsque la durée du bail est réduite à neuf mois.
Le bailleur qui souhaite, à l'expiration du contrat, en modifier les conditions doit informer le locataire avec un préavis de trois mois. Si le locataire accepte les nouvelles conditions, le contrat est renouvelé pour un an.
Lorsqu'il donne congé à son locataire pour reprendre le logement, le bailleur justifie du caractère réel et sérieux de sa décision de reprise.
Le bailleur qui ne souhaite pas renouveler le contrat doit informer le locataire avec un préavis de trois mois et motiver son refus de renouvellement du bail soit par sa décision de reprendre ou de vendre le logement, soit par un motif légitime et sérieux, notamment l'inexécution par le locataire de l'une des obligations lui incombant.
À peine de nullité, le congé donné par le bailleur doit indiquer le motif allégué et, en cas de reprise, les nom et adresse du bénéficiaire de la reprise ainsi que la nature du lien existant entre le bailleur et le bénéficiaire de la reprise qui ne peut être que le bailleur, son conjoint, le partenaire auquel il est lié par un pacte civil de solidarité enregistré à la date du congé, son concubin notoire depuis au moins un an à la date du congé, ses ascendants, ses descendants ou ceux de son conjoint, de son partenaire ou de son concubin notoire.
En cas de contestation, le juge peut, même d'office, vérifier la réalité du motif du congé et le respect des obligations prévues au présent article. Il peut notamment déclarer non valide le congé si la non-reconduction du bail n'apparaît pas justifiée par des éléments sérieux et légitimes.
Le congé doit être notifié par lettre recommandée avec demande d'avis de réception ou signifié par acte d'un commissaire de justice ou remis en main propre contre récépissé ou émargement. Ce délai court à compter du jour de la réception de la lettre recommandée ou de la signification de l'acte du commissaire de justice ou de la remise en main propre.
Pendant le délai de préavis, le locataire n'est redevable du loyer et des charges que pour le temps où il a occupé réellement les lieux si le congé a été notifié par le bailleur. Il est redevable du loyer et des charges relatifs à l'intégralité de la période couverte par le préavis si c'est lui qui a notifié le congé, sauf si le logement se trouve occupé avant la fin du préavis par un autre locataire en accord avec le bailleur.
A l'expiration du délai de préavis, le locataire est déchu de tout titre d'occupation du logement loué.
II. Le bailleur ne peut s'opposer au renouvellement du contrat en donnant congé dans les conditions définies au I à l'égard de tout locataire âgé de plus de soixante-cinq ans et dont les ressources annuelles sont inférieures à un plafond de ressources en vigueur pour l'attribution des logements locatifs conventionnés fixé par arrêté du ministre chargé du logement, sans qu'un logement correspondant à ses besoins et à ses possibilités lui soit offert dans les limites géographiques prévues à l'article 13 bis de la loi 48-1360 du 1er septembre 1948 précitée.
Le présent alinéa est également applicable lorsque le locataire a à sa charge une personne de plus de soixante-cinq ans vivant habituellement dans le logement et remplissant la condition de ressources précitée et que le montant cumulé des ressources annuelles de l'ensemble des personnes vivant au foyer est inférieur au plafond de ressources déterminé par l'arrêté précité.
Toutefois, les dispositions du premier alinéa du présent II ne sont pas applicables lorsque le bailleur est une personne physique âgée de plus de soixante-cinq ans ou si ses ressources annuelles sont inférieures au plafond de ressources mentionné au même premier alinéa.
L'âge du locataire ou de la personne à sa charge et celui du bailleur sont appréciés à la date d'échéance du contrat ; le montant de leurs ressources est apprécié à la date de notification du congé.
III. Le fait pour un bailleur de délivrer un congé justifié frauduleusement par sa décision de reprendre ou de vendre le logement est puni d'une amende pénale dont le montant ne peut être supérieur à 6 000 € pour une personne physique et à 30 000 € pour une personne morale.
Le montant de l'amende est proportionné à la gravité des faits constatés. Le locataire est redevable dans sa constitution de partie civile et la demande de réparation de son préjudice.

Art. 25-9

Pour la révision du loyer, le I et IIIde l'article 17-1 sont applicables aux logements meublés.

L'article 17-2 est applicable aux logements meublés. La hausse du loyer convenue entre les parties ou fixée judiciairement s'applique au contrat renouvelé. Toutefois, si la hausse est supérieure à 10 %, elle s'applique par tiers annuel au contrat renouvelé et lors des renouvellements ultérieurs.

Lorsque les parties sont convenues, par une clause expresse, de travaux d'amélioration du logement que le bailleur fera exécuter ou d'acquisition d'équipements par le bailleur en sus de l'équipement initial, le contrat de location ou un avenant à ce contrat peut fixer une majoration de loyer consécutive à ces opérations.

Art. 25-10

Les charges locatives accessoires au loyer principal sont récupérées par le bailleur au choix des parties et tel que prévu par le contrat de bail :

1° Soit dans les conditions prévues à l'article 23, lorsqu'il s'agit de provisions pour charges ;

2° Soit sous la forme d'un forfait versé simultanément au loyer, dont le montant et la périodicité de versement sont définis dans le contrat et qui ne peut donner lieu à complément ou à régularisation ultérieure. Le montant du forfait de charges est fixé en fonction des montants exigibles par le bailleur en application du même article 23 et peut être révisé chaque année aux mêmes conditions que le loyer principal. Ce montant ne peut pas être manifestement disproportionné au regard des charges dont le locataire ou, le cas échéant, le précédent locataire se serait acquitté.

Art. 25-11

La commission départementale de conciliation mentionnée à l'article 20 est compétente pour l'examen des litiges relatifs aux logements meublés et résultant de l'application des dispositions relatives aux loyers, aux congés, à l'état des lieux et du mobilier, au dépôt de garantie, aux charges locatives, aux réparations et aux caractéristiques du logement mentionnées aux deux premiers alinéas de l'article 6.

Art. 25-12

Le bail mobilité est un contrat de location de courte durée d'un logement meublé au sens de l'article 25-4 à un locataire justifiant, à la date de la prise d'effet du bail, être en formation professionnelle, en études supérieures, en contrat d'apprentissage, en stage, en engagement volontaire dans le cadre d'un service civique prévu au II de l'article L 120-1 du Code du service national, en mutation professionnelle ou en mission temporaire dans le cadre de son activité professionnelle.

Le bail mobilité est régi par les dispositions du présent titre, qui sont d'ordre public. Sauf disposition contraire, les dispositions du titre Ier bis ne sont pas applicables.

Les articles 1, 3-2, 3-3, 4, 5, 6, 6-2, 7, 7-1 et 8, les I à IV de l'article 8-1 et les articles 18, 21, 22-1, 22-2, 25-4 et 25-5 sont applicables au bail mobilité (À partir du 24 août 2022 : Les articles 1er, 3-2, 3-3, 4, 5, 6, 6-2, 7, 7-1 et 8, les I à IV de l'article 8-1 et les articles 17, 18, 21, 22-1, 22-2, 25-4 et 25-5 sont applicables au bail mobilité).

La commission départementale de conciliation n'est pas compétente pour l'examen des litiges résultant de l'application des dispositions du présent titre.

Le présent titre ne s'applique ni aux logements-foyers, ni aux logements faisant l'objet d'une convention avec l'État portant sur leurs conditions d'occupation et leurs modalités d'attribution.

Art. 25-13

I. Le contrat de location est établi par écrit et précise :

1° Le nom ou la dénomination du bailleur et son domicile ou son siège social ainsi que, le cas échéant, ceux de son mandataire ;

2° Le nom du locataire ;

3° La date de prise d'effet ;

4° La durée du contrat de location conformément à l'article 25-14 ;

5° La consistance, la destination ainsi que la surface habitable de la chose louée, définie par le code de la construction et de l'habitation ;

6° La désignation des locaux et équipements d'usage privatif dont le locataire a la jouissance exclusive et, le cas échéant, l'énumération des parties, équipements et accessoires de l'immeuble qui font l'objet d'un usage commun ainsi que des équipements d'accès aux technologies de l'information et de la communication ;
7° Le montant du loyer et ses modalités de paiement ;
8° Le motif justifiant le bénéfice du bail mobilité conformément à l'article 25-12 ;
9° Le montant et la date de versement du dernier loyer appliqué au précédent locataire, dès lors que ce dernier a quitté le logement moins de dix-huit mois avant la signature du bail ;
10° La nature et le montant des travaux effectués dans le logement depuis la fin du dernier contrat de location ;
11° Une mention informant le locataire de l'interdiction pour le bailleur d'exiger le versement d'un dépôt de garantie.
Le contrat comporte en outre une mention selon laquelle le contrat de location est un bail mobilité régi par les dispositions du présent titre. À défaut de cette mention ou de l'une des informations prévues aux 4° ou 8° du I du présent article, le contrat de location est régi par les dispositions du titre Ier bis.
Lorsque l'immeuble est soumis au statut de la copropriété, le copropriétaire bailleur est tenu de communiquer au locataire les extraits du règlement de copropriété concernant la destination de l'immeuble, la jouissance et l'usage des parties privatives et communes, et précisant la quote-part afférente au lot loué dans chacune des catégories de charges.
Le bailleur ne peut pas se prévaloir de la violation du présent article.
En cas de mutation à titre gratuit ou onéreux du logement, le nouveau bailleur est tenu de notifier au locataire son nom ou sa dénomination et son domicile ou son siège social ainsi que, le cas échéant, ceux de son mandataire.
II. Toute clause prévoyant une solidarité entre les colocataires ou leurs cautions est réputée non écrite.

Art. 25-14

Le bail mobilité est conclu pour une durée minimale d'un mois et une durée maximale de dix mois, non renouvelable et non reconductible.
La durée du contrat de location, prévue au 4° du I de l'article 25-13, peut être modifiée une fois par avenant sans que la durée totale du contrat ne dépasse dix mois.
Si, au terme du contrat, les parties concluent un nouveau bail portant sur le même logement meublé, ce nouveau bail est soumis aux dispositions du titre Ier bis.

Art. 25-15

Le locataire peut résilier le contrat à tout moment, sous réserve de respecter un délai de préavis d'un mois.
Le congé doit être notifié par lettre recommandée avec demande d'avis de réception ou signifié par acte d'un commissaire de justice ou remis en main propre contre récépissé ou émargement. Le délai de préavis court à compter du jour de la réception de la lettre recommandée ou de la signification de l'acte d'un commissaire de justice ou de la remise en main propre.
Le locataire est redevable du loyer et des charges relatifs à l'intégralité de la période couverte par le préavis, sauf si le logement se trouve occupé avant la fin du préavis par un autre locataire en accord avec le bailleur.
À l'expiration du délai de préavis, le locataire est déchu de tout titre d'occupation du logement loué.

Art. 25-16

Le loyer est librement fixé et ne peut être révisé en cours de bail.

Art. 25-17

Aucun dépôt de garantie ne peut être exigé par le bailleur.

Art. 25-18

Les charges locatives accessoires au loyer principal sont récupérées par le bailleur sous la forme d'un forfait versé simultanément au loyer, dont le montant et la périodicité de versement sont définis dans le contrat et qui ne peut donner lieu à complément ou à régularisation ultérieure. Le montant du forfait de charges est fixé en fonction des montants exigibles par le bailleur en application de l'article 23. Ce montant ne peut pas être manifestement disproportionné au regard du dernier décompte par nature de charges rapporté à la périodicité de versement du forfait.

277 Loi 2018-1021 du 23-11-2018

Art. 140

I. À titre expérimental et pour une durée de cinq ans à compter de la publication de la présente loi, dans les zones mentionnées à l'article 17 de la loi 89-462 du 6 juillet 1989 tendant à améliorer les rapports locatifs et portant modification de la loi 86-1290 du 23 décembre 1986, les établissements publics de coopération intercommunale compétents en matière d'habitat, la commune de Paris, les établissements publics territoriaux de la métropole du Grand Paris, la métropole de Lyon et la métropole d'Aix-Marseille-Provence peuvent demander qu'un dispositif d'encadrement des loyers régi par le présent article soit mis en place.

Sur proposition du demandeur transmise dans un délai de deux ans à compter de la publication de la loi, un décret détermine le périmètre du territoire de la collectivité demandeuse sur lequel s'applique le dispositif, lorsque les conditions suivantes sont réunies :

1° Un écart important entre le niveau moyen de loyer constaté dans le parc locatif privé et le loyer moyen pratiqué dans le parc locatif social ;

2° Un niveau de loyer médian élevé ;

3° Un taux de logements commencés, rapporté aux logements existants sur les cinq dernières années, faible ;

4° Des perspectives limitées de production pluriannuelle de logements inscrites dans le programme local de l'habitat et de faibles perspectives d'évolution de celles-ci.

Pour chaque territoire ainsi délimité, le représentant de l'État dans le département fixe, chaque année, par arrêté, un loyer de référence, un loyer de référence majoré et un loyer de référence minoré, exprimés par un prix au mètre carré de surface habitable, par catégorie de logements et par secteur géographique.

Au plus tard six mois avant son terme, le Gouvernement remet au Parlement un rapport d'évaluation de cette expérimentation.

Les logements appartenant à ou gérés par des organismes d'habitations à loyer modéré mentionnés à l'article L 411-2 du Code de construction et de l'habitation ou appartenant à ou gérés par des sociétés d'économie mixte agréées en application de l'article L 481-1 du même Code, et faisant l'objet d'une convention mentionnée à l'article L 351-2 dudit Code sont exclus de cette expérimentation.

II. Pour l'application du I, les catégories de logements et les secteurs géographiques sont déterminés en fonction de la structuration du marché locatif constatée par l'observatoire local des loyers.

Chaque loyer de référence est égal au loyer médian calculé à partir des niveaux de loyers constatés par l'observatoire local des loyers selon les catégories de logements et les secteurs géographiques.

Chaque loyer de référence majoré et chaque loyer de référence minoré sont fixés, respectivement, par majoration et par minoration du loyer de référence.

Les compétences attribuées au représentant de l'État dans le département par le présent article sont exercées dans la région d'Île-de-France par le représentant de l'État dans la région.

Le loyer de référence majoré est égal à un montant supérieur de 20 % au loyer de référence.

Le loyer de référence minoré est égal au loyer de référence diminué de 30 %.

III.-A. Dans les territoires où s'applique l'arrêté mentionné au I, le loyer de base des logements mis en location est fixé librement entre les parties lors de la conclusion du contrat de bail, dans la limite du loyer de référence majoré. Une action en diminution de loyer peut être engagée si le loyer de base prévu dans le contrat de bail est supérieur au loyer de référence majoré en vigueur à la date de signature de ce contrat.

B. Un complément de loyer peut être appliqué au loyer de base tel que fixé au A du présent III pour des logements présentant des caractéristiques de localisation ou de confort le justifiant, par comparaison avec les logements de la même catégorie situés dans le même secteur géographique.
Le montant du complément de loyer et les caractéristiques du logement le justifiant sont mentionnés au contrat de bail.
Lorsqu'un complément de loyer est appliqué, le loyer s'entend comme la somme du loyer de base et de ce complément.
Un complément de loyer ne peut être appliqué à un loyer de base inférieur au loyer de référence majoré.
Le locataire qui souhaite contester le complément de loyer dispose d'un délai de trois mois à compter de la signature du bail pour saisir la commission départementale de conciliation prévue à l'article 20 de la loi 89-462 du 6 juillet 1989 précitée, sauf lorsqu'il s'agit d'un bail mobilité soumis au titre Ier ter de la même loi.
En cas de contestation, il appartient au bailleur de démontrer que le logement présente des caractéristiques de localisation ou de confort le justifiant, par comparaison avec les logements de la même catégorie situés dans le même secteur géographique.
En cas de conciliation, le montant du loyer, tenant compte de l'éventuel complément de loyer, est celui fixé par le document de conciliation délivré par la commission départementale de conciliation.
En l'absence de conciliation, le locataire dispose d'un délai de trois mois à compter de la réception de l'avis de la commission départementale de conciliation pour saisir le juge d'une demande en annulation ou en diminution du complément de loyer. La fin de non-recevoir tirée de l'absence de saisine préalable de la commission départementale de conciliation peut être soulevée d'office par le juge.
Dans les deux cas, le loyer résultant du document de conciliation ou de la décision de justice s'applique à compter de la prise d'effet du bail.
IV. L'arrêté mentionné au I du présent article fixe, pour les logements meublés soumis aux titres Ier bis et Ier ter de la loi 89-462 du 6 juillet 1989 précitée un loyer de référence, un loyer de référence majoré et un loyer de référence minoré par catégorie de logement et par secteur géographique. Le loyer de référence, le loyer de référence majoré et le loyer de référence minoré sont déterminés par l'application d'une majoration unitaire par mètre carré aux loyers de référence définis au II du présent article pour tenir compte du caractère meublé du logement. Cette majoration est déterminée à partir des écarts constatés entre les loyers des logements loués nus et les loyers des logements loués meublés observés par l'observatoire local des loyers.
Le complément de loyer tient compte des équipements et services associés aux logements meublés.
Ces dispositions ne sont pas applicables aux logements meublés situés dans une résidence avec services gérée selon un mode d'organisation adapté aux nécessités des résidents par un mandataire unique, définis au c du 4° de l'article 261 D du Code général des impôts.
V. Le contrat de location précise le loyer de référence et le loyer de référence majoré, correspondant à la catégorie de logements. En cas d'absence dans le contrat de location de cette mention, le locataire peut, dans un délai d'un mois à compter de la prise d'effet du contrat de location, mettre en demeure le bailleur de porter cette information au bail. À défaut de réponse du bailleur dans le délai d'un mois ou en cas de refus de ce dernier, le locataire peut saisir, dans le délai de trois mois à compter de la mise en demeure, la juridiction compétente afin d'obtenir, le cas échéant, la diminution du loyer.
VI. Lors du renouvellement du contrat, une action en réévaluation de loyer peut être engagée dès lors que le loyer est inférieur au loyer de référence minoré. Toutefois, cette action ne peut pas être engagée pour les logements de la classe F ou de la classe G, au sens de l'article L 173-1-1 du Code de la construction et de l'habitation..
Lors du renouvellement du contrat, une action en réévaluation de loyer peut être engagée dès lors que le loyer est inférieur au loyer de référence minoré. Toutefois, cette action ne peut pas être engagée pour les logements de la classe F ou de la

classe G, au sens de l'article L 173-1-1 du Code de la construction et de l'habitation.

Dans les cas prévus aux deux premiers alinéas du présent VI, l'une ou l'autre des parties peut proposer un nouveau loyer à son cocontractant, au moins six mois avant le terme du contrat pour le bailleur et au moins cinq mois avant le terme du contrat pour le locataire, dans les conditions de forme prévues à l'article 15 de la loi 89-462 du 6 juillet 1989 précitée. Le montant du loyer de référence majoré ou minoré pris en compte correspond à celui qui est en vigueur à la date de la proposition émise par l'une des parties.

Le nouveau loyer proposé dans le cadre d'une action en réévaluation de loyer est inférieur ou égal au loyer de référence minoré. Le locataire peut, par référence aux loyers habituellement constatés dans le voisinage pour des logements comparables, contester l'action en réévaluation de loyer selon la procédure prévue au présent article.

Les loyers servant de référence doivent être représentatifs de l'ensemble des loyers habituellement constatés dans le voisinage pour des logements comparables, situés soit dans le même groupe d'immeubles, soit dans tout autre groupe d'immeubles comportant des caractéristiques similaires et situés dans la même zone géographique.

Le nombre minimal de références à fournir est de trois. Toutefois, il est de six dans les communes, dont la liste est fixée par décret, faisant partie d'une agglomération de plus d'un million d'habitants.

Lorsque le bailleur fait application du présent VI, il ne peut donner congé au locataire pour la même échéance du contrat.

La notification d'une proposition d'un nouveau loyer reproduit intégralement, à peine de nullité, les dispositions du présent VI et mentionne le montant du loyer ainsi que le loyer de référence majoré ou le loyer de référence minoré ayant servi à le déterminer.

En cas de désaccord ou à défaut de réponse du cocontractant saisi quatre mois avant le terme du contrat, l'une ou l'autre des parties peut saisir la commission départementale de conciliation mentionnée à l'article 20 de la loi 89-462 du 6 juillet 1989 précitée.

À défaut d'accord constaté par la commission départementale de conciliation, le juge peut être saisi avant le terme du contrat. À défaut de saisine du juge, le contrat est reconduit de plein droit aux conditions antérieures du loyer, éventuellement révisé en application de l'article 17-1 de la même loi. Le contrat dont le loyer est fixé judiciairement est réputé renouvelé pour la durée définie aux articles 10 et 25-7 de ladite loi, à compter de la date d'expiration du contrat. La décision du juge est exécutoire par provision.

Lorsque les parties s'accordent sur une hausse du loyer ou lorsque cette hausse est fixée judiciairement, celle-ci s'applique par tiers ou par sixième selon la durée du contrat.

Toutefois, cette hausse s'applique par sixième annuel au contrat renouvelé, puis lors du renouvellement ultérieur, dès lors qu'elle est supérieure à 10 % si le premier renouvellement avait une durée inférieure à six ans.

Lorsque la hausse du loyer convenue entre les parties ou fixée judiciairement porte sur un contrat de location soumis aux dispositions du titre Ier bis de la loi 89-462 du 6 juillet 1989 précitée, elle s'applique au contrat renouvelé. Toutefois, si la hausse est supérieure à 10 %, elle s'applique par tiers annuel au contrat renouvelé et lors des renouvellements ultérieurs.

La révision éventuelle résultant de l'article 17-1 de la même loi s'applique à chaque valeur ainsi définie.

VII. Lorsque le représentant de l'État dans le département constate qu'un contrat de bail ne respecte pas les dispositions du A du III, il peut mettre en demeure le bailleur, dans un délai de deux mois, d'une part, de mettre le contrat en conformité avec le présent article et, d'autre part, de procéder à la restitution des loyers trop-perçus. Le bailleur est informé des sanctions qu'il encourt et de la possibilité de présenter, dans un délai d'un mois, ses observations.

Si cette mise en demeure reste infructueuse, le représentant de l'État dans le département peut prononcer une amende à l'encontre du bailleur, dont le montant ne peut excéder 5 000 € pour une personne physique et 15 000 € pour une personne morale. Cette décision est motivée et indique les voies et délais de recours. L'amende est prononcée après que l'intéressé a été mis à même de présenter ses observations.

Le prononcé de l'amende ne fait pas obstacle à ce que le locataire engage une action en diminution de loyer.

VIII. Un décret en Conseil d'État fixe les modalités d'application du présent article.

278 Décret 67-128 du 14-2-1967

Art. 1

Sera punie d'une amende de 3750 € toute personne qui, à l'occasion d'une location saisonnière ou d'une offre de location saisonnière d'un local meublé, en vue de l'habitation, aura fourni des renseignements manifestement inexacts sur la situation de l'immeuble, la consistance et l'état des lieux, les éléments de confort ou l'ameublement.

En cas de récidive, l'amende pourra être portée à 7 500 €.

279 Décret 2002-120 du 30-1-2002

Art. 1

Un logement décent est un logement qui répond aux caractéristiques définies par le présent décret.

Art. 2

Le logement doit satisfaire aux conditions suivantes, au regard de la sécurité physique et de la santé des locataires :

1. Il assure le clos et le couvert. Le gros oeuvre du logement et de ses accès est en bon état d'entretien et de solidité et protège les locaux contre les eaux de ruissellement et les remontées d'eau. Les menuiseries extérieures et la couverture avec ses raccords et accessoires assurent la protection contre les infiltrations d'eau dans l'habitation. Pour les logements situés en Guadeloupe, en Guyane, en Martinique, à La Réunion et à Mayotte, il peut être tenu compte, pour l'appréciation des conditions relatives à la protection contre les infiltrations d'eau, des conditions climatiques spécifiques à ces collectivités ;
2. Il est protégé contre les infiltrations d'air parasites. Les portes et fenêtres du logement ainsi que les murs et parois de ce logement donnant sur l'extérieur ou des locaux non chauffés présentent une étanchéité à l'air suffisante. Les ouvertures des pièces donnant sur des locaux annexes non chauffés sont munies de portes ou de fenêtres. Les cheminées doivent être munies de trappes. Ces dispositions ne sont pas applicables en Guadeloupe, en Guyane, en Martinique, à La Réunion et à Mayotte ;
3. Les dispositifs de retenue des personnes, dans le logement et ses accès, tels que garde-corps des fenêtres, escaliers, loggias et balcons, sont dans un état conforme à leur usage ;
4. La nature et l'état de conservation et d'entretien des matériaux de construction, des canalisations et des revêtements du logement ne présentent pas de risques manifestes pour la santé et la sécurité physique des locataires ;
5. Les réseaux et branchements d'électricité et de gaz et les équipements de chauffage et de production d'eau chaude sont conformes aux normes de sécurité définies par les lois et règlements et sont en bon état d'usage et de fonctionnement ;
6. Le logement permet une aération suffisante. Les dispositifs d'ouverture et les éventuels dispositifs de ventilation des logements sont en bon état et permettent un renouvellement de l'air et une évacuation de l'humidité adaptés aux besoins d'une occupation normale du logement et au fonctionnement des équipements ;
7. Les pièces principales, au sens du troisième alinéa de l'article R 111-1 du Code de la construction et de l'habitation, bénéficient d'un éclairement naturel suffisant et d'un ouvrant donnant à l'air libre ou sur un volume vitré donnant à l'air libre.

Art. 3

Le logement comporte les éléments d'équipement et de confort suivants :

1. Une installation permettant un chauffage normal, munie des dispositifs d'alimentation en énergie et d'évacuation des produits de combustion et adaptée aux caractéristiques du logement. Pour les logements situés en Guadeloupe, en Guyane, en Martinique, à La Réunion et à Mayotte, il peut ne pas être fait application de ces dispositions lorsque les conditions climatiques le justifient ;
2. Une installation d'alimentation en eau potable assurant à l'intérieur du logement la distribution avec une pression et un débit suffisants pour l'utilisation normale de ses locataires ;
3. Des installations d'évacuation des eaux ménagères et des eaux-vannes empêchant le refoulement des odeurs et des effluents et munies de siphon ;
4. Une cuisine ou un coin cuisine aménagé de manière à recevoir un appareil de cuisson et comprenant un évier raccordé à une installation d'alimentation en eau chaude et froide et à une installation d'évacuation des eaux usées ;
5. Une installation sanitaire intérieure au logement comprenant un w.-c., séparé de la cuisine et de la pièce où sont pris les repas, et un équipement pour la toilette corporelle, comportant une baignoire ou une douche, aménagé de manière à garantir l'intimité personnelle, alimenté en eau chaude et froide et muni d'une évacuation des eaux usées. L'installation sanitaire d'un logement d'une seule pièce peut être limitée à un w.-c. extérieur au logement à condition que ce w.-c. soit situé dans le même bâtiment et facilement accessible ;
6. Un réseau électrique permettant l'éclairage suffisant de toutes les pièces et des accès ainsi que le fonctionnement des appareils ménagers courants indispensables à la vie quotidienne.

Dans les logements situés en Guadeloupe, en Guyane, en Martinique, à La Réunion et à Mayotte, les dispositions relatives à l'alimentation en eau chaude prévues aux 4 et 5 ci-dessus ne sont pas applicables.

Art. 3 bis

En France métropolitaine, le logement a une consommation d'énergie, estimée par le diagnostic de performance énergétique défini à l'article L 126-26 du Code de la construction et de l'habitation, inférieure à 450 kilowattheures d'énergie finale par mètre carré de surface habitable et par an.

La surface habitable mentionnée à l'alinéa précédent est celle définie à l'article R 156-1 du Code de la construction et de l'habitation en incluant la superficie des vérandas chauffées écartée par le troisième alinéa de ce même article.

Art. 4

Le logement dispose au moins d'une pièce principale ayant soit une surface habitable au moins égale à 9 mètres carrés et une hauteur sous plafond au moins égale à 2,20 mètres, soit un volume habitable au moins égal à 20 mètres cubes.

La surface habitable et le volume habitable sont déterminés conformément aux dispositions des deuxième et troisième alinéas de l'article R 156-1 du Code de la construction et de l'habitation.

Art. 5

Le logement qui fait l'objet d'un arrêté de mise en sécurité ou de traitement de l'insalubrité pris en application de l'article L 511-11 du Code de la construction et de l'habitation ne peut être considéré comme un logement décent.

Art. 6

Les travaux d'amélioration prévus à l'article 1er de la loi du 12 juillet 1967 susvisée sont ceux qui ont pour but exclusif de mettre les locaux en conformité avec tout ou partie des dispositions des articles 1er à 4 du présent décret, sans aboutir à dépasser les caractéristiques qui y sont définies.

Les articles 1er, 5 à 14 et 17 du décret du 9 novembre 1968 susvisé sont abrogés.

280 Décret 2015-587 du 29-5-2015

ANNEXE 2 - Contrat type de location ou de colocation de logement meublé

(Soumis au titre Ier bis de la loi du 6 juillet 1989 tendant à améliorer les rapports locatifs et portant modification de la loi 86-1290 du 23 décembre 1986)

Champ du contrat type : Le présent contrat type de location est applicable aux locations et aux colocations de logement meublé et qui constitue la résidence principale du preneur, à l'exception :

- des colocations formalisées par la conclusion de plusieurs contrats entre les locataires et le bailleur ;
- des locations de logements faisant l'objet d'une convention passée en application de l'article L351-2 ou de l'article L321-8 du Code de la construction et de l'habitation ;
- des locations de logement appartenant à un organisme d'habitation à loyer modéré et ne faisant pas l'objet d'une convention passée en application de l'article L351-2 précité.

Modalités d'application du contrat type : Le régime de droit commun en matière de baux d'habitation est défini principalement par la loi 89-462 du 6 juillet 1989 modifiée. L'ensemble de ces dispositions étant d'ordre public, elles s'imposent aux parties qui, en principe, ne peuvent pas y renoncer.

En conséquence :

- le présent contrat type de location contient uniquement les clauses essentielles du contrat dont la législation et la réglementation en vigueur au jour de sa publication imposent la mention par les parties dans le contrat. Il appartient cependant aux parties de s'assurer des dispositions applicables au jour de la conclusion du contrat.
- au-delà de ces clauses, les parties sont également soumises à l'ensemble des dispositions légales et réglementaires d'ordre public applicables aux baux d'habitation sans qu'il soit nécessaire de les faire figurer dans le contrat et qui sont rappelées utilement dans la notice d'information qui doit être jointe à chaque contrat.
- les parties sont libres de prévoir dans le contrat d'autres clauses particulières, propres à chaque location, dans la mesure où celles-ci sont conformes aux dispositions législatives et réglementaires en vigueur. Les parties peuvent également convenir de l'utilisation de tout autre support pour établir leur contrat, dans le respect du présent contrat type.

Le contrat type de location ou de colocation contient les éléments suivants :

I. Désignation des parties

Le présent contrat est conclu entre les soussignés :

- [nom et prénom, ou dénomination du bailleur / domicile ou siège social / qualité du bailleur (personne physique, personne morale, (1)) / adresse électronique (facultatif)] (2) désigné(s) ci-après le bailleur.
- [nom ou raison sociale et adresse du mandataire ainsi que l'activité exercée] ;
- Le cas échéant [numéro et lieu de délivrance de la carte professionnelle / nom et adresse du garant] (3).
- [nom et prénom du ou des locataires ou, en cas de colocation, des colocataires, adresse électronique (facultatif)] désigné(s) ci-après le locataire.

Il a été convenu ce qui suit :

II. Objet du contrat

Le présent contrat a pour objet la location d'un logement ainsi déterminé :

A. Consistance du logement

- localisation du logement : [exemples : adresse / bâtiment / étage / porte etc.] ;
- identifiant fiscal du logement [Numéro Identifiant Fiscal du logement] - type d'habitat : [immeuble collectif ou individuel] ;
- type d'habitat : [immeuble collectif ou individuel] ;
- période de construction : [exemples : avant 1949, de 1949 à 1974, de 1975 à 1989, de 1989 à 2005, depuis 2005] ;
- nombre de pièces principales : [...] ; - le cas échéant, autres parties du logement : [exemples : grenier, comble aménagé ou non, terrasse, balcon, loggia, jardin etc.] ;;
- le cas échéant, Eléments d'équipements du logement : [exemples : cuisine équipée, détail des installations sanitaires etc.] ; - modalité de production chauffage : [individuel ou collectif] (27)
- rappel : un logement décent doit respecter les critères minimaux de performance suivants :

a) En France métropolitaine :

i) A compter du 1er janvier 2025, le niveau de performance minimal correspond à la classe F du DPE ;
ii) A compter du 1er janvier 2028, le niveau de performance minimal correspond à la classe E du DPE ;
iii) A compter du 1er janvier 2034, le niveau de performance minimal correspond à la classe D du DPE.
b) En Guadeloupe, en Martinique, en Guyane, à La Réunion et à Mayotte :
i) A compter du 1er janvier 2028, le niveau de performance minimal du logement correspond à la classe F du DPE ;
ii) A compter du 1er janvier 2031, le niveau de performance minimal du logement correspond à la classe E du DPE.
- modalité de production chauffage : [individuel ou collectif] (4) ;
- modalité de production d'eau chaude sanitaire : [individuelle ou collective] (5).
- La consommation d'énergie finale et le niveau de performance du logement sont déterminés selon la méthode du diagnostic de performance énergétique mentionné à l'article L. 126-26 du code de la construction et de l'habitation ne doit pas excéder, à compter du 1er janvier 2028, le seuil fixé au I de l'article L 173-2 du même Code (5 bis).
B. Destination des locaux : [usage d'habitation ou usage mixte professionnel et d'habitation]
C. Le cas échéant, Désignation des locaux et équipements accessoires de l'immeuble à usage privatif du locataire : [exemples : cave, parking, garage, etc.]
D. Le cas échéant, Enumération des locaux, parties, équipements et accessoires de l'immeuble à usage commun : [Garage à vélo, ascenseur, espaces verts, aires et équipements de jeux, laverie, local poubelle, gardiennage, autres prestations et services collectifs etc.]
E. Le cas échéant, Équipement d'accès aux technologies de l'information et de la communication : [exemples : modalités de réception de la télévision dans l'immeuble, modalités de raccordement internet etc.]

III. Date de prise d'effet et durée et du contrat
La durée du contrat et sa date de prise d'effet sont ainsi définies :
A. Date de prise d'effet du contrat : [...]
B. Durée du contrat : [durée minimale d'un an ou de neuf mois si la location est consentie à un étudiant]
À l'exception des locations consenties à un étudiant pour une durée de neuf mois, les contrats de location de logements meublés sont reconduits tacitement à leur terme pour une durée d'un an et dans les mêmes conditions. Le locataire peut mettre fin au bail à tout moment, après avoir donné congé. Le bailleur peut, quant à lui, mettre fin au bail à son échéance et après avoir donné congé, soit pour reprendre le logement en vue de l'occuper lui-même ou une personne de sa famille, soit pour le vendre, soit pour un motif sérieux et légitime.
Les contrats de locations meublées consenties à un étudiant pour une durée de neuf mois ne sont pas reconduits tacitement à leur terme et le locataire peut mettre fin au bail à tout moment, après avoir donné congé. Le bailleur peut, quant à lui, mettre fin au bail à son échéance et après avoir donné congé.

IV. Conditions financières
Les parties conviennent des conditions financières suivantes :
A. Loyer
1 ° Fixation du loyer initial :
a) Montant du loyer mensuel : [...] (6).
b) Le cas échant, Modalités particulières de fixation initiale du loyer applicables dans certaines zones tendues (7) :
- le loyer du logement objet du présent contrat est soumis au décret fixant annuellement le montant maximum d'évolution des loyers à la relocation : [Oui / Non] ;
- le loyer du logement objet du présent contrat est soumis au loyer de référence majoré fixé par arrêté préfectoral : [Oui / Non].
- montant du loyer de référence : [...] €/m² / Montant du loyer de référence majoré : [...] €/m² ;
- Le cas échéant, Complément de loyer : [si un complément de loyer est prévu, indiquer le montant du loyer de base, nécessairement égal au loyer de référence majoré,, le montant du complément de

loyer et les caractéristiques du logement justifiant le complément de loyer].
c) Le cas échéant, Informations relatives au loyer du dernier locataire : [montant du dernier loyer acquitté par le précédent locataire, date de versement et date de la dernière révision du loyer] (8).
2° Le cas échéant, Modalités de révision :
a) Date de révision : [...].
b) Date ou trimestre de référence de l'IRL : [...].

B. Charges récupérables

1. Modalité de règlement des charges récupérables : [Provisions sur charges avec régularisation annuelle ou paiement périodique des charges sans provision ou récupération des charges par le bailleur sous la forme d'un forfait].
2. Le cas échéant, Montant des provisions sur charges ou, en cas de colocation, du forfait de charge : [...].
3. Le cas échéant, En cas de colocation et si les parties en conviennent, modalités de révision du forfait de charges : [...] (10).

C. Le cas échéant, contribution pour le partage des économies de charges : (11)
1. Montant et durée de la participation du locataire restant à courir au jour de la signature du contrat : [...]
2. Éléments propres à justifier les travaux réalisés donnant lieu à cette contribution : [...].

D. Le cas échéant, En cas de colocation souscription par le bailleur d'une assurance pour le compte des colocataires (12) : [Oui / Non]
1. Montant total annuel récupérable au titre de l'assurance pour compte des colocataires : [...](13).
2. Montant récupérable par douzième : [...].

E. Modalités de paiement

- périodicité du paiement : [...(12)] ;
- paiement [à échoir / à terme échu] ;
- date ou période de paiement : [...] ;
- le cas échéant, Lieu de paiement : [...] ;
- le cas échéant, Montant total du à la première échéance de paiement pour une période complète de location : [Détailler la somme des montants relatifs au loyer, aux charges récupérable, à la contribution pour le partage des économies de charges et, en cas de colocation, à l'assurance récupérable pour le compte des colocataires].

E. Le cas échéant, exclusivement lors d'un **renouvellement** de contrat, Modalités de **réévaluation** d'un loyer manifestement sous-évalué.
1. Montant de la hausse ou de la baisse de loyer mensuelle : [...].
2. Modalité d'application annuelle de la hausse : [par tiers ou par sixième selon la durée du contrat et le montant de la hausse de loyer].

G. Dépenses énergétiques (pour information)

Montant estimé des dépenses annuelles d'énergie pour un usage standard de l'ensemble des usages énumérés dans le diagnostic de performance énergétique (chauffage, refroidissement, production d'eau chaude sanitaire, éclairage et auxiliaires de chauffage, de refroidissement, d'eau chaude sanitaire et de ventilation) mentionné à l'article L 126-26 du Code de la construction et de l'habitation : [montant ou fourchette inscrit dans le diagnostic de performance énergétique] (estimation réalisée à partir des prix énergétiques de référence de l'année : [année de référence des prix énergétiques du diagnostic énergétique à l'origine de l'estimation]).

V. Travaux

A. Le cas échéant, Montant et nature des travaux d'amélioration ou de mise en conformité avec les caractéristiques de décence effectués depuis la fin du dernier contrat de location ou depuis le dernier renouvellement : [...] (13)
B. Le cas échéant, Majoration du loyer en cours de bail consécutive à des travaux d'amélioration entrepris par le bailleur ou d'acquisitions d'équipements : [nature des travaux ou des équipements, modalités d'exécution, délai de réalisation ou d'acquisition ainsi que montant de la majoration du loyer] (14)
C. Le cas échéant, Diminution de loyer en cours de bail consécutive à des travaux entrepris par le locataire : [durée de cette diminution et, en cas de départ anticipé du locataire, modalités de son dédommagement sur justification des dépenses effectuées]

VI. Garanties

Le cas échéant, Montant du dépôt de garantie de l'exécution des obligations du locataire : [inférieur ou égal à deux mois de loyers hors charges].

VII. Le cas échéant, **Clause de solidarité**
Modalités particulières des obligations en cas de pluralité de locataires : [clause prévoyant la solidarité des locataires et l'indivisibilité de leurs obligations en cas de pluralité de locataires].
VIII. Le cas échéant, **Clause résolutoire**
Modalités de résiliation de plein droit du contrat : [clause prévoyant la résiliation de plein droit du contrat de location pour un défaut de paiement du loyer ou des charges aux termes convenus, le non versement du dépôt de garantie, la non-souscription d'une assurance des risques locatifs ou le non-respect de l'obligation d'user paisiblement des locaux loués, résultant de troubles de voisinage constatés par une décision de justice passée en force de chose jugée].
IX. Le cas échéant, **Honoraires de location** (15)
A. Dispositions applicables
Il est rappelé les dispositions du I de l'article 5 de la loi du 6 juillet 1989, alinéas 1 à 3 : La rémunération des personnes mandatées pour se livrer ou prêter leur concours à l'entremise ou à la négociation d'une mise en location d'un logement, tel que défini aux articles 2 et 25-3, est à la charge exclusive du bailleur, à l'exception des honoraires liés aux prestations mentionnées aux deuxième et troisième alinéas du présent I.
Les honoraires des personnes mandatées pour effectuer la visite du preneur, constituer son dossier et rédiger un bail sont partagés entre le bailleur et le preneur. Le montant toutes taxes comprises imputé au preneur pour ces prestations ne peut excéder celui imputé au bailleur et demeure inférieur ou égal à un plafond par mètre carré de surface habitable de la chose louée fixé par voie réglementaire et révisable chaque année, dans des conditions définies par décret. Ces honoraires sont dus à la signature du bail.
Les honoraires des personnes mandatées pour réaliser un état des lieux sont partagés entre le bailleur et le preneur. Le montant toutes taxes comprises imputé au locataire pour cette prestation ne peut excéder celui imputé au bailleur et demeure inférieur ou égal à un plafond par mètre carré de surface habitable de la chose louée fixé par voie réglementaire et révisable chaque année, dans des conditions définies par décret. Ces honoraires sont dus à compter de la réalisation de la prestation.
Plafonds applicables :
- montant du plafond des honoraires imputables aux locataires en matière de prestation de visite du preneur, de constitution de son dossier et de rédaction de bail : [...] €/m² de surface habitable ;
- montant du plafond des honoraires imputables aux locataires en matière d'établissement de l'état des lieux d'entrée : [...] €/m² de surface habitable.
B. Détail et répartition des honoraires
1. Honoraires **à la charge du bailleur** :
- prestations de visite du preneur, de constitution de son dossier et de rédaction de bail : [détail des prestations effectivement réalisées et montant des honoraires toutes taxes comprises dus à la signature du bail] ;
- le cas échéant, Prestation de réalisation de l'état des lieux d'entrée : [montant des honoraires toutes taxes comprises dus à compter de la réalisation de la prestation] ;
- le cas échéant, Autres prestations : [détail des prestations et conditions de rémunération].
2. Honoraires **à la charge du locataire** :
- prestations de visite du preneur, de constitution de son dossier et de rédaction de bail : [détail des prestations effectivement réalisées et montant des honoraires toutes taxes comprises dus à la signature du bail] ;
- le cas échéant, Prestation de réalisation de l'état des lieux d'entrée : [montant des honoraires toutes taxes comprises dus à compter de la réalisation de la prestation].
X. Autres conditions particulières
[A définir par les parties]
XI. Annexes
Sont annexées et jointes au contrat de location les pièces suivantes :
A. Le cas échéant, un extrait du **règlement** concernant la destination de l'immeuble, la jouissance et l'usage des parties privatives et communes, et précisant la quote-part afférente au lot loué dans chacune des catégories de charges
B. Un dossier de **diagnostic technique** comprenant
- un diagnostic de performance énergétique ;

- un constat de risque d'exposition au plomb pour les immeubles construits avant le 1er janvier 1949 ;
- le cas échéant, une copie d'un état mentionnant l'absence ou la présence de matériaux ou de produits de la construction contenant de l'amiante (16) ;
- le cas échéant, Un état de l'installation intérieure d'électricité et de gaz, dont l'objet est d'évaluer les risques pouvant porter atteinte à la sécurité des personnes (17) ;
- le cas échéant, un état des risques naturels et technologiques pour le zones couvertes par un plan de prévention des risques technologiques ou par un plan de prévention des risques naturels prévisibles, prescrit ou approuvé, ou dans des zones de sismicité (18).

C. Une **notice d'information** relative aux droits et obligations des locataires et des bailleurs

D. Un **état des lieux**, un inventaire et un état détaillé du mobilier (19)

E. Le cas échéant, une autorisation préalable de mise en location (20)

F. Le cas échéant, les références aux loyers habituellement constatés dans le voisinage pour des logements comparables (21)

Le [date], à [lieu],

Signature du bailleur [ou de son mandataire, le cas échéant]

Signature du locataire

(1) Préciser si la personne morale est une société civile constituée exclusivement entre parents et alliés jusqu'au quatrième degré inclus.

(2) A reproduire si pluralité de bailleur.

(3) Mention obligatoire s'appliquant aux professionnels exerçant une activité mentionnée à l'article 1 de la loi 70-9 du 2 janvier 1970 réglementant les conditions d'exercice des activités relatives à certaines opérations portant sur les immeubles et les fonds de commerce.

(4) Si chauffage collectif, préciser les modalités de répartition de la consommation du locataire.

(5) En cas de production collective, préciser les modalités de répartition de la consommation du locataire.

(5 bis) Mention obligatoire s'appliquant aux logements dont la consommation énergétique, déterminée selon la méthode du diagnostic de performance énergétique mentionné à l'article L 126-26 du Code de la construction et de l'habitation, excède le seuil fixé au I de l'article L 173-2 du même Code.

(6) Limité aux événements précis qui justifient que le bailleur personne physique ait à reprendre le local pour des raisons professionnelles ou familiales.

(7) Lorsqu'un complément de loyer est appliqué, le loyer mensuel s'entend comme la somme du loyer de base et de ce complément.

(8) Zones d'urbanisation continue de plus de 50 000 habitants où il existe un déséquilibre marqué entre l'offre et la demande de logements, entraînant des difficultés sérieuses d'accès au logement sur l'ensemble du parc résidentiel telles que définies par décret.

(9) Mention obligatoire si le précédent locataire a quitté le logement moins de dix-huit mois avant le signature du bail.

(10) Si les parties conviennent d'un forfait de charges et de sa révision annuelle, ce forfait est révisé dans les mêmes conditions que le loyer principal.

(11) Art. 23-1 de la loi n° 89-462 du 6 juillet 1989.

(12) Au cours de l'exécution du contrat de location et dans les conditions prévues par la loi, les colocataires peuvent provoquer la résiliation de l'assurance souscrite par le bailleur pour leur compte.

(13) Correspond au montant de la prime d'assurance annuelle, éventuellement majoré dans la limite d'un montant fixé par décret en Conseil d'État.

(14) Paiement mensuel de droit à tout moment à la demande du locataire.

(15) Le cas échéant, préciser par ailleurs le montant des travaux d'amélioration effectués au cours des six dernier mois.

(16) Clause invalide pour les travaux de mise en conformité aux caractéristiques de décence.

(17) A mentionner lorsque le contrat de location est conclu avec le concours d'une personne mandatée et rémunérée à cette fin.

(18) À compter de l'entrée en vigueur du décret d'application lisant notamment les matériaux ou produits concernés.

(19) À compter de la date d'entrée en vigueur de cette disposition, prévue par décret.

(20) La liste des communes comprises dans ces zones est définie localement par arrêté préfectoral.

(21) Ces documents sont établis lors de la remise des clés, dont la date peut être ultérieure à celle de conclusion du contrat.
(22) Dispositif applicable dans certains territoires présentant une proportion importante d'habitat dégradé délimité localement par l'établissement public de coopération intercommunale compétent en matière d'habitat ou, à défaut, le conseil municipal (art. 92 de la loi n° 2014-366 du 24 mars 2014 pour l'accès au logement et un urbanisme rénové).
(23) Lorsque la détermination du montant du loyer est la conséquence d'une procédure liée au fait que le loyer précédemment appliqué était manifestement sous-évalué.
(24) Préciser si la personne morale est une société civile constituée exclusivement entre parents et alliés jusqu'au quatrième degré inclus.
(25) A reproduire si pluralité de bailleur.
(26) Mention obligatoire s'appliquant aux professionnels exerçant une activité mentionnée à l'article 1er de la loi n° 70-9 du 2 janvier 1970 réglementant les conditions d'exercice des activités relatives à certaines opérations portant sur les immeubles et les fonds de commerce.
(27) Si chauffage collectif, préciser les modalités de répartition de la consommation du locataire.
(28) En cas de production collective, préciser les modalités de répartition de la consommation du locataire.
(29) Lorsqu'un complément de loyer est appliqué, le loyer mensuel s'entend comme la somme du loyer de base et de ce complément.
(30) Zones d'urbanisation continue de plus de 50 000 habitants où il existe un déséquilibre marqué entre l'offre et la demande de logements, entraînant des difficultés sérieuses d'accès au logement sur l'ensemble du parc résidentiel telles que définies par décret.
(31) Mention obligatoire si le précédent locataire a quitté le logement moins de dix-huit mois avant la signature du bail.
(32) Si les parties conviennent d'un forfait de charges et de sa révision annuelle, ce forfait est révisé dans les mêmes conditions que le loyer principal.
(33) Au cours de l'exécution du contrat de location et dans les conditions prévues par la loi, les colocataires peuvent provoquer la résiliation de l'assurance souscrite par le bailleur pour leur compte.
(34) Correspond au montant de la prime d'assurance annuelle, éventuellement majoré dans la limite d'un montant fixé par décret en Conseil d'Etat.
(35) Paiement mensuel de droit à tout moment à la demande du locataire.
(36) Le cas échéant, préciser par ailleurs le montant des travaux d'amélioration effectués au cours des six dernier mois.
(37) Clause invalide pour les travaux de mise en conformité aux caractéristiques de décence.
(38) A mentionner lorsque le contrat de location est conclu avec le concours d'une personne mandatée et rémunérée à cette fin.
(39) A compter de l'entrée en vigueur du décret d'application lisant notamment les matériaux ou produits concernés.
(40) A compter de la date d'entrée en vigueur de cette disposition, prévue par décret.
(41) La liste des communes comprises dans ces zones est définie localement par arrêté préfectoral. ;
(42) Ces documents sont établis lors de la remise des clés, dont la date peut être ultérieure à celle de conclusion du contrat.
(43) Dispositif applicable dans certains territoires présentant une proportion importante d'habitat dégradé délimité localement par l'établissement public de coopération intercommunale compétent en matière d'habitat ou, à défaut, le conseil municipal (art. 92 de la loi n° 2014-366 du 24 mars 2014 pour l'accès au logement et un urbanisme rénové).
(44) Lorsque la détermination du montant du loyer est la conséquence d'une procédure liée au fait que le loyer précédemment appliqué était manifestement sous-évalué.

281 Décret 2016-382 du 30-3-2016

(Extraits)

Art. 1

L'état des lieux prévu à l'article 3-2 de la loi du 6 juillet 1989 susvisée doit porter sur l'ensemble des locaux et équipements d'usage privatif mentionnés au contrat de bail et dont le locataire a la jouissance exclusive.

Art. 2

L'état des lieux décrit le logement et constate son état de conservation. Il comporte au moins les informations suivantes :

1° À l'entrée et à la sortie du logement :

a) Le type d'état des lieux : d'entrée ou de sortie ;

b) Sa date d'établissement ;

c) La localisation du logement ;

d) Le nom ou la dénomination des parties et le domicile ou le siège social du bailleur ;

e) Le cas échéant, le nom ou la dénomination et le domicile ou le siège social des personnes mandatées pour réaliser l'état des lieux ;

f) Le cas échéant, les relevés des compteurs individuels de consommation d'eau ou d'énergie ;

g) Le détail et la destination des clés ou de tout autre moyen d'accès aux locaux à usage privatif ou commun ;

h) Pour chaque pièce et partie du logement, la description précise de l'état des revêtements des sols, murs et plafonds, des équipements et des éléments du logement. Il peut être complété d'observations ou de réserves et illustré d'images ;

i) La signature des parties ou des personnes mandatées pour réaliser l'état des lieux ;

2° À la sortie du logement :

a) L'adresse du nouveau domicile ou du lieu d'hébergement du locataire ;

b) La date de réalisation de l'état des lieux d'entrée ;

c) Éventuellement, les évolutions de l'état de chaque pièce et partie du logement constatées depuis l'établissement de l'état des lieux d'entrée.

Art. 3

L'état des lieux à l'entrée et à la sortie du logement est établi selon les modalités suivantes :

1° Le logement contient les seuls meubles ou équipements mentionnés au contrat de location ;

2° La forme du document permet la comparaison de l'état du logement constaté à l'entrée et à la sortie des lieux. À cet effet, les états des lieux peuvent être réalisés sous la forme d'un document unique ou de documents distincts ayant une présentation similaire ;

3° L'état des lieux, établi sur support papier ou sous forme électronique, est remis en main propre ou par voie dématérialisée à chacune des parties ou à leur mandataire au moment de sa signature.

Art. 4

En application de l'article 7 de la loi du 6 juillet 1989 susvisée, la vétusté est définie comme l'état d'usure ou de détérioration résultant du temps ou de l'usage normal des matériaux et éléments d'équipement dont est constitué le logement.

Les parties au contrat de location peuvent convenir de l'application d'une grille de vétusté dès la signature du bail, choisie parmi celles ayant fait l'objet d'un accord collectif de location conclu conformément à l'article 41 ter de la loi du 23 décembre 1986 susvisée, même si le logement en cause ne relève pas du secteur locatif régi par l'accord.

Les parties peuvent également convenir de l'application d'une grille de vétusté choisie parmi celles ayant fait l'objet d'un accord collectif local conclu en application de l'article 42 de la même loi, même si le logement en cause ne relève pas du patrimoine régi par l'accord.

Dans tous les cas prévus aux deux alinéas précédents, cette grille définit au minimum, pour les principaux matériaux et équipements du bien loué, une durée de vie théorique et des coefficients d'abattement forfaitaire annuels affectant le prix des réparations locatives auxquelles serait tenu le locataire.

282 Décret 2017-1198 du 27-7-2017

(Extraits)

Art. 1

Les communes comprises dans les zones mentionnées à l'article 18 de la loi du 6 juillet 1989 susvisée sont celles qui figurent sur la liste annexée au décret du 10 mai 2013 susvisé.

Art. 1-1

Les dispositions du présent décret ne s'appliquent pas aux logements de la classe F ou de la classe G, au sens de l'article L 173-1-1 du Code de la construction et de l'habitation.

Section 1 : Logements vacants

Art. 2

La présente section est applicable aux logements vacants définis, au sens du présent décret, comme étant des logements inoccupés proposés à la location.

Sont toutefois exclus du champ d'application de la présente section les logements vacants suivants :

a) Les logements faisant l'objet d'une première location ;

b) Les logements inoccupés par un locataire depuis plus de dix-huit mois.

Art. 3

Lorsqu'un logement vacant fait l'objet d'une nouvelle location, le loyer du nouveau contrat de location ne peut excéder le dernier loyer appliqué au précédent locataire.

Si aucune révision de loyer n'est intervenue au cours des douze mois précédant la conclusion du nouveau contrat de location, le loyer appliqué au nouveau locataire ne peut excéder le dernier loyer appliqué au précédent locataire révisé en fonction de la variation de l'indice de référence des loyers mentionnée au deuxième alinéa du I de l'article 17-1 de la loi du 6 juillet 1989 susvisée.

La date de référence à prendre en compte pour cette révision est celle du dernier indice publié à la date de signature du nouveau contrat de location.

Art. 4

Par dérogation aux dispositions de l'article 3, le loyer du nouveau contrat de location peut être réévalué dans les conditions et les limites suivantes :

1° Lorsque le bailleur a réalisé, depuis la conclusion du contrat de location initial avec le précédent locataire ou, au cas où le bail a été renouvelé, depuis son dernier renouvellement, des travaux d'amélioration ou de mise en conformité avec les caractéristiques de décence définies en application des premier et deuxième alinéas de l'article 6 de la loi du 6 juillet 1989 susvisée, portant sur les parties privatives ou sur les parties communes pour un montant au moins égal à la moitié de la dernière année de loyer, la hausse du loyer annuel ne peut excéder 15 % du coût réel des travaux toutes taxes comprises ;

2° Lorsque le dernier loyer appliqué au précédent locataire est manifestement sous-évalué, la hausse du nouveau loyer ne peut excéder la moitié de la différence entre le montant d'un loyer déterminé par référence aux loyers habituellement constatés dans le voisinage pour des logements comparables et le dernier loyer appliqué au précédent locataire, révisé dans les limites prévues à l'article 3 ;

3° Le loyer relatif à un logement qui a fait l'objet depuis moins de six mois de travaux d'amélioration d'un montant au moins égal à la dernière année de loyer peut être librement réévalué.

Section 2 : Renouvellement de bail

Art. 5

Lors du renouvellement d'un contrat de location, si le loyer est manifestement sous-évalué, la hausse de loyer convenue entre les parties ou fixée judiciairement ne peut excéder la plus élevée des deux limites suivantes :

1° La moitié de la différence entre le montant d'un loyer déterminé par référence aux loyers habituellement constatés dans le voisinage pour des logements comparables et le loyer appliqué avant le renouvellement du contrat de location, révisé dans les limites prévues au I de l'article 17-1 de la loi du 6 juillet 1989 susvisée ;

2° Une majoration du loyer annuel égale à 15 % du coût réel des travaux toutes taxes comprises, si le bailleur a réalisé, depuis la conclusion du contrat de location initial ou, lorsque le bail a été renouvelé, depuis son dernier renouvellement, des travaux d'amélioration ou de mise en conformité avec les caractéristiques de décence portant sur les parties privatives ou sur les parties communes pour un montant au moins égal à la dernière année de loyer.

Section 3 : Dispositions communes

Art. 6

Pour l'application des dispositions du 2° de l'article 4 et du 1° de l'article 5 :
les logements comparables servant à la détermination du loyer de référence sont situés soit dans le même groupe d'immeubles, soit dans tout autre groupe d'immeubles comportant des caractéristiques similaires et situé dans la même zone géographique. Les éléments constitutifs de ces références sont définis par le décret du 31 août 1990 susvisé ;

Art. 7

Pour l'application des dispositions du 1° et du 3° de l'article 4 et du 2° de l'article 5 :
1° Est exclu du montant des travaux d'amélioration ou de mise en conformité le coût des travaux ayant donné ou donnant lieu à une contribution pour le partage des économies de charge en application de l'article 23-1 de la loi du 6 juillet 1989 susvisée ou à une majoration du loyer en application du II de l'article 17-1 de la même loi ;
2° Le coût des travaux d'amélioration ou de mise en conformité portant sur les parties communes est déterminé en fonction des millièmes correspondant au logement.

Art. 7-1

Abrogé

Art. 8

Lorsque le dernier loyer appliqué au précédent locataire a fait l'objet d'une réévaluation sans que celle-ci ait été entièrement appliquée à la date à laquelle cessent les relations contractuelles entre le bailleur et le précédent locataire, le dernier loyer appliqué au précédent locataire s'entend du loyer convenu entre les parties ou fixé judiciairement, y compris la fraction non encore réévaluée.

Art. 9

Par dérogation aux articles 3 à 5, lorsqu'un arrêté préfectoral prévu au I de l'article 140 de la loi n° 2018-1021 du 23 novembre 2018 portant évolution du logement, de l'aménagement et du numérique a été pris à la date de la conclusion d'un nouveau contrat ou du renouvellement du bail :
1° La révision ou la réévaluation du loyer déterminée en application des articles 3 et 4 ne peut pas excéder la limite prévue au A du III de l'article 140 de la même loi ;
2° Les dispositions de l'article 4 ne s'appliquent pas lorsque le dernier loyer appliqué au précédent locataire, tel que défini au troisième alinéa du B du III de l'article 140 de la même loi, est supérieur au loyer de référence majoré en vigueur à la date de conclusion du nouveau contrat de location ;
3° Les dispositions de l'article 5 ne s'appliquent pas lorsque la réévaluation du loyer est soumise aux dispositions du VI de l'article 140 de la même loi.

Art. 10

Les dispositions du présent décret s'appliquent aux contrats de location conclus ou renouvelés pendant la période du 1er août 2023 au 31 juillet 2024.

283 Arrêté du 19-12-2003 relatif au classement des communes par zones, aux rubriques des états descriptifs et aux performances techniques des logements acquis pour être réhabilités

(Extraits)

Art. 4

Les performances techniques visées au II de l'article 2 quindecies B de l'annexe III au Code général des impôts sont les suivantes :
1. Respect des conditions minimales de surface et de volume habitables fixées par l'article R 111-2 du Code de la construction et de l'habitation ;
2. Absence de risque d'accessibilité au plomb dans le logement et les parties communes de l'immeuble ;

3. Absence de flocages, calorifugeages et faux plafonds contenant de l'amiante et absence d'autres matériaux dégradés contenant de l'amiante ;
4. Sécurité de l'installation électrique et respect notamment des exigences suivantes :
a) Présence d'un appareil général de commande et de protection de l'installation, en principe le disjoncteur de branchement ;
b) Protection par dispositif différentiel (disjoncteur ou interrupteur différentiel) à l'origine de l'installation, de sensibilité appropriée aux conditions de mise à la terre. Ce dispositif peut être intégré au disjoncteur de branchement ;
c) Liaison équipotentielle dans chaque local contenant une baignoire ou une douche (salle d'eau) ;
d) Dispositif de protection par fusible à cartouche ou disjoncteur divisionnaire sur chaque circuit, adapté à la section des conducteurs ;
e) Elimination de tout risque de contacts directs avec des éléments sous tension, tels que conducteurs dénudés, bornes accessibles, appareillages détériorés ;
f) Conducteurs protégés par des conduits, moulures ou plinthes ;
g) En cas de rénovation de l'installation électrique, les travaux sont conformes aux dispositions de sécurité de la norme NF C 15-100 avec un dimensionnement suffisant en fonction des équipements prévisibles ;
5. Sécurité de l'installation de gaz notamment les exigences suivantes : étanchéité des tuyauteries fixes des raccordements ; présence d'une ventilation adaptée au système d'évacuation des fumées de combustion ; présence d'un robinet pour chaque appareil, accessible et manoeuvrable ; qualité de la combustion ;
6. Evacuation des eaux usées et des eaux vannes avec dispositif évitant les remontées d'odeurs (siphons et colonnes ventilées) ;
7. Existence d'au moins une pièce spéciale pour la toilette, avec une douche ou une baignoire et un lavabo alimentés en eau chaude et froide ;
8. Existence d'un cabinet d'aisance séparé des pièces principales ;
9. Présence de protection solaire sur les baies exposées (volets, stores opaques ou contrevents) ;
10. Isolation des combles lorsque le logement est situé sous comble ;
11. Ensemble constitué des fenêtres et portes-fenêtres, existant ou amélioré, de caractéristique thermique (Uw) inférieure ou égale à 2,9 W/m2K et compatible avec la ventilation du logement. Si le respect de cette exigence impose le remplacement de ces éléments, la valeur Uw doit alors être inférieure à 2,4 W/m2K. Toutefois, il peut être dérogé à cette obligation de remplacement si l'avis conforme de l'architecte des Bâtiments de France, requis pour l'autorisation des travaux, permet une amélioration des éléments existants permettant d'atteindre une valeur inférieure ou égale à 2,9 W/m2K ;
12. Dans le cas d'un chauffage individuel, quel que soit le statut de l'immeuble, ou d'un chauffage collectif dans un immeuble appartenant à un propriétaire unique présence :
a) D'un chauffage à eau chaude centralisé avec une chaudière a minima référence Rt2000 ou air, avec des dispositifs de régulation, calorifugeage et équilibrage ;
b) Ou, si la solution est adaptée aux caractéristiques thermiques du bâtiment, d'un chauffage électrique avec système de régulation et de programmation muni d'émetteurs fixes (NF classe C ou équivalent), de planchers directs, de plafonds rayonnants, ou de systèmes à accumulation ;
c) Ou un chauffage par un système thermodynamique.

284 Arrêté du 23-12-2009 fixant les critères relatifs aux documents de commercialisation diffusés aux acquéreurs de logements situés dans des résidences de tourisme

(Extraits)

Art. 1

Les documents de commercialisation mentionnés aux articles L321-3 et L321-4 du Code du tou-

risme doivent indiquer que le bail liant le propriétaire et l'exploitant est un bail de nature commercial soumis, à ce titre, aux dispositions des articles L 145-1 à L 145-60 du Code de commerce.
Ils doivent en outre préciser les caractéristiques principales du bail.

Art. 2

Les documents de commercialisation doivent comporter la mention suivante relative à l'indemnité d'éviction mentionnée à l'article L 145-14 du Code de commerce :
« Le bailleur peut refuser le renouvellement du bail conclu avec l'exploitant de la résidence de tourisme. Toutefois, il devra dans ce cas, sauf exceptions prévues aux articles L 145-17 et suivants du Code de commerce, payer à l'exploitant une indemnité dite d'éviction égale au préjudice causé par le défaut de renouvellement.
Les modalités de calcul de cette indemnité sont fixées au deuxième alinéa de l'article L 145-14 susvisé. »

Art. 3

Les documents de commercialisation doivent également comporter les informations mentionnées ci-après concernant :
- le promoteur : nom, adresse, numéro d'enregistrement au registre du commerce et des sociétés, montant du capital social de la société, expérience professionnelle dans le domaine des résidences de tourisme, engagements vis-à-vis de l'exploitant ;
- l'exploitant : nom, adresse, numéro d'enregistrement au registre du commerce et des sociétés, montant du capital de la société, nombre de résidences gérées, ses engagements vis-à-vis de l'acquéreur ;
- les avantages, notamment fiscaux et financiers, de l'investissement en résidence de tourisme et les conditions pour en bénéficier, notamment l'obligation impérative de classement de l'établissement en tant que résidence de tourisme ;
- les différents statuts possibles de l'acquéreur-investisseur ;
- le projet de réalisation présenté : situation géographique précise de la résidence de tourisme, modes de desserte, normes de constructions, modalités de gestion de l'ensemble immobilier (état de la copropriété, montant des charges), contraintes liées à l'agencement et à l'équipement des parties privatives.

285 Arrêté ECEI1018990A du 2-8-2010 fixant les normes et la procédure de classement des meublés de tourisme

(Extraits)

Art. 1

Le tableau de classement homologué mentionné à l'article D 324-2 du Code du tourisme figure en annexe I du présent arrêté.

Art. 2

Le loueur du meublé ou son mandataire qui souhaite obtenir le classement s'adresse à un organisme de son choix parmi ceux visés aux 1° et 2° de l'article L 324-1 du Code du tourisme figurant sur les listes rendues publiques gratuitement sur le site internet de l'organisme mentionné à l'article L 141-2 de ce même Code.
Lorsqu'un changement dans le statut de l'accréditation intervient (suspension, non-renouvellement, résiliation ou retrait), le Comité français d'accréditation (COFRAC) ou tout organisme européen équivalent mentionné à l'article L 324-1 du Code du tourisme en informe dans les meilleurs délais l'organisme mentionné à l'article L 141-2 du même Code.
Lorsqu'un organisme visé au 2° de l'article L 324-1 ne satisfait plus aux conditions fixées à l'article D 324-6-1 du Code du tourisme, il en informe l'organisme mentionné à l'article L 141-2 du même Code.

Art. 3

Préalablement à leur première visite de contrôle effectuée en application des dispositions du présent arrêté, les organismes visés au 2° de l'article L 324-1 informent l'organisme mentionné à l'article L 141-2 du Code du tourisme qu'ils répondent aux conditions prévues par l'article D 324-6-1 du même Code afin de lui permettre de publier par voie électronique la liste des organismes réputés accrédités.

Art. 4

Pour effectuer la visite de contrôle en vue du classement d'un meublé de tourisme, l'organisme évaluateur visé au b de l'article D 324-3 du Code du tourisme doit être accrédité selon la norme NF EN ISO/CEI 17020 portant sur les critères généraux pour le fonctionnement de différents organismes procédant à l'inspection, dans les conditions fixées par les annexes A ou C de la norme précitée et selon le programme d'accréditation pour la réalisation des inspections de classement des meublés de tourisme publié par le Comité français d'accréditation (COFRAC).

Art. 5

L'organisme visés au 1° ou au 2° de l'article L 324-1 du Code du tourisme établit le certificat de visite qui comprend :
- le rapport de contrôle mentionné au a de l'article D 324-4 du Code du tourisme, conforme au modèle qui figure en annexe 3 ;
- la grille de contrôle mentionnée au b de l'article D 324-4 du même Code, conforme au modèle qui figure en annexe 4 ;
- une proposition de décision de classement pour la catégorie indiquée par le rapport de contrôle, conforme au modèle qui figure en annexe 5.

L'organisme visé au 1° ou au 2° de l'article L 324-1 se conforme obligatoirement au guide de contrôle du tableau de classement des meublés de tourisme publié sur le site internet de l'organisme mentionné à l'article L 141-2 du Code du tourisme.

Art. 6

La décision de classement indique le nom du loueur et, le cas échéant, le nom du mandataire, l'adresse du meublé de tourisme, sa capacité exprimée en nombre de personnes susceptibles d'être accueillies et la catégorie de son classement.

Art. 7

L'organisme transmet mensuellement, par voie électronique, à l'organisme mentionné à l'article L 132-2, les décisions de classement devenues définitives, sous la forme d'un tableau récapitulatif.

Art. 8

Le loueur du meublé ou son mandataire est tenu de communiquer sur demande à tout candidat locataire un état descriptif conforme à l'annexe IV dûment complété ; les agents immobiliers, les sociétés d'exploitation spécialisées ainsi que toute personne morale légalement habilitée peuvent lui substituer un état descriptif en usage dans leur profession sous réserve qu'il comporte toutes les informations de l'état descriptif prévu à l'annexe IV.

286 Arrêté ECOI1835708A du 10-4-2019 fixant les normes et la procédure de classement des résidences de tourisme (Extraits)

Art. 1

Le tableau de classement homologué mentionné à l'article D 321-3 du Code du tourisme figure en annexe du présent arrêté.

Art. 2

L'exploitant d'une résidence de tourisme qui souhaite obtenir le classement de son établissement s'adresse à un organisme évaluateur accrédité en application de l'article L 321-1 du Code du tourisme et qui figure sur une liste rendue publique gratuitement sur le site internet de l'organisme mentionné à l'article L 141-2 du même Code.

Lorsqu'un changement dans le statut de l'accréditation intervient (suspension, non-renouvellement, résiliation ou retrait), le Comité français d'accréditation (Cofrac) ou tout organisme européen équivalent mentionné à l'article L 321-1 du Code du tourisme en informe dans les meilleurs délais l'organisme mentionné à l'article L 141-2 du même Code.

Le Comité français d'accréditation (Cofrac) ou tout autre organisme européen équivalent mentionné à l'article L321-1 du Code du tourisme informe, au moins une fois par an, l'administration chargée du tourisme ainsi que l'organisme mentionné à l'article L141-2 du Code du tourisme des suites données aux plaintes qu'il a reçues à l'encontre d'un organisme évaluateur établi sur le territoire national.

Art. 3

Pour effectuer la visite de contrôle en vue du classement d'une résidence de tourisme, l'organisme évaluateur doit être accrédité selon la norme NF EN ISO/ CEI 17020 portant sur les critères généraux pour le fonctionnement de différents organismes procédant à l'inspection, dans les conditions fixées par les annexes A ou C de la norme précitée et selon le programme d'accréditation pour la réalisation des inspections de classement des résidences de tourisme publié par le Comité français d'accréditation.

L'organisme évaluateur établit le certificat de visite qui comprend :

1° Le rapport de contrôle mentionné au a de l'article D321-5 du Code du tourisme ;

2° La grille de contrôle mentionnée au b de l'article D321-5 du Code du tourisme.

L'organisme évaluateur renseigne le rapport de contrôle et le certificat de visite sur le site internet de l'organisme mentionné à l'article L142-1 de ce même Code.

Un guide du tableau de classement est établi, après avis conforme de l'administration chargée du tourisme. Il est publié sur le site internet de l'organisme mentionné à l'article L141-2 du même Code. Il a pour objet de décrire la méthodologie d'évaluation des critères du tableau de classement. L'organisme évaluateur ne peut déroger à cette méthodologie.

Art. 4

I. - Lorsque, avant le prononcé du classement d'une résidence de tourisme, l'organisme mentionné à l'article L141-2 du Code du tourisme relève une erreur matérielle, un vice de forme ou de procédure dans le certificat de visite, il adresse par voie électronique une réclamation à l'organisme évaluateur auteur de ce certificat, en lui indiquant le délai imparti pour procéder à la régularisation. Une copie de la réclamation est transmise à l'exploitant ainsi qu'au Comité français d'accréditation (Cofrac).

Le délai mentionné à l'article D321-6 du Code du tourisme est suspendu jusqu'à la transmission du certificat de visite rectifié par l'organisme évaluateur. La décision de classement est prise conformément à l'article D321-6 du Code précité, sauf cas prévu au III du présent article.

III. - Dans les délais prévus aux I et II, l'organisme mentionné à l'article L141-2 du Code du tourisme recueille par tout moyen l'accord exprès de l'exploitant concerné pour toute décision ayant pour effet de classer l'établissement dans une catégorie inférieure à celle prévue dans le certificat de visite initial.

En l'absence d'accord exprès, l'organisme mentionné à l'article L141-2 du Code du tourisme notifie par tout moyen permettant d'en accuser réception :

1° Soit l'abandon de la demande de classement transmise en application de l'article D321-4 du Code du tourisme ;

2° Soit le retrait de la décision de classement prise en application de l'article D 321-6 du Code du tourisme.

Art. 5

I. - L'organisme mentionné à l'article L141-2 du Code du tourisme examine toute réclamation reçue faisant apparaître, au vu d'un faisceau d'indices, un écart de conformité réel et sérieux par rapport à la décision de classement d'une résidence de tourisme. Après avis de l'administration chargée du tourisme, celui-ci adresse à l'exploitant de la résidence de tourisme classée concernée, par tout moyen permettant d'en obtenir un accusé de réception, une demande d'évaluer sa pratique professionnelle, dans un délai fixé par l'organisme mentionné à l'article L141-2 du même Code, au regard de critères de classement identifiés.

II. - En l'absence de réponse dans le délai imparti ou lorsque les informations fournies ne permettent pas de confirmer la conformité des prestations aux critères du classement obtenu, l'organisme mentionné à l'article L141-2 du même Code demande

à l'exploitant de la résidence de tourisme classée de mettre en oeuvre un plan d'actions avec des mesures correctrices ainsi que de faire procéder à une contre-visite, par un organisme évaluateur accrédité, dans un délai dans fixé par l'organisme mentionné à l'article L 141-2 du même Code, afin de vérifier que les écarts de conformité par rapport aux critères de classement contestés ont été rectifiés.
III. - Dans le délai fixé par l'organisme mentionné à l'article L 141-2 du même Code, l'exploitant de la résidence de tourisme lui transmet par voie électronique le certificat de contre-visite, portant sur les seuls critères de classement contestés et précisant la catégorie dans laquelle l'établissement peut être classé.
IV. - En cas de changement de catégorie et dans les quinze jours qui suivent la transmission du certificat de contre-visite, l'organisme mentionné à l'article L 141-2 du Code du tourisme prend une décision modificative de classement. Cette décision vaut pour la durée restant à courir de la décision initiale de classement.
V. - En cas d'absence de transmission d'un certificat de contre-visite, la décision de classement est abrogée. Toute nouvelle demande de classement est présentée conformément à l'article D 321-4 du Code du tourisme.

Art. 6

La décision de classement indique le nom, l'adresse, le numéro Siren ou Siret de la résidence, la catégorie de son classement et sa capacité, exprimée en nombre de personnes susceptibles d'être accueillies et en unités d'habitation.

Art. 7

La liste des résidences de tourisme, diffusée gratuitement sur le site internet de l'organisme mentionné à l'article L 141-2 du Code du tourisme, comporte les indications suivantes :
1° Le nom de l'établissement ;
2° Les coordonnées postales ;
3° Le cas échéant, le courriel et l'adresse du site internet ;
4° Les coordonnées téléphoniques ;
5° La capacité de l'établissement (nombre de personnes susceptibles d'être accueillies et unités d'habitation) ;
6° Le nombre d'étoiles ;

Art. 9

Les dispositions du présent arrêté entrent en vigueur le 1er juillet 2019. Elles sont applicables aux demandes de classement présentées à compter de cette date. Les dispositions de l'article 5 s'appliquent aux réclamations transmises à compter du 1er juillet

287 Rép. Mariani : AN 1-2-2005 p. 1170 n° 54633

Question : M. Thierry Mariani prie M. le ministre délégué au tourisme de bien vouloir lui indiquer les différences juridiques et pratiques existant entre les résidences hôtelières et les résidences de tourisme.
Réponse : Les résidences hôtelières, qui correspondent à une appellation commerciale, sont des établissements d'hébergement non classés « tourisme » contrairement aux résidences de tourisme qui relèvent des dispositions de l'arrêté du 14 février 1986. En pratique, les résidences hôtelières se situent dans une catégorie intermédiaire entre les hôtels classés et les résidences de tourisme. Pour l'application de la législation d'autorisation d'exploitation commerciale (création d'une capacité supérieure à 50 chambres en Île-de-France et 30 chambres dans les autres régions), les résidences hôtelières sont considérées comme « établissements hôteliers » au sens de l'article L 720-5, I-7° du Code du commerce alors que les résidences de tourisme et les villages de vacances en sont exclus. Comme les résidences de tourisme, les résidences hôtelières bénéficient du dispositif de remboursement de la TVA au titre des prestations de mise à disposition de manière habituelle d'un local meublé avec fourniture de prestations à caractère hôtelier (cf. art. 261 D, 4°-b du CGI). Par contre, les résidences hôtelières ne bénéficient pas du dispositif de réduction d'impôt au titre des in-

vestissements locatifs applicables aux résidences de tourisme en zone de revitalisation rurale (art. 199 decies E du CGI). Les résidences hôtelières sont soumises à la réglementation de sécurité incendie définie par l'arrêté interministériel du 30 janvier 1978 relatif à l'habitat de loisirs à gestion collective au même titre que les résidences de tourisme et les villages de vacances (application de la réglementation « établissement recevant du public » aux locaux collectifs).

288 Rép. Warsmann : AN 11-12-2007 p. 7819 n° 2685

Question : M. Jean-Luc Warsmann attire l'attention de M. le ministre du budget, des comptes publics et de la fonction publique sur la fiscalité applicable au nu-propriétaire dans le cadre d'une acquisition d'un bien immobilier par deux personnes distinctes, l'une acquérant l'usufruit temporaire pour louer ce bien meublé (régime d'imposition Micro-BIC ou BIC) et l'autre acquérant la nue-propriété. Il le prie de bien vouloir lui faire connaître dans quelles conditions le nu-propriétaire pourra déduire les dépenses de grosses réparations et les intérêts du prêt contracté pour l'acquisition de la nue-propriété et/ou des travaux.

Réponse : Le ministre du budget, des comptes publics et de la fonction publique a pris connaissance avec intérêt de la question relative à la fiscalité applicable au nu-propriétaire dans le cadre d'une acquisition d'un bien immobilier par deux personnes distinctes. Dans la situation évoquée par l'honorable parlementaire, le régime applicable aux charges supportées par le nu-propriétaire dépend de l'affectation de l'immeuble. Si le nu-propriétaire exerce une activité relevant d'un régime réel d'imposition dans la catégorie des bénéfices industriels et commerciaux et qu'il décide d'inscrire la nue-propriété propriété de l'immeuble à son actif professionnel, les charges afférentes à cette immobilisation sont déductibles dans les conditions prévues par les articles 39 et suivants du Code général des impôts (CGI). Ainsi, l'amortissement et les intérêts d'emprunt relatifs à l'acquisition de la nue-propriété sont susceptibles de venir en diminution du résultat imposable. Les dépenses de réparation sont en principe immédiatement déductibles à moins qu'elles aient pour objet de prolonger la durée probable d'utilisation à la date à laquelle intervient la dépense en cause ou si elles augmentent la valeur de l'immobilisation, auquel cas elles doivent être immobilisées. Par ailleurs, les coûts de remplacement des éléments principaux d'une immobilisation constitutifs de composants, au sens du 15 bis de l'annexe II du CGI, constituent également en principe un composant distinct de l'immobilisation qui doit faire l'objet d'un plan d'amortissement propre. Dans l'hypothèse où la nue-propriété de l'immeuble est conservée dans le patrimoine privé, le nu-propriétaire peut, sous certaines conditions, bénéficier d'un régime dérogatoire de déduction de charges supportées au titre des dépenses de grosses réparations et des intérêts des emprunts destinés à financer des travaux, dès lors que l'immeuble est donné en location par l'usufruitier à titre onéreux dans des conditions normales et que le revenu correspondant est imposé au nom de l'usufruitier dans la catégorie des revenus fonciers. Cela étant, lorsque le bien est donné en location meublée par l'usufruitier, le nu-propriétaire ne peut prétendre à ce régime de déduction dérogatoire et spécifique aux revenus fonciers, dès lors que les profits tirés de cette location meublée, et imposés au nom de l'usufruitier, ne relèvent pas de la même catégorie de revenus. Ces précisions sont de nature à répondre aux préoccupations exprimées.

289 Rép. Quéré : AN novembre 2013 n° 9075

Question : Mme Catherine Quéré attire l'attention de M. le ministre délégué auprès du ministre de l'économie et des finances, chargé du budget, sur une question d'ordre fiscal. L'article 35 bis du code général des impôts prévoit en son alinéa I que "les personnes qui louent ou sous-louent en meublé une ou plusieurs pièces de leur habitation principale sont exonérées de l'impôt sur le revenu pour les produits de cette location sous réserve que les pièces louées constituent pour le locataire ou le sous-locataire en meublé sa résidence principale et que le prix de location demeure fixé dans des limites raisonnables". Le BOI 4 F-3-09 relatif aux locations meublées non professionnelles reprend les mêmes termes pour les revenus à ne pas déclarer pour "des locaux meublés dont vous êtes propriétaire, et que vous donnez en location" "si la ou les pièces louées constituent la résidence principale du locataire et si le prix de location reste fixé dans des limites raisonnables". Il précise que, "en 2011, le loyer annuel par m², charges comprises, ne doit pas excéder 174 € en Île-de-France et 127 € dans les autres régions" tout en effectuant un renvoi au BOI 4 F-1-11. Or l'instruction du 30 janvier 2012 4 F-1-12 enregistrée dans le Bulletin officiel des impôts n° 12 du 7 février 2012 émet pour ces mêmes dispositions législatives les réserves suivantes dans le cadre de l'application des exonérations : si les pièces louées ou sous-louées font partie de la résidence principale du bailleur, étant précisé que l'exonération s'applique, en principe, aux personnes qui réduisent le nombre de pièces qu'elles occupent dans leur logement principal ; si les pièces louées constituent, pour les personnes accueillies, leur résidence principale ; si le prix de location demeure fixé dans des limites raisonnables. L'ensemble de ce dispositif est commenté dans la documentation administrative 4 F 1113 en date du 7 juillet 1998, n° 14 à 21. Elle fait état du niveau des limites raisonnables au titre de l'année 2012 si le loyer par mètre carré de surface habitable, charges non comprises, n'excède pas un plafond fixé à 177 € en Île-de-France et 129 € dans les autres régions. Les alinéas 14 à 21 de la documentation de base 4 F 1113 prennent en compte trois conditions en lieu et place de la version initiale du CGI. Or il apparaît que ces éléments réglementaires et non pas législatifs génèrent de très nombreux contentieux en ce qui concerne les termes repris dans l'alinéa 15 "l'exonération s'applique, en principe, aux personnes qui réduisent le nombre de pièces qu'elles occupent dans leur logement principal; elle n'est donc pas susceptible de bénéficier normalement aux personnes qui louent ou sous-louent en meublé des pièces qu'elles n'ont jamais occupées". En consultant les jurisprudences administratives sur le site Légifrance, on peut constater de très nombreuses contestations de la part des services fiscaux notamment sur la composition des locaux affectés à l'habitation principale, les accès aux pièces louées, les aménagements en meublé, la non-occupation de pièces à la date de l'entrée dans les murs... Cette situation pose de gros problèmes quant à l'application dans son esprit de l'alinéa I de l'article 35 bis du CGI alors que l'État et les collectivités manquent cruellement de meublés pour accueillir des personnes en difficulté. Si les conditions restrictives des services fiscaux sont continuellement appliquées, cela conduit automatiquement soit à amplifier les tarifs de location, d'où à augmenter les aides publiques de la CAF, soit à décourager les bonnes volontés qui veulent louer à des conditions raisonnables un ou des meublés. Pour ces raisons, il est indispensable que les services fiscaux prennent en compte les présentes exonérations : les meublés intégrés dans la parcelle où se trouve l'habitation principale du loueur ; les meublés disposant d'un aménagement conforme à la réglementation et d'un accès indépendant ; les meublés qui n'ont pas été occupés préalablement à l'entrée dans les murs du locataire par le loueur propriétaire de la parcelle. Par conséquent, elle souhaite connaître ses intentions sur le sujet.

Réponse : L'article 35 bis du code général des impôts (CGI) prévoit que les loyers perçus par les contribuables qui louent ou sous-louent une partie de leur habitation principale peuvent être exonérés d'impôt sur le revenu. Cette exonération est subordonnée au respect de trois conditions cumulatives : - les pièces louées ou sous-louées doivent faire partie de la résidence principale du bailleur ; - les pièces louées ou sous-louées doivent constituer la résidence principale du locataire ou du sous-locataire en meublé ; - le loyer doit demeurer dans des limites raisonnables, fixées par l'administration et indexées chaque année selon l'indice de référence des loyers publié par l'institut national de la statistique et des études économiques (INSEE). Le régime prévu à l'article 35 bis du CGI est issu de la loi 52-401 du 14 avril 1952 de finances pour l'exercice 1952 (article 39). Il prévoyait une exonération des revenus tirés de la location d'une partie du logement principal du contribuable. L'article 10 de la loi 64-1278 du 23 décembre 1964 de finances rectificative pour 1964 a modifié les termes de l'exonération, qui s'applique désormais aux revenus de location et sous-location en meublé d'une partie de la résidence principale. Aux termes de la doctrine administrative (BOI-BIC-CHAMP-40-20), l'exonération s'applique, en principe, aux personnes qui réduisent le nombre de pièces qu'elles occupent dans leur logement principal. Elle n'est donc pas susceptible de bénéficier normalement aux personnes qui louent ou sous-louent en meublé des pièces qu'elles n'ont jamais occupées. Cette même doctrine précise que l'exonération est susceptible de s'appliquer à l'égard des locations ou des sous-locations portant sur des chambres de services aménagées sous les combles dans la mesure où ces pièces peuvent être considérées comme faisant toujours partie de l'habitation principale du bailleur ou du locataire principal. Dans plusieurs arrêts, le Conseil d'État a précisé les critères permettant de considérer que les locaux loués ou sous-loués font partie de la résidence principale. Il a ainsi considéré que la location d'une pièce qui n'a jamais été occupée auparavant, mais qui fait partie intégrante de l'habitation principale du bailleur, peut bénéficier du dispositif d'exonération (CE 6 décembre 1967 n° 69134). En revanche, la location de chambres meublées séparées de l'habitation du bailleur et disposant d'un accès privé (CE 20 juillet 1990 n° 42926), ou encore la location de pièces jamais habitées et créées suite à la transformation d'un local commercial (CE 26 avril 1963 n° 58378), ne bénéficient pas du dispositif d'exonération. Aller au-delà de cette définition reviendrait à accorder l'exonération à des logements meublés autonomes de l'habitation et donc aller au-delà de l'objectif que le législateur a assigné au dispositif.

Jurisprudence

Cass. 3e civ. 2-6-1977 n° 75-15.440

290 **locations meublées saisonnières – régime juridique applicable – obligations des parties – obligations du locataire – incendie – présomption de responsabilité du locataire – conditions**

(Extraits)

(...)

Sur le premier moyen :

Attendu qu'il résulte de l'arrêt attaqué que, le 6 février 1972, un incendie a détruit le chalet meublé que C. avait donné en location à G. pour la première quinzaine de février, moyennant la somme de 600 F ; que, le propriétaire ayant réclamé à G. le paiement de la somme de 157 999,58 F en réparation de son préjudice, sur le fondement de l'article 1733 du Code civil, la cour d'appel a fait droit à cette demande ;

Attendu qu'il est fait grief à cette décision d'avoir ainsi statué, alors, selon le moyen « que la convention d'occupation temporaire est distincte du bail, que, dans des conclusions demeurées sans réponse, G. faisait valoir que le contrat litigieux, conclu pour une très courte durée, ne lui conférait aucun pouvoir sur la chose en dehors d'un droit temporaire d'occupation insuffisant à caractériser un contrat de bail » ;

Mais attendu que l'occupation contractuelle des lieux moyennant une contrepartie, fût-ce à titre temporaire, soumet l'occupant à la présomption de responsabilité prévue à l'article 1733 du Code civil ;

Attendu que la cour d'appel énonce que G. habitait les lieux en vertu d'un contrat de louage non assimilable à un contrat d'hôtellerie ; que, par cette énonciation, qui répond aux conclusions prétendument délaissées, les juges du second degré ont légalement justifié leur décision ; que le moyen n'est pas fondé ;

Et sur le second moyen :

Attendu qu'il est encore reproché à la cour d'appel d'avoir décidé que le fait par le propriétaire de n'avoir pas prévenu G. de ce qu'il n'avait pas souscrit une assurance contre l'incendie était sans intérêt dans la cause, alors que, selon le moyen, « cette omission, incontestablement fautive en présence de l'usage contraire constaté par les premiers juges et non dénié par l'arrêt, a bien eu pour conséquence que le locataire ne s'est pas assuré pour sa responsabilité éventuelle ;

Mais attendu que l'arrêt, qui est infirmatif, ne constate pas l'usage prétendu dont l'inobservation aurait constitué le propriétaire en faute; que le moyen, dès lors, ne peut être accueilli

Par ces motifs : Rejette le pourvoi.

CE 10-7-1985 n° 40789

291 **locations meublées traditionnelles – régime fiscal – imposition des revenus – SCI propriétaire des logements – propriété des meubles de la location – associé propriétaire – caractère de location en meublé : oui**

(Extraits)

(...)

Considérant qu'à la suite de la vérification de la comptabilité de la « société civile immobilière D », effectuée en 1976 et ayant porté sur les exercices clos les 31 décembre des années 1972, 1973, 1974 et 1975, l'administration, se fondant sur ce que cette société civile exerçait l'activité de loueur en meublé et n'avait souscrit aucune déclaration de ses résultats, a, en application des dispositions des articles 34, 206, 2 et 223, 1 du CGI, assujetti ladite société civile, par voie de taxation d'office, à l'impôt sur les sociétés au titre des années 1972, 1974 et 1975, à l'imposition forfaitaire annuelle au titre des années 1973, 1974 et 1975 et à la contribution exceptionnelle à la charge des sociétés au titre de l'année 1974 ; que l'administration a en outre, sur le fondement des dispositions des articles 117 et 197, IV du même Code, imposé les bénéfices évalués d'office, regardés comme des bénéfices distribués à défaut, pour la société civile, d'avoir désigné les bénéficiaires de ces distributions, à l'impôt sur le revenu au titre des années 1972, 1974 et 1975 ;

Sur le principe de l'imposition à l'impôt sur les sociétés :

Considérant qu'en vertu de l'article 206, 2 du CGI, sont passibles de l'impôt sur les sociétés les sociétés civiles qui se livrent à une exploitation ou à des opérations visées aux articles 34 et 35 de ce Code ; que le fait de donner habituellement en location des locaux garnis de meubles meublants constitue l'exercice d'une profession commerciale au sens de l'article 34 du même Code ; que, par suite, les sociétés civiles ayant une activité de cette nature doivent être assujetties de ce chef à l'impôt sur les sociétés ;

Considérant que, pour assujettir la « société civile immobilière D » à l'impôt sur les sociétés, l'administration s'est fondée sur deux correspondances de ladite société civile relatives à son imposition à la TVA, en date des 24 janvier 1973 et 9 juin 1975, dans lesquelles celle-ci reconnaissait expressément que ceux des appartements qui n'étaient ni occupés par ses associés, ni loués à une administration, étaient loués en meublé à des particuliers ; que pour dénier toute portée à ces correspondances et aux déclarations qu'elle a souscrites en matière de TVA, la société requérante produit des attestations délivrées par les anciens locataires en 1979 et un constat d'huissier établi en 1978 desquels il ressort que les appartements auraient été loués nus ; qu'elle soutient, en outre, qu'elle n'était propriétaire que de l'immeuble, à l'exclusion de tous meubles ;

Considérant que le constat d'huissier et les attestations produites, dont il ressort, d'ailleurs, que l'un au moins des appartements loués était garni de meubles appartenant à l'un des associés, et qui sont postérieurs de plusieurs années aux exercices vérifiés, ne sauraient prévaloir, dans les circonstances de l'affaire, sur les mentions des correspondances ci-dessus, contemporaines desdits exercices, par lesquelles la société civile avait reconnu son activité de location en meublé ; que la circonstance que la société requérante n'aurait pas été elle-même propriétaire des meubles garnissant les appartements loués ne saurait priver les locations consenties du caractère de locations en meublé, dès lors qu'il n'est ni établi, ni même allégué, que cette société n'aurait pas participé aux profits d'une telle location ; que, par suite, et alors même que les produits des locations consenties n'auraient été que de 25 750 F en 1972, 43 237 F en 1973, 44 660 F en 1974 et 47 644 F en 1975, la société requérante n'est pas fondée à soutenir que c'est à tort que l'administration l'a assujettie, sur le fondement des dispositions susmentionnées du 2 de l'article 206 du CGI, à l'impôt sur les sociétés ;

Considérant que, de tout ce qui précède, il résulte que la « société civile immobilière D » n'est pas fondée à soutenir que c'est à tort, en ce qui concerne les droits en principal, que par le jugement attaqué, le tribunal administratif de P a rejeté sa demande en décharge des impositions contestées ;

Décide : Rejet (...)

CE 11-5-1987 n° 56365

292 locations meublées traditionnelles – régime fiscal – taxe professionnelle – conditions d'imposition – location répétitive et caractère périodique

(Extraits)
(...)
Considérant qu'aux termes de l'article 1447 du CGI : « La taxe professionnelle est due chaque année par les personnes physiques ou morales qui exercent à titre habituel une activité professionnelle non salariée » ; qu'aux termes de l'article 1459 du même Code : « Sont exonérés de taxe professionnelle : 1° Les propriétaires ou locataires qui louent accidentellement une partie de leur habitation personnelle, lorsque d'ailleurs cette location ne présente aucun caractère périodique... » ;
Considérant qu'il résulte de l'instruction que, depuis 1972, M. Millet a loué, pendant environ trois mois par an, l'appartement dont il est propriétaire à Notre-Dame-de-Bellecombe (Savoie), et que lui-même ou des membres de sa famille occupent pendant le reste de l'année ; qu'il exerçait ainsi une activité de location présentant un caractère périodique, au titre de laquelle il était assujetti à la taxe professionnelle en vertu des dispositions précitées de l'article 1447, sans pouvoir bénéficier de l'exonération prévue à l'article 1459 ;
Considérant que la circonstance que d'autres contribuables placés dans la même situation que le requérant n'auraient pas été imposés à la taxe professionnelle est sans influence sur le bien-fondé de l'imposition contestée ;
Considérant qu'il résulte de ce qui précède que M. Millet n'est pas fondé à soutenir que c'est à tort que, par le jugement attaqué, le tribunal administratif de Grenoble a rejeté sa demande en décharge de la fraction du montant de la taxe professionnelle maintenue à sa charge au titre de l'année 1980, après dégrèvement partiel ;
Décide : Rejet (...)

Cass. 3e civ. 22-7-1987 n° 86-12.858

293 locations meublées saisonnières – définition – qualification – durée – locations de vacances – location sur la Côte d'Azur – deux saisons touristiques

(Extraits)
(...)
Sur le moyen unique :
Attendu, selon l'arrêt attaqué, (Aix-en-Provence, 10 janvier 1986) que la SCI Bourdonnais-Nivernais, propriétaire d'un appartement dans la résidence Port-Gallice à Antibes Juan-les-Pins l'a donné à bail le 6 septembre 1984 à M. Y. par l'intermédiaire de la société JCB ; que le bail qui s'intitulait « convention de location meublée saisonnière et de plaisance », était prévu pour une durée allant du 15 septembre 1984 au 30 mars 1985 ; qu'à son expiration M. Y. a assigné la société JCB et la SCI Bourdonnais-Nivernais pour obtenir un nouveau bail de trois ans en application de l'article 7 de la loi du 22 juin 1982 ;
Attendu que M. Y. fait grief à l'arrêt attaqué de l'avoir débouté de sa demande et d'avoir ordonné son expulsion alors, selon le moyen, « d'une part, que la location saisonnière doit s'entendre d'une location de courte durée correspondant à une période de fréquentation d'une particulière importance et d'activité spécifique du lieu de situation de l'immeuble loué ; que s'il n'en est pas ainsi, l'article 2 de la loi du 22 juin 1982, qui dispose qu'elle ne concerne pas les « locations à caractère saisonnier », ne peut s'appliquer, de sorte que le locataire a droit au renouvellement de son bail pour au moins trois ans en vertu de l'article 7 ; qu'en l'espèce la cour d'appel qui, en présence d'une location consentie du 15 septembre 1984 au 30 mars 1985, s'est contentée d'en justifier le caractère saisonnier par le fait que sa durée corres-

pondait à la « saison d'hiver », sans préciser en quoi Juan-les-Pins avait joui, du 15 septembre 1984 au 30 mars 1985, d'une fréquentation exceptionnelle et d'une activité spécifique, a privé son arrêt de base légale au regard des articles 2 et 7 de la loi du 22 juin 1982 ; et alors, d'autre part, que si le droit fondamental à l'habitat, affirmé par l'article 1er de la même loi, ne concerne pas les résidences secondaires, il n'en demeure pas moins que les autres dispositions générales de cette loi sont applicables à ces mêmes résidences ; qu'ainsi, en déniant à M. Y. tout droit au renouvellement de son bail, la cour d'appel a violé l'article 7 de la loi du 22 juin 1982 ;

Mais attendu qu'ayant souverainement retenu, par motifs propres et adoptés, qu'il existe sur la Côte d'Azur deux saisons touristiques bien distinctes pour des raisons, les unes climatiques, les autres balnéaires, et que le bail consenti à M. Y. était conforme à l'usage local en matière de locations saisonnières tant en ce qui concerne sa durée, qu'en ce qui concerne les modalités de la location, la cour d'appel a, par ces seuls motifs, légalement justifié sa décision ;

Par ces motifs : Rejette le pourvoi.

CAA Paris 25-7-1989 n° 280, 2e ch.

294 **investissements de loisirs – résidences de tourisme classées – régime fiscal – imposition des revenus – prestations de services annexes – qualification de louage de biens ou de service : analyse circonstanciée de la nature et de l'étendue des prestations rendues**

(Extraits)

(...)

Considérant qu'aux termes de l'article 39, c du CGI : « L'amortissement des biens donnés en location est réparti sur la durée normale d'utilisation suivant des modalités fixées par décret en Conseil d'État » ; et qu'aux termes de l'article 31 de l'annexe II à ce même Code : « Si la location est consentie, directement ou indirectement, par une personne physique, le montant de l'amortissement ne peut excéder le montant du loyer perçu pendant l'exercice considéré diminué du montant des autres charges afférentes au bien donné en location » ;

Considérant que M. A., associé de la société de fait constituée entre lui-même et M. B. sous l'enseigne « Yachting-Voile-Méditerranée », pour contester la réintégration effectuée par l'administration d'une fraction des amortissements comptabilisés dans les écritures de ladite société dont les résultats sont soumis à l'impôt sur le revenu au nom des deux associés pour moitié chacun, soutient que les locations de bateaux de plaisance effectuées au cours des années 1974 et 1975 présentaient la nature de prestations de services dans la mesure où un équipage ou un marin « skipper » était affecté à la conduite des bateaux loués pour des croisières de durée limitée, et qu'ainsi ces locations ne relevaient pas du champ d'application des dispositions combinées de l'article 39, c du CGI et de l'article 31 de l'annexe II de ce même Code réservées à la seule location de biens ;

Considérant qu'il résulte, d'une part, de l'instruction que les contrats de location de bateaux ne prévoyaient pas systématiquement la présence à bord d'un équipage ou d'un « skipper » et qu'en fait la plupart des locations litigieuses ont été, durant les années d'imposition, effectuées, contrairement à ce que soutient l'appelant, sans équipage ; que, d'autre part, et en tout état de cause, en admettant même que la présence d'un « skipper » puisse être pour l'application des dispositions précitées du CGI de nature à conférer aux locations un caractère différent de celui d'une location de biens, il ne ressort nullement des dispositions alléguées des conventions en cause ou des circonstances de fait établies que les pouvoirs effectifs de commandement sur les bateaux loués aient été dans leur ensemble exercés dans des conditions caractérisant un contrat de louage de services et non un contrat de louage de choses ; qu'il ne ressort pas non plus des dispositions de la loi du 18 juin 1966 et du dé-

cret du 31 décembre 1966 que les contrats dont il s'agit s'analysent nécessairement en des contrats de prestations de services ;
Considérant qu'il résulte de ce qui précède que M. A. n'est pas fondé à soutenir que c'est à tort que par le jugement attaqué, le TA de Paris a rejeté sa demande ;
Décide : Rejet.

CE 8-11-1989 n° 63967

295 **locations meublées saisonnières – régime fiscal – imposition des revenus – immeubles loués non inscrits à l'actif – charges de gestion : déductibles au prorata de la durée effective de location**

(Extraits)
(...)
Sur le recours du ministre de l'économie, des finances et du budget :
Considérant qu'aux termes de l'article 93 du CGI : « ... 1 ter. Les agents généraux d'assurances et leurs sous-agents peuvent demander que le revenu imposable provenant des commissions versées par les compagnies d'assurances qu'ils représentent, ès qualités, soit déterminé selon les règles prévues en matière de traitements et salaires. Ce régime est subordonné aux conditions suivantes : ... les intéressés ne doivent pas bénéficier d'autres revenus professionnels, à l'exception de courtages et autres rémunérations accessoires se rattachant directement à l'exercice de leur profession... » ; que, par « autres revenus professionnels », au sens de ces dispositions, il y a lieu d'entendre tous les revenus qu'est susceptible de procurer à l'intéressé l'exercice d'une activité professionnelle différente de celle d'agent général d'assurances, y compris dans l'hypothèse où les résultats de celle-ci seraient nuls ou déficitaires, à la seule exception des revenus procurés par la gestion ordinaire d'un patrimoine privé immobilier ou mobilier ;
Considérant qu'il résulte de l'instruction que M. A., qui exerce la profession d'agent général d'assurances à Rochefort-en-Terre (Morbihan), est propriétaire, dans cette localité, depuis le 1er juillet 1972, d'un immeuble comportant un fonds de commerce de café-restaurant pour l'exploitation duquel une licence de débit de boissons de 4e catégorie lui a été délivrée et dont les résultats sont imposés à son nom, suivant le régime du forfait, dans la catégorie des bénéfices industriels et commerciaux ; que ce même régime a été appliqué au loyer annuel qu'il a perçu, à partir de 1977, après qu'il eut mis ce fonds en location-gérance ; que le fait que M. A. n'aurait jamais assumé directement l'exploitation du fonds, d'abord géré par une personne salariée, qui l'a repris ensuite en gérance libre, qu'il n'aurait perçu aucun bénéfice en 1975 et en 1976 et que, depuis 1977, seule une redevance fixe d'un montant modeste lui serait versée, n'est pas de nature à permettre d'estimer que M. A. n'a pas exercé, durant les années d'imposition en litige, en plus de son activité principale d'agent général d'assurances, une activité de nature commerciale ne se rattachant pas à la gestion ordinaire d'un patrimoine privé ;
Considérant qu'il résulte de ce qui précède, que c'est à tort que, pour admettre que l'intéressé aurait dû être imposé conformément aux dispositions de l'article 93, 1 ter précité, le tribunal administratif a retenu qu'à défaut de participer à l'exploitation de son fonds de commerce, il n'avait fait que gérer un bien figurant dans son patrimoine privé ;
Considérant, toutefois, qu'il appartient au Conseil d'État, saisi de l'ensemble du litige par l'effet dévolutif de l'appel, d'examiner les autres moyens soulevés par M. A. devant le tribunal administratif de Rennes ;
Considérant, d'une part, que les raisons pour lesquelles M. A. aurait, en raison de ses responsabilités d'élu local, été amené à acquérir l'immeuble en cause sont sans influence sur le bien-fondé des impositions en litige ;

Considérant, d'autre part, que M. A. ne peut utilement se prévaloir, sur le fondement de l'article 1649 quinquies E du Code, repris à l'article L 80 A du LPF, d'une réponse ministérielle à M. André, député, publiée au Journal officiel des débats de l'Assemblée nationale du 10 octobre 1983, c'est-à-dire postérieurement à la mise en recouvrement des impositions contestées, ni, pour le même motif, d'une circulaire administrative du 14 février 1984 ;
Considérant qu'il résulte de ce qui précède que le ministre de l'économie, des finances et du budget est fondé à soutenir que c'est à tort que, par le jugement attaqué, le tribunal administratif de Rennes a décidé que M. A. serait, pour les années 1975, 1976, 1977 et 1978 inclus, imposé selon les règles prévues en matière de traitements et de salaires, à raison des commissions reçues par lui des compagnies d'assurances dont il est l'agent et l'a renvoyé devant l'administration pour le calcul du dégrèvement correspondant ; qu'il y a lieu, dès lors, d'annuler les articles 1er et 2 du jugement attaqué ;
Sur le recours incident de M. A. :
Considérant qu'aux termes de l'article 15 II du CGI, dans sa rédaction applicable en l'espèce : « Les revenus des logements dont le propriétaire se réserve la jouissance ne sont pas soumis à l'impôt sur le revenu… » ; qu'en contrepartie de cette exonération, le propriétaire ne peut déduire de son revenu imposable les charges afférentes à un logement dont il se réserve la jouissance ;
Considérant qu'il résulte de l'instruction que M. A. est propriétaire à Berric de deux immeubles qu'il offre, meublés, à la location saisonnière ; qu'il conteste, par la voie d'un recours incident, la réduction, effectuée par le service, au prorata de la durée effective de location, des déductions qu'il avait pratiquées sur ses revenus au titre des charges de propriété et des frais de gestion afférents à ces immeubles ;
Considérant, d'une part, qu'il ne résulte pas de l'instruction que les immeubles de Berric aient été affectés, compte tenu de leur nature, au patrimoine commercial de M. A. ; que la circonstance que les revenus que l'intéressé a tirés de ces locations ont été imposés dans la catégorie des bénéfices industriels et commerciaux ne permet pas de considérer que les immeubles ont reçu, de façon permanente, une affectation commerciale ;
Considérant, d'autre part, que M. A. allègue, sans d'ailleurs le démontrer, qu'il désirait à l'époque louer ses immeubles pendant au moins six mois ; que, toutefois, à défaut de location effective, un propriétaire doit être regardé comme conservant la jouissance de son immeuble ; que, dès lors, c'est à bon droit que, quel qu'ait été le mode de location des immeubles de M. A. postérieurement aux années en cause, l'administration n'a admis la déduction des charges et frais en litige qu'au prorata de la durée de location réelle ;
Considérant qu'il résulte de ce qui précède que le recours incident de M. A. ne peut être accueilli ;
Décide : (...) 3° Rejet du recours incident.

CA Pau 13-6-1991 n° 90-296

296 **locations meublées saisonnières – régime juridique applicable – réservation – versement d'arrhes ou d'acomptes – acompte – dédit du locataire – cas de force majeur – grossesse – non**

(Extraits)
(…)
Attendu que par un acte sous-seing privé du 19 février 1988, l'Agence immobilière Atlantic a loué à M. C. pour la durée d'un mois une ville sise à Hossegor pour le prix de 29 143 F sur lequel M. C. a versé un acompte de 7 300 F à la signature.
Attendu que par une lettre recommandée du 24 juin 1988, M. C. a notifié à l'agence immobilière son intention de ne pas occuper la villa pour le mois de juillet 1988 pour des raisons familiales graves.
Attendu que par un acte du 14 novembre 1988, l'agence immobilière a fait assigner M. C. aux fins de le voir condamner à lui payer le solde du montant de la location.

Attendu que par acte du 15 février 1989 M. C. à son tour a dénoncé au Groupe des assurances Mutuelles de France l'assignation qui lui avait été remise et l'a assigné en intervention et garantie de toutes les condamnations qui pourraient être prononcées contre lui et au profit de l'Agence Atlantic Immobilier.

Attendu qu'à l'issue des deux procédures le tribunal de grande instance de Dax a rendu le 7 décembre 1989 le jugement suivant :

(...)

Condamne Henri C. à payer à la société Agence immobilière Atlantic la somme de 21 843 F avec les intérêts au taux légal à compter du 5 septembre 1988 ;

(...)

Le déboute de son appel en garantie dirigé contre le Groupe des assurances Mutuelles de France ;

(...)

Attendu que M. Henri C. a relevé appel de cette décision dans des conditions de formes et de délai qui ne sont pas discutées ;

(...)

Reprenant les moyens qu'il avait déjà développés devant le premier juge, l'appelant fait valoir que la clause relative au prix et incluse dans les conditions générales du contrat de location est une clause particulièrement abusive et qui en tout état de cause lui est inopposable aux motifs que seul le recto du contrat a été signé par M. C. et qu'en présence d'un contrat d'adhésion comme c'est le cas en l'espèce, il faut que la signature puisse faire corps en quelque sorte avec la clause qu'elle ratifie et qui se trouvait au verso du contrat.

Attendu qu'il soutient par ailleurs que par application des articles 1147 et 1188 il ne peut être condamné à aucun paiement de dommages-intérêts, ayant été contraint d'annuler précipitamment la location pour des raisons familiales graves, ce qui constitue un cas de force majeure ou un cas fortuit l'ayant empêché de donner suite à l'exécution contractuelle.

Attendu qu'en ce qui concerne la garantie qui lui est due par les Assurances Mutuelles de France, M. C. aux termes de ses dernière conclusions du 18 décembre 1990 prises après communication de la police et de l'avenant qu'il avait réclamés, fait observer que c'est sous l'égide du contrat d'assurance passé le 13 août 1987 entre les Assurances Mutuelles de France et la Sté Agence immobilière Atlantic qu'il a lui-même conclu son contrat de location du 19 février 1988.

Que la police du 13 août 1987 prévoit expressément la couverture en cas de sinistre résultant de grossesse, fausse couche, accouchement et leurs conséquences ; qu'ainsi, que la date de prise d'effet de l'avenant soit le 25 juillet ou le 3 mai 1988 importe peu dès lors qu'à la date de la conclusion du contrat de location saisonnière, le risque encouru était garanti.

Attendu que l'Agence immobilière Atlantic a conclu pour sa part le 18 mai 1990 et le 24 décembre 1990 en demandant à la cour de déclarer l'appel principal irrecevable et en tout cas mal fondé, de débouter la partie adverse, de confirmer le jugement du tribunal d'instance du 7 décembre 1989 et faisant droit à l'appel incident formulé, de condamner M, C. pour appel abusif à 15 000 F de dommages-intérêts ainsi que 10 000 F par application de l'article 700 du nouveau Code de procédure civile ;

Attendu que l'Agence immobilière Atlantic reprend devant la cour les moyens et arguments qu'elle avait développés devant le premier juge et qui ont été retenus par ce dernier.

Attendu que les Assurances Mutuelles de France Groupe Azur ont conclu pour leur part devant la cour :

(...)

Attendu que la compagnie d'assurance fait essentiellement valoir que la date de prise d'effet de l'avenant excluant de la garantie les sinistres résultant de grossesse etc., est celle du 3 mai 1988 et non celle du 25 juillet 1988 qui est la date de la signature de cet avenant.

Que cette date du 3 mai 1988 est antérieure à la date du sinistre qui doit être considérée comme celle de la lettre d'envoi de M. C. pour résilier son contrat de location soit le 24 juin 1988.

Qu'il doit donc être déclaré qu'il ne peut être tenu à aucune garantie.

Sur ce :

(...)
Sur l'inopposabilité de la clause relative au prix :
Attendu que le premier juge a à juste titre déclaré cette clause valable dans la mesure où le contrat libellé recto-verso formait un tout dont M. C. devait nécessairement avoir pris connaissance par sa signature au recto.
Attendu qu'il convient en particulier de préciser qu'au recto signé par M. C. il était libellé en termes d'imprimeries identiques et très clairement : « Cher locataire nous vous remercions de votre réservation accompagnée de votre acompte, nous vous prions de prendre connaissance des : 1 ° conditions générales de location au verso des présentes, 2° conditions particulières ci-dessus avant de nous retourner l'exemplaire » ; et qu'au verso la clause concernant le prix comme d'ailleurs celle concernant la durée, le cautionnement etc. était annoncée par le terme « prix » écrit en lettres d'imprimeries plus importantes que celles du paragraphe concerné, ce qui ne pouvait manquer d'attirer l'attention du souscripteur ;
Qu'ainsi, sauf à faire une lecture hâtive et négligente du contrat, M. C. ne peut valablement soutenir que son attention n'avait pas été suffisamment attirée par cette clause.
Sur l'application des articles 114 et 1148 du Code civil :
Attendu que les risques inhérents à une grossesse ne peuvent être considérés comme un cas de force majeure, cet état n'étant plus un événement imprévisible, insurmontable et extérieur ;
Attendu qu'a fortiori et en l'espèce le certificat du docteur A. produit par M. C. démontre le risque prévisible qu'un état de grossesse faisait courir à Mme C. (4e grossesse sur un utérus trois fois cicatriciel).
Attendu que c'est donc à juste titre que le premier juge a fait application des clauses contractuelles liant M. C. et l'Agence immobilière.
Sur l'appel en garantie :
Attendu que la cour constate au vu de la police et des avenants produits que contrairement à ce qui est soutenu par M. C., la police souscrite à effet du 1er juillet 1987 par l'Agence immobilière pour le compte des locataires ne garantissait pas le risque d'annulation de la location avant le départ.
Que la garantie initiale n'a été étendue à la garantie de ce risque que par l'avenant signé le 25 juillet 1988 avec effet au 3 mai 1988 et dans les conditions prévues à cet avenant ;
Attendu que cet avenant est opposable au locataire pour le compte de qui il a été souscrit dans les mêmes conditions que la police d'origine et M. C. ne manquerait sans doute pas d'en demander le bénéfice si la cause de l'annulation avait été de celles qui étaient garanties.
Attendu qu'étant donc constaté qu'à la date de l'engagement (février 1988) la garantie n'était pas acquise ; et à la date du sinistre (24 juin 1988) seule à prendre en considération, la garantie était exclue pour les sinistres résultant de grossesse, fausse couche, accouchement et les conséquences ainsi que les traitements obstétriques, le tribunal a justement débouté M. C. de son appel en garantie.
(...)
Par ces motifs : Confirme le jugement.

CA Paris 6-12-1991 n° 91-17283

297 **locations meublées traditionnelles – définition – qualification – élément matériel – meubles et objets mobiliers – appréciation à la date d'entrée du locataire dans les lieux**

(Extraits)
(...)
Au fond :
Considérant que par acte sous seing privé du 7 novembre 1984 Messieurs B. ont donné à bail à Monsieur L. et à Monsieur T. S., antiquaires, au visa de la loi du 22 juin 1982 pour une durée de six ans un appartement en duplex sis à Paris (7e) 21, quai Voltaire comprenant sept pièces principales et dépendances, à usage d'habitation, à effet du 1er décembre 1984 pour finir le 30 novembre 1990,

moyennant un loyer mensuel en principal de 28 000 F, révisable annuellement ;
Considérant qu'un inventaire du mobilier, appartenant aux bailleurs, se trouvant dans les lieux loués a été établi contradictoirement entre les parties par acte sous seing privé du 18 décembre 1984 ;
Considérant que par acte d'huissier du 19 juillet 1990 les bailleurs ont donné congé aux locataires pour le 30 novembre 1990, avec refus de renouvellement rappelant aux destinataires que « le contrat de location meublé » les liant aux bailleurs « ne rentre pas dans le cadre de la loi du 23 décembre 1986 ni dans celui de la loi du 6 juillet 1989 » et que ce contrat expirait le 30 novembre 1990 ;
Considérant que les locataires ont signifié par acte du 4 septembre 1990 une protestation à congé en contestant le caractère « meublé » de la location au sens de la loi du 22 juin 1982 et des textes subséquents et en arguant de la nullité du congé non conforme à l'article 15 de la loi du 6 juillet 1989 ;
Considérant que le litige a été porté devant le tribunal à la requête des bailleurs et a donné lieu à la décision déférée :
Sur le caractère « meublé » de la location :
Considérant qu'à l'acte de bail du 7 novembre 1984 établi sur un formulaire les parties ont coché la case « non meublé » relative à la qualification de la nature de la location ;
Mais considérant que, parallèlement, un inventaire détaillé a été dressé le 18 décembre 1984 par les parties, à l'entrée effective en jouissance des locataires, de l'important mobilier et des objets et effets mobiliers garnissant les lieux loués ; que s'agissant pour la plupart d'entre eux de meubles de valeur, un contrat d'assurances a été souscrit auprès de la Compagnie « La France » dont les primes ont été mises à la charge des locataires, ainsi qu'il ressort de la lettre du 17 janvier 1990 que leur adressait le mandataire des bailleurs ;
Considérant qu'il est de principe que c'est la présence de meubles et d'objets mobiliers dans les locaux loués au moment de la convention qui caractérise la location en meublé ;
Considérant que par ailleurs l'introduction d'un mobilier personnel au locataire ne constitue pas à elle seule une novation ;
Considérant qu'en l'espèce l'importance et la qualité du mobilier, mis à la disposition et à la charge des consorts L. - T. S., constitués par des tables, commodes en marqueterie, bureau dos d'âne, consoles, divans, un lit et de nombreux sièges, bergères, fauteuils et chaises, ainsi que des effets et objets mobiliers (rideaux, gravures, aquarelles, tableaux, glaces, appliques, lampes, tapis de la Savonnerie etc.) tels qu'inventoriés, font suffisamment apparaître que la convention liant les parties portait non sur un seul local vide, mais bien sur un appartement meublé ; que, compte tenu au surplus de l'activité d'antiquaires exercée par les locataires et de l'adéquation du mobilier en cause à cette activité, il est certain que telle a été la commune intention des parties lors de la conclusion du bail nonobstant l'indication erronée qu'il portait sur la nature de cette location ;
Considérant par ailleurs que le fait qu'au cours du bail, la consistance de ces mobiliers et effets mobiliers ait été réduite, d'ailleurs pour la plus grande part à l'initiative des locataires, est sans incidence sur la nature de la location initiale qui s'apprécie à l'entrée dans les lieux ;
Sur la validité du congé :
Considérant que le bail a été conclu le 7 novembre 1984 au visa de la loi du 22 juin 1982 alors en vigueur ;
Considérant qu'aux termes de l'article 2 de cette loi ses dispositions s'appliquaient aux locaux à usage d'habitation meublés ou non, n'étant exclus du champ d'application de la loi que les locations meublées consenties par un loueur professionnel en meublé, ce qui n'est pas le cas en l'espèce ;
Mais considérant que les lois subséquentes du 23 décembre 1986 puis du 6 juin 1989 d'ordre public ont exclu de leur champ d'application respectif toutes les locations meublées quelles qu'elles soient ;
Considérant que la loi nouvelle dès lors qu'elle est d'ordre public doit s'appliquer aux effets futurs d'un contrat antérieur ; qu'en l'espèce la convention intervenue entre les parties se trouve régie par les dispositions du Code civil dès lors que la loi du 6 juillet 1989 exclut les locations meublées de son champ d'application ;

Considérant en conséquence que le congé signifié le 19 juillet 1990 pour le 30 novembre 1990 dans le respect du délai de préavis d'usage dans la région parisienne est régulier et valable ;
Considérant que le jugement entrepris sera dès lors confirmé en ce qu'il a validé le congé et autorisé l'expulsion des consorts L. et T. S. ;
Que toutefois il n'y a pas lieu d'assortir cette expulsion d'une astreinte ;
Considérant que l'indemnité d'occupation eu égard à la qualité des lieux loués a été exactement évaluée par le 1er juge à 42 000 F par mois en principal ;
Considérant que l'équité ne commande pas l'application de l'article 700 en l'espèce ;
Considérant qu'eu égard aux faits de la cause la demande de 50 000 F formée par Messieurs L. et S. est mal fondée et sera donc rejetée ;
Par ces motifs : Confirme le jugement.

CA Grenoble 9-4-1992 n° 91-3410

298 **locations meublées traditionnelles – définition – qualification – élément matériel – meubles et objets mobiliers – absence de literie et d'ustensiles de cuisine – appréciation de la qualification – location meublée – non**

(Extraits)
(...)
Josette M. épouse C. est propriétaire d'une maison à usage d'habitation située chemin du Vallon à Voreppe.
Par acte sous seing privé en date du 6 décembre 1989, elle a donné à bail meublé cette maison aux époux V. pour la durée d'un an moyennant un loyer mensuel de 2 100 F.
Ce bail a été renouvelé le 6 décembre 1990, pour une durée de six mois expirant le 6 mai 1991.
Au motif qu'elle a donné congé aux époux V. mais que ceux-ci refusent de quitter les lieux, Josette M. épouse C. les a assignés en référé, par acte en date du 28 août 1991, pour obtenir leur expulsion.
Par ordonnance en date du 24 septembre 1991, le président du tribunal d'instance de Grenoble l'a déclarée irrecevable en sa demande et a débouté les époux V. de leur demande reconventionnelle.
Le 22 octobre 1991, Josette M. épouse C. a régulièrement interjeté appel de cette décision. À l'appui de son recours, elle expose que la maison louée était meublée ; que cela a été constaté par les locataires dans un document signé le même jour que le bail ; qu'initialement, les intimés souhaitaient acquérir cette maison, puis ont demandé la prorogation du délai d'achat, ce qui a justifié la poursuite de la location de quelques mois ; qu'ainsi il n'y avait pas lieu à cette occasion d'établir un nouvel inventaire ; que celui qui a été signé par eux fait la preuve de l'existence de ces meubles ; qu'ainsi il s'agissait bien d'une location meublée, de telle sorte que la décision doit être infirmée, les intimés déclarés occupants sans droit ni titre des lieux et leur expulsion ordonnée sous astreinte. Elle sollicite également l'allocation de 5 000 F en application de l'article 700 du nouveau Code de procédure civile.
Les époux V. répliquent que les baux signés par eux sont nuls, comme conclus pour une durée inférieure à trois ans, sans que les raisons n'en soient expliquées, contrairement aux dispositions de l'article 11 de la loi du 6 juillet 1989. Ils ajoutent que l'inventaire du mobilier dressé ne permet pas de considérer que les lieux étaient meublés au sens de la loi du 6 juillet 1989 ; qu'en outre, une partie des meubles énumérés n'a pas été fournie.
Ils concluent donc à la confirmation de la décision et à l'allocation de 3 000 F en application de l'article 700 du nouveau Code de procédure civile.
Motifs de la décision
Les baux conclus les 6 décembre 1989 et 6 décembre 1990 pour des durées respectives de un an et six mois portent la mention qu'il s'agit d'une location meublée. L'inventaire signé par M. V. le 6 décembre 1989 sous le titre « état des meubles déposés dans la maison de Picherat » mentionne effectivement que le mobilier de la maison se compose :
- d'une salle à manger comportant un buffet 2 corps, 1 table, 6 chaises,

- d'une chambre à coucher en ronce de noyer, sommier, armoire,
- d'une chambre d'enfant Cosy complet bon état, sommier matelas,
- d'une cuisine avec cuisinière, 1 table, 1 chaise.

Pour qu'un local soit considéré comme étant meublé, il est incontestable qu'il doit permettre à ses occupants d'y vivre normalement.

Tel n'est pas le cas en l'espèce, la literie et les ustensiles de cuisine faisant défaut, de telle sorte qu'il faudrait y dormir sans draps, ni couverture et ne pas cuisiner dans ces locaux.

En conséquence, la loi du 6 juillet 1989 doit trouver application, l'exclusion prévue par la loi pour les locaux meublés ne pouvant être utilement invoquée en l'espèce.

Aucune mention particulière ne justifiant que le contrat ait été conclu pour une durée inférieure à trois ans, comme le prévoit l'article 11 de ce texte, il doit être réputé conclu pour trois ans, en application des dispositions de l'article 10 de cette loi, d'ordre public.

(...)

Par ces motifs : Confirme le jugement.

CA Paris 25-5-1992 n° 91-13887

299 **locations meublées traditionnelles – définition – qualification – élément matériel – meubles et objets mobiliers – absence de lit et présence que d'une table et d'une armoire – appréciation de la qualification**

(Extraits)

(...)

La cour est saisie sur déclaration d'appel du jugement rendu le 19 mars 1991 par le tribunal d'instance de Paris (7e), déposé par Odile H. dans le litige l'opposant à Daniel S..

Considérant qu'il échet de rappeler que :

- Depuis le mois d'août 1981 Daniel S. est locataire d'un studio au rez-de-chaussée d'un immeuble situé 38 Rue de l'université à Paris (7e), dont les Consorts H. étaient propriétaires.
- À la demande du preneur, l'expert C. a établi le 17 octobre 1990 un décompte de surface corrigée, concluant à un total de 44 m^2 en catégorie II C.
- Le 28 décembre 1990 Daniel S. a assigné Odile H. pour voir dire que le local est régi par les dispositions de la loi de 1948, fixer à 470,74 F le montant mensuel du loyer licite au 1er juillet 1990, obtenir la restitution d'un trop-perçu de 27 698,15 F et une indemnité pour frais irrépétibles.

C'est dans ces conditions qu'a été rendu le jugement réputé contradictoire attaqué, par lequel le tribunal a dit que le studio loué relève des dispositions générales de la loi du 1er septembre 1948, a fixé à 470,74 F le montant du loyer mensuel du 1er juillet 1990, a condamné la défenderesse au versement de la somme de 24 525,78 F à titre de trop-perçu du 1er décembre 1987 au 31 octobre 1990, avec exécution provisoire et, de celle de 2 000 F pour les débours non taxables.

Odile H. et la société Socapi Investissements, intervenante volontaire en qualité de nouveau propriétaire, ont poursuivi l'infirmation de ce jugement. Elles soulèvent l'irrecevabilité de la demande dirigée contre Odile H., alors que l'immeuble était la propriété des Consorts H..

Subsidiairement, elles soutiennent qu'il s'agit d'une location en meublé soumise aux dispositions du Code civil par l'article 2 de la loi du 6 juillet 1989. Elles sollicitent donc la restitution des sommes versées en exécution du jugement, augmentées des intérêts légaux. Plus subsidiairement, elles demandent que le trop-perçu soit ramené à un montant de 20 625,78 F. Elles sollicitent aussi l'allocation de la somme de 10 000 F pour les frais irrépétibles. Daniel S. conclut à la confirmation du jugement. Il prie la cour de condamner additionnellement Odile H. à lui restituer un trop-perçu d'un montant de 4 545,46 F, pour la période du 1er novembre 1990 au 30 mai 1991 et à lui fournir les quittances de loyer depuis le 1er décembre 1987.

Sur ce :

Considérant qu'il résulte des énonciations de l'acte authentique de vente du 14 juin 1991 au profit de la

société Socapi Investissements, que Odile M. veuve H. était propriétaire indivise pour moitié et usufruitière pour l'autre moitié ; qu'elle avait donc pouvoir de donner à bail l'appartement litigieux, en application de l'article 595 du Code civil ; que dès lors la demande dirigée contre elle en qualité de bailleresse est recevable ;
Considérant que le bail verbal consenti en août 1981 ne pouvait alors être soumis aux lois subséquentes ; que la loi du 1er septembre 1948 d'ordre public, dont se prévaut Daniel S., lui était applicable ; que la location en meublé d'un local qui ne constitue pas le domicile du bailleur n'échappe pas à cette législation protectrice ; que, de plus, un studio meublé seulement d'une table et d'une armoire, à l'exclusion d'un lit, ne saurait être considéré comme loué meublé ; que c'est donc à bon droit que le premier juge a déclaré le logement soumis aux dispositions générales de la loi du 1er septembre 1948 ;
Considérant que le décompte de surface corrigé et le calcul du loyer licite effectué par Maître C. n'est pas discuté ; que les résultats du rapport de cet expert seront adoptés ;
Considérant que celui-ci a exactement calculé le montant global des loyers exigibles pour la période du 1er décembre 1987 au 31 octobre 1990, s'élevant à 15861,85 F y compris le droit de bail ; que les parties s'accordent sur un montant forfaitaire de 20 % pour les charges, soit un total de 19034,22 F ;
Considérant que les comptes versés aux débats devant la cour font apparaître, ainsi que le fait valoir l'appelante dans son subsidiaire, que Daniel S. a versé pendant cette même période la somme de 39 660 F et non pas celle de 43 560 F retenue en première instance ; qu'en conséquence le jugement sera réformé sur ce point, le trop-perçu afférent à ladite période étant de 20625,78 F ; il sera donc fait droit à la demande en répétition, sans majoration d'intérêts, eu égard au caractère exécutoire du jugement qui exclut toute mauvaise foi du créancier ;
Considérant que Daniel S. y ajoute la somme de 4545,46 F dont il ne justifie pas qu'elle a été trop perçue, pour la période postérieure, soit à partir du 1er novembre 1990 et jusqu'au 31 mai 1991, antérieurement à l'acquisition de l'immeuble par la société Socapi Investissements ; qu'il sera débouté en l'état de ce chef ;
Considérant que Nicole H. est tenue de fournir les quittances de loyer demandées ;
Considérant que l'équité ne commande pas qu'il soit fait application de l'article 700 du nouveau Code de procédure civile, tant en première instance qu'en appel.
Par ces motifs : 1° Confirme partiellement ; 2° Condamne au remboursement du trop-perçu.

CA Aix-en-Provence 2-3-1995 n° 92-17541

300 **locations meublées saisonnières – régime juridique applicable – obligations des parties – obligations du bailleur – obligation de délivrance – chemin d'accès au lieu infranchissable – appréciation – non-respect de l'obligation de délivrance – non**

(Extraits)
(...)
Monsieur et Madame Jacques A. avaient pris en location saisonnière pour la période du 15 février au 22 février 1992 un chalet meublé sis à Molanes Pra-Loup, appelé le Nid d'Aigle appartenant à Monsieur Jean-L. M.
Le prix de la location était de 8 000 F et avait été réglé d'avance par les époux A..
Par jugement réputé contradictoire en date du 28 juillet 1992 le tribunal d'instance de Barcelonnette a prononcé la résiliation de la convention conclue entre les parties, a condamné Monsieur Jean-L. M. :
- à rembourser à Monsieur et Madame A. la somme de 8 000 F outre intérêts au taux légal à compter du 3 avril 1992,

- à leur payer la somme de 3 000 F à titre de dommages et intérêts et celle de 3 000 F au titre de l'article 700 du nouveau Code de procédure civile.

Monsieur Jean-L. M. a relevé appel de cette décision.

Motifs et décision

(...)

Sur le fond

Attendu que Monsieur et Madame A. soutiennent qu'ils s'étaient trouvés dans l'impossibilité totale d'accéder au chalet, loué le 15 février 1992 en fin d'après-midi, en raison de l'état du chemin privé y menant, qui était verglacé.

Attendu cependant, que selon le témoignage de Monsieur B. occupant du chalet celui-ci avait pu pratiquer régulièrement le chemin menant au chalet le « Nid d'Aigle » à Pra-Loup durant la semaine du 8 au 15 février ; que seules les chutes de neige survenues en fin de semaine l'avait contraint de laisser les voitures à mi-parcours et à effectuer à pied les quelques trente mètres restants.

Attendu qu'il résulte également d'une attestation de Monsieur B. locataire du chalet précédant les époux A. que le chemin d'accès du Nid d'Aigle : « Bien que glissant comme la plupart des chemins privés d'accès en montagne pendant la période hivernale était praticable dans la semaine du 6 au 15 février 1992 » ; que Monsieur B. précise notamment qu'il avait quitté le chalet le samedi 15 février à 9 heures et avait pu utiliser son véhicule Ford Sierra, puis était remonté à pied au chalet pour faciliter son rechargement, sans aucun problème.

Attendu qu'à supposer que dans la soirée, de ce même 15 février 1992, jour de l'arrivée des époux A., il y ait eu du verglas sur le chemin conduisant au Nid d'Aigle, il n'apparaît pas, au vu des pièces produites tant par Monsieur M. que les époux A., que la présence de ce verglas empêchait d'accéder à pied au chalet ; que d'ailleurs le constat d'huissier invoqué par les époux A. et en date du 21 février 1992 s'il mentionne que le chemin d'environ 140 mètres était sur la première partie très verglacé sur plusieurs mètres et complétement verglacé sur la deuxième partie, a noté qu'il était possible d'accéder à pied au chalet tout en précisant qu'il existait des risques de chute sur le verglas.

Attendu par ailleurs, que l'huissier a relevé dans son constat, que les requérants (dont Monsieur et Madame A.) déclaraient remettre en place dans le chalet trois téléviseurs avec leurs antennes, ainsi que deux matelas en mousse (tissus écossais correspondant à des coussins de banquette.

Attendu qu'à l'évidence, la présence de verglas sur le chemin conduisant au chalet le Nid d'Aigle n'avait pas empêché les époux A. de transporter ce mobilier lourd et encombrant.

Attendu que dans ces conditions, ils sont mal fondés à soutenir que Monsieur M. avait failli à son obligation de délivrance en ne rendant pas accessible le chemin conduisant au chalet loué ; qu'ils seront en conséquence déboutés de leur demande en résiliation du contrat de location dudit chalet, en restitution de la somme de 8 000 F et en dommages et intérêts.

Attendu que Monsieur M. invoque un préjudice matériel imputable aux dégradations commises dans le chalet par les époux A. qu'il chiffre à la somme de 5 000 F.

Attendu cependant qu'aucun état des lieux n'a été établi tant au début qu'à la fin de la semaine de location ; que les locataires de Monsieur M. qui se sont plaints à celui-ci dans une lettre du 4 avril 1992 de certaines détériorations dans le chalet n'ont occupé celui-ci que les 29 et 30 mars, soit bien après la période de location consentie aux époux A. ; que Monsieur M. ne démontre nullement que celles-ci soient le fait des époux A. ; qu'il sera débouté de sa demande de dommages et intérêts pour préjudice matériel.

Attendu enfin que Monsieur M. n'établit pas que sa réputation ait pâti au sein de la station suite à cet incident locatif avec les époux A., et qu'il ait subi un préjudice moral, qu'il sera débouté de sa demande de dommages et intérêts de ce chef.

Attendu que Monsieur M. ne rapporte pas la preuve qui lui incombe que les époux A. aient agi de mauvaise foi à son encontre ; qu'il ne peut prétendre à des dommages et intérêts à ce titre.

Attendu que les époux A. supporteront les dépens de première instance et d'appel et devront verser à Monsieur A. la somme de 4 000 F au titre de l'article 700 du nouveau Code de procédure civile.

Par ces motifs : Infirme le jugement et déboute.

Cass. 3e civ. 16-12-1997 n° 1860 D

301 **locations meublées traditionnelles – régime applicable – dispositions communes aux différents types de location meublée – obligations des parties – obligations du bailleur – obligation de délivrance d'un logement et de ses équipements en bon état – appréciation**

(Extraits)
(...)
Sur le premier moyen, ci-après annexé :
Attendu qu'ayant relevé, par motifs adoptés, que M. G. avait manqué à son obligation de fournir à son locataire un appartement meublé ainsi que des équipements électroménagers suffisants et en bon état de marche, et qu'il n'avait pas procédé aux réparations qu'il s'était engagé à effectuer lors de l'entrée dans les lieux de M. F., la cour d'appel, qui n'était pas tenue de répondre à des conclusions que ses constatations rendaient inopérantes, a légalement justifié sa décision de ce chef ;
Sur le deuxième moyen, ci-après annexé :
Attendu que M. G. n'ayant pas soutenu devant la cour d'appel que le locataire était présumé avoir reçu l'appartement en bon état de réparations locatives, le moyen est nouveau, mélangé de fait et de droit, et, partant, irrecevable ;
Sur le troisième moyen, ci-après annexé :
Attendu que M. G. ayant demandé dans ses conclusions d'appel que la décision du premier juge, ayant fixé l'indemnité d'occupation à la somme de 25 000 F par mois, soit confirmée, n'est pas recevable à invoquer des prétentions contraires devant la Cour de cassation ;
Et attendu qu'aucun grief n'étant dirigé contre l'arrêt du 12 avril 1996, il y a lieu de rejeter le pourvoi en ce qu'il est formé contre cette décision ;
Par ces motifs : Rejette le pourvoi.

CA Paris 7-5-1998 n° 96-86626

302 **locations meublées saisonnières – régime juridique applicable – contrat de location – clauses abusives – clause ne laissant qu'un délai trop bref au locataire pour dénoncer les anomalies des locaux**

(Extraits)
(...)
La Commission des clauses abusives a adopté le 1er juillet 1994 une recommandation concernant les contrats de locations saisonnières, publiée au Bulletin officiel de la concurrence, de la consommation et de la répression des fraudes le 27 octobre 1994, demandant que certaines clauses estimées abusives soient éliminées des contrats de location saisonnière habituellement proposés aux consommateurs.
L'Union fédérale des consommateurs - UFC - Que Choisir (ci-après dénommée UFC) a demandé en janvier 1995 à une agence de location saisonnière exerçant sous l'enseigne Immovac de lui fournir un exemplaire du contrat de location proposé à ses clients. Après un échange de courrier avec M. Jean-Claude G., exerçant son activité sous l'enseigne Immovac, l'UFC, estimant que cinq clauses contenues dans le modèle de contrat étaient abusives, a assigné M. G. en suspension de ces clauses sous astreinte et en dommages-intérêts en réparation du préjudice collectif subi par les consommateurs.
Le tribunal de grande instance de Paris, par jugement du 8 octobre 1996, a constaté que l'UFC renonçait à sa demande portant sur la clause attributive de compétence, déclaré son action recevable sur ses autres demandes, ordonné avec exécution provisoire, à M. G. de supprimer dans le délai d'un mois les quatre autres clauses figurant dans les contrats de location saisonnière proposé

aux consommateurs, condamné M. G. à payer à l'UFC 15 000 F à titre de dommages-intérêts et 10 000 F en application de l'article 700 du nouveau Code de procédure civile et a rejeté la demande reconventionnelle en dommages-intérêts pour procédure abusive et allégations mensongères et préjudiciables. Il a retenu :

1. Sur la recevabilité, d'une part, que l'article L 132-1 du Code de la consommation s'appliquait, Immovac étant un professionnel de l'immobilier, et, d'autre part, qu'en application des dispositions de l'article L421-6 du même Code, l'UFC pouvait agir en justice pour demander la suppression des clauses abusives ;

2. Sur le fond :

a) que les contrats proposés à la date de l'assignation contenaient les clauses reprochées bien qu'Immovac ait été informée de la nécessité de modifier ses contrats ;

b) que les clauses litigieuses doivent donc s'apprécier au regard de l'article L 132-1 dans sa rédaction issue de la loi du 1er février 1995 ;

- que chacune des quatre clauses critiquées était abusive et devait être supprimée ;

d) qu'en maintenant des clauses qu'elle savait abusives, Immovac avait causé un préjudice certain à l'ensemble des consommateurs justifiant l'allocation de dommages-intérêts.

(...) Cela étant exposé,

La cour,

(...) 2. Sur le caractère abusif des clauses litigieuses

Considérant au préalable que M. G. reproche à l'UFC de n'avoir pas négocié avec lui avant d'agir en justice ; mais qu'aucun texte n'impose à une association agréée de négocier les conditions de suppression des clauses estimées abusives avant de saisir la juridiction civile ; que cette critique est ainsi inopérante ;

Considérant que l'article L 132-1 du Code de la consommation dispose « Dans les contrats conclus entre professionnels et non-professionnels ou consommateurs, sont abusives les clauses qui ont pour objet ou pour effet de créer, au détriment du non-professionnel ou du consommateur, un déséquilibre significatif entre les droits et obligations des parties au contrat » ;

Considérant que la commission des clauses abusives a, dans sa délibération du 1er juillet 1994, publiée le 27 octobre 1994, demandé la suppression de certaines clauses, contenues dans des contrats de location saisonnière, qu'elle a estimées abusives ; que cette recommandation ne lie pas le juge mais qu'il peut l'utiliser pour s'éclairer ;

Considérant que la première clause critiquée est celle qui stipule que « dans le cas où un séjour réservé par le client devrait être modifié par le prestataire du fait de circonstances extérieures, ce dernier s'efforcera de proposer au client un séjour de remplacement présentant les caractéristiques les plus semblables possibles au séjour initialement prévu » et que le client peut en ce cas annuler sa réservation dans le délai de sept jours ;

Considérant que M. G. prétend que les « circonstances extérieures » mentionnées seraient celles présentant les caractères de la force majeure et que cette analyse se déduirait de son objectif de permettre au client de disposer, parmi les locaux que gère l'agence, de ceux les mieux adaptés à ses besoins ;

Considérant que cet objectif, outre son caractère très général, et très vague, est une évidence pour tout commerçant et qu'il ne peut donc servir pour déterminer la portée de la clause critiquée ; que le texte de celle-ci est lui aussi vague et général et ne se limite pas aux seuls cas de la force majeure impliquant que l'événement extérieur soit aussi imprévisible et irrésistible ; que la modification est unilatérale et que le client n'a que la possibilité, limitée dans un laps de temps très bref, de résilier sa réservation, sans véritable dédommagement de son éventuel préjudice ; que cette clause a été estimée abusive par la commission des clauses abusives dans sa recommandation ;

Considérant que cette clause crée un déséquilibre significatif entre les droits et obligations des parties, au détriment du consommateur ou du non-professionnel ;

Considérant qu'une deuxième clause litigieuse prévoit : « Pour ce qui est du couchage, il peut varier en plus ou en moins » ;

Considérant que M. G. estime que cette stipulation, extraite de son contexte, a été mal analysée et qu'en réalité le nombre de couchages est adapté au nombre de personnes occupant les lieux, indiqué par le client ;

Considérant que la clause en question se poursuit ainsi : « Le nombre indiqué est la capacité maximum » ; qu'il serait pour le moins paradoxal que l'agence ne fournisse pas un local comportant un nombre de couchages suffisant pour le nombre d'occupants ; que, quel que soit le nombre d'occupants indiqué par le client, celui-ci est en droit de compter sur le nombre de couchages prévu, même s'il excède le nombre d'occupants envisagé ; que cet élément est un des points importants du contrat ; qu'aucun élément conventionnel ne vient, dans le contrat en cause, limiter le pouvoir unilatéral, discrétionnaire et sans contrepartie de l'agence ; que cette clause crée un déséquilibre significatif entre les droits et obligations des parties, au détriment du consommateur ou du non-professionnel ;

Considérant que la troisième clause critiquée stipule que le locataire « dispose de 24 h pour dénoncer les anomalies constatées, à l'exception de l'état de propreté qui, lui, doit être signalé et constaté sur le champ » ;

Considérant que l'appelant soutient, d'une part, que l'état de propreté et les marques dans l'inventaire ne peuvent s'apprécier que sur le champ et que le délai de 24 h est prévu dans l'intérêt du client afin de permettre à l'agence de pallier les anomalies révélées et, d'autre part, qu'il faut tenir compte de la faible durée des séjours ; qu'il indique avoir modifié son modèle de contrat et stipulé des délais variables selon les anomalies ;

Considérant que les modifications apportées ultérieurement ne sont pas en cause dans la présente instance et ne sauraient justifier des stipulations antérieures différentes ; qu'elles démontrent au contraire la possibilité d'aménagement ;

Considérant que la faible durée prévue pour dénoncer les anomalies apparaît excessive, même au regard de la brièveté de la location, et ce d'autant que généralement les périodes de location commencent un samedi et que les agences Immovac sont fermées le dimanche comme le mentionne une clause des conditions générales ; que vainement l'appelant conclut (ironiquement ?) que cette stipulation est écrite dans l'intérêt du preneur, celui-ci ayant tout intérêt à voir prendre en considération les anomalies quelle que soit la date de leur signalement ; que la commission des clauses abusives a également estimé qu'était abusive cette clause qui crée un déséquilibre significatif entre les droits et obligations des parties, au détriment du consommateur ou du non-professionnel ;

Considérant que, selon la quatrième clause discutée, lors de l'arrivée, « tout retard après 18 h 30 aurait pour conséquence le report de la prise de possession au prochain jour ouvrable à 9 h » ; qu'elle poursuit : « En cas d'arrivée tardive acceptée par le responsable de l'accueil, une facturation horaire de 180 F par heure de retard serait à acquitter pour le locataire » ;

Considérant que M. G. soutient que la législation du travail le contraint à fermer les agences à cette heure, que le preneur doit respecter les obligations contractuelles, que les aléas de circulation sont prévisibles et qu'il n'impose en fait qu'une obligation de prévenir, ajoutant que le supplément de prix prévu n'aurait jamais été sollicité ni payé ;

Considérant que cette dernière affirmation n'est étayée par aucun élément alors qu'une stipulation conventionnelle a pour vocation d'être appliquée ; que tout retard a pour effet, en cas de début de location un samedi (ce qui est le cas général comme le mentionnent les conditions générales) de reporter la prise de possession au lundi, amputant ainsi très largement la durée du séjour, en particulier lorsqu'il est de sept jours, que la législation du travail n'empêche pas effectivement M. G. d'organiser un système d'accueil en cas d'arrivée tardive, ainsi qu'il le reconnaît lui-même en prévoyant dans la clause litigieuse la possibilité d'un tel accueil ; que loin de contraindre le locataire à obliger de prévenir en cas d'arrivée tardive - qui ne peut toujours être prévue ni signalée - elle indique expressément qu'elle a pour effet un report de prise de la location ; qu'aucune contrepartie n'est prévue en faveur du preneur ; que la possibilité d'un accueil tardif (contre paiement d'un dépassement horaire d'un montant non négligeable et dissuasif) est laissée, aux termes de la clause, à la discrétion du responsable de l'ac-

cueil puisque celui-ci doit l'« accepter » ; qu'ainsi la clause crée un déséquilibre significatif entre les droits et obligations des parties au détriment du consommateur ou du non-professionnel ;
Considérant qu'il en résulte que les quatre clauses incriminées sont abusives ;
3. Sur la sanction
Considérant que M. G. soutient que les clauses litigieuses n'ayant pas été reprises ou ayant été modifiées dans les nouveaux contrats, il n'y aurait pas à en ordonner la suppression ;
Mais considérant que si de nouvelles conditions générales ont été diffusées après l'assignation de l'UFC, en 1996, toutes les clauses susmentionnées n'ont pas été ôtées ou modifiées pour éviter leur caractère abusif ; qu'il n'est pas justifié que tous les anciens modèles de contrat ont été retirés ; que la décision de supprimer ces clauses des contrats proposés aux consommateurs ou non-professionnels sera donc confirmée ;
Considérant que l'appelant prétend que l'action préventive de l'UFC exclut toute possibilité d'octroyer des dommages-intérêts ; mais que l'action en suppression n'est pas exclusive de l'action à fin d'obtenir réparation du préjudice déjà subi par l'ensemble des consommateurs ;
Considérant que M. G. expose que les contrats ont été modifiés en 1996 ; qu'il n'a pu les changer plus tôt compte tenu des délais nécessaires à la confection des brochures ; qu'il a été informé trop tard pour que les recommandations de la commission des clauses abusives puissent être prises en considération dès 1995 ;
Considérant cependant qu'il résulte du propre aveu de M. G. que des contrats contenant des clauses abusives ont continué à être proposés à sa clientèle alors qu'il avait été informé de la recommandation par son organisation dès le début de 1995 puis par l'UFC ; que les délais nécessaires à l'élaboration et à la fabrication des brochures publicitaires n'excluaient pas la possibilité pour l'intéressé de faire confectionner rapidement des « addenda » ou des « corrigenda » sommaires, fussent-ils présentés sous forme promotionnelle, avant la réfection des brochures plus complètes ; que M. G. n'a pris aucune mesure en ce sens pas plus qu'il n'a tenté de remédier effectivement et rapidement aux abus signalés mais a, au contraire, persisté à diffuser des contrats d'adhésion contenant des clauses excessives, en parfaite connaissance de cause ;
Considérant que la diffusion durant au moins le printemps et l'été 1995 des anciens contrats a causé à l'ensemble des consommateurs ou non-professionnels un préjudice certain ; que le tribunal a justement apprécié à 15 000 F le montant des dommages-intérêts dus en réparation, tenant compte de la mise en conformité partielle intervenue par la suite ; que sa décision sera confirmée sur ce point ;
Par ces motifs : Confirme le jugement.

Cass. 3e civ. 30-9-1998 n° 1363 PF

303 locations meublées traditionnelles – régime applicable – dispositions communes aux différents types de location meublée – contrat de location – inventaire des meubles et état des lieux – absence – effets

(Extraits)
(…)
Attendu, selon l'arrêt attaqué (CA Paris 24 septembre 1996, 8e ch. A), que les époux R. ont donné un appartement à bail à M. T. ; que celui-ci leur ayant délivré congé, les bailleurs l'ont assigné en paiement de diverses sommes ; que le locataire a reconventionnellement demandé des dommages-intérêts ;
Attendu que M. T. fait grief à l'arrêt d'accueillir la demande des époux R. et de rejeter la sienne, alors, selon le moyen, « 1° qu'il résulte de l'article 3, alinéa 7, de la loi du 6 juillet 1989 qu'un état des lieux établi contradictoirement par les parties lors de la remise des clefs doit être joint au contrat de bail et qu'à défaut d'état des lieux contradictoire, la présomption établie par l'article 1731 du Code civil ne peut être invoquée par celle des parties qui a fait

obstacle à l'établissement de l'état des lieux ; qu'il ressort des propres constatations de l'arrêt attaqué que le constat établi le 12 mars 1990 à la requête de Mme R. a été fait en l'absence de M. T., qu'il n'est donc pas contradictoire et qu'il a été écarté des débats ; qu'en se déterminant néanmoins sur la présomption de bon état des lieux établie par l'article 1731 du Code civil, la cour d'appel a méconnu les conséquences nécessaires de ses propres constatations sur le caractère non contradictoire de l'état des lieux et violé par refus d'application l'article 3, alinéa 7, de la loi du 6 juillet 1989 ; 2° que subsidiairement il résulte de l'article 1731 du Code civil que la règle suivant laquelle s'il n'a pas été fait d'état des lieux, le preneur est présumé les avoir reçus en bon état de réparations locatives ne s'applique qu'aux réparations locatives et ne peut être invoquée par le bailleur qui se plaint de dégradations ; qu'en fondant néanmoins sa décision de condamner le preneur du fait de dégradations dans l'appartement et de meubles manquants sur la présomption de l'article 1731 du Code civil, la cour d'appel a violé lesdites dispositions par fausse application ; 3° qu'il résulte de l'article 1732 du Code civil qu'il appartient au bailleur qui invoque les dégradations commises par le preneur d'apporter la double preuve de l'existence des dégradations en cause et de leur imputabilité au preneur ; qu'en condamnant par suite le preneur à la réparation de dégradations sans rechercher si le bailleur avait bien rapporté la preuve qui lui incombait de leur imputabilité à M. T., la cour d'appel a privé son arrêt de base légale au regard de l'article 1732 du Code civil et des règles de la preuve ; 4° que viciant son arrêt d'une violation de l'article 455 du nouveau Code de procédure civile, la cour d'appel s'est abstenue de répondre aux moyens péremptoires soulevés par M. T. dans ses conclusions d'appel pris en premier lieu de ce que « la présomption édictée par l'article 1731 du Code civil ne peut être invoquée par les époux R. puisque ces derniers ont fait obstacle à l'établissement d'un état des lieux contradictoire » en deuxième lieu de ce que les époux T. « n'ont jamais procédé eux-mêmes aux réparations locatives, (...) ont versé des devis correspondant à la rénovation de la moquette et à la réfection de la peinture de l'appartement et non pas des factures (...) et n'ont supporté ni la remise en état des lieux ni une baisse de loyer », en troisième lieu de ce que « retenir un chiffre de 207 641 F pour 250 mètres carrés (de moquette) revient à calculer le prix du mètre carré à 830 F ce qui est manifestement excessif, une moquette de grande qualité coûtant en général aux alentours de 100 F le mètre carré, une moquette de qualité courante coûtant 25 F le mètre carré (...) le coût de remplacement de la moquette ne devant donc, s'il avait été effectué, pas être supérieur à environ : 25 000 F -30 % = 18 000 F » et en dernier lieu de ce que « le fait que M. et Mme R. n'aient pas retrouvé de locataire dès le 1er août n'est en aucun cas imputable à M. Didier T. ; (...) que M. et Mme R. ayant disposé de l'appartement dès le 30 juillet 1991, ce dernier était libre à la visite dès cette date ; qu'en réalité aucune visite n'est intervenue, puisque l'agence Embassy Service est fermée durant le mois d'août ; que c'est la fermeture de cet établissement qui est la seule et unique cause de l'absence de visites durant le mois d'août et les premiers jours de septembre » ;

Mais attendu, d'une part, que selon l'article 2, alinéa 2, de la loi du 6 juillet 1989, les locaux meublés sont exclus du domaine d'application de cette loi ; que la cour d'appel qui a relevé que l'appartement avait été loué meublé a retenu à bon droit, sans être tenue de répondre à des conclusions que ses constatations rendaient inopérantes, qu'en l'absence d'état des lieux, M. T. était présumé les avoir reçus en bon état de réparations locatives ;

Attendu, d'autre part, que le preneur répondant selon l'article 1732 du Code civil des dégradations à moins qu'il ne prouve qu'elles ont eu lieu sans sa faute, la cour d'appel qui a constaté des dégâts dans le logement et l'absence de meubles et qui a répondu aux conclusions, a retenu exactement que le locataire tenu de restituer les lieux en bon état de réparations locatives, ne pouvait prétendre que les bailleurs ne subissaient pas de préjudice ;

Par ces motifs : Rejette le pourvoi.

CAA Marseille 12-10-1998 n° 97-544, 3e ch., Sté Parissimo Guillec

304 **locations meublées traditionnelles – régime fiscal – imposition des revenus – loueurs non professionnels – qualification – interposition d'une société de personnes – location consentie indirectement par une personne physique (oui)**

(Extraits)

(...)

Considérant qu'aux termes de l'article 8 du CGI : « Sous réserve des dispositions de l'article 6, les associés des SNC et les commandités des sociétés en commandite simple sont, lorsque ces sociétés n'ont pas opté pour le régime fiscal des sociétés de capitaux, personnellement soumis à l'impôt sur le revenu pour la part de bénéfices sociaux correspondant à leurs droits dans la société. Il en est de même sous les mêmes conditions : ... 3° Des membres des SARL qui ont opté pour le régime fiscal des sociétés de personnes dans les conditions prévues à l'article 3, IV du décret 55-594 du 20 mai 1955 modifié ou dans celles prévues par l'article 239 bis AA » ; et qu'aux termes de l'article 31 de l'annexe II à ce même Code : « Si la location est consentie, directement ou indirectement par une personne physique, le montant de l'amortissement ne peut excéder le montant du loyer perçu pendant l'exercice considéré diminué du montant des autres charges afférentes au bien donné en location » ;

Considérant que les contribuables entendent imputer dans la catégorie des bénéfices industriels et commerciaux sur leur revenu global des années 1989 et 1990 le déficit dégagé par la société Parissimo dont l'activité consistait à acquérir des appartements dans des résidences de tourisme et à les louer par baux commerciaux à différentes sociétés d'exploitation hôtelière ; que, l'administration, faisant application des dispositions précitées de l'article 31 de l'annexe II au CGI, a refusé de prendre en compte l'essentiel du déficit résultant de l'amortissement des appartements dont s'agit ;

Considérant que les contribuables font valoir que les appartements dont s'agit n'étaient pas la propriété d'une personne physique, mais de la société Parissimo ; que, dès lors, les dispositions de l'article 31 de l'annexe II au CGI n'étaient pas applicables ;

Considérant en premier lieu qu'il résulte de l'instruction que la société Parissimo dont les contribuables étaient associés, avait régulièrement opté pour le régime fiscal des sociétés de personnes, que ses résultats étaient donc régulièrement soumis à l'impôt sur le revenu au nom des associés ; que, par suite, le service était fondé à considérer que la location effectuée par l'intermédiaire de la société était consentie indirectement par les associés, au sens des dispositions précitées de l'article 31 de l'annexe II au CGI, et était placée dans le champ d'application desdites dispositions ;

Considérant en second lieu que les contribuables font valoir que l'activité de la société Parissimo ne constituerait pas une location de bien immobilier au sens des dispositions de l'article 31 de l'annexe II au CGI, mais une prestation de service de type hôtelier et serait donc placée hors du champ d'application de ces dispositions, tant par le texte même dudit article 31 de l'annexe II au CGI, que par la doctrine de l'administration exprimée notamment par une instruction du 14 août 1996 relative à l'hôtellerie familiale ; qu'il résulte clairement de l'instruction que la société Parissimo limitait son activité à la location d'appartements meublés à des sociétés hôtelières qui se chargeaient seules des prestations de services ressortissant de l'hôtellerie ; que, par suite, ni la lettre des dispositions de l'article 31 de l'annexe II au CGI, ni l'interprétation donnée par la doctrine de l'administration, au demeurant relative à l'hôtellerie familiale, en admettant même qu'elle soit applicable en l'espèce, n'excluait ladite activité du champ d'application de l'article 31 de l'annexe II au CGI ;

Décide : Rejet.

CA Aix-en-Provence 4-1-1999 n° 97-6712

305 **locations meublées saisonnières – définition – qualification – durée – locations de vacances – local situé à Nice – durée du 1er juin au 31 décembre – appréciation**

(Extraits)

(…)

Rappel des faits et de la procédure

Par télécopie en date du 16 mai 1995, Monsieur Pierre M., notaire à Nice a formulé, sous sa signature, une offre de location pour un appartement situé à l'Abbaye du Mont Boron, 15 avenue Urbain Bosio, bâtiment B, 06000 Nice, pour une durée de sept mois, du premier juin au 31 décembre 1995, moyennant un loyer mensuel de 10 000 F, qui serait ramené à 5 000 F, en contrepartie des travaux qui étaient à faire. A cette promesse de bail était joint un acompte de 10 000 F. Cet accord s'est concrétisé par un bail en date du 18 mai 1995, signé, pour le compte du locataire par une dame B., qui devait par la suite devenir l'épouse de Monsieur M., et qui, au lieu de s'identifier sous son propre nom comme mandataire de ce dernier, a signé « Pierre M. ». Ce bail a été établi sur un formulaire intitulé « Engagement de location meublée saisonnière », et on y a ajouté une annexe manuscrite, d'après laquelle le locataire s'engageait à payer un loyer de 20 000 F par mois dans l'hypothèse où il demeurerait dans les lieux au-delà du 31 décembre 1995. Madame B. a, une nouvelle fois, signé ce document du nom de « Pierre M. ».

En fait, il est constant que les bailleurs désiraient vendre l'appartement et avaient imaginé de le louer pour une courte durée dans les conditions qui viennent d'être rappelées à Monsieur M., lequel s'était déclaré éventuellement intéressé par cette acquisition.

Par la suite, et notamment par un courrier du 8 décembre 1995, ce dernier a affirmé découvrir l'annexe prévoyant un loyer doublé à compter du premier janvier 1996. Invoquant les dispositions de la loi du 6 juillet 1989, il est resté dans les lieux jusqu'au 15 septembre 1998, en continuant de verser un loyer mensuel de 10 000 F, toutes charges comprises.

Puis, suivant assignation du 27 février 1996, son épouse et lui-même ont introduit devant le tribunal d'instance de Nice une demande tendant au bénéfice d'un bail de trois ans, et à la condamnation des bailleurs à lui payer la somme de 5 000 F à titre de dommages-intérêts outre celle de 6 030 F en application de l'article 700 du nouveau Code de procédure civile.

Par jugement en date du 4 décembre 1996, le tribunal d'instance les a débouté de cette demande, aux motifs essentiels que la commune intention des parties avait été de conclure une location saisonnière, et meublée, exclue du champ d'application de la loi du 6 juillet 1989.

Les époux F. ont été condamnés à délivrer des quittances de loyer pour la période comprise entre le premier juin et le 4 décembre 1995. Ils ont en revanche été déboutés d'une demande d'expulsion, de dommages-intérêts et de remboursement de charges de copropriété. Enfin, les époux M. ont été condamnés aux dépens, ainsi qu'au payement d'une indemnité de 6 000 F allouée sur le fondement de l'article 700 du nouveau Code de procédure civile.

Monsieur et Madame M. ont relevé appel de cette décision, suivant déclaration reçue au greffe de la cour le 21 février 1997.

Par conclusions du 17 juin 1997, ils en demandent l'infirmation et reprennent leurs prétentions de première instance, en élevant toutefois à 10 000 F le montant des dommages-intérêts réclamés et à 20 000 F leur demande fondée sur l'article 700 du nouveau Code de procédure civile. De leur côté, les époux F. ont conclu à la confirmation de la décision déférée, et à la condamnation des appelants à leur payer la somme de 15 000 F à titre de dommages-intérêts, et celle de 10 000 F, sur le fondement de l'article 700 du nouveau Code de procédure civile. Ils ont aussi présenté une demande additionnelle en paiement de la somme de 210 000 F à titre de loyers, qu'ils ont ensuite portée à 330 000 F. Enfin, ils ont sollicité la résiliation du bail, motif pris de ce que Monsieur M. aurait usé de manoeuvres dolosives, « pour obtenir la location d'un logement à la moitié de sa valeur réelle ».

Discussion

Attendu que la recevabilité de l'appel n'est pas discutée, et que les éléments de la cause ne donnent pas matière à la relever d'office. Que par contre, il convient d'écarter d'office des débats les conclusions que les parties ont continué d'échanger postérieurement à l'ordonnance de clôture, intervenue le 21 septembre 1998.

Attendu qu'à l'appui de leur appel, les époux M. font valoir qu'il n'y avait aucun mobilier dans l'appartement qu'ils ont pris à bail et que le premier juge ne pouvait leur refuser l'application de la loi du 6 juillet 1989, pas même en présence d'une commune intention contraire aux dispositions de cette loi.

Or, attendu que le bail a été conclu sans aucun inventaire, et qu'il n'est fourni aux débats aucun élément de nature à démontrer que les locaux auraient été donnés en location garnis de mobilier, si peu que ce soit. Que l'on n'est pas non plus en présence d'un bail saisonnier la durée de la location ne correspondant à aucune période d'activité déterminée justifiant cette qualification.

Attendu que les dispositions de la loi du 6 juillet 1989 ne pouvaient donc être écartées, puisqu'elles sont d'ordre public.

Que conformément à l'article 10 de ladite loi, la durée du bail devait donc être de trois ans, pour un bailleur personne physique, et que pendant toute cette période, le loyer convenu, soit 10 000 F par mois, ne pouvait varier que dans les conditions prévues par le dernier alinéa de l'article 17.

Attendu qu'il convient donc de réformer le jugement déféré en conséquence.

Attendu, en second lieu, qu'il n'y a pas dol de la part des appelants à avoir laissé des bailleurs étrangers s'égarer dans les difficultés de notre législation, alors que par ailleurs le loyer convenu était proche de la valeur locative de l'appartement (le dernier locataire à avoir occupé les lieux avant eux payait par mois 8 161,52 F de loyer et 2 330 F de charges). Que cependant, après avoir laissé espérer une restitution de l'appartement pour le 31 décembre 1995, Monsieur M. y est resté jusqu'au 15 septembre 1998, parce qu'il savait que l'on ne pourrait pas mettre fin au bail, en dehors des conditions prévues par l'article 15 de la loi déjà citée du 6 juillet 1989. Que le procédé est assez inélégant pour que les appelants soient déboutés de leurs demandes de dommages-intérêts et d'indemnité fondée sur l'article 700 du nouveau Code de procédure civile, et pour que les dépens d'instance et d'appel soient partagés par moitiés conformément à l'article 696 du nouveau Code de procédure civile.

Par ces motifs : Infirme le jugement.

CA Rennes 28-1-1999 n° 98-1177

306 **locations meublées saisonnières – régime juridique applicable – réservation – information préalable – description des lieux erronée – mauvaise foi du bailleur – responsabilité contractuelle engagée**

(Extraits)

(...)

Motifs de la décision

Sur les dommages-intérêts réclamés par les époux S. :

Faute de procès-verbal d'état des lieux établi à l'entrée ou à la sortie des locataires et compte tenu du caractère contradictoire des attestations et pièces versées aux débats, les allégations concernant la vétusté et le mauvais fonctionnement des éléments d'équipement n'apparaissent pas suffisamment caractérisés et ne sauraient suffire pour justifier l'existence d'un préjudice subi de ce chef.

Par contre, il est incontestable que compte tenu de l'expression « Front de mer » utilisée tant dans l'offre de location que dans le descriptif du bail,

les époux S. étaient fondés à attendre que la villa soit située en bord de mer avec un accès direct à celle-ci.
Or l'examen des plans cadastraux révèle que l'immeuble ne dispose pas d'un accès direct, puisqu'un terrain le sépare du chemin côtier. Ni les photographies et les attestations produites par Madame E., ni les différents courriers de la mairie de Penestin ne sauraient contredire le fait que cette maison dispose seulement d'une vue sur la mer et n'est pas située en front de mer.
Eu égard à l'importance du loyer, aux désagréments résultant de l'obligation d'utiliser la route pour une famille avec de jeunes enfants désirant aller à la plage, l'utilisation abusive par la bailleresse du terme « front de mer » constitue une faute engageant sa responsabilité contractuelle et justifie l'octroi de dommages-intérêts à concurrence de la somme de 5 000 F.
(...)
Par ces motifs : Confirme le jugement.

CA Pau 9-2-1999 n° 98-688

307 **locations meublées saisonnières – régime juridique applicable – réservation – information préalable – défaut – infraction**

(Extraits)
(...)
Faits :
Le 29 avril 1997, les inspecteurs des fraudes se sont présentés auprès de Patrick B., Président du conseil d'administration de la SA « Résitel » à Saint Lary Soulan ;
Le directeur de l'Association de tourisme « Centre Auvergne Tourisme », M. C., avait déposé une plainte auprès des services des fraudes, au motif de la non-conformité des états descriptifs des lieux délivrés par la Sté « Résitel » ;
Les inspecteurs des fraudes ont examiné les offres de location et ont constaté que certaines mentions n'y figuraient pas ; Patrick B. a indiqué qu'il lui était matériellement impossible de transmettre le descriptif de chaque appartement aux 2 500 agences de location ; qu'aucun professionnel ne respectait l'arrêté du 16 mai 1967 et que c'était « Centre Auvergne Tourisme » qui contractait avec les clients ;
Sur ce :
Les appels sont recevables comme interjetés dans des conditions régulières.
Conformément à l'arrêté du 16 mai 1967, toute location saisonnière en meublé doit, préalablement à sa conclusion, faire l'objet de la remise d'un état descriptif très précis ;
Les inspecteurs des fraudes ont examiné les offres de location types proposées par l'agence Résitel ;
Ils ont constaté que les mentions légales n'y figuraient pas ;
Il est établi que l'Agence Résitel est le loueur. Il lui appartenait donc de remettre des états descriptifs conformes, le tour opérateur n'étant que l'intermédiaire ;
Par ailleurs, la clientèle de particuliers de l'Agence Résitel recevait le même contrat type que celui remis au tour opérateur ;
L'infraction est donc constituée ;
Une peine de 6 000 F d'amende apparaît plus adaptée à la gravité des faits et à la personnalité de Patrick B., qui a fait preuve de mauvaise foi et a tenté d'échapper ainsi à ses responsabilités ;
Le jugement entrepris sera émendé en ce sens.
Par ces motifs : Confirme le jugement et condamne à la peine d'amende de 6 000 F.

Cass. 3e civ. 10-2-1999 n° 306 PB

308 **investissements de loisirs – résidences de tourisme classées – régime juridique – gestion de la résidence de tourisme – application du statut des baux commerciaux – critère – fourniture de prestations de services dans les lieux loués**

(Extraits)

(...)

Vu l'article 1er du décret du 30 septembre 1953 :

Attendu que les dispositions de ce décret s'appliquent aux baux des immeubles ou locaux dans lesquels un fonds est exploité ;

Attendu selon l'arrêt attaqué (CA Pau 11 février 1997, 2e ch. civ. sect. 1), que par acte du 6 juin 1989, M. et Mme G. ont donné à bail, pour une durée de onze années, à la société Green Park Ocean, aujourd'hui en liquidation judiciaire, un immeuble leur appartenant ; qu'ils ont assigné cette société pour faire déclarer valable le congé délivré le 26 avril pour le 31 décembre 1994 ;

Attendu que, pour rejeter cette demande, l'arrêt retient que le bail consenti par les époux G. doit être soumis aux dispositions du décret du 30 septembre 1953 dès lors qu'ils ont expressément permis que cette société y exploite une résidence de tourisme à l'enseigne « Green Parc Océan » qui a été classée par un arrêté préfectoral pris le 12 juillet 1990 et y exerce ainsi une activité commerciale ;

Qu'en statuant ainsi, sans rechercher si la société Green Parc Océan fournissait des prestations de service dans les lieux loués, la cour d'appel n'a pas donné de base légale à sa décision ;

Par ces motifs : Casse et renvoie devant CA Toulouse.

Cass. 3e civ. 13-7-1999 n° 1237 PF

309 locations meublées traditionnelles – régime applicable – application de la loi du 1er septembre 1948 – bail verbal conclu avant le 23 décembre 1986 – appréciation

(Extraits)

(...)

Attendu, selon l'arrêt attaqué (CA Paris 7 mai 1997, 6e ch. civ. B), que les époux R. ayant, le 1er août 1978, donné à bail à M. C. un local meublé, Mme R. lui a délivré congé, puis l'a assigné pour faire déclarer ce congé valable, qu'en appel, le preneur a demandé l'application au local, des dispositions générales de la loi du 1er septembre 1948 ;

Attendu que Mme R. fait grief à l'arrêt d'accueillir la demande de M. C., alors, selon le moyen, « 1° qu'en vertu de l'article 20 de la loi du 21 juillet 1994, en cas d'irrespect des normes ou des formalités de conclusion du bail, le locataire peut seulement demander au bailleur une mise en conformité, sans qu'il soit porté atteinte à la validité du contrat en cours ; que ce texte d'application immédiate, visant par ses dispositions générales tous les baux dérogatoires, ne permettait pas au locataire de Mme R. d'exiger le retour aux dispositions générales de la loi du 1er septembre 1948 ; que dès lors, en statuant comme elle l'a fait, la cour d'appel a violé ce texte ; 2° qu'en toute hypothèse, en signant un engagement de location d'un appartement meublé, en laissant s'écouler sa reconduction tacite pendant près de vingt ans, et en ne revendiquant le bénéfice des dispositions générales de la loi du 1er septembre 1948 qu'en cause d'appel, M. C. devait être regardé comme ayant renoncé à se prévaloir des dispositions de cette loi ; que dès lors, en statuant comme elle l'a fait, la cour d'appel n'a pas donné de base légale à sa décision au regard de l'article 1134 du Code civil ; 3° qu'en toute hypothèse, il résulte des dispositions combinées des articles 1 et 47 de la loi du 23 décembre 1986 et des articles 2 et 40-II de la loi du 6 juillet 1989 que les locations meublées sont exclues du champ d'application de ces lois et, partant, des dispositions générales de la loi du 1er septembre 1948, sous réserve que les locaux satisfassent aux normes minimales de confort et d'habitabilité prévues par le décret du 6 mars 1987 ; que dès lors, en statuant comme elle l'a fait, sans même s'expliquer sur l'application, en l'espèce, des normes d'habitabilité et de confort prévues par la réglementation en vigueur, la cour d'appel n'a pas, de ce chef également, donné une base légale à sa décision au regard de l'article 1134 du Code civil, et des articles 1er et suivants de la loi du 1er septembre 1948 modifiée, comme des textes ci-dessus visés » ;

Mais attendu, d'une part, qu'ayant relevé que le bail n'avait pas été conclu en vertu des articles 3 bis,

3 quater, 3 quinquies, 3 sexies ou 3 septies de la loi du 1er septembre 1948, la cour d'appel a retenu, à bon droit, que ce contrat ne remplissait pas les conditions pour bénéficier des dispositions de l'article 20 de la loi du 21 juillet 1994 ;
Attendu, d'autre part, qu'ayant relevé que le fait de laisser le bail se reconduire tacitement et de ne revendiquer qu'en appel le bénéfice des dispositions générales de la loi du 1er septembre 1948, constituait une simple abstention de la part du locataire, la cour d'appel, qui, constatant que le bail avait été conclu en 1978, n'était pas tenue de procéder à une recherche que ses constatations rendaient inopérantes, a pu en déduire que M. C. n'avait pas manifesté d'intention non équivoque de renoncer au bénéfice de cette loi ;
D'où il suit que le moyen n'est pas fondé ;
Par ces motifs : Rejette le pourvoi.

CAA Bordeaux 18-1-2000 n° 97-157, 3e ch.

310 **investissements de loisirs – résidences de tourisme classées – régime fiscal – imposition des revenus – location meublée avec prestations de services annexes – louage de biens ou louage de services – services accessoires – remise en cause de qualification de location meublée – non**

(Extraits)
(...)
Considérant qu'aux termes de l'article 8 du CGI : « Sous réserve des dispositions de l'article 6, les associés des SNC et les commandités des sociétés en commandite simple sont, lorsque ces sociétés n'ont pas opté pour le régime fiscal des sociétés de capitaux, personnellement soumis à l'impôt sur le revenu pour la part des bénéfices sociaux correspondant à leurs droits dans la société... » ; qu'aux termes de l'article 39 C du même Code : « L'amortissement des biens donnés en location est réparti sur la durée normale d'utilisation suivant des modalités fixées par décret en Conseil d'État » ; qu'aux termes de l'article 30 de l'annexe II au Code précité : « Les biens donnés en location sont amortis sur la durée normale d'utilisation, quelle que soit la durée de la location » ; et qu'aux termes de l'article 31 de la même annexe : « Si la location est consentie, directement ou indirectement, par une personne physique, le montant de l'amortissement ne peut excéder le montant du loyer perçu pendant l'exercice considéré, diminué du montant des autres charges afférentes au bien donné en location » ;
Considérant que pour contester la réintégration effectuée par l'administration d'une fraction des amortissements comptabilisés dans les écritures de la SNC du Fier, constituée entre Mme A. et la SA du Fier, dont les résultats sont soumis à l'impôt sur le revenu au nom des deux associés, M. et Mme A. soutiennent que les locations en meublé réalisées au cours des années 1990 et 1991 l'ont été sur la base de contrats de louage de services conclus par la société précitée et que celle-ci, qui est l'exploitant de l'activité litigieuse en tant que propriétaire et gestionnaire des immeubles loués, constitue une personne morale autonome par rapport à ses associés et qu'ainsi, ces locations ne relevaient pas du champ d'application des dispositions de l'article 31 de l'annexe II au CGI, applicables à la seule location de biens par des personnes physiques ;
Considérant, en premier lieu, qu'il résulte des dispositions de l'article 8 du CGI précité, que les associés de la société du Fier, dont il est constant qu'elle constitue une SNC, sont personnellement soumis à l'impôt sur le revenu pour la part des bénéfices sociaux correspondant à leurs droits dans la société ; qu'il suit de là que les bénéfices sociaux de cette société sont imposables sur le revenu au nom de Mme A. à proportion de ses droits sociaux dans ladite société ; qu'ainsi les résultats des locations affectant nécessairement la détermination de la base de l'impôt sur le revenu de l'intéressée, l'administration était en droit d'y réintégrer une fraction des amortissements déduits par la société, sans qu'il y ait lieu d'apporter la preuve du caractère fictif de cette dernière ; que, dès lors, reste sans incidence la circonstance que la SNC constituerait une personne morale totalement autonome par rapport à

ses associés sur le plan juridique ; que, dans ces conditions, c'est à bon droit que le service a regardé les locations comme consenties indirectement par Mme A. en tant que personne physique pour l'application de l'article 31 de l'annexe II du CGI ;
Considérant, en second lieu, qu'il résulte de l'instruction que les contrats de location conclus par la SNC du Fier ne concernaient que la mise à disposition des locaux meublés avec fourniture du linge et de vaisselle et que si le ménage quotidien des locaux loués ainsi que la fourniture du petit-déjeuner étaient effectivement proposés aux locataires, le caractère occasionnel de ces deux dernières prestations n'est pas de nature à conférer aux locations un caractère différent de celui d'une location de biens ; que dès lors les requérants ne sont pas fondés à contester le plafonnement des amortissements déductibles auquel a procédé l'administration ;
Considérant qu'il résulte de ce qui précède que M. et Mme A. ne sont pas fondés à soutenir que c'est à tort que, par le jugement attaqué, le TA a rejeté leur demande ;
Décide : Rejet.

CA Chambéry 19-1-2000 n° 97-472, ch. civ., G. c/ Association CNL

311 location meublée traditionnelle – clause abusive – application entre professionnel et non-professionnel – notion de professionnel

(Extraits)
(...)
L'Association « Confédération Nationale du Logement » [CNL] agit en suppression de clauses illicites ou abusives contenues dans les baux et ce, en vertu des articles L421-1 et L421-6 du Code de la consommation et de son agrément par arrêté ministériel du 20 août 1985, renouvelé deux fois depuis.
La CNL souligne que M. G. loue à de nombreux étudiants des chambres meublées et qu'il doit être considéré comme exerçant la profession de loueur en meublés et relève, en sa qualité de professionnel, de la réglementation sur les clauses abusives.
La CNL a agi en suppression de nombreuses clauses contenues dans les baux proposés par M. G., avec publication du jugement à intervenir.
M. G. relève que la CNL ne justifie pas de son habilitation active ; si Mme G. demande, en sa qualité d'avocat, sa mise hors de cause, M. G. conteste être un loueur professionnel.
Il conteste les reproches à lui faits.
C'est dans ses conditions que le jugement déféré est intervenu.
(...)
Sur quoi, la cour :
1. Sur la recevabilité de l'action de la Confédération Nationale du Logement :
a) Concernant les clauses abusives :
Attendu que c'est expressément que les articles L421-6 et L421-7 du Code de la consommation autorisent les associations [mentionnées à l'article L421-1] à demander judiciairement la suppression des clauses abusives dans les modèles de conventions habituellement proposées par les professionnels aux consommateurs ;
b) Concernant les clauses illicites :
Attendu que l'article L421-2 du Code de la consommation autorise les associations à solliciter en justice « toute mesure destinée à faire cesser les agissements illicites ou à supprimer dans le contrat ou le type de contrat proposé aux consommateurs une clause illicite » ; que peu importe qu'il y ait ou non poursuite pénale ;
Attendu qu'il s'ensuit que la CNL est donc recevable en sa demande ;
2. Sur la qualité de professionnel de M. G. :
Attendu, certes, que M. G. exerce la profession de publicitaire ; qu'il n'est cependant pas contesté que M. G. loue habituellement plusieurs studios ou chambres meublées dans un but lucratif, ce qui coïncide avec la définition du loueur professionnel

donnée par l'article 2 alinéa 1er de la loi du 2 avril 1949 ;

3. Sur les clauses critiquées :

Attendu que la CNL a poursuivi M. G. en suppression de neuf clauses du bail proposé ; que le premier juge a retenu comme valables deux clauses contestées et a déclaré illicites ou abusives les autres clauses ;

Attendu qu'ensuite du jugement déféré, M. G. a fait modifier le projet de bail pour le rendre conforme aux exigences légales, et que la demande de la CNL est devenue, en grande partie, sans objet ;

a) Sur la clause relative au loyer :

Attendu que cette clause prévoyant une majoration de loyer de 10 % en cas d'impayé au 10 du mois a été reprise dans le nouveau contrat ; que, cette clause, étendue par l'État lui-même sur le paiement des impôts et taxes, n'empêche aucunement le locataire d'agir en réduction de cette pénalité [article 1152 du Code civil] ; que, contrairement à l'indication du premier juge, cette clause ne saurait être considérée comme abusive et qu'ainsi, c'est à bon droit que M. G. l'a maintenue dans le nouveau contrat en vigueur, selon lui, à compter du 1er septembre 1999 ;

b) Sur la clause prévoyant le versement de trois mois de loyer et la perte de la caution en cas de départ du preneur avant l'expiration du bail ou dans le cas où le preneur décide de ne pas donner suite au bail ;

Attendu que le premier juge a retenu que prévoir une pénalité égale à trois mois de loyer pour un bail d'une durée de 12 mois est une clause abusive ;

Attendu que M. G. a modifié la clause qui prévoit que « le preneur qui accepte » devra une indemnité égale aux loyers restant à courir en cas de départ avant l'expiration du bail, ce qui constitue une clause contractuelle valable ;

c) Sur la clause exonérant le bailleur de toute responsabilité ;

Attendu que concernant la clause exonérant le bailleur de toute responsabilité en cas d'infiltrations dues à des dégâts des eaux causés par le preneur, il n'apparaît pas que cette clause soit abusive, contrairement à l'appréciation du premier juge et c'est à bon droit qu'elle figure dans le nouveau bail ; que la seule réserve est celle prévoyant « toutes causes », encore qu'il faille relativiser l'indication par référence à la cause du dégât ;

Attendu par contre que la clause prévoyant que le preneur devra supporter, sans réduction de loyer et sans indemnité les réparations incombant au bailleur, a été fort logiquement supprimée du nouveau bail car elle était sans contestation particulièrement abusive ;

d) Sur les clauses relatives à l'usage des lieux loués :

Attendu que le bailleur a entendu exiger de son locataire qu'il ne nuise pas à l'aspect esthétique de l'immeuble par mise en place de linge, pots de fleurs, cages aux fenêtres ; que cette obligation ne limite pas le droit du locataire à jouir en bon père de famille et qu'ainsi cette clause, reprise dans le nouveau bail, peut être considérée comme valable ;

Attendu que concernant l'occupation des locaux par un nombre de personnes limité à celles figurant au contrat, il s'agit de normes visant à garantir un usage des lieux conforme à leur équipement, et ne peut donc être retenue comme clause abusive ;

e) Sur la clause interdisant au locataire de rechercher ou exercer une activité professionnelle :

Attendu que s'il est loisible au bailleur d'interdire l'exercice dans les lieux loués d'une profession ou d'un commerce, il ne saurait s'opposer en aucune manière à ce qu'il travaille dans la ville ou dans les environs ; que M. G. a d'ailleurs modifié la clause de sorte que, dans le nouveau bail, elle est valable ;

f) Sur la clause relative à l'état des lieux :

Attendu que la clause prévoyait qu'un état des lieux contradictoire et un inventaire soient établis à l'entrée du preneur et qu'à défaut, ceux dressés par le bailleur sont réputés valables ; que ce dernier membre de phrase attaque l'équilibre des parties et, par suite, est abusif ; que d'ailleurs, M. G. l'a supprimée dans le nouveau bail, complétant par la référence à l'article 1731 du Code civil ;

g) Sur la clause interdisant la présence d'animaux domestiques :

Attendu que cette clause est contraire à l'article 10 de la loi du 9 juillet 1970 et est donc abusive ; que M. G. l'a supprimée dans le nouveau contrat ;

Attendu en définitive que sont déclarées valables :

- la clause comportant majoration de 10 % du loyer en cas de non-paiement avant le 10 du mois ;
- la clause interdisant de placer sur les balcons et fenêtres linge ou pots de fleurs ou cages ;
Attendu que les autres clauses ont été modifiées ou adoptées par M. G. de sorte que la demande de la CNL devient sans objet pour l'application du nouveau bail ; que cependant cette modification du contrat n'est intervenue qu'après prononcé du jugement querellé ;
Attendu que certains contrats anciens pouvant être en cours, la CNL est fondée à faire apparaître les clauses illicites ou abusives de ces contrats ; que tel est le cas de :
* la clause prévoyant le versement de trois mois de loyer ;
* la perte de la caution en cas de départ du preneur avant l'expiration du bail ou dans le cas où le preneur décide de ne pas donner suite au bail ;
* la clause exonérant le bailleur de toute responsabilité ;
* la clause interdisant au locataire de rechercher ou exercer une activité professionnelle ;
* la clause relative à l'état des lieux ;
* la clause interdisant la présence d'animaux domestiques ;
4) Sur les demandes de la CNL.
Attendu qu'eu égard aux éléments susdéveloppés, c'est à juste titre que le premier juge a réduit la demande en dommages et intérêts pour ne retenir que la somme de 6 000 F ;
Attendu que la décision de publication telle que retenue par le premier juge doit être confirmée, en y ajoutant l'affichage sur la porte de l'immeuble incriminé pendant quinze jours ;
(...)
Par ces motifs : Confirme le jugement déféré :
- en ce qu'il a déclaré illicites la clause relative à la présence d'animaux familiers et la clause imposant au locataire de supporter les réparations incombant au bailleur sans réduction de loyer et sans indemnité.
- en ce qu'il a déclaré abusives la clause prévoyant le versement de trois mois de loyer en cas de départ anticipé du locataire, la clause exonérant le bailleur de sa responsabilité en cas d'infiltrations ou dégâts sauf ceux causés par le preneur, la clause interdisant au preneur de rechercher ou d'exercer une activité professionnelle et la clause relative à l'état des lieux, la clause relative à la perte de la caution ;
Infirme ledit jugement en ce qu'il a déclaré abusive la clause relative à la clause pénale de 10 % en cas de retard de paiement du loyer ;
Confirme le jugement déféré en ce qu'il a ordonné la suppression de ces clauses dans le délai et aux conditions imposées ;
Confirme le jugement déféré en ce qu'il a condamné M. G. à payer à la CNL 6 000 F à titre de dommages et intérêts et 3 000 F au titre de l'article 700 du nouveau Code de procédure civile, et en ce qu'il a ordonné les publications indiquées au coût fixé ;
Y ajoutant :
- Dit que la présente décision sera affichée sur la porte de l'immeuble incriminé pendant une durée de 15 jours et ce, avant le délai d'un mois à compter de la signification du présent arrêt.

Cass. 3e civ. 12-7-2000 n° 1217 FS-D

312 locations meublées saisonnières – régime juridique applicable – réservation – information préalable – défaut d'information par le bailleur – réticence dolosive

(Extraits)
(...)
Sur le premier moyen, ci-après annexé :
Attendu que la cour d'appel, devant laquelle M. T. n'a pas soutenu que le contrat s'était formé le 10 mai 1996, a constaté que M. T. avait signé ce contrat le 31 juillet 1996 après avoir pris connaissance de la situation concrète de l'immeuble ; qu'elle a pu en déduire que le contrat n'était pas entaché de dol ;
D'où il suit que le moyen n'est pas fondé ;
Mais sur le second moyen :

Vu l'article 455 du nouveau Code de procédure civile ;
Attendu, selon l'arrêt attaqué (Poitiers, 19 mai 1998), que M. T. ayant conclu un contrat de location saisonnière pour une maison d'habitation appartenant à M. A., a assigné ce dernier pour faire prononcer la nullité de ce contrat pour dol et obtenir des dommages-intérêts ;
Attendu que pour débouter M. T. de sa demande, la cour d'appel relève qu'il ne saurait être reproché à M. A. de ne pas avoir signalé que la maison se situait à proximité d'une voie de circulation ;
Qu'en statuant ainsi, sans répondre aux conclusions de M. T. faisant valoir, à titre subsidiaire, que M. A. l'avait empêché, dès le 2 août 1996, d'accéder à la maison louée, ce qui justifiait la résolution du contrat, la cour d'appel n'a pas satisfait aux exigences du texte susvisé ;
Par ces motifs : Casse et renvoie devant CA Limoges.

Cass. 3e civ. 18-7-2000 n° 1148 F-D

313 locations meublées traditionnelles – définition – qualification – élément matériel – mobiliers suffisants – appréciation

(Extraits)
(...)
Sur le moyen unique, pris en sa seconde branche, ci-après annexé :
Attendu qu'ayant relevé, par motifs adoptés, qu'en application de l'article 25 de la loi du 23 décembre 1986, le bail conclu le 24 mars 1991 ne pouvait pas être soumis aux dispositions générales de la loi du 1er septembre 1948, la cour d'appel a, abstraction faite de motifs surabondants, légalement justifié sa décision ;
Mais sur le moyen unique, pris en sa première branche :
Vu l'article 2 de la loi du 6 juillet 1989 ;
Attendu, selon l'arrêt attaqué (Paris, 14 mai 1998), que Mme J., aux droits de laquelle se trouvent les consorts R., a donné à M. D. un pavillon en location meublé ; que les bailleurs, après lui avoir délivré congé, l'ont assigné pour faire déclarer le congé valable et le faire condamner au paiement de loyers ; que le preneur, qui a quitté les lieux, a demandé, subsidiairement, l'application de la loi du 6 juillet 1989, les locaux étant, selon lui, insuffisamment meublés ;
Attendu que pour rejeter la demande, l'arrêt retient, par motifs propres et adoptés, que le bail était intitulé « contrat de location meublée » désignant les locaux et équipements meublés, avec une liste exhaustive du mobilier, et que le preneur, dans un courrier, faisait référence à des meubles se trouvant dans les lieux ;
Qu'en statuant ainsi, sans rechercher, comme il le lui était demandé, si les meubles étaient suffisants pour caractériser la location meublée, la cour d'appel n'a pas donné de base légale à sa décision ;
Par ces motifs : Casse partiellement et renvoie devant CA Versailles.

TA Toulouse 30-1-2001 n° 97-2823, A.

314 investissements de loisirs – résidences de tourisme classées – régime fiscal – imposition des revenus – prestations de services annexes – distinction louage de service ou louage de biens – prestations accessoires – prestations de type hôtelier – remise en cause de la qualification de location meublée – oui

(Extraits)
(...)
Considérant que M. A. demande la décharge des compléments d'impôt sur le revenu procédant de la remise en cause par l'administration au terme de la vérification de l'EURL B. dont il est l'unique associé, de déficits commerciaux déclarés par cette

dernière et que l'intéressé avait imputés sur son revenu global imposable des années litigieuses.

Considérant, d'une part, qu'aux termes du 1 de l'article 39 du CGI : « Le bénéfice net est établi sous déduction de toutes charges, celles-ci comprenant... notamment... (2°) les amortissements réellement effectués par l'entreprise... compte tenu des dispositions de l'article 39 A... » ; qu'aux termes de cet article : « 1. l'amortissement des biens d'équipement autres que les immeubles d'habitation, les chantiers et les locaux servant à l'exercice de la profession... peut être calculé suivant un système d'amortissement dégressif... 2. les dispositions du I sont applicables... aux investissements hôteliers, meubles et immeubles... » ; qu'enfin, selon l'article 31 de l'annexe II audit Code, s'agissant de biens donnés en location « si la location est consentie, directement ou indirectement, par une personne physique, le montant de l'amortissement ne peut excéder le montant du loyer perçu pendant l'exercice considéré diminué du montant des autres charges afférentes au bien donné en location » ;

Considérant que l'EURL B. a, en 1990, acquis divers biens dans deux ensembles, la résidence Vallon des sources à Dignes sur Mer (Alpes-de-Haute-Provence) et la résidence Thalabanyuls à Banyuls sur Mer (Pyrénées Orientales), dont elle a fait apport, en vue de leur exploitation, aux sociétés en participation, composées par l'ensemble des copropriétaires, ainsi que des mandats de gestion confiés à des sociétés de services hôteliers ou parahôteliers ; que l'EURL ayant déclaré des résultats déficitaires pour les années 1992, 1993 et 1994, M. A. en a imputé le montant sur son revenu global ; que l'administration a, au terme de la vérification de l'entreprise, estimé que cette dernière avait pour seule activité la location d'habitation meublée et, conformément aux dispositions susrappelées, annulé les amortissements pratiqués, ainsi, et par voie de conséquence, que les déficits déclarés ;

Considérant qu'il résulte de l'instruction que l'activité exercée par l'EURL B., sous couvert des sociétés de participation, lesquelles n'ont pas de personnalité juridique distincte de celle de leurs membres, consiste à fournir à une clientèle touristique de passage l'hébergement pour des séjours temporaires selon une formule incluant, ce qui n'est pas sérieusement contesté pour la résidence Vallon des Sources et pas même discuté pour la résidence Thalabanyuls, en sus du logement, mais indissociablement de ce dernier, un ensemble de prestations de type hôtelier ; que ces prestations, étrangères au bail à loyer de la location meublée confèrent à l'activité exercée un caractère hôtelier ; que, dans ces conditions, l'EURL était fondée à placer ses immobilisations sous le régime de l'amortissement dégressif, sans que puisse lui être opposé le plafonnement institué par l'article 31 de l'annexe II au CGI ;

Considérant, d'autre part, qu'aux termes de l'article 156 du même Code, dans sa rédaction applicable en l'espèce : « L'impôt sur le revenu est établi... sous déduction : I du déficit constaté pour une année dans une catégorie de revenus... Toutefois, n'est pas autorisée l'imputation... (4°) des déficits réalisés par des personnes autres que les loueurs professionnels au sens du dernier alinéa de l'article 151 septies louant directement ou indirectement des locaux d'habitation meublés ou destinés à être meublés ; ces déficits s'imputent exclusivement sur les bénéfices retirés de cette même activité au cours des années suivantes jusqu'à la cinquième inclusivement... » ; qu'il résulte de ce qui précède que l'EURL B. n'est pas un loueur en meublé, mais qu'elle exerce une activité commerciale de type hôtelier ; que, par suite, M. A. est fondé à demander la déduction, sur son revenu global des années litigieuses, des déficits déclarés par l'EURL B. ; qu'il y a lieu, en conséquence et sans qu'il soit besoin de statuer sur les autres moyens invoqués, de lui accorder la décharge des impositions contestées ;

Décide : Décharge.

CA Paris 20-3-2001 n° 99-3636

315 **locations meublées traditionnelles – régime applicable – dispositions communes aux différents types de location meublée – contrat de location – inventaire des meubles et état des lieux – absence de document annexé au bail – effets – application du régime des baux d'habitation de la loi du 6 juillet 1989**

(Extraits)

(...)

1) Sur la recevabilité des demandes tendant à la requalification du bail et au prononcé de sa résolution :

Considérant que devant le premier juge, Monsieur B. avait sollicité le remboursement des loyers et du dépôt de garantie ainsi que de ses frais liés au déménagement outre le paiement de dommages-intérêts pour trouble de jouissance ;

Considérant que les demandes de Monsieur B. tendent au remboursement de loyers et de frais présentées devant le tribunal mais s'appuient sur des fondements nouveaux et plus précis, à savoir le défaut d'habitabilité d'un logement qui relève de l'application de la loi du 6 juillet 1989 et le prononcé de la résolution ; qu'il s'ensuit que ces demandes sont recevables en application de l'article 565 du nouveau Code de procédure civile ;

2) Sur le « bail » du 1er avril 1994 :

Considérant que dans l'ensemble des courriers qu'il a fait parvenir à son bailleur, d'avril à juillet 1994, Monsieur B. n'a fait état que d'un bail meublé du 1ermars 1994 ;

Considérant que l'une de ces correspondances confirme qu'il s'est plaint de ce que le logement ne comportait aucun meuble et qu'il réclamait de ce fait la rédaction d'un avenant tenant compte de cette réalité ;

Considérant que le mandataire du bailleur atteste de ce qu'il a reçu une demande en ce sens de la part de Monsieur B. et de ce qu'il a rédigé un nouveau bail de 23 mois d'occupation précaire ; qu'il ne précise pas si Monsieur B. l'a signé ;

Considérant que la signature portée sur ce document n'est pas la même que celle figurant au bail et sur les courriers ; que ce document doit être écarté des débats, le bail liant les parties étant celui du 1er mars 1994 ;

3) Sur l'exécution du bail du 1er mars 1994 :

Considérant que ce contrat ne comportait aucune annexe décrivant les meubles garnissant les lieux et n'a été suivi d'aucun procès-verbal de constat d'entrée ;

Considérant que le bailleur se contente de soutenir que le logement comportait un évier sur plan de travail ;

Considérant qu'à défaut d'allégation et de preuve de la présence d'autres meubles, la qualification du bail en location meublée s'avère erronée et sera rectifiée en un bail soumis à la loi du 6 juillet 1989 ;

Considérant que la présomption de l'article 1731 du Code civil est donc inapplicable à l'espèce, l'article 3 de la loi susvisée interdisant à celui qui a fait obstacle à l'état des lieux d'en user et Monsieur C. s'étant abstenu de toutes réponses aux courriers recommandés de son locataire ;

Considérant qu'en conséquence, le constat du mois de mai 1994 établi à la seule requête du preneur en tient lieu et montre l'état d'inhabitabilité totale du logement en rapport avec la dégradation des murs, l'absence de chauffage et les remontées d'eaux usées dans la douche ainsi que les WC, faits confirmés par les entrepreneurs contactés par Monsieur B. en vue de l'exécution des travaux nécessaires ;

Considérant que Monsieur C. fait, de manière erronée, état de l'exécution de mauvaise foi du constat par son locataire alors que la justification par ce dernier de la prise à bail d'un emplacement de stationnement concomitamment à la conclusion du bail, démontre s'il en était besoin, l'intention d'habiter les lieux de Monsieur B. qui réglait son loyer ;

Considérant que du fait du caractère inhabitable des lieux pour lesquels la résiliation imposée par le locataire a été acceptée par le bailleur, Monsieur

B. est bien fondé en sa demande d'indemnisation du préjudice né de l'exécution fautive du contrat de Monsieur C. ;
Considérant que compte tenu du montant du loyer réglé (1 700 F + charges de 100 F), de la très courte durée d'occupation et des frais annexes en rapport avec le contrat, la cour estime avoir les éléments suffisants d'appréciation pour fixer à 12 000 F le préjudice de Monsieur B. ;
3) Sur les demandes accessoires :
Considérant qu'étant donné le sort de l'appel, Monsieur C. est mal fondé en sa demande en dommages-intérêts pour procédure abusive et sera condamné aux dépens de première instance et d'appel ; qu'il n'y a pas lieu à application de l'article 700 du nouveau Code de procédure civile, Monsieur B. étant bénéficiaire de l'aide juridictionnelle partielle ;
Par ces motifs : Infirme et requalifie le bail.

Cass. 3e civ. 12-6-2001 n° 956 F-D

316 locations meublées traditionnelles – régime applicable – résidence secondaire du locataire – bail – bail verbal – distinction bail meublé et hébergement à titre gratuit et précaire

(Extraits)
(...)
Sur le moyen unique, ci-après annexé :
Attendu qu'ayant constaté que, ne produisant que des éléments contradictoires, M. O., auquel son bail interdisait de sous-louer sauf accord des bailleurs, avait déclaré, en 1991, aux services de police, par des propos dont il faisait valoir dans le procès qu'il fallait les examiner avec beaucoup de prudence, en se référant au contexte litigieux, que, rendant compte d'un contrat de location meublée conclu entre lui-même et M. H., l'acte du 13 mai 1987 était un faux, mais n'avait pas porté plainte de ce chef, avait, toujours en 1991, sommé M. H. de libérer les lieux où celui-ci était, selon lui, hébergé à titre précaire et gratuit, tirait argument d'une protestation de M. H. qui s'y prévalait d'un bail verbal, et n'avait pas entrepris de démarche contentieuse contre ce dernier avant 1995, la cour d'appel, qui a souverainement retenu, sans modifier l'objet du litige, appréciant les éléments de preuve versés aux débats, que M. O. ne démontrait pas quelles étaient les conditions du contrat par lequel il avait mis l'appartement dont il était locataire à la disposition de M. H., en a justement déduit, abstraction faite de motifs surabondants, justifiant légalement sa décision, qu'il devait être débouté de sa demande en paiement de loyers ;
Par ces motifs : Rejette le pourvoi.

Cass. 3e civ. 6-11-2001 n° 00-11.040, (n° 1428 D)

317 locations meublées traditionnelles – régime applicable – résidence secondaire du locataire – durée du bail – congé émanant du bailleur – paiement du loyer jusqu'à la fin du préavis

(Extraits)
(...)
Mais sur le premier moyen :
Vu l'article 2, alinéa 2, de la loi du 6 juillet 1989 ;
Attendu que les dispositions du titre premier de la présente loi ne sont pas applicables aux locaux meublés ;
Attendu, selon le jugement attaqué (tribunal d'instance du sixième arrondissement de Paris, 19 octobre 1999) statuant en dernier ressort, que Mme R. ayant donné un appartement meublé en location à Mlle G., lui a délivré congé le 28 mai 1998 pour le 31 août suivant ; que la locataire ayant quitté les lieux a assigné la bailleresse en remboursement du montant du loyer d'août 1998 ;
Attendu que pour accueillir la demande, le jugement retient qu'aux termes de l'article 15, alinéa 3, de la loi du 6 juillet 1989, si le congé est notifié par le bailleur, le locataire n'est redevable du loyer que pour le temps où il a réellement occupé les lieux

et que Mlle Grosmann est restée dans le logement jusqu'au 25 juillet 1998 ;
Qu'en statuant ainsi, alors que le local était loué meublé, le tribunal d'instance a violé le texte susvisé ;
Par ces motifs : Casse partiellement et renvoie devant TI Paris 5e arrondissement.

CAA Nantes 14-11-2001 n° 98-1870, 1e ch., SCI du Domaine de Beaurepaire

318 **locations meublées traditionnelles – régime fiscal – imposition des revenus – meubles appartenant à des tiers – aucun profit pour le bailleur – conséquences sur la qualification du bien : exclusion de la qualification de location en meublé**

(Extraits)
(...)
Sur le principe des impositions :
Considérant, d'une part, qu'en vertu de l'article 206, 2 du CGI, sont passibles de l'IS les sociétés civiles qui se livrent à une exploitation ou à des opérations visées aux articles 34 et 35 de ce Code ; que le fait de donner habituellement en location des locaux garnis de meubles meublants constitue l'exercice d'une profession commerciale au sens de l'article 34 du même Code ; que, par suite, les sociétés civiles ayant une activité de cette nature doivent être assujetties de ce chef à l'IS ;
Considérant, d'autre part, qu'aux termes de l'article 1447 du CGI : « La taxe professionnelle est due chaque année par les personnes physiques ou morales qui exercent à titre habituel une activité professionnelle non salariée » ;
Considérant qu'il résulte de l'instruction que certains au moins des logements dont la SCI du Domaine de Beaurepaire était propriétaire à Martinvast (Manche) étaient offerts à la location, au cours des années 1986 à 1989, garnis de meubles ; que, toutefois, il résulte également de l'instruction que ces meubles appartenaient à un tiers, Mlle de A., qui n'avait pas la qualité d'associé de la SCI et que leur mise à la disposition des locataires des logements concernés avait fait l'objet de conventions signées par les intéressés et Mlle de A., distinctes des contrats de bail portant sur des locaux nus ; que la société requérante produit des éléments de nature à corroborer son affirmation selon laquelle ceux de ses logements qui étaient ainsi garnis de meubles n'étaient pas donnés en location à un prix plus élevé que celui de ses locaux comparables loués vides ; que, dans ces conditions, elle doit être regardée comme n'ayant retiré aucun profit de la mise à disposition des meubles dont il s'agit ; que, dès lors, les revenus de son activité de location, qui ne présentait pas un caractère commercial, étaient taxables à l'IR au nom de ses associés, dans la catégorie des revenus fonciers, dans laquelle doivent être rangés les produits de la location de logements nus ; que, par suite, c'est à tort que l'administration a assujetti la requérante à l'impôt sur les sociétés et à la taxe professionnelle à raison de cette activité ;
Considérant qu'il résulte de ce qui précède que la SCI du Domaine de Beaurepaire est fondée à soutenir que c'est à tort que, par le jugement attaqué, le TA de Caen a rejeté ses demandes tendant à la décharge des impositions susmentionnées ;
Décide : 1° Annulation du jugement du TA ; 2° Décharge.

Cass. 3e civ. 30-1-2002 n° 186 FS-PB

319 **locations meublées traditionnelles – régime applicable – locaux vacants meublés – non-application de la loi de 1948**

(Extraits)

(...)

Attendu, selon l'arrêt attaqué (CA Paris 18 mai 1999, 6e ch. civ. C), que M. G. a donné à M. L. un appartement en location meublée, que M. P. s'est porté caution solidaire des époux L. ; que le locataire a assigné le bailleur en fixation du prix du bail en application de la loi du 1er septembre 1948 et en résiliation d'un trop-perçu de loyers, que M. G. a appelé M. P. dans la cause ;

Attendu que M. et Mme L. font grief à l'arrêt de rejeter leur demande, alors, selon le moyen :

1° qu'en application de l'article 25 de la loi du 23 décembre 1986, dans sa rédaction résultant de l'article 26 de la loi du 6 juillet 1989, « les locaux vacants à compter du 23 décembre 1986 et satisfaisant aux normes minimales de confort et d'habitabilité fixées par décret après avis de la Commission nationale de concertation, ne sont pas soumis aux dispositions de la loi du 1er septembre 1948 précitée, ils sont désormais régis par les chapitres I à III de la loi du 6 juillet 1989 » ; qu'aux termes de l'article 2 du Titre I de la loi du 6 juillet 1989 dans son alinéa 2, les dispositions du présent titre d'ordre public ne s'appliquent pas aux locaux meublés ; qu'ainsi, la cour d'appel a violé les « articles 25 modifié et 2 de la loi du 6 juillet 1989 » ;

2° que l'arrêt attaqué, qui énonce que le local dont s'agit n'était pas occupé par les époux L., lorsqu'il a été, le 12 janvier 1994, donné en location en meublé, n'a pas constaté la vacance de ce local à la date du 23 décembre 1986 et, partant, n'a pas donné de base légale à sa décision l'excluant par application de l'article 25 modifié par la loi du 23 décembre 1986 du bénéfice des dispositions de la loi du 1er septembre 1948 ;

Mais attendu qu'il résulte de la combinaison des dispositions des articles 25 modifié de la loi du 23 décembre 1986 et 2 de la loi du 6 juillet 1989 que les locaux vacants meublés ne sont pas soumis, à compter du 23 décembre 1986, aux dispositions générales de la loi du 1er septembre 1948 ; que la cour d'appel, qui a constaté que le logement meublé n'était pas occupé par les époux L. lorsqu'il a été donné à bail à M. L., le 12 janvier 1994, et qui n'était pas tenue de procéder à une recherche qui ne lui était pas demandée, en a déduit, à bon droit, que la demande des locataires n'était pas justifiée ;

D'où il suit que le moyen n'est pas fondé ;

Par ces motifs : Rejette le pourvoi.

TA Dijon 23-7-2002 n° 01-2219

320 investissements de loisirs – résidences de tourisme classées – régime fiscal – imposition des revenus – prestations de services annexes – caractère accessoire – remise en cause de la qualification de location meublée – non

(Extraits)

(...)

Considérant qu'aux termes de l'article 156 du CGI dans sa rédaction issue de l'article 89, I de la loi 81-1160 du 31 décembre 1981 : « L'impôt sur le revenu est établi d'après le montant total du revenu net annuel dont dispose chaque foyer fiscal (...) Sous déduction : du déficit constaté pour une année dans une catégorie de revenus (...) » ; qu'aux termes du 1° bis du I de l'article 156 du CGI dans sa rédaction issue de l'article 72 de la loi de finances pour 1996 et applicable à la détermination du revenu imposable de l'année 1996 : « n'est pas autorisée l'imputation : 1° bis des déficits provenant, directement ou indirectement, des activités relevant des bénéfices industriels ou commerciaux lorsque ces activités ne comportent pas la participation personnelle, continue et directe de l'un des membres du foyer fiscal à l'accomplissement des actes nécessaires à l'activité. Il en est ainsi, notamment, lorsque la gestion de l'activité est confiée en droit ou en fait à une personne qui n'est pas un membre du foyer fiscal par l'effet d'un mandat, d'un contrat de travail ou de toute autre convention. Les déficits non déductibles pour ce motif peuvent cependant être imputés sur les bénéfices tirés d'ac-

tivités de même nature exercées dans les mêmes conditions, durant la même année ou les cinq années suivantes. Ces modalités d'imputation sont applicables aux déficits réalisés par des personnes autres que les loueurs professionnels au sens du sixième alinéa de l'article 151 septies, louant directement ou indirectement des locaux d'habitation meublés ou destinés à être meublés (...) » ; que le troisième alinéa du même paragraphe 1° bis dispose : « Les dispositions du premier alinéa s'appliquent pour la détermination du revenu imposable au titre des années 1996 et suivantes aux déficits réalisés (...) par les personnes mentionnées à la dernière phrase du premier alinéa. Dans les autres cas, elles sont applicables au déficit ou à la fraction du déficit provenant d'activités créées, reprises, étendues ou adjointes à compter du 1er janvier 1996 (...) » ;
Considérant que Mme A. est l'associée de l'EURL Fabic qui a pour activité l'acquisition de biens liés à la gestion dans les domaines de l'hôtellerie, la parahôtellerie et le tourisme et qui est propriétaire de deux chambres-studios meublées dans une résidence appelée « les Floriales » qu'elle a apportées en jouissance à la société en participation Sète Hôtel Victor Hugo ; que l'EURL Fabic a fait l'objet, au cours de l'année 1999, d'une vérification de comptabilité ayant porté sur la période du 1er janvier 1996 au 31 décembre 1998 ; que l'administration a remis en cause les imputations de déficit de l'EURL au motif qu'elle devait être imposée en qualité de loueur en meublé non professionnel ;
Considérant que la requérante fait valoir qu'il n'y a aucune convention de location immobilière entre la clientèle et l'hôtel, que la durée du séjour ne doit avoir aucune incidence sur la qualification de l'activité, que l'administration ne pouvait tirer argument de la catégorie de la clientèle (3e et 4e âge) pour motiver sa position, qu'il n'existe aucun service médical ou paramédical au sein de l'hôtel, que l'administration n'apporte pas la preuve de l'inexistence des services hôteliers qui, en l'espèce, consistent en service de réception, concierge 24/24, service d'étage, femme de ménage, blanchisserie, fourniture des draps et du linge de toilette, entretien des locaux, téléviseur et téléphone dans les chambres, bibliothèque, petit-déjeuner en chambre ou au restaurant, que le fait que la préfecture de l'Hérault ait refusé de classer l'hôtel dans la catégorie « hôtel de tourisme 2 étoiles » n'implique nullement qu'il ne s'agit pas d'un hôtel, que la circonstance que certains clients soient domiciliés au sein de l'établissement est sans incidence sur la qualification de l'activité ;
Considérant qu'il résulte de l'instruction qu'une partie de la clientèle a fixé son domicile à l'adresse de l'établissement ; que, d'ailleurs, dans leur déclaration des revenus, ces clients se déclarent domiciliés dans cet établissement ; que l'administration n'est pas contredite lorsqu'elle affirme que les chambres sont toutes équipées d'une kitchenette permettant aux résidents de faire la cuisine ; que si le critère de l'âge des résidents ne peut être déterminant pour qualifier l'activité, il résulte de l'instruction que cet établissement se désigne lui-même comme « Hôtel et services pour le 3e âge » ; que la circonstance qu'aucun contrat de location immobilière n'a été présenté à l'administration n'est pas de nature à exclure l'activité de location en meublés ; qu'il n'est pas contesté que les personnes hébergées peuvent apporter leurs meubles personnels ;
Considérant qu'il résulte de tout ce qui précède que la résidence les Floriales a vocation à accueillir des personnes âgées, pour de longs séjours, dans des studios meublés équipés d'une kitchenette où la plupart des clients sont effectivement domiciliés ; qu'ainsi, nonobstant l'existence de prestations spécifiques, telles que fournitures de draps, de linge, service d'étage, conciergerie, les appartements meublés sont destinés à l'habitation et non à des séjours temporaires ; que, par suite, l'administration est fondée, au regard du texte susvisé, à regarder cette activité comme une activité de location de studios meublés et à refuser l'imputation, sur le revenu global des requérants, des déficits de l'EURL Fabic dès lors qu'elle n'a pas la qualité de loueur en meublé professionnel ;
Considérant, toutefois, que M. et Mme A. entendent se prévaloir de la doctrine administrative exprimée dans l'instruction 4 A-7-96 du 1er août 1996 selon laquelle ne relèvent pas des locations en meublé les conventions d'hébergement qui, en raison des

services fournis ou proposés, dépassent la simple jouissance du bien ;
Considérant qu'il est constant que les clients de la résidence les Floriales bénéficient, ainsi qu'il a été énoncé ci-dessus, de prestations qui dépassent la simple jouissance du bien loué ; que, par suite, M. et Mme A. sont fondés à soutenir, qu'en application de la doctrine administrative susmentionnée, les dispositions du 1° bis du I de l'article 156 du CGI ne leur sont pas applicables ; qu'ainsi, M. et Mme A. sont en droit d'imputer sur leur revenu global les déficits provenant de l'activité de l'EURL Fabic ; que, toutefois, le déficit imputable ne saurait inclure l'amortissement calculé suivant le mode dégressif, dès lors que les studios loués ne constituent pas des investissements hôteliers au sens du 1° du 2 de l'article 39 A du CGI ;
Décide : 1° Réduction de la base d'imposition ; 2° Décharge des droits et pénalités.

CA Paris 24-4-2003 n° 00-22533

321 **locations meublées traditionnelles – 1° définition – qualification – élément matériel – mobiliers en mauvais état – exclusion de la qualification – 2° régime applicable – dispositions communes aux différents types de location meublée – contrat de location – inventaire des meubles et état des lieux – défaut – conséquence sur la qualification**

(Extraits)
(...)
Sur le bail,
Considérant que l'appartement litigieux a été donné à bail meublé par Mme R. à Mme K. à compter du 1er septembre 1986 ; qu'aucun inventaire des meubles n'a été établi à l'entrée de la locataire dans les lieux ;
Considérant que les opérations de l'expertise ne sont, en elles-mêmes, pas discutées par les parties et que la cour s'y réfère ; que, lors de la visite d'expertise du 2 octobre 2001, où la bailleresse régulièrement convoquée a été défaillante, le mobilier s'est révélé de mauvaise qualité pour permettre à la locataire de vivre normalement ; que dès lors, le bail ne saurait être qualifié de « meublé » et ne relève pas du droit commun ;
Considérant que ledit appartement est situé dans un bâtiment édifié avant le 1er septembre 1948 ; que le bail réalisé avant l'entrée en vigueur de la loi du 23 décembre 1986 relève de la loi du 1er septembre 1948 ;
Sur le compte des parties,
Considérant que le loyer est fixé en fonction de la surface corrigée et du prix du m^2 applicable à la catégorie de logement ; qu'au regard de l'entretien ordinaire de l'immeuble, de la surface de l'appartement, du confort et de la non-conformité des lieux, l'appartement litigieux relève de la catégorie II C et présente une surface corrigée de 105 m^2 jusqu'au mois d'octobre 2000 ; qu'alors, la chaudière est tombée définitivement en panne ; que depuis l'appartement doit être classé en catégorie III A et la surface corrigée ramenée à 83 m^2 ;
Considérant qu'eu égard au mobilier en place, il convient d'ajouter une majoration ;
Considérant que Mme K. a adressé le 22 octobre 2002, à M. Z., une lettre où elle indique n'avoir rien à redire sur l'expertise ; que le compte entre les parties, que Mme R. ne discute pas valablement, fait ressortir un arriéré locatif, arrêté au 18 août 1999, jour du commandement, à la somme de 53 987,69 F et le 31 décembre 2001 à celle de 98 027,22 F ;
Considérant que Mme K. ne démontre pas que les locaux étaient effectivement impropres à l'usage d'habitation au 18 août 1999 ; qu'elle ne justifie pas davantage avoir acquitté la somme de 53 987,69 F dans le délai imparti par le commandement qui lui a, alors, été délivré ; que la résiliation du bail a été acquise au 19 octobre 1999 ; que le jugement doit donc, pour ces motifs et ceux du premier juge sur ces points, être confirmé, hormis sur le montant de l'arriéré locatif ;
Considérant que depuis le 19 octobre 1999, Mme K. est sans droit dans les lieux ; qu'elle n'a pas de titre pour demander leur mise en conformité ; que

la demande qu'elle a formée de ce chef est donc à rejeter ;
Considérant qu'il convient de condamner Mme K. à payer la somme de 98 027,22 F soit 14 944 € au titre de l'arriéré arrêté au 31 décembre 2001 ;
Considérant que Mme K. a déjà bénéficié des délais occasionnés par le déroulement de la procédure et ce alors que sa dette est importante ; qu'il n'y a pas lieu à l'octroi de délais supplémentaires ;
Considérant que Mme R. ne démontre pas l'existence d'un préjudice spécifique extracontractuel ;
Considérant qu'il est équitable de laisser à la charge des parties les frais qu'elles ont exposés non compris dans les dépens ;
Considérant que Mme Kravtchenko qui succombe doit être condamnée au paiement des dépens ;
Par ces motifs : Confirme le jugement entrepris sauf en ce qui concerne le montant de l'arriéré locatif.

CA Paris 21-10-2004 n° 03-13523

322 locations meublées traditionnelles – définition – qualification – élément matériel – mobilier sommaire – exclusion de la qualification

(Extraits)
(...)
Vu l'appel interjeté par Madame P. des seules dispositions du jugement contradictoirement rendu le 12 juin 2003 par le tribunal d'instance de Boissy-Saint-Léger par lesquelles le premier juge a requalifié le contrat de location conclu entre elle-même, Madame A. et Monsieur E. de bail meublé en contrat de location soumis aux dispositions de la loi du 6 juillet 1989 et constaté la nullité du congé par elle délivré le 20 juin 2002 ;
Vu les conclusions de la bailleresse appelante signifiées le 14 mai 2004 ;
Vu les écritures des locataires intimés signifiés le 9 septembre 2004 ;
Vu l'ordonnance de clôture intervenue le 9 septembre 2004 ;
Sur ce la cour,
Considérant que les moyens développés en appel par Madame P. ne font que reprendre sous une forme nouvelle mais sans aucune justification complémentaire utile ceux dont le premier juge a connu et auquel il a répondu par des motifs exacts et pertinents que la cour adopte en les faisant siens ;
Considérant qu'il est constant que le 28 juin 2001 Madame P., bailleresse, Madame A., Monsieur E., preneurs, ont conclu un contrat de location qualifiée de meublée portant sur une maison de 115 m^2 comportant cinq pièces, à savoir trois chambres et un double séjour, outre une cuisine équipée, une salle de bains, un WC, une véranda, une salle de lavage, ainsi qu'une cave et un parking, pour une durée d'un an ;
Considérant que l'inventaire du mobilier, contradictoirement établi à la même date et signé des deux parties mentionne notamment, la présence d'un lit une place, d'un matelas mousse, d'un canapé lit, et de trois chaises ;
Considérant que le bailleur d'un logement meublé doit fournir à ses locataires les meubles nécessaires à la vie ;
Considérant que force est de constater que chacune des chambres n'est pas équipée d'un lit, le canapé lit étant lui, situé dans le salon ;
Considérant que vu la surface du logement et sa composition, et même si l'on s'en tient aux déclarations de la bailleresse qui soutient qu'elle pensait héberger deux adultes et seulement trois enfants, (et non pas huit), les meubles mis à la disposition des locataires sont insuffisants pour assurer le couchage et l'assise des membres d'une famille ; que dès lors faute de cet élément matériel essentiel la convention ne peut être qualifiée de meublée ;
Considérant en conséquence que la décision du premier juge qui a dit que le contrat signé entre les parties le 28 juin 2001 relevait des dispositions de la loi du 6 juillet 1989 et donc a constaté la nullité du congé délivré le 20 mars 2002 sera confirmée ;
(...)
Par ces motifs : Confirme le jugement.

CA Paris 9-12-2004 n° 03-11005

323 locations meublées traditionnelles – 1° définition – qualification – élément matériel – mobilier insuffisant – exclusion de la qualification – 2° régime applicable – dispositions communes aux différents types de location meublée – contrat de location – inventaire des meubles et état des lieux – défaut d'inventaire contradictoire – conséquence sur la qualification

(Extraits)
(...)
Sur le fond
(...)
Bail du 8 février 2001
Considérant qu'en énumérant pour justifier d'un « contrat de location meublé » l'existence dans les lieux loués d'un placard, d'un lavabo, d'un chauffage électrique, d'une prise de téléphone et de télévision, alors que ces seuls éléments sont insuffisants pour permettre au locataire de vivre convenablement, et en l'absence de tout inventaire dressé contradictoirement pour établir que le logement était suffisamment pourvu de meubles, Monsieur D. ne justifie pas l'existence d'une location de la chambre litigieuse en meublé ; que dès lors le bail litigieux est soumis aux dispositions de la loi du 6 juillet 1989 ;
Considérant que la clause du bail susvisé, qui prévoit une interdiction de résiliation tant par le bailleur que par le preneur pendant les dix années prévues pour sa durée, contrevient aux dispositions d'ordre public résultant de l'article 12 de la loi du 6 juillet 1989 ; qu'elle doit en conséquence être réputée non écrite sans que le bail soit pour autant entaché de nullité ;
(...)
Par ces motifs : Confirme le jugement.

Cass. 3e civ. 9-2-2005 n° 198 FS-PB

324 locations meublées traditionnelles – 1° définition – qualification – élément matériel – équipements essentiels – liste des meubles incomplète – exclusion de la qualification – 2° régime applicable – dispositions communes aux différents types de location meublée – contrat de location – inventaire des meubles et état des lieux – absence de signature du locataire – conséquence sur la qualification

(Extraits)
(...)
Attendu selon l'arrêt attaqué (CA Paris 12 décembre 2002, 6e ch. civ. B), que M. B. a consenti aux époux D. une location en meublé ; qu'il a assigné ceux-ci aux fins de faire déclarer acquise la clause résolutoire insérée au bail et, subsidiairement, prononcer la résiliation du bail, ordonner l'expulsion de ses locataires et condamner ces derniers au paiement de diverses sommes ;
Attendu que M. B. fait grief à l'arrêt de dire que le bail est soumis aux dispositions de la loi du 6 juillet 1989 et déclarer nul le commandement de payer délivré le 2 novembre 1998, alors, selon le moyen, que le législateur n'a pas défini la liste des équipements devant nécessairement assortir un logement loué en meublé ; que dès lors, la cour d'appel, en retenant que le bail litigieux devait être nécessairement requalifié en un bail d'habitation soumis aux dispositions de la loi du 6 juillet 1989 en raison de l'absence dans le logement loué d'éléments d'équipement, tels que réfrigérateur, plaques chauffantes ou gazinière, a violé les dispositions de l'article L 632-1 du Code de la construction et de l'habitation ;
Mais attendu qu'ayant, par motifs adoptés, constaté que la liste des meubles était détaillée sur un papier libre ne comportant que la signature du bailleur et que cette liste ne visait que des éléments d'équipement accessoires (chaises, tables, mate-

las), sans faire référence à des éléments d'équipement essentiels tels que le réfrigérateur, des plaques chauffantes ou une gazinière permettant aux locataires d'avoir une jouissance normale des locaux, la cour d'appel a pu en déduire que le bail devait être qualifié de bail à usage d'habitation soumis aux dispositions de la loi du 6 juillet 1989 ;

D'où il suit que le moyen n'est pas fondé ;

Et attendu qu'il n'y a pas lieu de statuer sur le second moyen qui ne serait pas de nature à permettre l'admission du pourvoi ;

Par ces motifs : Rejette le pourvoi.

Cass. 3e civ. 6-4-2005 n° 04-11.374 (n° 462 FS-PBI)

325 **locations meublées traditionnelles – régime applicable – résidence principale du locataire – contrat de location – congé donné par le locataire – résiliation possible dès la première année de location**

(Extraits)

(...)

Vu l'article L 632-1 du Code de la construction et de l'habitation ;

Attendu que toute personne qui loue un logement meublé à un bailleur louant habituellement plus de quatre logements meublés, que la location s'accompagne ou non de prestations secondaires, a droit à l'établissement d'un contrat écrit d'une durée d'un an dès lors que le logement loué constitue sa résidence principale ; qu'à l'expiration de ce contrat, le bail est tacitement reconduit pour un an sous réserve des dispositions suivantes ; que le bailleur qui souhaite, à l'expiration du contrat en modifier les conditions doit informer le locataire avec un préavis de trois mois ; que le bailleur qui ne souhaite pas renouveler le contrat doit informer le locataire en respectant le même préavis et motiver son refus de renouvellement du bail ; que le locataire peut résilier le contrat à tout moment sous réserve du respect d'un préavis d'un mois ;

Attendu selon le jugement attaqué (TI Montpellier 12 mai 2003), rendu en dernier ressort que, la société civile immobilière SN (la SCI) a donné à bail à Mme G. pour une durée d'un an renouvelable commençant à courir le 1er octobre 2000 un appartement meublé ; que celle-ci a donné congé le 30 avril 2001 pour le 30 juin suivant ; que sa bailleresse ayant déduit de la somme restituée un montant équivalant à deux mois supplémentaires de loyer, la locataire l'a assignée en restitution de l'intégralité du dépôt de garantie ;

Attendu que pour rejeter la demande, le jugement retient qu'il apparaît à la structure même de l'article L 632-1 du Code de la construction et de l'habitation que le locataire ne peut résilier que lors du contrat renouvelé avec un préavis d'un mois, soit pour la période postérieure au 30 septembre 2001 ; qu'en application de la clause n° 2 du bail, Mme G. est redevable de deux mois de loyer ;

Qu'en statuant ainsi, alors que le preneur, nonobstant toute clause contraire, peut résilier le bail dès la première année de location sous réserve de respecter un préavis d'un mois, le tribunal a violé le texte susvisé ;

Par ces motifs : Casse partiellement et renvoie devant TI Sète.

CE 27-7-2005 n° 254562

326 **investissement de loisirs – résidences de tourisme classées – régime fiscal – impôt sur le revenu – amortissements – appartements meublés situés dans une résidence de tourisme – investissements hôteliers**

(Extraits)

(...)

Considérant qu'il ressort des pièces du dossier soumis aux juges du fond qu'à la suite d'une vérification, portant sur les années 1993 à 1995, de la comptabilité de l'EURL « Joliflau », dont M. A. est l'associé unique, l'administration fiscale a, d'une part, remis en cause, sur le fondement du 4° du I de l'article 156 du CGI dans sa rédaction applicable en l'espèce, l'imputation, sur le revenu global du contribuable et de son épouse, des déficits réalisés par cette EURL et, d'autre part, refusé aux intéressés le bénéfice du régime d'amortissement dégressif prévu par l'article 39 A du même Code pour les appartements meublés qu'elle avait acquis dans les résidences de tourisme « Thalassaintes » et « Le Cheval Blanc », respectivement situées aux Saintes-Maries-de-la-Mer (Bouches-du-Rhône) et à Val-Thorens (Savoie) ; que les intéressés se pourvoient en cassation contre l'arrêt du 11 février 2003 par lequel la cour administrative d'appel de Bordeaux, confirmant le jugement du 10 mai 2001 du tribunal administratif de Poitiers, a rejeté leur demande en décharge des suppléments d'impôt sur le revenu auxquels ils ont ainsi été assujettis, ainsi que des pénalités correspondantes ;

Considérant, en premier lieu, que postérieurement à l'introduction du pourvoi en cassation de M. et Mme A., le ministre d'État, ministre de l'économie, des finances et de l'industrie a prononcé le dégrèvement des impositions supplémentaires qui avaient été mises à la charge des intéressés au titre des dispositions du 4° du I de l'article 156 du CGI ; qu'ainsi, les conclusions de M. et Mme A. dirigées contre l'arrêt attaqué en tant qu'il leur a refusé le droit d'imputer sur leur revenu global les déficits réalisés par l'EURL « Joliflau » sont devenues sans objet ; qu'il n'y a, par suite, pas lieu d'y statuer ;

Considérant, en second lieu, qu'aux termes de l'article 39 A du CGI : « 1. L'amortissement des biens d'équipement, autres que les immeubles d'habitation, les chantiers et les locaux servant à l'exercice de la profession, acquis ou fabriqués (...) par les entreprises industrielles, peut être calculé suivant un système d'amortissement dégressif, compte tenu de la durée d'amortissement en usage dans chaque nature d'industrie. (...) 2. Les dispositions du 1 sont applicables dans les mêmes conditions : 1° Aux investissements hôteliers, meubles et immeubles (...) » ; qu'il ressort des pièces du dossier soumis aux juges du fond que les clients des résidences de tourisme « Thalassaintes » et « Le Cheval Blanc » bénéficient, en plus de la fourniture d'un hébergement, pouvant être de courte durée, et de l'accueil par un service de réception, de prestations de services accessoires tels que le nettoyage des locaux, la mise à disposition de linge de maison et l'offre d'un petit-déjeuner, voire de la demi-pension ou de la pension complète ; que, dans ces conditions, et nonobstant la circonstance que ces services accessoires ne sont proposés qu'à titre optionnel et que les appartements litigieux sont dotés de cuisines équipées, la cour administrative d'appel de Bordeaux a inexactement qualifié les faits de l'espèce en jugeant que l'acquisition ; de ces appartements par l'EURL « Joliflau » ne pouvait être regardée comme un investissement hôtelier au sens des dispositions précitées du 2 de l'article 39 A du CGI et devait, dès lors, faire l'objet d'un amortissement calculé selon le système linéaire et non suivant le système dégressif ; que, par suite, M. et Mme A. sont fondés, pour ce motif, à demander l'annulation de l'arrêt attaqué en tant qu'il statue sur leur droit au bénéfice du régime d'aide à l'investissement institué par l'article 39 A du CGI ;

Considérant que, dans les circonstances de l'espèce, il y a lieu, en application des dispositions de l'article L821-2 du C. just. adm., de régler, dans cette mesure, l'affaire au fond ;

Considérant qu'il résulte de l'instruction qu'ainsi qu'il a été dit ci-dessus, l'acquisition, par l'EURL « Joliflau », d'appartements meublés dans les résidences « Thalassaintes » et « Le Cheval Blanc » doit, eu égard notamment à la nature des prestations accessoires dont peuvent bénéficier les clients de cette dernière, être regardée comme un investissement hôtelier au sens des dispositions précitées du 2 de l'article 39 A du CGI ; qu'ainsi, M. et Mme A. sont fondés à soutenir que c'est à tort que, par le jugement du 10 mai 1991, le tribunal administratif de Poitiers a rejeté leur demande en décharge des suppléments d'impôt sur le revenu auxquels ils ont été assujettis, au titre des années 1993 à 1995, à raison de la rectification du mode de calcul de l'amortissement de ces appartements, ainsi que des pénalités correspondantes ;

Décide : 1° Non-lieu à statuer ; 2° Annulation ; 3° Décharge.

Cass. 3e civ. 21-9-2005 n° 950 FS-D

327 locations meublées traditionnelles – régime applicable – conventions des parties – application expresse de la loi du 6 juillet 1989

(Extraits)

(...)

Sur le moyen unique :

Vu l'article 1134 du Code civil ;

Attendu, selon le jugement attaqué (tribunal d'instance de Châtellerault, 20 mars 2003) rendu en dernier ressort, que M. R. a donné en location, le 30 août 1999, une chambre meublée à M. T. ; que celui-ci a délivré congé le 1er juin 2002 pour le 1er juillet 2002 et que M. R. l'a assigné pour obtenir le paiement de deux mois supplémentaires de loyer pour la période de préavis en raison de la soumission conventionnelle du bail à la loi du 6 juillet 1989 ;

Attendu que pour rejeter cette demande, le jugement retient que le champ d'application de la loi du 6 juillet 1989 exclut très clairement les locaux meublés, que toute stipulation contractuelle est impuissante à écarter cette exclusion, s'agissant d'un ordre public de protection auquel les parties ne peuvent déroger et qu'en l'absence de toute stipulation concernant les modalités du congé, l'article 1736 du Code civil doit s'appliquer ;

Qu'en statuant ainsi, alors que par accord exprès les parties étaient convenues de soumettre le bail aux dispositions de la loi du 6 juillet 1989 et que ses conditions générales prévoyaient un délai de préavis de trois mois, le tribunal a violé le texte susvisé ;

Par ces motifs : Casse et renvoie devant TI Poitiers ;

Cass. 3e civ. 20-9-2006 n° 953 FS-D

328 location meublée traditionnelle – régime applicable – résidence principale du locataire – charge de la preuve – locataire – oui

(Extraits)

(...)

Sur le premier moyen :

Vu l'article L632-1 du Code de la construction et de l'habitation, dans sa rédaction applicable en la cause, ensemble l'article 1315 du Code civil ;

Attendu que toute personne qui loue un logement meublée, que la location s'accompagne ou non de prestations secondaires, bénéficie d'un contrat établi par écrit d'une durée d'un an dès lors que le logement loué constitue sa résidence principale ; que le locataire peut résilier le contrat à tout moment sous réserve du respect d'un préavis d'un mois ;

Attendu, selon le jugement attaqué (TI Grenoble 2 mars 2004), rendu en dernier ressort, que, le 25 septembre 2000, M. G. a donné à bail à M. D. un appartement meublé pour une durée d'un an commençant à courir le 2 octobre 2000 ; que le locataire ayant donné congé le 1er mai 2001 pour le 30 juin suivant, le bailleur a refusé de rembourser le dépôt de garantie en se prévalant d'une clause du bail qui stipulait qu'au cas où il partirait avant l'expiration du contrat, le preneur resterait redevable d'une indemnité égale au montant des loyers restant à courir ; que M. D. a assigné M. G. en restitution du dépôt de garantie, en soutenant que le bail était régi par les dispositions de l'article L632-1 du Code de la construction et de l'habitation ; que Mme G. est intervenue volontairement à l'instance ;

Attendu que pour condamner solidairement M. et Mme G. à payer à M. D. la somme de 419,17 €, le jugement retient qu'aucune disposition du bail ne permet d'établir que le logement en cause ne serait pas la résidence principale du locataire, que no-

tamment il n'est pas indiqué dans le bail que M. D. serait étudiant, que d'ailleurs le bail n'est pas établi pour la durée de la période scolaire et qu'il n'est pas mentionné que M. D. aurait une autre adresse qui serait sa résidence principale ;
Qu'en statuant ainsi, alors qu'il appartenait à M. D., qui invoquait à son profit l'application de l'article L632-1 du Code de la construction et de l'habitation, de rapporter la preuve de ce que l'appartement loué était sa résidence principale, le tribunal, qui a inversé la charge de la preuve, a violé les textes susvisés ;
Par ces motifs : Casse partiellement et renvoie devant CA Grenoble.

CAA Bordeaux 26-10-2006 n° 03-2275, 4e ch.

329 **location d'appartements meublés faisant partie d'une résidence de tourisme exploitée par une société anonyme – activité de location d'un établissement commercial muni du mobilier ou du matériel nécessaire à son exploitation ou prestation de services hôteliers : non – activité de location en meublé : oui**

Considérant qu'aux termes de l'article 35 du CGI : « I. Présentent également le caractère de bénéfices industriels et commerciaux, pour l'application de l'impôt sur le revenu, les bénéfices réalisés par les personnes physiques désignées ci-après :... 5° Personnes qui donnent en location un établissement commercial ou industriel muni du mobilier ou du matériel nécessaire à son exploitation, que la location comprenne, ou non, tout ou partie des éléments incorporels du fonds de commerce ou d'industrie... » ;
Considérant que l'EURL Oriantibes 307, dont M. A. était l'associé unique, donnait à bail à la société anonyme FBM des appartements meublés situés dans une résidence de tourisme « Orion Antibes » ; qu'en 1999, cette activité s'est soldée par un déficit commercial que M. A. a déduit de son revenu global ; que l'administration, ayant estimé que ce déficit résultait d'une activité de location de logements meublés, a réintégré les sommes correspondantes dans les revenus de M. A. perçus au titre de ladite année ;
Considérant que M. A. soutient que l'EURL louait un établissement industriel et commercial au sens des dispositions précitées dès lors que les lots sont exploités au sein d'une résidence de tourisme classée établissement commercial et constituent des hébergements auxquels sont associées diverses prestations hôtelières, que cette activité est soumise à la TVA et qu'enfin les clients règlent la taxe de séjour et non la taxe d'habitation ;
Considérant qu'il résulte de l'instruction que les locaux d'hébergement donnés en location par l'EURL Oriantibes 307 à la société FBM, en vertu d'un bail d'une durée de onze ans, se trouvent au sein d'une résidence hôtelière dont cette dernière société assure seule la gestion des hébergements et les prestations hôtelières ; qu'ainsi, eu égard à la consistance des locaux loués, l'EURL Oriantibes 307 ne peut être regardée comme consentant à la société FBM une location excédant la simple jouissance du bien ; qu'enfin, s'agissant d'une EURL et nonobstant le régime fiscal auquel est soumise cette société, M. A. ne peut soutenir qu'il est dans la situation prévue à l'article 35 précité d'une personne physique qui donne en location un établissement commercial ou industriel muni d'un mobilier ou du matériel nécessaire à son exploitation ; que la circonstance que l'activité de la société FBM, exploitante de la résidence, soit assujettie à la TVA est sans influence sur l'appréciation portée sur l'activité de l'EURL dont M. A. est l'unique associé ; qu'il suit de là que M. A. ne saurait utilement se prévaloir de l'instruction 4 A-7-96 du 1er août 1996 qui prévoit que ne sont pas concernées par la location en meublé les conventions d'hébergement qui dépassent, en raison des services fournis ou proposés, la simple jouissance du bien ;
Considérant qu'il résulte de ce qui précède que la situation de M. A., qui ne décrit pas une activité de loueur professionnel au sens des dispositions de l'article 151 septies du CGI, entrait en réalité dans

le champ d'application de l'article 156, 1 bis du CGI qui regarde comme déductibles des seuls bénéfices catégoriels, les déficits résultant d'une activité industrielle et commerciale ne comportant pas une participation personnelle directe du contribuable ;

Considérant qu'il résulte de tout ce qui précède que M. A. n'est pas fondé à soutenir que c'est à tort que, par le jugement attaqué, le tribunal administratif de Saint-A. de la Réunion a rejeté sa demande ;
Décide : Rejet.

CE 16-5-2007 n° 295357, 9e et 10e s.-s., min. c/ A.

330 **déficits BIC – loueurs en meublés professionnels (CGI art. 151 septies) – 1° condition du montant minimum de recettes annuelles (150 000 F ou 23 000 €) – appréciée au niveau du contribuable imposable et non à celui de la société de personnes propriétaire de l'immeuble loué meublé – 2° activité de location débutant en cours d'année – reconstitution de la recette annuelle au prorata de la durée de location**

Considérant qu'il ressort des pièces du dossier soumis aux juges du fond que la SARL A., dont M. et Mme A. sont associés, a opté lors de sa constitution le 21 décembre 1993 pour le régime des sociétés de personnes dans les conditions prévues par les dispositions de l'article 239 bis AA du CGI et a acquis le 20 décembre 1993 des studios meublés à Lille et à Vandoeuvre-lès-Nancy, destinés à être donnés en location à des étudiants ; qu'à la suite d'une vérification de comptabilité portant sur les bénéfices industriels et commerciaux au titre des années 1993, 1994 et 1995 et sur la TVA de la période du 1er janvier 1993 au 31 décembre 1995, l'administration a notifié à M. et Mme A. des rappels d'impôt sur le revenu pour tenir compte des redressements opérés dans les résultats de la SARL A. ; qu'en outre, l'administration a appliqué, sur le fondement des dispositions de l'article 31, alors en vigueur, de l'annexe II au même Code, la limitation du calcul des amortissements pratiqués au titre des années 1993, 1994 et 1995 à raison des biens donnés en location, et remis en cause, au titre des revenus de l'année 1993, le bénéfice des dispositions de l'article 151 septies qui permettent d'imputer sur le revenu global les déficits constatés au titre d'une activité de loueur en meublé professionnel ; que le ministre se pourvoit en cassation contre l'arrêt du 18 mai 2006 par lequel la cour administrative d'appel de Nancy a, sur la requête de M. et Mme A., partiellement annulé le jugement du 20 janvier 2000 du tribunal administratif de Besançon en tant qu'il limitait l'imputation du déficit réalisé en 1993 dans le cadre de leur activité de loueur en meublé et prononcé la décharge de la cotisation supplémentaire d'impôt sur le revenu résultant de ce chef de redressement, tandis que M. et Mme A. concluent à titre principal au rejet du recours, et à titre subsidiaire, présentent un pourvoi incident contre l'arrêt en ce que la cour a rejeté le surplus des conclusions de leur requête d'appel en ce qui concerne les amortissements ;

Sur le recours du ministre :

Considérant qu'aux termes de l'article 156 du CGI dans sa rédaction applicable en l'espèce : « L'impôt sur le revenu est établi d'après le montant total du revenu net annuel dont dispose chaque foyer fiscal. Ce revenu net est déterminé (...) sous déduction : I. Du déficit constaté pour une année dans une catégorie de revenus (...) ; Toutefois, n'est pas autorisée l'imputation : (...) 4° Des déficits réalisés par des personnes, autres que les loueurs professionnels au sens de l'article 151 septies, dernier alinéa, louant directement ou indirectement des locaux d'habitation meublés ou destinés à être meublés ; ces déficits s'imputent exclusivement sur les bénéfices retirés de cette même activité au cours des années suivantes jusqu'à la cinquième inclusivement » ; qu'aux termes du dernier alinéa de l'article 151 septies du même Code, dans sa rédaction applicable en l'espèce : « (...) Les loueurs professionnels s'entendent des personnes inscrites en cette qualité au registre du commerce et des sociétés qui réalisent plus de 150 000 F de recettes annuelles (...) » ; que ces deux conditions doivent être appréciées par référence au contribuable passible de l'impôt sur le revenu qui entend imputer le déficit ressortant d'une activité de loueur professionnel ; que lorsque cette activité est, en tout ou en partie, exercée par une société de personnes qui, en tant que propriétaire des immeubles donnés en location, est seule à même d'être inscrite au registre du commerce et des sociétés en tant que loueur professionnel, il y a lieu d'apprécier la limite de 150 000 F en retenant les loyers perçus par la société, dans la proportion appréciée par foyer fiscal, des droits de chaque associé dans le capital social, et en les ajoutant le cas échéant aux loyers que celui-ci aurait perçus directement ; que par suite, la cour a commis une erreur de droit en se bornant à apprécier la condition de 150 000 F au regard de la SARL A. et en jugeant que cette condition était remplie du seul fait que les recettes de location en meublé perçues par cette société, rapportées à l'ensemble de l'année 1993, étaient supérieures à ce montant ; que, dès lors, sans qu'il soit besoin d'examiner les autres moyens du recours, le ministre est fondé à demander l'annulation de l'arrêt attaqué en tant qu'il a statué sur la contestation de la réintégration des déficits résultant de l'activité de loueur professionnel ;

Sur le pourvoi incident formé par M. et Mme A. :

Considérant, en premier lieu, que le pourvoi incident formé par M. et Mme A. conteste l'arrêt de la cour administrative d'appel de Nancy en tant qu'il a rejeté, sur le fondement des dispositions de l'article 31 de l'annexe II au CGI, le surplus des conclusions de leur requête d'appel en ce qui concerne les amortissements pratiqués au cours des années 1993, 1994 et 1995 ; qu'alors même qu'il porte sur des chefs de redressement distincts de celui qui a fait l'objet du recours du ministre, le pourvoi incident se rattache, s'agissant des amortissements pratiqués en 1993, au même impôt et à la même année d'imposition que le litige soulevé par le pourvoi principal ; qu'il est par suite recevable ; qu'il doit en revanche être regardé comme portant sur un litige distinct de celui qui a fait l'objet du pourvoi principal et, par suite, comme irrecevable, en tant qu'il porte sur les amortissements relatifs aux années 1994 et 1995 ;

Considérant, en deuxième lieu, qu'aux termes de l'article 39 C du même Code, dans sa rédaction applicable à l'espèce : « L'amortissement des biens donnés en location est réparti sur la durée normale d'utilisation suivant des modalités fixées par décret en Conseil d'État » ; qu'aux termes de l'article 31, alors en vigueur, de l'annexe II au même Code : « Si la location est consentie, directement ou indirectement, par une personne physique, le montant de l'amortissement ne peut excéder le montant du loyer perçu pendant l'exercice considéré diminué du montant des autres charges afférentes au bien donné en location » ; que des conjoints, membres d'une société à responsabilité limitée qui a opté pour le régime fiscal des sociétés de personnes, comme le lui permettent les dispositions de l'article 239 bis AA du CGI, et donné des biens en location, doivent être regardés, pour l'application des dispositions de l'article 31 de l'annexe II au même Code, comme ayant consenti indirectement la location de ces biens ; que, par suite, en jugeant que M. et Mme A. doivent, pour la détermination des bénéfices industriels et commerciaux qu'il tirent, en tant qu'associés de la SARL A., de la location de studios meublés par l'intermédiaire de cette société, être regardés comme consentant indirectement une location et par suite, soumis à la règle de limitation de l'amortissement posée par l'article 31 de l'annexe II au CGI, la cour administrative d'appel de Nancy n'a pas commis d'erreur de droit ;

Considérant, en troisième lieu, qu'en relevant qu'il ne résultait pas des pièces du dossier que la SARL A. ait mis à la disposition de sa clientèle des prestations de service relevant de l'hôtellerie, et que cette société ne disposait ni du personnel, ni des moyens matériels nécessaires à la fourniture de tels services, les juges du fond ont porté sur les faits de l'espèce une appréciation souveraine qui, en l'absence de dénaturation, ne peut être utilement critiquée devant le juge de cassation ; que la cour administrative d'appel de Nancy a pu, sans commettre d'erreur de droit ni entacher son arrêt d'insuffisance de motivation, déduire de ces constatations que les contrats conclus avec les occupants de ces logements n'avaient pas le caractère de conventions de louage de services, et que par suite, les lo-

cations consenties par la SARL A. entraient dans le champ d'application des dispositions de l'article 31 de l'annexe II au CGI ;
Considérant qu'il résulte de ce qui précède que M. et Mme A. ne sont pas fondés à demander l'annulation de l'arrêt attaqué en tant qu'il a rejeté le surplus des conclusions de leur requête d'appel en ce qui concerne les amortissements pratiqués au cours des années 1993, 1994 et 1995 ;
Considérant que, dans les circonstances de l'espèce, il y a lieu, en application de l'article L821-2 du C. just. adm., de régler l'affaire au fond dans les limites de l'annulation prononcée par la présente décision ;
Considérant en premier lieu qu'il résulte des écritures des requérants, et notamment de la réclamation contentieuse adressée par eux le 5 septembre 1997 au centre des impôts de Vesoul que la SARL A. a perçu au cours du mois de décembre 1993 à raison de son activité de location une somme totale de 5 228 F ; que celle-ci se décompose en 2 306 F de loyers au titre des appartements donnés en location à Lille au cours de la période du 20 au 31 décembre 1993, soit 12 jours, et 2 922 F pour les appartements situés à Vandoeuvre-lès-Nancy au cours de la période du 21 au 31 décembre 1993, soit 11 jours ; qu'en prenant en compte les taxes qui ont grevé ces loyers, l'administration a réévalué ces montants respectivement à 2 432,83 F et 3 082,71 F, soit au total 5 514 F, et a reconstitué une recette annuelle de la société qui se serait élevée au titre de cette activité de location à 176 288,52 F pour l'année 1993 ;
Considérant, en deuxième lieu, qu'ainsi qu'il a été dit ci-dessus, lorsque l'activité de location est exercée par l'intermédiaire d'une société ayant opté pour le régime des sociétés de personnes, il y a lieu d'apprécier le seuil de 150 000 F prévu par le dernier alinéa de l'article 151 septies du CGI en retenant les loyers perçus par la société, dans la proportion des droits de l'associé dans le capital social, et en les ajoutant le cas échéant aux loyers que celui-ci aurait perçus directement ; qu'il n'est pas contesté que M. et Mme A. possédaient conjointement 85 % des parts sociales de la SARL A. ; qu'il suit de là que le montant des loyers à retenir pour l'appréciation du seuil précité au titre de 1993 s'élevait à 149 845,24 F ; qu'il n'est par ailleurs pas allégué que M. et Mme A. auraient poursuivi personnellement une activité de loueur en meublé ou auraient détenu des participations dans d'autres sociétés de personnes exerçant cette activité ; qu'ainsi, la condition de seuil de 150 000 F, fixée par le dernier alinéa de l'article 151 septies du CGI, ouvrant droit, sur le fondement du 4° du I de l'article 156 du même Code, à la déduction des déficits déclarés dans la catégorie des bénéfices industriels et commerciaux à raison de l'activité de location de meublé, n'était pas satisfaite ;
Considérant qu'il résulte de ce qui précède que M. et Mme A. ne sont pas fondés à soutenir que c'est à tort que le tribunal administratif de Besançon a rejeté leur demande tendant à la décharge des suppléments d'impôt sur le revenu mis à leur charge au titre de l'année 1993, consécutifs à la réintégration des déficits déclarés dans la catégorie des bénéfices industriels et commerciaux à raison de l'activité de location en meublés exercée par l'intermédiaire de la SARL A. ;
Décide : 1° Annulation de l'arrêt de la cour administrative d'appel en tant qu'il a statué sur la contestation du chef de redressement relatif à la réintégration des déficits déclarés dans la catégorie des bénéfices industriels et commerciaux au titre de l'année 1993 ; 2° Rejet du pourvoi incident ; 3° Rejet des conclusions présentées devant la cour administrative d'appel, tendant à obtenir la décharge des cotisations supplémentaires d'impôt sur le revenu au titre de la limitation de l'imputation du déficit réalisé en 1993 pour l'activité de loueur en meublé ; 4° Remise à charge des cotisations supplémentaires d'impôt sur le revenu afférentes à la limitation de l'imputation du déficit réalisé en 1993 au titre de l'activité de loueur en meublé.

CE 30-11-2007 n° 291252, 8ᵉ et 3ᵉ s.-s.

331 **taxe d'habitation – redevable de la taxe – disposition ou jouissance des locaux imposables (CGI art. 1408, I) – location meublée saisonnière – propriétaire s'en réservant la disposition en dehors des périodes de location saisonnière – appréciation au 1er janvier de l'année de l'intention du propriétaire de louer l'appartement de façon saisonnière ou tout au long de l'année**

Considérant qu'il ressort des pièces du dossier soumis au juge du fond que M. A. conteste être le redevable de la taxe d'habitation mise à sa charge au titre de l'année 2003 pour un logement dont il est propriétaire dans la commune de la Grande Motte ; que, saisi du litige, le tribunal administratif de Montpellier a rejeté sa requête, par un jugement du 30 décembre 2005 à l'encontre duquel M. A. se pourvoit en cassation ;
Considérant qu'aux termes de l'article 1407 du CGI : « I. La taxe d'habitation est due : 1° Pour tous les locaux meublés affectés à l'habitation (...) » ; qu'aux termes de l'article 1408 de ce Code : « I. La taxe est établie au nom des personnes qui ont, à quelque titre que ce soit, la disposition ou la jouissance des locaux imposables (...) » ; qu'aux termes de l'article 1415 du même Code : « La taxe foncière sur les propriétés bâties, la taxe foncière sur les propriétés non bâties et la taxe d'habitation sont établies pour l'année entière d'après les faits existants au 1er janvier de l'année de l'imposition. » ; qu'il résulte de ces dispositions qu'est redevable de la taxe d'habitation le propriétaire d'un local imposable qui peut être regardé, au 1er janvier de l'année d'imposition, comme entendant s'en réserver la disposition ou la jouissance une partie de l'année ;
Considérant qu'il ressort des pièces du dossier soumis au juge du fond que M. A. a loué l'appartement meublé dont il est propriétaire à la Grande Motte plusieurs mois pendant l'année 2003 par un bail excluant la tacite reconduction et prenant fin le 27 juin ; qu'au 1er janvier 2003 il n'avait donné aucun mandat à une agence pour mettre l'appartement en location à l'issue de ce bail ; qu'il pouvait donc être regardé, à la date du 1er janvier de cette année, comme entendant s'en réserver la disposition en dehors des périodes de location saisonnière ; que, par suite, en jugeant que, nonobstant la circonstance que l'appartement était loué au 1er janvier 2003, M. A. devait être regardé comme le redevable de la taxe d'habitation pour l'année 2003, le tribunal administratif n'a pas commis d'erreur de droit ; que, dès lors, M. A. n'est pas fondé à demander l'annulation du jugement attaqué ;
Décide : Rejet.

Cass. 3ᵉ civ. 15-10-2008 n° 07-13.294 981 FS-PB

332 **locations meublées traditionnelles – régime applicable – résidence principale du locataire – contrat de location verbal – congé donné par le locataire – préavis d'un mois (oui)**

(Extraits)
(...)
Attendu, selon le jugement attaqué (juridiction de proximité de Toulouse, 29 mai 2006), rendu en dernier ressort, que Mme H., locataire selon bail verbal d'un logement meublé appartenant à Mme S., a donné congé le 27 novembre 2005 pour le 30 novembre suivant, puis a assigné la bailleresse en restitution du dépôt de garantie versé lors de l'entrée dans les lieux représentant un mois de loyer ; que reconventionnellement, Mme S. a sollicité le paiement du loyer du mois de décembre 2005 au titre du préavis et des dommages-intérêts ;
Sur le premier moyen :
Attendu que Mme H. fait grief au jugement attaqué de la condamner à payer à Mme S. diverses sommes à titre de solde de loyer et de dommages-intérêts, alors, selon le moyen :

1° qu'aux termes de l'article L632-1 du Code de la construction, le bail de locaux meublés destinés à la résidence principale du locataire doit être établi par écrit ; qu'à défaut de contrat écrit, le bailleur ne saurait se prévaloir à l'encontre du preneur du préavis d'un mois prévu par ce texte ; qu'en jugeant le contraire, le juge de proximité a violé cette disposition ;

2° qu'à défaut de dispositions légales précisant le délai de préavis, le preneur qui donne son congé n'est tenu de respecter qu'un délai raisonnable compte tenu de la nature des lieux loués et de la durée du bail ; que faute d'avoir recherché quelle était la durée raisonnable du préavis que Mme He devait dans ces conditions respecter, le juge de proximité a privé sa décision de base légale au regard de l'article 1134 du Code civil ;

3° qu'à défaut de cette même recherche, elle n'a pas caractérisé le fait que Mme He n'ait pas restitué les clés dans ce même délai, privant sa décision de base légale au regard de l'article 1147 du Code civil ;

Mais attendu que l'absence de contrat écrit ne dispensant pas le locataire du respect du délai de préavis prévu à l'article L632-1 du Code de la construction et de l'habitation, la juridiction de proximité, qui n'était pas tenue de procéder à des recherches que ses constatations rendaient inopérantes, a légalement justifié sa décision de ce chef ;

Sur le second moyen :

(...)

Par ces motifs : Rejette le pourvoi.

Cass. 3e civ. 4-2-2009 n° 07-20.980 185 FS-PBI

333 locations meublées traditionnelles – régime applicable – résidence principale du locataire – notion de résidence principale

(Extraits)

(...)

Attendu selon le jugement attaqué (juridiction de proximité de Grenoble, 25 juin 2007) rendu en dernier ressort, que M. D., propriétaire d'un logement meublé, l'a donné à bail à Mme G. pour une durée d'un an ; que la locataire, après avoir donné congé, a assigné le bailleur aux fins d'obtenir restitution de son dépôt de garantie et remboursement des frais exposés ; que le bailleur a contesté la validité du congé et reconventionnellement demandé le paiement de loyers jusqu'au terme du contrat ;

Sur le premier moyen :

Attendu que M. D. fait grief au jugement d'accueillir la demande de Mme G., alors, selon le moyen, que le caractère d'une location est déterminé par la destination que lui ont donnée les parties lors de la conclusion du contrat ; que le contrat de bail stipulait que le studio loué ne constituait pas la résidence principale de la locataire, qui était légalement domiciliée chez ses parents ; qu'en affirmant qu'il résultait du bail que ce studio constituait la résidence principale de Mme G., la juridiction de proximité en a dénaturé les termes clairs et précis et a violé l'article 1134 du Code civil ;

Mais attendu qu'ayant relevé que Mme G. était étudiante à l'institut universitaire de technologie de Grenoble et que ses parents demeuraient dans le département de la Loire, la juridiction de proximité en a exactement déduit, nonobstant toute clause contraire, que le studio meublé était sa résidence principale et que les dispositions impératives de l'article L632-1 du Code de la construction et de l'habitation étaient applicables ;

D'où il suit que le moyen n'est pas fondé ;

Sur le second moyen :

Attendu que M. D. fait grief au jugement de le débouter de sa demande en paiement de loyers, alors, selon le moyen, que le preneur est tenu de payer les loyers jusqu'à la restitution effective des lieux, matérialisée par la remise des clefs au bailleur ; qu'il résulte des propres constatations du jugement que Mme G. a remis les clefs du studio à un huissier, qu'elle avait mandaté pour dresser un état des lieux, et qui s'est borné à informer M. D. de ce que ces clefs étaient à sa disposition ; qu'en reprochant au bailleur, pour le débouter de sa demande en paiement des loyers jusqu'à la restitution effective des lieux, de ne pas être venu chercher ces clefs, la juridiction de proximité, qui n'a pas tiré les conséquences légales de ses propres constatations, d'où résultait l'absence de remise des clefs au bailleur ou à son mandataire, a violé les articles 1728, 1730 et 1737 du Code civil ;

Mais attendu que le congé régulièrement délivré étant un acte unilatéral qui met fin au bail et à l'obligation de payer le loyer par la seule manifestation de volonté de celui qui l'a délivré, la juridiction de proximité, qui a constaté que Mme G. avait donné congé par lettre recommandée avec demande d'avis de réception que M. D. avait reçue le 21 février 2006 et que le délai légal d'un mois avait été respecté a, par ces seuls motifs, légalement justifié sa décision de débouter M. D. de sa demande en paiement de loyers postérieurs à la date d'effet du congé ;

Par ces motifs : Rejette le pourvoi.

CA Paris 10-9-2009 n° 08-8582

334 **locations meublées traditionnelles – définition – qualification – élément matériel – meubles et objets mobiliers – absence de cuisinière ou de plaque de chauffante et présence que d'une table et d'une armoire – appréciation de la qualification – location meublée – non**

(Extraits)

(...)

Pour établir qu'il s'agit véritablement d'une location meublée, il existe deux conditions, l'une d'ordre matériel tenant à la nature et à l'importance des meubles fournis et l'autre, d'ordre intentionnel.

Les baux de meublés supposent que la jouissance d'un local s'accompagne de la fourniture d'objets mobiliers en nombre et en qualité suffisants pour permettre au locataire de vivre convenablement.

Les parties ont signé le 1^er^décembre 1994 un contrat intitule « location meublée ». La désignation des lieux est la suivante : appartement 20 m^2 au total, 2 fenêtres, 2 pièces :

- 1 salle de bains (douche, wc), .
- 1 cuisine équipée,
- 1 séjour.

La liste des meubles composant le logement est la suivante :

- un lit deux places, une housse matelas,
- une chaise, deux tables, un tabouret, une armoire, un buffet, deux éléments de cuisine, des halogènes sur pied et une bibliothèque,
- un réfrigérateur, un four.

Il résulte de cette liste qu'il n'existe ni cuisinière ou plaque chauffante et que le bailleur n'établit pas comme il le soutient que de la vaisselle et des ustensiles de cuisine avaient été mis à disposition du locataire.

En conséquence, le bail est régi par la loi du 6 juillet 1989 et le jugement sera infirmé en toutes ses dispositions.

(...)

Par ces motifs : Infirme le jugement et dit que le congé délivré est nul.

CE 16-10-2009 n° 301235, 10e et 9e s.-s.

335 **biens donnés en location par une personne physique – bien donné en location par une SARL ayant opté pour le régime fiscal des sociétés de personnes – société propriétaire dans une résidence hôtelière de lots dont la gestion est confiée à un mandataire – nature de l'activité de la société – exploitant hôtelier supportant les risques de l'exploitation : non compte tenu du mandat de gestion garantissant un revenu annuel garanti – loueur en meublé : oui – application de la limitation : oui**

(extrait)

Considérant qu'il ressort des pièces du dossier soumis aux juges du fond que M. et Mme A. sont associés de la SARL Chambertin, dont le siège social est à Marigot dans l'île de Saint-Martin et qui a opté pour le régime fiscal des sociétés de personnes ; que la société a acquis trois lots de la résidence hôtelière Sainte-Marthe, située en Guadeloupe, dont la gestion a été confiée à la Société d'Exploitation de l'Anse Margot (SEAM) par une convention de mandat du 6 juin 1990, modifiée par un avenant du 21 décembre suivant ; qu'à la suite, d'une part, d'un contrôle sur pièces et d'un examen de la situation fiscale d'ensemble de M. et Mme A. et, d'autre part, d'une vérification de la comptabilité de la SARL Chambertin, l'administration a dénié à cette société la qualité d'exploitant hôtelier de la résidence Sainte-Marthe et a regardé son activité comme celle d'un loueur de locaux d'habitation en meublé ; qu'elle a, en conséquence, appliqué le plafonnement des amortissements prévu pour les biens donnés en location par les dispositions alors en vigueur de l'article 31 de l'annexe II au CGI et redressé le montant des revenus déclarés par les requérants dans la catégorie des bénéfices industriels et commerciaux ;

Considérant que la cour administrative d'appel a relevé, par une appréciation souveraine, que l'administration s'était bornée à interpréter le contrat et son avenant conclus entre la SARL Chambertin et la société SEAM pour regarder la première comme se livrant à une activité de location en meublé et non d'exploitation hôtelière ; qu'en en déduisant que l'administration n'avait pas invoqué implicitement l'existence d'un abus de droit, la cour administrative d'appel n'a pas commis d'erreur de droit ;

Considérant que, par une appréciation souveraine des faits qu'elle n'a pas dénaturés, la cour administrative d'appel a relevé qu'il résultait de l'avenant du 21 décembre 1990 que les propriétaires des lots percevaient une somme annuelle fixée forfaitairement en application d'un pourcentage du prix d'achat des locaux meublés et, au surplus, que pour protéger les propriétaires du risque d'avoir à supporter les pertes résultant de l'exploitation hôtelière, une police d'assurance, à la charge de la société gestionnaire, garantissait aux propriétaires les revenus nets ainsi fixés contractuellement ; qu'en déduisant de ces stipulations que l'administration avait pu regarder la SARL Chambertin non comme un exploitant hôtelier supportant les risques de l'exploitation mais comme un loueur en meublé, la cour administrative d'appel n'a pas faussement qualifié les faits qui lui étaient soumis ;

...

Considérant que les requérants ont soutenu à titre subsidiaire que l'article 31 de l'annexe II au CGI ne leur était pas opposable dans la mesure où l'activité de location de la SARL Chambertin ne relevait pas de l'article 34 mais du 5° du I de l'article 35 du CGI qui concerne la location d'un établissement commercial ou industriel muni du mobilier ou du matériel nécessaire à son exploitation ; que la cour administrative d'appel a jugé que ces dernières dispositions de l'article 35 n'étaient pas applicables en l'espèce au motif que les lots de la résidence en cause n'étaient pas donnés en location par les requérants, personnes physiques, mais par une personne morale, la SARL Chambertin ; qu'en jugeant ainsi alors même que celle-ci avait opté pour le régime fiscal des sociétés de personnes, la cour administrative d'appel a commis une erreur de droit ; que toutefois le moyen soulevé était inopérant, dès lors que la circonstance que l'activité de la SARL Chambertin relèverait de l'article 35, I-5° ne la ferait pas échapper aux dispositions de l'article 31 de l'annexe II au même Code en application desquelles l'administration a limité ses amortissements ; que ce motif d'inopérance, qui n'implique l'appréciation d'aucune circonstance de fait, doit être substitué au motif erroné retenu par la cour ;

Considérant qu'il résulte de ce qui précède que M. et Mme A. ne sont pas fondés à demander l'annulation de l'arrêt attaqué ;

Décide : Rejet.

CE 25-11-2009 n° 306540, 3e et 8e s.-s.

336 **distinction entre l'activité de location meublée et celle de fourniture de prestations de services hôtelières – bailleur d'appartements meublés dans une résidence offrant des prestations hôtelières – prestations fournies par le preneur qui supporte seul le risque d'exploitation – loyer fixé indépendamment des résultats d'exploitation – convention de louage de services : non – activité de location meublée : oui**

(extraits)

Considérant, en premier lieu, qu'aux termes de l'article 156 du CGI dans sa rédaction applicable aux impositions de l'année 1995 : « L'impôt sur le revenu est établi d'après le montant total du revenu net annuel dont dispose chaque foyer fiscal. Ce revenu net est déterminé (...), sous déduction : I. Du déficit constaté pour une année dans une catégorie de revenus ; (...) Toutefois, n'est pas autorisée l'imputation : (...) 4° Des déficits réalisés par des personnes, autres que les loueurs professionnels au sens du sixième alinéa de l'article 151 septies, dernier alinéa, louant directement ou indirectement des locaux d'habitation meublés ou destinés à être meublés ; ces déficits s'imputent exclusivement sur les bénéfices retirés de cette même activité au cours des années suivantes jusqu'à la cinquième inclusivement » ; qu'aux termes du même article 156, dans sa rédaction issue de l'article 72 de la loi de finances pour l'année 1996 et applicable aux impositions des années 1996 et 1997 : « L'impôt sur le revenu est établi d'après le montant total du revenu net annuel dont dispose chaque foyer fiscal. Ce revenu net est déterminé (...), sous déduction : I. Du déficit constaté pour une année dans une catégorie de revenus ; (...). Toutefois, n'est pas autorisée l'imputation : (...) 1° bis des déficits provenant, directement ou indirectement, des activités relevant des bénéfices industriels ou commerciaux lorsque ces activités ne comportent pas la participation personnelle, continue et directe de l'un des membres du foyer fiscal à l'accomplissement des actes nécessaires à l'activité. Il en est ainsi, notamment, lorsque la gestion de l'activité est confiée en droit ou en fait à une personne qui n'est pas un membre du foyer fiscal par l'effet d'un mandat, d'un contrat de travail ou de toute autre convention. Les déficits non déductibles pour ces motifs peuvent cependant être imputés sur les bénéfices tirés d'activités de même nature exercées dans les mêmes conditions, durant la même année ou les cinq années suivantes. Ces modalités d'imputation sont applicables aux déficits réalisés par des personnes autres que les loueurs professionnels au sens du sixième alinéa de l'article 151 septies, louant directement ou indirectement des locaux d'habitation meublés ou destinés à être meublés.(...) » ; qu'il résulte de ces dispositions que, pour l'ensemble des années d'imposition en litige, sauf pour les loueurs professionnels au sens de l'article 151 septies, les déficits constatés dans la catégorie des bénéfices industriels et commerciaux sont exclus du bénéfice de l'imputation sur le revenu global, lorsqu'ils proviennent de l'activité de location de locaux d'habitation meublés ;

Considérant qu'il ressort des pièces du dossier soumis aux juges du fond que, par contrat du 11 mai 1995, l'EURL Orideauville 301 a donné à bail le lot n° 54 d'un immeuble qu'elle a acquis en crédit-bail par acte du même jour, à la société FBM, aux fins que celle-ci y exerce une activité d'exploitation de résidence de tourisme classée ; qu'en jugeant que devait être regardé comme exerçant l'activité de loueur non professionnel de locaux d'habitation meublés entrant dans le champ d'application des dispositions de l'article 156 du CGI, le bailleur d'appartements meublés dans une résidence offrant à ses résidents des prestations de nature hôtelière, dès lors que ces prestations étaient réalisées non par le bailleur mais par le preneur qui supportait seul le risque d'exploitation de la résidence, la cour n'a pas commis d'erreur de droit ; qu'elle a exactement qualifié les faits en jugeant, d'une part, que la circonstance qu'aux termes du contrat conclu entre l'EURL Orideauville 301 et la société FBM qui exploitait la résidence de tourisme, les prestations hôtelières étaient effectuées au risque de cette seule société contre le paiement à l'EURL d'un loyer fixé indépendamment des résultats d'exploitation, faisait obstacle à ce que ce contrat présente le caractère d'une convention de louage de services et, d'autre part, que l'EURL, qui ne réalisait directement aucune prestation de nature hôtelière au bénéfice des résidents mais se bornait à confier la jouissance de l'appartement meublé dont elle était propriétaire à la société FBM, exerçait l'activité de loueur de locaux d'habitation meublés ; qu'enfin, le moyen tiré de ce que la cour aurait commis une erreur de droit et inexactement qualifié les faits dont elle était saisie en jugeant, pour écarter le moyen tiré de ce que l'EURL Orideauville 301 n'exerçait pas une activité de location de biens immobiliers mais une prestation de service de type hôtelier placée hors du champ d'application des dispositions de l'article 156 du CGI, que l'EURL devait être regardée comme se livrant à une activité de loueur de locaux d'habitation meublée au sens de l'article 34 du même Code et non à une activité commerciale de nature hôtelière au sens de l'article 35 de ce Code, ne peut qu'être écarté, dès lors que la cour a ainsi, en tout état de cause, répondu à titre surabondant à un moyen inopérant ;

Considérant, en second lieu, qu'il résulte de ce qui précède que la cour n'a pas dénaturé les pièces du dossier ni commis d'erreur de droit en jugeant que le contribuable n'était pas fondé à se prévaloir, sur le fondement des dispositions de l'article L80 A du LPF, de l'interprétation administrative contenue dans l'instruction 4 A-7-96 du 1er août 1996, dès lors que celle-ci concerne les conventions d'hébergement assorties de prestations de services ;

Considérant que M. A. n'est dès lors pas fondé à demander l'annulation de l'arrêt qu'il attaque ;

Décide : Rejet.

Cass. 3e civ. 20-1-2010 n° 09-65.791 84 FS-PB

337 locations meublées traditionnelles – assurance des risques locatifs – souscription – obligation pour le locataire – conditions – clause expresse du bail – oui

(Extraits)

(...)

Sur le moyen unique :

Attendu, selon l'arrêt attaqué (Paris, 3 juillet 2008), que la société civile immobilière Bourdonnais université (la SCI), propriétaire d'une chambre meublée donnée à bail à Mme A., a assigné cette dernière en résiliation de ce bail pour défaut de paiement de loyers et défaut d'assurance ;

Attendu que Mme A. fait grief à l'arrêt d'accueillir la demande alors, selon le moyen, que la cour d'appel a elle-même constaté que le bail verbal litigieux était soumis aux seules dispositions du Code civil ; qu'aucune disposition de ce Code n'oblige le locataire à souscrire une assurance locative ; que la cour d'appel ne pouvait se fonder sur un prétendu usage pour reprocher à la locataire un manquement à des obligations qui ne résultaient ni de la loi, ni du contrat ; qu'en prononçant ainsi la résiliation du bail, notamment au prétexte que la locataire n'avait pas souscrit un contrat d'assurance, la cour d'appel a violé, par fausse application, l'article 1135 du Code civil ;

Mais attendu qu'ayant relevé que Mme A. s'était abstenue de payer les loyers, la cour d'appel, abstraction faite d'un motif erroné mais surabondant tiré d'un défaut de souscription d'un contrat d'assurance, l'obligation pour le locataire d'un local meublé de s'assurer contre les risques dont il doit répondre étant, sauf stipulation expresse contraire, facultative, a légalement justifié sa décision ;

D'où il suit que le moyen n'est pas fondé

Par ces motifs : Rejette le pourvoi.

CA Paris 24-5-2011 n° 10-23802

338 locations meublées de courte durée – immeuble à usage d'habitation – changement d'usage – autorisation administrative préalable – compensation – absence – sanction

(Extraits)

(...)

M. C. est propriétaire d'un appartement sis rue de l'Amiral Coligny à Paris.

La mairie de Paris a constaté que cet appartement apparaissait sur un site internet de locations meublées « www.apartrentals.com » et qu'il était mentionné que le bien était réservé du 22 mars au 9 septembre 2010.

Le 13 juillet 2009, par lettre recommandée avec accusé de réception, M. C. a été avisé par la direction du logement et de l'habitat de la ville de Paris que l'occupation à usage autre que d'habitation sans autorisation constituait une infraction aux dispositions de l'article L631-7 du Code de la construction et de l'habitation en ce que les locaux meublés étaient donnés en location sans remplir les deux conditions de l'article L632-1 du même Code. Il était demandé à M. C. de procéder à une compensation telle que prévue par le règlement municipal adopté les 15,16 et 17 décembre 2008 ou bien de cesser de donner son appartement en location.

Le 5 octobre 2009, M. C. indiquait ne louer son appartement qu'occasionnellement dans le cadre de relation d'affaires, qu'il y habitait lorsqu'il était à Paris ou le mettait à disposition de sa famille.

Le 1er décembre 2009, injonction lui était donnée par la mairie de Paris de régulariser sa situation.

Le 5 mai 2010, il était assigné par le Procureur de la république pour infraction aux dispositions de l'article L631-7 du Code de la construction et de l'habitation.

Par ordonnance du 2 novembre 2010, le juge des référés du tribunal de grande instance de Paris a condamné M. C. au paiement d'une amende civile de 2 000 euros.

Par conclusions du 5 avril 2011, M. C., appelant, demande à la cour d'infirmer l'ordonnance, de débouter le procureur de la République de ses demandes, à titre subsidiaire de constater que la solution du litige dépend du fait de savoir si l'appartement a fait l'objet d'un changement d'usage non autorisé de locaux d'habitation en locaux meublés touristiques et de savoir quels en sont les critères juridiques et administratifs, que ces questions relèvent de la juridiction administrative et de surseoir à statuer dans l'attente de la réponse donnée par le tribunal de administratif à la question préjudicielle.

Le Procureur général, par conclusions du 29 février 2011, sollicite la confirmation de l'ordonnance entreprise.

Sur ce, la cour

Considérant que M. C. conteste les éléments de preuve versés aux débats, qu'il indique que la page d'accueil du site « apartrental » fait état d'un appartement sis à son adresse mais qui ne correspond pas au sien, que, par ailleurs, les enquêtes effectuées établissent qu'il demeure bien à son adresse, qu'un constat d'huissier a été dressé à la demande du tribunal ; qu'il déclare établir avoir mis en location pour une durée d'une année ; qu'il conteste la réalité de l'infraction et en tout état de cause demande que soit posée une question préjudicielle et qu'il soit sursis à statuer dans l'attente de la réponse ;

Considérant que le Procureur général rappelle les textes applicables, souligne qu'il résulte des éléments du dossier que M. C. a loué occasionnellement son logement sans que les conditions de l'article L632-1 du Code de la construction et de l'habitation soient réunies ; qu'il en conclut qu'il s'agit de locaux hôteliers et qu'aucune question préjudicielle n'a lieu d'être posée ; qu'il ajoute que, faute de compensation, l'infraction est constituée et l'amende encourue ;

Considérant que l'article L631-7 du Code de la construction et de l'habitation énonce notamment que « ... Constituent des locaux destinés à l'habitation toutes catégories de logements et leurs annexes, y compris les logements-foyers, logements de gardien, chambres de service, logements de fonction, logements inclus dans un bail commercial, locaux meublés donnés en location dans les conditions de l'article L632-1... » ;

Considérant que l'article L631-7-1 du Code de la construction et de l'habitation prévoit que « l'autorisation préalable au changement d'usage est délivrée par le maire de la commune dans laquelle est situé l'immeuble après avis, à Paris, Marseille et Lyon, du maire d'arrondissement concerné. Elle peut être subordonnée à une compensation sous la forme de la transformation concomitante en habitation de locaux ayant un autre usage... » ;

Considérant que l'article 632-1 du même Code dispose que « Toute personne qui loue un logement meublé, que la location s'accompagne ou non de prestations secondaires, bénéficie d'un contrat établi par écrit d'une durée d'un an dès lors que le logement loué constitue sa résidence principale. A l'expiration de ce contrat, le bail est tacitement reconduit pour un an sous réserve des dispositions suivantes. » ;

Considérant qu'il résulte de la combinaison de ces textes que les logements donnés en location en meublé ne sont réputés locaux d'habitation au sens de l'article L631-7 du Code de la construction et de l'habitation que si le bail répond aux conditions de l'article L632-1 de ce même Code à savoir la location pour une durée d'une année à titre de résidence principale ;

Considérant qu'en l'espèce, s'il est établi à la lecture du constat d'huissier dressé le 24 septembre 2010 à la demande de M. C. que l'appartement proposé à la location sur le site « apartrental » n'est pas le sien mais un appartement de l'immeuble sis au 5e étage, il n'en demeure pas moins qu'il ressort de ce même procès-verbal que l'appartement de M. C. situé au 4e étage de l'immeuble figurait sur le site de location « Paristay.com » ; que cette pièce mentionne l'existence de commentaires d'internautes ayant été satisfaits de leur séjour et qu'il était précisé dans un de ces commentaires que l'emplacement de l'appartement avait été fantastique pour une location à la semaine ;

Considérant que l'attestation fournie par le responsable de la société Paristay indiquant que l'appartement était proposé pour une longue durée à savoir supérieure à trois mois ne signifie pas qu'un bail d'une année ait été passé et apparaît contredite par les commentaires des locataires ayant résidé dans l'appartement, rappelés ci-dessus ; que, de surcroît, ladite attestation ne répond pas aux prescriptions de l'article 202 du Code de procédure civile ;

Considérant, en outre, que M. C. a reconnu lui-même dans le courrier adressé en réponse à la mairie de Paris le 5 octobre 2009 qu'il lui arrivait de le louer occasionnellement, dans le cadre de relations d'affaires, à des entreprises internationales partenaires ou à des particuliers ;

Considérant que l'appartement n'était plus dès lors un logement à usage d'habitation mais entrait dans le champ d'application de l'hébergement hôtelier ;

Considérant qu'il s'ensuit que l'infraction reprochée à M. C. qui n'a pas sollicité d'autorisation préalable au changement d'usage des locaux destinés à l'habitation ni fourni de compensation à cette location, est constituée en application des textes susvisés sans qu'il y ait besoin de poser une question préjudicielle à la juridiction administrative ;

Considérant que l'article L651-2 du Code de la construction et de l'habitation prévoit que « toute personne qui enfreint les dispositions de l'article L631-7 ou qui ne se conforme pas aux conditions ou obligations imposées en application dudit article est condamnée à une amende de 25 000 euros. Cette amende est prononcée à la requête du ministère public par le président du tribunal de grande instance du lieu de l'immeuble statuant en référé ; le produit en est intégralement versé à l'agence nationale de l'habitat. Le président du tribunal ordonne le retour à l'habitation des locaux transformés sans autorisation dans un délai qu'il fixe. A l'expiration de celui-ci, il prononce une astreinte d'un montant maximal de 1 000 euros par jour et par mètre carré des locaux irrégulièrement transformés. Passé ce délai, l'administration peut procéder d'office aux frais du contrevenant à l'expulsion des occupants et à l'exécution des travaux nécessaires. » ;

Considérant que depuis l'enquête, M. C. justifie avoir mis en location son bien pour une durée d'une année ; qu'il verse aux débats le bail à effet

du 1er janvier 2011 ; qu'il n'y a donc pas lieu de prévoir ni le retour à l'habitation des locaux ni le prononcé d'une astreinte ;
Considérant que le premier juge a infligé au contrevenant une amende civile de 2.000 euros ; que le Procureur général sollicite la confirmation de la décision ; qu'il convient donc, eu égard à la régularisation intervenue, de limiter l'amende à la somme retenue en première instance et de confirmer la décision entreprise ;
Considérant que M. C., succombant, supportera les dépens ;
Par ces motifs : Rejette la demande et confirme l'ordonnance.

CE 24-10-2014 n° 375358, 8e et 3e s.-s.

339 **activités de location de locaux d'habitation meublés exercées à titre professionnel – caractère prépondérant de ces activités – caractère prépondérant apprécié annuellement : oui – conséquences – prise en compte des revenus correspondant à l'année d'imposition en cause, avant déduction des éventuels déficits des exercices antérieurs même si déficits imputés sur ces revenus pour la détermination de l'IR**

1. Considérant qu'aux termes du 2 du IV de l'article 155 du CGI : « L'activité de location directe ou indirecte de locaux d'habitation meublés ou destinés à être loués meublés est exercée à titre professionnel lorsque les trois conditions suivantes sont réunies : 1° Un membre du foyer fiscal au moins est inscrit au registre du commerce et des sociétés en qualité de loueur professionnel ; 2° Les recettes annuelles retirées de cette activité par l'ensemble des membres du foyer fiscal excèdent 23 000 € ; 3° Ces recettes excèdent les revenus du foyer fiscal soumis à l'impôt sur le revenu dans les catégories des traitements et salaires au sens de l'article 79, des bénéfices industriels et commerciaux autres que ceux tirés de l'activité de location meublée, des bénéfices agricoles, des bénéfices non commerciaux et des revenus des gérants et associés mentionnés à l'article 62 (...) »
2. Considérant qu'il résulte de ces dispositions que sont seuls éligibles au régime fiscal applicable aux activités de location de locaux d'habitation meublés exercées à titre professionnel les contribuables qui retirent de ces activités des recettes annuelles excédant leurs revenus imposables à l'impôt sur le revenu dans les catégories qu'elles énumèrent ; que, dès lors que le caractère prépondérant de l'activité de location meublée s'apprécie annuellement, ne peuvent être pris en compte pour sa détermination que les revenus correspondant à l'année d'imposition en cause, avant déduction des éventuels déficits des exercices antérieurs, alors même qu'ils sont imputés sur ces revenus pour la détermination de l'impôt sur le revenu en application de l'article 156 du CGI ; que, par suite, les moyens tirés de ce qu'en indiquant que, pour la détermination de la prépondérance des recettes de location en meublés par rapport aux autres revenus, « les déficits des années antérieures ne sont pas pris en compte », le paragraphe 160 de l'instruction publiée sous la référence BOI-BIC-CHAMP-40-10-20120912 relative au champ d'application et à la détermination du caractère professionnel de l'activité de location meublée aurait ajouté un critère que l'article 155 du CGI ne prévoit pas et méconnu ces dispositions ainsi que celles de l'article 156 du même Code doivent être écartés.
3. Considérant qu'il résulte de ce qui précède que la requête de M. et Mme L. doit en conséquence être rejetée ;
Décide : Rejet.

Cass. 3e civ. 17-12-2015 n° 14-25.523

340 **locations meublées traditionnelles – résidence principale du locataire – 1. congé – motivation – refus d'augmentation du loyer – non – 2. charges locatives – clause abusive**

(Extraits)

(...)

Attendu, selon l'arrêt attaqué (Paris, 14 janvier 2014), que, par acte du 20 janvier 2000, M. X..., professionnel de l'immobilier, a donné à bail à M. Y... un logement meublé pour une durée de trois ans renouvelable, moyennant un loyer de 6 800 francs ; que les parties ont signé deux nouveaux contrats les 16 février puis 4 octobre 2006, modifiant les conditions du bail initial relatives notamment au loyer et à la détermination des charges incombant au locataire ; que, le 17 novembre 2009, le bailleur a notifié au preneur un congé « en vue de la réévaluation du loyer » pour le 1er mars 2010 ; que, postérieurement à la restitution des lieux par le locataire, M. X... l'a assigné en paiement d'une certaine somme ; que M. Y... a soulevé l'inopposabilité ou le caractère abusif de la clause de répartition des charges stipulée dans les contrats signés en 2006 et la nullité du congé du 17 novembre 2009, et sollicité le remboursement d'un trop-versé de charges et le paiement de dommages-intérêts ;

Sur le premier moyen du pourvoi incident :

Attendu que M. X... fait grief à l'arrêt de déclarer nul le congé délivré le 17 novembre 2009, alors, selon le moyen, qu'il est loisible au bailleur d'un logement meublé de ne pas renouveler le bail à son expiration lorsque le locataire refuse les nouvelles conditions, telle qu'une augmentation de loyer, dont il l'a informé avec un préavis de trois mois ; que cour d'appel a constaté que par une lettre adressée au locataire le 17 novembre 2009 le bailleur l'a informé de sa volonté de modifier les conditions du bail après l'expiration du contrat le 1er mars 2010, en augmentant le loyer de 180 euros, augmentation qui a été refusée par le locataire ; qu'il s'en déduisait que, le bailleur ayant respecté le préavis d'information de trois mois, le refus par le locataire des nouvelles conditions proposées suffisait à justifier le non renouvellement du bail, ainsi que l'avait retenu à juste titre le premier juge ; qu'en retenant au contraire que le non renouvellement du bail n'était pas conforme aux dispositions applicables dès lors qu'il n'était fondé ni sur la décision du bailleur de reprendre ou de vendre le logement, ni sur un motif légitime et sérieux tel que l'inexécution par le locataire de l'une des obligations lui incombant, la cour d'appel n'a pas tiré les conséquences légales de ses propres constatations et violé, par fausse application, le cinquième alinéa de l'article L632-1 du Code de la construction et de l'habitation ainsi que, par refus d'application, le quatrième alinéa du même article, dans leur rédaction applicable en novembre 2009 ;

Mais attendu que, si le locataire, informé par le bailleur avec un préavis de trois mois de son souhait de modifier les conditions du contrat à son expiration, n'accepte pas les nouvelles conditions, le contrat est renouvelé aux conditions antérieures ; qu'ayant retenu que le congé notifié le 17 novembre 2009, qui n'était fondé ni sur la décision du bailleur de reprendre ou de vendre le logement, ni sur un motif légitime et sérieux tel que l'inexécution par le locataire de l'une des obligations lui incombant mais procédait de la seule intention du bailleur d'augmenter le loyer, la cour d'appel en a exactement déduit que ce congé n'était pas conforme aux dispositions de l'article L632-1, alinéa 5, du Code de la construction et de l'habitation et devait être annulé ;

D'où il suit que le moyen n'est pas fondé ;

(...)

Mais sur le moyen unique du pourvoi principal, pris en sa première branche :

Vu l'article L632-1 du Code de la construction et de l'habitation dans sa version applicable en la cause ;

Attendu qu'il résulte de ces dispositions d'ordre public que le bailleur qui souhaite, à l'expiration du contrat, en modifier les conditions doit informer le locataire avec un préavis de trois mois ;

Attendu que, pour déclarer valable la clause 1. 8. 2 du contrat du 4 octobre 2006 déterminant les charges incombant au preneur, l'arrêt retient que cette clause a été stipulée aux termes d'un nouveau contrat signé par les parties et ne peut donc s'analyser comme une modification du contrat originaire susceptible de donner lieu à information préalable du preneur dans les conditions prévues à l'article L 632-1 précité ;
Qu'en statuant ainsi, alors que les conditions du bail ne peuvent être modifiées par les parties qu'à l'occasion de la reconduction du bail donnant naissance à un nouveau contrat et que la signature d'un nouveau contrat se substituant au contrat en cours ne peut faire échec aux dispositions de l'article L 632-1, la cour d'appel a violé ce texte ;
Et sur le moyen unique du pourvoi principal, pris en sa seconde branche :
Vu l'article L 132-1 du Code de la consommation ;
Attendu, aux termes de l'alinéa 1 de ce texte, que, dans les contrats conclus entre professionnels et non-professionnels ou consommateurs, sont abusives les clauses qui ont pour objet ou pour effet de créer, au détriment du non-professionnel ou du consommateur, un déséquilibre significatif entre les droits et obligations des parties au contrat ;
Attendu que, pour dire que la clause 1. 8. 2, qui stipule que « Le locataire remboursera au bailleur toutes les charges, quelle qu'en soit la nature, y compris les frais d'entretien ou de réparation des parties communes, afférentes tant aux biens loués qu'à l'immeuble dans lequel ils se trouvent aux seules exceptions de l'assurance de l'immeuble et des honoraires de gestion de l'immeuble et des biens loués » n'est pas abusive, l'arrêt retient que l'article L 632-1 du Code de la construction et de l'habitation n'impose aucune prescription en matière de charges et que, les dispositions impératives de l'article 23 de la loi du 6 juillet 1989 n'étant pas applicables s'agissant d'un logement meublé, il était loisible aux parties d'y déroger et de convenir de stipulations particulières pour ce qui concerne la répartition des charges ;
Qu'en statuant ainsi, alors que la clause litigieuse qui fait peser sur le locataire la quasi-totalité des dépenses incombant normalement au bailleur et dispense sans contrepartie le bailleur de toute participation aux charges qui lui incombent normalement en sa qualité de propriétaire, a pour effet de créer, au détriment du consommateur, un déséquilibre significatif entre les droits et obligations des parties au contrat, la cour d'appel a violé le texte susvisé ;
Par ces motifs : casse partiellement et renvoie devant CA Paris autrement composée.

CAA Paris 23-6-2016 n° 14PA05186

341

1. Considérant que M. D., qui exerce à titre principal la profession d'avocat, a donné en location au cours notamment des années 2008 et 2009, trois studios situés à Paris, respectivement au 14 rue des Fossés Saint Jacques, au 24 rue des Boulangers et au 50 boulevard Arago, et a déclaré les résultats de ces locations dans la catégorie des revenus fonciers ; qu'à l'issue d'un contrôle sur pièces, l'administration fiscale a considéré que les locaux avaient été loués meublés, et en conséquence a requalifié en bénéfices industriels et commerciaux les revenus tirés de ces locations ; que M. D. relève appel du jugement du 23 octobre 2014 par lequel le tribunal administratif de Paris a rejeté sa demande tendant à la décharge des cotisations supplémentaires d'impôt sur le revenu mises à sa charge au titre des années 2008 et 2009 dans le cadre de la procédure contradictoire prévue aux articles L 55 et suivants du CGI ;
Sur le bien-fondé des impositions litigieuses :
En ce qui concerne l'application de la loi fiscale :
2. Considérant qu'aux termes de l'article 34 du CGI : « Sont considérés comme bénéfices industriels et commerciaux, pour l'application de l'impôt sur le revenu, les bénéfices réalisés par des personnes physiques et provenant de l'exercice d'une profession commerciale, industrielle ou artisanale » ; qu'il résulte de ces dispositions que

la location, à titre habituel, d'un logement meublé constitue une activité commerciale imposable à l'impôt sur le revenu dans la catégorie des bénéfices industriels et commerciaux et non dans celle des revenus fonciers ;

3. Considérant, en premier lieu, qu'en ce qui concerne le studio situé au 34 rue des Boulangers à Paris, le bail conclu pour la période du 1er juin 2006 au 31 mai 2007 et renouvelé jusqu'au 7 février 2009, est relatif à une « location meublée », les signataires ayant par ailleurs coché la case « inventaire du mobilier (en cas de location meublée) » ; que si le requérant soutient avoir en réalité loué dès l'origine en 2006 ces locaux nus et n'avoir utilisé un formulaire de location meublée qu'à défaut de disposer d'un formulaire adapté pour une location nue, il n'assortit son moyen d'aucun justificatif alors que le service fait valoir qu'était annexé à ce bail un inventaire du mobilier aux termes duquel le local loué était notamment équipé d'un canapé-lit, d'un fauteuil de réalisateur, d'une armoire, de meubles de cuisine, d'un réfrigérateur, d'un four micro-ondes, de meubles de salle de bains, de vaisselle, de linge, d'un aspirateur, et de table et fer à repasser et que, contrairement à ce que soutient M. D., la cour, par un précédent arrêt du 12 juin 2012 rendu entre les mêmes parties, a confirmé les premiers juges qui avaient constaté qu'au cours de l'année d'imposition 2006 les trois studios en litige, dont celui sis 34, rue des Boulangers, étaient entièrement équipés et comprenaient chacun un réfrigérateur, un four micro-onde, le nécessaire de couchage, des luminaires, ainsi que divers rangements et de nombreux ustensiles de cuisine et de salle de bains ; que ces meubles étaient de nature à conférer une habitabilité suffisante au local ; que, par ailleurs, si le requérant allègue qu'il n'était pas le propriétaire des meubles en cause, il ne produit en tout état de cause aucun justificatif à l'appui de ses allégations ; que, d'autre part, comme l'ont relevé les premiers juges, si les baux conclus, pour le même appartement, pour la période courant du 1er mars 2009 au 28 février 2012, mais ayant pris fin dès le 31 août 2009, puis pour la période allant du 1er octobre 2009 au 30 septembre 2012, portent la mention « locaux vacants non meublés », sans autre précision, M. D. n'apporte aucun élément permettant de retenir que le local en cause, lequel avait été jusqu'alors, comme il a été dit précédemment, meublé, aurait changé de nature, alors qu'il résulte de l'instruction que le loyer stipulé dans ces deux derniers baux - dont le premier n'a d'ailleurs fait l'objet d'une durée d'occupation effective que de six mois - était supérieur de 50 € au loyer de 750 € stipulé dans le contrat conclu précédemment pour une location meublée ;

4. Considérant, en second lieu, qu'en ce qui concerne les studios situés 50, boulevard Arago et 14, rue des Fossés Saint-Jacques à Paris, le moyen tiré de ce que les locations litigieuses étaient des locations nues et non meublées doit être écarté par adoption des motifs retenus à bon droit par les premiers juges, le requérant n'apportant aucun élément ou argument nouveau qui n'ait été débattu en première instance ;

(...)

6. Considérant qu'il résulte de tout ce qui précède que, les trois studios loués par M. D. devant être regardés comme meublés, celui-ci n'est pas fondé à soutenir que les produits issus de la location de ces appartements auraient dû être imposés dans la catégorie des revenus fonciers et non dans la catégorie des bénéfices industriels et commerciaux ; qu'il s'ensuit que M. D. n'est pas fondé à soutenir que c'est à tort que, par le jugement attaqué, le tribunal administratif de Paris a rejeté sa demande ;

Décide : Rejet de la requête.

Cass. 3e civ. 19-10-2017 n° 16-21.460 FS-PBI

342 résidence de tourisme – gestion – communication du compte d'exploitation aux propriétaires

(Extraits)

Sur le moyen unique, pris en sa troisième branche :

Attendu, selon l'arrêt attaqué (Rennes, 27 avril 2016), que les consorts Y... et autres, propriétaires

d'appartements situés dans une résidence de tourisme et donnés à bail à la société Appart'city, ont sollicité la communication des comptes d'exploitation et bilans pour les années 2013 et 2014 ;
Attendu que la société Appart'city fait grief à l'arrêt d'accueillir cette demande, alors, selon le moyen, que les comptes d'exploitation à transmettre aux propriétaires qui en font la demande ne sont pas les comptes d'exploitation détaillés comportant tout le détail des modalités d'exploitation de la résidence, sauf à contraindre l'exploitant à dévoiler ses méthodes de gestion protégées par le secret des affaires ; qu'en décidant le contraire, la cour d'appel a violé l'article L 321-2 du Code du tourisme ;
Mais attendu qu'ayant exactement retenu que le compte d'exploitation, qui n'est communiqué que si les propriétaires en font la demande, ne peut être constitué d'un simple extrait du bilan, qui leur est obligatoirement adressé chaque année, et doit comporter un détail des charges variables et des charges fixes, la cour d'appel a pu en déduire que le compte d'exploitation produit par la société Appart'city, qui se bornait à reproduire quelques éléments comptables du bilan annuel, ne respectait pas les dispositions de l'article L 321-2 du Code du tourisme ;
D'où il suit que le moyen n'est pas fondé ;
Et attendu qu'il n'y a pas lieu de statuer par une décision spécialement motivée sur les autres branches du moyen, qui ne sont manifestement pas de nature à entraîner une cassation ;
Par ces motifs : Rejette le pourvoi

Cass. 3e civ. 15-11-2018 n° 17-26.156 FS-PBI

343 **location meublée touristique – autorisation de changement d'usage – compatibilité avec la Directive Services – questions préjudicielles**

(Extraits)
1. Il résulte de l'arrêt attaqué (Paris, 19 mai 2017) que le procureur de la République près le tribunal de grande instance de Paris a assigné en référé, sur le fondement de l'article L 631-7, alinéa 6, du Code de la construction et de l'habitation, la société civile immobilière Cali Apartments (la société Cali Apartments), propriétaire d'un studio situé à Paris, afin de la voir condamner au paiement d'une amende et de voir ordonner le retour du bien à son usage d'habitation. Le maire de la ville de Paris est intervenu volontairement à l'instance.
2. La cour d'appel a retenu qu'il était établi que le studio, qui avait été proposé à la location sur un site internet, avait fait l'objet, sans autorisation préalable, de locations de courte durée, épisodiques, à l'usage d'une clientèle de passage, en violation des dispositions de l'article L 631-7 du Code de la construction et de l'habitation. Elle a, sur le fondement de l'article L 651-2 du même Code, condamné la société Cali Apartments au paiement d'une amende de 15 000 euros, dit que le produit de cette amende serait versé à la ville de Paris et ordonné le retour du local à un usage d'habitation.
3. La société Cali Apartments fait grief à l'arrêt de la condamner au paiement d'une amende et d'ordonner le retour du local à l'usage d'habitation alors, selon le premier moyen, qu'en appliquant les articles L 631-7, alinéa 6, et L 651-2, alinéa 1, du Code de la construction et de l'habitation, la cour d'appel a violé le principe de primauté du droit de l'Union européenne, en ce qu'elle n'a pas établi que cette restriction à la libre prestation de service était justifiée par une raison impérieuse d'intérêt général et que l'objectif poursuivi ne pouvait pas être réalisé par une mesure moins contraignante comme l'exige l'article 9, sous b) et c) de la directive 2006/123/CE du 12 décembre 2006 (première et deuxième branches) et que la mise en oeuvre de cette mesure ne dépend pas de critères répondant aux exigences de l'article 10 de la directive précitée (troisième et quatrième branches).
Sur la recevabilité du premier moyen, contestée par la défense :
4. La ville de Paris soutient que le moyen est nouveau, mélangé de fait et de droit et, partant, irrecevable.

5. Mais le moyen tiré de la violation du principe de primauté du droit de l'Union européenne en raison de la non-conformité des dispositions des articles L631-7, alinéa 6, et L. 651-2 du Code de la construction et de l'habitation à la directive 2006/123/CE, lequel ne se réfère à aucune considération de fait qui ne résulterait pas des énonciations des juges du fond, est de pur droit et donc recevable.

Sur ce moyen :

6. Vu l'article 267 du Traité sur le fonctionnement de l'Union européenne ;

* Dispositions de droit interne

7. En application de l'article L324-1-1 du Code du tourisme, dans sa rédaction applicable au litige :

« Toute personne qui offre à la location un meublé de tourisme, que celui-ci soit classé ou non au sens du présent Code, doit en avoir préalablement fait la déclaration auprès du maire de la commune où est situé le meublé.

Cette déclaration préalable n'est pas obligatoire lorsque le local à usage d'habitation constitue la résidence principale du loueur, au sens de l'article 2 de la loi 89-462 du 6 juillet 1989 tendant à améliorer les rapports locatifs et portant modification de la loi 86-1290 du 23 décembre 1986 ».

8. Ce régime déclaratif est précisé par l'article D324-1-1 du Code du tourisme, qui, dans sa version applicable au litige, dispose :

« La déclaration de location d'un meublé de tourisme, que celui-ci soit classé ou non au sens du présent Code, prévue à l'article L324-1-1 est adressée au maire de la commune où est situé le meublé par tout moyen permettant d'en obtenir un accusé de réception.

La déclaration précise l'identité et l'adresse du déclarant, l'adresse du meublé de tourisme, le nombre de pièces composant le meublé, le nombre de lits, la ou les périodes prévisionnelles de location et, le cas échéant, la date de la décision de classement et le niveau de classement des meublés de tourisme.

Tout changement concernant les éléments d'information que comporte la déclaration fait l'objet d'une nouvelle déclaration en mairie.

La liste des meublés de tourisme, classés ou non au sens du présent Code, est consultable en mairie. »

9. Le loueur peut, en outre, suivant la nature et l'emplacement du local proposé à la location, être soumis aux dispositions du Code de la construction et de l'habitation qui encadrent le changement d'usage des locaux d'habitation.

10. Aux termes de l'article L631-7 du Code de la construction et de l'habitation, dans les communes de plus de 200 000 habitants et dans celles des Hauts-de-Seine, de la Seine-Saint-Denis et du Val-de-Marne, le changement d'usage des locaux destinés à l'habitation est, dans les conditions fixées par l'article L631-7-1 du même Code, soumis à autorisation préalable. La loi 2014-366 du 24 mars 2014 pour l'accès au logement et un urbanisme rénové a ajouté à ce texte un dernier alinéa, qui précise que le fait de louer un local meublé destiné à l'habitation de manière répétée pour de courtes durées à une clientèle de passage qui n'y élit pas domicile constitue un changement d'usage au sens de ce texte.

11. L'article L631-7-1 du Code de la construction et de l'habitation fixe les modalités d'obtention de l'autorisation prévue par l'article L631-7 :

« L'autorisation préalable au changement d'usage est délivrée par le maire de la commune dans laquelle est situé l'immeuble, après avis, à Paris, Marseille et Lyon, du maire d'arrondissement concerné. Elle peut être subordonnée à une compensation sous la forme de la transformation concomitante en habitation de locaux ayant un autre usage.

L'autorisation de changement d'usage est accordée à titre personnel. Elle cesse de produire effet lorsqu'il est mis fin, à titre définitif, pour quelque raison que ce soit, à l'exercice professionnel du bénéficiaire. Toutefois, lorsque l'autorisation est subordonnée à une compensation, le titre est attaché au local et non à la personne. Les locaux offerts en compensation sont mentionnés dans l'autorisation qui est publiée au fichier immobilier ou inscrite au livre foncier.

L'usage des locaux définis à l'article L631-7 n'est en aucun cas affecté par la prescription trentenaire prévue par l'article 2227 du Code civil.

Pour l'application de l'article L631-7, une délibération du conseil municipal fixe les conditions dans lesquelles sont délivrées les autorisations et déterminées les compensations par quartier et, le cas échéant, par arrondissement, au regard des objectifs de mixité sociale, en fonction notamment des caractéristiques des marchés de locaux d'habitation et de la nécessité de ne pas aggraver la pénurie de logements. Si la commune est membre d'un établissement public de coopération intercommunale compétent en matière de plan local d'urbanisme, la délibération est prise par l'organe délibérant de cet établissement ».

12. Un régime d'autorisation temporaire peut également être défini par le conseil municipal, en application de l'article L631-7-1 A du même Code qui prévoit qu'une délibération du conseil municipal peut définir un régime d'autorisation temporaire de changement d'usage permettant à une personne physique de louer pour de courtes durées des locaux destinés à l'habitation à une clientèle de passage qui n'y élit pas domicile. La délibération fixe les conditions de délivrance de cette autorisation temporaire par le maire de la commune dans laquelle est situé l'immeuble après avis, à Paris, Marseille et Lyon, du maire d'arrondissement concerné. Elle détermine également les critères de cette autorisation temporaire, qui peuvent porter sur la durée des contrats de location, sur les caractéristiques physiques du local, ainsi que sur sa localisation en fonction notamment des caractéristiques des marchés de locaux d'habitation et de la nécessité de ne pas aggraver la pénurie de logements. Ces critères peuvent être modulés en fonction du nombre d'autorisations accordées à un même propriétaire.

13. Selon l'article L631-7-1 A du Code de la construction et de l'habitation, aucune autorisation de changement d'usage n'est en revanche nécessaire lorsque le local constitue la résidence principale du loueur au sens de l'article 2 de la loi du 6 juillet 1989, c'est-à-dire lorsque le logement est occupé au moins huit mois par an, sauf obligation professionnelle, raison de santé ou cas de force majeure, soit par le preneur ou son conjoint, soit par une personne à charge.

14. L'article L651-2 du Code de la construction et de l'habitation prévoit les sanctions et mesures applicables en cas de non-respect de ces dispositions : « Toute personne qui enfreint les dispositions de l'article L631-7 ou qui ne se conforme pas aux conditions ou obligations imposées en application dudit article est condamnée à une amende de 25 000 euros.

Cette amende est prononcée à la requête du ministère public par le président du tribunal de grande instance du lieu de l'immeuble, statuant en référé ; le produit en est intégralement versé à la commune dans laquelle est située l'immeuble.

Le président du tribunal ordonne le retour à l'habitation des locaux transformés sans autorisation dans un délai qu'il fixe. A l'expiration de celui-ci, il prononce une astreinte d'un montant maximal de 1 000 euros par jour et par mètre carré utile des locaux irrégulièrement transformés. Le produit en est intégralement versé à la commune dans laquelle est situé l'immeuble.

Passé ce délai, l'administration peut procéder d'office, aux frais du contrevenant, à l'expulsion des occupants et à l'exécution des travaux nécessaires ».

* Directive 2006/123/CE du Parlement européen et du Conseil du 12 décembre 2006 relative aux services dans le marché intérieur

* Article 2 de la directive

15. La directive précitée, dite « services », a pour objet d'établir les dispositions générales permettant de faciliter l'exercice de la liberté d'établissement des prestataires, ainsi que la libre circulation des services, tout en garantissant un niveau de qualité élevé pour les services.

16. Elle s'applique, en vertu de son article 2, paragraphe 1, aux services fournis par les prestataires ayant leur établissement dans un État membre. La notion de « service » est définie par l'article 4 comme toute activité économique non salariée, exercée normalement contre rémunération par un prestataire. Est un prestataire toute personne physique ressortissante d'un État membre ou toute personne morale visée à l'article 48 du Traité et établie dans un État membre, qui offre ou fournit un service. La rémunération consiste, aux termes

du point 34 des motifs de la directive, en la contrepartie économique du service en cause.

17. La directive prévoit, en ses articles 1 et 2, un certain nombre de matières et d'activités exclues de son champ d'application.

18. L'activité de location meublée de courte durée ne figure pas parmi les matières et activités exclues.

19. Par ailleurs, il résulte de la jurisprudence de la Cour de justice de l'Union européenne (CJUE, arrêt du 30 janvier 2018, C-630/15 et C-631/16) que les dispositions du chapitre III de la directive, relatif à la liberté d'établissement des prestataires, s'appliquent à une situation dont tous les éléments pertinents se cantonnent à l'intérieur d'un seul État membre. Il en résulte que l'absence d'élément d'extranéité ne fait pas obstacle à l'applicabilité de la directive.

20. Le contrat de bail se caractérise par la mise à disposition à titre onéreux d'un bien.

21. Dès lors, la question se pose en premier lieu de savoir si la location, même à titre non professionnel, de manière répétée et pour de courtes durées, d'un local meublé à usage d'habitation ne constituant pas la résidence principale du loueur, à une clientèle de passage n'y élisant pas domicile, en contrepartie du paiement d'un prix, constitue un service fourni par un prestataire ayant son établissement dans un État membre au sens de l'article 2 de la directive et entre ainsi dans son champ d'application.

22. Dans l'affirmative, la question se pose alors de savoir si une réglementation nationale telle que celle prévue par l'article L631-7 du Code de la construction et de l'habitation, laquelle s'ajoute au régime déclaratif prévu par l'article L324-1-1 du Code du tourisme pour la location de meublés de tourisme, constitue, en ce qu'elle subordonne à autorisation le changement d'usage du local proposé à la location dans certaines zones géographiques, un régime d'autorisation de l'activité susvisée au sens des articles 9 à 13 de la directive 2006/123 du 12 décembre 2006 ou seulement une exigence soumise aux dispositions des articles 14 et 15.

* Article 9 de la directive

23. Si la réglementation nationale est constitutive d'un régime d'autorisation au sens de la directive, il y a lieu de rappeler qu'en application de son article 9, relatif aux régimes d'autorisation, les États membres ne peuvent subordonner l'accès à une activité de service et son exercice à un régime d'autorisation que si les conditions suivantes sont réunies :

a) le régime d'autorisation n'est pas discriminatoire à l'égard du prestataire visé ;

b) la nécessité d'un régime d'autorisation est justifiée par une raison impérieuse d'intérêt général ;

c) l'objectif poursuivi ne peut pas être réalisé par une mesure moins contraignante, notamment parce qu'un contrôle a posteriori interviendrait trop tardivement pour avoir une efficacité réelle.

24. La société Cali Apartments estime en premier lieu que le régime d'autorisation instauré par le législateur ne répond pas à une raison impérieuse d'intérêt général.

25. Les « raisons impérieuses d'intérêt général » sont définies par l'article 4 de la directive comme les raisons reconnues comme telles par la jurisprudence de la Cour de justice.

26. La loi du 24 mars 2014 « pour le logement et un urbanisme rénové », qui a introduit l'alinéa 6 de l'article L631-7 du Code de la construction et de l'habitation, a eu pour objectif de « répondre à la dégradation des conditions d'accès au logement et à l'exacerbation des tensions sur les marchés immobiliers, notamment en régulant les dysfonctionnements du marché, à protéger les propriétaires et les locataires et à permettre l'accroissement de l'offre de logements dans des conditions respectueuses des équilibres des territoires, le logement étant un bien de première nécessité et le droit à un logement décent étant un objectif protégé par la Constitution » (exposé des motifs du projet de loi du Gouvernement).

27. Selon la décision du 20 mars 2014 du Conseil constitutionnel (n° 2014-691 DC), statuant sur la constitutionnalité de l'article L631-7, alinéa 6, issu de la loi du 24 mars 2014, le législateur a, en introduisant cette disposition, poursuivi un objectif d'intérêt général dès lors qu'il a entendu préciser le champ d'application d'un dispositif de lutte contre

la pénurie de logements destinés à la location et définir certaines exceptions en faveur des bailleurs.
28. L'article L631-7-1 du Code de la construction et de l'habitation fixe, au rang des critères devant présider à la détermination des conditions de délivrance des autorisations, l'objectif de mixité sociale, en fonction notamment des caractéristiques des marchés de locaux d'habitation et de la nécessité de ne pas aggraver la pénurie de logements.
29. La question se pose dès lors de savoir si l'objectif poursuivi par le législateur, tenant notamment à la lutte contre la pénurie de logements destinés à la location, constitue une raison impérieuse d'intérêt général au sens de la jurisprudence de la Cour de justice de l'Union européenne, notamment en ce qu'elle pourrait constituer un objectif de politique sociale reconnu comme telle par celle-ci.
30. La société Cali Apartments soutient encore que le régime d'autorisation instauré par l'article L631-7, alinéa 6, du Code de la construction et de l'habitation ne serait pas proportionné à l'objectif poursuivi en ce que des mesures moins contraignantes auraient pu être mises en place pour lutter contre la pénurie de logements destinés à la location, par exemple en limitant les nuitées disponibles à la location de courte durée ou en prévoyant une imposition spécifique.
31. Selon la décision du Conseil constitutionnel du 20 mars 2014 précitée, les dispositions de l'article L631-7, alinéa 6, sont en adéquation avec l'objectif poursuivi tenant à la lutte contre la pénurie de logements.
32. Il convient par ailleurs de relever que le champ d'application du régime d'autorisation du changement d'usage prévu par l'article L631-7, alinéa 6, du Code de la construction et de l'habitation est circonscrit :
- il n'est obligatoire que dans les communes de plus de 200 000 habitants et les communes des trois départements limitrophes de Paris ;
- il ne concerne que les locations remplissant un certain nombre de conditions : un local meublé destiné à l'habitation, des locations répétées, pour de courtes durées, à une clientèle de passage qui n'y élit pas domicile ;
- il ne concerne pas les logements qui constituent la résidence principale du loueur, c'est-à-dire qu'il occupe au moins huit mois par an ;
- un régime d'autorisation temporaire est prévu par l'article L631-7-1 A du Code de la construction et de l'habitation.
33. La question se pose de savoir si l'objectif poursuivi justifie un tel régime d'autorisation, ainsi défini, du changement d'usage.
* Article 10 de la directive
34. En application de l'article 10 de la directive, relatif aux conditions d'octroi de l'autorisation :
1. Les régimes d'autorisation doivent reposer sur des critères qui encadrent l'exercice du pouvoir d'appréciation des autorités compétentes afin que celui-ci ne soit pas utilisé de manière arbitraire.
2. Les critères visés au paragraphe 1 sont :
a) non discriminatoires ;
b) justifiés par une raison impérieuse d'intérêt général ;
c) proportionnels à cet objectif d'intérêt général ;
d) clairs et non ambigus ;
e) objectifs ;
f) rendus publics à l'avance ;
g) transparents et accessibles [...].
35. En application de l'article L631-7 du Code de la construction et de l'habitation, une autorisation de changement d'usage peut être requise en cas de location d'un local meublé à usage d'habitation de manière répétée pour de courtes durées à une clientèle de passage qui n'y élit pas domicile. La société Cali Apartments soutient que ces critères ne sont ni clairs ni objectifs.
36. La question se pose de savoir si ces critères, en ce qu'ils ne font pas référence à des seuils chiffrés mais sont fondés sur les notions de « répétition », de « courte durée » et de « clientèle de passage qui n'y élit pas domicile » sont suffisamment clairs et objectifs au sens de l'article 10.
37. L'article L631-7-1 du Code de la construction et de l'habitation définit les modalités d'obtention d'une autorisation.
38. La société Cali Apartments soutient que, les conditions dans lesquelles sont délivrées les autorisations et déterminées les compensations par quartier et, le cas échéant, par arrondissement, étant

déterminées par chaque conseil municipal et non par la loi, il n'est pas satisfait aux exigences de publicité, de transparence et d'accessibilité prévues par l'article 10.

39. Les comptes-rendus des séances du conseil municipal sont, en application de l'article L 2121-25 du Code général des collectivités territoriales, affichés en mairie et mis en ligne sur le site internet de la commune.

40. L'article L 631-7-1 du Code de la construction et de l'habitation précise que les conditions d'autorisation sont fixées au regard des objectifs de mixité sociale, en fonction notamment des caractéristiques des marchés de locaux d'habitation et de la nécessité de ne pas aggraver la pénurie de logements. La société Cali Apartments soutient que ces critères ne remplissent pas les conditions de clarté et d'objectivité prévues par l'article 10.

41. La question se pose de savoir si ces critères remplissent les conditions de clarté et d'objectivité prévus par l'article 10.

42. Les questions soulevées par le moyen, dont dépend la solution du pourvoi, justifient la saisine de la Cour de justice de l'Union européenne.

43. Il y a lieu en conséquence de surseoir à statuer sur le pourvoi jusqu'à ce que la Cour de justice se soit prononcée.

Par ces motifs : Renvoie à la Cour de justice de l'Union européenne aux fins de répondre aux questions suivantes :

1°/ La directive 2006/123/CE du 12 décembre 2006, eu égard à la définition de son objet et de son champ d'application par ses articles 1 et 2, s'applique-t-elle à la location à titre onéreux, même à titre non professionnel, de manière répétée et pour de courtes durées, d'un local meublé à usage d'habitation ne constituant pas la résidence principale du loueur, à une clientèle de passage n'y élisant pas domicile, notamment au regard des notions de prestataires et de services ?

2°/ en cas de réponse positive à la question précédente, une réglementation nationale, telle que celle prévue par l'article L 631-7 du Code de la construction et de l'habitation, constitue-t-elle un régime d'autorisation de l'activité susvisée au sens des articles 9 à 13 de la directive 2006/123 du 12 décembre 2006 ou seulement une exigence soumise aux dispositions des articles 14 et 15 ?

Dans l'hypothèse où les articles 9 à 13 de la directive 2006/123/CE du 12 décembre 2006 sont applicables :

3°/ L'article 9 sous b) de cette directive doit-il être interprété en ce sens que l'objectif tenant à la lutte contre la pénurie de logements destinés à la location constitue une raison impérieuse d'intérêt général permettant de justifier une mesure nationale soumettant à autorisation, dans certaines zones géographiques, la location d'un local meublé destiné à l'habitation de manière répétée pour de courtes durées à une clientèle de passage qui n'y élit pas domicile ?

4°/ Dans l'affirmative, une telle mesure est-elle proportionnée à l'objectif poursuivi ?

5°/ L'article 10, paragraphe 2, sous d) et e) de la directive s'oppose-t-il à une mesure nationale qui subordonne à autorisation le fait de louer un local meublé destiné à l'habitation « de manière répétée », pour de « courtes durées », à une « clientèle de passage qui n'y élit pas domicile » ?

6°/ L'article 10, paragraphe 2, sous d) à g) de la directive s'oppose-t-il à un régime d'autorisation prévoyant que les conditions de délivrance de l'autorisation sont fixées, par une délibération du conseil municipal, au regard des objectifs de mixité sociale, en fonction notamment des caractéristiques des marchés de locaux d'habitation et de la nécessité de ne pas aggraver la pénurie de logements ?

Sursoit à statuer sur le pourvoi et renvoie à l'audience du 10 décembre 2019.

Cass. 3e civ. 12-9-2019 n° 18-20.727 FS-PBRI

344 **location meublée touristique – sous-location non autorisée – sous-loyers perçus – fruits revenant au bailleur principal – oui**

(Extraits)

Sur le premier moyen :

Attendu, selon l'arrêt attaqué (Paris, 5 juin 2018), que, le 16 avril 1997, la SCI L'Anglais a donné à bail un appartement à M. P... et à Mme H... ; que, le 8 avril 2014, M. K..., devenu propriétaire des lieux, a délivré aux locataires un congé pour reprise à son profit, puis les a assignés en validité du congé ; qu'ayant constaté que les locataires avaient sous-loué l'appartement, il a également sollicité le remboursement des sous-loyers en exécution de son droit d'accession ;

Attendu que M. P... et Mme H... font grief à l'arrêt de les condamner à la restitution des sous-loyers, alors, selon le moyen :

1°/ que les sous-loyers perçus par un locataire au titre d'une sous-location ne constituent pas des fruits civils appartenant au bailleur par accession mais l'équivalent économique du droit de jouissance conféré au preneur, lequel est en droit de les percevoir et de les conserver, sauf à engager sa responsabilité envers le bailleur en cas de préjudice subi par celui-ci du fait de la méconnaissance d'une interdiction contractuelle de sous-location ; qu'il ne peut donc être reproché à un locataire d'avoir, en percevant de tels sous-loyers, détourné fautivement des sommes qui ne pouvaient appartenir au bailleur ; qu'en décidant le contraire, et en condamnant M. P... et Mme H... à rembourser à M. K... les loyers qu'ils avaient perçus en sous-louant le bien litigieux, la cour d'appel a violé les articles 546 et 547 du Code civil, ensemble l'article 1147 devenu 1231-1 du même Code ;

2°/ qu'une sous-location irrégulièrement consentie est inopposable au propriétaire mais produit tous ses effets entre le locataire principal et le sous-locataire ; qu'en conséquence, seul le locataire est créancier des sous-loyers ; qu'en retenant néanmoins que les sous-loyers perçus par M. P... et Mme H... appartenaient à M. K... et que les locataires étaient tenus de les rembourser à ce dernier en réparation du préjudice financier subi par le bailleur du fait du détournement de ces sommes, la cour d'appel a violé les articles 546 et 547 du Code civil, ensemble l'article 1147 devenu 1231-1 du même Code ;

Mais attendu que, sauf lorsque la sous-location a été autorisée par le bailleur, les sous-loyers perçus par le preneur constituent des fruits civils qui appartiennent par accession au propriétaire ; qu'ayant relevé que les locataires avaient sous-loué l'appartement pendant plusieurs années sans l'accord du bailleur, la cour d'appel en a déduit, à bon droit, nonobstant l'inopposabilité de la sous-location au bailleur, que les sommes perçues à ce titre devaient lui être remboursées ;

D'où il suit que le moyen n'est pas fondé ;

(...)

Par ces motifs : Rejette le pourvoi.

CA Grenoble 5-11-2020 n° 16/04533

345 investissements de loisirs et résidences hôtelières – résidences de tourisme classées – régime juridique – statut des acquéreurs-investisseurs

Faits et procédure :

Le 30 décembre 2010, A X a acquis deux appartements dans le cadre d'une vente en l'état futur d'achèvement, au sein d'un complexe hôtelier situé à Montbonnot Saint Martin.

Suivant acte sous seing privé prenant effet le 27 septembre 2012, A X a consenti à la société Park And Suites un bail commercial portant sur ces deux appartements, moyennant un loyer annuel de 4.869,20 euros HT pour le premier et de 4.229,10 euros HT pour le second.

Le contrat de bail a prévu que le preneur établisse quatre factures trimestrielles, les 31 mars, 30 juin, 30 septembre et 31 décembre.

Le 22 avril 2014, Monsieur X a assigné la société Park And Suites devant le tribunal de grande instance de Grenoble, demandant :

- de constater que cette société a procédé à un règlement systématiquement tardif des loyers trimestriels,
- de dire qu'elle n'a pas respecté son obligation de facturation selon les dates contractuelles,
- de la condamner au paiement de 1,15 euros au titre de l'intérêt au taux légal du fait du retard de paiement aux dates contractuelles,
- de la condamner au paiement de 2.509,52 euros au titre du loyer du 4ème trimestre 2014 avec intérêt au taux légal à compter du 10 janvier 2015,
- de la condamner au paiement de 1.976,55 euros au titre des frais d'huissier pour sommation de payer et constat,
- de la condamner au paiement de 4.000 euros à titre de dommages et intérêts complémentaires pour retard de paiement du loyer et exécution tardive de l'obligation d'émission des factures,
- d'ordonner à la société Park And Suites de délivrer les factures aux dates contractuelles sous astreinte,
- de lui ordonner de délivrer un décompte d'exploitation individualisé précisant les taux de remplissage obtenus, les événements significatifs de l'année ainsi que le montant et l'évolution des principaux postes de dépenses et de recettes de la résidence, pour la période courant du 27 septembre 2012 au 26 septembre 2014, sous astreinte,
- de la condamner à lui payer 4.000 euros par application de l'article 700 du Code de procédure civile,
- d'ordonner l'exécution provisoire.

La société Appart City est venue aux droits de la société Park And Suites le 10 avril 2015 suite à une opération de fusion et la seconde société a été radiée du registre du commerce le 9 juin 2015.

Par jugement du 21 mars 2016, le tribunal de grande instance a condamné la société Park And Suites à payer à A X' :
- 0,13 euros au titre des intérêts de retard ;
- 2.509,52 euros, avec intérêts au taux légal à compter du 27 janvier 2015, au titre du loyer dû pour le 4ème trimestre de l'année 2014 ;
- 860,29 euros au titre des frais d'huissier ;
- 20 euros à titre de dommages-intérêts.

Le tribunal a également ordonné à la société Park And Suites de communiquer à A X, dans un délai de deux mois à compter de la signification du jugement' :
- un compte d'exploitation de la résidence Innovallée de Montbonnot pour les années 2013 et 2014,
- un bilan des années 2013 et 2014 précisant les taux de remplissage obtenus, les événements significatifs ainsi que le montant et l'évolution des principaux postes de dépenses et de recettes de la résidence et ce sous astreinte de 10 euros par jour de retard pendant trois mois.

Il a enfin condamné la société Park And Suites à payer à A X la somme de 1.500 euros au titre de l'article 700 du Code de procédure civile, outre dépens et a rejeté les autres demandes des parties.

A X a interjeté appel de l'intégralité des dispositions de ce jugement par déclaration du 21 septembre 2016.

L'instruction de cette procédure a été clôturée le 17 septembre 2020.

Prétentions et moyens de A X :

Selon ses dernières conclusions remises par voie électronique le 9 septembre 2020, il demande, au visa des articles L 131-3 et L 131-4 du Code des procédures civiles d'exécution, L321-2 du Code du tourisme, L 145-1 et suivants du Code de commerce, 1134 et 1147 (anciens) du Code civil, de confirmer le jugement déféré.

Il demande également, y ajoutant, de constater :
- que la société Appart City procède à un règlement systématiquement tardif des loyers trimestriels' ;
- qu'elle ne respecte pas l'obligation de facturation selon les dates contractuelles' ;
- qu'elle ne respecte pas l'obligation de facturation conforme aux articles L 289 et 242 nonies A alinéa 14 du Code général des impôts' ;
- qu'elle ne transmet pas un décompte d'exploitation conforme aux textes applicables ni les éléments comptables corroborant le sérieux des informations transmises au sens de l'article L.321-2 alinéa 1 du Code du tourisme et de l'article 12 du bail commercial' ;
- que la société Appart City continue d'éditer et d'émettre des factures au nom de la société Park And Suites bien qu'ayant été radiée du registre du commerce et des sociétés au 9 juin 2015.

- que la société Appart City a commis durant l'exécution de son bail une faute grave par ses inexécutions répétées.
Il sollicite en conséquence de la condamner à lui payer, sauf à parfaire au jour de l'arrêt à intervenir' :
- 593,45 euros au titre du solde du loyer du 1er trimestre et du 2ème trimestre 2020,
- 42 euros au titre de la taxe d'enlèvement d'ordures ménagères,
- 57,50 euros au titre du calcul des intérêts de retard,
- 4 111,24 euros au titre de frais d'huissier pour sommations de payer, de commandement et constats,
- 4 000 euros à titre de dommages et intérêts complémentaires pour retard de paiement du loyer,
- 2 000 euros à titre de dommages et intérêts pour exécution tardive de l'obligation d'émission des factures et transmission du décompte d'exploitation.
Il demande qu'il soit ordonné à la société Appart City' :
- de régler les échéances de loyer aux dates contractuelles soit le loyer du 1er trimestre au 10 avril, le loyer du 2ème trimestre au 10 juillet, le loyer du 3ème trimestre au 10 octobre et le loyer du 4ème trimestre au 10 janvier et ce sous astreinte de 10 euros par jour de retard à compter de la date d'exigibilité des loyers ;
- de délivrer les factures aux dates contractuelles soit la facture du 1er trimestre au 31 mars, la facture du deuxième trimestre au 30 juin, la facture du 3ème trimestre au 30 septembre et la facture du 4ème trimestre au 31 décembre, sous astreinte de 50 euros par jour de retard à compter de la date contractuelle' ;
- de délivrer les comptes d'exploitation de la résidence au sens de l'article L321-2 alinéa 1 du Code de tourisme, pour les exercices 2012, 2013, 2014, 2015, 2016, 2017, 2018, 2019 et 2020 à l'issue de cette dernière année, sous astreinte de 50 euros par jour de retard à compter de la signification de la décision à intervenir.
Il sollicite enfin la condamnation de la société Appart City à lui payer 5.000 euros au titre de l'article 700 du Code de procédure civile, outre les dépens avec distraction au profit de Maître Villemagne.
A X expose' :
- que le contrat de bail commercial n'est pas exécuté, puisque s'il a prévu le paiement des loyers selon quatre échéances trimestrielles de même montant et au plus tard le 10 du mois suivant l'échéance, au domicile du bailleur ou en tout endroit indiqué par lui, de sorte que les loyers doivent être payés par virements sur son compte bancaire le 10ième jour des mois d'avril, juillet, octobre et janvier, la société Appart City n'a pas réglé aux dates prévues les loyers des 4ème trimestre 2016, 1er trimestre 2017, 2ème trimestre 2017, 3ème trimestre 2017, 4ème trimestre 2017, 1er trimestre 2018 et 2ème trimestre 2018' ;
- que si l'intimée soutient qu'il serait débiteur en raison de l'indexation des loyers, elle ne prend pas en compte le bon trimestre de référence, le contrat ayant prévu le second trimestre 2012 comme référence, et non le 1er trimestre de la même année, ce qui aboutit à un solde de 593,45 euros en sa faveur ;
- qu'en raison de la crise sanitaire actuelle, l'intimée n'a pas payé les loyers, alors qu'il résulte de la loi n° 2020-290 du 23 mars 2020 et de l'ordonnance n° 2020-316 du 25 mars 2020 prise sur cette habilitation, que le report ou l'étalement des loyers afférents aux locaux commerciaux ne peut concerner que les entreprises occupant moins de 10 personnes et dont le chiffre d'affaires annuel ou le total de bilan n'excède pas deux millions d'euros au sens du décret n° 2008-1354 du 18 décembre 2008' ; qu'en l'espèce, l'intimée emploie entre 1 000 et 1 999 salariés, avec un chiffre d'affaires réalisé en 2018 de 177 408 400 euros de sorte qu'elle ne peut invoquer ce dispositif ; que suite à sa mise en demeure, l'intimée a payé les loyers de janvier et février le 9 avril 2020 mais à hauteur de 1 779,88 euros, et n'a effectué aucun virement pour le mois de mars, soit un solde restant dû de 931,94 euros ;
- que l'intimée est mal fondée à soulever une exception d'inexécution au titre des articles 1219 et 1220 du Code civil, puisqu'il faut que l'inexécution soit imputable au cocontractant et que cette inexécution soit totale, le locataire ne pouvant invoquer

cette exception que si la jouissance du local est rendue impossible et à condition que cette impossibilité soit imputable au bailleur' ; qu'en la cause, si les résidences de tourisme ont été contraintes de fermer pendant quelques semaines, après avoir dû fermer certains espaces communs, l'impossibilité pour le bailleur de mettre à disposition les locaux n'a pas résulté de son fait, mais de contraintes administratives' ; qu'en outre, pendant près de deux mois, le gestionnaire a pu exploiter au moins partiellement la résidence' ; que l'intimée n'a pas notifié au bailleur l'impossibilité totale ou partielle d'exploiter les locaux alors qu'elle a fait le choix de ne pas rouvrir la résidence pendant l'été alors qu'il n'y avait plus d'interdiction d'exercer ;

- qu'il n'existe pas plus de force majeure, l'impossibilité d'exploiter pendant la crise sanitaire n'étant pas irrésistible, faute pour l'intimée de justifier de l'impossibilité absolue de faire face à son obligation en terme de trésorerie en ne produisant pas d'éléments comptables concernant la résidence et son entreprise ; que les hôtels n'ont pas été frappés par une interdiction d'exercer leur activité, puisque ce n'est que l'activité de résidence de tourisme qui a été visée par le décret du 20 mai 2020 et non l'immeuble lui-même, ce décret permettant un accès lorsqu'il constitue un domicile régulier des personnes au sens de l'article D 321-1 du Code du tourisme' ;

- que la théorie du « 'fait du prince' » n'est pas applicable, ne concernant que les actes pris par une personne publique en tant que partie au contrat, ce qui n'est pas le cas de dispositions législatives ou réglementaires, d'autant que les arrêtés des 14 et 15 mars 2020 ont autorisé la poursuite des activités d'hôtellerie et d'hébergements touristiques ou de courte durée lorsqu'ils constituent pour les personnes qui y vivent un domicile régulier ; que la décision de l'appelante de fermer la résidence et de ne pas la rouvrir ne procède que d'une décision de gestion afin de réduire les frais d'exploitation en raison d'un taux de remplissage peu élevé, alors que l'article 5.1 du bail prévoit que le montant du loyer ne sera jamais dépendant du niveau d'activité du preneur' ;

- concernant sa demande d'intérêt au taux légal pour retard de paiement, que de très nombreux loyers ont été payés avec des retards parfois importants, nécessitant de nombreuses mises en demeure, de sorte que la somme de 57,50 euros est due à ce titre' ;

- concernant sa demande de remboursement de frais d'huissiers, qu'il a fait délivrer 21 sommations de payer, qu'il a fait constater le retard dans la mise en ligne des factures' ; qu'il a diligenté une procédure de saisie-vente, ces frais représentant un total de 4.111,24 euros ;

- s'agissant de la délivrance de factures conformes au mandat de gestion, que l'article 6 du bail a prévu que le bailleur autorise le preneur à établir pour son compte les factures relatives aux loyers, tout en conservant l'entière responsabilité de la facturation et de ses conséquences au regard de la TVA' ; qu'ainsi, l'intimée devait établir les factures pour son compte et les mettre en ligne sur son site informatique les 31 mars, 30 juin, 30 septembre et 31 décembre' ; qu'elles n'ont jamais été éditées à ces dates, alors que leur émission tardive l'ont empêché d'en contester le contenu, un délai de 30 jours étant prévu à cette fin' ; que malgré la radiation de la société Park And Suites le 9 juin 2015, les factures ont continué à être éditées à son nom jusqu'au 30 juin 2016' ; que si l'intimée soutient qu'ayant cessé de mettre les factures en lignes, elle les lui aurait adressées par voie postale, il n'a jamais reçu de telles factures' ; qu'elles ne correspondent pas ainsi aux normes légales et sont antidatées' ;

- que s'agissant de la production d'un décompte d'exploitant individualisé, décrit à l'article L321-2 du Code du tourisme, il s'agit d'un document différent du bilan prévu par le même article, permettant de contrôler les comptes figurant dans le bilan et une certification par un commissaire aux comptes' ; qu'un tel document doit comporter le détail des charges variables et fixes' ; que malgré ses demandes réitérées, ce décompte ne lui a jamais été communiqué' ;

- que ces difficultés lui ont occasionnées un préjudice, les dates contractuelles de payement des loyers correspondant aux dates de prélèvement d'un emprunt souscrit auprès du Crédit Immobilier de France' ; qu'il a subi de ce fait des rejets de prélèvements et s'est vu adresser des relances et facturer des frais bancaires ; qu'il n'a pu régler à temps des charges de copropriété' ; que ces problèmes ont entraîné une atteinte à son image l'empêchant de renégocier son prêt avec des taux d'intérêt plus bas.

Prétentions et moyens de la société Appart City venant aux droits de la société Park And Suites' :

Selon conclusions remises par voie électronique le 16 septembre 2020, elle demande de confirmer le jugement entrepris en ce qu'il a :

- rejeté la demande de remboursement des frais d'huissier au titre des constats,
- limité la demande de dommages-intérêts en réparation de l'exécution tardive de règlement des loyers à la somme de 20 ? ,
- rejeté la demande de condamnation sous astreinte à délivrer les factures aux dates contractuelles.

Elle demande de l'infirmer en ce qu'il l'a condamnée à payer à l'appelant la somme de 860,29 euros au titre des frais d'huissier.

Elle sollicite en outre de' :

- débouter l'appelant de sa demande en paiement de 4.111,24 euros au titre des frais d'huissier relatifs aux sommations de payer' ;
- constater qu'elle n'était pas en capacité de régler la totalité des loyers postérieurs au 17 mars 2020' ;
- débouter l'appelant de sa demande de condamnation au titre de l'arriéré locatif' ;
- subsidiairement, en cas de condamnation, de lui accorder des délais sur 24 mois' ;
- débouter l'appelant de ses demandes nouvelles formulées en cause d'appel' ;
- de le condamner à lui payer 5.000 euros par application de l'article 700 du Code de procédure civile, outre les dépens de première instance et d'appel, avec distraction au profit de Maître Bouchaïr, avocate.

Elle oppose' :

- concernant la demande de paiement de loyers, que le retard dans les paiements résulte de la crise hôtelière existant depuis 2008, alors qu'il n'est pas contesté qu'elle s'est toujours acquittée de cette obligation, de sorte que les multiples sommations de payer sont abusives et qu'elle est même créditrice de l'appelant pour 1.400,43 euros, ce qui explique qu'elle n'ait effectué qu'un paiement partiel au titre du premier trimestre 2020, outre l'impact de la crise sanitaire ; que si l'appelant soutient qu'elle applique un mauvais indice, celui appliqué par elle est plus avantageux pour le bailleur, ainsi qu'il résulte du solde créditeur au premier semestre 2020' ;
- qu'en raison de l'épidémie sanitaire, elle est fondée à opposer l'exception d'inexécution, puisque selon l'article 1719 du Code civil, le bailleur est obligé de délivrer la chose louée et d'en faire jouir paisiblement le preneur, ce qui n'a pu être le cas, puisque les mesures de confinement l'ont amenée à cesser toute activité entre le 17 mars et le 2 juin 2020, les résidences de tourisme étant frappées d'une interdiction d'ouverture par les décrets du 11 mai puis du 20 mai 2020' ;
- qu'elle s'est également trouvée devant un cas de force majeure, l'épidémie étant imprévisible en raison de la date de signature du bail, extérieure à sa personne et irrésistible en raison de l'absence de toute clientèle et des mesures administratives' ; qu'elle s'est trouvée ainsi libérée de ses obligations pendant ce temps' ;
- que cette situation constitue également « 'le fait du prince' », les décisions prises ayant eu pour conséquence de porter atteinte à l'équilibre financier de la situation contractuelle' ;
- qu'il résulte de l'article 1722 du Code civil qu'en cas de destruction partielle de la chose louée, le preneur peut demander une diminution du prix ou même la résiliation du bail' ; que ce principe est applicable en l'espèce, la destruction devant être entendue également comme l'impossibilité d'user du bien conformément à sa destination, résultant des mesures administratives prises pendant la période de confinement ;
- que la demande de paiement d'intérêts de retard est infondée au regard de l'article 4 de l'ordonnance du 25 mars 2020, exonérant les entreprises de pénalités financières ou d'intérêts de retard, de dommages et intérêts, d'astreinte, de clause pénale, en raison d'un défaut de paiement de loyers

ou de charges locatives afférents à des locaux professionnels et commerciaux' ;
- concernant les frais d'huissier résultant de sommations et de constats, que l'appelant reconnaît qu'elle a toujours réglé les loyers et qu'il agit de manière procédurière et abusive, alors que les retards de paiement résultent de la fusion avec la société Park And Suites, puis de la crise sanitaire' ; que les constats n'établissent pas que toutes les factures n'ont pas été disponibles en ligne aux bonnes dates, d'autant que l'appelant n'a subi aucun préjudice de ce fait, n'ayant jamais contesté une facture, de sorte qu'il n'avait aucun intérêt à faire établir des constats' ; que le bail n'a pas prévu que le délai de contestation d'une facture court à compter de la date contractuelle d'édition, de sorte que ce délai ne court qu'à compter de la date de l'émission effective' ;
- s'agissant de la demande de dommages et intérêts pour inexécution du règlement des loyers à bonne date, qu'elle est de bonne foi, contrairement aux arguments de l'appelant retirés du compte global de la société, alors que la résidence concernée a enregistré des résultats négatifs en 2013 et 2014' ; que l'appelant ne justifie pas d'un préjudice puisque si le prix du loyer a été calculé de sorte à permettre le remboursement du prêt immobilier, il n'a pas inclus le paiement des charges dont l'appelant reste seul responsable' ; qu'aucun élément ne justifie l'existence d'un préjudice à hauteur de 4.000 euros' ;
- concernant la demande de dommages-intérêts pour inexécution de la transmission des factures à bonne date, que la preuve d'un préjudice n'est pas rapportée' ;
- que l'appelant ne peut demander le prononcé d'une astreinte concernant l'exécution de l'obligation de payer les loyers à bonne date, puisque selon l'article L131-1 du Code des procédures civiles d'exécution, l'astreinte a pour but d'assurer l'exécution de la décision prise par le juge, alors que l'appelant ne peut demander le paiement de loyers futurs donc non exigibles' ; qu'il en est de même concernant une astreinte visant la délivrance des factures aux dates contractuelles, d'autant que le bail n'a prévu aucune sanction, et qu'ainsi que retenu par le tribunal, faire droit à cette demande conduira à une réfaction du contrat prohibée par l'article 1134 du Code civil' ;
- concernant la communication sous astreinte des bilans et des comptes d'exploitation des exercices 2012 à 2015, que les documents relatifs aux années 2013 et 2014 ont été communiqués par l'intermédiaire de son avocat, alors qu'elle produit ceux concernant l'année 2015.
Il convient en application de l'article 455 du Code de procédure civile de se référer aux conclusions susvisées pour plus ample exposé des prétentions et moyens des parties.
Motifs' :
1) Concernant les demandes nouvelles de l'appelant' :
En raison de la date de l'assignation, le tribunal de grande instance a été amené à statuer sur des faits s'arrêtant à l'année 2015. Devant la cour, outre la confirmation des condamnations prononcées au titre de ces premiers faits, A X demande le paiement de soldes de loyers, de taxe d'ordures ménagères, d'intérêts de retard, de nouveaux frais d'huissiers, de dommages et intérêts complémentaires.
Au titre de l'article 561 du Code de procédure civile, l'objet de l'appel est de remettre en question la chose jugée en première instance. Si selon l'article 564, les parties ne peuvent soumettre de nouvelles prétentions, elles peuvent, selon l'article 566, ajouter aux prétentions soumises au premier juge les demandes qui en sont l'accessoire, la conséquence ou le complément nécessaire. Elles peuvent en outre émettre de nouvelles prétentions résultant de la survenance ou de la révélation d'un fait.
En l'espèce, l'objet de l'action de A X tend à obtenir l'exécution du contrat de bail commercial et la sanction de ses éventuelles inobservations. Ses demandes complémentaires présentées devant la cour concernent des faits survenus postérieurement au jugement déféré (nouveaux loyers impayés, taxe d'ordures ménagères, nouveaux frais d'huissier) ou complémentaires (demande de dommage et intérêts, communication de pièces). Ces prétentions sont en conséquence recevables au regard des principes susvisés.

2) Sur le respect de l'obligation de régler les loyers aux dates contractuelles et ses conséquences :
Il résulte du bail ayant pris effet le 27 septembre 2012 pour une durée de neuf ans, qu'il concerne l'exploitation de locaux dont la destination est celle d'une résidence de tourisme classée trois étoiles, le preneur exerçant l'exploitation de cette résidence, en sous louant les logements pour des périodes déterminées, avec la faculté de fournir des prestations de nature hôtelière (nettoyage, fourniture du linge de maison, réception de la clientèle, petit déjeuner).
Le loyer concernant la location des deux lots appartenant à Monsieur X a été fixé à 9.098,30 euros HT l'an, avec paiement à terme échu en quatre échéances trimestrielles de mêmes montants et au plus tard le 10 du mois suivant l'échéance, à compter de la date de prise d'effet du bail. Il n'est pas contesté que chaque tranche trimestrielle du loyer devait être ainsi réglée les 10 avril, 10 juillet, 10 octobre et 10 janvier, pour chaque trimestre écoulé, ce point ayant été rappelé par mail de la société Park and Suites en 2014.
Le loyer a été indexé sur l'indice du coût de la construction, l'indice de référence étant celui du second trimestre 2012.
Il a enfin été convenu que les factures seront établies par le preneur au titre du mandat conféré par le bailleur, et devront être établies les 31 mars, 30 juin, 30 septembre et 31 décembre de chaque année, le bailleur disposant de 30 jours pour en contester le contenu.
Dès le début de l'année 2013, des problèmes sont apparus concernant le paiement des loyers et une première mise en demeure a été adressée par l'appelant le 17 avril 2013. Ainsi que le jugement déféré l'a relevé, la société Park and Suites n'a jamais contesté le paiement des loyers avec retard et Monsieur X a systématiquement fait délivrer des sommations de payer. Il a également fait une juste application de l'article 1153 du Code civil (ancien), concernant la condamnation du débiteur à l'intérêt au taux légal en cas de retard dans ses paiements à compter des sommations.
Le montant des loyers de retard fixé dans la décision déféré n'est pas contesté, pas plus que le calcul des intérêts de retard. Le jugement déféré sera ainsi confirmé en ce qu'il a condamné la société Park and Suites au paiement de 0,13 euros au titre des intérêts de retard, outre 2.509,52 euros avec intérêts au taux légal à compter du 27 janvier 2015 au titre du loyer dû pour le quatrième trimestre 2014.
Concernant la demande complémentaire de l'appelant au sujet des loyers des premier et second trimestre 2020, il résulte effectivement des tableaux produits par l'appelant lui-même que si une erreur a été commise par l'intimée dans le calcul de la revalorisation des loyers, puisqu'elle s'est fondée sur une date antérieure de quelques jours à la prise d'effet du bail (le 17 septembre 2012 ayant été pris en compte par le locataire, alors que le bail est entré en vigueur dix jours plus tard), le loyer du premier trimestre 2020 n'a pas été payé totalement, alors que celui du second trimestre ne l'a pas été en totalité. Les calculs détaillés par l'appelant sur la page 23 de ses dernières conclusions ne sont pas contestables, alors que les trop payés de TVA et d'impôts ne sont pas remis en cause. Il en résulte qu'un solde de 593,45 euros est au débit de l'intimée.
Si la société Appart City soutient, pour se soustraite à son obligation, l'exception d'inexécution, il ne peut qu'être constaté que le bail commercial n'a pas subordonné le paiement des loyers à une occupation particulière des locaux ni à aucun taux de remplissage. Il ne résulte d'aucun élément que l'appelant ait manqué à ses obligations contractuelles rendant impossible la location des lots et l'exercice par le preneur de son activité hôtelière.
Concernant le moyen pris de la force majeure liée à l'épidémie Covid 19, il n'est pas justifié par l'intimée de difficultés de trésorerie rendant impossible l'exécution de son obligation de payer les loyers. Cette épidémie n'a pas ainsi de conséquences irrésistibles. En outre, ainsi que soutenu par l'appelant, si la résidence dans laquelle se trouvent les lots donnés à bail constitue bien une résidence de tourisme définie par l'article R321-1 du Code du tourisme, ainsi que l'a rappelé le bail commercial dans son exposé, l'article 10 du décret du 11 mai 2020 modifié le 20 mai 2020, tout en interdisant l'accueil du public dans les résidences de tourisme, a prévu une dérogation concernant les personnes

qui y élisent domicile, de sorte que toute activité n'a pas été interdite à l'intimée, laquelle ne produit aucun élément permettant de constater que l'activité qu'elle exerce ne correspond qu'à la location de locaux d'habitation proposés à une clientèle touristique qui n'y élit pas domicile, pour une occupation à la journée, à la semaine ou au mois, comme prévu à l'article R321-1 précité. Ce moyen ne peut qu'être rejeté.

S'agissant enfin du moyen pris du fait du prince, il convient de relever que cette théorie jurisprudentielle concerne les rapports entre une personne morale de droit public et son cocontractant, ce qui n'est pas le cas de l'espèce. Ce moyen est mal fondé et ne peut qu'être également rejeté.

Il s'ensuit que la demande concernant le paiement des loyers de retard pour 593,45 euros est bien fondée et il y sera fait droit.

Concernant la demande complémentaire visant le paiement de 57,50 euros au titre des intérêts de retard, l'article 4 de l'ordonnance 2020-316 du 25 mars 2020 a prévu que les personnes mentionnées à l'article 1er ne peuvent encourir de pénalités financières ou intérêts de retard, de dommages-intérêts, d'astreinte, d'exécution de clause résolutoire, de clause pénale ou de toute clause prévoyant une déchéance, ou d'activation des garanties ou cautions, en raison du défaut de paiement de loyers ou de charges locatives afférents à leurs locaux professionnels et commerciaux, nonobstant toute stipulation contractuelle et les dispositions des articles L622-14 et 'L641-12 du Code de commerce. Ces dispositions s'appliquent aux loyers et charges locatives dont l'échéance de paiement intervient entre le 12 mars 2020 et l'expiration d'un délai de deux mois après la date de cessation de l'état d'urgence sanitaire.

Selon l'article 1er de cette ordonnance, peuvent bénéficier de ces dispositions les personnes physiques et morales de droit privé exerçant une activité économique qui sont susceptibles de bénéficier du fonds de solidarité mentionné à l'article 1er de l'ordonnance n° 2020-317 du 25 mars 2020. Les conditions d'admission à ce fonds ont été définies par le décret 2020-371 du 30 mars 2020, dont l'article 1er prévoit que le nombre de salariés doit être inférieur ou égal à 10, et le chiffre d'affaires inférieur à un million d'euros. Tel n'est pas le cas de l'intimée, dont il n'est pas contesté qu'elle exerce une activité sur l'ensemble du territoire national, avec un chiffre d'affaires dépassant 177 millions d'euros, avec plus de 1.000 salariés.

Il s'ensuit que cette demande, dont le détail n'est pas contestable, est bien fondée, et il y sera également fait droit.

Les divers retards de paiement subis par l'appelant ont eu pour effet d'entraîner l'impossibilité de régler certaines dépenses afférentes aux biens donnés à bail, et même le rejet de prélèvements bancaires, avec mise en demeure. Monsieur X a en effet domicilié sur un même compte les paiements des loyers et des charges, et les remboursements d'emprunts, relatifs aux biens loués. Il a été contraint en outre de suivre de façon particulièrement précise le paiement des loyers, a dû recourir à de très nombreuses démarches a engagé des frais de recouvrement (lettres recommandées de mises en demeure et plus de 20 sommations de payer). Il justifie ainsi d'un préjudice certain, que la cour indemnisera par l'allocation de 2.000 euros, en sus de la première somme allouée à ce titre par le tribunal de grande instance.

2) Sur l'envoi tardif des factures :

Le tribunal a fait une exacte application des obligations du preneur, telles qu'énoncées plus haut à ce titre, bénéficiant d'un mandat du bailleur pour émettre les factures. Si un délai de 30 jours a été ouvert pour le bailleur afin de les contester, il doit s'entendre comme mettant ensuite fin à la possibilité pour le bailleur d'émettre des doléances, et il s'agit d'une sanction, contrairement à l'appréciation apportée par le juge de première instance. Cependant, ce délai ne peut s'entendre qu'autant que la facture en cause a été portée à la connaissance du bailleur, la date du délai de 30 jours utile pour former contestation ne pouvant ainsi partir qu'à compter de la réception de la facture en cause.

Le tribunal n'a pu ainsi en déduire que l'appelant n'a subi aucun préjudice du fait de l'envoi tardif de factures, point non contesté par l'intimée, et parfaitement établi au vu des divers constats d'huissier produits par Monsieur Y Z n'est pas plus contesté que postérieurement à la fusion et à l'absorption de la société Park and Suites, des factures à l'en tête de cette dernière ont continué à être adressées à l'appelant.

Au titre de l'article 289 I 3° du Code général des impôts, la facture est, en principe, émise dès la réalisation de la livraison ou de la prestation de services. Ainsi qu'énoncé au titre du paiement avec retard des loyers, ces nouveaux faits ont occasionné un préjudice certain à Monsieur X (obligation de vérifier de façon permanente l'envoi des factures, contestation de leur intitulé, émission par lui-même de plusieurs factures devant les carences du preneur), que la cour indemnisera par l'allocation de 1.000 euros.

4) Sur la taxe d'enlèvement des ordures ménagères' :

L'article 11 du bail a mis à la charge du preneur la totalité des charges récupérables ainsi que la taxe d'enlèvement des ordures ménagères. Cependant, il n'est pas justifié par l'appelant de l'existence d'une taxe d'enlèvement pour 42 euros. Cette prétention sera rejetée.

5) Sur les frais d'huissier :

Il résulte de ce qui précède que l'appelant a rencontré de nombreux retards dans le paiement des loyers et l'envoi des factures. Il a été contraint de faire dresser divers constats afin de pouvoir rapporter la réalité de ces faits, de faire délivrer de nombreuses sommations de payer. En raison du nombre des difficultés rencontrées par l'appelant, le recours à ces actes ne peut être considéré comme abusif. Le tribunal a justement alloué la somme de 860,29 euros à ce titre et sera confirmé de ce chef. Postérieurement, d'autres actes ont dû être diligentés, dont il est justifié par l'appelant, pour un total de 4 111,24 euros, le calcul opéré sans son décompte n'étant pas contestable.

Il sera ainsi fait droit à cette demande.

6) Sur la demande de payer les loyers à bonne date et de délivrer des factures aux dates contractuelles sous astreinte' :

Selon les articles L131-1 et suivants du Code des procédures civiles d'exécution, le juge peut, même d'office, ordonner une astreinte pour assurer l'exécution de sa décision. L'astreinte a pour finalité de contraindre la personne qui s'y refuse à exécuter les obligations qu'une décision juridictionnelle lui a imposées afin d'assurer le respect du droit à cette exécution.

En l'espèce, le bail a prévu des dates précises concernant le paiement des loyers et la délivrance des factures par l'intimée et les retards apportés dans l'exécution de ces obligations sont patents. La cour ne peut ainsi que faire droit à la demande de condamnation de la société Appart City de régler les loyers et de délivrer les factures comme prévu dans la convention faisant la loi des parties. Afin d'assurer l'exécution de la décision à intervenir, A X est recevable et bien fondé à solliciter le prononcé d'une astreinte afin d'assurer l'exécution du présent arrêt, l'astreinte ne visant pas ainsi à assurer l'exécution du contrat, de sorte que le moyen tiré d'une réfaction prohibé n'est pas fondé.

7) Sur la demande de délivrance des comptes d'exploitation individualisés sous astreinte' :

Il résulte de l'article L321-2 du Code du tourisme que l'exploitant d'une résidence de tourisme classée doit tenir des comptes d'exploitation distincts pour chaque résidence. Il est tenu de les communiquer aux propriétaires qui en font la demande.

Une fois par an, il est tenu de communiquer à l'ensemble des propriétaires un bilan de l'année écoulée, précisant les taux de remplissage obtenus, les événements significatifs de l'année ainsi que le montant et l'évolution des principaux postes de dépenses et de recettes de la résidence.

Il résulte des conclusions de l'intimée que ces documents ne sont pas régulièrement communiqués. Le jugement déféré ne peut qu'être confirmé en ce qu'il a ordonné à l'intimée de communiquer ces documents à l'appelant dans un délai de deux mois suivant sa signification, pour les années 2013 et 2014.

Concernant les années ultérieures, la preuve de l'envoi des comptes d'exploitation à l'appelant n'est pas rapportée. Sa demande de communication, englobant l'année 2012, est ainsi bien fondée et il y sera fait droit.

Ainsi que statué concernant la remise des factures à bonne date, une astreinte assortira l'exécution de

cette obligation, cette mesure étant nécessaire à l'exécution du présent arrêt.
8) Sur les demandes accessoires' :
La société Appart City succombant en toutes ses prétentions sera condamnée à payer à Monsieur X la somme complémentaire de 5.000 euros en application de l'article 700 du Code de procédure civile.
Elle sera en outre condamnée aux dépens,
Par ces motifs
La Cour statuant publiquement, contradictoirement, par mise à disposition de l'arrêt au greffe de la Cour, les parties en ayant été préalablement avisées dans les conditions prévues au deuxième alinéa de l'article 450 du Code de procédure civile, après en avoir délibéré conformément à la loi,
Vu les articles 1134, 1147 du Code civil (anciens), 561, 564 et 566 du Code de procédure civile, L321-2 et R321-1 du Code du tourisme, 10 du décret du 11 mai 2020 modifié le 20 mai 2020, 4 de l'ordonnance 2020-316 du 25 mars 2020, 1er de l'ordonnance n° 2020-317 du 25 mars 2020, 1er du décret 2020-371 du 30 mars 2020, L289 du Code général des impôts, L131-1 et suivants du Code des procédures civiles d'exécution' ;
Déclare les nouvelles demandes de A X recevables' ;
Confirme le jugement déféré en toutes ses dispositions' ;
Y ajoutant' :
Condamne la société Appart City à payer à A X les sommes complémentaires de' :
- 593,45 euros au titre du solde du loyer du 1er trimestre et du 2ème trimestre 2020,
- 57,50 euros au titre du calcul des intérêts de retard,
- 4.111,24 euros au titre de frais d'huissier pour sommations de payer, de commandement et constats,
- 2.000 euros à titre de dommages et intérêts complémentaires pour retard de paiement du loyer,
- 1.000 euros à titre de dommages et intérêts pour exécution tardive de l'obligation d'émission des factures et transmission du décompte d'exploitation' ;
Ordonne à la société Appart City de régler les échéances de loyer aux dates contractuelles soit le loyer du 1er trimestre au 10 avril, le loyer du 2ème trimestre au 10 juillet, le loyer du 3ème trimestre au 10 octobre et le loyer du 4ème trimestre au 10 janvier et ce sous astreinte de 10 euros par jour de retard à compter de la date d'exigibilité des loyers' ;
Ordonne à la société Appart City de délivrer les factures aux dates contractuelles soit la facture du 1er trimestre au 31 mars, la facture du deuxième trimestre au 30 juin, la facture du 3ème trimestre au 30 septembre et la facture du 4ème trimestre au 31 décembre, sous astreinte de 10 euros par jour de retard à compter de la date contractuelle' ;
Ordonne à la société Appart City de délivrer les comptes d'exploitation de la résidence au sens de l'article L321-2 alinéa 1 du Code de tourisme, pour les exercices 2012, 2015, 2016, 2017, 2018, 2019, sous astreinte de 10 euros par jour de retard à compter de la signification de la décision à intervenir, ainsi que l'année 2020 à l'issue d'un délai de trois mois suivant la fin de cette dernière année, sous astreinte ensuite de 10 euros par jours de retard' ;
Déboute A X de sa demande visant le paiement de la somme de 42 euros au titre de la taxe d'enlèvement des ordures ménagères' ;
Condamne la société Appart City à payer à A X la somme de 5.000 euros au titre de l'article 700 du Code de procédure civile' ;
Condamne la société Appart City aux dépens avec distraction au profit de Maître Villemagne, avocat' ;
SIGNE par Mme GONZALEZ, Président et par Mme RICHET, Greffier auquel la minute de la décision a été remise par le magistrat signataire.

Cass. 3e civ. 18-2-2021 n° 17-26.156 FP-PLRC

346 locations meublées saisonnières et touristiques – régime juridique – meublées de tourisme – autorisation de changement d'usage

Faits et procédure

1. Selon l'arrêt attaqué (Paris, 19 mai 2017), le procureur de la République près le tribunal de grande instance de Paris a assigné en référé, sur le fondement de l'article L. 631-7, alinéa 6, du Code de la construction et de l'habitation, la société civile immobilière Cali Apartments (la société Cali Apartments), propriétaire d'un studio situé à Paris, afin de la voir condamner au paiement d'une amende et de voir ordonner le retour du bien à son usage d'habitation. Le maire de la Ville de Paris est intervenu volontairement à l'instance.

82. Par arrêt du 15 novembre 2018 (Cass. 3e civ., pourvoi n 17-26.156, publié), la Cour de cassation a saisi la Cour de justice de l'Union européenne d'une question préjudicielle portant sur l'applicabilité de la directive 2006/123/CE du Parlement européen et du Conseil du 12 décembre 2006, relative aux services dans le marché intérieur, à la location, même à titre non professionnel, de manière répétée et pour de courtes durées, d'un local meublé à usage d'habitation ne constituant pas la résidence principale du loueur à une clientèle de passage n'y élisant pas domicile et, dans l'affirmative, sur l'applicabilité à une réglementation nationale, telle que celle prévue par l'article L. 631-7 du Code de la construction et de l'habitation, des articles 9 à 13 de la directive et, le cas échéant, sur l'interprétation des articles 9, paragraphe 1, sous b) et c) et 10, paragraphe 2, sous d) à g), de la directive au regard des articles L. 631-7 et L. 631-7-1 du Code de la construction et de l'habitation.

Examen des moyens

Sur le second moyen, ci-après annexé

3. En application de l'article 1014, alinéa 2, du code de procédure civile, il n'y a pas lieu de statuer par une décision spécialement motivée sur ce moyen qui n'est manifestement pas de nature à entraîner la cassation.

Sur le premier moyen

Enoncé du moyen

4. La société Cali Apartments fait grief à l'arrêt de faire application des articles L. 631-7, alinéa 6, et L. 651-2, alinéa 1, du Code de la construction et de l'habitation, alors :

« 1°/ qu'en appliquant les articles L. 631-7, alinéa 6, et L. 651-2, alinéa 1, du Code de la construction et de l'habitation qui subordonnent la location d'un local meublé à l'obtention d'une autorisation administrative, sans établir, ainsi que l'exige l'article 9, paragraphe 1, sous b) de la directive 2006/123/CE du 12 décembre 2006, que cette restriction à la libre prestation de service est justifiée par une raison impérieuse d'intérêt général, la cour d'appel a violé le principe de primauté du droit de l'Union européenne ;

2°/ qu'en appliquant les articles L. 631-7, alinéa 6 et L. 651-2, alinéa 1 du Code de la construction et de l'habitation, sans établir, ainsi que l'exige l'article 9, paragraphe 1, sous c) de la directive 2006/123/CE du 12 décembre 2006, si l'objectif poursuivi par ces dispositions pouvait être réalisé par une mesure moins contraignante, la cour d'appel a violé le principe de primauté du droit de l'Union européenne ;

3°/ qu'en appliquant les dispositions précitées, lorsque, relatives à la location d'un « local meublé destiné à l'habitation de manière répétée pour de courtes durées à une clientèle de passage qui n'y élit pas domicile », leur mise en oeuvre ne dépend pas de critères qui, comme l'exige pourtant l'article 10 de la directive 2006/123/CE du 12 décembre 2006, encadrent l'exercice du pouvoir d'appréciation des autorités compétentes afin que celui-ci ne soit pas utilisé de manière arbitraire, le juge a méconnu ce texte et violé le principe de primauté du droit de l'Union européenne ;

4°/ qu'en appliquant les dispositions précitées, lorsqu'il résulte de l'article L. 631-7-1 que les conditions dans lesquelles sont délivrées les autorisations nécessaires sont « fixées par une délibération du conseil municipal », au regard des « objectifs de mixité sociale » et en fonction notamment des « caractéristiques des marchés de locaux d'habitation » et de « la nécessité de ne pas aggraver la pénurie de logements », la cour d'appel a méconnu les exigences de l'article 10 de la directive 2006/123/CE du 12 décembre 2006 et violé le principe de primauté du droit de l'Union européenne. »

Réponse de la Cour

5. Par arrêt du 22 septembre 2020 (Cali Apartments SCI et HX contre procureur général près la cour d'appel de Paris et Ville de Paris, C-724/18 et C-727/18), la Cour de justice de l'Union européenne a dit pour droit que :

1°/ Les articles 1 et 2 de la directive 2006/123/CE du Parlement européen er et du Conseil, du 12 décembre 2006, relative aux services dans le marché intérieur, doivent être interprétés en ce sens que cette directive s'applique à une réglementation d'un État membre relative à des activités de location contre rémunération de locaux meublés destinés à l'habitation à une clientèle de passage n'y élisant pas domicile, effectuées de manière répétée et pour de courtes durées, à titre professionnel comme non professionnel.

2°/ L'article 4 de la directive 2006/123 doit être interprété en ce sens qu'une réglementation nationale qui soumet à autorisation préalable l'exercice de certaines activités de location de locaux destinés à l'habitation relève de la notion de « régime d'autorisation », au sens du point 6 de cet article.

3°/ L'article 9, paragraphe 1, sous b) et c), de la directive 2006/123 doit être interprété en ce sens qu'une réglementation nationale qui, pour des motifs visant à garantir une offre suffisante de logements destinés à la location de longue durée à des prix abordables, soumet certaines activités de location contre rémunération de locaux meublés destinés à l'habitation à une clientèle de passage n'y élisant pas domicile, effectuées de manière répétée et pour de courtes durées, à un régime d'autorisation préalable applicable dans certaines communes où la tension sur les loyers est particulièrement marquée est justifiée par une raison impérieuse d'intérêt général tenant à la lutte contre la pénurie de logements destinés à la location et proportionnée à l'objectif poursuivi, en ce que celui-ci ne peut pas être réalisé par une mesure moins contraignante, notamment parce qu'un contrôle a posteriori interviendrait trop tardivement pour avoir une efficacité réelle.

4°/ L'article 10, paragraphe 2, de la directive 2006/123 doit être interprété en ce sens qu'il ne s'oppose pas à une réglementation nationale instituant un régime qui subordonne à une autorisation préalable l'exercice de certaines activités de location contre rémunération de locaux meublés destinés à l'habitation, qui est fondée sur des critères tenant au fait de louer le local en cause « de manière répétée et pour de courtes durées à une clientèle de passage qui n'y élit pas domicile » et qui confie aux autorités locales le pouvoir de préciser, dans le cadre fixé par cette réglementation, les conditions d'octroi des autorisations prévues par ce régime au regard d'objectifs de mixité sociale et en fonction des caractéristiques des marchés locaux d'habitation et de la nécessité de ne pas aggraver la pénurie de logements, en les assortissant au besoin d'une obligation de compensation sous la forme d'une transformation accessoire et concomitante en habitation de locaux ayant un autre usage, pour autant que ces conditions d'octroi soient conformes aux exigences fixées par cette disposition et que cette obligation puisse être satisfaite dans des conditions transparentes et accessibles.

6. Il s'ensuit, en premier lieu, que l'article L. 631-7, alinéa 6, du Code de la construction et de l'habitation, qui soumet à autorisation préalable le fait, dans certaines communes, de louer un local meublé destiné à l'habitation d'une manière répétée pour de courtes durées à une clientèle de passage qui n'y élit pas domicile, est justifié par une raison impérieuse d'intérêt général tenant à la lutte contre la pénurie de logements destinés à la location et proportionné à l'objectif poursuivi en ce que celui-ci ne peut pas être réalisé par une mesure moins contraignante, notamment parce qu'un contrôle a posteriori interviendrait trop tardivement pour avoir une efficacité réelle. Il satisfait donc aux exi-

gences de l'article 9, paragraphe 1, sous b) et c), de la directive 2006/123.

7. En second lieu, l'article L. 631-7 du code de la construction et de l'habitation, dans sa rédaction issue de la loi du 24 mars 2014 applicable au litige, définit, en son alinéa 2, les locaux destinés à l'habitation comme « toutes catégories de logements et leurs annexes, y compris les logements foyers, logements de gardien, chambres de service, logements de fonction, logements inclus dans un bail commercial, locaux meublés donnés en location dans les conditions de l'article L. 632-1. »

8. L'article L. 632-1 du même Code renvoie au titre I bis de la loi du 6 juillet 1989, relatif aux « rapports entre bailleurs et locataires dans les logements meublés résidence principale ». L'article 25-7 de cette loi prévoit que les locations de logements meublés, lorsqu'ils constituent la résidence principale du locataire, sont consenties pour une durée minimale d'un an, sauf le cas des étudiants pour lesquels cette durée est réduite à neuf mois.

9. Il en résulte qu'hormis les cas d'une location consentie à un étudiant pour une durée d'au moins neuf mois, de la conclusion, depuis l'entrée en vigueur de la loi du 23 novembre 2018, d'un bail mobilité d'une durée de un à dix mois et de la location, pour une durée maximale de quatre mois, du local à usage d'habitation constituant la résidence principale du loueur, le fait de louer, à plus d'une reprise au cours d'une même année, un local meublé pour une durée inférieure à un an, telle qu'une location à la nuitée, à la semaine ou au mois, à une clientèle de passage qui n'y fixe pas sa résidence principale au sens de l'article 2 de la loi du 6 juillet 1989 constitue un changement d'usage d'un local destiné à l'habitation et, par conséquent, est soumis à autorisation préalable.

10. Il s'ensuit que l'article L. 631-7, alinéa 6, du Code de la construction et de l'habitation répond aux exigences de clarté, d'objectivité et de non ambiguïté de l'article 10, paragraphe 2, sous d) et e), de la directive 2006/123.

11. En dernier lieu, s'agissant de la conformité, aux exigences prévues à l'article 10 de la directive, des critères énoncés par le législateur pour encadrer les conditions d'octroi des autorisations, il convient de relever que l'article L. 631-7-1 du Code de la construction et de l'habitation, qui confie au maire de la commune de situation de l'immeuble la faculté de délivrer l'autorisation préalable de changement d'usage et attribue au conseil municipal le soin de fixer les conditions dans lesquelles sont délivrées les autorisations et déterminées les compensations, au regard des objectifs de mixité sociale en fonction notamment des caractéristiques des marchés de locaux d'habitation et de la nécessité de ne pas aggraver la pénurie de logements, impose ainsi aux autorités locales de fixer les conditions d'obtention des autorisations en considération de l'objectif d'intérêt général tenant à la lutte contre la pénurie de logements. Il en résulte que les critères posés par l'article L. 631-7-1, alinéa 1, pour encadrer l'exercice du pouvoir d'appréciation des autorités compétentes sont, en eux-mêmes, justifiés par une raison d'intérêt général au sens de l'article 10, paragraphe 2, sous b), de la directive.

12. S'agissant de l'exigence de proportionnalité des conditions d'octroi de l'autorisation de changement d'usage à l'objectif poursuivi, prévue par l'article 10, paragraphe 2, sous c), de la directive, il convient de relever :

1°/ qu'en ce qu'elle réserve aux autorités locales la compétence pour fixer les conditions de délivrance des autorisations et, le cas échéant, pour décider d'imposer une obligation de compensation, la réglementation de l'article L. 631-7-1 est apte à garantir l'adéquation du régime d'autorisation aux circonstances spécifiques de chacune des communes concernées, dont les autorités locales ont une connaissance privilégiée ;

2°/ que la réglementation locale de la Ville de Paris, en ce qu'elle instaure une obligation de compensation, ne va pas au-delà de ce qui est nécessaire pour atteindre l'objectif recherché puisqu'il résulte des pièces produites que cette obligation répond effectivement à une pénurie de logements, la demande de logements destinés à l'habitation à des conditions économiques acceptables peinant, dans l'ensemble de cette commune, à y être satisfaite et le développement de la location de locaux meublés destinés à l'habitation à une clientèle de passage n'y élisant pas domicile, au préjudice de l'offre

de location de locaux à usage d'habitation, entraînant une raréfaction du marché locatif traditionnel et contraignant les habitants à s'éloigner pour trouver un logement ;
3°/ que l'obligation de compensation prévue par la réglementation de la Ville de Paris, dans son règlement municipal adopté en décembre 2008, modifié les 17, 18 et 19 novembre 2014, comme dans celui adopté en décembre 2018, est proportionnée à l'objectif poursuivi, en ce que le quantum de cette obligation, qui porte sur des locaux de surface équivalente, sauf dans les secteurs dits de « compensation renforcée » où les locaux proposés en compensation doivent représenter une surface double de celle faisant l'objet de la demande de changement d'usage, secteurs qui correspondent à des zones dans lesquelles la Ville de Paris fait de la protection de l'habitat un objectif prioritaire, apparaît adapté à la situation tendue du marché locatif dans l'ensemble de la commune et à l'objectif de développer l'offre de locaux d'habitation dans certaines zones où l'habitat est plus particulièrement protégé, en favorisant l'objectif de mixité sociale ; en effet, le quantum de la compensation porte, dans le secteur de « compensation renforcée », sur des locaux de surface équivalente si ces locaux sont transformés en logements locatifs sociaux ; ce dispositif est compatible avec le maintien d'une activité de location de locaux meublés à une clientèle de passage n'y élisant pas domicile dès lors que, même dans les secteurs de compensation renforcée, il ne fait pas obstacle à l'exercice de cette activité eu égard à la rentabilité accrue de ce type de location par rapport aux baux à usage d'habitation et à la possibilité de satisfaire à l'obligation de compensation, non seulement par la transformation en habitation d'autres locaux détenus par la personne concernée et ayant un autre usage, mais également par d'autres mécanismes, tel l'achat de droits dits de « commercialité » auprès de propriétaires souhaitant affecter à un usage d'habitation des locaux destinés à un autre usage, contribuant ainsi au maintien à un niveau stable du parc de logement de longue durée.

13. Les critères prévus par l'article L. 631-7-1, tels que mis en oeuvre par la Ville de Paris, sont donc conformes au principe de proportionnalité de l'article 10, paragraphe 2, sous c), de la directive.

14. S'agissant du respect des conditions de clarté, de non ambiguïté et d'objectivité prévues par l'article 10, paragraphe 2, sous d) et e), de la directive, l'article L. 631-7-1, s'il ne fixe pas lui-même les conditions de délivrance des autorisations, mais donne compétence à cette fin aux autorités locales, encadre les modalités de détermination par ces autorités des conditions d'octroi des autorisations prévues en fixant les objectifs poursuivis et en imposant les critères en fonction desquels les conditions d'octroi doivent être déterminées. Il est ainsi suffisamment clair et précis pour éviter le risque d'arbitraire dans la détermination des conditions de délivrance des autorisations par les autorités locales.

15. S'agissant, enfin, des exigences de publicité préalable, de transparence et d'accessibilité des conditions d'octroi des autorisations, prévues à l'article 10, paragraphe 2, sous f) et g), de la directive, l'article L. 631-7-1 du Code de la construction et de l'habitation, en ce qu'il renvoie aux conseils municipaux le soin de déterminer les conditions de délivrance des autorisations de changement d'usage et le quantum éventuel des compensations, n'est pas contraire à ces exigences dès lors qu'en application de l'article L. 2121-25 du code général des collectivités territoriales, les comptes rendus des séances du conseil municipal sont affichés en mairie et mis en ligne sur le site internet de la commune concernée, ce qui permet à toute personne souhaitant solliciter une telle autorisation d'être informée des conditions de son obtention.

16. Il s'ensuit que les articles L. 631-7, alinéa 6, et L. 631-7-1 du Code de la construction et de l'habitation sont conformes à la directive 2006/123 du 12 décembre 2006.

17. Ayant retenu qu'il résultait des éléments produits que le bien de la société Cali Apartments avait fait l'objet de locations de courte durée, épisodiques, à l'usage d'une clientèle de passage sans que n'eût été sollicitée d'autorisation de changement d'usage, la cour d'appel en a déduit à bon droit, sans violer le principe de primauté du droit de l'Union européenne, que celle-ci avait en-

freint les dispositions de l'article L. 631-7 du Code de la construction et de l'habitation et encourait l'amende prévue par l'article L. 651-2 du même Code.

18. Le moyen n'est donc pas fondé.

Par ces motifs, la Cour :

Rejette le pourvoi.

Cass. 3ᵉ civ. 18-2-2021 n° 17-26.158 FP-D

347 locations meublées saisonnières et touristiques – régime juridique – meublées de tourisme – autorisation de changement d'usage

Faits et procédure

1. Selon l'arrêt attaqué (Paris, 15 juin 2017), le procureur de la République près le tribunal de grande instance de Paris a assigné en référé, sur le fondement de l'article L. 631-7, alinéa 6, du code de la construction et de l'habitation, Mme D C, propriétaire d'un studio situé à Paris, afin de la voir condamner au paiement d'une amende et de voir ordonner le retour du bien à son usage d'habitation. Le maire de la Ville de Paris est intervenu volontairement à l'instance.

2. Par arrêt du 15 novembre 2018 (Cass. 3e civ., pourvoi n 17-26.156, publié), la Cour de cassation a saisi la Cour de justice de l'Union européenne d'une question préjudicielle portant sur l'applicabilité de la directive 2006/123/CE du Parlement européen et du Conseil du 12 décembre 2006, relative aux services dans le marché intérieur, à la location, même à titre non professionnel, de manière répétée et pour de courtes durées, d'un local meublé à usage d'habitation ne constituant pas la résidence principale du loueur à une clientèle de passage n'y élisant pas domicile et, dans l'affirmative, sur l'applicabilité à une réglementation nationale, telle que celle prévue par l'article L. 631-7 du code de la construction et de l'habitation, des articles 9 à 13 de la directive et, le cas échéant, sur l'interprétation des articles 9, paragraphe 1, sous b) et c) et 10, paragraphe 2, sous d) à g), de la directive au regard des articles L. 631-7 et L. 631-7-1 du code de la construction et de l'habitation.

Examen des moyens

Sur le second moyen, ci-après annexé

3. En application de l'article 1014, alinéa 2, du code de procédure civile, il n'y a pas lieu de statuer par une décision spécialement motivée sur ce moyen qui n'est manifestement pas de nature à entraîner la cassation.

Sur le premier moyen

Enoncé du moyen

4. Mme D C fait grief à l'arrêt de faire application des articles L. 631-7, alinéa 6, et L. 651-2, alinéa 1, du code de la construction et de l'habitation, alors :

« 1°/ qu'en appliquant les articles L. 631-7, alinéa 6, et L. 651-2, alinéa 1, du code de la construction et de l'habitation qui subordonnent la location d'un local meublé à l'obtention d'une autorisation administrative, sans établir, ainsi que l'exige l'article 9, paragraphe 1, sous b) de la directive 2006/123/CE du 12 décembre 2006, que cette restriction à la libre prestation de service est justifiée par une raison impérieuse d'intérêt général, la cour d'appel a violé le principe de primauté du droit de l'Union européenne ;

2°/ qu'en appliquant les articles L. 631-7, alinéa 6 et L. 651-2, alinéa 1 du code de la construction et de l'habitation, sans établir, ainsi que l'exige l'article 9, paragraphe 1, sous c) de la directive 2006/123/CE du 12 décembre 2006, si l'objectif poursuivi par ces dispositions pouvait être réalisé par une mesure moins contraignante, la cour d'appel a violé le principe de primauté du droit de l'Union européenne ;

3°/ qu'en appliquant les dispositions précitées, lorsque, relatives à la location d'un « local meublé destiné à l'habitation de manière répétée pour de courtes durées à une clientèle de passage qui n'y élit pas domicile », leur mise en oeuvre ne dépend pas de critères qui, comme l'exige pourtant l'article 10 de la directive 2006/123/CE du 12 décembre 2006, encadrent l'exercice du pouvoir d'appréciation des autorités compétentes afin que celui-ci ne soit pas utilisé de manière arbitraire, le juge a méconnu ce texte et violé le principe de primauté du droit de l'Union européenne ;

4°/ qu'en appliquant les dispositions précitées, lorsqu'il résulte de l'article L. 631-7-1 que les conditions dans lesquelles sont délivrées les autorisations nécessaires sont « fixées par une délibération du conseil municipal », au regard des « objectifs de mixité sociale » et en fonction notamment des « caractéristiques des marchés de locaux d'habitation » et de « la nécessité de ne pas aggraver la pénurie de logements », la cour d'appel a méconnu les exigences de l'article 10 de la directive 2006/123/CE du 12 décembre 2006 et violé le principe de primauté du droit de l'Union européenne. »

Réponse de la Cour

5. Par arrêt du 22 septembre 2020 (Cali Apartments SCI et HX contre procureur général près la cour d'appel de Paris et Ville de Paris, C-724/18 et C-727/18), la Cour de justice de l'Union européenne a dit pour droit que :

1°/ Les articles 1 et 2 de la directive 2006/123/CE du Parlement européen er et du Conseil, du 12 décembre 2006, relative aux services dans le marché intérieur, doivent être interprétés en ce sens que cette directive s'applique à une réglementation d'un État membre relative à des activités de location contre rémunération de locaux meublés destinés à l'habitation à une clientèle de passage n'y élisant pas domicile, effectuées de manière répétée et pour de courtes durées, à titre professionnel comme non professionnel.

2°/ L'article 4 de la directive 2006/123 doit être interprété en ce sens qu'une réglementation nationale qui soumet à autorisation préalable l'exercice de certaines activités de location de locaux destinés à l'habitation relève de la notion de « régime d'autorisation », au sens du point 6 de cet article.

3°/ L'article 9, paragraphe 1, sous b) et c), de la directive 2006/123 doit être interprété en ce sens qu'une réglementation nationale qui, pour des motifs visant à garantir une offre suffisante de logements destinés à la location de longue durée à des prix abordables, soumet certaines activités de location contre rémunération de locaux meublés destinés à l'habitation à une clientèle de passage n'y élisant pas domicile, effectuées de manière répétée et pour de courtes durées, à un régime d'autorisation préalable applicable dans certaines communes où la tension sur les loyers est particulièrement marquée est justifiée par une raison impérieuse d'intérêt général tenant à la lutte contre la pénurie de logements destinés à la location et proportionnée à l'objectif poursuivi, en ce que celui-ci ne peut pas être réalisé par une mesure moins contraignante, notamment parce qu'un contrôle a posteriori interviendrait trop tardivement pour avoir une efficacité réelle.

4°/ L'article 10, paragraphe 2, de la directive 2006/123 doit être interprété en ce sens qu'il ne s'oppose pas à une réglementation nationale instituant un régime qui subordonne à une autorisation préalable l'exercice de certaines activités de location contre rémunération de locaux meublés destinés à l'habitation, qui est fondée sur des critères tenant au fait de louer le local en cause « de manière répétée et pour de courtes durées à une clientèle de passage qui n'y élit pas domicile » et qui confie aux autorités locales le pouvoir de préciser, dans le cadre fixé par cette réglementation, les conditions d'octroi des autorisations prévues par ce régime au regard d'objectifs de mixité sociale et en fonction des caractéristiques des marchés locaux d'habitation et de la nécessité de ne pas aggraver la pénurie de logements, en les assortissant au besoin d'une obligation de compensation sous la forme d'une transformation accessoire et concomitante en habitation de locaux ayant un autre usage, pour autant que ces conditions d'octroi soient conformes aux exigences fixées par cette disposition et que cette obligation puisse être satisfaite dans des conditions transparentes et accessibles.

6. Il s'ensuit, en premier lieu, que l'article L. 631-7, alinéa 6, du code de la construction et de l'habitation, qui soumet à autorisation préalable le fait, dans certaines communes, de louer un local meublé destiné à l'habitation d'une manière répétée pour de courtes durées à une clientèle de passage qui n'y élit pas domicile, est justifié par une raison impérieuse d'intérêt général tenant à la lutte contre la pénurie de logements destinés à la location et

proportionné à l'objectif poursuivi en ce que celui-ci ne peut pas être réalisé par une mesure moins contraignante, notamment parce qu'un contrôle a posteriori interviendrait trop tardivement pour avoir une efficacité réelle. Il satisfait donc aux exigences de l'article 9, paragraphe 1, sous b) et c), de la directive 2006/123.

7. En second lieu, l'article L. 631-7 du code de la construction et de l'habitation, dans sa rédaction issue de la loi du 24 mars 2014 applicable au litige, définit, en son alinéa 2, les locaux destinés à l'habitation comme « toutes catégories de logements et leurs annexes, y compris les logements foyers, logements de gardien, chambres de service, logements de fonction, logements inclus dans un bail commercial, locaux meublés donnés en location dans les conditions de l'article L. 632-1. »

8. L'article L. 632-1 du même code renvoie au titre Ier bis de la loi du 6 juillet 1989, relatif aux « rapports entre bailleurs et locataires dans les logements meublés résidence principale ». L'article 25-7 de cette loi prévoit que les locations de logements meublés, lorsqu'ils constituent la résidence principale du locataire, sont consenties pour une durée minimale d'un an, sauf le cas des étudiants pour lesquels cette durée est réduite à neuf mois.

9. Il en résulte qu'hormis les cas d'une location consentie à un étudiant pour une durée d'au moins neuf mois, de la conclusion, depuis l'entrée en vigueur de la loi du 23 novembre 2018, d'un bail mobilité d'une durée de un à dix mois et de la location, pour une durée maximale de quatre mois, du local à usage d'habitation constituant la résidence principale du loueur le fait de louer, à plus d'une reprise au cours d'une même année, un local meublé pour une durée inférieure à un an, telle qu'une location à la nuitée, à la semaine ou au mois, à une clientèle de passage qui n'y fixe pas sa résidence principale au sens de l'article 2 de la loi du 6 juillet 1989 constitue un changement d'usage d'un local destiné à l'habitation et, par conséquent, est soumis à autorisation préalable.

10. Il s'ensuit que l'article L. 631-7, alinéa 6, du code de la construction et de l'habitation répond aux exigences de clarté, d'objectivité et de non ambiguïté de l'article 10, paragraphe 2, sous d) et e), de la directive 2006/123.

11. En dernier lieu, s'agissant de la conformité, aux exigences prévues à l'article 10 de la directive, des critères énoncés par le législateur pour encadrer les conditions d'octroi des autorisations, il convient de relever que l'article L. 631-7-1 du code de la construction et de l'habitation, qui confie au maire de la commune de situation de l'immeuble la faculté de délivrer l'autorisation préalable de changement d'usage et attribue au conseil municipal le soin de fixer les conditions dans lesquelles sont délivrées les autorisations et déterminées les compensations, au regard des objectifs de mixité sociale en fonction notamment des caractéristiques des marchés de locaux d'habitation et de la nécessité de ne pas aggraver la pénurie de logements, impose ainsi aux autorités locales de fixer les conditions d'obtention des autorisations en considération de l'objectif d'intérêt général tenant à la lutte contre la pénurie de logements. Il en résulte que les critères posés par l'article L. 631-7-1, alinéa 1, pour encadrer l'exercice du pouvoir d'appréciation des autorités compétentes sont, en eux-mêmes, justifiés par une raison d'intérêt général au sens de l'article 10, paragraphe 2, sous b), de la directive.

12. S'agissant de l'exigence de proportionnalité des conditions d'octroi de l'autorisation de changement d'usage à l'objectif poursuivi, prévue par l'article 10, paragraphe 2, sous c), de la directive, il convient de relever :

1°/ qu'en ce qu'elle réserve aux autorités locales la compétence pour fixer les conditions de délivrance des autorisations et, le cas échéant, pour décider d'imposer une obligation de compensation, la réglementation de l'article L. 631-7-1 est apte à garantir l'adéquation du régime d'autorisation aux circonstances spécifiques de chacune des communes concernées, dont les autorités locales ont une connaissance privilégiée ;

2°/ que la réglementation locale de la Ville de Paris, en ce qu'elle instaure une obligation de compensation, ne va pas au-delà de ce qui est nécessaire pour atteindre l'objectif recherché puisqu'il résulte des pièces produites que cette obligation répond effectivement à une pénurie de logements, la demande de logements destinés à l'habitation à des conditions économiques acceptables peinant, dans l'ensemble de cette commune, à y être satisfaite et le développement de la location de locaux meublés destinés à l'habitation à une clientèle de passage n'y élisant pas domicile, au préjudice de l'offre de location de locaux à usage d'habitation, entraînant une raréfaction du marché locatif traditionnel et contraignant les habitants à s'éloigner pour trouver un logement ;

3°/ que l'obligation de compensation prévue par la réglementation de la Ville de Paris, dans son règlement municipal adopté en décembre 2008, modifié les 17, 18 et 19 novembre 2014, comme dans celui adopté en décembre 2018, est proportionnée à l'objectif poursuivi, en ce que le quantum de cette obligation, qui porte sur des locaux de surface équivalente, sauf dans les secteurs dits de « compensation renforcée » où les locaux proposés en compensation doivent représenter une surface double de celle faisant l'objet de la demande de changement d'usage, secteurs qui correspondent à des zones dans lesquelles la Ville de Paris fait de la protection de l'habitat un objectif prioritaire, apparaît adapté à la situation tendue du marché locatif dans l'ensemble de la commune et à l'objectif de développer l'offre de locaux d'habitation dans certaines zones où l'habitat est plus particulièrement protégé, en favorisant l'objectif de mixité sociale ; en effet, le quantum de la compensation porte, dans le secteur de « compensation renforcée », sur des locaux de surface équivalente si ces locaux sont transformés en logements locatifs sociaux ; ce dispositif est compatible avec le maintien d'une activité de location de locaux meublés à une clientèle de passage n'y élisant pas domicile dès lors que, même dans les secteurs de compensation renforcée, il ne fait pas obstacle à l'exercice de cette activité eu égard à la rentabilité accrue de ce type de location par rapport aux baux à usage d'habitation et à la possibilité de satisfaire à l'obligation de compensation, non seulement par la transformation en habitation d'autres locaux détenus par la personne concernée et ayant un autre usage, mais également par d'autres mécanismes, tel l'achat de droits dits de « commercialité » auprès de propriétaires souhaitant affecter à un usage d'habitation des locaux destinés à un autre usage, contribuant ainsi au maintien à un niveau stable du parc de logement de longue durée.

13. Les critères prévus par l'article L. 631-7-1, tels que mis en oeuvre par la Ville de Paris, sont donc conformes au principe de proportionnalité de l'article 10, paragraphe 2, sous c), de la directive.

14. S'agissant du respect des conditions de clarté, de non ambiguïté et d'objectivité prévues par l'article 10, paragraphe 2, sous d) et e), de la directive, l'article L. 631-7-1, s'il ne fixe pas lui-même les conditions de délivrance des autorisations, mais donne compétence à cette fin aux autorités locales, encadre les modalités de détermination par ces autorités des conditions d'octroi des autorisations prévues en fixant les objectifs poursuivis et en imposant les critères en fonction desquels les conditions d'octroi doivent être déterminées. Il est ainsi suffisamment clair et précis pour éviter le risque d'arbitraire dans la détermination des conditions de délivrance des autorisations par les autorités locales.

15. S'agissant, enfin, des exigences de publicité préalable, de transparence et d'accessibilité des conditions d'octroi des autorisations, prévues à l'article 10, paragraphe 2, sous f) et g), de la directive, l'article L. 631-7-1 du code de la construction et de l'habitation, en ce qu'il renvoie aux conseils municipaux le soin de déterminer les conditions de délivrance des autorisations de changement d'usage et le quantum éventuel des compensations, n'est pas contraire à ces exigences dès lors qu'en application de l'article L. 2121-25 du code général des collectivités territoriales, les comptes rendus des séances du conseil municipal sont affichés en mairie et mis en ligne sur le site internet de la commune concernée, ce qui permet à toute personne souhaitant solliciter une telle autorisation d'être informée des conditions de son obtention.

16. Il s'ensuit que les articles L. 631-7, alinéa 6, et L. 631-7-1 du code de la construction et de l'habitation sont conformes à la directive 2006/123 du 12 décembre 2006.

17. Ayant retenu qu'il résultait des éléments produits que le bien de Mme D C avait fait l'objet de

locations de courte durée, épisodiques, à l'usage d'une clientèle de passage sans que n'eût été sollicitée d'autorisation de changement d'usage, la cour d'appel en a déduit à bon droit, sans violer le principe de primauté du droit de l'Union européenne, que celle-ci avait enfreint les dispositions de l'article L. 631-7 du code de la construction et de l'habitation et encourait l'amende prévue par l'article L. 651-2 du même code.

18. Le moyen n'est donc pas fondé.

Par ces motifs, la Cour :

Rejette le pourvoi.

Cass. 3e civ. 18-2-2021 n° 19-11.462 FP-PLC

348 locations meublées saisonnières et touristiques – régime juridique – meublées de tourisme – autorisation de changement d'usage

Faits et procédure

1. Selon l'arrêt attaqué (Paris, 29 novembre 2018), la Ville de Paris a assigné en la forme des référés, sur le fondement des articles L. 631-7, L. 632-1 et L. 651-2 du code de la construction et de l'habitation, la SCI Herlytte, propriétaire d'un appartement situé à Paris, afin de la voir condamner au paiement d'une amende et de voir ordonner le retour du bien à son usage d'habitation, pour l'avoir loué de manière répétée pour de courtes durées à une clientèle de passage.

2. Par arrêt du 6 février 2020, la Cour de cassation a sursis à statuer sur le pourvoi formé par la SCI Herlytte, contre l'arrêt ayant accueilli les demandes, jusqu'au prononcé de la décision de la Cour de justice de l'Union européenne dans les affaires C-724/18 et C-727/18.

3. La Cour de justice de l'Union européenne a statué par arrêt du 22 septembre 2020 (Cali Apartments SCI et HX contre Procureur général près la cour d'appel de Paris et Ville de Paris, C-724/18 et C-727/18).

Examen des moyens

Sur le premier moyen, ci-après annexé

4. En application de l'article 1014, alinéa 2, du code de procédure civile, il n'y a pas lieu de statuer par une décision spécialement motivée sur ce moyen qui n'est manifestement pas de nature à entraîner la cassation.

Sur le deuxième moyen

Enoncé du moyen

5. La SCI Herlytte fait grief à l'arrêt de faire application des articles L. 631-7, alinéa 6, et L. 651-2, alinéa 1, du code de la construction et de l'habitation, alors :

« 1°/ que, conformément à l'article 9, paragraphe 1, sous b) de la directive 2006/123/CE du 12 décembre 2006, les États membres ne peuvent subordonner l'accès à une activité de service et son exercice à un régime d'autorisation que si la nécessité d'un tel régime est justifiée par une raison impérieuse d'intérêt général ; qu'en affirmant, s'agissant des articles L. 631-7 et L. 651-2 du code de la construction et de l'habitation que « le législateur a pris des dispositions destinées à lutter contre la pénurie de locaux offerts à la location dans des zones géographiques dans lesquelles il existe une grande disparité entre l'offre et la demande », sans établir qu'une telle réglementation nationale, qui subordonne la location d'un local meublé, pour une courte durée, à une clientèle de passage n'y élisant pas domicile, à l'obtention d'une autorisation administrative, serait justifiée par une raison impérieuse d'intérêt général, la cour d'appel a violé le principe de primauté du droit de l'Union européenne ;

2°/ qu'en appliquant les articles L. 631-7, alinéa 6, et L. 651-2 alinéa 1 du code de la construction et de l'habitation, sans établir, ainsi que l'exige l'article 9, paragraphe 1, sous c) de la directive 2006/123/CE du 12 décembre 2006, si l'objectif poursuivi par ces dispositions pouvait être réalisé par une mesure moins contraignante, la cour d'appel a violé le principe de primauté du droit de l'Union européenne ;

3°/ qu'en appliquant les dispositions précitées, lorsque, relatives à la location d'un « local meublé destiné à l'habitation de manière répétée pour de courtes durées à une clientèle de passage qui n'y élit pas domicile », leur mise en oeuvre ne dépend pas de critères qui, comme l'exige pourtant l'article 10 de la directive 2006/123/CE du 12 décembre 2006, encadrent l'exercice du pouvoir d'appréciation des autorités compétentes afin que celui-ci ne soit pas utilisé de manière arbitraire, la cour d'appel a méconnu ce texte et violé le principe de primauté du droit de l'Union européenne ;

4°/ qu'en appliquant les dispositions précitées, lorsqu'il résulte de l'article L. 631-7-1 que les conditions dans lesquelles sont délivrées les autorisations nécessaires sont « fixées par une délibération du conseil municipal », au regard des « objectifs de mixité sociale » et en fonction notamment des « caractéristiques des marchés de locaux d'habitation » et de « la nécessité de ne pas aggraver la pénurie de logements », la cour d'appel a méconnu les exigences de l'article 10 de la directive 2006/123/CE du 12 décembre 2006 et violé le principe de primauté du droit de l'Union européenne. »

Réponse de la Cour

6. Par arrêt du 22 septembre 2020 (Cali Apartments SCI et HX contre Procureur général près la cour d'appel de Paris et Ville de Paris, C-724/18 et C-727/18), la Cour de justice de l'Union européenne a dit pour droit que :

1) Les articles 1 et 2 de la directive 2006/123/CE du Parlement européen et du Conseil, du 12 décembre 2006, relative aux services dans le marché intérieur, doivent être interprétés en ce sens que cette directive s'applique à une réglementation d'un État membre relative à des activités de location contre rémunération de locaux meublés destinés à l'habitation à une clientèle de passage n'y élisant pas domicile, effectuées de manière répétée et pour de courtes durées, à titre professionnel comme non professionnel.

2) L'article 4 de la directive 2006/123 doit être interprété en ce sens qu'une réglementation nationale qui soumet à autorisation préalable l'exercice de certaines activités de location de locaux destinés à l'habitation relève de la notion de « régime d'autorisation », au sens du point 6 de cet article.

3) L'article 9, paragraphe 1, sous b) et c), de la directive 2006/123 doit être interprété en ce sens qu'une réglementation nationale qui, pour des motifs visant à garantir une offre suffisante de logements destinés à la location de longue durée à des prix abordables, soumet certaines activités de location contre rémunération de locaux meublés destinés à l'habitation à une clientèle de passage n'y élisant pas domicile, effectuées de manière répétée et pour de courtes durées, à un régime d'autorisation préalable applicable dans certaines communes où la tension sur les loyers est particulièrement marquée est justifiée par une raison impérieuse d'intérêt général tenant à la lutte contre la pénurie de logements destinés à la location et proportionnée à l'objectif poursuivi, en ce que celui-ci ne peut pas être réalisé par une mesure moins contraignante, notamment parce qu'un contrôle a posteriori interviendrait trop tardivement pour avoir une efficacité réelle.

4) L'article 10, paragraphe 2, de la directive 2006/123 doit être interprété en ce sens qu'il ne s'oppose pas à une réglementation nationale instituant un régime qui subordonne à une autorisation préalable l'exercice de certaines activités de location contre rémunération de locaux meublés destinés à l'habitation, qui est fondée sur des critères tenant au fait de louer le local en cause « de manière répétée et pour de courtes durées à une clientèle de passage qui n'y élit pas domicile » et qui confie aux autorités locales le pouvoir de préciser, dans le cadre fixé par cette réglementation, les conditions d'octroi des autorisations prévues par ce régime au regard d'objectifs de mixité sociale et en fonction des caractéristiques des marchés locaux d'habitation et de la nécessité de ne pas aggraver la pénurie de logements, en les assortissant au besoin d'une obligation de compensation sous la forme d'une transformation accessoire et concomitante en habitation de locaux ayant un autre usage, pour autant que ces conditions d'octroi soient conformes aux exigences fixées par cette disposition et que cette obligation puisse être satisfaite dans des conditions transparentes et accessibles.

7. Il s'ensuit, en premier lieu, que l'article L. 631-7, alinéa 6, du code de la construction et de l'habitation, qui soumet à autorisation préalable le fait,

dans certaines communes, de louer un local meublé destiné à l'habitation d'une manière répétée pour de courtes durées à une clientèle de passage qui n'y élit pas domicile, est justifié par une raison impérieuse d'intérêt général tenant à la lutte contre la pénurie de logements destinés à la location et proportionné à l'objectif poursuivi en ce que celui-ci ne peut pas être réalisé par une mesure moins contraignante, notamment parce qu'un contrôle a posteriori interviendrait trop tardivement pour avoir une efficacité réelle. Il satisfait donc aux exigences de l'article 9, paragraphe 1, sous b) et c), de la directive 2006/123.

8. En second lieu, l'article L. 631-7 du code de la construction et de l'habitation, dans sa rédaction issue de la loi du 24 mars 2014 applicable au litige, définit, en son alinéa 2, les locaux destinés à l'habitation comme « toutes catégories de logements et leurs annexes, y compris les logements foyers, logements de gardien, chambres de service, logements de fonction, logements inclus dans un bail commercial, locaux meublés donnés en location dans les conditions de l'article L. 632-1. »

9. L'article L. 632-1 du même code renvoie au titre I bis de la loi du 6 juillet 1989, relatif aux « rapports entre bailleurs et locataires dans les logements meublés résidence principale ». L'article 25-7 de cette loi prévoit que les locations de logements meublés, lorsqu'ils constituent la résidence principale du locataire, sont consenties pour une durée minimale d'un an, sauf le cas des étudiants pour lesquels cette durée est réduite à neuf mois.

10. Il en résulte qu'hormis les cas d'une location consentie à un étudiant pour une durée d'au moins neuf mois, de la conclusion, depuis l'entrée en vigueur de la loi du 23 novembre 2018, d'un bail mobilité d'une durée de un à dix mois et de la location, pour une durée maximale de quatre mois, du local à usage d'habitation constituant la résidence principale du loueur, le fait de louer, à plus d'une reprise au cours d'une même année, un local meublé pour une durée inférieure à un an, telle qu'une location à la nuitée, à la semaine ou au mois, à une clientèle de passage qui n'y fixe pas sa résidence principale au sens de l'article 2 de la loi du 6 juillet 1989 constitue un changement d'usage d'un local destiné à l'habitation et, par conséquent, est soumis à autorisation préalable.

11. Il s'ensuit que l'article L. 631-7, alinéa 6, du code de la construction et de l'habitation répond aux exigences de clarté, d'objectivité et de non ambiguïté de l'article 10, paragraphe 2, sous d) et e), de la directive 2006/123.

12. En dernier lieu, s'agissant de la conformité, aux exigences prévues à l'article 10 de la directive, des critères énoncés par le législateur pour encadrer les conditions d'octroi des autorisations, il convient de relever que l'article L. 631-7-1 du code de la construction et de l'habitation, qui confie au maire de la commune de situation de l'immeuble la faculté de délivrer l'autorisation préalable de changement d'usage et attribue au conseil municipal le soin de fixer les conditions dans lesquelles sont délivrées les autorisations et déterminées les compensations, au regard des objectifs de mixité sociale en fonction notamment des caractéristiques des marchés de locaux d'habitation et de la nécessité de ne pas aggraver la pénurie de logements, impose ainsi aux autorités locales de fixer les conditions d'obtention des autorisations en considération de l'objectif d'intérêt général tenant à la lutte contre la pénurie de logements. Il en résulte que les critères posés par l'article L. 631-7-1, alinéa 1, pour encadrer l'exercice du pouvoir d'appréciation des autorités compétentes sont, en eux-mêmes, justifiés par une raison d'intérêt général au sens de l'article 10, paragraphe 2, sous b), de la directive.

13. S'agissant de l'exigence de proportionnalité des conditions d'octroi de l'autorisation de changement d'usage à l'objectif poursuivi, prévue par l'article 10, paragraphe 2, sous c), de la directive, il convient de relever :

1) qu'en ce qu'elle réserve aux autorités locales la compétence pour fixer les conditions de délivrance des autorisations et, le cas échéant, pour décider d'imposer une obligation de compensation, la réglementation de l'article L. 631-7-1 est apte à garantir l'adéquation du régime d'autorisation aux circonstances spécifiques de chacune des communes concernées, dont les autorités locales ont une connaissance privilégiée ;

2) que la réglementation locale de la Ville de Paris, en ce qu'elle instaure une obligation de compensation, ne va pas au-delà de ce qui est nécessaire pour atteindre l'objectif recherché puisqu'il résulte des pièces produites que cette obligation répond effectivement à une pénurie de logements, la demande de logements destinés à l'habitation à des conditions économiques acceptables peinant, dans l'ensemble de cette commune, à y être satisfaite et le développement de la location de locaux meublés destinés à l'habitation à une clientèle de passage n'y élisant pas domicile, au préjudice de l'offre de location de locaux à usage d'habitation, entraînant une raréfaction du marché locatif traditionnel et contraignant les habitants à s'éloigner pour trouver un logement ;
3) que l'obligation de compensation prévue par la réglementation de la Ville de Paris, dans son règlement municipal adopté en décembre 2008, modifié les 17, 18 et 19 novembre 2014, comme dans celui adopté en décembre 2018, est proportionnée à l'objectif poursuivi, en ce que le quantum de cette obligation, qui porte sur des locaux de surface équivalente, sauf dans les secteurs dits de « compensation renforcée » où les locaux proposés en compensation doivent représenter une surface double de celle faisant l'objet de la demande de changement d'usage, secteurs qui correspondent à des zones dans lesquelles la Ville de Paris fait de la protection de l'habitat un objectif prioritaire, apparaît adapté à la situation tendue du marché locatif dans l'ensemble de la commune et à l'objectif de développer l'offre de locaux d'habitation dans certaines zones où l'habitat est plus particulièrement protégé, en favorisant l'objectif de mixité sociale ; en effet, le quantum de la compensation porte, dans le secteur de « compensation renforcée », sur des locaux de surface équivalente si ces locaux sont transformés en logements locatifs sociaux ; ce dispositif est compatible avec le maintien d'une activité de location de locaux meublés à une clientèle de passage n'y élisant pas domicile dès lors que, même dans les secteurs de compensation renforcée, il ne fait pas obstacle à l'exercice de cette activité eu égard à la rentabilité accrue de ce type de location par rapport aux baux à usage d'habitation et à la possibilité de satisfaire à l'obligation de compensation, non seulement par la transformation en habitation d'autres locaux détenus par la personne concernée et ayant un autre usage, mais également par d'autres mécanismes, tel l'achat de droits dits de « commercialité » auprès de propriétaires souhaitant affecter à un usage d'habitation des locaux destinés à un autre usage, contribuant ainsi au maintien à un niveau stable du parc de logement de longue durée.

14. Les critères prévus par l'article L. 631-7-1, tels que mis en oeuvre par la Ville de Paris, sont donc conformes au principe de proportionnalité de l'article 10, paragraphe 2, sous c), de la directive.

15. S'agissant du respect des conditions de clarté, de non ambiguïté et d'objectivité prévues par l'article 10, paragraphe 2, sous d) et e), de la directive, l'article L. 631-7-1, s'il ne fixe pas lui-même les conditions de délivrance des autorisations, mais donne compétence à cette fin aux autorités locales, encadre les modalités de détermination par ces autorités des conditions d'octroi des autorisations prévues en fixant les objectifs poursuivis et en imposant les critères en fonction desquels les conditions d'octroi doivent être déterminées. Il est ainsi suffisamment clair et précis pour éviter le risque d'arbitraire dans la détermination des conditions de délivrance des autorisations par les autorités locales.

16. S'agissant, enfin, des exigences de publicité préalable, de transparence et d'accessibilité des conditions d'octroi des autorisations, prévues à l'article 10, paragraphe 2, sous f) et g), de la directive, l'article L. 631-7-1 du code de la construction et de l'habitation, en ce qu'il renvoie aux conseils municipaux le soin de déterminer les conditions de délivrance des autorisations de changement d'usage et le quantum éventuel des compensations, n'est pas contraire à ces exigences dès lors qu'en application de l'article L. 2121-25 du code général des collectivités territoriales, les comptes rendus des séances du conseil municipal sont affichés en mairie et mis en ligne sur le site internet de la commune concernée, ce qui permet à toute personne souhaitant solliciter une telle autorisation d'être informée des conditions de son obtention.

17. Il s'ensuit que les articles L. 631-7, alinéa 6, et L. 631-7-1 du code de la construction et de l'habitation sont conformes à la directive 2006/123 du 12 décembre 2006.
18. Le moyen n'est donc pas fondé.
Mais sur le troisième moyen, pris en ses première et quatrième branches
Enoncé du moyen
19. La SCI Herlytte fait grief à l'arrêt de la condamner à payer à la Ville de Paris une amende civile de 25 000 euros sur le fondement de l'article L. 651-2 du Code de la construction et de l'habitation, alors :
« 1°/ que les articles 38 et 40 du décret n 69-1076 du 28 novembre 1969, o pris pour l'application de la loi n 68-108 du 2 février 1968 relative aux évaluations servant de base à certains impôts locaux, prévoient que les déclarations qui devaient être remplies, dans le cadre de la révision générale des évaluations foncières de 1970, étaient établies sur des formules spéciales fournies par l'administration (correspondant aux déclarations « H2 ») et que ces formules « comportent, à la date de leur souscription, les renseignements utiles à l'évaluation de chaque propriété ou fraction de propriété définies à l'article 1 du présent décret », tout en précisant que « toutefois, en cas de location, le montant annuel du loyer est celui en vigueur au 1 janvier 1970, date à retenir également pour l'évaluation des charges » ; qu'il en résulte que les informations figurant sur les déclarations H2, à l'exception de celles relatives au montant annuel du loyer, ont pour objet de décrire l'usage du bien à la date de leur souscription, et non au 1er janvier 1970 ; qu'en retenant, en l'espèce, que le fait que la déclaration en cause a été remplie en juin 1978 ne saurait justifier de la priver de sa valeur probante de l'usage de ce bien au 1er janvier 1970, dès lors qu'elle aurait « pour objet de décrire l'usage dudit bien à cette date », et que « les réponses manuscrites de ses propriétaires, selon lesquelles ce bien est occupé par une tierce personne dont le nom est cité et qu'il est loué en meublé, établissent à suffisance de droit que le bien litigieux était affecté à usage d'habitation au 1er janvier 1970 », la cour d'appel a violé les articles 16 de la loi n 68-108 du 2 février 1968 et 36 à 40 du décret n 69-1076 du 28 novembre 1969 ;
4°/ qu'en statuant ainsi, sans s'expliquer sur le fait que la seule rubrique faisant référence à la date du 1 janvier 1970, à savoir la rubrique « loyer annuel au 1 janvier 1970 », n'était pas renseignée, la cour d'appel a privé sa décision de base légale au regard de l'article L. 631-7 du code de la construction et de l'habitation. »
Réponse de la Cour
Vu les articles 38 et 40 du décret du 28 novembre 1969 :
20. Selon ces textes, les déclarations souscrites par les redevables de la propriété foncière en application de l'article 16 de la loi du 2 février 1968 sont établies sur des formules spéciales qui sont fournies par l'administration et qui comportent, à la date de leur souscription, les renseignements utiles à l'évaluation de chaque propriété ou fraction de propriété.
21. Pour condamner la SCI Herlytte à payer à la Ville de Paris une amende civile de 25 000 euros, l'arrêt retient que la déclaration établie selon le modèle H2 et fournie par l'administration fiscale correspond aux appartements et aux dépendances situés dans un immeuble collectif, que les propriétaires, comme l'examen de la déclaration produite par la Ville de Paris le démontre, devaient préciser l'état d'occupation du local et indiquer le montant du loyer au 1 janvier 1970 pour les locations autres que commerciales ou en meublé, que le fait que ladite déclaration ait en l'espèce été remplie en juin 1978 ne saurait justifier de la priver de sa valeur probante de l'usage du bien au 1 janvier 1970, alors qu'elle a pour objet de décrire l'usage dudit bien à cette date, et que les réponses manuscrites de ses propriétaires, selon lesquelles ce bien est occupé par une tierce personne dont le nom est cité et qu'il est loué en meublé, établissent à suffisance de droit que le bien litigieux était affecté à usage d'habitation au 1er janvier 1970.
22. En se déterminant ainsi, alors que le formulaire fourni par l'administration en application du décret du 28 novembre 1969, intitulé « déclaration H2 », comporte, à la date de sa souscription, les renseignements utiles à l'évaluation de chaque proprié-

té ou fraction de propriété, à l'exception du montant du loyer qui est celui du 1 janvier 1970, la cour d'appel, qui n'a pas expliqué en quoi les renseignements figurant dans le formulaire H2 produit par la Ville de Paris étaient de nature à établir l'usage d'habitation du bien au 1 janvier 1970, n'a pas donné de base légale à sa décision de ce chef.

Sur le troisième moyen, pris en sa cinquième branche

Enoncé du moyen

23. La SCI Herlytte fait le même grief à l'arrêt, alors « qu'en toutes hypothèses, en relevant que « le relevé cadastral de propriété de la SCI Herlytte relatif à ce local, dans laquelle figure la lettre H pour habitation dans la case Af pour affectation, indique que ce local n'a pas fait l'objet de travaux ayant eu pour conséquence d'en changer la destination postérieurement au 1 janvier 1970 et, ainsi, d'avoir changé l'usage qu'il avait à cette date », sans établir que ce relevé cadastral de propriété serait de nature à rapporter la preuve que le local de de la SCI Herlytte était affecté à l'usage d'habitation au 1 janvier 1970, la cour d'appel s'est déterminée par un motif inopérant, et a ainsi privé sa décision de base légale au regard de l'article L. 631-7 du code de la construction et de l'habitation. »

Réponse de la Cour

Vu l'article L. 631-7 du code de la construction et de l'habitation :

24. Selon ce texte, un local est réputé à usage d'habitation s'il était affecté à cet usage au 1er janvier 1970.

25. Pour condamner la SCI Herlytte à payer à la Ville de Paris une amende civile de 25 000 euros, l'arrêt retient encore que le relevé cadastral de propriété relatif à ce local, dans laquelle figure la lettre H pour habitation dans la case Af pour affectation, indique que ce local n'a pas fait l'objet de travaux ayant eu pour conséquence d'en changer la destination postérieurement au 1 janvier 1970 et de modifier ainsi l'usage qu'il avait à cette date.

26. En statuant ainsi, alors que l'absence de mention de travaux postérieurement au 1 janvier 1970 dans le relevé cadastral n'est pas de nature à établir que le local était affecté à usage d'habitation au 1 janvier 1970, la cour d'appel a violé le texte susvisé.

Par ces motifs, et sans qu'il y ait lieu de statuer sur les autres griefs, la Cour :

Casse et annule, en toutes ses dispositions, l'arrêt rendu le 29 novembre 2018, entre les parties, par la cour d'appel de Paris ;

Remet l'affaire et les parties dans l'état où elles se trouvaient avant cet arrêt et les renvoie devant la cour d'appel de Paris, autrement composée ;

Condamne la Ville de Paris aux dépens.

Cass. 3e civ. 18-2-2021 n° 19-11.577 FP-D

349 **locations meublées saisonnières et touristiques – régime juridique – meublées de tourisme – autorisation de changement d'usage**

Faits et procédure

1. Selon l'arrêt attaqué (Paris, 10 janvier 2019), la Ville de Paris a assigné en la forme des référés, sur le fondement des articles L. 631-7, L. 632-1 et L. 651-2 du code de la construction et de l'habitation, Mme Z J, propriétaire d'un appartement situé à Paris, afin de la voir condamner au paiement d'une amende et de voir ordonner le retour du bien à son usage d'habitation, pour l'avoir loué à la société Thop management avec autorisation de le sous louer.

2. Par arrêt du 9 juillet 2020, la Cour de cassation a sursis à statuer sur le pourvoi formé par Mme Z J, contre l'arrêt ayant accueilli les demandes, jusqu'au prononcé de la décision de la Cour de justice de l'Union européenne dans les affaires C-724/18 et C-727/18.

3. La Cour de justice de l'Union européenne a statué par arrêt du 22 septembre 2020 (Cali Apartments SCI et HX contre procureur général près la cour d'appel de Paris et Ville de Paris, C-724/18 et C-727/18).

Examen des moyens
Sur le premier moyen
Enoncé du moyen
4. Mme Z J fait grief à l'arrêt de faire application des articles L. 631-7, alinéa 6, et L. 651-2, alinéa 1, du code de la construction et de l'habitation, alors :
« 1°/ qu'en appliquant les articles L. 631-7, alinéa 6, et L. 651-2, alinéa 1, du code de la construction et de l'habitation qui subordonnent la location d'un local meublé à l'obtention d'une autorisation administrative, sans établir, ainsi que l'exige l'article 9, paragraphe 1, sous b) de la directive 2006/123/CE du 12 décembre 2006, que cette restriction à la libre prestation de service est justifiée par une raison impérieuse d'intérêt général, la cour d'appel a violé le principe de primauté du droit de l'Union européenne ;
2°/ en appliquant les articles L. 631-7 alinéa 6 et L. 651-2 alinéa 1 du code de la construction et de l'habitation, sans établir, ainsi que l'exige l'article 9, paragraphe 1, sous c) de la directive 2006/123/CE du 12 décembre 2006, si l'objectif poursuivi par ces dispositions pouvait être réalisé par une mesure moins contraignante, la cour d'appel a violé le principe de primauté du droit de l'Union européenne ;
3°/ qu'en appliquant les dispositions précitées, lorsque, relatives à la location d'un « local meublé destiné à l'habitation de manière répétée pour de courtes durées à une clientèle de passage qui n'y élit pas domicile », leur mise en oeuvre ne dépend pas de critères qui, comme l'exige pourtant l'article 10 de la directive 2006/123/CE du 12 décembre 2006, encadrent l'exercice du pouvoir d'appréciation des autorités compétentes afin que celui-ci ne soit pas utilisé de manière arbitraire, le juge a méconnu ce texte et violé le principe de primauté du droit de l'Union européenne ;
4°/ qu'en appliquant les dispositions précitées, lorsqu'il résulte de l'article L. 631-7-1 que les conditions dans lesquelles sont délivrées les autorisations nécessaires sont « fixées par une délibération du conseil municipal », au regard des « objectifs de mixité sociale » et en fonction notamment des « caractéristiques des marchés de locaux d'habitation » et de « la nécessité de ne pas aggraver la pénurie de logements », la cour d'appel a méconnu les exigences de l'article 10 de la directive 2006/123/CE du 12 décembre 2006 et violé le principe de primauté du droit de l'Union européenne. »
Réponse de la Cour
5. Par arrêt du 22 septembre 2020 (Cali Apartments SCI et HX contre Procureur général près la cour d'appel de Paris et Ville de Paris, C-724/18 et C-727/18), la Cour de justice de l'Union européenne a dit pour droit que :
1°/ Les articles 1 et 2 de la directive 2006/123/CE du Parlement européen er et du Conseil, du 12 décembre 2006, relative aux services dans le marché intérieur, doivent être interprétés en ce sens que cette directive s'applique à une réglementation d'un État membre relative à des activités de location contre rémunération de locaux meublés destinés à l'habitation à une clientèle de passage n'y élisant pas domicile, effectuées de manière répétée et pour de courtes durées, à titre professionnel comme non professionnel.
2°/ L'article 4 de la directive 2006/123 doit être interprété en ce sens qu'une réglementation nationale qui soumet à autorisation préalable l'exercice de certaines activités de location de locaux destinés à l'habitation relève de la notion de « régime d'autorisation », au sens du point 6 de cet article.
3°/ L'article 9, paragraphe 1, sous b) et c), de la directive 2006/123 doit être interprété en ce sens qu'une réglementation nationale qui, pour des motifs visant à garantir une offre suffisante de logements destinés à la location de longue durée à des prix abordables, soumet certaines activités de location contre rémunération de locaux meublés destinés à l'habitation à une clientèle de passage n'y élisant pas domicile, effectuées de manière répétée et pour de courtes durées, à un régime d'autorisation préalable applicable dans certaines communes où la tension sur les loyers est particulièrement marquée est justifiée par une raison impérieuse d'intérêt général tenant à la lutte contre la pénurie de logements destinés à la location et proportionnée à l'objectif poursuivi, en ce que celui-ci ne peut pas être réalisé par une mesure moins contraignante, notamment parce qu'un contrôle a posteriori interviendrait trop tardivement pour avoir une efficacité réelle.

4°/ L'article 10, paragraphe 2, de la directive 2006/123 doit être interprété en ce sens qu'il ne s'oppose pas à une réglementation nationale instituant un régime qui subordonne à une autorisation préalable l'exercice de certaines activités de location contre rémunération de locaux meublés destinés à l'habitation, qui est fondée sur des critères tenant au fait de louer le local en cause « de manière répétée et pour de courtes durées à une clientèle de passage qui n'y élit pas domicile » et qui confie aux autorités locales le pouvoir de préciser, dans le cadre fixé par cette réglementation, les conditions d'octroi des autorisations prévues par ce régime au regard d'objectifs de mixité sociale et en fonction des caractéristiques des marchés locaux d'habitation et de la nécessité de ne pas aggraver la pénurie de logements, en les assortissant au besoin d'une obligation de compensation sous la forme d'une transformation accessoire et concomitante en habitation de locaux ayant un autre usage, pour autant que ces conditions d'octroi soient conformes aux exigences fixées par cette disposition et que cette obligation puisse être satisfaite dans des conditions transparentes et accessibles.

6. Il s'ensuit, en premier lieu, que l'article L. 631-7, alinéa 6, du code de la construction et de l'habitation, qui soumet à autorisation préalable le fait, dans certaines communes, de louer un local meublé destiné à l'habitation d'une manière répétée pour de courtes durées à une clientèle de passage qui n'y élit pas domicile, est justifié par une raison impérieuse d'intérêt général tenant à la lutte contre la pénurie de logements destinés à la location et proportionné à l'objectif poursuivi en ce que celui-ci ne peut pas être réalisé par une mesure moins contraignante, notamment parce qu'un contrôle a posteriori interviendrait trop tardivement pour avoir une efficacité réelle. Il satisfait donc aux exigences de l'article 9, paragraphe 1, sous b) et c), de la directive 2006/123.

7. En second lieu, l'article L. 631-7 du code de la construction et de l'habitation, dans sa rédaction issue de la loi du 24 mars 2014 applicable au litige, définit, en son alinéa 2, les locaux destinés à l'habitation comme « toutes catégories de logements et leurs annexes, y compris les logements foyers, logements de gardien, chambres de service, logements de fonction, logements inclus dans un bail commercial, locaux meublés donnés en location dans les conditions de l'article L. 632-1. »

8. L'article L. 632-1 du même code renvoie au titre I bis de la loi du 6 juillet 1989, relatif aux « rapports entre bailleurs et locataires dans les logements meublés résidence principale ». L'article 25-7 de cette loi prévoit que les locations de logements meublés, lorsqu'ils constituent la résidence principale du locataire, sont consenties pour une durée minimale d'un an, sauf le cas des étudiants pour lesquels cette durée est réduite à neuf mois.

9. Il en résulte qu'hormis les cas d'une location consentie à un étudiant pour une durée d'au moins neuf mois, de la conclusion, depuis l'entrée en vigueur de la loi du 23 novembre 2018, d'un bail mobilité d'une durée de un à dix mois et de la location, pour une durée maximale de quatre mois, du local à usage d'habitation constituant la résidence principale du loueur le fait de louer, à plus d'une reprise au cours d'une même année, un local meublé pour une durée inférieure à un an, telle qu'une location à la nuitée, à la semaine ou au mois, à une clientèle de passage qui n'y fixe pas sa résidence principale au sens de l'article 2 de la loi du 6 juillet 1989 constitue un changement d'usage d'un local destiné à l'habitation et, par conséquent, est soumis à autorisation préalable.

10. Il s'ensuit que l'article L. 631-7, alinéa 6, du code de la construction et de l'habitation répond aux exigences de clarté, d'objectivité et de non ambiguïté de l'article 10, paragraphe 2, sous d) et e), de la directive 2006/123.

11. En dernier lieu, s'agissant de la conformité, aux exigences prévues à l'article 10 de la directive, des critères énoncés par le législateur pour encadrer les conditions d'octroi des autorisations, il convient de relever que l'article L. 631-7-1 du code de la construction et de l'habitation, qui confie au maire de la commune de situation de l'immeuble la faculté de délivrer l'autorisation préalable de changement d'usage et attribue au conseil municipal le soin de fixer les conditions dans lesquelles sont délivrées les autorisations et déterminées les com-

pensations, au regard des objectifs de mixité sociale en fonction notamment des caractéristiques des marchés de locaux d'habitation et de la nécessité de ne pas aggraver la pénurie de logements, impose ainsi aux autorités locales de fixer les conditions d'obtention des autorisations en considération de l'objectif d'intérêt général tenant à la lutte contre la pénurie de logements. Il en résulte que les critères posés par l'article L. 631-7-1, alinéa 1, pour encadrer l'exercice du pouvoir d'appréciation des autorités compétentes sont, en eux-mêmes, justifiés par une raison d'intérêt général au sens de l'article 10, paragraphe 2, sous b), de la directive.

12. S'agissant de l'exigence de proportionnalité des conditions d'octroi de l'autorisation de changement d'usage à l'objectif poursuivi, prévue par l'article 10, paragraphe 2, sous c), de la directive, il convient de relever :

1°/ qu'en ce qu'elle réserve aux autorités locales la compétence pour fixer les conditions de délivrance des autorisations et, le cas échéant, pour décider d'imposer une obligation de compensation, la réglementation de l'article L. 631-7-1 est apte à garantir l'adéquation du régime d'autorisation aux circonstances spécifiques de chacune des communes concernées, dont les autorités locales ont une connaissance privilégiée ;

2°/ que la réglementation locale de la Ville de Paris, en ce qu'elle instaure une obligation de compensation, ne va pas au-delà de ce qui est nécessaire pour atteindre l'objectif recherché puisqu'il résulte des pièces produites que cette obligation répond effectivement à une pénurie de logements, la demande de logements destinés à l'habitation à des conditions économiques acceptables peinant, dans l'ensemble de cette commune, à y être satisfaite et le développement de la location de locaux meublés destinés à l'habitation à une clientèle de passage n'y élisant pas domicile, au préjudice de l'offre de location de locaux à usage d'habitation, entraînant une raréfaction du marché locatif traditionnel et contraignant les habitants à s'éloigner pour trouver un logement ;

-3°/ que l'obligation de compensation prévue par la réglementation de la Ville de Paris, dans son règlement municipal adopté en décembre 2008, modifié les 17, 18 et 19 novembre 2014, comme dans celui adopté en décembre 2018, est proportionnée à l'objectif poursuivi, en ce que le quantum de cette obligation, qui porte sur des locaux de surface équivalente, sauf dans les secteurs dits de « compensation renforcée » où les locaux proposés en compensation doivent représenter une surface double de celle faisant l'objet de la demande de changement d'usage, secteurs qui correspondent à des zones dans lesquelles la Ville de Paris fait de la protection de l'habitat un objectif prioritaire, apparaît adapté à la situation tendue du marché locatif dans l'ensemble de la commune et à l'objectif de développer l'offre de locaux d'habitation dans certaines zones où l'habitat est plus particulièrement protégé, en favorisant l'objectif de mixité sociale ; en effet, le quantum de la compensation porte, dans le secteur de « compensation renforcée », sur des locaux de surface équivalente si ces locaux sont transformés en logements locatifs sociaux ; ce dispositif est compatible avec le maintien d'une activité de location de locaux meublés à une clientèle de passage n'y élisant pas domicile dès lors que, même dans les secteurs de compensation renforcée, il ne fait pas obstacle à l'exercice de cette activité eu égard à la rentabilité accrue de ce type de location par rapport aux baux à usage d'habitation et à la possibilité de satisfaire à l'obligation de compensation, non seulement par la transformation en habitation d'autres locaux détenus par la personne concernée et ayant un autre usage, mais également par d'autres mécanismes, tel l'achat de droits dits de « commercialité » auprès de propriétaires souhaitant affecter à un usage d'habitation des locaux destinés à un autre usage, contribuant ainsi au maintien à un niveau stable du parc de logement de longue durée.

13. Les critères prévus par l'article L. 631-7-1, tels que mis en oeuvre par la Ville de Paris, sont donc conformes au principe de proportionnalité de l'article 10, paragraphe 2, sous c), de la directive.

14. S'agissant du respect des conditions de clarté, de non ambiguïté et d'objectivité prévues par l'article 10, paragraphe 2, sous d) et e), de la directive, l'article L. 631-7-1, s'il ne fixe pas lui-même les conditions de délivrance des autorisations, mais

donne compétence à cette fin aux autorités locales, encadre les modalités de détermination par ces autorités des conditions d'octroi des autorisations prévues en fixant les objectifs poursuivis et en imposant les critères en fonction desquels les conditions d'octroi doivent être déterminées. Il est ainsi suffisamment clair et précis pour éviter le risque d'arbitraire dans la détermination des conditions de délivrance des autorisations par les autorités locales.

15. S'agissant, enfin, des exigences de publicité préalable, de transparence et d'accessibilité des conditions d'octroi des autorisations, prévues à l'article 10, paragraphe 2, sous f) et g), de la directive, l'article L. 631-7-1 du code de la construction et de l'habitation, en ce qu'il renvoie aux conseils municipaux le soin de déterminer les conditions de délivrance des autorisations de changement d'usage et le quantum éventuel des compensations, n'est pas contraire à ces exigences dès lors qu'en application de l'article L. 2121-25 du code général des collectivités territoriales, les comptes rendus des séances du conseil municipal sont affichés en mairie et mis en ligne sur le site internet de la commune concernée, ce qui permet à toute personne souhaitant solliciter une telle autorisation d'être informée des conditions de son obtention.

16. Il s'ensuit que les articles L. 631-7, alinéa 6, et L. 631-7-1 du code de la construction et de l'habitation sont conformes à la directive 2006/123 du 12 décembre 2006.

17. Ayant retenu qu'il était établi que l'appartement de Mme Z J avait été proposé à la location et loué de manière répétée pour de courtes durées à une clientèle de passage n'y ayant pas élu domicile sans que n'eût été sollicitée d'autorisation de changement d'usage, la cour d'appel en a déduit à bon droit, sans violer le principe de primauté du droit de l'Union européenne, que les dispositions de l'article L. 631-7 du code de la construction et de l'habitation n'avaient pas été respectées et qu'était encourue l'amende prévue par l'article L. 651-2 du même code.

18. Le moyen n'est donc pas fondé.

Sur le deuxième moyen

Enoncé du moyen

19. Mme Z J fait grief à l'arrêt de dire qu'elle a enfreint les dispositions de l'article L. 631-7 du Code de la construction et de l'habitation, alors « que, dès lors qu'un particulier a conclu avec un professionnel de l'immobilier un bail excluant toute utilisation du local à des fins commerciales, et qu'il en perd ainsi la maîtrise, il appartient à la juridiction, tenue de vérifier si ce particulier a enfreint l'article L. 631-7 du Code de la construction et de l'habitation, de rechercher si cette personne avait connaissance de l'usage fait de son appartement par son locataire ; qu' en se bornant à affirmer que Mme Z avait enfreint l'article L. 631-7 du ce de la construction et de l'habitation, sans rechercher, comme elle y était invitée, si ayant conclu avec la société Thop Management, un bail excluant toute utilisation du local à des fins commerciales, elle n'en avait perdu la maîtrise et n'avait pas connaissance de l'usage fait de son appartement par cette société, la cour d'appel a privé sa décision de base légale au regard de l'article L. 631-7 du Code de la construction et de l'habitation. »

Réponse au moyen

20. La cour d'appel a relevé que les clauses a et b des conditions particulières du contrat de bail meublé consenti le 6 août 2013 par Mme Z J à la société Thop Management autorisaient cette société à procéder à des locations de courtes durées, sans restriction.

21. La cour d'appel, qui n'était pas tenue de procéder à une recherche que ses constatations rendaient inopérante, a ainsi légalement justifié sa décision de ce chef.

Mais sur le troisième moyen, pris en sa deuxième branche

Enoncé du moyen

22. Mme Z J fait grief à l'arrêt de rejeter sa demande tendant à la condamnation de M. X à la garantir des condamnations prononcées contre elle, alors « qu'un particulier qui est assigné devant un juge statuant en référés sur le fondement de l'article L. 631-7 du code de la construction et de l'habitation est recevable à appeler en garantie le professionnel de l'immobilier qui a pris la maîtrise du bien ; qu'en affirmant que Mme Z n'était pas recevable à appeler en garantie M. X, la cour d'appel a violé

l'article L. 631-7 du code de la construction et de l'habitation. »

Réponse de la Cour

Vu l'article 455 du code de procédure civile :

23. Selon ce texte, tout jugement doit être motivé.

24. Pour déclarer irrecevable la demande formée par Mme Z J contre M. X, l'arrêt retient que celle-ci n'est pas recevable à solliciter du juge saisi en la forme des référés, au visa des articles L. 631-7 et L. 651-2 du code de la construction et de l'habitation, la garantie de M. Y

25. En statuant ainsi, sans donner aucun motif à sa décision de ce chef, la cour d'appel n'a pas satisfait aux exigences du texte susvisé.

Et sur le troisième moyen, pris en sa troisième branche

Enoncé du moyen

26. Mme Z J fait grief à l'arrêt de rejeter sa demande tendant à la condamnation de M. X à la garantir des condamnations prononcées contre elle, alors « que Mme Z avait demandé à titre subsidiaire la garantie à titre personnel de M. X en invoquant l'article L. 223-22 du code de commerce et en étayant sa demande de manière précise ; qu'en affirmant néanmoins que la demande de Mme Z contre M. X n'était pas étayée contre lui à titre personnel, la cour d'appel a dénaturé les termes clairs et précis des conclusions d'appel de Mme Z, en violation de l'article 4 du code de procédure civile. »

Réponse au moyen

Vu l'article 4 du code de procédure civile :

27. Selon ce texte, l'objet du litige est déterminé par les prétentions respectives des parties.

28. Pour déclarer non fondée la demande en garantie formée par Mme Z J à l'encontre de M. X, l'arrêt retient que la demande n'est pas étayée contre lui à titre personnel.

29. En statuant ainsi, alors que, dans ses conclusions d'appel, Mme Z J se prévalait des dispositions des articles L. 223-32 et L. 237-12 du code de commerce et soutenait que M. X, en sa qualité d'associé gérant, puis de liquidateur de la société Thop management, avait commis plusieurs fautes en violant tant le contrat de location du 6 août 2013 que la législation applicable en matière de location meublée, en ne dénonçant pas, lors des opérations de liquidation amiable de la société, le contrat de location en cours et en n'informant pas Mme Z J de la liquidation et de la radiation de la société et en continuant, après la radiation de la société Thop management, à sous louer le local et à virer des fonds à Mme Z J, la cour d'appel, qui a modifié l'objet du litige, a violé le texte susvisé.

Par ces motifs, et sans qu'il y ait lieu de statuer sur les autres griefs, la Cour :

Casse et annule, mais seulement en ce qu'il déclare irrecevable et en tout état de cause non fondée la demande de garantie formée par Mme Z J contre M. H X, l'arrêt rendu le 10 janvier 2019, entre les parties, par la cour d'appel de Paris ;

Remet, sur ce point, l'affaire et les parties dans l'état où elles se trouvaient avant cet arrêt et les renvoie devant la cour d'appel de Paris autrement composée.

Cass. 3e civ. 18-2-2021 n° 19-13.191 FP-PLC

350 locations meublées saisonnières et touristiques – régime juridique – meublées de tourisme – autorisation de changement d'usage

Faits et procédure

1. Selon l'arrêt attaqué (Paris, 20 décembre 2018), M. P et Mme E sont propriétaires à Paris d'un appartement de deux pièces à usage d'habitation.

2. Soutenant qu'en 2016 cet appartement avait fait l'objet de deux locations meublées de courte durée au profit d'une clientèle de passage n'y élisant pas domicile, d'une durée respective de quatre et six mois, sans autorisation préalable de changement d'usage, la Ville de Paris les a assignés, sur le fondement des articles L. 631-7 et L. 651-2 du code de la construction et de l'habitation, afin de les voir condamner au paiement d'une amende et de voir

ordonner le retour du bien à son usage d'habitation.

3. Par arrêt du 28 mai 2020, la Cour de cassation a sursis à statuer sur le pourvoi formé par la Ville de Paris, contre l'arrêt ayant rejeté les demandes, jusqu'au prononcé de la décision de la Cour de justice de l'Union européenne dans les affaires C-724/18 et C-727/18.

4. La Cour de justice de l'Union européenne a statué par arrêt du 22 septembre 2020 (Cali Apartments SCI et HX contre procureur général près la cour d'appel de Paris et Ville de Paris, C-724/18 et C-727/18).

Sur la conformité des dispositions des articles L. 631-7, alinéa 6, et L. 631-7-1 du code de la construction et de l'habitation à la directive 2006/123 du 12 décembre 2006, examinée d'office

5. Après avis donné aux parties par le rapport complémentaire, conformément à l'article 1015 du code de procédure civile, il est fait application de l'article 620, alinéa 2, du même code.

6. Par arrêt du 22 septembre 2020 (Cali Apartments SCI et HX contre procureur général près la cour d'appel de Paris et Ville de Paris, C-724/18 et C-727/18), la Cour de justice de l'Union européenne a dit pour droit que :

1°/ Les articles 1 et 2 de la directive 2006/123/CE du Parlement européen er et du Conseil, du 12 décembre 2006, relative aux services dans le marché intérieur, doivent être interprétés en ce sens que cette directive s'applique à une réglementation d'un État membre relative à des activités de location contre rémunération de locaux meublés destinés à l'habitation à une clientèle de passage n'y élisant pas domicile, effectuées de manière répétée et pour de courtes durées, à titre professionnel comme non professionnel.

2°/ L'article 4 de la directive 2006/123 doit être interprété en ce sens qu'une réglementation nationale qui soumet à autorisation préalable l'exercice de certaines activités de location de locaux destinés à l'habitation relève de la notion de « régime d'autorisation », au sens du point 6 de cet article.

3°/ L'article 9, paragraphe 1, sous b) et c), de la directive 2006/123 doit être interprété en ce sens qu'une réglementation nationale qui, pour des motifs visant à garantir une offre suffisante de logements destinés à la location de longue durée à des prix abordables, soumet certaines activités de location contre rémunération de locaux meublés destinés à l'habitation à une clientèle de passage n'y élisant pas domicile, effectuées de manière répétée et pour de courtes durées, à un régime d'autorisation préalable applicable dans certaines communes où la tension sur les loyers est particulièrement marquée est justifiée par une raison impérieuse d'intérêt général tenant à la lutte contre la pénurie de logements destinés à la location et proportionnée à l'objectif poursuivi, en ce que celui-ci ne peut pas être réalisé par une mesure moins contraignante, notamment parce qu'un contrôle a posteriori interviendrait trop tardivement pour avoir une efficacité réelle.

4°/ L'article 10, paragraphe 2, de la directive 2006/123 doit être interprété en ce sens qu'il ne s'oppose pas à une réglementation nationale instituant un régime qui subordonne à une autorisation préalable l'exercice de certaines activités de location contre rémunération de locaux meublés destinés à l'habitation, qui est fondée sur des critères tenant au fait de louer le local en cause « de manière répétée et pour de courtes durées à une clientèle de passage qui n'y élit pas domicile » et qui confie aux autorités locales le pouvoir de préciser, dans le cadre fixé par cette réglementation, les conditions d'octroi des autorisations prévues par ce régime au regard d'objectifs de mixité sociale et en fonction des caractéristiques des marchés locaux d'habitation et de la nécessité de ne pas aggraver la pénurie de logements, en les assortissant au besoin d'une obligation de compensation sous la forme d'une transformation accessoire et concomitante en habitation de locaux ayant un autre usage, pour autant que ces conditions d'octroi soient conformes aux exigences fixées par cette disposition et que cette obligation puisse être satisfaite dans des conditions transparentes et accessibles.

7. Il s'ensuit, en premier lieu, que l'article L. 631-7, alinéa 6, du code de la construction et de l'habitation, qui soumet à autorisation préalable le fait,

dans certaines communes, de louer un local meublé destiné à l'habitation d'une manière répétée pour de courtes durées à une clientèle de passage qui n'y élit pas domicile, est justifié par une raison impérieuse d'intérêt général tenant à la lutte contre la pénurie de logements destinés à la location et proportionné à l'objectif poursuivi en ce que celui-ci ne peut pas être réalisé par une mesure moins contraignante, notamment parce qu'un contrôle a posteriori interviendrait trop tardivement pour avoir une efficacité réelle. Il satisfait donc aux exigences de l'article 9, paragraphe 1, sous b) et c), de la directive 2006/123.

8. En second lieu, l'article L. 631-7 du code de la construction et de l'habitation, dans sa rédaction issue de la loi du 24 mars 2014 applicable au litige, définit, en son alinéa 2, les locaux destinés à l'habitation comme « toutes catégories de logements et leurs annexes, y compris les logements foyers, logements de gardien, chambres de service, logements de fonction, logements inclus dans un bail commercial, locaux meublés donnés en location dans les conditions de l'article L. 632-1. »

9. L'article L. 632-1 du même code renvoie au titre I bis de la loi du 6 juillet 1989, relatif aux « rapports entre bailleurs et locataires dans les logements meublés résidence principale ». L'article 25-7 de cette loi prévoit que les locations de logements meublés, lorsqu'ils constituent la résidence principale du locataire, sont consenties pour une durée minimale d'un an, sauf le cas des étudiants pour lesquels cette durée est réduite à neuf mois.

10. Il en résulte qu'hormis les cas d'une location consentie à un étudiant pour une durée d'au moins neuf mois, de la conclusion, depuis l'entrée en vigueur de la loi du 23 novembre 2018, d'un bail mobilité d'une durée de un à dix mois et de la location du local à usage d'habitation constituant la résidence principale du loueur pour une durée maximale de quatre mois, le fait de louer, à plus d'une reprise au cours d'une même année, un local meublé pour une durée inférieure à un an, telle qu'une location à la nuitée, à la semaine ou au mois, à une clientèle de passage qui n'y fixe pas sa résidence principale au sens de l'article 2 de la loi du 6 juillet 1989 constitue un changement d'usage d'un local destiné à l'habitation et, par conséquent, est soumis à autorisation préalable.

11. Il s'ensuit que l'article L. 631-7, alinéa 6, du code de la construction et de l'habitation répond aux exigences de clarté, d'objectivité et de non ambiguïté de l'article 10, paragraphe 2, sous d) et e), de la directive 2006/123.

12. En dernier lieu, s'agissant de la conformité, aux exigences prévues à l'article 10 de la directive, des critères énoncés par le législateur pour encadrer les conditions d'octroi des autorisations, il convient de relever que l'article L. 631-7-1 du code de la construction et de l'habitation, qui confie au maire de la commune de situation de l'immeuble la faculté de délivrer l'autorisation préalable de changement d'usage et attribue au conseil municipal le soin de fixer les conditions dans lesquelles sont délivrées les autorisations et déterminées les compensations, au regard des objectifs de mixité sociale en fonction notamment des caractéristiques des marchés de locaux d'habitation et de la nécessité de ne pas aggraver la pénurie de logements, impose ainsi aux autorités locales de fixer les conditions d'obtention des autorisations en considération de l'objectif d'intérêt général tenant à la lutte contre la pénurie de logements. Il en résulte que les critères posés par l'article L. 631-7-1, alinéa 1, pour encadrer l'exercice du pouvoir d'appréciation des autorités compétentes sont, en eux-mêmes, justifiés par une raison d'intérêt général au sens de l'article 10, paragraphe 2, sous b), de la directive.

13. S'agissant de l'exigence de proportionnalité des conditions d'octroi de l'autorisation de changement d'usage à l'objectif poursuivi, prévue par l'article 10, paragraphe 2, sous c), de la directive, il convient de relever :

1°/ qu'en ce qu'elle réserve aux autorités locales la compétence pour fixer les conditions de délivrance des autorisations et, le cas échéant, pour décider d'imposer une obligation de compensation, la réglementation de l'article L. 631-7-1 est apte à garantir l'adéquation du régime d'autorisation aux circonstances spécifiques de chacune des communes concernées, dont les autorités locales ont une connaissance privilégiée ;

2°/ que la réglementation locale de la Ville de Paris, en ce qu'elle instaure une obligation de compensation, ne va pas au-delà de ce qui est nécessaire pour atteindre l'objectif recherché puisqu'il résulte des pièces produites que cette obligation répond effectivement à une pénurie de logements, la demande de logements destinés à l'habitation à des conditions économiques acceptables peinant, dans l'ensemble de cette commune, à y être satisfaite et le développement de la location de locaux meublés destinés à l'habitation à une clientèle de passage n'y élisant pas domicile, au préjudice de l'offre de location de locaux à usage d'habitation, entraînant une raréfaction du marché locatif traditionnel et contraignant les habitants à s'éloigner pour trouver un logement ;

3°/ que l'obligation de compensation prévue par la réglementation de la Ville de Paris, dans son règlement municipal adopté en décembre 2008, modifié les 17, 18 et 19 novembre 2014, comme dans celui adopté en décembre 2018, est proportionnée à l'objectif poursuivi, en ce que le quantum de cette obligation, qui porte sur des locaux de surface équivalente, sauf dans les secteurs dits de « compensation renforcée » où les locaux proposés en compensation doivent représenter une surface double de celle faisant l'objet de la demande de changement d'usage, secteurs qui correspondent à des zones dans lesquelles la Ville de Paris fait de la protection de l'habitat un objectif prioritaire, apparaît adapté à la situation tendue du marché locatif dans l'ensemble de la commune et à l'objectif de développer l'offre de locaux d'habitation dans certaines zones où l'habitat est plus particulièrement protégé, en favorisant l'objectif de mixité sociale ; en effet, le quantum de la compensation porte, dans le secteur de « compensation renforcée », sur des locaux de surface équivalente si ces locaux sont transformés en logements locatifs sociaux ; ce dispositif est compatible avec le maintien d'une activité de location de locaux meublés à une clientèle de passage n'y élisant pas domicile dès lors que, même dans les secteurs de compensation renforcée, il ne fait pas obstacle à l'exercice de cette activité eu égard à la rentabilité accrue de ce type de location par rapport aux baux à usage d'habitation et à la possibilité de satisfaire à l'obligation de compensation, non seulement par la transformation en habitation d'autres locaux détenus par la personne concernée et ayant un autre usage, mais également par d'autres mécanismes, tel l'achat de droits dits de « commercialité » auprès de propriétaires souhaitant affecter à un usage d'habitation des locaux destinés à un autre usage, contribuant ainsi au maintien à un niveau stable du parc de logement de longue durée.

14. Les critères prévus par l'article L. 631-7-1, tels que mis en oeuvre par la Ville de Paris, sont donc conformes au principe de proportionnalité de l'article 10, paragraphe 2, sous c), de la directive.

15. S'agissant du respect des conditions de clarté, de non ambiguïté et d'objectivité prévues par l'article 10, paragraphe 2, sous d) et e), de la directive, l'article L. 631-7-1, s'il ne fixe pas lui-même les conditions de délivrance des autorisations, mais donne compétence à cette fin aux autorités locales, encadre les modalités de détermination par ces autorités des conditions d'octroi des autorisations prévues en fixant les objectifs poursuivis et en imposant les critères en fonction desquels les conditions d'octroi doivent être déterminées. Il est ainsi suffisamment clair et précis pour éviter le risque d'arbitraire dans la détermination des conditions de délivrance des autorisations par les autorités locales.

16. S'agissant, enfin, des exigences de publicité préalable, de transparence et d'accessibilité des conditions d'octroi des autorisations, prévues à l'article 10, paragraphe 2, sous f) et g), de la directive, l'article L. 631-7-1 du code de la construction et de l'habitation, en ce qu'il renvoie aux conseils municipaux le soin de déterminer les conditions de délivrance des autorisations de changement d'usage et le quantum éventuel des compensations, n'est pas contraire à ces exigences dès lors qu'en application de l'article L. 2121-25 du code général des collectivités territoriales, les comptes rendus des séances du conseil municipal sont affichés en mairie et mis en ligne sur le site internet de la commune concernée, ce qui permet à toute personne souhaitant solliciter une telle autorisation d'être informée des conditions de son obtention.

17. Il s'ensuit que les articles L. 631-7, alinéa 6, et L. 631-7-1 du code de la construction et de l'habitation sont conformes à la directive 2006/123 du 12 décembre 2006.

Examen du moyen

Sur le moyen unique, pris en sa première branche

Enoncé du moyen

18. La Ville de Paris fait grief à l'arrêt de rejeter ses demandes, alors « qu'il résulte des articles L.631-7 et L.632-1 du code de la construction et de l'habitation et des articles 2, 25-3, 25-4 et 25-7 de la loi n 89-462 du 6 juillet 1989, qui doivent être rapprochés pour en fixer le sens comme formant un tout indivisible, que la location meublée constitue un changement d'usage soumis à autorisation lorsqu'elle intervient de manière répétée pour de courtes durées à une clientèle de passage qui n'y élit pas domicile, soit lorsqu'elle n'est pas consentie pour une durée d'un an au moins à une personne qui y fixe sa résidence principale ; qu'en décidant le contraire, les juges du fond ont violé les articles L.631-7 et L.632-1 du code de la construction et de l'habitation et les articles 2, 25-3, 25-4 et 25-7 de la loi 89-462 du 6 juillet 1989. »

Réponse de la Cour

Vu l'article L. 631-7, alinéas 2 et 6, du code de la construction et de l'habitation, ce dernier dans sa version issue de la loi du 24 mars 2014, et l'article L. 632-1 du même code :

19. Selon l'article L. 631-7, alinéa 2, précité, constituent des locaux destinés à l'habitation toutes catégories de logements et leurs annexes, y compris les locaux meublés donnés en location dans les conditions de l'article L. 632-1. Selon l'article L. 631-7, alinéa 6, précité, le fait de louer un local meublé destiné à l'habitation de manière répétée pour de courtes durées à une clientèle de passage qui n'y élit pas domicile constitue un changement d'usage soumis à autorisation préalable. Selon l'article L. 632-1 précité, une location d'un logement meublé constituant la résidence principale du preneur est soumise au titre 1 bis de la loi du 6 juillet 1989.

20. Hormis les cas d'une location consentie à un étudiant pour une durée d'au moins neuf mois, de la conclusion, depuis l'entrée en vigueur de la loi du 23 novembre 2018, d'un bail mobilité d'une durée de un à dix mois et de la location du local à usage d'habitation constituant la résidence principale du loueur pour une durée maximale de quatre mois, le fait de louer, à plus d'une reprise au cours d'une même année, un local meublé pour une durée inférieure à un an, telle qu'une location à la nuitée, à la semaine ou au mois, à une clientèle de passage qui n'y fixe pas sa résidence principale au sens de l'article 2 de la loi du 6 juillet 1989 constitue un changement d'usage d'un local destiné à l'habitation et, par conséquent, est soumis à autorisation préalable.

21. Pour rejeter les demandes de la Ville de Paris, l'arrêt retient d'abord, d'une part, que l'article L. 631-7, en ce qu'il apporte une restriction aux conditions d'exercice du droit de propriété, doit faire l'objet d'une interprétation stricte, d'autre part, que seules les locations d'un local meublé à usage d'habitation qui répondent aux quatre conditions énoncées à l'alinéa ajouté à l'article L. 631-7 par la loi ALUR relèvent du champ d'application de ce texte et doivent être soumises à une autorisation préalable ; il retient ensuite que, selon le Conseil Constitutionnel, les locations d'un meublé qui ne remplissent pas toutes ces conditions ne sont pas soumises à ce régime d'autorisation préalable et que l'emploi de l'adverbe « notamment » avant la référence aux locations visées à l'article L. 632-1 confirme que ces dernières ne sont citées qu'à titre d'exemple ; il en déduit que, la notion de « courte durée » visée à l'article L. 631-7, dernier alinéa, ne recouvre pas toute location d'une durée inférieure à un an ou à neuf mois lorsque le local meublé est loué à un étudiant, de sorte que les deux seules locations d'une durée de quatre et six mois à deux sociétés pour y loger le même salarié ne constituaient pas des locations de courte durée à une clientèle de passage au sens de l'article L. 631-7.

22. En statuant ainsi, alors que les deux locations litigieuses avaient été conclues, entre mars 2016 et janvier 2017, pour des durées inférieures à un an ou à neuf mois, la cour d'appel a violé les textes susvisés.

Par ces motifs, et sans qu'il y ait lieu de statuer sur les autres griefs, la Cour :

DIT que les articles L. 631-7 et L. 631-7-1 du code de la construction et de l'habitation sont conformes à la directive 2006/123 du 12 décembre 2006 ;
Casse et annule, en toutes ses dispositions, l'arrêt rendu le 20 décembre 2018 par la cour d'appel de Paris ;
l'affaire et les parties dans l'état où elles se trouvaient avant ledit arrêt et, pour être fait droit, les renvoie devant la cour d'appel de Paris, autrement composée.

Cass. 3e civ. QPC 26-1-2022 n° 21-40.026 FS-B

351 locations meublés saisonnières et touristiques – meublés de tourisme – déclaration des meublés de tourisme

Faits et procédure
1. Se prévalant de ce qu'ils auraient méconnu la réglementation sur le changement d'usage des locaux meublés loués de manière répétée pour de courtes durées à une clientèle de passage n'y élisant pas domicile, la Ville de [Localité 2] a assigné la société civile immobilière Bien en famille, propriétaire de plusieurs biens immobiliers, la société Oscarbnb, qui les occupe, et M. [V], propriétaire d'un autre bien immobilier, tous les trois domiciliés dans une autre ville à une même adresse, pour obtenir, pour chacun des logements en cause, son retour à l'habitation et la condamnation des défendeurs à plusieurs amendes civiles, dont une pour ne pas lui avoir transmis, dans le mois suivant la demande, le nombre de jours au cours desquels il avait été loué.
Enoncé de la question prioritaire de constitutionnalité
2. Par jugement du 29 octobre 2021, le tribunal judiciaire de Paris a transmis une question prioritaire de constitutionnalité ainsi rédigée :
« Les dispositions de l'article L. 324-1-1 IV et V du code de tourisme - dont il résulte que tout loueur de meublé de tourisme qui ne se conforme pas à l'obligation de transmettre dans un délai d'un mois à une commune qui en ferait la demande, le nombre de jour au cours desquels ce meublé a été loué, encourt une amende de 10 000 euros - méconnaissent le principe de légalité des délits et des peines ainsi que le droit à la présomption d'innocence et le droit de se taire, tels qu'ils sont garantis par les articles 8 et 9 de la Déclaration des droits de l'homme et du citoyen de 1789 ? »
Examen de la question prioritaire de constitutionnalité
3. La disposition contestée constitue le fondement des poursuites et n'a pas déjà été déclarée conforme à la Constitution dans les motifs et le dispositif d'une décision du Conseil constitutionnel.
4. Cependant, d'une part, la question posée, ne portant pas sur l'interprétation d'une disposition constitutionnelle dont le Conseil constitutionnel n'aurait pas encore eu l'occasion de faire application, n'est pas nouvelle.
5. D'autre part, la question posée ne présente pas un caractère sérieux.
6. En effet, en premier lieu, si elle constitue une sanction ayant le caractère d'une punition, l'amende civile, encourue pour ne pas avoir transmis dans le délai d'un mois le nombre de jours au cours desquels le meublé de tourisme a été loué l'année précédant la demande de la commune, réprime un manquement défini de manière suffisamment claire et précise pour éviter tout arbitraire.
7. En deuxième lieu, l'infliction d'une amende pour ne pas avoir transmis à la commune les données sollicitées ne fait pas présumer de la commission d'un manquement à l'interdiction de louer un meublé de tourisme déclaré comme étant sa résidence principale au-delà de cent-vingt jours au cours d'une même année civile.
8. En troisième lieu, en l'absence de toute contrainte, cette sanction ne tend pas à l'obtention d'un aveu, mais seulement à la présentation d'éléments nécessaires à la conduite d'une procédure de contrôle par la commune du respect de l'indication dans la déclaration préalable soumise à enre-

gistrement que le meublé de tourisme constitue la résidence principale du loueur au sens de l'article 2 de la loi n° 89-462 du 6 juillet 1989.

9. En conséquence, il n'y a pas lieu de renvoyer la question prioritaire de constitutionnalité au Conseil constitutionnel.

PAR CES MOTIFS, la Cour : DIT N'Y AVOIR LIEU DE RENVOYER au Conseil constitutionnel la question prioritaire de constitutionnalité. Ainsi fait et jugé par la Cour de cassation, troisième chambre civile, et prononcé par le président en son audience publique du vingt-six janvier deux mille vingt-deux.

CA Paris 29-9-2022 n° 21/20664

352 locations meublés saisonnières et touristiques – meublés de tourisme – déclaration des meublés de tourisme – déclaration de meublé de tourisme

EXPOSE DU LITIGE

Mme est propriétaire d'un appartement situé à Paris (75), constituant tes lots n°167 et 221 (parking), qu'elle a acquis le 3 juin 2003.

Mme a enregistré son bien en tant que meublé de tourisme le 13 novembre 2017 sur la plate forme dédiée de la ville de Paris sous le n- u

Le 3 janvier 2020, la plate-forme Airbnb a communiqué à la ville de Paris le nombre de nuitées durant lesquelles le bien de Mme... a été loué en 2019, soit 246 nuitées.

Par exploit signifié le 14 avril 2021, la ville de Paris a fait assigner Mme devant le le tribunal judiciaire de Paris statuant selon la procédure accélérée au fond au visa de l'article L. 324-1-1 du code du tourisme aux fins de voir ;

déclarer la ville de Paris recevable et bien fondée en son action ;

- juger que Mme a entreint les dispositions de l'article L. 324-1-1 du code du tourisme en offrant pendant plus de 120 jours par an et pour de courtes durées l'appartement situé à Paris (75007) ;
- condamner Mme à une amende civile de 10.000 euros ci ordonner que le produit de cette amende soit intégralement versé à la Ville de Paris conformément aux dispositions de l'article L. 324-2-1 du code du tourisme ;
- condamner Mme au paiement de la somme de 2.000 euros au titre de l'article 700 du code de procédure civile au profit de la Ville de Paris ainsi qu'aux entiers dépens.

Par jugement rendu selon la procédure accélérée au fond en date du 9 novembre 2021, le tribunal judiciaire de Paris a :

- débouté la ville de Paris de sa demande d'une amende civile à hauteur de 10.000 euros ;
- condamné la ville de Paris aux dépens ainsi qu'à payer à Mm la somme de 800 euros au titre de l'article 700 du code de procédure civile ;
- rappelé que l'exécution provisoire est de droit.

Par déclaration du 26 novembre 2021, la ville de Paris a relevé appel de cette décision.

Dans ses dernières conclusions remises et notifiées le 8 mars 2022, la ville de Paris demande à la cour de :

- la juger recevable et bien fondée ;
- infirmer le jugement rendu en toutes ses dispositions en ce qu'il l'a :
  • déboutée de sa demande visant à voir condamner le défendeur à une amende civile de 10.000 euros,
  • condamnée à payer à Mme 1 la somme de 800 euros au titre des dispositions de l'article 700 du code de procédure civile, » condamnée aux dépens,
-juger que Mme a enfreint les dispositions de l'article L. 324-1-1 du code du tourisme en offrant pendant plus de 120 jours par an et pour des séjours de courte durée l'appartement situé à Paris (75007) ;
- condamner Mme à une amende civile de 10.000 euros et dire que le produit de cette amende lui sera intégralement versé conformément aux dispositions de l'article L324-2-1 du code du tourisme ;
- condamner Mme au paiement de la somme de 2.000 euros au titre de l'article 700 du code de procédure civile à son profit ainsi qu'aux entiers dépens.

La ville de Paris soutient en substance que :

- le tribunal a fait une mauvaise interprétation des faits de la cause ;
- Mme est salariée des o depuis 16 ans et réside en réalité à L ;
- son activité professionnelle en 2019 n'avait donc rien d'imprévisible ni d'exceptionnel ;
- elle a ainsi enfreint les dispositions de l'article L324 14 du code du tourisme en offrant pendant plus de 120 jours par an et pour de courtes durées son appartement, de sorte qu'elle sera condamnée à une amende civile de 10.000 euros.

Dans ses dernières conclusions remises et notifiées le 5 avril 2022, Mme demande à la cour de :

A titre principal,
- confirmer que son dépassement des 120 jours autorisés au titre de la résidence principale est justifié pour des raisons professionnelles en application de l'article L.324-1-1 du code du tourisme ;
- confirmer le jugement rendu en ce qu'il a débouté la ville de Paris de toutes ses demandes de condamnations ;
- confirmer le jugement rendu en cc qu'il a condamné la ville de Paris à lui payer la somme de 800 euros au titre de l'article 700 du code de procédure civile ;
- condamner la ville de Paris à lui payer la somme de 3.000 euros au titre de l'article 700 du code de procédure civile outre les dépens de la présente procédure ;

A titre subsidiaire si la Cour devait infirmer le jugement rendu et entrer en voie de condamnation,
- confirmer qu'elle a agi de bonne foi et conformément à la lecture stricte de l'article L.324-1-1 du code du tourisme ;
-juger que la condamnation au paiement d'une amende civile porterait des conséquences excessives et préjudiciables sur sa situation personnelle et financière et appliquer une amende modérée et symbolique ne pouvant dépasser 1. 000 euros ;
- prononcer l'exécution provisoire.

Mme soutient en substance que :
- la ville de Paris n'a pas jugé utile d'entreprendre un contrôle môme sommaire de la régularité du dépassement en l'interrogeant avant de lancer des poursuites à son endroit ;
- un tel contrôle aurait permis de transmettre les informations demandées et d'évaluer la nécessité d'assigner en justice ;
- la présente procédure aurait pu être évitée deux fois, une fois par une simple vérification, la seconde par la prise en compte du motif professionnel qui ont conduit au dépassement ;
- elle exerce les professions de directrice des relations publiques du groupe T et de sa filiale, la société, et ces sociétés ayant leur siège à , elle a du s'y rendre à plusieurs reprises au cours de l'année 2018 et 2019 mais uniquement au cours de ces deux années précises, ce, en fonction des événements intéressant le groupe et les relations presse ;
- elle justifie de ses déplacements professionnels qui représentent en 2019 246 nuitées pendant lesquelles elle a exercé son emploi à ;
- elle est hébergée à. aléatoirement au sein du logement de son employeur ou des résidences hôtelières du groupe, de sorte sa situation est particulière ;
- à litre subsidiaire, elle n'a jamais été animée de l'intention d'enfreindre la loi elle serait dispensée de peine, eu égard à sa bonne foi et aux conséquences manifestement excessives et préjudiciables que pourrait avoir une condamnation au paiement d'une amende civile sur sa situation personnelle cl financière ;
- il serait particulièrement inéquitable qu'elle ne soit pas remboursée de ses frais irrépétibles.

Pour un plus ample exposé des moyens des parties, il est renvoyé à leurs conclusions susvisées conformément à l'article 455 du code de procédure civile.

SUR CE, LA COUR

L'article L. 324-1-1 du code du tourisme dispose que : (...)

IV. -Dans les communes ayant mis en oeuvre la procédure d'enregistrement de la déclaration préalable mentionnée au III, toute personne qui offre à la location un meublé de tourisme qui est déclaré comme sa résidence principale ne peut le faire au-delà de cent vingt jours au cours d'une même année civile, sauf obligation professionnelle, raison de santé ou cas de force majeure.

V, - [,.,] Toute personne qui ne se conforme pas aux obligations résultant du IV est passible d'une

amende civile dont le montant ne peut excéder 10 000 €. [...]
Ces amendes sont prononcées par le président du tribunal judiciaire statuant selon la procédure accélérée au fond, sur demande de la commune dans laquelle est situé le meublé de tourisme. Le produit de l'amende est versé à la commune, Le tribunal judiciaire compétent est celui dans le ressort duquel est situé le meublé de tourisme.
En l'espèce, il est constant que Mme a donné l'appartement en cause en location au cours de l'année 2019 et que le bien a été loué 246 nuitées au cours de l'année 2019.
Mme expose notamment que le bien constitue sa résidence principale mais que ses obligations professionnelles à l'un ont tenue éloignée en 2019, ce qui lui permettrait de se prévaloir des exceptions prévues par l'article L324-1-1 -IV du code de tourisme et de le louer à pour de courtes durées à une clientèle de passage qui n'y élit pas domicile au-delà de 120 jouis au cours d'une même année civile.
Selon l'article 2 de la loi du 6 juillet 1989, la résidence principale est entendue comme le logement occupé au moins huit mois para », saufobligation professionnelle, raison de santé ou cas de force majeure, soit par le preneur ou son conjoint, soit par une personne à charge au sens du code de la construction et de l'habitation.
Si Mme a enregistré le bien comme étant sa résidence principale sur le site dédié de la ville de Paris, il lui incombe toutefois, nonobstant cet enregistrement purement déclaratif, d'établir que le bien constitue réellement sa résidence principale, s'agissant d'une notion de fait qui peut être démontrée par tout élément probant.
En outre, qui invoque ses obligations professionnelles qui l'ont tenu éloignée des lieux doit établir que le bien qu'elle a déclaré comme résidence principale devait être considéré comme tel au moment où les locations de courtes durées sont intervenues, soit au cours de l'année 2019 en l'espèce.
Force est de constater sur ce point que Mme expose elle-même qu'elle a été contrainte spécifiquement en 2019, mais aussi en 2018, séjourner à. pour les besoins de ses postes de directrice des relations du groupe, de et de directrice de sa liliale , qu'elle produit à ce titre un dossier presse, un plan d'action relations presse et médias, des échanges de courriels présentant des événements à un projet du groupe portant sur la construction sur le territoire de. Il s'en déduit d'ores et déjà qu'en effet, la présence a été régulière en semaine pour les besoins de son exercice professionnel au cours de l'année 2019, ce d'autant plus, qu'elle produit aussi des attestations qui corroborent cette situation et dont il ressort qu'elle a bien été présente régulièrement la semaine pendant l'année 2019 afin de mettre en place les projets du groupe
Si le nombre de nuitées au cours de l'année 2019 s'élève à 246, et que Mme a occupé son appartement 119 jours en tout sur toute l'année 2019, force est de constater que l'intimée établit aussi que son hébergement à est déroule de façon aléatoire dans les résidences hôtelières du groupe.
Notamment, elle justifie être hébergée souvent à la résidence R e et être destinataire à l'adresse de celle résidence hôtelières de ses relevés bancaires, son relevé d'identité bancaire demeurant revanche à son adresse parisienne.
Il s'en déduit que Mm bénéficie bien d'une domiciliation bancaire à Paris, l'adresse figurant sur ses relevés étant purement postale et manifestement mise en place pour des raisons pratiques.
Enfin, s'il n'est pas contesté par Mme qu'elle a pu pratiquer à une activité sportive, cet élément n'est cependant pas de nature à établir que sa résidence principale serait à, et non à Paris, s'agissant d'une activité de loisir, sans lien avec la notion de résidence principale.
Dans ces conditions qui a déclaré le bien en cause comme étant sa résidence principale disposait bien d'un motif légitime pour le louer plus de 120 jours par an, alors que les obligations professionnelles en 2019 l'ont amenée à se rendre fréquemment à t . Elle est ainsi fondée à se prévaloir de l'exception prévue par l'article L324-1-1 IV du code du tourisme au titre de l'obligation professionnelle.
La ville de Paris est donc mal fondée à soutenir que l'infraction serait constituée au motif que l'appartement parisien de Mme ne constituerait pas sa résidence principale en 2019.

L'ordonnance entreprise sera ainsi confirmée en toutes ses dispositions.
Le sort des dépens et de l'article 700 du code de procédure civile a été exactement réglé par le premier juge.
Partie perdante, la ville de Paris sera condamnée aux dépens de l'instance d'appel et à payer à Mme la somme de 1. 500 euros au titre de ses frais irrépétibles exposés en appel.

PAR CES MOTIFS
Confirme en toutes ses dispositions l'ordonnance entreprise,
Y ajoutant,
Condamne la ville de Paris à payer à Mme, la somme de 1. 500 euros en application de l'article 700 du code de procédure civile en cause d'appel,
Condamne la ville de Paris aux dépens de la procédure d'appel.

Cass. 3e civ. 9-11-2022 n° 21-20.464 FS-B

353 locations meublés saisonnières et touristiques – meublés de tourisme – déclaration des meublés de tourisme – autorisation de changement d'usage

1. En raison de leur connexité, les pourvois n° G 21-20.814 et C 21-20.464 sont joints.
Faits et procédure
2. Selon l'arrêt attaqué ([Localité 5], 6 mai 2021, n° RG 20/18843), le 29 juin 2017, le maire de [Localité 5] a assigné les sociétés Flandinvest et Centre [Localité 5], respectivement propriétaire et gestionnaire d'un appartement situé dans un immeuble parisien, en paiement d'une amende civile sur le fondement de l'article L. 651-2 du code de la construction et de l'habitation, pour avoir loué cet appartement de manière répétée pour de courtes durées à une clientèle de passage n'y élisant pas domicile en contravention avec les dispositions de l'article L. 631-7 du même code.
Examen des moyens
Sur le moyen du pourvoi n° G 21-20.814
Enoncé du moyen
3. La société Flandinvest fait grief à l'arrêt de retenir qu'elle a enfreint les dispositions de l'article L. 631-7 du code de la construction et de l'habitation et de la condamner au paiement d'une amende de 20 000 euros, alors « que pour l'application de l'article L. 631-7 du code de la construction et de l'habitation, les locaux faisant l'objet de travaux ayant pour conséquence d'en changer la destination postérieurement au 1er janvier 1970 sont réputés avoir l'usage pour lequel les travaux sont autorisés ; qu'à [Localité 5], avant la révision du PLU de 2010, la location meublée saisonnière faisait encore partie de la destination "habitation" et était exclue de la catégorie "hébergement hôtelier" ; qu'ainsi, des travaux autorisés avant 2010, ayant pour conséquence de changer la destination d'un hôtel en "habitation" ne peuvent être regardés comme entraînant un changement d'usage pour de l'habitation, lorsque ce changement de destination a été effectué pour permettre d'exploiter une activité de location meublée saisonnière dans le local en cause ; qu'en l'espèce, la cour d'appel a retenu, au vu des pièces produites par la Ville de [Localité 5], qu'il était établi que l'autorisation accordée par la mairie, dans le cadre du permis de construire, a eu pour conséquence un changement des lieux d'hôtel à logement d'habitation, "de sorte que l'usage d'habitation du lot en cause est caractérisé, au sens de l'article L. 631-7 du code de la construction et de l'habitation", qu'il était constant que lors de son achat du bien immobilier en 2010, la société Flandinvest avait acquis un bien réputé à usage d'habitation, "ce qui ressortait indubitablement des dispositions de l'article L. 631-7 déjà applicables au moment de l'achat, avec assimilation du changement de destination au changement d'usage, dispositions issues de la loi du 4 août 2008, peu importants la circonstance alléguée par les intimées que le précédent propriétaire ait exercé une activité de location meublée saisonnière" et que "les développements sur la location meublée supposée licite en 2002 (notions de meublé touristique avant la loi Alur ou encore définition à l'époque de la location meublée saisonnière) sont ainsi sans effet sur la

qualification à retenir pour le lot en cause, à savoir un bien réputé à usage d'habitation, acquis tel quel par la société propriétaire intimée, nonobstant aussi les mentions du fichier informatique du relevé de propriété de la ville (annexe 3 du constat d'infraction mentionnant parfois la lettre P comme professionnelle)" ; qu'en se déterminant par de tels motifs, quand il lui appartenait de rechercher, comme elle y était invitée, si, à l'époque des travaux litigieux, la location meublée saisonnière faisait encore partie de la destination "habitation" et si, dans ces conditions, il ne résultait pas des éléments invoqués par la société Flandinvest que l'autorisation donnée par la mairie, pour le changement de destination d'un hôtel en "habitation" avait, en réalité, permis à l'ancien propriétaire d'exploiter une activité de location meublée saisonnière dans le local en cause, en sorte que l'usage pour lequel les travaux avaient été autorisés ne constituait pas un usage d'habitation, la cour d'appel a violé l'article L. 631-7 du code de la construction et de l'habitation. »

Réponse de la Cour

4. La cour d'appel a énoncé à bon droit que, selon l'article L. 631-7 du code de la construction et de l'habitation, les locaux faisant l'objet de travaux ayant pour conséquence d'en changer la destination postérieurement au 1er janvier 1970 sont réputés avoir l'usage pour lequel les travaux sont autorisés.

5. Appréciant la valeur et la portée des éléments de preuve qui lui étaient soumis, elle a relevé que le dossier de permis de construire déposé en 2001 avait pour objet la réalisation de travaux en vue du changement de destination du bâtiment, à usage d'hôtel meublé, en habitation, avec création de six logements et a souverainement retenu que l'opération avait entraîné un changement de destination des lieux, d'hôtel à logements d'habitation.

6. Sans être tenue d'effectuer une recherche inopérante, la cour d'appel en a exactement déduit que le lot en cause devait être qualifié de bien réputé à usage d'habitation, acquis tel quel par la société propriétaire.

7. Le moyen n'est donc pas fondé. Sur le moyen du pourvoi n° C 21-20.464

Enoncé du moyen

8. La Ville de [Localité 5] fait grief à l'arrêt de rejeter sa demande à l'encontre de la société Centre [Localité 5], alors : « 1°/ qu'en application des articles L. 631-7 et L. 651-2 du code de la construction et de l'habitation toute personne qui loue un local meublé destiné à l'habitation de manière répétée pour de courtes durées à une clientèle de passage qui n'y élit pas domicile, ou qui ne se conforme pas aux obligations imposées en matière de changement d'usage est condamnée à une amende civile ; qu'en retenant que la société Centre [Localité 5] ne pouvait être condamnée au paiement d'une telle amende, quand il résultait de leurs constatations que la société Centre [Localité 5] était chargée de mettre à la disposition de tiers, pour de courtes durées, des locaux à usage d'habitation, les juges du fond ont violé les articles L. 631-7 et L. 651-2 du code de la construction et de l'habitation ;

2°/ qu'en retenant que la société Centre [Localité 5] ne pouvait être condamnée au paiement d'une amende civile aux motifs impropres qu'elle n'est pas le propriétaire des locaux loués, les juges du fond ont violé les articles L. 631-7 et L. 651-2 du Code de la construction et de l'habitation ;

3°/ qu'en retenant que la société Centre [Localité 5] ne pouvait être condamnée au paiement d'une amende civile au motifs impropres que la décision de louer le bien émane de son mandant, la société Flandinvest, les juges du fond ont violé les articles L. 631-7 et L. 651-2 du Code de la construction et de l'habitation ;

4°/ qu'en retenant que la société Centre [Localité 5] ne pouvait être condamnée au paiement d'une amende civile aux motifs impropres qu'elle n'a pas changé de manière illicite l'usage du bien sans autorisation préalable, les juges du fond ont violé les articles L. 631-7 et L. 651-2 du code de la construction et de l'habitation. »

Réponse de la Cour

9. Selon l'article L. 631-7, alinéa 1er, du code de la construction et de l'habitation, dans certaines communes, le changement d'usage des locaux destinés à l'habitation est soumis à autorisation préalable.

10. Aux termes de l'alinéa 6 du même article, le fait de louer un local meublé destiné à l'habitation

de manière répétée pour de courtes durées à une clientèle de passage qui n'y élit pas domicile constitue un changement d'usage au sens de cet article.

11. Selon l'article L. 651-2 du même code, toute personne qui enfreint les dispositions de l'article L. 631-7 ou qui ne se conforme pas aux conditions ou obligations imposées en application de cet article est condamnée à une amende civile.

12. Celle-ci constituant une sanction ayant le caractère d'une punition (3e Civ., 5 juillet 2018, QPC n° 18-40.014), les éléments constitutifs du manquement qu'elle sanctionne sont, par application du principe de légalité des délits et des peines, d'interprétation stricte.

13. Ainsi, celui qui se livre ou prête son concours à la mise en location, par une activité d'entremise ou de négociation ou par la mise à disposition d'une plateforme numérique, en méconnaissance de l'article L. 631-7, et dont les obligations spécifiques sont prévues par l'article L. 324-2-1 du code du tourisme, n'encourt pas l'amende civile prévue par l'article L. 651-2.

14. Ayant constaté que la société Centre [Localité 5] avait pour activité la mise à disposition des biens meublés donnés en location, la cour d'appel en a exactement déduit qu'elle ne pouvait se voir reprocher d'en avoir changé l'usage en méconnaissance des dispositions de l'article L. 631-7.

15. Le moyen n'est donc pas fondé.

Par ces motifs, la Cour : Rejette les pourvois

Cass. 3e civ. 15-2-2023 n° 22-10.187 FS-B, Sté Habitat parisien

354 **locations meublés saisonnières et touristiques – meublés de tourisme – déclaration des meublés de tourisme – autorisation du changement d'usage**

Faits et procédure

1. Selon l'arrêt attaqué (Paris, 30 septembre 2021), la Ville de [Localité 5] a assigné devant le président du tribunal de grande instance statuant en la forme des référés, sur le fondement des articles L. 631-7 et L. 651-2 du code de la construction et de l'habitation, les sociétés JLP Fidji et Habitat parisien, respectivement propriétaire et locataire d'un local à usage d'habitation situé à [Localité 5], afin de les voir condamner au paiement d'une amende civile, pour en avoir changé l'usage en le louant de manière répétée pour de courtes durées à une clientèle de passage n'y élisant pas domicile.

Examen des moyens

Sur le premier moyen, ci-après annexé

2. En application de l'article 1014, alinéa 2, du code de procédure civile, il n'y a pas lieu de statuer par une décision spécialement motivée sur ce moyen qui n'est manifestement pas de nature à entraîner la cassation.

Sur le deuxième moyen

Enoncé du moyen

3. La société Habitat parisien fait grief à l'arrêt de la condamner au paiement d'une amende civile de 50 000 euros, alors :

« 1°/ qu'est passible de l'amende prévue à l'article L. 651-2 du code de la construction et de l'habitation toute personne qui enfreint les dispositions de l'article L. 631-7 ou qui ne se conforme pas aux conditions ou obligations imposées en application dudit article ; que lorsqu'un contrat de bail autorise le locataire à sous-louer le local de manière temporaire à une clientèle de passage n'y élisant pas domicile, c'est au bailleur qu'il appartient d'obtenir l'autorisation prévue par l'article L. 631-7 de ce code, tout particulièrement lorsque celle-ci est subordonnée à une compensation ; que le locataire, auquel le bailleur a garanti la possibilité de procéder à de telles sous-locations et la licéité de celles-ci, ne peut être tenu responsable d'un éventuel changement d'usage des locaux effectué sans autorisation préalable ; qu'en relevant, au contraire, pour juger que, malgré sa qualité de locataire, la société Habitat parisien serait passible de l'amende prévue à l'article L. 651-2 du code de la construction et de l'habitation, que cette société ne pouvait ignorer la réglementation applicable au regard des dispositions régissant le changement d'usage, notamment au sens du dernier alinéa de l'article L. 631-7, qu'il appartenait tant au propriétaire qu'au locataire chargé de louer le bien pour de courtes durées de s'assurer de l'obtention des autorisations personnelles de changement d'usage, nonobstant l'attestation sur l'honneur du bailleur inopérante et que la société Habitat parisien aurait ainsi enfreint les règles régissant la location touristique de courte durée, la cour d'appel a violé les articles L. 631-7 et L. 651-2 du code de la construction et de l'habitation.

2°/ en toute hypothèse, que le contrat de bail conclu entre la société JLP Fidji et la société Habitat parisien prévoyait l'autorisation expresse que le locataire puisse sous-louer, prêter, de manière temporaire ce logement ; qu'en affirmant que le modèle de bail imposé par la société Habitat parisien ne ferait pas même référence à des locations touristiques de courte durée mais seulement à des locations meublées pour des périodes déterminées, de sorte que la SARL Habitat parisien avait toute latitude pour mettre en place une location conforme ou non aux textes, cependant que la clause précitée autorisait précisément le locataire à louer le local de manière temporaire à une clientèle de passage n'y élisant pas domicile, la cour d'appel a statué par un motif inopérant, en violation des articles L. 631-7 et L. 651-2 du code de la construction et de l'habitation ;

3°/ que la cassation qui sera prononcée sur ce moyen entraînera également la cassation, par voie de conséquence, du chef de l'arrêt ayant rejeté la demande de condamnation de la société JLP Fidji à garantir la société Habitat parisien de toute éventuelle condamnation prononcée à son encontre, et ce par application de l'article 624 du code de procédure civile. »

Réponse de la Cour

4. En premier lieu, selon l'article L. 631-7, alinéa1er, du code de la construction et de l'habitation, dans certaines communes, le changement d'usage des locaux destinés à l'habitation est soumis à autorisation préalable.

5. Aux termes de l'alinéa 6 du même article, le fait de louer un local meublé destiné à l'habitation de manière répétée pour de courtes durées à une clientèle de passage qui n'y élit pas domicile constitue un changement d'usage au sens de cet article.

6. Selon l'article L. 651-2 du même code, toute personne, qui enfreint les dispositions de l'article L. 631-7 ou qui ne se conforme pas aux conditions ou obligations imposées en application de cet article, est condamnée à une amende civile.

7. Dès lors, est passible d'une condamnation au paiement d'une telle amende civile, le locataire qui sous-loue un local meublé destiné à l'habitation en méconnaissance des dispositions de l'article L. 631-7 précité.

8. Ayant relevé, à bon droit, qu'il appartenait à la société Habitat parisien de s'assurer de l'autorisation du changement d'usage, la cour d'appel en a exactement déduit que l'avenant au contrat de location, selon lequel la société JLP Fidji lui aurait garanti la licéité de « la location meublée de courtes durées », ne pouvait l'exonérer de sa responsabilité.

9. Ayant constaté que la locataire avait, sans autorisation de changement d'usage, sous-loué le local meublé destiné à l'habitation, de manière répétée pour de courtes durées, à une clientèle de passage qui n'y élisait pas domicile, la cour d'appel a pu la condamner au paiement d'une amende civile.

10. En second lieu, la cassation n'étant pas prononcée sur les première et deuxième branches, le grief, tiré d'une annulation par voie de conséquence, est devenu sans portée.

11. Le moyen n'est donc pas fondé.

Sur le troisième moyen

Enoncé du moyen

12. La société Habitat parisien fait grief à l'arrêt de rejeter sa demande de condamnation de la société JLP Fidji à la garantir de toute condamnation prononcée à son encontre, alors :

« 1°/ que le bailleur est obligé, par la nature du contrat, et sans qu'il soit besoin d'aucune stipulation particulière, de délivrer au preneur la chose louée ; qu'il incombe au bailleur de délivrer un local conforme à sa destination contractuelle tout au long du contrat ; qu'en l'espèce, il résulte des propres constatations de l'arrêt, d'une part, que le contrat de bail conclu entre la société JLP Fidji et la société Habitat parisien prévoyait que cette dernière était autorisée à sous-louer et à prêter de manière temporaire le logement et, d'autre part, que par avenant du 2 octobre 2017, le bailleur, à la suite de la loi ALUR du 24 mars 2014, a indiqué garantir sur l'honneur l'absence d'obstacles et la licéité de la location meublée de courtes durées ; qu'en rejetant l'appel en garantie formé par la société Habitat parisien à l'encontre de la société JLP Fidji, cependant que cette société était tenue, au titre de son obligation de délivrance, de garantir à son locataire, la société Habitat parisien, la possibilité d'exercer, dans le local loué, une activité de location saisonnière conformément à la destination convenue dans le bail, la cour d'appel a violé les articles L. 631-7 et L. 651-2 du code de la construction et de l'habitation ensemble l'article 1719 du code civil ;

2°/ qu'en toute hypothèse, qu'en affirmant que la tromperie alléguée ne serait pas démontrée, quand elle relevait elle-même que la société JLP Fidji avait autorisé la société Habitat parisien à sous-louer de manière temporaire le logement et qu'elle avait ensuite garanti sur l'honneur l'absence d'obstacles et la licéité de la location meublée de courtes durées, ce dont il résultait que la société JLP Fidji avait ainsi laissé croire à sa locataire qu'aucun obstacle légal ne s'opposait à ce qu'elle exerce une activité de location saisonnière dans le local litigieux, la cour d'appel a violé les articles L. 631-7 et L. 651-2 du code de la construction et de l'habitation. »

Réponse de la Cour

13. Ayant relevé, au terme d'une interprétation souveraine du contrat du 5 novembre 2012, que la société Habitat parisien avait toute latitude pour mettre en place une location conforme aux textes, la cour d'appel a pu déduire de ce seul motif que la garantie de délivrance de la bailleresse ne pouvait l'exonérer de sa responsabilité de ce chef.

14. Le moyen n'est donc pas fondé.

Par ces motifs, la Cour :

Rejette le pourvoi

CE 26-6-2023 n° 458799

355 **locations meublés saisonnières et touristiques – meublés de tourisme – déclaration des meublés de tourisme – autorisation de louer des meublés de tourisme à usage commercial**

Considérant ce qui suit :

1. Le syndicat des professionnels de la location meublée demande l'annulation pour excès de pouvoir du décret du 11 juin 2021 relatif à la location d'un local à usage commercial en tant que meublé de tourisme ainsi que de la décision implicite de rejet de son recours gracieux dirigé contre ce décret.

Sur la régularité de la procédure de consultation du public :

2. Aux termes de l'article L. 131-1 du code des relations entre le public et l'administration, " Lorsque l'administration décide, en dehors des cas régis par des dispositions législatives ou réglementaires, d'associer le public à la conception d'une réforme ou à l'élaboration d'un projet ou d'un acte, elle rend publiques les modalités de cette procédure, met à disposition des personnes concernées les informations utiles, leur assure un délai raisonnable pour y participer et veille à ce que les résultats ou les suites envisagées soient, au moment approprié, rendus publics ". Lorsque l'autorité compétente décide, quoiqu'elle n'y soit pas légalement tenue, de faire application de ces dispositions, elle doit procéder à cette consultation dans des conditions régulières. Dans cette hypothèse, elle conserve néanmoins la faculté d'apporter au projet, après consultation, toutes les modifications qui lui paraissent utiles, quelle qu'en soit l'importance, sans être dans l'obligation de procéder à une nouvelle consultation.

3. Il résulte de ce qui précède que le syndicat requérant ne peut utilement soutenir que le décret attaqué serait intervenu au terme d'une procédure irrégulière en raison des modifications apportées, après la consultation du public auquel il a donné lieu en application des dispositions citées ci-dessus, d'une part à son titre, et d'autre part, à son champ d'application.

Sur le cadre juridique :

4. D'une part, les dispositions des articles L. 631-7 et suivants du code de la construction et de l'habitation prévoient, dans certaines communes, une procédure d'autorisation préalable de changement d'usage des locaux à usage d'habitation qui vise à assurer le maintien, dans certaines communes, d'un nombre suffisant de logements et peut être subordonnée à une compensation sous la forme de la transformation concomitante en habitation de locaux n'ayant pas cet usage. Elles précisent, par leur sixième alinéa, que " Le fait de louer un local meublé destiné à l'habitation de manière répétée pour de courtes durées à une clientèle de passage qui n'y élit pas domicile constitue un changement d'usage au sens du présent article ".

5. D'autre part, les dispositions des articles R. 421-14 et R. 421-17 du code de l'urbanisme qui visent à contrôler le respect des règles d'urbanisme, lesquelles peuvent dépendre de la destination de la construction, prévoient les cas dans lesquels le changement de destination d'un bâtiment peut être soumis à permis de construire ou à déclaration préalable. En vertu de l'article R. 151-27 du même code, les destinations des constructions sont notamment : " 2° Habitation ; / 3° Commerce et activités de services ".

6. Par ailleurs, aux termes de l'article L. 324-1-1 du code du tourisme : " I. - Pour l'application du présent article, les meublés de tourisme sont des villas, appartements ou studios meublés, à l'usage exclusif du locataire, offerts à la location à une clientèle de passage qui n'y élit pas domicile et qui y effectue un séjour caractérisé par une location à la journée, à la semaine ou au mois. / II. - Toute personne qui offre à la location un meublé de tourisme, que celui-ci soit classé ou non au sens du présent code, doit en avoir préalablement fait la déclaration auprès du maire de la commune où est situé le meublé. / Cette déclaration préalable n'est pas obligatoire lorsque le local à usage d'habitation constitue la résidence principale du loueur, au sens de l'article 2 de la loi n° 89 462 du 6 juillet 1989 tendant à améliorer les rapports locatifs et portant modification de la loi n° 86-1290 du 23 décembre 1986. / III. - Par dérogation au II, dans les communes où le changement d'usage des locaux destinés à l'habitation est soumis à autorisation préalable au sens des articles L. 631-7 à L. 631-9 du code de la construction et de l'habitation une délibération du conseil municipal peut décider de soumettre à une déclaration préalable soumise à enregistrement auprès de la commune toute location d'un meublé de tourisme ".

7. Enfin, aux termes du IV bis ajouté à l'article L. 324-1-1 du code du tourisme par la loi du 27 décembre 2019 relative à l'engagement dans la vie locale et à la proximité de l'action publique : " IV bis. - Sur le territoire des communes ayant mis en oeuvre la procédure d'enregistrement prévue au III, une délibération du conseil municipal peut soumettre à autorisation la location d'un local à usage commercial en tant que meublé de tourisme. / Cette autorisation est délivrée au regard des objectifs de protection de l'environnement urbain et d'équilibre entre emploi, habitat, commerces et services, par le maire de la commune dans laquelle est situé le local ". Ces dispositions, éclairées par leurs travaux préparatoires, ont pour seul objet de compléter le cadre juridique de la location des meublés de tourisme, pour permettre aux communes de soumettre à autorisation la location en cette qualité de locaux à usage commercial, tels que ceux accueillant des commerces et des restaurants. Elles n'ont en revanche ni pour objet ni pour effet de régir la situation des locaux meublés à usage d'habitation soumis à l'application des article L. 631-7 et suivants du code de la construction et de l'habitation, quelle que soit la destination des immeubles dans lesquels ils sont inclus.

Sur la légalité interne :

8. Il résulte des termes mêmes du décret attaqué, pris pour l'application des dispositions citées ci-dessus du IV bis de l'article L. 324-1-1 du code du tourisme, qu'il définit les locaux à usage commercial dont la location est susceptible d'être soumise à autorisation en application de ces dispositions comme les locaux inclus dans des constructions dont la destination est le commerce et les activités de service au sens du 3° de l'article R. 151-27 du code de l'urbanisme, ou, pour les communes dont le plan local d'urbanisme relève du ré-

gime antérieur à la loi du 24 mars 2014 pour l'accès au logement et un urbanisme rénové, celles dont la destination est le commerce, l'hébergement hôtelier ou l'artisanat au sens des dispositions antérieurement applicables.

9. En premier lieu, eu égard à la portée, précisée ci-dessus, des dispositions législatives pour l'application desquelles elles ont été prises, ces dispositions du décret attaqué ne s'appliquent pas aux locaux meublés destinés à l'habitation qui ont fait l'objet d'une procédure d'autorisation préalable de changement d'usage, quelle que soit la destination des immeubles dans lesquels ils sont inclus. Dans ces conditions, le moyen tiré de ce qu'elles seraient pour ce motif entachées d'erreur de droit et d'erreur manifeste d'appréciation manque en fait.

10. En deuxième lieu, le moyen tiré de ce que le décret attaqué méconnaitrait le principe de sécurité juridique et, en tout état de cause, le principe de confiance légitime en ce qu'il permettrait de soumettre à autorisation la location en qualité de meublé de tourisme d'un local dont la location à ce titre a déjà fait l'objet d'une procédure d'autorisation préalable de changement d'usage doit, pour les mêmes motifs, être écarté.

11. Enfin, eu égard à la portée du décret attaqué, qui se borne à préciser les modalités de la procédure d'autorisation susceptible d'être mise en oeuvre par les communes en application du IV bis de l'article L. 324-1-1 inséré au code du tourisme par la loi du 27 décembre 2019, le syndicat requérant n'est pas fondé à soutenir qu'il porterait atteinte au principe de sécurité juridique faute de mesure transitoire.

12. Il résulte de ce qui précède que la requête du syndicat des professionnels de la location meublée doit être rejetée, y compris ses conclusions présentées au titre des dispositions de l'article L. 761-¬ 1 du code de justice administrative.

D E C I D E :

Article 1er : La requête du syndicat des professionnels de la location meublée est rejetée.

Article 2 : La présente décision sera notifiée au syndicat des professionnels de la location meublée et au ministre de la transition écologique et de la cohésion des territoires.

Cass. 3e civ. 7-9-2023 n° 22-18.101 FS-B

356 locations meublés saisonnières et touristiques – meublés de tourisme – déclaration des meublés de tourisme – autorisation de changement d'usage

Faits et procédure

1. Selon l'arrêt attaqué ([Localité 2], 12 mai 2022, RG n° 21/18214), la Ville de [Localité 2] a assigné Mme [V], propriétaire d'un appartement situé à [Localité 2], devant le président du tribunal judiciaire statuant en la forme des référés, pour obtenir son retour à l'habitation et la condamnation de la défenderesse au paiement de plusieurs amendes civiles, dont une pour en avoir changé l'usage en le louant de manière répétée pour de courtes durées à une clientèle de passage n'y élisant pas domicile, en contravention avec les dispositions de l'article L. 631-7 du code de la construction et de l'habitation, et une autre pour ne pas avoir transmis à la commune, dans le mois suivant sa demande, le nombre de jours au cours desquels il avait été loué, en violation de l'article L. 324-1-1, IV, du code du tourisme.

Examen des moyens

Sur le premier moyen

Enoncé du moyen

2. La Ville de [Localité 2] fait grief à l'arrêt de rejeter ses demandes en injonction de retour à l'habitation des locaux loués et en paiement d'une amende civile sur le fondement des dispositions des articles L. 631-7 et L. 651-2 du code de la construction et de l'habitation, alors :

« 1°/ que tout local est réputé avoir l'usage pour lequel il était affecté au 1er janvier 1970 ; que cette date a été retenue dans la mesure où, dans le cadre de la révision quinquennale des évaluations foncières du 1er janvier 1970, des déclarations devaient être souscrites, permettant de démontrer cet usage à la date de référence ; qu'en application du décret n° 69-1076 du 28 novembre 1969, ces déclarations pouvaient être établies jusqu'au 31 mai 1970 pour les communes de moins de 5 000 habitants et jusqu'au 15 octobre 1970, sachant que les formulaires réglementaires sont issus d'un arrêté du 6 mars 1970 ; que dans ces conditions, une déclaration modèle H2 remplie postérieurement au 1er janvier 1970 mais avant la date limite de dépôt et mentionnant que le bien est occupé par son propriétaire démontre l'usage d'habitation du bien à la date de référence ; qu'au cas d'espèce, la Ville de [Localité 2] produisait une déclaration modèle H2 établie le 17 août 1970 et indiquant que le bien était occupé par la propriétaire ; qu'en retenant que cette déclaration ne permettait pas d'établir que le bien était à usage d'habitation au 1er janvier 1970, la cour d'appel a violé les articles L. 631-7 et L. 651-2 du code de la construction et de l'habitation, ensemble les articles 38, 39 et 40 du décret n° 69-1076 du 28 novembre 1969 et l'arrêté du 6 mars 1970 ;

2°/ qu'à tout le moins, la production d'une déclaration modèle H2 remplie postérieurement au 1er janvier 1970 mais avant la date limite de dépôt et mentionnant que le bien est occupé par son propriétaire fait présumer un usage d'habitation à la date du 1er janvier 1970 ; qu'en retenant que la déclaration modèle H2 établie le 17 août 1970 et indiquant que le bien était occupé par la propriétaire ne permettait pas d'établir que le bien était à usage d'habitation au 1er janvier 1970, quand aucun élément ne démontrait qu'il aurait eu un autre usage à cette date, la cour d'appel a violé les articles L. 631-7 et L. 651-2 du code de la construction et de l'habitation, ensemble les articles 38, 39 et 40 du décret n° 69-1076 du 28 novembre 1969 et l'arrêté du 6 mars 1970. »

Réponse de la Cour

3. Les déclarations souscrites par les redevables de la contribution foncière des propriétés bâties en application du décret n° 69-1076 du 28 novembre 1969, comportant les renseignements utiles à l'évaluation de leur propriété à la date de leur souscription, la seule mention, sur une déclaration remplie postérieurement au 1er janvier 1970, d'une occupation d'un local par son propriétaire, ne permet pas d'en établir l'usage à cette date ni de le faire présumer, en sorte qu'elle est inopérante pour prouver qu'il était affecté, à cette date, à un usage d'habitation, au sens de l'article L. 631-7 du code de la construction et de l'habitation.

4. Le moyen, qui postule le contraire, n'est donc pas fondé.

Sur le second moyen

Enoncé du moyen

5. La Ville de [Localité 2] fait grief à l'arrêt de rejeter sa demande en paiement d'une amende civile sur le fondement des dispositions de l'article L. 324-1-1, IV, du code du tourisme, alors « que la commune peut, jusqu'au 31 décembre de l'année suivant celle au cours de laquelle un meublé de tourisme a été mis en location, demander au loueur de lui transmettre le nombre de jours au cours desquels ce meublé a été loué ; qu'à peine d'amende civile, le loueur transmet ces informations dans un délai d'un mois, en rappelant l'adresse du meublé et son numéro de déclaration ; que cette obligation s'applique à tout meublé de tourisme soumis à déclaration préalable, qu'il constitue ou non la résidence principale du loueur ; qu'en décidant le contraire, la cour d'appel a violé l'article L. 324-1-1, alinéa IV, du code du tourisme. »

Réponse de la Cour

6. Aux termes de l'article L. 324-1-1, IV, alinéa 1er, du code du tourisme, dans les communes ayant mis en uvre la procédure d'enregistrement de la déclaration préalable mentionnée au III, toute personne qui offre à la location un meublé de tourisme qui est déclaré comme sa résidence principale ne peut le faire au-delà de cent vingt jours au cours d'une même année civile, sauf obligation professionnelle, raison de santé ou cas de force majeure.

7. Aux termes de l'alinéa suivant du même article, la commune peut, jusqu'au 31 décembre de l'année suivant celle au cours de laquelle un meublé de tourisme a été mis en location, demander au loueur de lui transmettre le nombre de jours au cours desquels ce meublé a été loué. Le loueur transmet ces informations dans un délai d'un mois, en rappelant l'adresse du meublé et son numéro de déclaration.

8. Selon l'article L. 324-1-1, V, alinéa 2, du même code, toute personne qui ne se conforme pas

aux obligations résultant du IV est passible d'une amende civile.
9. Celle-ci constituant une sanction ayant le caractère d'une punition (3e Civ., 26 janvier 2022, QPC, pourvoi n° 21-40.026, publié), son champ d'application est, en vertu du principe de légalité des délits et des peines, d'interprétation stricte.
10. Il en résulte que l'amende civile prévue par l'article L. 324-1-1, V, alinéa 2, est applicable aux seules personnes offrant à la location un meublé de tourisme déclaré comme leur résidence principale, qui omettent de transmettre à la commune l'ayant demandé depuis plus d'un mois, l'information relative au nombre de jours de l'année précédant la demande, au cours desquels ce meublé a été loué.
11. Ayant constaté que le logement mis en location par Mme [V] ne constituait pas sa résidence principale, la cour d'appel en a exactement déduit que les dispositions de l'article L. 324-1-1, IV, du code du tourisme ne lui étaient pas applicables.
12. Le moyen n'est donc pas fondé.
Par ces motifs, la Cour :
Rejette le pourvoi ;

Cass. 3e civ. 11-1-2024 n° 22-21.126 FS-B

357 **locations meublés saisonnières et touristiques – meublés de tourisme – déclaration des meublés de tourisme – autorisation de changement d'usage**

Faits et procédure
1. Selon l'arrêt attaqué (Paris, 30 juin 2022), la Ville de [Localité 5] a assigné devant le président du tribunal de grande instance statuant en la forme des référés, sur le fondement des articles L. 631-7 et L. 651-2 du code de la construction et de l'habitation, la société civile immobilière Senedec, propriétaire d'un local à usage d'habitation situé à [Localité 5], et M. [T], son locataire, afin de les voir condamnés au paiement d'une amende civile, pour en avoir changé l'usage en le louant de manière répétée, pour de courtes durées, à une clientèle de passage n'y élisant pas domicile.
Examen du moyen
Sur le moyen, pris en ses première et deuxième branches
2. En application de l'article 1014, alinéa 2, du code de procédure civile, il n'y a pas lieu de statuer par une décision spécialement motivée sur ces griefs qui ne sont manifestement pas de nature à entraîner la cassation.
Sur le moyen, pris en ses troisième à cinquième branches
Enoncé du moyen
3. La Ville de [Localité 5] fait grief à l'arrêt de rejeter ses demandes, alors :
« 3°/ que tout local est réputé avoir l'usage pour lequel il était affecté au 1er janvier 1970 ; que cette affectation se prouve par tous moyens ; que la date du 1er janvier 1970 a été retenue afin de faciliter la preuve de l'usage dans la mesure où, dans le cadre de la révision quinquennale des évaluations foncières du 1er janvier 1970, des déclarations devaient être souscrites, permettant de démontrer cet usage à la date de référence ; qu'en application du décret n° 69-1076 du 28 novembre 1969, ces déclarations pouvaient être établies jusqu'au 31 mai 1970 pour les communes de moins de 5 000 habitants et jusqu'au 15 octobre 1970 pour les autres communes, sachant que les formulaires réglementaires sont issus d'un arrêté du 6 mars 1970 ; que dans ces conditions, une déclaration modèle R remplie postérieurement au 1er janvier 1970 mais avant la date limite de dépôt et mentionnant que le bien est à usage d'habitation démontre cet usage à la date de référence ; qu'au cas d'espèce, la Ville de [Localité 5] produisait une déclaration modèle R établie le 9 octobre 1970 et indiquant que les locaux, situés au cinquième étage, de la réunion desquels est issu l'appartement litigieux, étaient des pièces de service ; qu'en retenant que cette déclaration ne permettait pas d'établir que le bien était à usage d'habitation au 1er janvier 1970, la cour d'appel a violé les articles L. 631-7 et L. 651-2 du code de la construction et de l'habitation, ensemble

les articles 37, 38, 39 et 40 du décret n° 69-1076 du 28 novembre 1969 et l'arrêté du 6 mars 1970 ;
4°/ qu'à tout le moins, la production d'une déclaration modèle R remplie postérieurement au 1er janvier 1970 mais avant la date limite de dépôt et mentionnant que le bien est à usage d'habitation fait présumer un tel usage à la date du 1er janvier 1970 ; qu'en retenant que la déclaration modèle R établie le 9 octobre 1970 et indiquant que les locaux, situés au cinquième étage, de la réunion desquels est issu l'appartement litigieux, étaient des pièces de service ne permettait pas d'établir que le bien était à usage d'habitation au 1er janvier 1970, quand aucun élément ne démontrait qu'il aurait eu un autre usage à cette date, la cour d'appel a violé les articles L. 631-7 et L. 651-2 du code de la construction et de l'habitation, ensemble les articles 37, 38, 39 et 40 du décret n° 69-1076 du 28 novembre 1969 et l'arrêté du 6 mars 1970 et l'article 1354 du code civil ;
5°/ que la déclaration récapitulative modèle R du 9 octobre 1970 mentionne, s'agissant de l'immeuble sis [Adresse 3], sous une rubrique intitulée "autres locaux ou biens", quatre locaux situés au rez-de-chaussée, à l'entresol et au premier étage, correspondant aux locaux de la société Monoprix et à la loge du concierge, sous une rubrique intitulée "Pièces indépendantes ou chambres de bonne", les locaux situés au cinquième étage non visés au titre des logements ou appartements ; qu'en retenant que "la fiche modèle R produite par la ville de [Localité 5] datée du 9 octobre 1970 se borne à indiquer que l'immeuble sis [Adresse 3] comporte 26 biens ayant fait l'objet d'une déclaration H2, sans apporter davantage de précision", la cour d'appel a violé l'obligation pour le juge de ne pas dénaturer l'écrit qui lui est soumis. »

Réponse de la Cour

4. Selon l'article L. 631-7 du code de la construction et de l'habitation, un local est réputé à usage d'habitation au sens de ce texte s'il était affecté à cet usage au 1er janvier 1970. Cette affectation peut être établie par tout mode de preuve.

5. Il en résulte que la preuve que le local a été affecté à un usage d'habitation postérieurement à cette date est inopérante (3e Civ., 28 mai 2020, pourvoi n° 18-26.366, publié).

6. Il résulte, en outre, des articles 38 et 40 du décret n° 69-1076 du 28 novembre 1969 que les déclarations souscrites par les redevables de la contribution foncière, établies sur des formules spéciales fournies par l'administration, comportent les renseignements utiles à l'évaluation de chaque propriété ou fraction de propriété à la date de leur souscription, de sorte qu'une déclaration remplie postérieurement au 1er janvier 1970 ne permet pas d'en établir l'usage à cette date, ni de le faire présumer (3e Civ., 7 septembre 2023, pourvoi n° 22-18.101, publié), sauf mention de la location du bien et du montant du loyer en vigueur au 1er janvier 1970.

7. La cour d'appel a relevé, à bon droit, que la fiche modèle R avait pour seul objet de décrire la situation de l'immeuble à la date de sa souscription, le 9 octobre 1970, ce seul élément ne permettant pas de déduire l'usage des lieux au 1er janvier 1970.

8. Appréciant la valeur et la portée des éléments de preuve qui lui étaient soumis, elle a, sans dénaturation, souverainement retenu que les pièces produites par la Ville de [Localité 5] ne permettaient ni d'établir que le local litigieux était à usage d'habitation au 1er janvier 1970, ni qu'il avait ultérieurement donné lieu à des travaux ayant pour effet de lui conférer, en droit, un usage d'habitation.

9. Elle en a exactement déduit que la Ville de [Localité 5] ne pouvait se prévaloir d'un changement d'usage illicite au sens de l'article L. 631-7 du code de la construction et de l'habitation.

10. Le moyen n'est donc pas fondé.

Par ces motifs, la Cour :

Rejette le pourvoi

Liste des décisions reproduites

Voici la liste des décisions de jurisprudence reproduites, de la plus récente à la plus ancienne, avec indication des paragraphes où elles sont évoquées dans la synthèse et où figure un extrait.

Années	Références	n° Synth.	n° Juris.
2024	Cass. 3e civ. 11-1-2024 n° 22-21.126 FS-B	**175**	357
2023	Cass. 3e civ. 15-2-2023 n° 22-10.187 FS-B, Sté Habitat parisien	**175**	354
	CE 26-6-2023 n° 458799	**185**	355
	Cass. 3e civ. 7-9-2023 n° 22-18.101 FS-B	**175**	356
2022	Cass. 3e civ. QPC 26-1-2022 n° 21-40.026 FS-B	**180**	351
	CA Paris 29-9-2022 n° 21/20664	**182**	352
	Cass. 3e civ. 9-11-2022 n° 21-20.464 FS-B	**175**	353
2021	Cass. 3e civ. 18-2-2021 n° 17-26.156 FP-PLRC	**176**	346
	Cass. 3e civ. 18-2-2021 n° 17-26.158 FP-D	**176**	347
	Cass. 3e civ. 18-2-2021 n° 19-11.462 FP-PLC	**176**	348
	Cass. 3e civ. 18-2-2021 n° 19-11.577 FP-D	**176**	349
	Cass. 3e civ. 18-2-2021 n° 19-13.191 FP-PLC	**176, 177**	350
2020	CA Grenoble 5-11-2020 n° 16/04533	**238**	345
2019	Cass. 3e civ. 12-9-2019 n° 18-20.727 FS-PBRI	**187**	344
2018	Cass. 3e civ. 15-11-2018 n° 17-26.156 FS-PBI	**176**	343
2017	Cass. 3e civ. 19-10-2017 n° 16-21.460 FS-PBI	**235**	342
2016	CAA Paris 23-6-2016 n° 14PA05186	**88**	341
2015	Cass. 3e civ. 17-12-2015 n° 14-25.523	**16, 52**	340
2014	CE 24-10-2014 n° 375358, 8e et 3e s.-s.	**104**	339
2011	CA Paris 24-5-2011 n° 10-23802	**175**	338
2010	Cass. 3e civ. 20-1-2010 n° 09-65.791 84 FS-PB	**82**	337
2009	Cass. 3e civ. 4-2-2009 n° 07-20.980 185 FS-PBI	**9**	333
	CA Paris 10-9-2009 n° 08-8582	**4**	334
	CE 16-10-2009 n° 301235, 10e et 9e s.-s.	**133, 245, 262**	335
	CE 25-11-2009 n° 306540, 3e et 8e s.-s.	**262**	336
2008	Cass. 3e civ. 15-10-2008 n° 07-13.294 981 FS-PB	**51**	332

2007	CE 16-5-2007 n° 295357, 9e et 10e s.-s., min. c/ A.	**106**	330
	CE 30-11-2007 n° 291252, 8e et 3e s.-s.	**156**	331
2006	Cass. 3e civ. 20-9-2006 n° 953 FS-D	**9**	328
	CAA Bordeaux 26-10-2006 n° 03-2275, 4e ch.	**245**	329
2005	Cass. 3e civ. 9-2-2005 n° 198 FS-PB	**3, 4, 71**	324
	Cass. 3e civ. 6-4-2005 n° 04-11.374 (n° 462 FS-PBI)	**51**	325
	CE 27-7-2005 n° 254562	**242**	326
	Cass. 3e civ. 21-9-2005 n° 950 FS-D	**67**	327
2004	CA Paris 21-10-2004 n° 03-13523	**4**	322
	CA Paris 9-12-2004 n° 03-11005	**4, 71**	323
2003	CA Paris 24-4-2003 n° 00-22533	**4, 71**	321
2002	Cass. 3e civ. 30-1-2002 n° 186 FS-PB	**7**	319
	TA Dijon 23-7-2002 n° 01-2219	**244**	320
2001	TA Toulouse 30-1-2001 n° 97-2823, A.	**244**	314
	CA Paris 20-3-2001 n° 99-3636	**71**	315
	Cass. 3e civ. 12-6-2001 n° 956 F-D	**68**	316
	Cass. 3e civ. 6-11-2001 n° 00-11.040, (n° 1428 D)	**75**	317
	CAA Nantes 14-11-2001 n° 98-1870, 1e ch., SCI du Domaine de Beaurepaire	**88**	318
2000	CAA Bordeaux 18-1-2000 n° 97-157, 3e ch.	**244**	310
	CA Chambéry 19-1-2000 n° 97-472, ch. civ., G. c/ Association CNL	**16, 70, 201**	311
	Cass. 3e civ. 12-7-2000 n° 1217 FS-D	**193**	312
	Cass. 3e civ. 18-7-2000 n° 1148 F-D	**3**	313
1999	CA Aix-en-Provence 4-1-1999 n° 97-6712	**170**	305
	CA Rennes 28-1-1999 n° 98-1177	**193**	306
	CA Pau 9-2-1999 n° 98-688	**193**	307
	Cass. 3e civ. 10-2-1999 n° 306 PB	**239**	308
	Cass. 3e civ. 13-7-1999 n° 1237 PF	**7**	309
1998	CA Paris 7-5-1998 n° 96-86626	**201**	302
	Cass. 3e civ. 30-9-1998 n° 1363 PF	**71**	303
	CAA Marseille 12-10-1998 n° 97-544, 3e ch., Sté Parissimo Guillec	**245, 262**	304
1997	Cass. 3e civ. 16-12-1997 n° 1860 D	**78**	301
1995	CA Aix-en-Provence 2-3-1995 n° 92-17541	**205**	300
1992	CA Grenoble 9-4-1992 n° 91-3410	**4**	298
	CA Paris 25-5-1992 n° 91-13887	**4**	299
1991	CA Pau 13-6-1991 n° 90-296	**195**	296
	CA Paris 6-12-1991 n° 91-17283	**3**	297

1989	CAA Paris 25-7-1989 n° 280, 2e ch.	**244**	294
	CE 8-11-1989 n° 63967	**210**	295
1987	CE 11-5-1987 n° 56365	**151**	292
	Cass. 3e civ. 22-7-1987 n° 86-12.858	**170**	293
1985	CE 10-7-1985 n° 40789	**88**	291
1977	Cass. 3e civ. 2-6-1977 n° 75-15.440	**208**	290

PEFC
10-31-3068
Certifié PEFC
www.pefc-france.org

36893-715 (I) - OFF 70 - Int-LC
Achevé d'imprimer en mai 2024 par CPI Bussière
18200 Saint-Amand Montrond
N° d'impression : 2078217
Dépôt légal : mai 2024

Imprimé en France